여러분의 합격을 응원하는

해커스공무원 별 혜택

FREE 공무원 한국사 특강

해커스공무원(gosi.Hackers.com) 접속 후 로그인 ▶ 상단의 [무료강좌] 클릭 ▶
[교재 무료특강] 클릭하여 이용

해커스공무원 온라인 단과강의 **20% 할인쿠폰**

5BDACE2D9D3H3RG2

해커스공무원(gosi.Hackers.com) 접속 후 로그인 ▶ 상단의 [나의 강의실] 클릭 ▶
좌측의 [쿠폰등록] 클릭 ▶ 위 쿠폰번호 입력 후 이용

* 등록 후 7일간 사용 가능(ID당 1회에 한해 등록 가능)

단기 합격을 위한
해커스공무원 커리큘럼

입문

탄탄한 기본기와 핵심 개념 완성!

누구나 이해하기 쉬운 개념 설명과 풍부한 예시로 부담없이 쌩기초 다지기

TIP 베이스가 있다면 **기본 단계**부터!

▼

기본+심화

필수 개념 학습으로 이론 완성!

반드시 알아야 할 기본 개념과 문제풀이 전략을 학습하고
심화 개념 학습으로 고득점을 위한 응용력 다지기

▼

기출+예상 문제풀이

문제풀이로 집중 학습하고 실력 업그레이드!

기출문제의 유형과 출제 의도를 이해하고 최신 출제 경향을 반영한
예상문제를 풀어보며 본인의 취약영역을 파악 및 보완하기

▼

동형문제풀이

동형모의고사로 실전력 강화!

실제 시험과 같은 형태의 실전모의고사를 풀어보며 실전감각 극대화

▼

최종 마무리

시험 직전 실전 시뮬레이션!

각 과목별 시험에 출제되는 내용들을 최종 점검하며 실전 완성

PASS

**단계별 교재 확인 및
수강신청은 여기서!**

gosi.Hackers.com

* 커리큘럼 및 세부 일정은 상이할 수 있으며,
자세한 사항은 해커스공무원 사이트에서 확인하세요.

해커스공무원

단권화
핵심정리 한국사

해커스공무원

이론서이면서 알차게 얇다!
핵심 이론을 모두 담은 단권화 교재!

필수과목에 선택과목까지, 공부해야 할 과목 수도 많고
각 과목별로 알아 두어야 할 개념도 많아 정리와 암기가 잘 되지 않고...
핵심만 딱 짚어 제대로 정리하고 암기할 수 있도록 도와주는 그런 교재가 있을까?

바로 여기, 단 한 권으로 **한국사 핵심 이론**은 물론, **중요 사료**와 **문제 풀이**, **암기 점검**까지 가능한
[해커스공무원 단권화 핵심정리 한국사]가 있습니다.

[해커스공무원 단권화 핵심정리 한국사]는
최근 7년 간 시행된 공무원 시험을 철저하게 분석한 후
한국사 핵심 개념을 분류사별로 압축 정리하여 단 한 권에 담아냈습니다.

시대별로 암기한 개념을 **분류사별로 한번 더 정리하면서 확실하게 암기**하고 싶은 수험생은 물론
핵심 이론과 함께 **기출사료 체크**, **문제 풀이**를 짧은 기간동안 한 번에 진행하고 싶은 수험생,
그리고 시험 직전 **빠르고 완벽하게 최종 마무리**를 하고 싶은 모든 수험생의 바람을
단 한 권의 **[해커스공무원 단권화 핵심정리 한국사]**가 채워드립니다!

만점 달성에 필요한 단 한 권의 선택,
[해커스공무원 단권화 핵심정리 한국사]가
수험생 여러분과 함께합니다!

이 책의 **차례**

I   선사 시대

II   정치사

III   경제사

합격으로 이끄는 이 책의 **강점**

01 분류사별로 시험에 꼭 나오는 **개념**을 확실하게 **압축 정리!**

[해커스공무원 단권화 핵심정리 한국사]는 시험에 출제되었거나, 출제 가능성이 높은 개념만 분류사별로 압축 정리한 압축개념을 통해 핵심 개념만 체계적으로 정리할 수 있으며, 최신 출제 및 빈출 정보를 제공하여 시험 직전이나 시간이 부족할 경우 빈출 개념만을 골라서 집중적으로 암기할 수 있습니다.

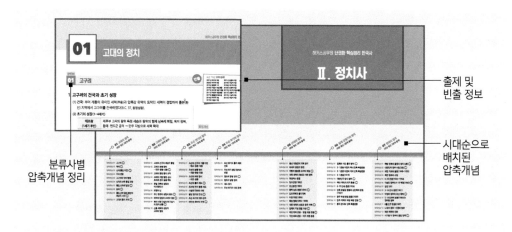

분류사별
압축개념 정리

출제 및
빈출 정보

시대순으로
배치된
압축개념

02 합격에 필요한 **개념·사료·기출문제**를 단 한 권에 수록!

[해커스공무원 단권화 핵심정리 한국사]는 핵심 이론을 표로 깔끔하게 압축 정리한 동시에 **[확장개념]**을 통해 보충·심화 개념과 **[기출사료]**를 함께 제공합니다. 또한, 단원별로 수록된 **[필수 기출문제]**를 통해 암기한 개념을 바로 문제에 적용하며 실전 감각을 극대화할 수 있습니다.

[확장개념과 기출사료]

[필수 기출문제]

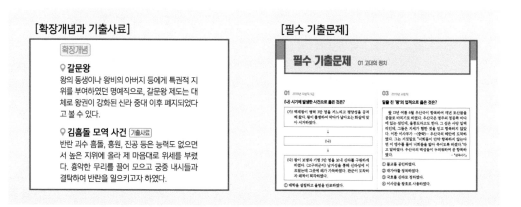

03 필수 암기 포인트와 기출문장으로 암기 여부를 더블 체크!

[해커스공무원 단권화 핵심정리 한국사]는 [시험 직전! 필수 암기]를 제공하여 시험 직전에 확인해야 하는 필수 암기 포인트만 암기할 수 있으며, 압축개념별로 **[기출문장으로 출제 키워드 점검]**을 풀면서 빈출 핵심 키워드를 암기하였는지를 바로 점검할 수 있습니다.

[시험 직전! 필수 암기]

 시험 직전! 필수 암기

삼국 통일 과정

> 나·당 동맹 체결(648)
>
> 사비성 함락, 백제 멸망(660)
>
> 당이 웅진 도독부 설치(660)
>
> 당이 계림 도독부 설치(663)
>
> 연개소문 사망(665), 고구려 내분

[기출문장으로 출제 키워드 점검]

01 고이왕은 (   )와 16관등제 및 백관의 (   )을 제정하였다.

02 근초고왕은 고구려의 (   )을 공격하여 (   )을 전사하게 하였다.

03 침류왕 때 동진에서 온 (   )에 의해 (   )가 전래되었다.

04 백제의 (   )은 신라 왕족의 딸을 왕비로 맞아들여 나·제 동맹을 더욱 굳건히 다졌다.

05 백제의 무령왕은 (   )를 설치하여 지방에 대한 통제를 강화하였다.

06 백제 성왕은 중앙 관청을 (   )부로 확대 정비하고, 수도를 (   )부로 지방을

04 시대별·주제별 최종 암기 점검으로 완벽 마무리!

[해커스공무원 단권화 핵심정리 한국사]는 분류사별로 암기한 압축개념을 다시 한 번 시대별·주제별로 최종 마무리할 수 있도록 부록으로 **[시대별·주제별 최종 암기 점검]**을 수록하였습니다. 반드시 암기해야 하는 핵심 키워드는 빈칸으로 처리하여 중요한 키워드의 암기 여부를 마지막까지 한번 더 점검할 수 있습니다.

[시대별 최종 암기 점검]

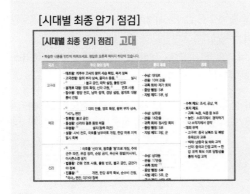

[주제별 최종 암기 점검]

이 책을 200% 활용하는 **학습 방법**

■ 학습 단계별 교재 활용 방법

● '개념 정리'부터 '완벽 암기'까지 3회독으로 **[해커스공무원 단권화 핵심정리 한국사]**를 학습하면 시험에 나오는 개념을 정확히 정리하고 암기할 수 있습니다.

개념 정리 단계 (1회독)	1. 처음부터 모든 내용을 완벽하게 암기하려 하지 말고 압축개념을 쭉 읽으면서 1회독 시작하기 2. '기출문장으로 출제 키워드 점검' 문제를 풀고 학습한 개념이 머릿속에 확실히 암기되었는지 점검하기
집중 학습 단계 (2회독)	1. 전체 개념을 한번 더 학습하되, 형광펜으로 색칠된 내용은 반드시 암기하기 2. '필수 기출문제'를 풀고, 틀렸거나 찍어서 맞힌 문제는 해설의 압축개념 표시에 따라 그에 해당하는 내용 복습하기
완벽 암기 단계 (3회독)	1. 빈출 표시된 압축개념과 형광펜 표시로 강조된 내용 위주로 보면서 빈출 개념 및 핵심 개념을 빠르게 정리하고 암기하기 2. 2회독 단계에서 틀렸던 '필수 기출문제'는 한번 더 풀어보기

■ 기본서 및 문제집 연계 학습 방법

● 기본서로 개념을 정리하고, 문제집으로 최종 마무리하는 모든 학습 단계에서 **[해커스공무원 단권화 핵심정리 한국사]**를 '기본서나 문제집과 연계'하여 학습하면 학습 효과를 극대화할 수 있습니다.

기본서 연계 학습 방법	1. **[해커스공무원 한국사]** 기본서로 한국사 전 범위를 시대별로 먼저 익히고, **[해커스공무원 단권화 핵심정리 한국사]**를 활용하여 분류사별 주요 내용을 정리하고 암기하기 2. 기본서에 수록된 부가 설명이나, 고난도 시험을 대비한 지엽적인 내용은 **[해커스공무원 단권화 핵심정리 한국사]**의 빈 공간에 필기하기
문제집 연계 학습 방법	**[해커스공무원 단원별 기출문제집 한국사]** 또는 **[해커스공무원 실전동형모의고사 한국사 1, 2]**를 풀고, 틀렸거나 찍어서 맞힌 문제는 **[해커스공무원 단권화 핵심정리 한국사]**의 압축개념을 다시 복습하여 완벽하게 암기하기

■ 시험 직전! 최종 마무리 학습 방법

● **[1단계] 우선순위 분류사 집중 암기 단계**에서는 틀리기 쉬운 경제사부터 먼저 학습하여 까다로운 개념까지 완벽하게 암기합니다. 이때 **빈출** 표시된 압축개념만 골라서 개념 전체를 학습하되, 형광펜으로 색칠된 내용은 한번 더 암기합니다.

● **[2단계] 최종 암기 점검 단계**에서는 중요한 핵심 키워드를 중심으로 암기합니다. 이때 부록인 <시대별·주제별 최종 암기 점검>은 핵심 키워드로 구성된 빈칸을 채우면서 다시 한 번 암기하고, 압축개념에서 시험 직전 꼭 외워야 할 내용들로 구성된 **시험 직전! 필수** 암기를 찾아 암기합니다.

단계	학습 내용		페이지
[1단계] 우선순위 분류사 집중 암기	Ⅲ. 경제사	**빈출** 표시가 된 압축개념 암기	p. 108 ~ 141
	Ⅳ. 사회사		p. 142 ~ 171
	Ⅴ. 문화사		p. 172 ~ 223
	Ⅱ. 정치사		p. 34 ~ 107
	Ⅰ. 선사 시대		p. 10 ~ 33
[2단계] 최종 암기 점검	<시대별 최종 암기 점검> 복습		p. 226 ~ 241
	<주제별 최종 암기 점검> 복습		p. 242 ~ 256
	모든 압축개념의 **시험 직전! 필수** 암기 학습		p. 12 ~ 221

공무원시험전문 **해커스공무원**
gosi.Hackers.com

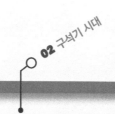

해커스공무원 **단권화 핵심정리 한국사**

I. 선사 시대

* 출제 횟수: 최근 7개년 국가직·지방직·서울시 9급, 경찰직, 소방직 1회 20문제 기준

01 역사의 이해

압축개념
01 역사의 의미

구분	사실로서의 역사	기록으로서의 역사
의미	· 과거에 있었던 사실 · 객관적 의미의 역사 · 객관적 사실, 과거의 모든 사건 　(과거 사건들의 집합체)	· 조사되어 기록된 과거란 뜻으로 주관적 　요소(역사가의 가치관 등) 개입 · 주관적 의미의 역사 · 과거의 모든 사건이 아니라 역사가들에 　의해 특별한 의미가 부여된 사실
어원	· 독일어 'Geschichte': 과거에 일어난 일 · 한자 '역(歷)': 과거의 사실, 인간이 과 　거에 행한 것	· 그리스 어의 'historia': 지식의 탐구 · 한자 '사(史)': 기록한다는 의미
특징	· 과거 사실의 객관적 복원 강조, 사료를 　중시 · 바닷가의 모래알과 같이 수많은 과거 사 　건들의 집합체 · 역사가에 따라 역사는 바뀔 수 없음(절 　대성)	· 과거의 검증된 사실을 바탕으로 현재 역 　사가의 주관에 입각한 재구성 강조 · 사관을 중시 · 역사가에 따라 역사는 바뀔 수 있음 · 우리가 배우는 역사
사관	실증주의 사관: 19세기 후반의 철학적 경 향으로 형이상학적 사변을 배격하고 사실 그 자체에 대한 과학적 탐구를 강조	상대주의 사관: 절대적으로 올바른 진리란 있을 수 없고 올바른 것은 그것을 정하는 기준에 의해 정해지는 것이라는 주장
대표 학자	· 랑케: "역사가는 자기 자신을 숨기고 사 　실 그것이 스스로 말하게 하라!" · 앨버트 비버리지: "사실들을 옳게 나열 　하면 그 자체로 풀이가 되는 법" · 엘튼: "중요한 것은 뽑을 수 없다. 그것 　자체로 중요한 것이다."	· 베커: "역사적 사실은 역사가가 그것을 　창조하기 전까지 존재하지 않는다." · 콜링우드: "역사는 과거를 의식 속에서 　되살리는 학문이다." · 크로체: "모든 역사는 현재의 역사이다." · 카: "역사란 역사가와 사실 사이의 부단 　한 상호 작용의 과정이며, 현재와 과거 　사이의 끊임없는 대화이다."
의의와 한계	역사의 과학화를 가져왔으나 역사가의 해 석 없이는 객관적 사실도 존재할 수 없음 을 간과	역사가의 적극적인 주관적 해석을 강조하 나, 목적을 가지고 과거의 사실을 선택·조 작할 가능성 존재

확장개념

📍 **카(E. H. Carr)**
영국의 정치학자이자 역사학자인 카는 자신의
저서인 『역사란 무엇인가?』에서 역사가의 주관
적 해석과 과거의 객관적 사실의 상호 인과 작
용을 중시할 것을 주장하였다.

기출문장으로 출제 키워드 점검

01 (　　　)로서의 역사란 과거에 존재했던
　　모든 사실과 사건을 의미한다.

02 (　　　)으로서의 역사는 과거의 사실을
　　토대로 (　　　)가 이를 조사·연구해
　　주관적으로 재구성한 것이다.

03 카는 역사는 (　　　)과 (　　　)이라는 두
　　가지 측면으로 구성되어 있다고 주장하
　　였다.

[답]
01 사실　02 기록, 역사가　03 사실, 기록

압축개념
02 역사 학습의 의미와 목적

1. 역사 학습의 의미
　(1) **역사 그 자체를 배움**(객관적 의미의 역사 강조): 과거 사실에 대한 지식을 늘리고 기억하는
　　　것을 의미(= 역사는 지식의 보고)한다.
　(2) **역사를 통하여 배움**(주관적 의미의 역사 강조): 역사적 인물이나 사실들을 통하여 현재의
　　　내가 살아가는 데 필요한 능력과 교훈을 얻을 수 있다는 것을 의미한다.

2. 역사 학습의 목적

- (1) **현재를 바르게 이해**: 개인과 민족의 정체성 확립을 위해 과거의 사실을 토대로 현재를 바르게 이해할 수 있는 능력을 기를 수 있다.
- (2) **역사를 통한 삶의 지혜 습득**: 현재를 살면서 우리가 당면하는 문제를 파악하고 미래를 전망할 수 있는 지혜를 습득할 수 있다.
- (3) **역사적 사고력과 비판력 함양**: 역사적 사건의 보이지 않는 원인과 그 의도, 목적을 추론하는 사고력, 비판력을 함양할 수 있다.

기출문장으로 출제 키워드 점검

01 역사를 통하여 ( )를 살아가는 데 필요한 삶의 지혜와 교훈을 얻을 수 있다.

[답]
01 현재

압축개념

03 사료와 사료 비판

1. 사료

개념	역사 연구에 필요한 과거의 사실이 담긴 문헌이나 유물, 문서, 기록 등을 의미함
종류	• 1차 사료: 과거 사람들이 남긴 유물이나 유적, 기록 등 • 2차 사료: 후대의 역사가들이 정리한 것

2. 사료 비판

구분	외적 비판	내적 비판
대상	사료 그 자체	사료의 내용
목표	사료의 진위 여부 및 원사료의 가공 여부 파악	사료의 내용이 신뢰할 만한 것인지 파악
내용	• 오류, 조작, 위조, 변조 여부 확인 • 장소, 작자, 연대 및 전거 등을 밝힘	• 사료의 성격을 밝힘, 사료의 기술 분석 • 사료의 내용을 신뢰할 수 있는 이유 조사

확장개념

📍 **전거**
말이나 문장의 근거가 되는 문헌상의 출처

기출문장으로 출제 키워드 점검

01 사료와 역사적 진실이 반드시 일치하는 것은 아니므로 ( )이 필요하다.

[답]
01 사료 비판

압축개념

04 한국사의 보편성과 특수성

1. 한국사의 보편성

우리 민족은 다양한 민족 및 국가들과 교류하며, 자유와 평등·민주와 평화 등 전 인류의 공통된 가치를 추구해 왔다.

2. 한국사의 특수성

불교	인도 불교가 윤회 사상, 해탈, 살생 금지 등을 강조한 반면, 한국 불교는 현세 구복적, 호국적 성향이 강함
유교	• 중국·일본에 비해 가족 질서가 뿌리 깊게 정착함 • 중국 유학이 인(仁)을 강조한 반면, 한국의 유교는 충, 효, 의를 강조
기타	두레·계·향도 등 우리 민족만의 특수한 공동체 조직이 발달함

확장개념

📍 **두레와 계**
• 두레: 한 마을의 성인 남자들이 협력하며 농사를 짓거나, 부녀자들이 서로 협력하여 길쌈을 하던 공동 노동 조직
• 계: 주로 경제적인 도움을 주고 받거나 친목을 도모하기 위하여 만든 전래의 협동 조직

기출문장으로 출제 키워드 점검

01 한국사의 ( )과 ( )의 문제는 세계사 안에서 한국사를 올바르게 보는 관점을 제공한다.

[답]
01 보편성, 특수성

3. 한국사의 올바른 이해

우리 민족의 역사적 삶의 특수성을 인식하면서 세계사적 보편성을 이끌어 내는 방향으로 한국사를 이해해야 한다.

01 2010년 서울시 9급

역사의 의미에 대한 설명 중 옳지 않은 것은?

① 과거였던 사실(사실로서의 역사), 조사되어 기록된 과거 (기록으로서의 역사)라는 두 가지 의미가 있다.

② 사실로서의 역사는 시간적으로 현재까지 일어난 모든 과거의 사건을 말한다.

③ 기록으로서의 역사는 과거의 사실을 토대로 역사가가 이를 조사·연구해 주관적으로 재구성한 것이다.

④ 역사를 배운다는 것은 역사가가 선정하고 연구한 기록으로서의 역사를 배우는 것이다.

⑤ 사실로서의 역사는 주관적 의미의 역사이다.

02 2010년 지방직 9급

역사에 대한 설명으로 옳지 않은 것은?

① '기록으로서의 역사'에는 역사가의 주관이 개입되면 안 된다.

② 역사를 통하여 현재를 살아가는 데 필요한 삶의 지혜와 교훈을 얻을 수 있다.

③ 사료와 역사적 진실이 반드시 일치하는 것은 아니므로 사료 비판이 필요하다.

④ '사실로서의 역사'란 과거에 존재했던 모든 사실과 사건을 의미한다.

03 2011년 지방직 9급

다음과 같은 주장에 가장 적합한 역사 서술은?

> 역사가는 자기 자신을 숨기고 과거가 본래 어떠한 상태에 있었는가를 밝히는 것을 자신의 지상 과제로 삼아야 하며, 이때 오직 역사적 사실로 하여금 말하게 하여야 한다.

① 궁예와 견훤의 흉악한 사람됨이 어찌 우리 태조와 서로 겨룰 수 있겠는가.

② 건국 초에 향리의 자제를 뽑아 서울에 머물게 하여 출신지의 일에 대하여 자문하였는데, 이를 기인이라고 한다.

③ 묘청 등이 승리하였다면 조선사가 독립적, 진취적으로 진전하였을 것이니, 이 사건을 어찌 일천년래 제일대사건이라 하지 아니하랴.

④ 토문 이북과 압록 이서의 땅이 누구의 것인지 알지 못하게 하였으니 (중략) 고려가 약해진 것은 발해를 차지하지 못하였기 때문이다.

04 2019년 경찰직 1차

다음 내용에 대한 설명으로 틀린 것은?

> 역사가와 역사적 사실은 상호 불가분의 관계이다. 사실을 갖추지 못한 역사가는 뿌리가 없기 때문에 열매를 맺을 수 없다. 반면에 역사가가 없다면 사실은 생명이 없는 무의미한 존재일 뿐이다.
> 역사란 무엇일까? 이 질문에 대한 나의 궁극적인 답변은 다음과 같다. 역사는 역사가와 사실이 끊임없이 겪는 상호작용의 과정이며, 이는 현재와 과거의 끊임없는 대화인 셈이다.

① 사실로서의 역사를 강조하는 실증주의적 역사관을 잘 드러내고 있다.

② 역사는 사실과 기록이라는 두 가지 측면으로 구성되어 있다.

③ 카(E. H. Carr)가 쓴 『역사란 무엇인가?』에 나오는 문구이다.

④ 역사가의 주관적인 해석 과정은 객관적인 과거 사실만큼이나 역사를 형성하는 데 중요하다.

05 2009년 국가직 9급

다음 사료를 통해 추론할 수 있는 역사 서술의 특징과 맥락을 같이 하는 사례를 <보기>에서 고른 것은?

> 부여는 장성의 북쪽에 있으며 현도에서 천 리쯤 떨어져 있다. …… 사람들의 체격은 매우 크고 성품이 강직 용맹하며 근엄 후덕해서 다른 나라를 노략질하지 않았다. 고구려는 요동의 동쪽 천리에 있다. …… 좋은 밭이 없어서 힘들여 일구어도 배를 채우기에는 부족하였다. 사람들의 성품은 흉악하고 급해서 노략질하기를 좋아했다.
>
> – 『삼국지』 동이전

보기

> ㉠ 김부식의 『삼국사기』는 불교 관련 기사가 거의 없다.
> ㉡ 『고려사』는 우왕을 부정적으로 기록하였다.
> ㉢ 한백겸의 『동국지리지』는 문헌 고증에 입각한 객관적인 역사 연구를 추구하였다.
> ㉣ 사마천의 『사기』는 기전체로서 역사를 본기, 세가, 지, 열전, 연표 등으로 나누어 설명하였다.

① ㉠, ㉡ 　　　　② ㉠, ㉢

③ ㉡, ㉢ 　　　　④ ㉢, ㉣

06 2008년 국가직 9급

우리 역사의 특수성을 보여주는 설명만으로 묶은 것은?

> ㉠ 선사 시대는 구석기, 신석기, 청동기 시대 순으로 발전하였다.
> ㉡ 고대 사회의 불교는 현세 구복적이고 호국적인 성향이 있었다.
> ㉢ 조선 시대 농촌 사회에서는 두레·계와 같은 공동체 조직이 발달하였다.
> ㉣ 전근대사회에서 신분제 사회가 형성되어 있었다.

① ㉠, ㉡ 　　　　② ㉡, ㉢

③ ㉢, ㉣ 　　　　④ ㉠, ㉣

07 2016년 국가직 9급

다음 글을 근거로 할 때, 사료를 탐구하는 자세로 옳지 않은 것은?

> 역사라는 말은 사람에 따라 다양한 뜻으로 사용되고 있지만, 일반적으로 '과거에 있었던 사실'과 '조사되어 기록된 과거'라는 두 가지 뜻을 지니고 있다. 즉, 역사는 '사실로서의 역사'와 '기록으로서의 역사'라는 두 측면이 있다. 전자가 객관적 의미의 역사라면, 후자는 주관적 의미의 역사라 할 수 있다. 우리가 역사를 배운다고 할 때, 이것은 역사가들이 선정하여 연구한 '기록으로서의 역사'를 배우는 것이다.

① 사료는 '과거에 있었던 사실'이므로 그대로 '사실로서의 역사'라고 판단한다.

② 사료를 이해하기 위해 그 사료가 기록된 당시의 전반적인 시대 상황을 살펴본다.

③ 사료 또한 사람에 의해 '기록된 과거'이므로, 기록한 역사가의 가치관을 분석한다.

④ 동일한 사건 또는 같은 시대를 다루고 있는 여러 다른 사료와 비교·검토해 본다.

08 2014년 사회복지직 9급

한국사의 올바른 이해에 대한 설명으로 적절하지 않은 것은?

① 조선이 일본의 식민지로 전락하였던 것은 분권적인 봉건 제도가 없었기 때문이다.

② 한국사는 한국인의 주체적인 역사이며 사회 구성원들의 총체적인 삶의 역사이다.

③ 한국사의 보편성과 특수성의 문제는 세계사 안에서 한국사를 올바르게 보는 관점을 제공한다.

④ 다양한 기준에 의거해 시대 구분을 하더라도 한국사의 발전 양상에 주목할 필요가 있다.

정답 및 해설 p. 258

02 구석기 시대

01 구석기 시대의 생활 (약 70만년 전~1만년 전)

최근 7개년 **5회 출제!**
2023년 지방직 9급   2020년 국가직 9급
2020년 경찰직 1차   2019년 경찰직 1차
2018년 서울시 9급(6월)

1. 구석기 시대의 시기 구분

석기를 다듬는 수법에 따라 전기·중기·후기 구석기로 구분

시기	특징	도구
전기	큰 석기 한 개를 여러 가지 용도로 사용	주먹 도끼, 찍개, 주먹찌르개
중기	큰 몸돌에서 떼어 낸 격지(조각난 돌)를 잔손질 하여 제작한 석기를 하나의 용도로 사용	밀개, 긁개, 찌르개 등
후기	쐐기 같은 것을 대고 형태가 같은 여러 개의 돌날 격지 제작	슴베찌르개 등

2. 도구

(1) **뗀석기**: 돌을 떼어 내어 날을 만든 뗀석기를 사용하였다.

① **사냥 도구**: 주먹 도끼, 찍개, 찌르개, 팔매돌 등을 사용하였다.

② **조리 도구**: 긁개, 밀개 등을 사용하였다.

(2) **뼈 도구**: 동물의 뼈나 뿔로 만든 뼈 도구를 사냥과 채집 등에 사용하였다.

3. 주거 생활

위치	구석기인들은 주로 동굴이나 바위 그늘에서 살거나 지상이나 강가에 막집을 짓고 살았음
집터의 규모	작은 것은 3~4명, 큰 것은 10명 정도 살 수 있는 규모
특징	구석기 시대 후기의 막집 자리에는 기둥 자리, 담 자리 및 불 땐 자리가 남아 있음

4. 경제·사회 생활

(1) **수렵·어로·채집**: 구석기 시대에는 아직 농경법을 알지 못하였기 때문에 짐승이나 물고기를 잡아먹거나 나무 열매와 뿌리를 채집하여 생활하였다.

(2) **무리 사회**: 무리를 이루어 큰 사냥감을 찾아 다니며 이동 생활을 하였다.

(3) **평등한 공동체 사회**: 무리 중에서 경험이 많고 지혜로운 연장자가 지도자가 되었으나 권력을 갖지는 못하였고, 모든 사람이 평등한 공동체 생활을 하였다.

5. 예술 활동

(1) **예술품**: 석회암, 동물의 뼈나 뿔 등을 이용한 조각품을 제작하였다.

(2) **유적**: 공주 석장리와 단양 수양개에서 고래와 물고기 등을 새긴 조각이 발견되었다.

(3) **특징**: 사냥감의 번성을 비는 주술적 의미를 담아 예술품을 만들었다.

확장개념

주먹 도끼

손에 쥐고 도끼처럼 사용하여 주먹 도끼라고 이름이 붙여졌다. 짐승을 사냥하는 데는 물론 사냥한 짐승의 가죽을 벗기고 땅을 파는 등 다양한 용도로 사용되었다.

르발루아 기법

몸돌의 가장자리를 돌아가며 타격을 가해 떼어 낸 긁개, 찌르개 등 구석기 시대 중기의 격지 제작 방법으로 프랑스 파리의 르발루아 페레 유적에서 발견된 격지의 제작 기법에서 비롯된 용어이다.

슴베찌르개

슴베찌르개는 주로 구석기 시대 후기에 사용된 도구로, 맨 아래 부분을 나무나 뼈에 꽂아서 창처럼 사용하였다.

기출문장으로 출제 키워드 점검

01 구석기 시대 사람들은 대체로 동굴이나 (   )에서 생활하였으며 (   )을 사용할 줄 알았다.

02 구석기 시대에는 (   )를 사용하였다. 처음에는 찍개, (   ) 등과 같이 하나의 도구를 여러 용도로 사용하였으나 점차, 밀개, 찌르개 등 쓰임새가 정해진 도구를 만들어 사용하였다.

03 주먹 도끼, 찍개, 팔매돌 등은 (   ) 도구이고 긁개, 밀개 등은 대표적인 (   ) 도구이다.

04 (   )는 주로 구석기 시대 후기에 사용되었는데, 이것은 창의 기능을 하였다.

[답]
01 바위 그늘 ,불   02 뗀석기, 주먹 도끼   03 사냥, 조리
04 슴베찌르개

02 구석기 시대의 유적지

최근 7개년 2회 출제!
2020년 국가직 9급   2018년 서울시 7급(6월)

1. 시기별 구석기 유적지

전기	충북 단양 금굴	가장 오래된 유적지
	경기 연천 전곡리	아슐리안형 주먹 도끼 출토(모비우스 학설 폐기)
	충남 공주 석장리	전기~후기 구석기까지 계속된 유적(남한 최초 발견, 1964)
	평남 상원 검은모루 동굴	주먹 도끼, 포유류 동물의 뼈 등 발견
중기	덕천 승리산 동굴	한반도에서 최초로 인골 화석 발견(승리산인)
	충북 제천 점말 동굴	남한에서 최초로 확인된 동굴 유적, 사람 얼굴을 새긴 털코뿔이 뼈 출토
	대전 용호동	구석기 중기·후기 유적, 화덕 자리, 슴베찌르개 등 발견
	함북 웅기 굴포리	격지 석기, 매머드 화석 발견
	제주 빌레못 동굴	동물 뼈 화석과 찍개, 긁개 등 출토
후기	함북 종성 동관진	한반도 최초로 구석기 시대 유물이 발굴됨(1930년대)
	충북 청원 두루봉 동굴	어린 아이 인골 발견(흥수 아이)
	충북 단양 수양개	주거 유적 발견, 석기 제작지, 물고기 조각품 등 발견

2. 인골 화석이 발견된 구석기 유적지

유적지	인골 화석
충북 청원 두루봉 동굴	흥수 아이
평양 만달리 동굴	만달인
평남 덕천 승리산 동굴	승리산인(한반도에서 발견된 최초의 인골 화석)
충북 단양 상시리 바위 그늘	상시인(남한에서 발견된 최초의 인골 화석)

확장개념

아슐리안형 주먹 도끼
연천 전곡리에서 발견된 아슐리안형 주먹 도끼(양면핵석기)는 돌의 양쪽 면을 가공해 날을 세우는 방법으로 제작되었는데, 사냥과 뼈 가공 등 다양한 방면에서 사용된 다목적 도구였다.

모비우스 학설
아슐리안형 주먹 도끼가 유럽·아프리카 대륙에만 있었고, 아시아에는 없었다는 주장으로, 유럽·아프리카 문화권이 더 진보되었다는 제국주의적 학설이다.

기출문장으로 출제 키워드 점검

01 (   )에서는 사냥 도구인 주먹 도끼가 출토되었다.

02 1935년 두만강 가의 (   )에서 한반도 최초로 구석기 시대 유물인 석기와 골각기 등이 발견되었다.

03 구석기 시대 동굴 유적지로 덕천 (   ), 제천 점말, 청원 (   )이 있다.

[답]
01 연천 전곡리   02 함경북도 종성 동관진
03 승리산, 두루봉

---

03 중석기 시대 (약 1만 2천년 전~1만년 전)

1. 시기
(1) 구석기 시대에서 신석기 시대로 나아가는 과도기(전환기)를 중석기 시대라고 한다.
(2) 중석기 시대는 시기적으로 후기 구석기 시대에 해당한다.

2. 자연환경의 변화
중석기 시대에는 기후가 따뜻해지면서 거대한 짐승이 사라지고 작은 동물과 식물이 번성하였다. 이에 따라 수렵과 어로, 식물 채집 등이 성행하였고, 도구의 변화에 영향을 주었다.

3. 도구의 변화
(1) 사냥 대상의 변화: 중석기 시대에는 큰 짐승 대신 작고 빠른 동물을 사냥하였다.
(2) 잔석기·이음 도구 제작: 중석기 시대에는 이전에 비해 작게 만들어진 잔석기를 사용하였고, 한 개 내지 여러 개의 석기를 나무나 뼈에 꽂거나 손잡이를 부착해서 쓰는 이음 도구(톱, 활, 창, 작살)를 제작하였다.

시험 직전! 필수 암기

중석기 시대의 유적지

남한 지역	경남 통영 상노대도 조개더미 최하층, 강원 홍천 하화계리 유적
북한 지역	함북 웅기 부포리, 평양 만달리 유적

기출문장으로 출제 키워드 점검

01 (   ) 시대에는 잔석기를 한 개 내지 여러 개의 나무나 뼈에 꽂아 쓰는 (   ) 도구를 만들었다.

[답]
01 중석기, 이음

03 신석기 시대

01 신석기 시대의 생활 (기원전 8000년경)

최근 7개년 **8회 출제!**
2024년 지방직 9급	2021년 법원직 9급
2021년 소방직	2020년 경찰직 2차
2020년 법원직 9급	2019년 경찰간부후보생
2019년 소방직	2018년 지방직 9급

1. 도구

(1) **간석기**: 돌을 갈아서 여러 가지 형태와 용도를 가진 간석기를 만들어 사용하였는데, 그 종류로는 돌보습, 돌괭이, 돌낫 등의 농기구, 갈돌과 갈판이 있다.

(2) **수공업 도구**: 가락바퀴, 뼈바늘을 가지고 옷(직조 기술)과 그물을 제작하는 원시적 수공업을 시작하였다.

(3) **토기**: 음식물을 조리하고 저장하기 위해 토기를 제작하였다.

이른 민무늬 토기	신석기 시대에 출토된 토기 중 가장 오래됨
덧무늬 토기	토기 표면에 덧띠를 따로 덧붙인 것이 특징
눌러찍기무늬 토기	손가락이나 동물 뼈·나뭇가지 등으로 무늬를 찍은 것이 특징
빗살무늬 토기	• 신석기 시대의 대표적인 토기로 몸체에 빗살무늬가 새겨져 있고, 밑부분이 뾰족한 형태(V형, 첨저형)이거나 편평한 화분 모양(평저형)을 하고 있으며 크기도 다양함 • 황해도 봉산 지탑리, 평양 남경, 서울 암사동 등 전국 각지에서 출토(모두 강가나 바닷가)

2. 경제 생활

(1) **농경의 시작**: 조·피·수수 등의 잡곡을 재배하는 등 농경과 목축이 시작되었다.

(2) **사냥과 고기잡이**: 농경이 시작되어 사냥과 고기잡이의 비중이 줄어들었지만 여전히 지속되었다. 이때 돌이나 뼈로 만든 낚시 도구로 고기잡이를 하였으며, 이때 채집한 조개류를 식용 또는 장식용(조개껍데기 가면)으로 활용하였다.

3. 주거 생활

(1) **정착 생활**: 신석기 시대부터 농경이 시작되면서 정착 생활을 하였고, 거주 공간인 움집이 제작되었다. 신석기인들은 강가나 바닷가에 움집을 지어 거주하였다.

(2) **움집**

집터	원형·방형(모서리가 둥근 사각형) 바닥, 반지하식 형태
구조	중앙에 화덕이 위치, 화덕이나 출입문 옆에 저장 구덩이가 위치
용도	집터의 크기가 일정하여 주거용으로만 사용되었을 것이라 추정
규모	4~5명 정도의 한 가족이 살기에 알맞은 크기(소규모 취락 형태)

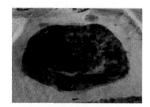
신석기 시대의 집터

움집(서울 암사동)

확장개념

가락바퀴

방추차라고도 불리는 가락바퀴는 실을 뽑는 도구로, 뼈바늘과 함께 옷이나 그물을 제작하는 원시적인 수공업에 사용되었다.

빗살무늬 토기

빗살무늬 토기는 신석기 시대의 대표적인 유물로, 첨저형 빗살무늬 토기의 경우 강가나 바닷가의 땅에 꽂아서 사용하기 위해 끝을 뾰족하게 만들었다.

기출문장으로 출제 키워드 점검

01 신석기 시대에는 조, 피 등을 재배하는 (   )이 시작되었다.

02 신석기 시대에 사람들은 돌을 갈아 다양한 모양의 (   )를 만들고, 조리나 식량 저장에 사용할 수 있는 (   )를 만들었다.

03 신석기 시대에는 (   )나 (   )을 이용하여 의복이나 그물을 만들어 사용하였다.

04 신석기 시대 움집 집터의 바닥은 대부분 (   ) 또는 모서리가 (   )이다.

05 신석기 시대에는 (   )에 바탕을 둔 (   )을 사회의 기본 구성 단위로 하였다.

[답]
01 농경 02 간석기, 토기 03 가락바퀴, 뼈바늘
04 원형, 둥근 사각형 05 혈연, 씨족

4. 사회 생활

(1) **부족 사회**: 혈연을 바탕으로 한 씨족을 기본 구성 단위로 하고, 점차 다른 씨족과의 족외혼을 통하여 부족을 형성하였다.

(2) **평등 사회**: 사유 재산과 계급이 발생하지 않았으며, 구석기 시대와 마찬가지로 연장자나 경험이 많은 자가 자기 부족을 통솔하였다.

(3) **모계 사회**: 모계의 혈통을 중시하여 태어난 사람은 모계의 씨족에 속하게 하였다.

(4) **공동 사회**: 생활 수준이 낮아서 공동 생산과 공동 분배를 하였다.

압축개념

02 신석기 시대의 신앙·예술 활동

1. 원시 신앙

(1) **배경**: 신석기 시대에 농경을 시작하고 정착 생활을 하게 되면서 인간은 자연의 섭리에 많은 관심을 가지게 되었는데 이러한 관념이 원시 신앙으로 발전하였다.

(2) **종류**

애니미즘	농사에 영향을 주는 자연 현상이나 자연물에 정령이 있다고 믿고 숭배
토테미즘	자기 부족의 기원을 특정 동식물과 연결시켜 숭배
샤머니즘	인간과 영혼·하늘을 연결시켜 주는 무당을 믿고, 그 주술에 대해 숭배
영혼 불멸 사상	사람이 죽어도 영혼은 없어지지 않는다고 믿음
조상 숭배	조상의 영혼이 자기 씨족을 보호한다고 믿음

2. 예술 활동

흙으로 빚은 얼굴 모습이나 동물의 모양을 새긴 조각품, 조개껍데기 가면, 조가비나 짐승의 뼈·이빨로 만든 치레걸이(장식품) 등을 제작하였다.

확장개념

📍 조개껍데기 가면

신석기 시대에 사용되었던 의례 도구 중의 하나로, 부산 동삼동 패총(조개더미)에서 출토되었다.

기출문장으로 출제 키워드 점검

01 신석기 시대의 원시 신앙으로는 영혼이나 하늘을 인간과 연결시켜 주는 존재인 무당과 그 주술을 믿는 (   )도 있었다.

[답]
01 샤머니즘

압축개념

03 신석기 시대의 유적지

최근 7개년 **3회 출제!**
2021년 국가직 9급 2020년 경찰직 1차
2018년 서울시 9급(3월)

강원 양양 오산리	· 한반도에서 가장 오래된 신석기 시대 집터 유적지 발견 · 이른 민무늬 토기, 덧무늬 토기, 눌러찍기무늬 토기 출토
함북 웅기 굴포리 서포항	· 구석기 중기·후기, 신석기, 청동기 유물 모두 출토 · 개, 뱀, 망아지 등으로 여겨지는 호신부(護身符)가 출토됨
황해 봉산 지탑리 평양 남경	탄화된 좁쌀이 발견되어 신석기 시대에 농경이 시작(식량 생산)되었음을 보여줌
평남 온천 궁산리	· 빗살무늬 토기, 사슴뿔로 만든 괭이 등 출토 · 뼈바늘이 출토되어 신석기 시대에 원시 수공업이 시작되었음을 보여줌
서울 암사동	신석기 시대 집터 발견, 빗살무늬 토기 등 출토
제주 한경 고산리	이른 민무늬 토기, 덧무늬 토기, 눌러찍기무늬 토기 출토
부산 동삼동	· 조와 기장, 조개껍데기 가면, 빗살무늬 토기 등 출토된 패총 유적 · 일본산 흑요석 화살촉 등이 출토되어 일본과 교류 사실을 보여줌
함북 청진 농포동	흙으로 만든 여성 조각품과 개 머리와 새 모양 조각품 등 출토

확장개념

📍 패총(조개더미)
조개껍데기 등의 생활 쓰레기가 쌓여 만들어진 선사 시대의 생활 유적으로, 신석기 시대에 많이 만들어졌다.

기출문장으로 출제 키워드 점검

01 신석기 시대의 유적지인 (   ) 패총에서 조와 기장이 수습되었다.

02 신석기 시대에는 백두산이나 일본에서 유입된 것으로 보이는 (   )이 사용되었다.

[답]
01 부산 동삼동 02 흑요석

01 2018년 서울시 9급(6월 시행)

구석기 시대 사람들의 생활상에 대한 설명으로 가장 옳은 것은?

① 대체로 동굴이나 바위 그늘에서 생활하였으며 불을 사용할 줄 알았다.

② 단양 수양개, 연천 전곡리, 공주 석장리 등 강가에 살던 사람들은 주로 고기잡이와 밭농사를 하며 생활하였다.

③ 이 시기의 대표적인 무덤 형식은 고인돌과 돌널무덤이다.

④ 주먹 도끼, 가로날 도끼, 민무늬 토기 등의 도구를 사용했다.

02 2017년 경찰직 1차

선사 시대에 대한 설명으로 가장 적절하지 않은 것은?

① 구석기 중기에는 큰 몸돌에서 떼어 낸 돌조각인 격지들을 가지고 잔손질을 하여 석기를 만들었다.

② 강원 양양 지경리 유적은 신석기 시대 사람들이 살았던 움집 자리로, 동그란 모양의 바닥 중앙에 화덕 자리가 있다.

③ 신석기 시대는 아직 지배와 피지배의 관계가 발생하지 않았고, 연장자나 경험이 많은 자가 자기 부족을 이끌어 나가는 평등 사회였다.

④ 신석기 시대에는 민무늬 토기 이외에 입술 단면에 원형 방형, 삼각형의 덧띠를 붙인 덧띠 토기, 검은 간 토기 등도 사용되었다.

03 2020년 국가직 9급

(가) 시기의 생활상에 대한 설명으로 옳은 것은?

> 1935년 두만강 가의 함경북도 종성군 동관진에서 한반도 최초로 [(가)] 시대 유물인 석기와 골각기 등이 발견되었다. 발견 당시 일본에서는 [(가)] 시대 유물이 출토되지 않은 상황이었다.

① 반달 돌칼을 이용하여 벼를 수확하였다.

② 넓적한 돌 갈판에 옥수수를 갈아서 먹었다.

③ 사냥이나 물고기잡이 등을 통해 식량을 얻었다.

④ 영혼 숭배 사상이 있어 사람이 죽으면 흙 그릇 안에 매장하였다.

04 2018년 서울시 7급(6월 시행)

<보기>에서 설명하는 구석기 유적은?

> **보기**
> 이곳에서는 동아시아에서 처음으로 아슐리안형 주먹 도끼가 발굴되었다. 이러한 성과는 세계의 전기 구석기 문화가 유럽·아프리카 아슐리안 전통과 동아시아 지역의 찍개 문화로 나뉜다는 고고학계의 학설이 무너지는 계기가 되었다.

① 공주 석장리 유적

② 연천 전곡리 유적

③ 청원 두루봉 동굴 유적

④ 단양 상시리 바위 그늘 유적

05 2019년 국가직 7급

다음 토기가 사용된 시기의 생활상으로 옳지 않은 것은?

> 이 토기는 그릇의 표면에 점토 띠를 덧붙여 각종 문양 효과를 내었으며, 바닥은 평저 또는 원저로 이루어져 있다. 대표적인 예로 부산 동삼동, 울주 신암리, 양양 오산리 유적 등에서 출토된 것이 있다.

① 움집에서 주거 생활을 하였다.
② 검은 간 토기를 함께 사용하였다.
③ 가락바퀴를 이용해 옷을 만들었다.
④ 농경이 시작되어 조와 기장 등을 경작하였다.

06 2021년 국가직 9급

신석기 시대 유적과 유물을 바르게 연결한 것만을 모두 고르면?

> ㉠ 양양 오산리 유적 - 덧무늬 토기
> ㉡ 서울 암사동 유적 - 빗살무늬 토기
> ㉢ 공주 석장리 유적 - 미송리식 토기
> ㉣ 부산 동삼동 유적 - 아슐리안형 주먹 도끼

① ㉠, ㉡
② ㉠, ㉣
③ ㉡, ㉢
④ ㉢, ㉣

07 2016년 지방직 7급

신석기 시대의 사회상에 대한 설명으로 옳지 않은 것은?

① 독무덤과 널무덤이 유행하였다.
② 방추차를 이용하여 옷감을 짜서 입었다.
③ 이른 민무늬 토기, 덧무늬 토기 등을 사용하였다.
④ 영혼 숭배와 조상 숭배가 나타났다.

08 2016년 경찰직 2차

신석기 시대에 대한 설명으로 가장 적절한 것은?

① 동굴이나 바위 그늘에서 살거나 강가에 막집을 짓고 살았다.
② 가락바퀴나 뼈바늘을 이용하여 의복이나 그물을 만들어 사용하였다.
③ 생산력의 증가에 따라 잉여 생산물이 생기자 힘이 센 자가 이것을 개인적으로 소유하여 사유 재산이 나타났다.
④ 농기구는 주로 석기로 만들어졌는데, 반달 돌칼, 바퀴날 도끼, 홈자귀 등이 대표적이다.

09 2017년 지방직 9급(6월 시행)

한반도 선사 시대에 대한 설명으로 옳지 않은 것은?

① 구석기 시대 전기에는 주먹 도끼와 슴베찌르개 등이 사용되었다.
② 신석기 시대 집터는 대부분 움집으로 바닥은 원형이나 모서리가 둥근 사각형이다.
③ 신석기 시대 사람들은 조개류를 많이 먹었으며, 때로는 장식으로 이용하기도 하였다.
④ 청동기 시대의 전형적인 유물로는 비파형동검, 붉은 간 토기, 반달 돌칼, 홈자귀 등이 있다.

정답 및 해설 p. 259

04 청동기 시대와 철기 시대

최근 7개년 **3회 출제!**
2023년 국가직 9급   2019년 국가직 9급
2018년 지방직 9급

1. 청동기의 보급

(1) **시기**: 기원전 2000년경에서 기원전 1500년경에 한반도에 청동기 시대가 시작되었다.

(2) **특징**: 우리나라 청동기는 구리에 아연을 섞어 만들어졌으며, 북방 계통의 영향을 받았다.

2. 청동기 시대의 유물

(1) 석기

① **농기구의 다양화**: 반달 돌칼, 돌도끼, 바퀴날 도끼, 홈자귀, 돌괭이 등 농기구가 다양해졌다(청동제 농기구는 없음).

② **부장품 출토**: 사냥이나 전쟁에 쓰인 간돌검(마제석검)이 무덤(고인돌)에서 부장품(껴묻거리용)으로 출토되었다. 이는 족장들의 권위를 상징하였다.

(2) **청동기**: 대표적인 청동기로는 비파형동검, 거친무늬 거울(조문경), 장신구 등이 있다.

(3) **토기**: 덧띠새김무늬 토기(신석기 시대 말기에서 청동기 초기의 토기), 미송리식 토기(항아리 양쪽 옆으로 손잡이가 달려있음), 민무늬 토기, 송국리식 토기, 붉은 간 토기 등

기출문장으로 출제 키워드 점검

01 청동기 시대에는 (   )을 이용하여 벼를 수확하였다.

02 청동기 시대의 전형적인 유물로는 (   ) 토기, 민무늬 토기, (   ) 간 토기 등의 토기가 있다.

[답]
01 반달 돌칼 02 미송리식, 붉은

1. 철기의 보급

(1) **시기**: 기원전 5세기경 중국 전국 시대 혼란기에 유이민들이 이주해오면서 철기가 사용되기 시작하였다.

(2) 영향

① **철제 농기구·무기 사용**: 철로 만든 괭이, 낫, 호미 등을 사용하면서 농업 생산력이 크게 증대하였고, 철제 무기의 사용으로 정복 활동이 활발하게 전개되었다.

② **청동기의 의기화**: 철제 무기를 쓰게 되면서 청동기는 의식용 도구로 변하였다.

③ **중국과의 교류 확대**: 철기와 함께 출토되는 명도전, 반량전, 오수전 등의 화폐를 통해 당시 중국과 활발하게 교류하였음을 알 수 있다. 또한, 창원 다호리 유적에서 붓이 출토되어 중국과의 교류를 통해 한자를 사용하고 있었음을 알 수 있다.

2. 철기 시대의 유물

(1) **청동기의 독자적 발전**: 청동기 시대 후반 이후 비파형동검은 세형동검(한국식 동검)으로, 거친무늬 거울은 잔무늬 거울(세문경)로 발전하였으며, 청동 제품을 제작하던 틀인 거푸집이 여러 유적에서 출토되었다.

(2) **토기**: 민무늬 토기(다양화), 덧띠 토기, 검은 간 토기

기출문장으로 출제 키워드 점검

01 철기 시대에는 중국으로부터 철기와 함께 (   ), 반량전 등이 유입되었다.

02 철기 시대에는 한국식 동검이라 일컫는 (   )동검을 사용하였다.

[답]
01 명도전 02 세형

03 청동기 시대와 철기 시대의 생활

최근 7개년 **5회 출제!**
2023년 서울시 9급 | 2022년 서울시 9급(6월)
2019년 경찰간부후보생 | 2019년 법원직 9급
2018년 법원직 9급

1. 경제 생활

조·피·수수 외에 보리·콩 등이 재배되면서 밭농사가 본격화되었으며 일부 저습지를 중심으로 벼농사가 시작되었다(부여 송국리, 여주 흔암리 등에서 탄화미 발견).

2. 주거 생활

(1) **배산임수의 취락**: 배산임수의 야산·구릉 지대에 집단 취락이 형성되었고 취락 주위에 외침을 막기 위한 환호와 목책을 설치하였다.

(2) **움집**

집터	대체로 직사각형 모양, 점차 지상 가옥화(반움집) 됨
구조	화덕의 위치가 중앙에서 벽면으로 이동, 저장 구덩이를 따로 설치하거나 밖으로 돌출시킴
용도	집터의 크기가 다양해짐 → 주거용 외의 다양한 용도로 사용
대표 유적	· 부여 송국리: 청동기 시대의 마을 유적, 집터 바닥 중앙에 구덩이를 파고 그 양쪽 끝에 2개의 기둥을 세운 것이 특징 · 제주 삼양동: 철기 시대의 마을 유적, 대규모의 집터(마을) 발견

3. 사회 생활

(1) **사유 재산 발생**: 생산력의 증가로 발생한 잉여 생산물을 힘이 강한 자가 소유하였다.

(2) **계급 발생**: 생산물의 분배와 사유화 때문에 사람들 사이에 갈등이 생겨나고, 빈부 격차와 계급 분화가 촉진되었다.

(3) **군장(족장)의 출현**: 청동기 시대에는 권력과 경제력을 가진 지배자가 나타났는데, 이 지배자를 군장(족장)이라 한다. 군장은 부족의 풍요와 안녕을 기원하는 제사를 지냈다.

(4) **정복 활동**: 청동이나 철로 된 무기의 사용으로 활발한 정복 활동이 전개되었고, 우세한 부족은 선민사상을 내세워 주변 부족을 통합하였다.

4. 무덤의 형태

(1) **청동기 시대의 무덤**: 고인돌, 돌무지무덤(적석총), 돌널무덤(석관묘)

(2) **철기 시대의 무덤**: 널무덤, 독무덤, 덧널무덤

확장개념

철기 시대의 움집
· 초기 철기 시대까지는 움집이 지어졌으나, 부뚜막 시설(온돌)이 등장하며 점차 사라짐
· 철기 시대를 거치며 지상 가옥(춘천 율문리 유적)에 거주하는 것이 일반화 됨

고인돌

분포	한반도와 만주 지역에 집중적으로 분포
종류	· 탁자식(북방식) 고인돌 · 바둑판식(남방식) 고인돌 · 개석식 고인돌
의미	당시 지배층이 가진 정치 권력과 경제력을 잘 반영해주고 있음

기출문장으로 출제 키워드 점검

01 청동기 시대에는 일부 지역에서 (   )가 시작되는 등 농경이 더욱 발달하였다.

02 청동기 시대에는 움집 중앙에 있던 (   )이 한쪽 벽으로 옮겨지고, (   )도 따로 설치하였다.

03 청동기 시대에는 토지와 생산물에 대한 (   ) 개념이 발생하여 빈부의 차가 생기고 (   )이 분화되었다.

04 초기 철기 시대에는 (   )과 (   ) 등의 무덤들이 만들어졌다.

[답]
01 벼농사 02 화덕, 저장 구덩이 03 사유 재산, 계급
04 널무덤, 독무덤

---

04 청동기 시대와 철기 시대의 예술

1. 예술품

청동 제품	말·호랑이·사슴·사람의 손 모양 등을 사실적으로 조각하거나 기하학적 무늬를 정교하게 새겨 넣었음
토(土) 제품	흙으로 빚은 짐승·사람 모양의 토우(풍요로운 생산을 기원하는 의미를 가지고 있었음)

2. 바위그림(암각화)

암각화는 울주 대곡리 반구대 바위그림(거북, 사슴, 새 등의 동물과 고래 등이 새겨짐)과 고령 양전동 알터 바위그림(고령 장기리 바위그림, 동심원·십자형·삼각형 등 기하학 무늬를 표현)이 대표적이다.

기출문장으로 출제 키워드 점검

01 청동기·철기 시대 사람들은 사냥 및 고기잡이의 성공과 풍요를 기원하기 위해 (   )을 그렸다.

[답]
01 바위그림

01 2017년 국가직 9급(10월 시행)

밑줄 친 '이 시기'에 해당하는 사실로 옳은 것은?

> 이 시기에는 반달 돌칼 등 다양한 간석기가 사용되었고 민무늬 토기를 비롯한 토기의 종류도 다양해졌으며, 고인돌과 돌널무덤이 만들어졌다.

① 농경과 목축이 시작되었다.
② 주로 동굴이나 강가의 막집에 거주하였다.
③ 용호동 유적에서 불 땐 자리가 확인되었다.
④ 목을 길게 단 미송리식 토기가 사용되었다.

02 2015년 경찰직 1차

청동기 시대의 문화에 대한 설명으로 가장 적절하지 않은 것은?

① 청동기 제작과 관련된 전문 장인이 출현하였으며, 사유 재산 제도와 계급이 나타나게 되었다.
② 청동기 문화가 독자적 발전을 이룩하면서, 잔무늬 거울은 거친무늬 거울로 그 형태가 변하여 갔다.
③ 고인돌, 돌널무덤, 돌무지무덤 등이 나타나게 되었다.
④ 이 시기의 전형적인 유물로는 미송리식 토기, 민무늬 토기, 붉은 간 토기 등의 토기가 있다.

03 2016년 국가직 7급

청동기 시대의 생활상에 대한 설명으로 옳은 것은?

① 정교하고 날카로운 간돌검을 사용하였다.
② 빗살무늬 토기에 도토리 등을 저장하였다.
③ 유적으로는 상원 검은모루, 공주 석장리 등이 있다.
④ 주먹 도끼, 찍개 등 돌로 된 사냥 도구를 만들었다.

04 2019년 국가직 9급

청동기 시대의 유적과 유물에 대한 설명으로 옳은 것은?

① 연천 전곡리에서는 사냥 도구인 주먹 도끼가 출토되었다.
② 창원 다호리에서는 문자를 적는 붓이 출토되었다.
③ 강화 부근리에서는 탁자식 고인돌이 발견되었다.
④ 서울 암사동에서는 곡물을 담는 빗살무늬 토기가 나왔다.

05 2013년 국가직 7급

다음 설명에 해당하는 토기는?

> 밑이 납작한 항아리 양쪽 옆으로 손잡이가 하나씩 달리고 목이 넓게 올라가서 다시 안으로 오므라들고, 표면에 집선(集線) 무늬가 있는 것이 특징이다. 주로 청천강 이북, 요령성과 길림성 일대에 분포한다. 이 토기는 고인돌, 거친무늬 거울, 비파형동검과 함께 고조선의 특징적인 유물로 간주된다.

① 검은 간 토기
② 미송리식 토기
③ 눌러찍기무늬 토기
④ 덧띠새김무늬 토기

06 2015년 법원직 9급

다음 중 한반도에서 청동기 문화가 독자적으로 발전했음을 보여 주는 유물은?

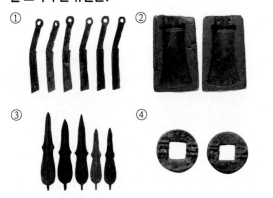

① ② ③ ④

08 2019년 법원직 9급

다음 유물이 대표하는 시기의 사회 모습으로 가장 옳은 것은?

① 농경이 시작되었다.
② 불교를 받아들였다.
③ 계급 사회가 성립되었다.
④ 주로 동굴이나 막집에서 살았다.

09 2015년 법원직 9급

(가)~(라)에 들어갈 내용으로 가장 옳은 것은?

<당시 사람들의 생활 방식 체험 활동>

유적지	유적 개요	체험 활동
연천 전곡리	아슐리안 석기 형태를 갖춘 주먹 도끼와 박편 도끼가 동아시아에서 처음 발견됨	(가)
서울 암사동	한강변에 위치하며, 원형 혹은 귀퉁이를 없앤 사각형의 움집이 다수 발굴됨	(나)
여주 흔암리	구릉 경사지에 반움집 형태의 주거지를 형성하였으며 탄화된 쌀이 발견됨	(다)
강화 부근리	높이 2.6m, 덮개돌의 추정 무게 약 50톤 이상의 탁자식 고인돌을 비롯한 여러 기의 고인돌이 있음	(라)

① (가) - 돌을 갈아서 돌도끼 만들기
② (나) - 반달 돌칼로 벼 이삭 따기
③ (다) - 흙을 빚어 그릇 만들기
④ (라) - 쇠쟁기로 밭 갈기

07 2018년 지방직 9급

다음은 각 유물과 그것이 사용되던 시기의 사회 모습에 대한 설명이다. 옳은 것만을 모두 고르면?

> ㉠ 슴베찌르개 - 벼농사를 짓기 시작하였고 나무로 만든 농기구를 사용하였다.
> ㉡ 붉은 간 토기 - 거친무늬 거울을 사용하여 제사를 지내거나 의식을 거행하였다.
> ㉢ 반달 돌칼 - 농사를 짓기 시작했지만 아직 지배와 피지배 관계는 발생하지 않았다.
> ㉣ 눌러찍기무늬 토기 - 가락바퀴와 뼈바늘을 이용하여 옷이나 그물을 만들어 사용하였다.

① ㉠, ㉡   ② ㉠, ㉢
③ ㉡, ㉣   ④ ㉢, ㉣

정답 및 해설 p. 260

고조선의 성장

압축개념

01 고조선의 건국과 발전

최근 7개년 **6회 출제!**
2024년 지방직 9급   2022년 법원직 9급
2020년 소방직   2019년 서울시 9급(6월)
2019년 경찰직 1차   2019년 경찰간부후보생

1. 고조선(단군 조선)의 건국(기원전 2333년)

(1) **건국**: 『동국통감』의 기록에 따르면 단군왕검이 주변 군장 사회를 통합하여 기원전 2333년에 고조선을 건국하였다.

(2) **단군왕검의 의미**: 제사장(단군)과 정치적 군장(왕검)의 의미를 담고 있는 제정일치 사회의 지배자를 의미한다.

(3) **고조선의 세력 범위**: 랴오닝(요령) 지역을 중심으로 하여 한반도까지 세력을 넓혀 나간 고조선의 세력 범위는 비파형동검, 거친무늬 거울, 미송리식 토기, 북방식 고인돌 중 2개 이상이 공통으로 발견되는 지역과 거의 일치한다.

2. 고조선의 발전

(1) **기원전 4세기**: 스스로 왕을 칭하며 중국의 연나라와 대립할 만큼 강성하였다.

(2) **기원전 3세기 초**: 연나라 장수 진개의 침입으로 랴오둥(요동) 지역을 상실하면서 영토가 축소되었다. 이 시기에 고조선의 중심지가 랴오허(요하) 유역에서 대동강 유역(평양)으로 이동한 것으로 보인다.

(3) **기원전 3세기경**: 고조선의 정치 조직이 정비되었다.

① **왕위 세습**: 부왕, 준왕과 같은 강력한 왕이 등장하여 왕위를 세습하였다.

② **관직 정비**: 왕 아래에 상, 경, 대부, 대신, 장군, 박사 등의 관직을 설치하였다.

시험 직전! 필수 암기

· 중국 측 고조선 문헌: 『관자』, 『산해경』
· 우리나라 측 고조선(단군 조선) 관련 기록

문헌	저자	시기
『삼국유사』	일연	고려 충렬왕
『제왕운기』	이승휴	고려 충렬왕
『세종실록』「지리지」	–	조선 단종
『응제시주』	권람	조선 세조
『동국여지승람』	노사신	조선 성종
『동국통감』	서거정	조선 성종
『표제음주동국사략』	유희령	조선 중종

기출문장으로 출제 키워드 점검

01 고조선의 세력 범위는 (　　　)동검과 북방식 고인돌의 분포를 통하여 확인해 볼 수 있다.

[답]
01 비파형

압축개념

02 위만 조선의 성립과 발전

최근 7개년 **2회 출제!**
2019년 서울시 9급(6월)   2019년 경찰직 1차

1. 위만 조선의 성립 과정

(1) **위만의 이주**: 중국의 진·한 교체기(혼란기)에 위만이 1천여 명의 유이민 무리를 이끌고 연나라에서 고조선으로 망명하였다.

(2) **위만의 성장**: 위만이 준왕의 신임을 받아 서쪽 변경을 수비하는 임무를 맡았다.

(3) **위만의 왕위 등극**: 세력을 키운 위만은 준왕을 축출(기원전 194)하고 왕위에 오르며 위만 조선이 성립(기원전 194)되었다. 한편 위만에 의해 축출된 준왕은 남하하여 진을 중심으로 세력을 형성하고 스스로 '한왕'이라 칭하였다.

2. 위만 조선의 성격

(1) **연립 정권**: 유이민 세력과 토착 세력이 함께 정권에 참여하였다.

(2) **단군 조선 계승**: 위만의 남하 복장이 상투를 틀고 흰 옷(오랑캐 옷)을 착용하였다고 기록되어 있으며, '조선'을 그대로 국호로 사용하고 토착민을 고위 관리로 등용한 것을 통해 단군 조선을 계승한 것으로 볼 수 있다.

확장개념

📍 **위만에 대한 기록** 기출사료
연나라 사람 위만(衛滿)이 망명하여 오랑캐 복장(胡服)을 하고 동쪽으로 패수를 건너 준왕에게 와서 항복하였다. 그리고 준왕을 설득하여 서쪽 경계에 머물게 해달라고 부탁하였다. … 위만이 망명한 사람들을 꾀어서 무리가 점점 많아졌다. … 마침내 돌아와 준왕을 공격하였다. 준왕은 위만과 싸웠지만 상대가 되지 못하였다.
- 『삼국지』「위서」동이전

3. 위만 조선의 발전

철기 문화 수용	철기 문화를 본격적으로 수용 → 상업과 무역의 발달
중계 무역 전개	예·진이 중국의 한과 직접 교역하는 것을 막고 중계 무역의 이득 독점
정치 조직 정비	비왕·상·경 등의 관료 조직 정비
영토 확장	진번과 임둔 세력을 복속시킴

---

03 고조선의 멸망

1. 배경

(1) 대내적: 고조선이 중계 무역 등을 바탕으로 한(漢)에 위협적인 나라로 성장하였다.

(2) 대외적: 기원전 128년 고조선에 복속해 있던 예(濊)의 군장 남려가 위만 조선의 우거왕에 반기를 들고 한에 투항하자 한은 예맥 지역(요동)에 창해군을 설치하여 위만 조선 진출의 발판으로 삼고자 하였다.

2. 전개

우거왕이 한(漢)의 사신 섭하를 살해 → 한 무제가 보복을 위해 고조선 침략 → 전쟁 초기 고조선의 승리(패수 전투) → 전쟁의 장기화(1년)로 인한 지배층의 내분 → 우거왕 피살, 성기 장군의 최후 항전 → 왕검성이 함락되어 고조선 멸망(기원전 108)

확장개념

📍 지배층 내분: 주전파와 주화파의 갈등

주전파	우거왕, 대신(大臣) 성기
주화파	・조선상 역계경: 우거왕에게 한 간언이 받아들여지지 않자 한강 이남의 진국으로 이동 ・조선상(노인), 니계상(삼), 상(한음), 장군(왕협) 등: 왕검성 포위 때 한에 투항

3. 결과 – 한 군현의 설치와 소멸

설치	・한은 고조선 일부 지역에 4개의 군현(낙랑, 진번, 임둔, 현도)을 설치하여 지배 시도 ・고조선의 많은 지배층이 남하하여 삼한의 발전에 큰 영향을 주었음
소멸	・낙랑군: 고구려 미천왕에 의해 축출됨 ・현도군: 고구려인의 저항으로 푸순 방면으로 축출됨

---

04 고조선의 사회

최근 7개년 4회 출제!
최근 7개년 **4회 출제!**
2022년 법원직 9급　　　2020년 경찰직 2차
2020년 소방직　　　2019년 서울시 9급(6월)

1. 8조법

기록	반고의 『한서』 「지리지」(3개 조항만 남아 있음)
내용	・살인죄: 살인자는 즉시 사형에 처한다 → 인간의 생명을 중시하는 사회 ・상해죄: 상해한 자는 곡물로 보상한다 → 노동력을 중시하는 농경 사회 ・절도죄: 남의 물건을 도둑질한 자는 소유주의 집에 잡혀 들어가 노예가 되는 것이 원칙이며, 자속하려는 자는 50만 전을 내놓아야 한다 → 사유 재산이 인정되는 계급 사회 ・기타: 여성의 정절 중시 → 가부장제 사회

확장개념

📍 8조법의 성격
지배층이 사회 질서를 유지하면서 지배력을 강화하기 위한 수단

2. 한 군현 설치 이후 사회의 변화

(1) 토착민들의 저항: 한 군현의 억압과 수탈을 피해 이주·단결하여 한 군현에 저항하였다.

(2) 법 조항 증가: 한 군현의 설치로 법 조항이 60여 개로 증가하면서 사회 풍속이 각박해졌다.

01 2019년 서울시 9급(6월 시행)

고조선을 주제로 한 학술 대회를 개최할 경우, 언급될 내용으로 가장 적절하지 않은 것은?

① 위만의 이동과 집권 과정
② 진대법과 빈민 구제
③ 범금 8조(8조법)에 나타난 사회상
④ 비파형동검 문화권과 국가의 성립

02 2016년 국가직 9급

(가)와 (나) 시기 고조선에 대한 <보기>의 설명으로 옳은 것만을 고른 것은?

기원전 2333년
단군의 등장

기원전 194년
위만의 집권

기원전 108년
왕검성 함락

보기

㉠ (가) - 왕 아래 대부, 박사 등의 직책이 있었다.
㉡ (가) - 고조선 지역에 한(漢)의 창해군이 설치되었다.
㉢ (나) - 철기 문화를 본격적으로 수용하며, 중계 무역의 이득을 취하였다.
㉣ (나) - 비파형동검과 고인돌의 분포를 통하여 통치 지역을 알 수 있다.

① ㉠, ㉢   ② ㉠, ㉣
③ ㉡, ㉢   ④ ㉡, ㉣

---

03 2020년 법원직 9급

다음 자료와 관련된 나라에 대한 설명으로 가장 옳은 것은?

> 대개 사람을 죽인 자는 즉시 죽이고, 남에게 상처를 입힌 자는 곡식으로 배상한다. 도둑질한 자가 남자면 그 집의 노, 여자면 비로 삼는다. 단, 스스로 용서받고자 하는 자는 1인당 50만 전을 내야 한다.

① 10월에 무천이라는 제천 행사를 개최하였다.
② 형이 죽으면 형수를 아내로 삼는 풍습이 있었다.
③ 중대한 범죄자는 제가 회의를 열어 사형에 처했다.
④ 왕 밑에서 국무를 관장하던 상이라는 관직이 있었다.

04 2018년 국가직 7급

㉠ 나라에 대한 설명으로 옳은 것은?

> 주나라가 쇠약해지자 연나라가 스스로 왕을 칭하고 동쪽으로 침략하려 하였다. [㉠]의 후(侯) 역시 스스로 왕을 칭하고 군사를 일으켜 연나라를 공격하려 하였는데, 대부인 예(禮)가 간하여 중지하였다.

① 전연의 공격을 받아 심한 타격을 받았다.
② 매년 10월 무천이라는 제천 행사를 열었다.
③ 박·석·김씨가 왕위를 교대로 계승하였다.
④ 8조의 법을 제정하였는데 세 조항만 전해진다.

05 2017년 경찰직 2차

다음 역사적 사건을 발생한 순서대로 가장 적절하게 나열한 것은?

> ㉠ 우거왕이 살해되고, 왕검성이 함락되었다.
> ㉡ 위만이 고조선의 준왕을 축출하고 스스로 왕이 되었다.
> ㉢ 한(漢)은 고조선 영토에 네 개의 군현을 설치하였다.
> ㉣ 예(濊)의 남려가 28만여 명의 주민을 이끌고 한(漢)에 투항하였다.
> ㉤ 고조선이 군대를 보내 요동도위 섭하를 살해하였다.

① ㉡ → ㉠ → ㉤ → ㉣ → ㉢
② ㉡ → ㉣ → ㉤ → ㉠ → ㉢
③ ㉡ → ㉤ → ㉣ → ㉠ → ㉢
④ ㉤ → ㉡ → ㉢ → ㉠ → ㉣

06 2016년 법원직 9급

(가), (나) 사이의 시기에 고조선에서 있었던 사실로 가장 옳은 것은?

> (가) 노관이 한을 배반하고 흉노로 도망한 뒤, 연나라 사람 위만도 망명하여 오랑캐 복장을 하고 동쪽으로 패수를 건너 준에게 항복하였다.　　- 『위략』
> (나) 원봉 3년 여름(B.C.108), 니계상 삼이 사람을 시켜서 조선왕 우거를 죽이고 항복했다. …… 이로써 드디어 조선을 평정하고 사군을 삼았다.
> 　　- 『사기』 「조선전」

① 비파형동검이 제작되기 시작하였다.
② 중국 연(燕)의 침략으로 요서 지역을 잃었다.
③ 8조에 불과하던 법 조항이 60여 조로 늘어났다.
④ 중국의 한과 한반도 남부의 진국 사이에서 중계 무역을 하였다.

07 2017년 서울시 9급

다음 중 단군 조선의 역사를 다룬 책으로 옳은 것은?

① 『삼국사기』
② 『표제음주동국사략』
③ 『연려실기술』
④ 『고려사절요』

08 2014년 경찰직 1차

다음 고조선에 대한 설명으로 가장 적절하지 않은 것은?

① 위만은 고조선으로 들어올 때 상투를 틀고 오랑캐의 옷을 입었다.
② 『동국통감』의 기록에 의하면 단군왕검이 고조선을 건국하였다.
③ 기원전 194년 위만은 우거왕을 몰아내고 스스로 왕이 되었다.
④ 위만 조선은 한의 침략에 맞서 1차 접전(패수)에서 대승을 거두기도 했다.

09 2013년 서울시 9급

고조선의 사회와 문화에 대한 설명으로 옳은 것은?

① 단군은 제정일치(祭政一致)의 지배자로 주변 부족을 통합하고 지배하기 위해 자신의 조상을 곰, 호랑이와 연결시켰다.
② 위만 왕조의 고조선은 철기 문화를 본격적으로 수용해 상업과 무역도 발달하게 되었다.
③ 고조선의 사회상은 현재 전하는 8조 법금 법조문 전체로 파악이 가능하다.
④ 고조선은 중계 무역을 통해 중국의 한과 우호 관계를 유지하려 하였다.
⑤ 고조선 시대의 사회는 계급 분화가 이루어지지 못했다.

정답 및 해설 p. 262

06 여러 나라의 성장

01 부여와 고구려 - 연맹 왕국

최근 7개년 **10회 출제!**
2024년 서울시 9급   2024년 서울시 9급(2월)
2022년 법원직 9급   2021년 지방직 9급
2021년 경찰직 1차   2020년 법원직 9급
2019년 국가직 9급   2019년 지방직 9급
2019년 서울시 9급(2월)   2019년 경찰간부후보생

1. 부여

(1) 건국: 기원전 4세기경에 만주 쑹화(송화) 강 유역에서 건국된 것으로 추정된다.

(2) 정치

① **5부족 연맹:** 왕 아래에 가축의 이름을 딴 마가, 우가, 저가, 구가라는 가(加)들이 존재하였고, 가들은 사출도라는 행정 구역을 통치하며 관리(대사자, 사자)를 거느렸다.

② **왕호 사용:** 1세기 초에 이미 왕호를 사용하였으나 왕권이 미약하였다.

(3) 경제: 반농반목의 사회였으며, 생산 활동은 하호(평민)가 담당하였다. 특산물로는 말·주옥·모피가 유명하였다.

(4) 풍속과 문화

제천 행사	영고(12월, 은정월) → 겨울철 사냥 기원
풍속	· 장례 풍속: 순장, 5개월 장(→ 여름에 얼음 사용), 왕 장례에 옥갑 사용 · 우제점법: 소를 죽여 그 굽으로 길흉을 점침 · 흰색을 숭상하여 흰 옷을 즐겨 입었으며, 은력(중국의 역법)을 사용 · 형사취수제: 형이 죽으면 동생이 형수를 아내로 삼는 혼례 풍속
법률	4조목이 전해지고 있으며 그 중에서 1책 12법이 큰 특징

(5) 쇠퇴·멸망

① **쇠퇴:** 3세기 말 선비족의 침입으로 국력이 쇠퇴하여 고구려의 보호를 받게 되었다.

② **멸망:** 5세기 말 고구려 문자왕 때 고구려에 복속되었다.

2. 고구려

(1) 건국: 부여에서 남쪽으로 내려온 주몽에 의해 만주 졸본 지역에서 건국되었다.

(2) 정치

① **5부족 연맹(계루부, 절노부, 소노부, 순노부, 관노부):** 왕 아래에 대가(상가, 고추가)들이 존재하였고, 대가들은 사자, 조의, 선인 등의 관리를 거느렸다.

② **제가 회의:** 가들이 제가 회의에 모여 국가의 중대사를 결정하였다.

(3) 경제: 약탈을 통해 식량 문제를 해결하였고 지배층은 집집마다 부경(창고)을 두었다.

(4) 풍속과 문화

제천 행사	· 동맹(10월): 왕과 신하들이 국동대혈에 모여 제사를 지냄 · 조상신 숭배: 건국 시조인 주몽과 그 어머니인 유화 부인에게 제사를 지냄
풍속	· 혼례: 서옥제(일종의 데릴 사위제), 형사취수제(가족 구성원 및 재산 보호책) · 장례: 돌을 쌓아 봉분(돌무지무덤)을 만들고 봉분 주변에 소나무와 잣나무를 심음, 금·은 등의 재물을 써 후하게 장례를 치름
법률	부여와 비슷하게 1책 12법 등과 같은 강력한 법률이 존재

(5) 발전: 한 군현을 공격하고 랴오둥(요동) 지방으로 진출하며 발전하였고, 초기 여러 나라 중 유일하게 중앙 집권 국가로 성장하였다.

확장개념

⚲ 연맹 왕국
하나의 맹주국을 중심으로 여러 소국이 연맹체를 구성하고, 연맹의 대표(왕)를 선출하는 국가 발전 단계이다.

⚲ 부여의 왕권 [기출사료]
옛 부여의 풍속에 장마와 가뭄이 연이어 오곡이 익지 않을 때, 그때마다 왕에게 허물을 돌려서 '왕을 마땅히 바꾸어야 한다.'라거나 혹은 '왕은 마땅히 죽어야 한다.'라고 하였다.
– 『삼국지』「위서」 동이전

⚲ 옥갑(玉匣)
수백 개의 옥을 꿰매어 만든 장례 용구로, 중국 한나라에서는 천자나 제후가 죽었을 때 옥갑으로 죽은 사람의 온몸을 감쌌다.

⚲ 4조목
· 살인 – 살인자는 사형에 처하고, 그 가족은 노비로 삼는다. → 노동력 중시, 연좌제 적용
· 절도(1책 12법) – 남의 물건을 훔치면 12배를 배상하게 한다.
· 간음/투기 – 간음한 자와 투기가 심한 부인은 사형에 처한다. → 가부장적 풍습

⚲ 서옥제
혼인을 한 뒤, 신부 집의 뒤꼍에 조그만 집(서옥)을 짓고 그곳에서 살다가 자식을 낳고 장성하면 아내를 데리고 신랑 집으로 돌아가는 제도

기출문장으로 출제 키워드 점검

01 부여에서는 매년 12월에 (   )라는 제천 행사를 열었다.

02 (   )는 왕이 죽으면 사람들을 껴묻거리와 함께 묻는 순장의 풍습이 있었다.

03 (   )는 신부 집 뒤에 집을 짓고 살다가 자식을 낳아 장성하면 아내를 데리고 집으로 돌아가는 (   )라는 제도가 있었다.

04 (   )는 상가, 고추가 등이 (   ) 회의를 열어 국가 대사를 결정하였다.

[답]
01 영고   02 부여   03 고구려, 서옥제   04 고구려, 제가

02 옥저·동예·삼한 - 군장 국가

빈출

최근 7개년 **9회 출제!**
2024년 법원직 9급	2022년 국가직 9급
2022년 서울시 9급(2월)	2021년 법원직 9급
2021년 소방직	2020년 지방직 9급
2019년 국가직 9급	2019년 지방직 9급
2018년 경찰직 1차	

1. 옥저와 동예

구분	옥저	동예
위치	함경도 동해안 지역	강원도 동해안 지역
정치	군장 국가: 읍군, 삼로, 후라는 군장이 통치(연맹 왕국으로 발전하지 못함)하였고 중심 세력은 존재했으나(옥저현후, 불내예후) 왕이 존재하지 않았음	
경제	· 소금, 해산물이 풍부, 농경이 발달 · 고구려에 공납으로 바침	· 특산물: 단궁, 과하마, 반어피 · 방직 기술이 발달(명주, 삼베)
풍속과 문화	· 민며느리제(예부제): 어린 신부를 남자 집에 데려와 신부가 성장하면 남자가 여자 집에 예물을 치르고 혼인하는 풍속(일종의 매매혼) · 골장제(가족 공동 무덤): 뼈만 추려 나무 곽에 안치하는 가족 공동 무덤, 목곽 입구에 쌀 항아리를 매달아 놓음	· 제천 행사: 무천(10월) · 족외혼(동족혼 금지) · 책화: 다른 부족의 영역을 침범하면 노비, 소·말로 변상하게 함 · 집터: 철(凸)·여(呂)자형 · 점성술 발달 · 질병으로 사람이 죽으면 그 사람이 살던 집을 폐기함
쇠퇴·멸망	고구려의 압력을 받아 연맹 왕국으로 성장하지 못하고 멸망	

2. 삼한

(1) 정치

연맹체 형성	· 78개의 소국 연맹체로 형성(한반도 남부 지방) 　- 마한(54개국): 목지국, 백제국(대표적인 마한의 소국) 　- 진한(12개국): 사로국(대표적인 진한의 소국) 　- 변한(12개국): 구야국(대표적인 변한의 소국) · 마한의 목지국 지배자가 마한왕(진왕)으로 추대되어 삼한 연맹체를 주도
지배 세력	신지, 견지 등의 대군장과 부례, 읍차 등의 소군장이 있었음

(2) 경제

① **벼농사의 발달**: 철제 농기구의 사용으로 벼농사가 발달하였으며, 벼농사의 발달로 저수지가 많이 축조되었다(김제 벽골제, 제천 의림지, 밀양 수산제 등).

② **철의 생산**: 변한에서는 철이 많이 생산되어 낙랑·왜 등지에도 수출하였고, 교역에서 화폐(덩이쇠)처럼 사용되기도 하였다.

(3) 사회 - 제정 분리 사회

천군	정치적 지배자(군장) 외에 제사장인 천군이 있어 종교 의례를 주관함
소도	천군이 주관하는 별읍, 군장의 세력이 미치지 못하는 신성 지역

(4) 풍속과 문화

제천 행사	· 수릿날(5월) → 단오로 발전 · 계절제(10월) → 추석으로 발전
풍속	· 두레: 공동 노동 조직 · 문신(일본의 영향), 편두(돌로 머리를 눌러 납작하게 하는 풍습), 지신밟기, 장례에 소와 말을 합장·큰 새의 깃털을 사용
주거지	귀틀집, 초가집, 흙방(토실)
무덤	주구묘(널무덤이 있고 주변에 해자 모양의 고랑이 있음)·옹관묘(독무덤)

(5) 변화·발전: 마한이 백제국에서 백제로, 변한이 구야국에서 가야 연맹으로, 진한이 사로국에서 신라로 발전하였다.

확장개념

옥저의 위치 기출사료
옥저는 고구려 개마대산의 동쪽에 있다. 동쪽은 넓은 바다에 맞닿아 있다. … 북쪽은 읍루·부여와 남쪽은 예맥과 접하여 있다.
– 『삼국지』 「위서」 동이전

동예의 집터
바닥이 철(凸)자, 여(呂)자 모양인 가옥의 형태는 동해안 주변에서 발견되고 있어 동예의 독특한 주거 양식으로 주목되고 있다.

소도
소도에는 큰 나무에 방울이나 새 등을 단 솟대를 세우고 신성 지역임을 표시하였다.

편두 기출사료
삼한(三韓)에서는 아이가 태어나면 곧 돌로 그 머리를 눌러서 납작하게 만들려고 하므로, 지금 진한(辰韓) 사람의 머리는 모두 납작하다.
– 『삼국지』 「위서」 동이전

기출문장으로 출제 키워드 점검

01 (　　　)는 해산물이 풍부하고 농사가 잘 되었으며, (　　　　)와 가족 공동 묘제의 풍속이 있었다.

02 (　　　)는 (　　　)이라는 활과 과하마, (　　　) 등이 유명하였다.

03 동예는 다른 부족의 영역을 침범하면 (　　　)라고 하여 노비, 소, 말로 변상하였다.

04 삼한의 지배자 중에서 세력이 큰 것은 (　　　), 작은 것은 (　　　) 등으로 불렸다.

05 삼한에는 군장의 세력이 미치지 못하는 (　　　)가 있었다.

06 (　　　)에서는 철이 많이 생산되어 낙랑과 왜에 수출하였다.

[답]
01 옥저, 민며느리제　02 동예, 단궁, 반어피　03 책화
04 신지, 읍차　05 소도　06 변한

01 2021년 지방직 9급

다음에 해당하는 나라에 대한 설명으로 옳은 것은?

○ 은력(殷曆) 정월에 지내는 제천 행사는 나라에서 여는 대회로 날마다 먹고 마시고 노래하고 춤추는데, 이를 영고라 하였다. 이때 형옥을 중단하고 죄수를 풀어주었다.

○ 국내에 있을 때의 의복은 흰색을 숭상하며, 흰 베로 만든 큰 소매 달린 도포와 바지를 입고 가죽신을 신는다. 외국에 나갈 때는 비단 옷·수 놓은 옷·모직 옷을 즐겨입는다.

－『삼국지』「위서」동이전

① 사람이 죽으면 뼈만 추려 가족 공동 무덤인 목곽에 안치하였다.

② 읍군이나 삼로라고 불린 군장이 자기 영역을 다스렸다.

③ 가축 이름을 딴 마가, 우가, 저가, 구가 등이 있었다.

④ 천신을 섬기는 제사장인 천군이 있었다.

02 2018년 경찰직 2차

㉠과 ㉡ 두 나라의 공통된 혼인 풍속은?

㉠ 왕 아래 가축의 이름을 딴 마가·우가·저가·구가 등의 벼슬이 있었으며, 왕은 이들과 협의하여 국가의 중요한 일을 결정하였다.

㉡ 왕 아래에는 상가·고추가 등의 대가가 있었으며, 이들은 각기 사자·조의·선인 등의 관리를 거느리고 있었다. 중대한 범죄자는 제가 회의를 통해 사형에 처하였다.

① 서옥제   ② 민며느리제

③ 형사취수제   ④ 대우혼제

03 2020년 지방직 9급

밑줄 친 '이 나라'에서 볼 수 있는 모습으로 적절한 것은?

이 나라는 대군왕이 없으며, 읍락에는 각각 대를 잇는 장수(長帥)가 있다. …… 이 나라의 토질은 비옥하며, 산을 등지고 바다를 향해 있어 오곡이 잘 자라며 농사 짓기에 적합하다. 사람들의 성질은 질박하고, 정직하며 굳세고 용감하다. 소나 말이 적고, 창을 잘 다루며 보전(步戰)을 잘한다. 음식, 주거, 의복, 예절은 고구려와 흡사하다. 그들은 장사를 지낼 적에는 큰 나무 곽(槨)을 만드는데 길이가 십여 장(丈)이나 되며 한쪽 머리를 열어 놓아 문을 만든다.

－『삼국지』「위서」동이전

① 민며느리를 받아들이는 읍군

② 위만에게 한나라의 침입을 알리는 장군

③ 5월에 씨를 뿌리고 하늘에 제사를 지내는 천군

④ 국가의 중요한 일을 논의하고 있는 마가와 우가

04 2019년 지방직 9급

(가), (나) 국가에 대한 설명으로 옳은 것은?

(가) 그 나라의 혼인 풍속에 여자의 나이가 열 살이 되면 서로 혼인을 약속하고, 신랑 집에서는 (그 여자를) 맞이하여 장성하도록 길러 아내로 삼는다. (여자가) 성인이 되면 다시 친정으로 돌아가게 한다. 여자의 친정에서는 돈을 요구하는데, (신랑 집에서) 돈을 지불한 후 다시 신랑 집으로 돌아온다.

(나) 은력(殷曆) 정월에 하늘에 제사를 지내며 나라에서 대회를 열어 연일 마시고 먹고 노래하고 춤추는데, 영고(迎鼓)라고 한다. 이때 형옥(刑獄)을 중단하여 죄수를 풀어 주었다.

① (가) - 무천이라는 제천 행사가 있었다.

② (가) - 계루부 집단이 권력을 장악하였다.

③ (나) - 사출도라는 구역이 있었다.

④ (나) - 철이 많이 생산되어 낙랑과 왜에 수출하였다.

05 2019년 국가직 7급

㉠ 나라에 대한 설명으로 옳은 것은?

> ㉠ 에는 대군장이 없고, 후(侯)·읍군·삼로 등
> 이 있어서 하호를 통치하였다. ㉠ 의 풍습은 산
> 천을 중요시하여 산과 하천마다 구분이 있어 함부로 들
> 어가지 못하였다.

① 중대한 범죄자는 제가(諸加) 회의를 통해 처벌하였다.
② 단궁, 과하마, 반어피가 많이 생산되었다.
③ 민며느리제라는 혼인 풍속이 있었다.
④ 영고라는 제천 행사가 있었다.

07 2017년 지방직 7급

다음 자료에 해당하는 나라에 대한 설명으로 옳은 것은?

> 해마다 5월이면 씨뿌리기를 마치고 귀신에게 제사를
> 지낸다. 떼를 지어 모여서 노래와 춤을 즐긴다. 술 마시
> 고 노는데 밤낮을 가리지 않는다. …… 10월에 농사일을
> 마치고 나서도 이렇게 한다. - 『삼국지』 「위서」 동이전

① 명주와 삼베를 짜는 방직 기술이 발달하였다.
② 고구려와 풍속이 달랐고 민며느리제가 있었다.
③ 정치적 지배자 외에 제사장인 천군이 있었다.
④ 간음한 자와 투기가 심한 부인은 사형에 처하였다.

06 2014년 경찰직 2차

아래의 풍속을 지닌 나라의 사회상에 대한 설명으로 옳지 않은 것은?

> 귀신을 믿기 때문에 국읍에 각각 한 사람씩 세워 천신
> 의 제사를 주관하게 하는데, 이를 천군이라 부른다. 또
> 여러 나라에는 각각 별읍이 있으니, 소도라 한다. 거기
> 에 큰 나무를 세우고 방울과 북을 매달아 놓고 귀신을
> 섬긴다. - 『삼국지』 「위서」 동이전

① 지배자 중에서 세력이 큰 것은 신지, 작은 것은 읍차 등
으로 불렸다.
② 해마다 씨를 뿌리고 난 뒤인 5월과 곡식을 거두어들이는
10월에 계절제를 열어 하늘에 제사를 지냈다.
③ 혼인을 정한 뒤 신랑은 신부 집 뒤꼍에 조그만 집을 짓고,
함께 살다가 돌아오는 풍속이 있었다.
④ 제사장의 존재에서 고대 신앙의 변화와 제정의 분리를
엿볼 수 있다.

08 2016년 경찰직 1차

다음 설명 중 옳은 것은 모두 몇 개인가?

> ㉠ 부여에서는 가족이 죽으면 시체를 가매장하였다가
> 나중에 그 뼈를 추려서 가족 공동 무덤인 커다란 목
> 곽에 안치하는 풍속이 있었다.
> ㉡ 고구려에서는 수렵 사회의 전통을 보여 주는 제천
> 행사가 12월에 열렸다.
> ㉢ 옥저에서는 전쟁이 일어났을 때 제천 의식을 행하
> 고, 소를 죽여 그 굽으로 길흉을 점치는 풍속이 있
> 었다.
> ㉣ 동예에서는 명주와 삼베를 짜는 방직 기술이 발달
> 하였고, 특산물로는 말, 주옥, 모피 등이 유명하였다.
> ㉤ 삼한의 지배자 중에서 세력이 큰 것은 신지, 작은 것
> 은 읍차 등으로 불렸다.

① 1개   ② 2개
③ 3개   ④ 4개

정답 및 해설 p. 263

공무원시험전문 **해커스공무원**
gosi.Hackers.com

해커스공무원 **단권화 핵심정리 한국사**

Ⅱ. 정치사

* 출제 횟수: 최근 7개년 국가직·지방직·서울시 9급, 경찰직, 소방직 1회 20문제 기준

고대의 정치

01 고구려

최근 7개년 **12회 출제!**
2024년 서울시 9급(월)	2023년 국가직 9급
2023년 법원직 9급	2022년 서울시 9급(2월)
2021년 국가직 9급	2021년 법원직 9급
2020년 국가직 9급	2019년 지방직 9급
2019년 경찰직 1차	2018년 국가직 9급
2018년 서울시 9급(3월)	2018년 법원직 9급

1. 고구려의 건국과 초기 성장

(1) **건국**: 부여 계통의 유이민 세력(주몽)과 압록강 유역의 토착민 세력이 결합하여 졸본(환인) 지역에서 고구려를 건국하였다(B.C. 37, 동명성왕).

(2) **초기의 성장**(1~4세기)

태조왕 (1세기 후반)	계루부 고씨의 왕위 독점 세습과 왕위의 형제 상속제 확립, 옥저 정복, 동예·현도군 공격 → 만주 지방으로 세력 확대
고국천왕 (2세기 후반)	왕위의 부자 상속제 확립, 부족적 5부(수평적 구조)를 행정적 5부(수직적 구조)로 개편, 을파소를 국상으로 기용, 진대법 실시(194, 왕권 강화, 귀족 견제, 농민 경제 안정 목적)
동천왕	· 오나라와 수교하여 위나라 견제 · 서안평 공격 → 위나라 관구검의 침입을 받아 환도성이 함락되어 옥저 지역까지 피난을 감
미천왕	서안평 점령(311), 낙랑군·대방군 축출(313~314)
고국원왕	· 전연(모용황)의 침입으로 국내성이 함락됨 → 서방 진출이 위축됨 · 백제 근초고왕의 공격으로 평양성에서 전사(371) → 국가적 위기
소수림왕	· 전진과 수교(372, 백제 견제 목적) · 전진에서 불교 수용·공인(372, 삼국 중 최초), 태학 설립(372, 최초의 국립 대학), 율령 반포(373) → 중앙 집권 체제 강화

2. 고구려의 전성기와 쇠퇴(5~7세기)

광개토 대왕 (영락)	· 최초로 연호(영락)를 사용하여 자주성을 표명 · 숙신(여진)·비려(거란) 정복(만주 일대 차지), 후연(선비족) 공격(랴오둥 진출) · 백제의 한성 공격 → 아신왕을 굴복시키고, 한강 이북 지역 차지 · 신라 내물 마립간의 요청을 받아들여 신라에 침입한 왜구 격퇴(400)

장수왕	· 국내성에서 평양성으로 천도(427) → 남하 정책의 의지 표명
	· 백제의 수도인 한성을 함락(475)시켜 백제 개로왕을 사살하고, 남한강 지역(죽령 일대~남양만)까지 차지함
	· 중국 남북조와 모두 수교하면서 두 세력을 조종하는 외교 정책 전개
	· 지두우 지역을 분할 점령(479)하여 흥안령 일대의 초원 지대 장악
	· 비석 건립
	  – 광개토 대왕릉비: 광개토 대왕의 업적을 기리기 위해 국내성(만주 지안시 일대) 지역에 건립, 비문에는 고구려 건국 과정과 광개토 대왕의 정복 활동, 수묘인(묘지기) 관리에 대한 기록이 새겨져 있음
	  – 충주(중원) 고구려비: 고구려의 남하 정책을 기념하기 위해 충주 지역에 건립, 당시 고구려 국력의 강대함과 독자적 천하관을 보여줌, 국내에 있는 유일한 고구려 비석

문자왕	부여를 복속(494)시켰으며, 고구려 최대 영토를 확보
영양왕	온달 장군을 보내 한강 유역 공격(아차산성 전투, 590)
보장왕	나·당 연합군의 공격으로 평양성이 함락당하면서 고구려 멸망(668)

확장개념

졸본성(오녀산성)
· 고구려의 첫 도읍지로 추정되는 곳
· 현재 만주 환인 북쪽에 있는 '오녀산성'으로 지목됨
· 제2대 유리왕이 도읍을 졸본에서 국내성으로 옮김

진대법(춘대추납 구휼 제도)
매년 3월부터 7월까지 가구의 많고 적음에 따라 관청의 곡식을 풀어 빈민들을 도와 주었다가 10월에 갚도록 한 제도

광개토 대왕의 왜구 격퇴 기출사료
(영락) 9년(399) 기해에 백제가 서약을 어기고 왜와 화통하므로, 왕은 평양으로 순수해 내려갔다. 신라가 사신을 보내 왕에게 말하기를, '왜인이 그 국경에 가득 차 성을 부수었으니, 노객은 백성된 자로서 왕에게 귀의하여 분부를 청한다.'라고 하였다. …… 10년(400) 경자에 보병과 기병 5만을 보내 신라를 구원하게 하였다.   – 광개토 대왕릉비문

충주(중원) 고구려비
충주(중원) 고구려비는 고구려가 한강을 넘어 충주까지 진출했음을 보여주는 비석으로, 장수왕 때 건립되었다는 학설이 지배적이었으나, 2019년에 이 비석이 광개토 대왕 때 건립되었을 가능성이 제기되어 현재 연구가 진행 중이다.

기출문장으로 출제 키워드 점검

01 고국천왕 때 왕위 계승이 ( ) 상속에서 ( ) 상속으로 바뀌었다.

02 소수림왕은 ( )을 설립하고 ( )을 반포하였다.

03 고구려 ( )은 신라 내물왕의 요청을 받아들여 신라에 침입한 ( )를 격퇴하였다.

04 장수왕은 수도를 ( )으로 옮기고, 백제의 수도 한성을 공격하여 ( )을 죽였다.

[답]
01 형제, 부자   02 태학, 율령   03 광개토 대왕, 왜
04 평양, 개로왕

02 백제

최근 7개년 **13회 출제!**	
2024년 지방직 9급	2023년 서울시 9급
2022년 지방직 9급	2022년 법원직 9급
2021년 국가직 9급	2021년 법원직 9급
2020년 국가직 9급	2020년 경찰직 1차
2020년 소방직	2020년 법원직 9급
2019년 서울시 9급(6월)	2019년 경찰직 1차
2019년 기상직 9급	

1. 백제의 건국과 초기 성장

(1) 건국: 고구려 계통의 유이민 세력(온조)이 한강 유역의 토착 세력과 결합하여 하남 위례성(한성)에서 백제를 건국하였다(B.C. 18).

(2) 초기의 성장(3세기 중엽)

고이왕	· 왕권 강화: 왕위의 형제 상속제 확립 · 체제 정비: 6좌평·16관등제·공복제(자·비·청색) 정비, 남당(왕과 귀족이 모여 정사를 보는 관청) 설치, 율령 반포(삼국 중 최초) · 영토 확장: 낙랑군, 대방군(진번) 공격, 한강 유역 완전 장악

2. 백제의 전성기 (3세기 후반~4세기 후반)

근초고왕	· 왕권 강화: 왕위의 부자 상속제 확립 · 정복 활동: 마한 정복(전라도 지역 진출), 고구려 평양성 공격(고구려 고국원왕을 전사시킴, 371) · 대외 관계: 수군을 정비하여 중국의 랴오시(요서)·산둥 지방까지 진출, 동진과 교류, 일본의 규슈 지방 진출, 왜왕에게 칠지도 하사 · 문화 정책: 『서기』 편찬(고흥), 일본에 백제 문화 전파(아직기)
침류왕	동진에서 불교 수용·공인(인도 승려 마라난타, 384)

3. 백제의 위기와 중흥을 위한 노력 (4세기 말~7세기)

아신왕	· 광개토 대왕의 침입으로 한성이 공격을 받음(396) · 가야·왜와 연합하여 신라 공격 → 신라 내물 마립간이 광개토 대왕에게 구원 요청(399)
비유왕	장수왕이 남하 정책을 전개하자 신라 눌지 마립간과 나·제 동맹 체결(433)
개로왕	· 장수왕의 침입에 대항하여 북위에 원병을 요청하는 국서 전송 · 장수왕에 의해 한성이 함락되면서 전사함(475)
문주왕	· 장수왕의 남하 정책으로 한성이 함락되면서 웅진으로 천도함(475) · 왕권이 약화되어 귀족들에 의하여 국정이 주도됨
동성왕	· 웅진 지역의 토착 귀족을 대거 등용하여 왕권을 강화하고자 함 · 신라 소지 마립간과 결혼 동맹을 체결하여 신라 이벌찬 비지의 딸을 아내로 맞이함(493, 신라와의 동맹 강화) · 탐라국을 복속시킴(498)
무령왕	· 지방에 22담로를 설치하고 왕족을 파견(지방에 대한 통제 강화) · 5경 박사인 단양이와 고안무를 교대로 일본에 파견하여 유학 전파 · 중국 남조의 양나라와 수교(무령왕릉이 중국 남조의 영향을 받음)
성왕	· 사비로 천도(538)하고 남부여로 국호를 변경 · 중앙 관청을 22부로 확대·정비하고 5부(수도)·5방(지방)의 정치 체제를 정비하였으며, 16관등제를 확립함 · 일본에 노리사치계를 보내 불교를 전파함(552) · 신라와 연합하여 일시적으로 한강 하류 지역을 회복하였으나 진흥왕의 배신으로 한강 유역을 상실(553)하고, 신라와의 관산성 전투에서 전사함(554)
무왕	· 익산에 미륵사 건립 · 익산 천도를 시도하였으나 실패함
의자왕	· 효성이 지극하고 우애가 있어 '해동증자'라고도 불림 · 신라와의 대야성 전투에서 승리(대야성을 비롯한 40여 성 탈취, 642) · 나·당 연합군의 공격으로 사비성이 함락당하면서 백제가 멸망함(660)

시험 직전! 필수 암기

신라와 백제의 관계

나·제 동맹 체결(433)
↓
고구려 장수왕의 한성 함락(475)
↓
나·제 결혼 동맹 체결(493)
↓
백제의 한강 하류 지역 일시 회복(551)
↓
신라 진흥왕의 배신으로 백제가 한강 유역 상실, 나·제 동맹 결렬(553)
↓
관산성 전투에서 백제 성왕 전사(554)

확장개념

📍 **관산성 전투** 기출사료

백제왕 명농(성왕)이 가량(加良)과 함께 관산성을 공격해 왔다. 군주(軍主)였던 각간 우덕(于德)과 이찬 탐지(耽知) 등이 맞서 싸웠으나 전세가 불리하였다. 신주군주(新州軍主) 김무력이 주병(主兵)을 이끌고 나아가 교전함에, 비장(裨將)인 삼년산군(三年山郡)의 고우도도(高于都刀)가 백제왕을 급히 쳐서 죽였다.
– 『삼국사기』

기출문장으로 출제 키워드 점검

01 고이왕은 (　　　　)와 16관등제 및 백관의 (　　)을 제정하였다.

02 근초고왕은 고구려의 (　　　　)을 공격하여 (　　　　)을 전사하게 하였다.

03 침류왕 때 동진에서 온 (　　　　)에 의해 (　　)가 전래되었다.

04 백제의 (　　　　)은 신라 왕족의 딸을 왕비로 맞아들여 나·제 동맹을 더욱 굳건히 다졌다.

05 백제의 무령왕은 (　　　　)를 설치하여 지방에 대한 통제를 강화하였다.

06 백제 성왕은 중앙 관청을 (　　)부로 확대 정비하고, 수도를 (　　)부로 지방을 (　　)방으로 정비하였다.

[답]
01 6좌평, 공복 02 평양성, 고국원왕
03 마라난타, 불교 04 동성왕 05 22담로 06 22, 5, 5

03 신라 (통일 이전)

최근 7개년 13회 출제!
2024년 서울시 9급(2월)	2024년 법원직 9급
2023년 지방직 9급	2022년 지방직 9급
2022년 서울시 9급(6월)	2021년 국가직 9급
2021년 법원직 9급	2020년 지방직 9급
2020년 경찰직 1차	2019년 서울시 9급(2월)
2019년 경찰직 1차	2019년 소방직
2019년 가상직 9급	

1. 신라의 건국

(1) 건국: 경주 지역 토착민과 유이민(박혁거세) 집단이 결합하여 신라를 건국하였다(B.C. 57).

(2) 초기 성격: 박·석·김의 3성이 교대로 왕위를 차지하였으며, 유력 집단의 우두머리는 이사금(왕)으로 추대되었고, 주요 집단들은 독자적인 세력 기반을 유지하고 있었다.

2. 신라의 발전 (4세기~6세기 전반)

내물 마립간	· 김씨 왕위 세습 확립: 박·석·김 3성이 왕위를 계승하는 방식에서 김씨가 독점적으로 왕위 계승 · 마립간(대군장) 칭호 사용 · 고구려를 통해 전진과 수교 → 전진에 사신 위두 파견(382) · 고구려(광개토 대왕)의 도움을 받아 왜구 격퇴 → 이후 고구려의 내정 간섭을 받게 됨(호우명 그릇)
눌지 마립간	· 왕위의 부자 상속제 확립 · 고구려 묵호자에 의해 불교가 전래됨(공인 ×, 민간 중심으로 비밀리에 포교) · 백제 비유왕과 나·제 동맹 체결(433)
자비 마립간	백제(개로왕)에 구원병 파견, 장수왕의 침입에 대비하여 산성 축조·수리
소지 마립간	· 부족적 6촌을 행정적 6부로 개편함 · 우역(역참) 설치(국가 공문서 송달 목적), 경주에 시사(시장) 개설 · 백제 동성왕과 결혼 동맹 체결(493)
지증왕	· 국호를 신라, 왕호를 중국식 '왕'으로 고침 · 지방의 주·군 정비, 주에 군주를 파견, 아시촌에 소경 설치 · 우경 장려, 동시(시장) 설치·동시전(시장 감독 기관), 순장 금지 · 이사부를 보내 우산국 정벌(512)
법흥왕 (건원)	· 병부와 상대등을 설치하고, 골품제를 정비함 · 율령을 반포하여 관등제(17관등)를 정비하고, 백관의 공복을 제정함(520) · 이차돈의 순교를 계기로 불교 공인, '성법흥대왕'이라 칭함 · 금관가야 정복(532)

3. 신라의 전성기 (6세기 중반~7세기)

진흥왕 (개국, 대창, 홍제)	· 경(관리 감찰 담당)·품주(국가 재정 담당) 설치 · 화랑도 정비(국가적 조직으로 개편) · 단양 적성비, 진흥왕 순수비 등 건립(한강 유역, 대가야, 함경도 지방 진출) · 이사부를 보내 대가야 정복(562) · 『국사』 편찬(거칠부, 545), 황룡사 건립
진평왕 (건복)	· 아차산성 전투에서 고구려 온달 격퇴(590) · 관부 설치(위화부·조부·예부) · 수나라에 원광이 작성한 '걸사표(고구려 원정을 청하는 글)'를 바침 · 남산 신성을 축조하고 남산 신성비를 건립함(591)
선덕 여왕 (인평)	· 자장의 건의로 황룡사 9층 목탑 건립 · 분황사와 분황사 모전 석탑 건립, 첨성대 축조, 영묘사 건립 · 백제 의자왕의 공격을 받아 대야성이 함락당함(642) · 비담·염종의 난(647) → 선덕 여왕 사후 김춘추·김유신 등이 진압
진덕 여왕 (태화 → 영휘)	· 품주를 창부(재정 담당)와 분리하여 집사부(국가 기밀 담당)로 개편 · 나·당 동맹 체결(김춘추, 648) · 당 고종에게 오언고시인 '태평송'을 지어 바침(650) → 나·당 관계 강화 · 중국식 의관 착용, 중국식 연호 사용(영휘)

04 가야 연맹

최근 7개년 **7회 출제!**
2024년 국가직 9급   2024년 법원직 9급
2021년 지방직 9급   2020년 지방직 9급
2019년 서울시 9급(6월)   2019년 경찰직 1차
2019년 기상직 9급

1. 전기 가야 연맹

(1) **성립**: 수로왕(뇌질청예)이 김해 지역에서 건국(42)한 금관가야를 중심으로 3세기경 정치 집단 간의 통합이 일어나 전기 가야 연맹이 형성되었다.

(2) **발전**: 농경 문화(벼농사)가 발달하였고 풍부한 철의 생산과 해상 교통을 이용하여 낙랑과 대방, 규슈 지방을 연결하는 중계 무역을 전개하였다.

(3) **해체**: 4세기 초 백제와 신라의 팽창과 4세기 말~ 5세기 초에 고구려 광개토 대왕의 금관 가야 공격으로 전기 가야 연맹이 해체되었다.

2. 후기 가야 연맹

(1) **성립**: 이진아시왕(뇌질주일, 수로왕의 형)이 고령 지역에서 건국한 대가야를 중심으로 5세 기 후반에 후기 가야 연맹이 형성되었다.

(2) **발전**: 5세기 후반 대가야는 중국 남제와 수교하였고, 6세기 초에는 호남 동부 지역까지 진출하는 등 백제, 신라와 세력을 다툴 만큼 성장하였으며, 국제적 고립에서 벗어나고자 신라와 결혼 동맹을 체결하였다(522).

(3) **멸망**

  ① **금관가야 멸망(532)**: 구해왕(구형왕, 김구해)이 신라 법흥왕에게 항복하였다.

  ② **대가야 멸망(562)**: 대가야는 백제를 도와 관산성 전투에 참여하였으나 신라군에 대 패하였고, 이후 신라 진흥왕이 보낸 이사부의 공격으로 멸망하였다.

확장개념

♀ 가야와 신라의 결혼 동맹
522년 대가야 이뇌왕이 신라에 사신을 보내어 청혼하였고, 신라(법흥왕)에서는 이찬(伊湌) 비 조부(比助夫)의 누이를 대가야에 보내 결혼이 성사되면서 결혼 동맹이 체결되었다.

기출문장으로 출제 키워드 점검

01 금관가야는 낙랑군 등과의 원거리 교역 을 통해 ( ) 무역을 해 왔다.

02 5세기 후반 고령 지방의 ( )를 새로 운 맹주로 하여 가야 연맹을 이룩하였다.

03 대가야는 ( ) 지역까지 세력을 확장하였다.

[답]
01 중계   02 대가야   03 호남 동부

---

05 고구려의 대외 항쟁

최근 7개년 **3회 출제!**
2021년 지방직 9급   2020년 국가직 9급
2019년 서울시 9급(2월)

고구려의 선제 공격	고구려 영양왕이 수나라의 랴오시(요서) 지방을 선제 공격(598)
↓	
수 문제의 침입	수 문제가 30만 대군을 이끌고 고구려에 침입했으나, 태풍으로 실패
↓	
수 양제의 침입과 살수 대첩	수 양제가 100만 대군을 이끌고 고구려에 침입 → 고구려군의 완강한 방 어 → 수 양제가 30만 별동대(우중문) 파견 → 을지문덕이 살수에서 크게 격파(살수 대첩, 612)
↓	
수나라의 멸망과 당의 건국	살수 대첩 이후에도 수나라는 두 차례 더 고구려를 공격하였으나 실패하 였고, 거듭된 전쟁으로 인한 국력 소모와 내란으로 멸망(618) → 당 건국
↓	
천리장성 축조 (당의 침입 대비)	고구려 영류왕은 당의 침입에 대비하기 위해 천리장성 축조를 시작(631) 하여 방어 체제를 강화하고자 함(연개소문이 관리·감독)
↓	
연개소문의 쿠데타 (대당 강경책)	연개소문이 지방 군사력을 바탕으로 쿠데타를 일으켜 보장왕을 옹립(642) 하고 정권 장악 → 이후 대당 강경책을 추진하여 당을 자극함
↓	
당 태종의 침입과 안시성 전투	당 태종이 고구려에 직접 침입하여 요동성, 개모성, 비사성 등 함락 → 그러나 안시성에서 군·민이 협력하여 당군(당 태종)을 격파(안시성 전투, 645)

확장개념

♀ 천리장성
고구려가 당의 침략에 대비하여 647년(보장왕 6년)에 16년의 공사 끝에 완성한 성으로 북쪽의 부여성에서 남쪽의 비사성에 이른다. 연개소문 은 성곽 축조를 감독하면서 요동 지방의 군사력 을 장악하여 정권을 잡을 수 있었다.

♀ 안시성 전투
『삼국사기』 등 정사에는 안시성 전투를 이끈 성주의 이름이 나타나지 않으나, 『동춘당선생 별집』과 『열하일기』에는 양만춘으로 기록되어 있다.

기출문장으로 출제 키워드 점검

01 영양왕 때 고구려가 요서 지역을 선제 공 격해 ( )를 견제하였다.

02 ( )이 살수에서 수나라 군대를 물리쳤다.

[답]
01 수나라   02 을지문덕

06 신라의 삼국 통일 과정

1. 나·당 동맹 체결 (648)

(1) **배경**: 백제 의자왕이 신라의 대야성을 비롯한 40여 성을 탈취하고, 당항성을 공격하여 신라의 대당 교통로를 끊으려 하였다. 이에 신라는 고구려에 도움을 요청하였으나 거절당하였다.

(2) **과정**: 고구려와의 동맹에 실패한 신라는 김춘추를 당에 보내 동맹을 제의하였고, 고구려 원정에 실패한 당이 신라의 동맹 제의를 수용하면서 나·당 동맹이 체결되었다(진덕 여왕).

2. 백제의 멸망과 부흥 운동

(1) **백제의 멸망(660)**

원인	백제 의자왕 말년에 왕을 비롯한 지배층의 사치와 향락으로 국력 소모
전개	신라 김유신의 군대가 황산벌에서 계백의 결사대를 격파하였고(황산벌 전투), 이후 소정방이 이끄는 당군과 함께 백제의 사비성을 공격함
결과	· 나·당 연합군의 공격으로 사비성이 함락되었고 웅진에 있던 의자왕이 항복하면서 백제 멸망(660, 의자왕) · 당이 백제의 영토에 웅진 도독부를 설치(660)

(2) **백제 부흥 운동(660~663)**

① **백제 유민의 저항**: 복신과 도침은 주류성을 중심으로, 흑치상지와 지수신은 임존성을 중심으로 일본에 가 있던 왕자 부여풍을 왕으로 추대하고 부흥 운동을 전개하였다.

② **백강 전투(663)**: 왜의 수군이 백제 부흥군을 돕기 위해 백강 근처까지 왔으나 나·당 연합군에 패배하였고 이후 백제 부흥 운동은 실패하였다.

3. 고구려의 멸망과 부흥 운동

(1) **고구려의 멸망(668)**

원인	거듭된 전쟁으로 인한 국력 소모와 연개소문 사후 지배층 분열
결과	· 나·당 연합군의 공격으로 평양성이 함락되면서 고구려 멸망(668, 보장왕) · 당이 고구려의 영토에 안동 도호부를 설치(668)

(2) **고구려 부흥 운동(669~673)**: 검모잠은 한성(황해도 재령)에서 보장왕의 서자 안승을 왕으로 추대하여 한때 평양성을 탈환하였고, 고연무는 오골성에서 부흥 운동을 전개하였으나 실패하였다.

4. 나·당 전쟁 (670~676)

원인	당이 한반도 지배 야욕을 드러냄(웅진 도독부, 계림 도독부, 안동 도호부 설치)
과정	· 소부리주 설치(671): 신라가 사비성을 공략하여 소부리주를 설치함으로써 백제의 옛 땅에 대한 지배권 장악(당의 웅진 도독부 붕괴) · 고구려 부흥 운동 지원: 고구려 부흥 운동을 전개하던 안승이 검모잠을 죽이고 신라에 망명 → 신라는 안승을 금마저(익산)의 보덕국 왕에 봉함(674, 문무왕) → 이후 당의 세력을 축출하는 데 이용함 · 매소성 전투(675, 육군): 신라는 당나라 이근행의 20만 대군을 매소성에서 격파 → 신라가 전쟁의 주도권 장악 · 평양에 있던 안동 도호부를 요동성으로 축출 · 기벌포 전투(676, 수군): 신라가 금강 하구의 기벌포에서 당나라 설인귀의 수군 격파 → 나·당 전쟁 승리
결과	신라가 대동강에서 원산만을 경계로 삼국 통일 달성(676, 문무왕)

시험 직전! 필수 암기

삼국 통일 과정

> 나·당 동맹 체결(648)
>
> 사비성 함락, 백제 멸망(660)
>
> 당이 웅진 도독부 설치(660)
>
> 당이 계림 도독부 설치(663)
>
> 연개소문 사망(665), 고구려 내분
>
> 평양성 함락, 고구려 멸망(668)
>
> 당이 안동 도호부 설치(668)
>
> 신라의 소부리주 설치(671)
>
> 매소성 전투, 신라 승리(675)
>
> 기벌포 전투, 신라 승리(676)
>
> 신라의 삼국 통일(676)

확장개념

♀ 백제 부흥 운동의 실패
· 복신과 도침: 내분이 발생하여 복신이 도침 살해, 복신은 부여풍에 의해 제거당함
· 부여풍: 백강 전투 이후 고구려로 망명
· 흑치상지: 당에 항복하여 당나라군의 임존성 함락에 공을 세움
· 지수신: 임존성에서 항거하다 고구려로 망명

기출문장으로 출제 키워드 점검

01 나·당 연합군의 공격으로 ( )이 함락되자 웅진에 있던 ( )이 항복하였다.

02 왜군 3만 명이 백제 부흥군을 돕기 위해 원군으로 참전하였으나 ( ) 전투에서 크게 패배하였다.

03 신라는 금강 하구의 ( )에서 당의 수군을 섬멸하였다.

04 신라는 당으로부터 ( )을 탈환하고 웅진 도독부를 대신하여 ( )를 설치하였다.

[답]
01 사비성, 의자왕 02 백강 03 기벌포
04 사비성, 소부리주

압축개념

07 통일 신라의 발전

빈출

최근 7개년 **10회 출제!**
2022년 서울시 9급(2월)	2021년 지방직 9급
2021년 소방직	2020년 지방직 9급
2020년 경찰직 1차	2020년 소방직
2019년 서울시 7급(2월)	2019년 기상직 9급
2018년 국가직 9급	2018년 법원직 9급

무열왕	· 최초의 진골 출신 왕(성골 소멸), 갈문왕 제도 폐지, 집사부 중시(시중)의 기능을 강화 · 불교식 왕명을 버리고 중국식 시호(태종) 사용, 백제를 멸망시킴(660)
문무왕	· 고구려를 멸망시킴(668) → 나·당 전쟁에서 승리하여 삼국 통일 달성(676) · 지방관을 감찰하기 위해 외사정 파견, 관부 정비(우이방부·선부 등 설치)
신문왕	· 김흠돌의 모역 사건(681)을 계기로 진골 귀족 세력을 숙청하여 왕권을 강화 · 집사부 이하 14관부 완성(중앙), 9주 5소경 완비(지방), 시위부 증강, 9서당 10정을 편성(군사) · 국학을 설치(682)하여 유교 정치 이념 확립 · 관료전을 지급(687)하고 녹읍을 폐지(689) · 달구벌(대구)로의 천도 시도(689), 만파식적 설화(강력한 왕권 상징) 전래
효소왕	서시·남시(시장)를 설치하고, 서시전·남시전(시장 감독 기관) 설치(695)
성덕왕 (전성기)	· 정전을 지급함(722), 국학 정비(공자와 72제자의 화상을 국학에 안치), 당과 국교 재개 · 현존 최고(最古) 동종인 상원사 종 주조, 백관잠(관리들이 지켜야 할 계율 덕목) 제시
경덕왕	· 녹읍을 부활시킴(757), 면세전의 증가로 농민 부담 가중 · 군현의 이름과 중앙 관부의 관직명을 중국식으로 변경(중시 → 시중) · 국학을 태학(감)으로 변경하고 박사와 조교를 두어 유교 경전 교육 · 불국사·석굴암 축조, 성덕 대왕 신종 주조 시작, 불교 공예품인 만불산 제작

혜공왕	· 왕권이 약화되어 진골 귀족들의 반란이 발생
	  – 대공·대렴의 난 → 전국에서 귀족들이 난에 동참(96각간의 난, 768)
	  – 상대등 김양상의 정권 장악(774, 후에 선덕왕)
	  – 김지정의 난(780): 김양상에 의해 진압(난 진압 과정에서 혜공왕이 피살됨)
	· 성덕 대왕 신종 완성(771)

확장개념

♀ 갈문왕
왕의 동생이나 왕비의 아버지 등에게 특권적 지위를 부여하였던 명예직으로, 갈문왕 제도는 대체로 왕권이 강화된 신라 중대 이후 폐지되었다고 볼 수 있다.

♀ 김흠돌 모역 사건 [기출사료]
반란 괴수 흠돌, 흥원, 진공 등은 능력도 없으면서 높은 지위에 올라 제 마음대로 위세를 부렸다. 흉악한 무리를 끌어 모으고 궁중 내시들과 결탁하여 반란을 일으키고자 하였다.
– 『삼국사기』

♀ 만불산
만불산은 산의 모습을 나무, 명주, 옥 등으로 꾸민 불교 공예품으로, 경덕왕은 불교를 숭상한 당나라 대종에게 만불산을 선물하였다.

기출문장으로 출제 키워드 점검

01 통일 신라의 (　　　)은 김흠돌의 반란을 진압하고 (　　　)을 강화하였다.

02 신문왕 대에 지방을 (　　)주 (　　)소경 체제로 정비하였다.

[답]
01 신문왕, 왕권　02 9, 5

압축개념

08 발해

빈출

최근 7개년 **15회 출제!**
2024년 서울시 9급	2022년 국가직 9급
2022년 지방직 9급	2022년 서울시 9급(6월)
2021년 국가직 9급	2020년 지방직 9급
2020년 경찰직 2차	2020년 소방직
2019년 국가직 9급	2019년 국가직 7급
2019년 경찰간부후보생	2019년 소방직
2018년 국가직 9급	2018년 서울시 9급(3월)
2018년 법원직 9급	

1. 발해의 건국과 발전

(1) **건국**: 대조영(고왕)이 동모산에서 진(震)국을 건국하고 연호를 천통이라 하였다(698). 이후 대조영이 발해 군왕에 책봉되어 '발해'를 정식 국호로 채택하였다.

(2) **발해 주요 왕들의 업적**

무왕 (대무예, 인안)	· 당과 말갈이 연합하여 발해 압박 → 장문휴의 수군을 파견해 당의 산둥반도의 등주를 선제 공격함(732) · 돌궐·일본과 우호적 외교 관계를 맺음(당·신라 견제 목적) · 일본에 보낸 국서에서 고구려 계승 국가임을 표방
문왕 (대흠무, 대흥· 보력)	· 당의 문화를 수용하여 3성 6부제(중앙 관제), 주자감(최고 교육 기관) 설치 · 신라와의 상설 교통로인 신라도를 통해 교류함 · 중경 → 상경 → 동경으로 천도함(체제 정비의 일환) · 일본에 보낸 국서에 '고려국왕' 자칭, '황상'의 칭호를 사용(황제국 표방) · 당나라로부터 발해 국왕으로 책봉됨(762)
성왕(중흥)	수도를 동경 용원부에서 상경 용천부로 옮김
선왕 (대인수, 건흥, 전성기)	· 말갈족 대부분을 복속하고 요동 지역까지 진출, 남쪽으로 신라와 국경을 접함, 5경 15부 62주의 지방 조직 완비 · 해동성국이라 불리며, 당의 빈공과에서 다수의 급제자를 배출할 만큼 문물 번성

확장개념

♀ 발해의 고구려 계승 의식 [기출사료]
"무예(武藝)가 아룁니다. …… 무예는 황송스럽게도 대국(大國)을 맡아 외람되게 여러 번(蕃)을 함부로 총괄하며, 고려의 옛 땅을 회복하고 부여의 습속(習俗)을 가지고 있습니다."
– 『속일본기』

기출문장으로 출제 키워드 점검

01 발해 제2대 (　　　)은 산둥 지방의 (　　　)에 수군을 보내 (　　　)을 공격하였다.

02 발해 문왕 때 (　　　), (　　　)이라는 독자적인 연호를 사용하였다.

03 선왕 때에 발해는 (　　　)으로 불리기도 하였다.

[답]
01 무왕, 등주, 당　02 대흥, 보력　03 해동성국

2. 발해의 멸망(926)

(1) **내용**: 발해는 귀족들의 내분으로 세력이 약화된 상황에서 애왕(대인선) 때 거란(요) 야율 아보기의 침입으로 상경의 홀한성이 함락되면서 멸망하였다(926).

(2) **결과**: 멸망 이후 발해 부흥 운동이 전개되어 후발해, 정안국, 흥료국 등이 건국되었으나 곧 멸망하였다. 한편 대광현 등 일부 발해 왕족은 고려 지배층으로 편입되었다(934).

최근 7개년 **9회 출제!**
2024년 국가직 9급	2024년 서울시 9급
2024년 법원직 9급	2021년 경찰직 1차
2020년 국가직 9급	2020년 지방직 9급
2020년 소방직	2018년 서울시 9급(3월)
2018년 법원직 9급	

1. 통일 신라 말기의 혼란

(1) **통일 신라 말기의 상황**

① **중앙**: 왕권이 약화되면서 왕위 쟁탈전(155년 간 20명의 왕위 교체)이 전개되었으며, 왕위 쟁탈전으로 중앙 정부의 영향력이 약화되었다.

② **지방**: 민란이 빈번하게 발생하였고 군사력과 경제력을 갖춘 호족이 성장하였다. 그중 견훤과 궁예가 후백제와 후고구려를 건국하여 후삼국 시대가 성립되었다.

(2) **통일 신라 말 주요 왕들의 업적 및 사건**

선덕왕	· 상대등 중심의 귀족 연합 정치 형태 → 왕권 약화 · 황해도 평산에 패강진을 설치(782)
원성왕	· 독서삼품과를 실시하였으나 진골 귀족의 반발로 실패 · 주의 장관인 총관의 명칭을 도독으로 바꾸어 행정적 성격 강화
헌덕왕	· 김헌창의 난(822): 아버지인 김주원이 왕위 계승에 실패하자 웅천주(공주) 도독 김헌창이 국호를 장안, 연호를 경운으로 하여 반란을 일으킴 · 김범문의 난(825): 김헌창의 아들이 고달산(여주)에서 반란을 일으킴
흥덕왕	집사부를 집사성으로 개칭, 청해진 설치(장보고, 828)
진성 여왕	『삼대목』 편찬, 원종과 애노의 난(889), 적고적의 난(896) 등 농민 봉기 확산

2. 후백제(900~936)

(1) **건국**: 견훤이 전라도 지역의 군사력과 호족의 후원을 바탕으로 완산주(전주)를 도읍으로 하고 후백제를 건국하였다(900).

(2) **성장**: 충청도와 전라도 지역을 차지하여 경제 기반을 확보하였고, 중국의 후당·오월 등과 적극적으로 교류하였다.

(3) **한계**: 신라 경애왕을 살해하는 등 신라에 적대적이었고, 농민에게 조세를 지나치게 수취하였으며, 호족을 포섭하는 데 실패하였다.

3. 후고구려(901~918)

(1) **건국**: 신라 왕족 출신인 궁예가 송악을 도읍으로 하여 후고구려를 건국하였다(901).

(2) **성장**: 강원도, 경기도 일대를 점령하고 한강 유역을 확보하였다.

(3) **국호 변경**: 국호를 후고구려에서 마진으로 바꾸고(904) 철원으로 천도하였고(905), 다시 국호를 마진에서 태봉으로 변경하였다(911).

(4) **관제 정비**: 국정을 총괄하는 기구인 광평성을 비롯한 여러 관서를 설치하였고 9관등제를 실시하였다.

(5) **한계**: 지나친 조세 수취와 미륵 신앙을 통한 전제 정치로 신망을 잃은 궁예는 신하들에 의해 축출되었고, 왕건이 왕위에 올라 고려를 건국하였다(918, 고려 건국).

확장개념

호족

출신 성분	· 지방으로 밀려난 몰락 귀족 · 해상 국제 무역을 통해 성장한 세력(왕건 등) · 지방관으로 임명되었으나 독자적으로 성장한 세력(장보고) · 하층민을 중심으로 성장한 초적 세력(양길, 궁예)
특징	· 지방에서 독자적으로 행정·군사·경제권 행사 · 6두품, 선종 승려와 연계

주(州) 장관의 명칭 변화

지증왕	문무왕	원성왕
군주	총관	도독

견훤 [기출사료]

견훤은 신라의 백성으로 일어나 신라의 녹을 먹었는데도 나쁜 마음을 먹고 나라가 위태로운 것을 다행으로 삼았다. 도읍을 침략하였고 임금과 신하를 마치 짐승처럼 죽였으니 실로 천하의 흉악한 자였다. …… 견훤은 그 아들에게서 재앙이 일어났다.
— 『삼국유사』

궁예 [기출사료]

궁예는 본래 신라의 왕자였는데도 도리어 자기 나라를 원수로 여겨 선조의 화상에 칼질까지 하였으니 그 어질지 못한 것이 심하였다. …… 그렇기 때문에 궁예는 자기 신하들에게 버림을 받았다.
— 『삼국유사』

기출문장으로 출제 키워드 점검

01 신라 말 헌덕왕 대에 왕권 경쟁에서 밀려난 (　　　　)이 공주를 근거지로 반란을 일으켜 국호를 (　　　)이라고 하였다.

02 신라 말 (　　　　) 대에 원종과 애노가 사벌주에서 반란을 일으켰다.

03 (　　　)은 전라도 지방의 군사력과 호족 세력을 토대로 완산주를 도읍으로 하고 (　　　　)를 건국하였다.

04 (　　　)는 국호를 마진으로 바꾸고, 도읍을 (　　　)으로 옮겼다.

[답]
01 김헌창, 장안 02 진성 여왕 03 견훤, 후백제
04 궁예, 철원

10 고대의 통치 조직

최근 7개년 5회 출제!
2021년 경찰직 1차   2020년 소방직
2018년 국가직 9급   2018년 지방직 9급
2018년 서울시 9급(6월)

1. 중앙 통치 조직

구분	고구려	백제	신라	통일 신라	발해
관등	10여 관등으로 구성되어 형 계열과 사자 계열로 구분	16관등으로 구성되어 좌평 및 솔 계열, 덕 계열로 구성	17관등(찬계)	17관등(찬계)	–
수상	대대로 (대막리지, 선출)	상좌평 (내신좌평, 선출)	상대등	시중, 상대등	대내상
귀족 회의	제가 회의	정사암 회의	화백 회의 (만장일치제)	화백 회의	정당성 (최고 통치 기관)
관부 (관제)	• 내평 (내무 담당) • 외평 (외무 담당) • 주부 (재정 담당)	• 한성 시대: 6좌평 (고이왕) • 사비 천도 후: 내관 12부, 외관 10부의 22부(성왕)	집사부와 병부 등 총 10부	• 집사부와 집사부의 장관인 시중을 중심으로 국정 운영 • 집사부 아래에 13부를 두어 행정 업무를 분담	• 3성 6부제 (당 제도 수용, 독자적 운영) • 정당성 중심 (대내상, 국정 총괄) • 이원적 통치 체제(좌사정, 우사정)

통일 신라 관부의 특징
집사부 아래에 13개의 관부가 병렬적으로 독립되어 있었고, 각 부의 장관은 2~3명을 두었다.

발해의 3성 6부제

3성	• 정당성: 정책 집행, 최고 기구 • 선조성: 정책 심의 • 중대성: 정책 수립
6부	• 좌사정: 충부, 인부, 의부 • 우사정: 지부, 예부, 신부
기타	• 중정대: 관리 감찰 기구 • 문적원: 서적 관리 • 주자감: 국립 대학 • 항백국: 왕실·후궁의 명령 전달, 왕실 경호 및 일상 생활 지원 • 7시: 궁중 실무

2. 지방 행정 조직

구분	고구려	백제	신라	통일 신라	발해
수도	5부	5부	6부	6부	–
지방	5부(욕살 파견) → 성(처려근지, 도사 파견)	5방(방령 파견) → 군(군장 파견)	5주(군주 파견) → 군(당주 파견)	9주: 주(총관 → 도독) → 군(태수 파견) → 현(현령 파견) → 촌(촌주, 파견 X)	15부(도독 파견) → 62주(자사 파견), 현(현승 파견) → 촌(촌장, 파견 X)
특수 행정 구역	3경(국내성, 평양성, 한성)	22담로 (지방 요충지, 왕족 파견)	2소경 (북소경, 국원소경)	5소경 (군사적·행정적 요충지, 사신 파견)	5경 (전략적 요충지)

통일 신라의 지방 통제 정책

상수리 제도	• 지방 향리를 수도에 머물게 하여 지방 세력을 견제 • 기인 제도(고려)와 경저리(조선) 제도로 계승
외사정 파견 (문무왕)	• 지방 행정 통제와 지방관 감찰을 위해 설치한 외관직 • 주마다 2인의 외사정 파견

5소경(민족 융합 정책)

고구려 지역	북원소경(원주), 중원소경(충주)
백제 지역	서원소경(청주), 남원소경(남원)
가야 지역	금관소경(김해)

3. 군사 조직

구분	고구려	백제	신라	통일 신라	발해
중앙	왕당이나 관군 (국왕 직속 부대)	각 부에 500명의 군대 배치	서당(국왕 직속 모병 부대)	9서당(고구려, 백제, 말갈인 포함)	10위(왕궁과 수도 경비)
지방	• 각 성주(욕살, 처려근지 등)가 병력 보유 • 유사시 대모달, 말객, 당주가 군사 지휘	방령이 700~1,200명의 군사를 지휘	6정(주 단위로 배치, 군주가 지휘)	10정(9주에 각 1정 배치, 한주에만 2정 배치)	농병 일치의 군대가 촌락 단위로 구성됨(지방관이 지휘)

기출문장으로 출제 키워드 점검

01 고구려의 관등은 크게 ( )계 관등과 ( )계 관등으로 나뉜다.

02 신라에서는 ( )을 의장으로 하는 만장일치 합의체인 ( )가 있었다.

03 통일 신라에서는 ( )개의 관부가 병렬적으로 독립되어 있었으며, 각 부의 장관은 여러 명인 경우가 많았다.

04 통일 신라는 군사 조직으로 중앙에 ( )과 지방에 ( )을 두었다.

05 발해는 정당성의 ( )이 국정을 총괄하였다.

[답]
01 형, 사자   02 상대등, 화백 회의   03 13
04 9서당, 10정   05 대내상

01 2019년 지방직 9급

(나) 시기에 발생한 사건으로 옳은 것은?

> (가) 백제왕이 병력 3만 명을 거느리고 평양성을 공격
> 해 왔다. 왕이 출병하여 막다가 날아오는 화살에 맞
> 아 서거하였다.

↓

> (나)

↓

> (다) 왕이 보병과 기병 5만 명을 보내 신라를 구원하게
> 하였다. (고구려군이) 남거성을 통해 신라성에 이
> 르렀는데 그곳에 왜가 가득하였다. 관군이 도착하
> 자 왜적이 퇴각하였다.

① 태학을 설립하고 율령을 반포하였다.
② 평양으로 도읍을 옮기고 한성을 함락하였다.
③ 관구검이 이끄는 위나라 군대의 침략을 받았다.
④ 왕이 직접 말갈 병사를 거느리고 요서 지방을 공격하였다.

02 2020년 소방직

다음 사건이 일어난 시기를 연표에서 옳게 고른 것은?

> 백제 왕이 가량(加良)과 함께 와서 관산성을 공격하
> 였다. …… 신주의 김무력이 주의 군사를 이끌고 나가 교
> 전하였는데, 비장인 삼년산군 고간(高干) 도도(都刀)가
> 재빨리 공격하여 백제 왕을 죽였다. 이때 신라 군사들
> 이 승세를 타고 싸워 대승하여 좌평 4명, 병졸 29,600명
> 을 베어 한 필의 말도 돌아가지 못하게 하였다.
> — 『삼국사기』

(가)	(나)	(다)	(라)
나·제 동맹 체결	웅진 천도	사비 천도	

① (가)
② (나)
③ (다)
④ (라)

03 2019년 소방직

밑줄 친 '왕'의 업적으로 옳은 것은?

> 왕 13년 여름 6월 우산국이 항복하여 매년 토산물을
> 공물로 바치기로 하였다. 우산국은 명주의 정동쪽 바다
> 에 있는 섬인데, 울릉도라고도 한다. 그 섬은 사방 일백
> 리인데, 그들은 지세가 험한 것을 믿고 항복하지 않았
> 다. 이찬 이사부가 …(중략)… 우산국의 해안에 도착하
> 였다. 그는 거짓말로 "너희들이 만약 항복하지 않는다
> 면 이 맹수를 풀어 너희들을 밟아 죽이도록 하겠다."라
> 고 말하였다. 우산국의 백성들이 두려워하여 곧 항복하
> 였다.
> — 『삼국사기』

① 불교를 공인하였다.
② 대가야를 정복하였다.
③ 국호를 신라로 정하였다.
④ 이사금을 왕호로 사용하였다.

04 2021년 지방직 9급

(가) 나라에 대한 설명으로 옳은 것은?

> 북쪽 구지에서 이상한 소리로 부르는 것이 있었다. …
> (중략)… 구간(九干)들은 이 말을 따라 모두 기뻐하면서
> 노래하고 춤을 추었다. 자줏빛 줄이 하늘에서 드리워져
> 서 땅에 닿았다. 그 줄이 내려온 곳을 따라가 붉은 보자
> 기에 싸인 금으로 만든 상자를 발견하고 열어보니, 해
> 처럼 둥근 황금알 여섯 개가 있었다. 알 여섯이 모두 변
> 하여 어린아이가 되었다. …(중략)… 가장 큰 알에서 태
> 어난 수로(首露)가 왕위에 올라 (가) 를/을 세웠다.
> — 『삼국유사』

① 해상 교역을 통해 우수한 철을 수출하였다.
② 박, 석, 김씨가 교대로 왕위를 계승하였다.
③ 경당을 설치하여 학문과 무예를 가르쳤다.
④ 정사암 회의를 통해 재상을 선발하였다.

05 2019년 경찰직 1차

다음 삼국 시대의 역사적 사실들을 오래된 것부터 순서대로 정확하게 나열한 것은?

> ㉠ 신라가 율령을 반포함
> ㉡ 고구려가 부여를 점령 후 복속함
> ㉢ 고구려의 고국원왕이 평양성에서 전사함
> ㉣ 백제가 동진의 승려 마라난타를 통하여 불교를 수용함
> ㉤ 신라의 이사부가 우산국을 정벌함
> ㉥ 신라의 눌지왕과 백제의 비유왕이 나·제 동맹을 맺음

① ㉡ → ㉣ → ㉢ → ㉥ → ㉤ → ㉠
② ㉢ → ㉣ → ㉥ → ㉡ → ㉤ → ㉠
③ ㉥ → ㉢ → ㉣ → ㉡ → ㉠ → ㉤
④ ㉢ → ㉡ → ㉣ → ㉥ → ㉠ → ㉤

07 2020년 경찰직 2차

발해에 대한 설명으로 가장 적절하지 않은 것은?

① 발해의 중앙 정치 조직은 3성 6부이며, 지방 행정 구역은 5경 15부 62주이다.
② 발해는 고구려의 문화를 토대로 당 문화를 받아들였다.
③ 발해 문왕은 당의 문물을 수용하여 체제 정비를 하였으며, 건흥이라는 독자 연호를 사용하였다.
④ '남북국 시대'라는 용어는 조선 후기 실학자 유득공이 『발해고』에 기록한 남북국사라는 용어에서 비롯되었다.

06 2021년 지방직 9급

밑줄 친 '이 왕'에 대한 설명으로 옳은 것은?

> 문무왕이 왜병을 진압하고자 감은사를 처음 창건하려 했으나, 끝내지 못하고 죽어 바다의 용이 되었다. 뒤이어 즉위한 이 왕이 공사를 마무리하였다. 금당 돌계단 아래에 동쪽을 향하여 구멍을 하나 뚫어 두었으니, 용이 절에 들어와서 돌아다니게 하려고 마련한 것이다. 유언에 따라 유골을 간직해 둔 곳은 대왕암(大王岩)이라고 불렀다.
> – 『삼국유사』

① 건원이라는 독자적인 연호를 사용하였다.
② 국학을 설립하여 유학을 교육하였다.
③ 백성에게 처음으로 정전을 지급하였다.
④ 진골 출신으로서 처음 왕위에 올랐다.

08 2018년 지방직 9급

삼국 시대의 정치 제도에 대한 설명으로 옳은 것만을 모두 고르면?

> ㉠ 삼국의 관등제와 관직 제도 운영은 신분제에 의하여 제약을 받았다.
> ㉡ 고구려는 대성(大城)에는 처려근지, 그 다음 규모의 성에는 욕살을 파견하였다.
> ㉢ 백제는 도성에 5부, 지방에 방(方) - 군(郡) 행정 제도를 시행하였다.
> ㉣ 신라는 10정 군단을 바탕으로 영역을 확장하고 삼국 통일을 이룩하였다.

① ㉠, ㉡
② ㉠, ㉢
③ ㉡, ㉣
④ ㉢, ㉣

정답 및 해설 p. 265

02 고려의 정치

01 고려의 건국과 후삼국 통일

최근 7개년 **4회 출제!**
2021년 법원직 9급   2020년 경찰직 1차
2019년 지방직 9급   2019년 소방직

1. 왕건의 등장

왕건은 해상 무역을 통해 성장한 후 호족들과 연합하여 세력을 강화하였다. 이후 궁예의 부하가 되어 한강 유역을 점령하고, 금성(나주)을 점령하는 등의 공을 세워 광평성 시중의 자리에 올랐다.

2. 고려의 건국(918)

(1) **건국 과정**: 궁예를 축출한 뒤 즉위한 왕건은 국호를 고려, 연호를 천수로 정하고(918), 이후 철원에서 자신의 근거지인 송악(개경)으로 천도하였다(919).

(2) **통일을 위한 역량 강화**: 태조 왕건은 수취 체제를 개편하여 민심을 수습하였고 지방 호족 세력을 흡수·통합하였다. 또한 중국 화북 지방에 있었던 5대의 여러 나라와 외교 관계를 맺어 대외 안정을 추구하였다.

3. 후삼국 통일

(1) **발해 유민 포섭(934)**: 거란에 의해 발해가 멸망하자(926), 고려는 발해의 유민들을 흡수하였고, 고려로 망명한 발해 왕자 대광현을 왕족으로 대우하였다.

(2) **신라 병합(935)**: 태조 왕건은 신라 경순왕(김부)의 항복을 받아 평화적으로 신라를 통합하였다.

(3) **후백제 멸망(936)**: 고창 전투(930) 이후 고려가 주도권을 잡자, 아들 신검에 의해 금산사에 유폐된 후백제 견훤이 고려에 투항하였다(935). 이후 고려는 일리천 전투(936)에서 후백제의 신검을 격퇴하였고, 후백제가 멸망하면서 왕건이 후삼국을 통일하였다.

시험 직전! 필수 암기

고려의 건국과 후삼국 통일 과정

고려 건국(918)

후백제 견훤의 신라 침입, 경애왕 살해(927)

공산 전투, 후백제 승리(927)

고창 전투, 고려 승리(930)

견훤이 고려에 투항(935. 6.),
신라 경순왕이 고려에 항복(935. 11.)

일리천 전투, 고려 승리(936)

후백제 멸망, 고려의 후삼국 통일(936)

기출문장으로 출제 키워드 점검

01 왕건은 고구려 계승을 내세워 국호를 ( )라 하고 ( )으로 도읍을 옮겼다.

02 후백제의 ( )이 견훤을 ( )에 유폐시켰다.

[답]
01 고려, 송악 02 신검, 금산사

02 고려의 체제 정비 - 태조·광종·성종

빈출

최근 7개년 **16회 출제!**
2024년 지방직 9급   2024년 법원직 9급
2023년 서울시 9급   2023년 법원직 9급
2022년 법원직 9급   2022년 서울시 9급(2월)
2021년 국가직 9급   2021년 경찰직 1차
2021년 소방직   2020년 지방직 9급
2019년 서울시 9급(6월) 2019년 서울시 9급(2월)
2018년 지방직 9급   2018년 서울시 7급(6월)
2018년 경찰직 1차   2018년 법원직 9급

1. 태조의 정책(918~943)

(1) **민생 안정책**: 취민유도의 원칙으로 조세를 1/10로 감면하고, 흑창을 설치하였다.

(2) **호족 통합책**: 정략 결혼과 사성 정책을 통해 호족을 포섭하였다. 또한 호족에게 관직을 수여하고 역분전을 지급하였으며, 본관제(토성 분정)를 실시하였다.

(3) **호족 견제책**: 기인 제도(지방 호족 자제를 인질로 삼음)와 사심관 제도(중앙 고관을 출신지의 사심관으로 삼음)를 통해 호족을 견제하였다.

(4) **북진 정책**: 북진 정책의 기지로서 서경(평양)을 중시하고 대거란 강경책을 전개하여 만부교 사건을 일으켰다. 또한 영토를 확장하여 국경이 청천강에서 영흥만에 이르렀다.

(5) **통치 이념 편찬**: 『정계』와 『계백료서』를 저술하여 국왕에 대한 관리들의 도리를 제시하고, 훈요 10조를 반포하여 후대 왕들이 지켜야 할 정책 방향을 제시하였다.

확장개념

📍**만부교 사건(942)**
태조 왕건이 거란에서 수교를 위해 선물로 보낸 낙타 50마리를 굶어 죽게 하고, 사신 30명을 섬으로 귀양 보낸 사건

📍**훈요 10조의 내용**
·불교를 숭상할 것(1조)
·자주적으로 중국 문화를 수용하고, 거란의 야만적인 풍속은 배제할 것(4조)
·서경을 중시할 것(5조)
·연등회·팔관회를 중시할 것(6조)

2. 광종의 정책 (949~975)

(1) 중앙 집권 체제 확립

① **주현공부법(949)**: 각 주·현을 단위로 지방에서 해마다 바치는 공물과 부역의 액수를 정하여 징수하는 주현공부법을 시행하였다.

② **노비 안검법(956)**: 억울하게 노비가 된 자를 해방시켜 호족의 경제적·군사적 기반을 약화시키고, 국가 재정을 확충하였다.

③ **과거 제도(958)**: 중국 후주 출신 쌍기의 건의로 시행하였다.

④ **백관의 공복 제정(960)**: 관리의 복색을 4등급으로 구분(자색·단색·비색·녹색)하여 지배층의 위계질서를 확립하였다.

(2) 외왕내제 체제 구축
스스로 황제라 칭하고, 개경을 황도로, 서경을 서도로 개칭하였으며 '광덕·준풍' 등 독자적 연호를 사용하였다.

3. 성종의 정책 (981~997)

(1) 최승로의 시무 28조 채택
성종은 최승로의 건의를 수용하여 유교 사상을 정치의 근본 이념으로 삼아 통치 체제를 정비하였다.

(2) 유교 진흥 정책
국자감(국립 대학) 정비, 도서관 설치(비서성, 수서원), 문신 월과법 시행(995), 교육 조서 반포, 향교(= 향학) 설치, 지방 교육을 위해 경학 박사를 12목에 파견

(3) 통치 체제 정비

중앙	2성 6부(당 관제 모방), 중추원·삼사(송 관제 모방), 도병마사·식목도감 설치
지방	12목 설치(지방관인 목사 파견), 향리 제도 마련(지방 중소 호족을 향리로 편입), 문산계(중앙 문·무관)와 무산계(향리·노병 등)를 부여하여 관료와 호족 서열화

(4) 사회 정책 시행
의창 설치, 상평창 설치(개경·서경·12목), 재면법 실시, 자모상모법 시행, 연등회·팔관회 폐지

확장개념

📍 **최승로**
성종이 즉위 후 중앙의 5품 관리 이상에게 그 동안의 정치에 대한 비판과 정책을 건의하는 글을 올리게 하였고, 최승로는 태조부터 경종까지의 5대 왕에 대한 평가(5조 정적평)와 시무 28조를 올렸다. 시무 28조에는 지방관의 파견을 통한 호족 세력 견제, 유교 이념의 실현, 불교 행사와 토속 신앙 규제, 중앙 관제 정비 등의 내용이 담겨 있다.

📍 **도병마사와 식목도감**
고려의 독자적 기구인 도병마사와 식목도감은 현종 때에 이르러서 완비되었다.

기출문장으로 출제 키워드 점검

01 태조 ( )은 혼인 정책과 ( ) 정책을 통해 호족을 포섭하였다.

02 광종은 개경을 고쳐 ( )라 하고 서경을 ( )라고 하였다.

03 성종 대에 ( )는 ( )를 건의하는 등 유교 정치 이념의 토대를 닦았다.

04 성종은 물가 조절을 위해 ( )을 설치하였다.

[답]
01 왕건, 사성 02 황도, 서도 03 최승로, 시무 28조
04 상평창

압축개념

03 **고려의 중앙 통치 조직**

최근 7개년 **5회 출제!**
2024년 법원직 9급   2023년 법원직 9급
2022년 서울시 9급(6월)   2021년 지방직 9급
2018년 법원직 9급

통치 조직	내용	
중서문하성(재부)	중앙 최고 관서로 재신(2품 이상, 국가의 중요 정책 심의, 6부의 판사 겸임)과 낭사(3품 이하, 정책 비판)로 구성, 문하시중(수상)이 국정 총괄	
상서성	6부 관장, 행정 업무 집행	
6부	이부·병부·호부·형부·예부·공부 → 실제 행정 업무 담당	
중추원(추부)	추밀(2품 이상, 군사 기밀 관장, 6부 상서 겸임), 승선(3품, 왕명 출납, 숙위 담당)으로 구성	
어사대	관리를 감찰하고 정치의 잘잘못을 논하는 임무	
삼사	화폐·곡식의 출납에 대한 회계를 담당	
도병마사	국방·군사 문제를 담당하는 만장일치제의 회의 기구	재추 합좌 기구
식목도감	법의 제정 및 각종 시행 규정을 제정하는 입법 기구	
대간 (대성, 성대)	어사대의 관원(대관)과 중서문하성의 낭사(간관)로 구성되어 간쟁·봉박·서경권을 행사 → 권력의 독점과 부정을 방지	
기타 행정 기관	한림원(예문관, 국왕의 교서와 외교 문서 작성), 춘추관(실록과 국사 편찬), 보문각(서적 관리, 경연 관리), 전중성(왕실·친족의 보첩 관련 업무 총괄), 태의감(왕실의 의약·치료 담당), 사천대(천문 관측 담당)	

기출문장으로 출제 키워드 점검

01 고려 시대의 중서문하성은 국가의 정책을 심의하는 ( )과 정치의 잘못을 비판하는 ( )로 구성되었다.

02 고려 시대에는 ( )에 소속된 6부가 각각 국무를 분담했다.

03 고려 시대 ( )에서는 양계의 축성 및 군사 훈련 등 국방 문제를 논의하였다.

04 고려 시대의 대간은 ( )의 관원과 ( )의 낭사를 말하며, 이들은 ( ), ( ), 서경권을 가지고 있어 정국 운영에서 견제와 균형을 도모하였다.

[답]
01 재신, 낭사 02 상서성 03 도병마사
04 어사대, 중서문하성, 간쟁, 봉박

04 고려의 지방 행정·군사 조직과 관리 등용 제도

1. 지방 행정 조직

5도	· 상설 행정 기관이 없는 일반 행정 구역으로, 안찰사가 파견됨 · 도 아래에 주·군·현을 설치하고 지방관을 파견(주·군에는 자사, 현에는 현령 파견 → 현실적으로 모든 군·현에 파견되지 못함) · 지방관이 파견되지 않은 속현의 행정 실무는 향리가 담당, 지방관이 파견된 주현보다 속현의 수가 많았음(예종 때 속군·속현에 감무 파견 시작)
양계	· 군사 행정 구역으로, 병마사가 파견됨, 동계·북계 이원 구조 · 국방상 요충지에 '진' 설치(진장 파견)
3경	개경(개성)·서경(평양)·동경(경주)[→ 남경(한양)]으로 유수가 파견됨
8목, 4도호부	· 8목: 성종 때 설치된 12목을 현종 때 정비, 5도 중 교주도를 제외한 4도의 행정적 중심지에 설치 · 4도호부: 북계의 영주, 동계의 등주 등 군사적 요충지에 설치
말단 조직	· 촌: 군현의 최하 행정 단위로, 촌장(토착 세력)이 자치를 맡음 · 향·부곡·소: 특수 행정 구역으로, 일반 군현민에 비해 차별을 받음(조세·공납 부담 大, 거주 이전의 자유×, 과거 응시×), 향리가 관장

2. 군사 조직

(1) **중앙군**: 2군·6위로 구성되었으며, 직업 군인으로 군인전을 지급받고 그 역은 자손에게 세습되었다. 한편 2군과 6위의 지휘관들로 구성된 중방이라는 합좌 기관이 있었다.

(2) **지방군**: 주현군(5도에 주둔)·주진군(양계에 주둔한 상비군)으로 조직되었으며, 군적에 오르지 못한 일반 농민(16세 이상의 장정)으로 구성되었다.

(3) **특수군**: 광군(정종 때 거란을 막기 위해 조직), 별무반(숙종 때 윤관의 건의에 따라 여진 정벌을 위해 조직), 삼별초(최씨 무신 정권의 사병), 연호군(우왕 때 왜구 침입 대비) 등이 있었다.

3. 관리 등용 제도

(1) **과거 제도**

① **실시**: 과거 제도는 광종(958) 때부터 왕권 강화 목적으로 시행되어 식년시(3년)를 원칙으로 하였으나 실제로는 격년시(2년)로 시행되었다.

② **종류**: 제술과(논술 시험으로 문학적 재능과 정책을 시험, 주로 귀족, 향리의 자제가 응시), 명경과(유교 경전의 이해 정도를 평가하는 시험, 귀족, 향리의 자제 응시), 잡과(기술학 시험, 법률, 회계, 지리 등, 백정 농민 응시), 승과(승려 대상의 과거 제도, 교종선·선종선으로 구분하여 실시)

③ **응시 자격**: 법적으로 양인 이상이면 누구나 응시가 가능하였다.

④ **특징**: 시험관인 지공거(좌주)와 합격자(문생) 간에 사제 관계가 형성되었다.

⑤ **과거 응시 절차**

1단계: 계수관시(향시)		2단계: 국자감시		3단계: 예부시(동당시)
· 예비 시험 · 상공(개경), 향공(지방), 빈공(외국인)으로 구분 선발	→	· 대상: 계수관시 합격자, 국자감생 등 · 별칭: 사마시, 진사시	→	· 대상: 국자감시 합격자, 현직 관리 · 최종 합격자 선발: 홍패 수여

(2) **음서 제도**: 공신, 왕족 및 5품 이상 고위 관리의 자손이 과거를 거치지 않고 관리가 될 수 있는 제도로, 음서로 관리가 되어도 승진에 제한이 없어 대부분이 5품 이상 관직에 오를 수 있었다.

⚲ 고려의 지방 행정 조직 정비
· 성종: 전국에 12목 설치, 지방관(목사) 파견
· 현종: 5도 양계와 4도호부 8목의 지방 제도 완비

⚲ 안찰사
임기는 6개월로 도내를 순찰하면서 수령 감찰, 민생과 군사 업무 등을 담당하였다.

⚲ 병마사
병마사는 안찰사보다 지위가 높았고, 양계에 상주하며 군사 업무뿐 아니라 양계 지역 내의 민정까지 총괄하였다.

⚲ 2군 6위의 구성

2군	· 국왕의 친위 부대 · 응양군, 용호군으로 구성
6위	· 수도 방위와 국경 방어 담당 · 좌우위, 신호위, 흥위위, 금오위, 천우위, 감문위로 구성

⚲ 중방
· 2군 6위의 상장군과 대장군으로 구성된 무신 합좌 기구
· 무신 집권기 초기 최고 권력 기구였으나, 최충헌 집권 이후 약화

⚲ 고려 숙종의 업적
· 은병, 해동통보 등 화폐 주조(의천의 건의)
· 남경개창도감 설치(1101, 김위제의 건의)
· 국자감에 서적포 설치(1101)
· 별무반 설치(1104, 윤관의 건의)

⚲ 제술과와 명경과
고려 시대의 귀족들은 경학보다 문학을 더욱 숭상하였기 때문에 같은 문관 임용 시험이었지만 명경과(경전의 내용 평가)보다는 제술과(문학적 재능 평가)를 더욱 중요시하였다.

기출문장으로 출제 키워드 점검

01 고려 시대에는 전국을 5도와 (　　)로 나누고 5도에는 (　　)를 파견하였다.

02 고려 예종은 지방관이 없는 속군에 (　　)를 파견하였다.

03 고려 시대에는 직업 군인인 (　　)에게 (　　)을 지급하고 그 역을 자손에게 세습시켰다.

04 고려의 (　　)인 응양군과 용호군은 왕의 친위 부대였다.

05 고려 시대에는 (　　)가 명경과보다 중시되어 그 합격자를 중용하였다.

[답]
01 양계, 안찰사　02 감무　03 경군(중앙군), 군인전
04 2군　05 제술과

05 문벌 귀족의 성장과 이자겸의 난

1. 문벌 귀족의 성장과 분열

(1) **형성**: 고려 초기 지방 호족이나 신라의 6두품 출신의 유학자들이 중앙 관료로 진출하며 여러 대에 걸쳐 고위 관직자를 배출한 가문이 문벌 귀족을 형성하였다.

(2) **특징**: 과거와 음서로 관직을 독점하였고, 공음전의 혜택을 받았으며, 다른 문벌 귀족 가문이나 왕실과의 폐쇄적 혼인 관계를 형성하였다.

(3) **문벌 귀족 내부의 분열**: 문벌 귀족이 성장하면서 사회적 모순과 문벌 귀족 간의 갈등이 발생하여 분열이 일어났으며, 대표적인 사건이 이자겸의 난과 묘청의 난이다.

2. 이자겸의 난(1126~1127)

(1) **배경**: 경원 이씨 가문은 왕실의 외척으로 문종 대부터 80여 년간 정권을 장악하였다. 특히 예종 사후 인종이 즉위하는데 공을 세운 이자겸은 예종의 측근 세력인 한안인 등을 숙청하고, 인종과 자신의 딸을 혼인시켜 권력을 독점하였다.

(2) **전개**: 이자겸 세력의 권력 독점 → 인종 측근 세력의 반발 → 인종의 이자겸 제거 계획 → 이자겸이 척준경과 함께 난을 일으킴(1126) → 인종이 척준경을 회유하여 이자겸 제거 → 인종이 척준경도 축출하여 난 진압 → 인종의 15개조 유신령 반포(1127)

(3) **결과**: 왕궁이 불타며 왕실의 권위가 하락하였고, 난의 수습 과정에서 김부식 등의 개경파와 정지상 등의 서경파가 성장하였다.

확장개념

📍 **인종의 15개조 유신령** 기출사료
1. 방택(方澤)에서 지신에게 제사를 지내 도성 부근의 좋은 기운을 받아들일 것
1. 불필요한 관리와 불요불급한 사무를 줄일 것
1. 농업을 적극 장려해 백성들의 식량 사정을 개선할 것
1. 관곡을 적극 비축해 백성들의 구휼에 대비할 것
1. 정해진 조세와 공물 이외에는 일절 가렴주구 하는 일이 없도록 할 것
　　　　　　　　　　　　　　 -『고려사』

기출문장으로 출제 키워드 점검

01 (　　　　　)이 진압된 후 고려 인종의 15개조의 유신령이 발표되었다.

[답]
01 이자겸의 난

---

06 묘청의 난

1. 배경

이자겸의 난 이후 인종은 왕권을 회복하기 위해 정치 개혁을 추진하였다. 이 과정에서 김부식 중심의 개경파와 묘청·정지상 중심의 서경파가 대립하게 되었다.

구분	개경파	서경파
성격	보수 세력	개혁 세력
대표 인물	김부식, 한유충	묘청, 정지상, 백수한
계승 의식	신라 계승 의식	고구려 계승 의식
주장	금과의 사대 관계 유지	서경 천도, 금국 정벌, 칭제 건원
사상적 기반	유교 사상(합리적, 보수적)	풍수지리 사상(자주적 전통 사상)

2. 전개

서경 길지설 대두 → 서경파(묘청 세력)의 서경 천도 추진 → 서경에 대화궁 건설, 칭제 건원·금국 정벌 주장 → 개경파의 반대로 중단 → 묘청이 국호는 대위국, 연호는 천개, 군대는 천견충의군이라 하며 난을 일으킴(1135) → 김부식이 이끄는 관군에 의해 약 1년 만에 진압됨

3. 결과

(1) **서경의 지위 하락**: 서경파가 몰락하였으며 서경의 분사 제도가 붕괴되기 시작하였다.

(2) **숭문천무 풍조 심화**: 개경파의 문치주의로 문신 위주의 관료 체제가 강화되었고, 무신에 대한 차별이 심화되어 무신 정변이 일어나는 계기가 되었다.

확장개념

📍 **묘청의 서경 천도 운동** 기출사료
묘청 등이 왕께 아뢰기를 "저희들이 보건대 서경 임원역(林原驛)의 땅은 음양가들이 말하는 대화세(大華勢)입니다. 만약 이곳에 궁궐을 건축하고 옮겨 앉으면 천하를 병탄할 수 있으며 금나라가 방물을 바치고 스스로 항복할 것이고, 36개 나라들이 모두 조공하게 될 것입니다."라고 하였다.　　　 -『고려사』

기출문장으로 출제 키워드 점검

01 묘청 세력은 (　　　)을 정벌할 것을 주장하였다.

02 고려 중기의 인물인 (　　　　)은 개경 중심의 문벌 귀족 세력의 대표였다.

03 묘청 세력은 국호를 (　　　　), 연호를 (　　　)로 정하고 반란을 일으켰다.

[답]
01 금　02 김부식　03 대위(대위국), 천개

최근 7개년 **15회 출제!**	
2024년 법원직 9급	2023년 서울시 9급
2021년 지방직 9급	2021년 경찰직 1차
2020년 국가직 9급	2019년 국가직 7급
2019년 서울시 9급(6월)	2019년 서울시 9급(2월)
2019년 경찰간부후보생	2019년 소방직
2019년 기상직 9급	2018년 지방직 9급
2018년 서울시 9급(6월)	2018년 서울시 7급(3월)
2018년 법원직 9급	

1. 무신 정권의 성립 (1170, 무신 정변)

(1) **배경**: 묘청의 난 이후 숭문천무 사상이 팽배하였으며, 군인전을 제대로 지급받지 못한 하급 군인들의 불만이 고조되었다. 또한 의종이 측근 문신 세력에만 의존하였고 실정을 거듭하여 민생이 피폐해졌다.

(2) **전개 과정**: 보현원 사건을 계기로 정중부·이의방·이고 등이 반란을 일으켜 문신 세력 제거(무신 정변, 경인의 난) → 의종을 폐위하고 거제도로 유배 보냄 → 명종 옹립

(3) **결과**: 문벌 귀족 사회가 붕괴되고 무신 정권이 성립되었다.

2. 무신 정권의 전개

전개 과정	집권자	주요 내용
형성기 (1170~1196)	정중부 (1170~1179)	· 이의방·이고를 제거하고 권력 장악 · 중방을 중심으로 독재권 행사 · 김보당의 난, 조위총의 난, 교종 승려들의 난 등 발생
	경대승 (1179~1183)	· 정중부를 제거하고 권력 장악 · 도방(사병 집단) 설치
	이의민 (1183~1196)	· 천민 출신으로 김보당의 난 때 의종을 시해하여 정계 진출 · 경대승이 병사한 후 정권 장악, 최충헌 형제에게 피살됨
확립기 (1196~1258)	최충헌 (1196~1219)	· 도방 강화(군사적 기반), 흥녕부 설치(진주 지방 관리 목적), 진강후에 책봉됨, 교정도감(국정 총괄 기구) 설치(1209) 후 교정별감(장관)의 자리에 오름, 조계종 후원 · 봉사 10조(시무 10조) 제시 → 제대로 시행되지 않음 · 명종과 희종을 폐위, 신종·희종·강종·고종을 옹립 · 문신들(이규보, 진화 등)을 등용하여 무신 견제
	최우 (1219~1249)	· 정방·서방 설치, 마별초 설치, 삼별초 조직 · 대몽 항쟁: 몽골의 침입(1231) → 장기 항쟁을 위해 강화도로 천도(1232), 재조대장경(팔만대장경) 조판 시작 · 진양부 설치: 최우가 진양후에 책봉되면서 설치된 부로 그의 집이 진양부가 됨
	최항 → 최의	최항 때 대장경 완성
붕괴기 (1258 ~ 1270)	최씨 무신 정권의 종결	김준 집권(무오정변, 1258) → 임연 집권 → 임유무 집권 → 원종 때 임유무가 제거됨 → 무신 정권 붕괴, 몽골과의 강화 성립, 개경 환도

3. 무신 정권의 권력 기반

구분	기구	특징
정치	교정도감	· 모든 기구를 총괄하는 무신 정권 시기 최고 권력 기구 · 장관인 교정별감의 자리는 최씨 정권의 집권자가 차지
	정방	인사 행정 기구(인사권 장악)
	서방	문신들의 숙위 기구, 정치 고문을 담당
경제	농장	대규모 농장을 소유하여 토지 제도의 붕괴 초래
군사	도방	최고 권력자의 신변 보호를 위한 사병 집단(보병)
	마별초	최씨 무신 정권의 사병으로 몽골 기병의 영향을 받아 조직
	삼별초	공적인 임무를 띠면서 최씨 무신 정권의 무력 기반 형성
사상	조계종	선종 중심으로 교선 통합(무신 정권의 사상적 기반)

무신 정권과 관련된 지역들

거제도	폐위된 의종의 유배지
진주	· 최충헌의 식읍으로 지급된 곳 · 대장도감 분사가 설치된 곳
강화도	· 몽골과의 항전을 위해 천도한 곳 · 대장도감이 설치된 곳

확장개념

📍 **진강후**
'후(侯)'는 왕실 종친에게 주로 부여되던 관작으로, 진강후로 책봉된 최충헌은 부(府)를 설치할 수 있는 권한을 얻어 흥녕부를 설치하였다. 이후 최우는 진양후에 봉해지고 그의 집은 진양부가 되었다.

📍 **봉사 10조(시무 10조)의 내용**
① 새 궁궐로 옮길 것
② 용관(쓸데없는 벼슬)을 철폐할 것
③ 농민에게 빼앗은 토지를 돌려줄 것
④ 선량한 관리를 임명할 것
⑤ 승려의 고리대업을 금할 것
⑥ 탐관오리를 징벌할 것
⑦ 관리의 사치를 금할 것
⑧ 함부로 사찰을 건립하는 것을 금할 것
⑨ 지방관의 공물 진상을 금할 것
⑩ 신하의 간언을 용납할 것

📍 **무신 정권기 고려의 왕**

명종(제 19대 왕)
↓
신종(제 20대 왕)
↓
희종(제 21대 왕)
↓
강종(제 22대 왕)
↓
고종(제 23대 왕)
↓
원종(제 24대 왕, 무신 정권 붕괴)

📍 **삼별초**

성립	최우 때 치안 유지를 위해 창설한 야별초에서 비롯됨
확대	· 야별초가 좌별초와 우별초로 분리 · 몽골에 포로로 잡혔다 돌아온 병사를 중심으로 조직된 신의군도 편제됨
기능	최씨 무신 정권의 사병 집단

4. 무신 정권 시기의 사회 동요

구분	주요 봉기	내용
반(反) 무신의 난	김보당의 난	동북면 병마사 김보당이 의종 복위 주장(정중부 집권기, 1173), 계사의 난이라고도 불림
	조위총의 난	서경 유수 조위총의 난(정중부 집권기, 1174)
	교종 승려들의 난	귀법사·중광사·흥왕사 등 교종 승려들의 난(1174)
천민·노비 들의 난	전주 관노의 난(1182)	경대승 집권기에 일어났으며 한때 전주를 점령함
	만적의 난(1198)	최충헌 집권기에 일어난 난으로, 최충헌의 사노비인 만적이 신분 차별에 항거하려 했으나 거사 전에 발각됨
양인들 의 난	망이·망소이의 난 (1176)	· 신분 차별 철폐를 요구하며 공주 명학소에서 봉기 · 고려 정부는 충순현으로 승격시켜 주면서 봉기 가담자를 회유함, 이후 진압군을 파견하여 봉기를 진압함 → 향·부곡·소 해방의 계기가 됨
삼국 부흥 운동	김사미와 효심의 봉기(1193)	· 김사미는 운문, 효심은 초전에서 봉기함(신라 부흥 표방) · 두 세력이 연계하여 경상도 전역을 장악
	최광수의 봉기(1217)	서경에서 고구려 부흥을 목표로 봉기
	이연년의 봉기(1237)	담양에서 백제 부흥을 목표로 봉기

압축개념

08 외적의 침입과 고려의 대응

1. 거란의 침입과 격퇴(10세기 말~11세기)

(1) **1차 침입(993, 성종):** 소손녕이 80만 대군을 이끌고 침입 → 서희의 외교 담판으로 강동 6주를 획득(송과 외교 관계 단절 및 거란과의 수교 약속)

(2) **2차 침입(1010, 현종):** 강조의 정변(1009)을 구실로 거란이 다시 침략 → 현종이 나주로 피난 → 양규의 활약(흥화진 전투) → 현종의 입조를 조건으로 거란이 철수

(3) **3차 침입(1018, 현종):** 소배압이 10만 대군을 이끌고 침입 → 강감찬이 귀주에서 대파 (귀주 대첩, 1019)

(4) **영향:** 현종 대에 개경 주위에 나성을 축조하였으며(1029), 이후 덕종 때 거란과 여진의 침입을 방어하기 위해 천리장성을 축조하기 시작(1033)하여 정종 때 완성하였다(1044). 또한 거란의 2차 침입 때 불력으로 거란을 물리치기 위해 초조대장경을 제작하였다.

2. 여진 정벌과 금의 사대 요구 수용(12세기)

(1) **여진 정벌 과정:** 여진과의 1차 접촉에서 고려 패배 → 윤관이 별무반을 조직(1104, 숙종) → 여진 정벌(1107, 예종) → 동북 9성 축조(1107) → 수비가 어려워지자 여진에 동북 9성 반환(1109)

(2) **금의 사대 요구 수용**

① **금 건국:** 여진족은 세력을 키워 금을 건국하였다(1115).

② **군신 관계 요구:** 금은 거란(요)을 멸망시킨 후 고려에 군신 관계를 요구하였고, 당시 집권자였던 이자겸과 척준경은 금의 사대 요구를 수용하였다(1126).

3. 몽골의 침입(13세기)과 대몽 항쟁

(1) **배경:** 강동(성)의 역 때 몽골이 고려를 도운 것을 큰 은혜를 베풀었다고 하며 고려에 형제 관계의 체결과 무리한 조공을 요구하였고, 고려는 이를 받아들였다(1219).

(2) 몽골의 침입

구분	시기	침입 내용 및 주요 항쟁
1차	1231년	· 몽골 사신 저고여의 피살 사건(1225)을 구실로 침입함 · 박서의 귀주성 항쟁 · 강화 성립 후, 다루가치를 설치하여 고려 내정에 간섭
2차	1232년	· 최우의 강화 천도(1232, 고종)를 구실로 침입함 · 김윤후가 처인성(처인부곡)에서 적장 살리타 사살 · 대구 부인사의 초조대장경이 소실됨
3차	1235~1239년	· 황룡사 9층 목탑이 소실되었으며 재조대장경 조판 시작 · 국왕의 친조를 조건으로 강화
4차	1247년	몽골 황제 정종의 사망으로 몽골군이 퇴각
5차	1253년	· 국왕의 친조를 요구하였으나 왕족을 몽골에 보내고 강화함 · 충주산성 방호별감 김윤후가 충주성에서 몽골군 격퇴
6차	1254~1259년	· 충주 다인철소 주민들의 항쟁 · 몽골이 철령 이북 지역을 확보하여 쌍성총관부 설치(1258) · 고종은 당시 태자였던 원종을 몽골에 보내 강화를 맺음
개경 환도	1270년	· 몽골과의 강화(1259) 후에도 개경 환도를 반대하던 무신 세력이 원종에 의해 제거되었고, 고려 정부는 개경으로 환도 · 삼별초는 독자 정부 수립 후 항전을 지속함

(3) 삼별초의 항쟁(1270~1273): 고려 정부가 몽골과 강화하고 개경으로 환도하자 삼별초는 이를 거부하고 대몽 항쟁을 전개하였다.

강화도	배중손의 지휘, 왕족 승화후 온을 왕으로 삼고 정부 수립, 진도로 이동
진도	· 진도에 용장성을 쌓고 도읍을 건설하며 서남해 지역을 장악 · 일본에 국서를 보내 대몽 연합 전선을 제의 · 여·몽 연합군과의 전투에서 배중손이 사망하고 김통정의 지휘 아래 제주도(탐라)로 이동
제주도	김통정의 지휘 아래 항전하였으나, 김방경이 이끄는 여·몽 연합군에 의해 진압되었음, 몽골에 의해 탐라총관부가 설치됨(1273)

압축개념
09 원의 내정 간섭과 원 간섭기의 정치 상황
빈출

최근 7개년 **10회 출제!**
2024년 지방직 9급 ｜ 2024년 서울시 9급(2월)
2023년 국가직 9급 ｜ 2022년 법원직 9급
2020년 지방직 9급 ｜ 2020년 소방직
2020년 법원직 9급 ｜ 2019년 서울시 9급(2월)
2019년 경찰직 1차 ｜ 2019년 소방직

1. 원의 내정 간섭

일본 원정	두 차례 실시된 일본 원정에 강제로 동원됨, 둔전경략사·정동행성 설치
영토 상실	쌍성총관부(철령 이북, 화주), 동녕부(자비령 이북, 서경), 탐라총관부(제주) 설치
관제의 개편	· 중앙 관제 격하: 2성을 개편하여 첨의부, 6부를 개편하여 4사, 중추원을 개편하여 밀직사로 격하 · 왕실 용어 격하: 묘호에 조·종을 개편하여 '충'자 사용, 폐하를 개편하여 전하, 태자를 개편하여 세자 사용 등
내정 간섭	· 정동행성: 일본 원정 실패 이후 내정 간섭 기구로 존속, 사법 기구인 이문소를 중심으로 간섭 · 순마소 설치(반원 인사 색출, 개경의 치안 담당), 만호부 설치(십진법으로 군대를 편제하는 군사 제도), 다루가치(감찰관) 파견 · 친원 세력과 권문세족의 성장 → 친원파들이 입성책동을 일으킴
사회·경제적 수탈	공녀 징발(결혼도감 설치), 매 징발(응방 설치), 특산물 수탈(금·은·인삼 등)

2. 원 간섭기의 개혁 정치

충렬왕	· 전민변정도감 설치, 홍자번이 편민 18사를 올려 개혁 주장 · 도병마사를 도평의사사(도당)로 개편하여 국정을 총괄하게 함 · 성리학 수용(안향), 섬학전 설치, 경사교수도감 설치 · 원으로부터 동녕부(1290)와 탐라총관부(1301)를 반환 받음, 다루가치 폐지
충선왕	정방 폐지 시도, 사림원 설치, 의염창을 설치하고 소금 전매제(각염법) 실시, 전농사 설치(농장·불법적 노비 조사), 원의 수시력 채택, 만권당 설치(충숙왕 때)
충숙왕	찰리변위도감을 설치하여 경제·토지 개혁 시도 → 실패
충목왕	정치도감 설치, 사급전 혁파·녹과전 폐단 시정(권문세족 견제 목적)
공민왕	· 반원 자주 정책: 친원 세력(기철 등) 숙청, 정동행성 이문소 폐지, 관제 복구(2성 6부 체제), 쌍성총관부 무력 수복(유인우, 1356), 몽골풍의 의복과 변발 금지 · 왕권 강화 정책: 정방 폐지(왕의 인사권 장악, 권문세족 약화), 자제위 설치(국왕 호위, 지도자 양성 목적), 성균관 개편(유교 교육 강화), 전민변정도감 설치(1366, 신돈 등용), 내재추제 신설(도평의사사 권한 축소) · 개혁 실패: 원의 간섭, 친원파의 저항으로 신돈이 제거되고, 공민왕이 시해됨

3. 고려 말 홍건적과 왜구의 침입

홍건적	· 1차 침입(1359): 홍건적이 서경을 침입하였으나 이승경·이방실 등이 격퇴 · 2차 침입(1361): 홍건적의 공격으로 개경이 함락되고 공민왕은 복주(안동)로 피난을 갔으나, 이방실·정세운·최영·이성계 등이 격퇴

왜구	· 왜구 격퇴: 홍산 대첩(1376, 최영), 진포 대첩(1380, 최무선, 화포 사용), 황산 대첩(1380, 이성계), 관음포 대첩(1383, 정지), 쓰시마 섬 정벌(1389, 박위)
	· 왜구 침입의 영향
	  - 왜구의 약탈로 농민 생활이 피폐해졌음
	  - 최무선의 건의에 따라 1377년 화통도감이 설치되어 각종 화기를 제조하였음
	  - 왜구 격퇴 과정에서 최영과 이성계 등의 신흥 무인 세력이 성장하였음

확장개념

📍 **충선왕의 복위 교서** [기출사료]
이제부터 만약 종친으로서 같은 성에 장가드는 자는 황제의 명령을 위배한 자로서 처리할 것이니, 마땅히 여러 대를 내려오면서 재상을 지낸 집안의 딸을 부인을 삼을 것이며, 재상의 아들은 왕족의 딸과 혼인함을 허락할 것이다.
- 『고려사』
▶ 충선왕은 1308년 복위 교서에서 왕실의 족내혼(근친혼)을 금지하고, 왕실 종친과 혼인 관계를 맺을 수 있는 15개의 귀족 가문을 '재상지종'으로 지정하였다.

기출문장으로 출제 키워드 점검

01 원 간섭기에 관제 격하의 일환으로 중서문하성과 상서성은 ( )로 통합되었다.

02 충렬왕 때 도병마사를 ( )로 개편하여 국정을 총괄하게 하였다.

03 충선왕 대 왕권을 강화하고 개혁을 주도하기 위한 기구로 ( )을 두었다.

04 충목왕은 개혁 기구로 ( )을 설치하였다.

05 공민왕은 고려에 내정 간섭을 하던 ( )를 혁파하였다.

[답]
01 첨의부 02 도평의사사 03 사림원 04 정치도감
05 정동행성 이문소

10 신흥 세력의 성장과 고려의 멸망

최근 7개년 **4회 출제**
2024년 국가직 9급   2022년 국가직 9급
2022년 지방직 9급   2019년 법원직 9급

1. 신흥 세력의 성장

(1) **신진 사대부의 성장**: 신진 사대부는 무신 집권 시기 이래 과거를 통해 중앙에 진출한 지방 향리 자제 출신으로, 공민왕 시기에 성장하여 불교의 폐단과 권문세족의 비리를 비판하였다. 그러나 공민왕의 개혁이 실패한 후, 이후의 개혁 방향을 둘러싸고 정도전, 조준, 윤소종 등의 혁명파 사대부와 정몽주, 길재, 이색 등의 온건파 사대부로 분화되었다.

(2) **신흥 무인 세력의 성장**: 홍건적과 왜구의 침입을 물리치고, 흥왕사의 변 등의 반란을 진압하는 과정에서 최영, 이성계 등 신흥 무인 세력이 성장하였다.

2. 고려의 멸망

명의 철령위 설치 통고(최영의 요동 정벌론과 이성계의 4불가론의 대립) → 요동 정벌 단행(최영이 이성계 파견) → 이성계가 위화도 회군(1388)으로 최영·권문세족 제거 → 혁명파 사대부의 정치적 실권 장악 → 우왕·창왕을 잇따라 폐위한 후 공양왕 옹립(폐가입진) → 삼군도총제부를 설치하여 군사권 장악(1391) → 과전법 실시(1391) → 혁명파 사대부의 경제적 기반 마련 → 정몽주 등의 온건파 사대부 제거, 고려 멸망, 조선 건국(1392)

확장개념

📍 **흥왕사의 변(1363)**
김용 등 친원 세력이 흥왕사의 행궁에 머무르고 있던 공민왕을 시해하려고 한 사건으로, 무신 세력 간의 갈등이자 공민왕에 대한 친원파의 반발이었다. 결국 최영 등 무인 세력에 의해 흥왕사의 변이 진압되었다.

📍 **창왕 대의 정책**
· 급전도감 설치(1389)
· 박위를 보내 쓰시마 섬 정벌(1389)

기출문장으로 출제 키워드 점검

01 우왕 때 최영은 명이 ( ) 설치를 통고하자 ( )을 공격할 계획을 세웠다.

02 혁명파 사대부는 권문세족의 경제 기반을 무너뜨리기 위해서 ( )을 시행하였다.

[답]
01 철령위, 요동 02 과전법

01

다음에 제시된 역사적 사건들을 시간 순서대로 바르게 나열한 것은?

> ㉠ 후백제의 견훤이 경주를 침공해 경애왕을 죽였다.
> ㉡ 후백제의 신검이 견훤을 금산사에 유폐시켰다.
> ㉢ 왕건이 국호를 고려라 정하고 송악으로 천도하였다.
> ㉣ 고려가 공산 전투에서 후백제에게 패하였다.

① ㉠ → ㉢ → ㉡ → ㉣　　② ㉠ → ㉣ → ㉢ → ㉡
③ ㉢ → ㉠ → ㉡ → ㉣　　④ ㉢ → ㉠ → ㉣ → ㉡

02

다음 상소문을 올린 왕대에 있었던 사실은?

> 석교(釋敎)를 행하는 것은 수신(修身)의 근본이요, 유교를 행하는 것은 이국(理國)의 근원입니다. 수신은 내생의 자(資)요, 이국은 금일의 요무(要務)로서, 금일은 지극히 가깝고 내생은 지극히 먼 것인데도 가까움을 버리고 먼 것을 구함은 또한 잘못이 아니겠습니까.

① 양경과 12목에 상평창을 설치하였다.
② 균여를 귀법사 주지로 삼아 불교를 정비하였다.
③ 국자감에 7재를 두어 관학을 부흥하고자 하였다.
④ 전지(田地)와 시지(柴地)를 지급하는 경정 전시과를 실시하였다.

03

고려 시대 군사 제도에 대한 설명으로 가장 옳지 않은 것은?

① 북방의 양계 지역에는 주현군을 따로 설치하였다.
② 2군(二軍)인 응양군과 용호군은 왕의 친위 부대였다.
③ 6위(六衛) 중의 감문위는 궁성과 성문 수비를 맡았다.
④ 직업 군인인 경군에게 군인전을 지급하고 그 역을 자손에게 세습시켰다.

04

(가) 왕의 시기에 일어난 사실로 옳은 것은?

> 이자겸, 척준경이 말하기를 "금이 예전에는 작은 나라여서 요와 우리나라를 섬겼으나, 지금은 갑자기 흥성하여 요와 송을 멸망시켰다. …(중략)… 작은 나라로서 큰 나라를 섬기는 것은 선왕의 도이니, 마땅히 우선 사절을 보내야 합니다."라고 하니 　(가)　 이/가 그 의견을 따랐다.
> 　　　　　　　　　　　　　　　　　　　－『고려사』

① 도평의사사를 중심으로 정치를 주도하였다.
② 성리학을 수용하면서 『주자가례』를 보급하였다.
③ 서경에 대화궁을 짓게 하고 칭제건원을 주장하였다.
④ 몽골의 침략에 대응하기 위해 강화도로 도읍을 옮겼다.

05 2020년 국가직 9급

(가) 인물에 대한 설명으로 옳은 것은?

신종 원년 사노비 만적 등이 북산에서 땔나무를 하다가 공사의 노비들을 모아 모의하기를, "우리가 성 안에서 봉기하여 먼저 (가) 등을 죽인다. 이어서 각각 자신의 주인을 죽이고 천적(賤籍)을 불태워 삼한에서 천민을 없게 하자. 그러면 공경장상이라도 우리가 모두 할 수 있을 것이다."라고 하였다.

① 정방을 설치하여 인사권을 장악하였다.
② 치안 유지를 위해 야별초를 설립하였다.
③ 이의방을 제거하고 권력을 장악하였다.
④ 봉사 십조를 올려 사회 개혁안을 제시하였다.

06 2021년 소방직

(가)와 (나) 사건 사이에 있었던 사실로 옳은 것은?

(가) 강감찬이 산골짜기 안에 병사를 숨기고 큰 줄로 쇠가죽을 꿰어 성 동쪽의 큰 개천을 막아서 기다리다가, 적이 이르자 물줄기를 터뜨려 크게 이겼다.
(나) 윤관이 새로운 부대를 창설했는데, 말을 가진 자는 신기군으로 삼았고, 말이 없는 자는 신보군 등에 속하게 하였으며, 승려들을 뽑아 항마군으로 삼았다.

① 여진을 몰아내고 동북 9성을 설치하였다.
② 공을 세운 신하들에게 역분전을 지급하였다.
③ 압록강에서 도련포에 이르는 천리장성을 축조하였다.
④ 친원적 성향이 강한 권문세족이 지배 세력으로 등장하였다.

07 2020년 소방직

밑줄 친 '이 왕'의 재위 기간에 있었던 사실로 옳은 것은?

<u>이 왕</u>이 원의 제국대장공주와 결혼하여 고려는 원의 부마국이 되었고, 도병마사는 도평의사사로 개편되었다.

① 만권당을 설치하였다.
② 정동행성을 설치하였다.
③ 정치도감을 설치하였다.
④ 입성책동 사건이 일어났다.

08 2020년 지방직 9급

다음 사건 이후에 일어난 일로 옳은 것은?

개경을 떠나 피난 중인 왕이 안성현을 안성군으로 승격시켰다. 홍건적이 양광도를 침입하자 수원은 항복하였는데, 작은 고을인 안성만이 홀로 싸워 승리함으로써 홍건적이 남쪽으로 내려오지 못하게 하였기 때문이다.

① 화약 무기를 사용해 진포 해전에서 승리하였다.
② 처인성 전투에서 적의 장수 살리타를 사살하였다.
③ 기철 일파를 제거하고 쌍성총관부의 관할 지역을 수복하였다.
④ 적의 침략을 물리치기 위한 염원에서 팔만대장경을 만들었다.

정답 및 해설 p. 266

03 조선 전기의 정치

01 조선의 건국과 기틀 마련 – 태조·정종·태종

최근 7개년 **7회 출제!**
2024년 법원직 9급   2022년 법원직 9급
2020년 소방직   2020년 경찰직 1차
2019년 지방직 9급   2019년 서울시 9급(6월)
2019년 법원직 9급

1. 조선의 건국 (1392)

(1) **정권 장악**: 이성계는 위화도에서 회군하여 최영을 제거하고 정권을 장악하였다.

(2) **경제 장악**: 혁명파 사대부의 주도하에 과전법을 시행하여 경제적 기반을 마련하였다.

(3) **조선 건국**: 혁명파 사대부는 정몽주 등 온건파 사대부를 제거하고 도평의사사를 장악하여 이성계가 공양왕의 왕위를 물려받는 형식으로 조선을 건국하였다(1392).

2. 태조 (1392~1398)

(1) **도읍의 기틀 마련**: 한양으로 천도(1394)한 이후 한양에 도성을 쌓고 경복궁을 비롯한 궁궐, 종묘와 사직 등을 건설하였다.

(2) **통치 체제 정비**: 도평의사사를 그대로 계승하고, 의흥삼군부를 설치(1393)하여 군령과 군정을 총괄하게 하였다.

(3) **정도전 등용**: 정도전은 민본적 통치 규범을 마련하였고 왕도 정치를 바탕으로 재상 중심의 정치를 주장하였으며, 성리학을 조선의 통치 이념으로 확립하였다.

(4) **제1차 왕자의 난**(1398): 후비 강씨 소생인 방석이 세자로 책봉되자 이에 불만을 품은 방원이 강씨 소생의 방석과 방번을 죽이고 개국 공신인 정도전과 남은 등을 제거하였다.

3. 정종 (1398~1400)

(1) **혼란 수습**: 개경으로 잠시 천도하였으며(1399), 도평의사사를 의정부로 개편(방원의 주도)하였다. 또한 중추원을 폐지하고 그 직무를 삼군부로 이관하였다(정무와 군무를 분리).

(2) **제2차 왕자의 난**(1400): 방원이 사병을 동원하여 본인에게 도전한 방간을 제거하였다. 이후 방원은 세자로 책봉되었다가 정종으로부터 왕위를 물려받았다.

4. 태종 (1400~1418)

왕권 강화책	· 정종 때 세자로 책봉된 이후 사병 혁파 주도(국왕이 군사권 장악) · 6조 직계제 실시, 사간원 독립(대신과 외척 세력 견제 목적), 한양 환도
경제 정책	· 사원 정리: 사원의 토지와 노비를 몰수 · 양전 사업: 20년마다 토지를 측량하여 양안(토지 대장)을 작성하게 함 · 호적 작성: 호구를 조사하여 3년마다 호적 작성 · 화폐 발행: 사섬서에서 저화(지폐) 발행
사회 정책	· 인보법 실시(10가구를 한 단위로 묶어서 통제), 호패법 실시(16세 이상의 모든 남자는 호패를 착용하도록 함, 노비도 포함됨) · 신문고 설치, 노비 변정 사업(억울하게 노비가 된 자를 해방시킴) · 서얼 차별: 서얼의 문과 응시를 제한하고, 무과나 잡과를 통해 관직에 진출한 자에게는 한품서용제를 적용하여 출세를 제한함 · 과부의 재가 제한: 재가한 여성은 녹안(명부)에 기재하고, 3번 이상 결혼한 여성은 자녀안에 기재하여 그 자손의 과거 응시 자격을 제한함
문화 정책	활자소인 주자소 설치(계미자 주조), 창덕궁 건립

확장개념

⚑ 의흥삼군부
고려 말 공양왕 때(1391) 종래의 오군 체제를 삼군 체제로 바꾸어 설치한 삼군도총제부를 조선 초기인 태조 때(1393) 개편한 것이다.

⚑ 정도전의 주요 저술

『조선경국전』, 『경제문감』	· 재상 중심의 국가 운영 주장 · 민본적 통치 규범 마련
『불씨잡변』	· 성리학 입장에서 불교를 비판 · 성리학적 통치 질서의 확립 목적
『진도』	요동 정벌을 위해 편찬한 진법서

⚑ 6조 직계제
6조의 판서가 사대 문서 관리, 중죄수 심의를 제외한 모든 업무를 국왕에게 직접 보고하도록 한 제도로, 왕권 강화의 목적으로 시행되었다.

⚑ 조선 시대의 호적
· 호의 소재지, 호주의 관직 또는 신분, 성명·연령, 호주와 처의 본관과 4조(부, 조부, 증조부, 외조부), 자녀 등을 기록
· 노비의 경우, 노비의 이름과 노비 상전의 성명·연령 등을 기록

⚑ 신문고의 변천

신문고 설치(태종)

신문고 폐지(연산군)

신문고 부활(영조)

기출문장으로 출제 키워드 점검

01 조선 태조 때 (　　　)은 경제문감을 저술하여 (　　　) 중심의 정치를 주장하였다.

02 조선 태종은 (　　　)을 혁파하고 (　　　) 사업을 실시하였다.

03 조선 태종은 언론 기관인 (　　　)을 독립시켜 대신을 견제하게 하였다.

[답]
01 정도전, 재상   02 사병, 양전   03 사간원

02 조선의 문물 정비 – 세종·문종·단종

1. 세종(1418~1450)

(1) 왕권과 신권의 조화 추구

① **집현전 개편**: 학술 연구 기관으로 학문 연구와 경연·서연을 담당하였다.

② **의정부 서사제 시행**: 6조에서 올라오는 일들을 의정부에서 심의를 거쳐 왕에게 보고하는 형태인 의정부 서사제로 정치 체제를 바꾸어 재상의 권한은 확대하면서도, 인사와 군사 등에 관한 일은 왕이 직접 처리하여 왕권과 신권의 조화를 이루었다.

(2) 유교 이념의 확립
: 국가 행사를 오례에 따라 유교식으로 거행하였고, 사대부들에게도 『주자가례』의 시행을 장려하여 유교 윤리가 사회 윤리로 자리 잡게 하였다.

(3) 민생 안정 정책

공법 제정	전분 6등법(비옥도를 기준), 연분 9등법(풍흉을 기준)
의창제 정비	춘대추납으로 빈민 구제를 담당하게 하였음
사법 제도 개선	사형수에 대해 3심(삼복법)을 받게 하였고 노비에 대한 주인의 사적 처벌을 금지함
조선통보 발행	저화의 보조 화폐로 동전인 조선통보 발행

(4) 대외 정책

① **여진**: 최윤덕을 압록강 지역에 파견하여 4군을 설치하고, 김종서를 두만강 지역에 파견하여 6진을 설치함으로써 압록강에서 두만강을 경계로 하는 오늘날의 국경선을 확보하였다.

② **일본**: 이종무를 보내 쓰시마 섬을 정벌하게 하였으며(1419), 후에 3포(제포·염포·부산포)를 개항(1426)하고 계해약조를 체결(1443)하였다.

(5) 문화 정책

한글 창제	훈민정음 창제(1443)·반포(1446), 한글 서적 간행(「용비어천가」, 『석보상절』, 「월인천강지곡」)
과학 기구 제작	측우기, 앙부일구(해시계), 자격루(물시계), 간의·혼천의 제작
의학 정리	『향약집성방』, 『의방유취』를 편찬하여 의학을 정리
편찬 사업	『칠정산』「내외편」, 『농사직설』, 『총통등록』, 『삼강행실도』, 『효행록』, 『향약집성방』, 『의방유취』 등 편찬
활자 주조	경자자·갑인자·병진자 등을 주조
인쇄술 발달	밀랍 대신 식자판을 조립하는 방법 창안(인쇄 능률 향상)
불교 교단 정리	· 불교 교단 7개를 선·교의 양종으로 통합 · 선·교종 36본산제: 전국 36개 사원을 제외한 나머지 사원 혁파
음악 발달	박연이 아악을 정리함, 여민락을 짓고 정간보를 창안함

2. 문종(1450~1452)과 단종(1452~1455)

(1) 왕권의 약화
: 문종이 병약하여 일찍 죽고 어린 단종이 즉위하면서 왕권이 약화되었다.

(2) 재상 중심의 정치
: 김종서·황보인 등 재상이 정치의 실권을 장악하였다.

(3) 계유정난(1453)
: 수양 대군이 정변을 일으켜 김종서, 황보인, 안평 대군 등을 제거하고 실권을 장악하였다.

(4) 이징옥의 난(1453)
: 계유정난 직후 함길도 도절제사 이징옥이 스스로를 '대금 황제'라 칭하며 수양 대군에 맞서 반란을 일으켰으나 진압되었다. 이후 1455년에 수양 대군(세조)은 단종으로부터 강제로 양위받아 즉위하였다.

확장개념

저화
고려의 멸망으로 유통되지 못하였던 지폐인 저화는 태종 때인 1401년부터 다시 발행되었으나, 화폐 가치의 불안 등으로 널리 유통되지 못하고 점차 사라지게 되었다.

역대 국경선 변화
· 고구려 천리장성: 부여성~비사성
· 삼국 통일: 대동강~원산만
· 고려 태조: 청천강~영흥만
· 고려 천리장성: 압록강~도련포
· 고려 공민왕: 압록강 중류~함남
· 조선 세종: 압록강~두만강

『칠정산』「내외편」 간행(1444)

내용	· 세종 때 만들어진 역법서 · 「내편」은 중국(원)의 수시력과 명의 대통력을 참고하여, 한양을 기준으로 한 역법 제작 · 「외편」은 아라비아의 회회력을 연구·해석
의의	우리나라 역사상 최초로 한양을 기준으로 천체 운동을 정확하게 계산

단종 즉위 직후 사건

단종 즉위(1452)
계유정난(1453)
이징옥의 난(1453)
세조 즉위(1455)

기출문장으로 출제 키워드 점검

01 세종은 안정된 왕권과 경제력을 바탕으로 (　　　)를 시행하여 왕권과 신권의 조화를 추구하였다.

02 세종은 (　　) 6등법, (　　) 9등법의 공법을 시행하였다.

03 세종 대에 사형의 판결에는 (　　　)을 적용하였다.

04 세종 대에는 역법서인 (　　　)을 간행하고 농서인 (　　　)을 편찬하였다.

05 세종 대에 (　)군 (　)진을 개척하고 (　　　) 섬을 정벌하였다.

[답]
01 의정부 서사제 02 전분, 연분 03 삼복법
04 칠정산, 농사직설 05 4, 6, 쓰시마

1. 세조(수양 대군, 1455~1468)

(1) **단종 복위 운동**: 집현전 일부 학사 출신들이 단종 복위를 도모하다 발각되어 사육신을 비롯한 관련자들이 처벌당하였다.

(2) **왕권 강화 정책**

6조 직계제 부활	의정부 서사제를 폐지하고 6조 직계제를 실시
집현전 폐지	단종 복위 운동을 계기로 자신의 활동을 견제하는 집현전을 없애고, 경연 및 사가 독서 제도를 폐지하였음
『경국대전』 편찬 시작	· 목적: 국가의 통치 체제 확립 · 내용: 역대의 법전과 각종 명령 등을 종합하여 「호전」·「형전」을 간행하는 등 『경국대전』을 편찬하기 시작

(3) **군사 제도 정비**: 양인을 정군(정병)과 보인으로 묶는 보법을 제정하여 군역 담당자를 늘렸고, 중앙군인 5위를 정비하였으며, 진관 체제를 실시하였다.

(4) **경제 정책**

① **직전법 시행**: 현직 관료에게만 수조권을 지급하고 수신전과 휼양전을 폐지하였다.

② **팔방통보 주조 시도**: 유사시에 화살촉으로 사용할 수 있는 화폐인 팔방통보(전폐)의 주조 및 유통을 시도하였다.

(5) **유향소 폐지**: 함경도의 토호 세력인 이시애가 호패법 강화 등 세조의 중앙 집권화 정책과 지역 차별에 반발하며 난(이시애의 난, 1467)을 일으켰는데, 유향소가 이를 후원하였다는 이유로 폐지되었다.

(6) **문화 정책**

① **불교 진흥**: 간경도감을 설치하여 불교 경전을 번역하고 간행하였으며, 원각사와 원각사지 10층 석탑을 건립하였다.

② **인지의와 규형 발명**: 토지 측량 기구인 인지의와 규형을 만들어 양전에 활용하였다.

2. 성종(1469~1494)

(1) **원상제 폐지**: 친정을 시작(1476)한 성종은 원상제를 폐지하고 왕명 출납과 서무 결재권을 회수하여 왕권을 강화하였다.

(2) **홍문관(옥당) 설치(1478)**: 학술·언론 기관으로 홍문관을 두어 경연을 활성화하고 관원 모두가 경연관을 겸하게 하였다.

(3) **『경국대전』 반포(1485)**: 『경국대전』을 완성하여 반포함으로써 조선의 기본 통치 방향을 확립하였다.

(4) **유교 정치 체제 정비**

사림 등용 시작	훈구 세력을 견제하기 위해 김종직 등 사림을 중앙 관직에 등용
유향소 부활	성리학적 향촌 질서 확립, 사림의 세력 기반이 됨
억불 정책	도첩제 폐지(승려의 출가 금지), 간경도감 폐지
풍속 교화	과부의 재가 및 재가녀 자손의 관리 등용 제한을 법제화

(5) **관수 관급제 실시(1470)**: 국가가 농민에게 직접 조세를 거둔 후에 관리들에게 지급하는 관수 관급제를 실시하여 국가의 토지 지배력을 강화하였다.

(6) **편찬 사업**: 『동국여지승람』, 『동국통감』, 『동문선』, 『악학궤범』, 『삼국사절요』, 『해동제국기』 등을 편찬하였다.

(7) **존경각 설치**: 성균관 안에 존경각(도서관)을 설치하여 여러 서적을 소장하게 하였다.

시험 직전! 필수 암기

조선 시대의 법전

법전	편저자	시기
『조선경국전』	정도전	태조(1394)
『경제육전』	조준	태조(1397)
『속육전』	하륜	태종(1413)
『신찬경제 속육전』	집현전, 황희	세종(1433)
『경국대전』	최항, 노사신	성종(1485)
『속대전』	김재로	영조(1746)
『대전통편』	김치인	정조(1785)
『대전회통』	조두순	고종(1865)

확장개념

📍사가 독서 제도
젊은 문신들에게 독서에 전념할 수 있도록 휴가를 주었던 제도로, 세종 때부터 시행되다가 세조 때 폐지되었으나 성종 때 다시 시행되었다.

📍유향소의 변천

유향소 설립(조선 초기)
↓
유향소 혁파(태종)
↓
유향소 복립(세종)
↓
유향소 재혁파(세조)
↓
유향소 재복립(성종)
↓
향청으로 변화(선조)

📍원상제
어린 임금이 즉위할 경우 재상들이 임금을 보좌하는 제도

기출문장으로 출제 키워드 점검

01 세조는 강력한 왕권을 행사하기 위하여 통치 체제를 다시 (　　　　　)로 고쳤다.

02 세조 때 만세불변의 법전을 만들기 위해 (　　　　　)의 편찬을 시작하였다.

03 성종은 (　　　　　)을 두어 주요 관리들을 경연에 참여하게 하였다.

04 성종 대에는 (　　　　　)를 실시하여 전 주의 직접 수조를 지양하였다.

[답]
01 6조 직계제　02 경국대전　03 홍문관　04 관수 관급제

04 조선의 통치 제도

최근 7개년 11회 출제!
2023년 법원직 9급	2022년 국가직 9급
2022년 서울시 9급(2월)	2021년 지방직 9급
2021년 소방직	2020년 법원직 9급
2019년 국가직 9급	2019년 서울시 9급(2월)
2019년 경찰직 1차	2018년 서울시 9급(3월)
2018년 법원직 9급	

1. 조선의 중앙 정치 조직 - 30등급(18품 30계)

의정부	조선 최고 관부, 재상들의 합의로 국정을 총괄 및 운영
6조	왕의 명령을 집행하는 행정 기관, 각 조의 우두머리는 정2품의 판서
승정원	왕명 출납을 담당하는 국왕 직속의 비서 기관, 왕권 강화에 기여
의금부	국왕 직속의 상설 사법 기관, 대역·모반죄 등의 중죄 처결, 왕권 강화에 기여
삼사	·언론 활동 → 권력 독점과 부정 방지 　- 사헌부(종2품 대사헌 중심): 관리 감찰(대관) ┐ 　- 사간원(정3품 대사간 중심): 간쟁, 간언(간관) ┘ 양사(대간) 　- 홍문관(정2품 대제학 중심): 정책 자문, 경연·서연 담당
기타	·4관: 예문관(국왕의 교지 작성), 승문원(외교 문서 작성), 성균관(최고 교육 기관, 국립 대학), 교서관(궁중의 서적 간행) ·춘추관: 역사서 편찬·보관 담당, 실록청을 설치하여 왕조 실록을 편찬 ·한성부: 수도(서울)의 행정과 치안 담당, 토지·가옥에 관한 소송

2. 조선의 지방 행정 조직

(1) **특징**: 모든 군·현에 수령이 파견되었으며, 속현과 향·소·부곡이 소멸되었다. 또한 수령의 권한이 강화되고 향리의 지위가 고려 시대에 비해 격하되었다.

(2) 지방 행정 조직의 구조

8도	부·목·군·현	면·리·통
관찰사 파견(종2품) - 감찰·행정·사법·군사권 보유 - 1년 임기제(약 360일, 단임) - 일부는 병마절도사, 수군절도사 겸직 - 수령을 지휘·감독	수령 파견 - 실제 행정 담당, 수령 7사 업무 수행 - 5년 임기제(약 1800일), 향리를 감독 - 권한 강화: 지방의 행정·사법·군사권 장악	·수령이 면장(면), 이정(리), 통주(통) 선발 ·1리 = 5통 ·1통 = 5가구

(3) 유향소와 경재소

유향소	좌수·별감 선출, 수령 감시·보좌, 향리 규찰, 풍속 교정, 향촌 자치 시행
경재소	세종 때 제도화, 지방 출신 고관으로 구성, 유향소와 정부 간의 연락 기능

3. 조선의 군역 제도와 군사 조직

(1) **군역 제도**: 16세~60세의 모든 양인 남자가 군역을 부담하였고, 현직 관료·학생·향리는 군역에서 면제되었다(양인 개병제).

(2) 군사 조직

중앙군(5위)	·의흥위, 용양위, 호분위, 충좌위, 충무위로 궁궐과 수도 방어 담당 ·갑사(직업 군인), 정군(정병), 특수병(왕족·공신·고관의 자제)으로 편성
지방군	육군과 수군으로 편성, 초기에는 영이나 진에 소속되어 복무(영진군)
잡색군	서리, 잡학인, 전직 관리, 향리, 신량역천인, 노비 등으로 구성된 예비군

(3) 지방 방위 체제의 변화

조선 초기	→	15세기	→	16세기	→	17세기
영진군 체제		진관 체제		제승방략 체제		진관 체제 복구

확장개념

6조 담당 업무

이조	문관 인사	호조	조세 징수
예조	교육, 외교	병조	국방, 병사
형조	형벌, 사법	공조	건축, 공사

양사(대간)
사헌부와 사간원은 양사 또는 대간이라 불렸으며, 5품 이하의 관리를 처음 임명할 때 동의권(서경권)을 행사하였다.

수령
부·목·군·현에 파견된 부윤(종2품), 부사(정3품), 목사(정3품), 군수(종4품), 현령(종5품), 현감(종6품)을 통칭하는 말

지방 방위 체제

진관 체제	·지역 단위의 방어 체제 ·수령이 지휘 ·한 지역이 뚫려도 다른 지역에서 방어 가능 ·소규모 전투에 유리(대규모 침입에 취약)
제승방략 체제	·지역 연합 방어 체제(유사 시 지정 지역으로 이동) ·중앙에서 파견된 고위 관리가 지휘(지휘 통제가 비효율적) ·대규모 전투에 유리

기출문장으로 출제 키워드 점검

01 조선 시대 (　　　)은 국왕에 대한 간쟁과 논박을 담당한 언론 기관이었다.

02 조선 시대 의금부와 (　　　)은 왕권을 강화하는 데 기여하였다.

03 조선 시대에는 전국의 주민을 국가가 직접 지배하기 위해 모든 군현에 수령을 임명하고, 또 수령의 비행을 견제하기 위해 전국 8도에 (　　　)를 파견하였다.

04 세조 이후에는 지역 단위의 방어 전략인 (　　　) 체제를 실시하였다.

[답]
01 사간원 02 승정원 03 관찰사 04 진관

05 조선의 관리 등용 제도

최근 7개년 3회 출제!
2023년 지방직 9급   2022년 서울시 9급(6월)
2018년 서울시 7급(3월)

1. 과거 제도

구분	문과		무과	잡과
	소과(생원·진사시)	대과		
시행	정기 시험(식년시, 3년마다 시행), 부정기 시험(증광시, 알성시, 백일장 등)			
시험 단계 (선발 인원)	초시(700명) → 복시(100명)	초시(240명) → 복시(33명) → 전시(순위 결정)	초시 → 복시(28명) → 전시(순위 결정)	초시 → 복시(46명)
합격자	백패 지급, 성균관 입학	홍패 지급	홍패 지급	백패 지급
관직	생원·진사, 하급 관리	종6품~정9품	종7품~종9품	종7품~종9품

2. 특별 채용 제도

음서	· 대상: 공신 및 2품 이상 고관의 자손, 사위 등, 실직 3품 관리의 자손 등 · 특징: 고려 시대에 비해 대상 축소, 문과 불합격 시 고관 승진이 어려움
취재	· 간단한 시험을 거쳐 서리 또는 하급 관리(실무직)로 선발 · 이조 취재(외교관, 서리 선발), 예조 취재(기술관, 화원, 악공 선발)
천거	· 3품 이상 고관(문관: 3품 이상, 무관: 2품 이상)의 추천을 받은 관리 등용 · 대개 현직 관리를 대상으로 실시(중종 때 현량과가 대표적)

3. 합리적 인사 관리 제도(관료적 성격의 강화)

상피제	친인척과 같은 관청에서 근무할 수 없고, 연고지의 지방관으로 임명하지 않음
임기제	지방관의 임기 설정(관찰사 360일, 수령 1800일)
서경 제도	5품 이하 관리 임명 시 대간이 그 사람을 조사한 뒤 그 가부를 승인
포폄제	고관이 하급 관리의 근무 성적을 평가하는 제도, 승진·좌천의 자료로 사용
한품서용제	신분과 직종에 따른 승진의 품계 제한(서얼, 서리 등의 승진 제한)

확장개념

조선 시대 과거 응시 자격
· 양인 이상이면 응시 가능
· 문과의 경우 탐관오리의 아들, 재가한 여자의 자손, 서얼은 응시 제한(무과·잡과는 제한 없음)

부정기 시험

증광시	국가의 특별한 경사시 실시
알성시	국왕이 성균관 문묘 제례시 실시, 문과와 무과만 실시
백일장	시골 유생의 학문 장려 목적

소과와 대과의 합격자 선발 방법

단계	선발 방법
초시	소과와 대과의 1차 시험인 초시에서는 각 도의 인구 비율로 선발
복시	소과와 대과의 2차 시험인 복시에서는 성적 순으로 선발

기출문장으로 출제 키워드 점검

01 조선 시대에는 소과 합격 증서를 (   ), 대과 합격 증서를 (   )라 하였다.

02 조선 시대에는 과거에 응시하지 않아도 (   )를 통해 실무직에 임명될 수 있었다.

03 조선 시대에는 권력의 집중과 부정을 막고자 친인척을 같은 부서에 두지 않는 (   )가 실시되었다.

[답]
01 백패, 홍패 02 취재 03 상피제

---

06 사림의 대두와 사화

최근 7개년 8회 출제!
2023년 법원직 9급   2022년 국가직 9급
2022년 법원직 9급   2021년 국가직 9급
2020년 지방직 9급   2019년 소방직
2019년 법원직 9급   2019년 기상직 9급

1. 훈구와 사림

구분	훈구	사림
기원	혁명파 사대부(정도전·조준·권근 등)	온건파 사대부(정몽주·이색 등)
배경	계유정난에서 공을 세우며 세력 확장	성종 때부터 등용되다가 선조 때부터 집권
기반	막대한 토지를 소유한 대지주	영남·기호 지방의 중소 지주
사상	중앙 집권, 민생 안정, 부국강병 주장	향촌 자치·왕도 정치 주장
학풍	· 현실적, 사장(한문학) 중시 · 타 사상에 대해 개방적·관용적 · 자주적 사관	· 이상적, 경학(유교 경전 공부) 중시 · 성리학 이외의 사상은 배척 · 존화주의적 사관(기자 중시)
역할	15세기 문물 제도 정비에 크게 기여	16세기 성리학 사상 체계 완성

2. 사림의 성장과 사화의 발생

(1) **사림의 성장**: 성종 때 김종직과 그의 문인들이 중앙에 진출하기 시작하였고, 이들은 주로 언관직을 차지하며 훈구를 비판하였다.

(2) **사화의 발생**

무오사화 (1498, 연산군)	· 원인: 사림인 김일손이 스승 김종직의 「조의제문」을 『실록』의 초안인 「사초」에 기록한 것을 훈구가 문제로 삼음 · 전개: 연산군이 김일손을 처형하고, 다수의 사림들을 유배 보냄
갑자사화 (1504, 연산군)	· 원인: 연산군의 측근 세력이 폐비 윤씨 사건을 고발함 · 전개: 폐비 윤씨 사건을 주도한 훈구와 이 사건에 연루된 사림이 제거됨 · 결과: 두 차례의 사화와 연산군의 폭정으로 중종반정이 일어남
기묘사화 (1519, 중종)	· 원인: 중종이 공신 세력인 훈구를 견제하기 위해 조광조를 비롯한 사림을 등용하였으나, 조광조의 급진적인 개혁 정치로 훈구의 반발이 심화됨 · 전개: 위훈 삭제, 주초위왕 사건을 계기로 조광조 등 사림 세력 제거
을사사화 (1545, 명종)	· 원인: 선대왕인 인종 외척(대윤, 윤임)과 명종 외척(소윤, 윤원형)의 대립 · 전개: 인종이 즉위하였으나 일찍 죽고 명종이 즉위 → 문정 왕후의 수렴청정, 윤원형(소윤) 집권 → 윤원형 중심의 척신 정치 시작, 사림 숙청 · 결과: 낙향한 사림들은 서원과 향약을 바탕으로 꾸준히 세력을 확대함

확장개념

♀ 조광조의 개혁 정치
· 경연과 언론의 강화
· 현량과 실시
· 소격서 폐지
· 위훈(거짓 공훈) 삭제
· 방납의 폐단 시정
· 『소학』 교육 장려
· 향약의 전국적 시행 장려

기출문장으로 출제 키워드 점검

01 (   )은 성종 때 훈구 대신들을 견제할 목적으로 중앙 관직에 등용되어 주로 3사와 전랑직에서 활동하였다.

02 (   ) 때 폐비 윤씨 사건에 관련된 자들과 사림 세력이 제거되었다.

03 (   )를 일으킨 훈구 세력은 조광조 일파를 모함하여 죽이거나 유배 보냈다.

[답]
01 사림 02 갑자사화 03 기묘사화

압축개념

07 붕당 정치의 전개

빈출

최근 7개년 **8회 출제!**
2021년 법원직 9급 · 2020년 경찰직 1차
2019년 서울시 7급(2월) · 2019년 경찰직 1차
2019년 경찰간부후보생 · 2019년 법원직 9급
2019년 기상직 9급 · 2018년 국가직 7급

1. 붕당의 출현

선조 즉위 후 이조 전랑 임명 문제와 척신 정치의 잔재 청산 문제를 계기로 정치적 이념과 학문적 경향에 따라 사림이 동인과 서인으로 분당되었다.

동인	서인
· 김효원 지지(신진 사림) · 척신 정치 청산에 적극적 · 이황·조식의 학문 계승, 주리론 주장	· 심의겸 지지(기성 사림) · 척신 정치 청산에 소극적 · 이이와 성혼의 문인 계열, 주기론 주장

2. 붕당 정치의 전개

선조	동인 + 서인	척신 정치의 적극적 청산이라는 명분으로 동인이 주도권 장악

	동인의
	남·북 분당
		· 원인: 정여립 모반 사건(기축옥사), 정철의 건저 문제
		· 결과: 남·북 분당
		  – 북인(조식 학풍): 강경파(서인 처리에 강경한 입장)
		  – 남인(이황 학풍): 온건파(서인 처리에 온건한 입장)

광해군	북인의 집권과 몰락	· 집권: 왜란 때 다수의 의병장을 배출한 북인 집권 · 몰락: 광해군(북인)이 명·후금 사이에서 중립 외교 전개 및 폐모살제 → 서인 반발 → 인조반정 → 북인 몰락
인조	서인 주도+ 남인 공존	인조반정(1623) → 서인과 남인의 공존 체제 형성
효종		북벌 논쟁 → 서인의 북벌론 주장, 남인의 북벌 반대 → 북벌 추진은 실패했지만 서인의 권력 유지 기반으로 이용됨
현종	서인과 남인의 대립	예송 논쟁(인조의 계비인 자의 대비의 상복 착용 기간을 두고 대립) – 기해예송(1659, 1차): 효종 사후 발생 → 서인(1년복) 승리 – 갑인예송(1674, 2차): 효종비 사후 발생 → 남인(1년복) 승리

확장개념

♀ 광해군의 중립 외교
명의 원군 요청에 따라 광해군은 강홍립을 도원수로 하여 명을 지원하였으나, 상황에 따라 대처할 것을 명령하였다.

♀ 예송 논쟁
· 기해예송(1659, 1차 예송)

서인	남인
1년복(기년복)	3년복
왕과 사대부는 같은 예법을 따라야 함	왕과 사대부는 다른 예법을 따라야 함
신권 강화론	왕권 강화론
송시열	허목, 윤휴

· 갑인예송(1674, 2차 예송)

서인	남인
9개월복(대공복)	1년복(기년복)

기출문장으로 출제 키워드 점검

01 (   )은 대체로 이이와 성혼의 학맥을 이었다.

[답]
01 서인

II. 정치사   해커스공무원 단권화 핵심정리 한국사

03 조선 전기의 정치 61

1. 명과의 관계 - 사대 정책

(1) 건국 직후(태조)

① **표전문 사건**: 명이 일종의 외교 문서인 표전문의 문구가 불손하다고 트집잡아 정도전의 압송을 요구하였고, 이에 반발하여 정도전이 요동 정벌을 추진하였다.

② **종계변무 문제**: 명의 『대명회전』에 태조 이성계의 가계(종계)가 이인임의 아들로 잘못 기록된 것을 수 차례 수정을 요청했으나, 선조 때에 가서야 수정되었다.

③ **고명·금인 문제**: 정도전의 대명 강경책과 외교 문제를 구실로 명이 태조 이성계의 왕위를 승인하는 고명과 금인을 보내주지 않은 것으로, 정도전이 피살된 이후인 태종 때(1401) 이를 보내주었다.

④ **여진인 송환 문제**: 조선이 명의 여진인 송환 요구를 거절하자, 명은 조선이 요동을 침략하기 위해 여진을 회유하고 있다고 의심하여 불편한 관계가 지속되었다.

(2) 태종 이후: 원칙적으로는 사대 관계였으나 명의 구체적인 내정 간섭은 없었고, 정기적·부정기적으로 명에 사신을 파견하였으며, 사신에 의한 무역 활동(사행 무역)이 전개되었다.

(3) 16세기: 사림 집권 후 존화주의로 인해 지나친 친명 정책으로 변화하였다.

2. 여진과의 관계 - 교린 정책

강경책	태조 때 두만강 지역 개척, 세종 때 4군(최윤덕) 6진(김종서) 개척
회유책	여진족의 귀순을 장려하고(관직·토지·주택 제공), 한성에 북평관을 설치하여 조공 무역 허용, 경성·경원에 무역소를 두고 국경 무역을 허용(태종 때 설치)

3. 일본과의 관계 - 교린 정책

강경책	세종 때 이종무가 쓰시마 섬(대마도) 정벌(1419) → 왜구 근절
회유책	· 세종 때 3포(부산포·제포·염포)를 개항(1426)하고 왜관 설치 · 계해약조 체결(1443): 제한된 범위 내에서 무역 허락(세견선 50척, 세사미두 200석으로 제한)

확장개념

📍 **명에 파견한 사신의 종류와 임무**
· 정기 사신

하정사	정월 초 인사
성절사	황제의 생일 축하
천추사	황태자의 생일 축하
동지사	12월에 방문(동지에 파견)

· 부정기 사신

주청사	특별한 요청을 하기 위한 사신
사은사	은혜에 대한 답례로 파견
진하사	황제 등극, 황태자 책봉 축하
진위사	황제, 황후 상사에 조문

기출문장으로 출제 키워드 점검

01 세종은 압록강과 두만강 지역에 (   )을 설치하였다.

02 세종은 대마주의 청원에 따라 (   )를 개항하여 교역을 허락하였고, (   )를 맺어 1년에 50척으로 무역선(세견선)을 제한하였다.

[답]
01 4군 6진 02 3포, 계해약조

최근 7개년 **11회 출제!**
2024년 국가직 9급   2024년 법원직 9급
2023년 국가직 9급   2023년 지방직 9급
2023년 서울시 9급   2022년 법원직 9급
2021년 경찰직 1차   2019년 지방직 9급
2019년 서울시 7급(2월) 2018년 지방직 9급
2018년 경찰직 1차

1. 왜란의 전개

(1) 임진왜란 이전의 상황: 일본과의 무역에 대한 조선 정부의 통제가 강화되자 중종 때 삼포왜란(1510)과 사량진왜변(1544), 명종 때 을묘왜변(1555)과 같은 소란이 발생하였다. 조선은 삼포왜란 이후 비변사를 설치하여 왜구에 대한 대책을 마련하였다.

(2) 임진왜란 발발(1592): 왜군의 20만 대군이 북상 → 부산진·동래성 함락 → 충주 탄금대 전투 패배(신립 전사) → 선조의 피난(개성 → 평양 → 의주, 광해군의 분조 활동) → 왜군이 20여일 만에 한양 함락 → 명나라의 원군이 조선에 도착

(3) 조선 수군의 승리(이순신의 활약): 옥포 해전 승리 → 사천포 해전(거북선 최초 이용) 승리 → 당포·당항포 해전 승리 → 한산도 대첩(학익진 전법) 승리

(4) 의병의 항쟁: 전국 각지에서 의병이 자발적으로 조직되어 향토 지리에 밝은 이점을 활용하여 왜군을 물리쳤다. 대표적인 의병장으로 곽재우, 조헌, 정문부, 유정(사명 대사), 휴정(서산 대사) 등이 있다.

(5) **조선의 반격**: 수군과 의병의 승전, 조·명 연합군의 평양성 탈환(휴정 등 승군 합세, 1593. 1.), 행주 대첩 승리(권율 지휘, 1593. 2.) → 휴전 협상 시작(명과 왜 사이)

(6) **휴전 협상 중 조선의 전열 정비**

① **중앙군**: 포수·사수·살수의 삼수병을 중심으로 한 훈련도감을 설치하였다(1593).

② **지방군**: 속오법을 실시하고 지역 방위 체제를 진관 체제로 전환하였다(1594).

(7) **정유재란 발발(1597, 왜군의 재침입)**: 3년 여에 걸친 휴전 협상 결렬 → 일본의 재침입 (1597. 1.) → 칠천량 해전 패배(원균의 지휘부 전멸, 1597. 7.) → 조·명 연합군이 직산 전투 에서 왜군 격파 → 이순신의 재등장 → 명량 해전 승리 → 도요토미 히데요시 사망, 왜군 철수(1598) → 노량 해전 승리(이순신 전사)

(8) **전란 이후의 상황**

조선	· 정치·군사면: 비변사의 최고 기구화, 훈련도감·속오군 편성 · 사회·경제면: 농토의 황폐화, 인구 감소, 양안·호적 소실로 국가 재정 이 감소함, 납속책·공명첩의 남발로 신분제가 동요, 담배, 고추, 호박 등 이 전래됨 · 문화면: 문화재 소실(불국사, 경복궁, 서적, 3대 사고 등)
일본	· 도자기, 활자, 성리학 등의 문화가 발전함 · 도쿠가와의 에도 막부 성립: 조선에 적극적 친교 요청 → 조선은 사명 대 사를 파견(포로 송환) → 조선과 국교 재개 · 일본에 조선 통신사 파견되고(1607), 기유약조(1609)가 체결됨
중국	명의 국력이 약화되었고, 여진족이 급성장하여 후금(청)이 건국됨

2. 호란의 전개

(1) **정묘호란(1627)**

원인	· 인조반정(1623)으로 정권을 장악한 서인 정권의 친명 배금 정책 · 명나라 장수 모문룡의 가도 사건 · 이괄의 난(1624): 인조반정 후 논공행상에 대한 불만이 원인이 되어 이괄 이 난을 일으킴 → 잔당들이 후금과 내통하여 조선 침입을 종용함
전개	· 후금의 침입(가도 공격, 황주·평산까지 침입) → 인조가 강화도로 피난 · 의병 활동: 정봉수(철산 용골산성), 이립(의주)의 활약
결과	후금과 정묘약조 체결 → 형제 관계 체결(최명길의 수락), 후금에 조공, 중강 및 회령 개시 설치, 명과 후금 사이에서 중립 유지 약속

(2) **병자호란(1636)**

원인	· 후금이 '청'으로 국호를 고치고 조선에 군신 관계 요구 · 명나라 정벌을 위한 군량미·병선을 요구
전개	· 청의 요구에 주화론(최명길)과 척화 주전론(김상헌, 윤집)으로 국론 분열 · 척화 주전론이 우세해지자 청이 조선에 침입 → 인조는 김상용에게 신주 를 맡기고 세자빈, 봉림 대군 등을 강화도로 피난시켰으나 인조는 길이 막 혀 남한산성으로 피난 → 청군에 저항하였으나 결국 항복
결과	청과 군신 관계 체결(삼전도의 굴욕), 두 왕자(소현 세자, 봉림 대군)와 척화론 자들(홍익한, 윤집, 오달제 등)이 볼모로 청에 압송됨

3. 북벌론과 나선 정벌

(1) **북벌 운동의 전개**: 효종 때 송시열 등이 복수설치(청에 복수하여 치욕을 씻음)를 주장하며 어영청을 중심으로 군대를 양성하였고, 숙종 때에는 윤휴를 중심으로 북벌론이 일어났으 나 실천이 되지는 않았다. 이외에도 숙종 때 만동묘와 대보단이 설치되었다.

(2) **나선 정벌**: 효종 때 청이 러시아 정벌을 위한 원병을 요청하자 조선은 두 차례에 걸쳐 조 총 부대를 러시아에 파견하였다.

시험 직전! 필수 암기

왜란의 전개 과정

1592. 4.	충주 탄금대 전투
1592. 5.	옥포 해전
1592. 5.	사천포 해전
1592. 6.	당포·당항포 해전
1592. 7.	한산도 대첩
1592. 10.	진주 대첩(1차 진주성 전투)
1593. 1.	평양성 탈환
1593. 1.	벽제관 전투
1593. 2.	행주 대첩
1593. 4.	한양 수복
1593. 10.	선조의 환도
1597. 1.	정유재란
1597. 7.	칠천량 해전
1597. 9.	직산 전투
1597. 9.	명량 해전
1598. 11.	노량 해전

확장개념

♀ 가도 사건
후금에게 패한 명나라 장수 모문룡이 평안도의 가도로 쫓겨온(1622) 후 재기를 위하여 가도에 주둔한 사건으로, 후금이 조선을 적대시 하게 된 계기가 되었다.

♀ 만동묘와 대보단
· 만동묘: 송시열의 문하인 노론 권상하가 세운 것으로, 임진왜란 때 조선을 도와준 명나라 신 종과 그의 손자인 의종(명나라의 마지막 황 제)의 위패를 모시고 제사 지내던 곳
· 대보단: 임진왜란 때 원군을 보낸 명나라 신종 의 은혜를 기리기 위해 설치한 제단

기출문장으로 출제 키워드 점검

01 임진왜란 때 이순신이 (　　) 해전에서 거북선을 처음 사용하였다.

02 휴전 협상이 진행되는 동안 조선은 (　　　　)을 설치해 군대의 편제를 바 꾸었다.

03 후금의 태종은 광해군을 위하여 보복한 다는 명분을 내걸고 (　　　)을 일으 켰다.

04 (　　　　　)의 결과 소현 세자와 봉림 대군이 인질로 청나라에 잡혀갔다.

[답]
01 사천(사천포) 02 훈련도감 03 정묘호란 04 병자호란

01 2019년 지방직 9급

밑줄 친 '그'에 대한 설명으로 옳지 않은 것은?

그와 남은이 임금을 뵈옵고 요동을 공격하기를 요청하였고, 그리하여 급하게 『진도(陣圖)』를 익히게 하였다. 이보다 먼저 좌정승 조준이 휴가를 받아 집에 있을 때, 그와 남은이 조준을 방문하여, "요동을 공격하는 일은 지금 이미 결정되었으니 공(公)은 다시 말하지 마십시오."라고 말하였다.

① 만권당에서 원의 학자들과 교류하였다.
② 맹자의 역성 혁명론을 조선 건국에 적용하였다.
③ 한양 도성의 성문과 궁궐 등의 이름을 지었다.
④ 『경제문감』을 저술하여 재상 중심의 정치를 주장하였다.

02 2019년 법원직 9급

(가), (나) 사이의 시기에 있었던 사실로 가장 옳은 것은?

(가) 의정부의 여러 일을 나누어 6조에 귀속시켰다. …… 처음에 왕은 의정부의 권한이 막중함을 염려하여 이를 없앨 생각이 있었지만, 신중히 여겨 서둘지 않았다가 이때에 이르러 단행하였다. 의정부가 관장한 일은 사대 문서와 중죄수의 심의에 관한 것뿐이었다.

(나) 상왕이 나이가 어려 무릇 조치하는 바는 모두 대신에게 맡겨 논의 시행하였다. 지금 내가 명을 받아 왕통을 물려받아 군국 서무를 아울러 자세히 듣고 헤아려 다 조종의 옛 제도를 되살린다. 지금부터 형조의 사형수를 뺀 모든 서무는 6조가 저마다 직무를 맡아 직계한다.

① 4군 6진을 개척하였다.
② 대립의 만연으로 군포 징수제가 점차 확산되었다.
③ 직전법을 폐지하고 관리들에게 녹봉만 지급하였다.
④ 홍문관을 두어 주요 관리들을 경연에 참여하게 하였다.

03 2020년 법원직 9급

다음 밑줄 친 부분과 관련 깊은 통치 기구에 해당하는 것을 <보기>에서 모두 고른 것은?

유교 이념에 바탕을 둔 정치를 강조한 조선은 국정 운영 과정에서 왕권과 신권의 조화를 추구하는 한편, 권력이 어느 한편으로 집중되는 문제를 막기 위한 체제를 갖추어 나갔다.

보기
㉠ 사간원   ㉡ 승정원
㉢ 사헌부   ㉣ 춘추관

① ㉠, ㉡   ② ㉠, ㉢
③ ㉡, ㉢   ④ ㉡, ㉣

04 2018년 경찰직 1차

조선 시대의 과거 제도에 대한 설명으로 가장 적절하지 않은 것은?

① 문과(대과)의 복시에서는 33명을 뽑았고, 이들은 다시 전시를 보았다.
② 문과(대과)의 최종 합격자는 지역과 상관없이 성적에 따라 갑·을·병으로 나뉘었다.
③ 무과는 문과처럼 대과와 소과의 구별은 없었으나 초시·복시·전시를 치르는 것은 문과와 마찬가지였다.
④ 소과 복시의 합격자 수는 각 도의 인구 비율로 배분되었다.

05 2019년 법원직 9급

자료의 '○○왕'의 재위 시기에 있었던 일로 가장 옳은 것은?

> 사신은 논한다. …… 저들 도적이 생겨나는 것은 도적질하기를 좋아해서가 아니다. 굶주림과 추위에 몹시 시달리다가 부득이 하루라도 더 먹고 살기 위해 도적이 되는 자가 많기 때문이다. 그렇다면 백성을 도적으로 만든 자가 과연 누구인가? 권세가의 집은 공공연히 벼슬을 사려는 자들로 시장을 이루고 무뢰배들이 백성을 약탈한다. 백성이 어찌 도적이 되지 않겠는가?
>
> – 『○○실록』

① 위훈 삭제를 감행한 사림 세력들이 제거되었다.

② 대비의 복상 문제로 두 차례 예송이 전개되었다.

③ 외척 간의 세력 다툼으로 을사사화가 발생하였다.

④ 정여립 모반 사건을 계기로 동인은 남인과 북인으로 나뉘었다.

06 2021년 법원직 9급

(가), (나) 사이의 시기에 있었던 사실로 가장 옳은 것은?

> (가) 기묘사화가 일어나 사림이 피해를 입었다.
> (나) 서인이 반정을 일으켜 정권을 장악하였다.

① 동인이 남인과 북인으로 분화하였다.

② 환국을 거치며 노론과 소론이 갈라섰다.

③ 1차 예송에서 승리한 서인이 집권하였다.

④ 조광조가 훈구 세력의 위훈 삭제를 주장하였다.

07 2018년 지방직 9급

다음 사건을 발생한 순서대로 바르게 나열한 것은?

> ㉠ 이순신이 명량에서 일본 수군을 격파하였다.
> ㉡ 의주로 피난했던 국왕 일행이 한성으로 돌아왔다.
> ㉢ 권율이 행주산성에서 일본군의 공격을 격파하였다.
> ㉣ 원균이 이끄는 조선 수군이 칠천량에서 크게 패배하였다.

① ㉡ → ㉢ → ㉠ → ㉣

② ㉡ → ㉢ → ㉣ → ㉠

③ ㉢ → ㉡ → ㉠ → ㉣

④ ㉢ → ㉡ → ㉣ → ㉠

08 2016년 경찰간부후보생

다음의 밑줄 친 '비석'이 세워진 계기가 된 전쟁에 대한 설명으로 가장 옳지 않은 것은?

> 이 비석은 인조 17년(1639) 삼전도(지금의 서울 송파구 삼전동)에 세워진 청 태종 공덕비이다. 비신의 높이가 395cm, 너비가 140cm에 달하고 이수(螭首)와 귀부(龜趺)를 갖춘 큰 비이다. 비문(碑文)은 이경석(李景奭)이 지었다.

① 전쟁 후에 두 나라는 형제의 맹약을 맺었다.

② 전쟁이 끝나고 청은 세자를 인질로 데려갔다.

③ 전쟁을 앞두고 조선은 주화론과 척화론이 대립하였다.

④ 청군이 한양으로 진격하자 국왕은 남한산성으로 들어갔다.

정답 및 해설 p. 267

조선 후기의 정치

압축개념

01 조선 후기의 통치 체제 변화

최근 7개년 **7회 출제!**
2024년 국가직 9급	2022년 서울시 9급(2월)
2021년 소방직	2019년 경찰직 1차
2019년 기상직 9급	2018년 서울시 9급(3월)
2018년 법원직 9급	

1. 정치 구조의 변화

(1) 비변사의 기능 강화

초기	16세기 중종 초 삼포왜란을 계기로 여진족과 왜구의 침입에 대비하기 위한 임시 회의 기구로 비변사를 설치
을묘왜변 이후	독립된 정식 관청이 되면서 상설 기구화
임진왜란 이후	모든 정무를 총괄 → 기존의 의정부·6조 체제가 유명무실해짐

(2) 3사의 언론 기능과 전랑권의 변질

3사의 언론 기능 변질	각 붕당의 이해관계를 대변하며, 상대 세력을 비판하여 견제
전랑의 권한 변질	· 중·하급 관리 인사권과 후임자 추천권을 행사하며 자기 세력을 확대 · 붕당의 대립을 심화시키는 장치로 인식되어 영·정조 때에 권한이 축소됨

2. 군사 제도의 변화

(1) 중앙군의 개편

① 배경: 5위제 기능 상실(군역의 대립제 확산)과 임진왜란 초기의 패전으로 새롭게 개편

② 5군영 설치: 정세 변화에 따라 임기응변적으로 설치되었다.

훈련도감 (1593, 선조)	· 임진왜란(명과 일본의 휴전 협상 기간) 때 유성룡의 건의로 설치 · 삼수병(포수·사수·살수)으로 구성, 직업적 상비군으로 조직
어영청(1623, 인조)	· 후금의 침입을 대비하여 설치 · 효종 때 수도 방어와 북벌 담당으로 강화됨
총융청(1624, 인조)	· 이괄의 난 진압 이후 설치, 경기 지역의 속오군 등을 배치 · 북한산성과 경기 북부의 수비를 담당
수어청(1626, 인조)	경기 속오군을 중심으로 남한산성 및 경기 남부의 수비를 담당
금위영(1682, 숙종)	국왕 호위·수도 방어 담당, 기병과 번상병(보병) 등으로 구성

(2) 지방군의 방어 체제 변화

① 개편 과정: 세조 때 지역 단위 방위 체제인 진관 체제를 실시하였으나 을묘왜변을 계기로 대규모 침입 대비에 유리한 제승방략 체제(16세기, 명종~선조)로 변환하였다. 그러나 임진왜란 중 한계가 드러났고, 이후 속오군 체제로 정비하고 진관을 복구하였다.

② 속오군

편성	양반에서 노비까지 전 계층으로 구성
기능	· 평상시에는 생업에 종사하다 유사시 전쟁에 동원 · 영장제: 속오군의 최고 부대 단위는 영으로, 영장이 지휘 → 무신의 부족과 지방 수령과의 마찰로 폐지되고 수령이 영장을 겸함
한계	양반들의 군역 회피로 상민과 노비의 부담이 가중됨

시험 직전! **필수** 암기

조선 후기의 지방 통제 강화

면리제 정비·강화	· 면과 리를 규모에 따라 다양화·세분화 · 면리제 정착으로 중앙의 지방 지배 강화
오가작통제 강화	· 다섯 집을 1통으로 묶어 주민들이 이탈·유망 등을 상호 감시, 연대 책임 · 조선 전기부터 존재하였으나, 숙종 시기부터 전국적 실시·강화
호패법 강화	조선 전기에 실시와 철폐가 반복되던 호패법을 숙종 때부터 정착·강화

확장개념

♀ 비변사의 구성원
임진왜란 이후 전·현직 정승과 공조를 제외한 5조의 판서와 참판, 각 군영의 대장, 대제학 등의 중요 관원들로 구성원이 점차 확대되었다.

♀ 훈련도감 군인들의 대우
훈련도감의 군인들은 직업 군인의 성격을 갖는 군인이었기 때문에 국가 재정에 큰 부담이 되었다. 따라서 군포 지급이 제대로 이루어지지 못하는 경우가 많아 훈련도감 소속의 군인이 난전에서 면포와 수공업 제품 판매 등 상업에 종사할 경우 이를 묵인하였다.

기출문장으로 출제 키워드 점검

01 비변사는 (　　　　)을 계기로 설치된 임시 관청이며, 1555년 (　　　　) 이후 정식 관청이 되었다.

02 (　　　　)은 포수, 사수, 살수로 조직되었다.

03 (　　　　)은 신분 구분 없이 노비에서 양반까지 편성되었다.

04 숙종은 도성을 수비하기 위해 기병과 훈련도감군의 일부를 주축으로 (　　　　)을 설치하였다.

[답]
01 삼포왜란, 을묘왜변　02 훈련도감　03 속오군
04 금위영

02 조선 후기 붕당 정치의 변질

최근 7개년 12회 출제!
2024년 법원직 9급 | 2023년 국가직 9급
2023년 지방직 9급 | 2023년 법원직 9급
2022년 서울시 9급(2월) | 2021년 법원직 9급
2020년 지방직 9급 | 2019년 서울시 7급(2월)
2019년 법원직 9급 | 2019년 기상직 9급
2018년 서울시 7급(6월) | 2018년 서울시 9급(3월)

1. 붕당 정치의 변질

비판과 견제의 원리가 무너지면서 반대 세력과의 공존을 인정하지 않았으며, 숙종 때 명목 상의 탕평책(편당적인 인사 조치)으로 환국이 일어나면서 일당 전제화의 추세가 나타났다.

2. 변질 과정

(1) 환국(숙종)

경신환국 (1680)	· 원인: 남인인 허적이 왕실용 천막을 무단으로 사용하여 왕의 불신을 샀고, 때마침 서인이 허적의 서자 허견 등의 역모를 고발함 · 결과: 남인이 몰락하고 서인 집권(서인이 노론과 소론으로 분열)
기사환국 (1689)	· 원인: 희빈 장씨 아들(경종)의 원자 정호 문제 · 결과: 서인(송시열 등)이 처형·축출되고 남인이 정권 장악
갑술환국 (1694)	· 원인: 남인이 인현 왕후 복위 운동을 빌미로 서인을 제거하려다 실패 · 결과: 남인 몰락·서인(소론) 재집권, 서인 내부에서는 남인의 처벌을 두고 노론(강경파)과 소론(온건파)의 갈등이 심화됨

(2) 노론의 일당 전제화: 인현 왕후가 죽은 후 희빈 장씨가 왕후의 죽음을 기원하는 굿을 한 사건(무고의 옥, 1701)이 밝혀져 사사되고, 강경파인 노론이 정국을 주도하게 되었다.

(3) 신임사화(경종, 1721~1722): 노론이 경종을 암살하고 연잉군(영조)을 옹립하려 한다는 소론 강경파의 고발로 김창집, 이이명 등 노론 4대신을 비롯한 노론의 대다수가 제거되었다(신축옥사·임인옥사).

⚲ 회니시비(서인의 분화에 영향)

송시열(서인)과 윤휴(남인)의 갈등에 윤선거(서인)가 중재 → 송시열과 윤선거의 사이가 멀어짐 → 윤선거 사후 그의 아들 윤증이 송시열에게 묘갈명 요청 → 송시열이 묘갈명을 무성의하게 씀 → 송시열(노론)과 윤증(소론)의 갈등이 고조됨 → 서인이 분화하는 데 영향을 줌

기출문장으로 출제 키워드 점검

01 (   )은 서인의 몰락과 남인의 집권으로 이어졌다.

02 (   ) 때 폐비 민씨의 복위로 (   ) 정권이 재수립되었다.

03 (   )의 결과 서인은 송시열을 영수로 하는 (   )과 윤증을 중심으로 하는 (   )으로 분당되었다.

[답]
01 기사환국 02 갑술환국, 서인
03 경신환국, 노론, 소론

---

03 영조의 탕평 정치

최근 7개년 7회 출제!
2022년 지방직 9급 | 2022년 법원직 9급
2020년 경찰직 1차 | 2020년 소방직
2019년 서울시 9급(2월) | 2018년 서울시 9급(6월)
2018년 서울시 7급(6월)

1. 영조 즉위 이후의 상황

(1) 즉위 직후: 영조는 즉위 직후 탕평 교서(1725)를 발표하는 등 탕평 정치의 의지를 보였으나, 노론·소론 사이의 환국 정치가 지속되었다.

(2) 이인좌의 난(1728): 소론 강경파와 남인 일부가 경종의 죽음에 영조와 노론이 관계되었다고 주장하면서 일으킨 반란이다. 영조는 난을 진압하고 기유처분(1729)을 발표하며 노론과 소론을 막론하고 인재를 고루 등용할 것을 선언하였다(완론 탕평).

2. 영조의 정책

탕평 정책	탕평 교서 반포, 탕평파 등용, 성균관 입구에 탕평비 건립(1742), 서원 정리, 이조 전랑의 3사 선발권(통청권)·후임자 추천권(자대권) 폐지, 산림의 존재 부정
개혁 정책	· 제도 정비: 균역법 실시(1750), 통청윤음 발표(서얼의 청요직 진출 허용, 1772), 수성윤음 발표(수도 방위 체제 확립, 1751), 신문고 부활, 청계천 정비(준천사 설치, 1760), 삼심제(삼복법) 시행, 악형 폐지, 노비 종모법 실시(1731) · 편찬 사업: 『동국문헌비고』, 『속대전』(법전), 『속오례의』, 『속병장도설』 편찬

3. 영조 탕평 정치의 한계

붕당 간 대립의 근본적인 해결이 아니라 일시적으로 억누른 것이었기 때문에 노론 중심의 정국이 펼쳐졌다. 또한 사도 세자의 죽음(임오화변, 1762)으로 시파와 벽파의 대립이 격화되는 배경이 되었다.

⚲ 시파와 벽파

· 시파: 사도 세자의 죽음을 동정하는 입장, 노론의 일부와 불우했던 남인·소론 계통
· 벽파: 영조의 처분(사도 세자의 죽음)을 당연시하는 입장, 영조를 지지한 노론 강경파

기출문장으로 출제 키워드 점검

01 영조는 (   ) 제도를 부활시키고 『동국문헌비고』 등을 편찬하여 문물과 제도를 정비하였다.

02 영조는 백성들의 군역 부담을 완화하기 위해 (   )을 시행했다.

03 영조는 붕당을 없애자는 논리에 동의하는 관료들을 중심으로 (   ) 정국을 운영하였다.

04 영조는 (   ) 준설 사업으로 일자리를 만들어주고 홍수에 대비하게 하였다.

[답]
01 신문고 02 균역법 03 탕평 04 청계천

최근 7개년 **10회 출제!**
2024년 서울시 9급(2월) 2024년 법원직 9급
2023년 서울시 9급   2021년 지방직 9급
2020년 법원직 9급   2019년 국가직 7급
2019년 경찰직 1차   2019년 법원직 9급
2018년 국가직 9급   2018년 서울시 7급(6월)

1. 정조의 탕평 정치

정조는 각 붕당의 정책에 대한 시시비비를 명백히 밝히고 영조 때 세력이 커진 척신과 환관을 제거하며, 권력에서 배제되었던 소론과 남인 계열의 시파를 등용하였다(준론 탕평).

2. 정조의 정책

왕권 강화 정책	· 이념: 군주도통론(기존의 산림도통론 부정, 도학의 정통성이 군주에게 있음을 주장), 만천명월주인옹 · 규장각 설치(1776) 후 검서관에 서얼 출신 등용(이덕무, 유득공, 박제가) · 장용영 설치(국왕의 친위 부대), 수령의 권한 강화(군현 단위의 향약을 수령이 직접 주관), 초계문신제(관료 재교육) 시행, 외규장각 설치 · 수원 화성 건설: 사도 세자 묘를 수원으로 이전, 정치적·군사적 기능 부여, 수원을 유수부로 승격(4도 유수부 완비 – 개성, 강화, 광주, 수원)
경제 정책	· 신해통공을 반포하여 육의전을 제외한 시전 상인의 금난전권 철폐 · 제언절목을 반포하며 저수지 수축 독려
문화 사업	· 문체 반정: 신문체 사용 금지 → 신문체 대신 고문체를 사용하게 함(신문체를 주로 사용하던 노론을 견제) · 편찬 사업: 『대전통편』(법전), 『동문휘고』(외교 문서 집대성), 『무예도보통지』(종합 무예서), 『일성록』(국왕의 동정과 국정을 기록, 정조의 개인 일기에서 공식 국정 일기로 전환), 『규장전운』(한자 음운 정리서), 『탁지지』(호조 업무 사례집), 『추관지』(형조 업무 사례집), 『홍재전서』(정조의 시문·편지 정리), 『증보동국문헌비고』, 『자휼전칙』(걸식하거나 버려진 아이들을 위한 구호 법령) 편찬, 중국으로부터 『고금도서집성』(중국의 백과사전) 수입

확장개념

📍 **만천명월주인옹**
"하나의 달빛이 땅 위의 모든 강물에 비치니 강물은 세상 사람들이요, 달은 태극이며 그 태극은 바로 나다"라는 뜻으로, 정조는 스스로 초월적 군주로 군림하였다.

📍 **문체 반정**
정조는 박지원의 저서인 『열하일기』를 불순한 문장(신문체)으로 쓰인 대표적인 서적으로 지적하였으며, 신문체를 쓰는 자의 과거 응시를 금지하는 등의 조치를 취하였다.

기출문장으로 출제 키워드 점검

01 정조는 (   )를 신설하여 인재 재교육 정책을 추진하였다.

02 정조는 (   )을 제외한 시전 상인의 특권을 폐지하였다.

03 정조 때에는 (   )이 향약을 주관하여 권한이 강화되었다.

[답]
01 초계문신제 02 육의전 03 수령

1. 세도 정치의 전개 (19세기)

(1) **배경**: 19세기 정조 사후에 정치 균형이 붕괴되어 소수 유력 가문에 권력이 집중되었다.

(2) **세도 정치의 전개**(3대 60여 년간)

순조(안동 김씨)	· 정순 왕후의 수렴청정으로 노론 벽파가 권력을 장악 · 정순 왕후 사후, 순조의 장인 김조순을 중심으로 안동 김씨가 권력 장악
헌종(풍양 조씨)	헌종이 8세의 어린 나이로 즉위하자 외척인 풍양 조씨 가문이 득세
철종(안동 김씨)	강화도에 있던 왕족 이원범이 철종으로 즉위하면서 안동 김씨 가문이 다시 집권

2. 세도 정치의 권력 구조

(1) **정치 집단**: 왕실의 외척, 산림 또는 관료 가문 중심의 소수 집단이 정권을 장악하고 남인이나 소론 등은 권력에서 배제되었다. 또한 이들은 인척 관계로 얽혀 권력과 이점을 독점하였다.

(2) **권력 구조의 변화**: 정2품 이상의 고위 관리만 정치적 권력을 발휘하였고, 종2품 이하의 관리들은 행정 실무만 담당하였다. 또한 핵심 정치 기구인 비변사에 권력이 집중되면서 의정부와 6조 체제가 유명무실화되었다.

기출문장으로 출제 키워드 점검

01 세도 정치 시기에는 (   ), (   ), 지방 선비들이 권력에서 배제되어 사회 통합에 실패하였다.

02 세도 정치 시기에는 (   )가 핵심 정치 기구로 자리 잡았다.

03 세도 정치 시기에는 안동 (   )나 풍양 (   ) 같은 왕의 외척 세력이 권력을 행사하였다.

[답]
01 남인, 소론 02 비변사 03 김씨, 조씨

3. 세도 정치의 폐단

(1) **개혁 의지 상실**: 세도 정권은 사회 전반의 변화를 인식하지 못하고 권력 유지에만 급급하여 새로운 정치 질서를 만들어가려는 노력을 보이지 않았다.

(2) **정치 기강 문란**: 수령직의 매관매직 등 비리가 만연하였고, 탐관오리와 향리의 수탈이 심화되면서 삼정의 문란도 극심해져 민란이 곳곳에서 발생하였다.

(3) **백성의 저항**: 백성들은 괘서·벽서 등을 통해 불만을 표출하다 이후 민란의 형태로 저항하였다. 대표적인 민란으로 홍경래의 난(1811)과 임술 농민 봉기(1862)가 있다.

압축개념

06 조선 후기의 대외 관계

최근 7개년 **1회 출제!**
2020년 국가직 9급

1. 청과의 관계

(1) 북벌론과 북학론

북벌론	· 내용: 병자호란 이후 청에 대한 적개심이 높아진 상황에서 효종 때 서인의 주도 하에 어영청을 중심으로 군대를 양성하고, 남한산성을 복구하는 등 북벌 추진 → 이후 숙종 때 윤휴 등이 북벌 주장(실패) · 결과: 서인의 정권 유지 수단으로 이용됨
북학론	· 내용: 17~18세기 청의 국력 신장과 문화 국가로의 발전 → 청에 다녀온 사신들에 의해 신문물들이 소개됨(천리경, 자명종, 만국 지도 등) · 결과: 청을 배척하기보다 청을 배우자는 북학론 대두

(2) 간도 문제

백두산 정계비 건립 (1712, 숙종)	· 배경: 청이 만주를 성역화한 상황에서 조선인 일부가 두만강을 건너 인삼을 캐거나 사냥을 하자 국경 분쟁이 발생 · 건립: 숙종 때 조선(박권)과 청(목극등)의 대표가 백두산 일대를 답사하고 국경을 확정하고 백두산 정계비 건립 · 비문 내용: 양국 간의 국경은 서쪽으로는 압록강, 동쪽으로는 토문강을 경계로 한다고 기록
간도 귀속 문제	19세기에 토문강의 위치(정계비의 구문 해석)를 놓고 귀속 문제 발생 → 일본과 청의 간도 협약(1909) 체결로 간도가 청의 영토로 귀속됨

2. 일본과의 관계

(1) 국교 재개

① **막부의 요청**: 선조 때 막부의 국교 요청으로 사명 대사를 파견하여 일본과 강화 후 포로를 데려왔다.

② **기유약조 체결(1609)**: 광해군 때 기유약조를 체결하여 제한된 범위 내에서의 교섭을 허용하였다.

(2) 통신사 파견
일본은 조선의 문화를 수용하고, 에도 막부의 쇼군(장군)이 바뀔 때마다 그 권위를 국제적으로 인정받고자 조선에 사절 파견을 요청하였다. 이에 조선은 1607년에서 1811년까지 12회에 걸쳐 통신사를 파견하였다.

(3) 울릉도와 독도 문제

① **안용복의 활약**: 일본 어민이 해안에 자주 침범하자 숙종 때 안용복은 일본에 건너가 울릉도와 독도가 조선의 영토임을 확인받고 돌아왔다[1차(1693), 2차(1696)].

② **조선 정부의 정책**: 19세기 말에 울릉도 이주를 장려하고, 울릉도에 관리를 파견하였다. 이후 대한 제국은 칙령 제41호를 내려 울릉도를 군으로 승격시키고, 독도가 울릉도의 관할 지역임을 명시하였다(1900).

---

01 2019년 경찰직 1차

밑줄 친 '이 기구'에 대한 설명으로 옳은 것은?

> 김익희가 상소하여 말하기를, "요즘 이 기구가 큰 일이건 작은 일이건 모두 취급합니다. 의정부는 한갓 겉이름만 지니고 육조는 할 일을 모두 빼앗기고 말았습니다. 이름은 '변방을 담당하는 것'이라고 하면서 과거에 대한 판정이나 비빈 간택까지도 모두 여기서 합니다."라고 하였다.

① 왜구의 침입에 대비하여 16세기 초 상설 기구로 설치되었다.
② 안동 김씨와 풍양 조씨 등에 의한 세도 정치 시기에 기능이 크게 약화되었다.
③ 흥선 대원군 때 완전히 폐지되었다.
④ 의정부를 견제하고 왕권을 강화하는 역할을 하였다.

02 2018년 지방직 9급

밑줄 친 '대의(大義)'를 이루기 위해 효종이 한 일로 옳은 것은?

> 병자년 일이 완연히 어제와 같은데, 날은 저물고 갈 길은 멀다고 하셨던 성조의 하교를 생각하니 나도 모르게 눈물이 솟는구나. 사람들은 그것을 점점 당연한 일처럼 잊어가고 있고 대의(大義)에 대한 관심도 점점 희미해져 북녘 오랑캐를 가죽과 비단으로 섬겼던 일을 부끄럽게 생각지 않고 있으니 그것을 생각한다면 그 아니 가슴 아픈 일인가.
> ― 『조선왕조실록』

① 남한산성을 복구하고 어영청을 확대하였다.
② 훈련별대를 정초군과 통합하여 금위영을 발족시켰다.
③ 명과 후금 사이에서 실리를 추구하는 중립 외교 정책을 펼쳤다.
④ 호위청, 총융청, 수어청 등의 부대를 창설하여 국방력을 강화하였다.

03 2020년 지방직 9급

(가)와 (나) 사이의 시기에 있었던 일로 옳은 것은?

> (가) 남인들이 대거 관직에서 쫓겨나고 허적과 윤휴 등이 처형되었다.
> (나) 인현 왕후가 복위되고 노론과 소론이 정계에 복귀하였다.

① 송시열과 김수항 등이 처형당하였다.
② 서인과 남인이 두 차례에 걸쳐 예송을 전개하였다.
③ 서인 정치에 한계를 느낀 정여립이 모반을 일으켰다.
④ 청의 요구에 따라 조총 부대를 영고탑으로 파견하였다.

04 2020년 소방직

(가) 왕이 실시한 정책으로 옳은 것은?

> ___(가)___ 은/는 붕당 사이의 대립이 심해지면서 왕권이 불안해지자 국왕을 중심으로 정치 세력 간의 균형을 유지하려 하였다. 또한 붕당의 근거지였던 서원을 정리하고, 민생 안정을 위해 신문고를 부활시키는 등의 정책을 실시하였다.

① 비변사를 철폐하였다.
② 『속대전』을 편찬하였다.
③ 장용영을 설치하였다.
④ 삼정이정청을 설치하였다.

05 2021년 지방직 9급

밑줄 친 '왕'의 재위 기간에 있었던 사실로 옳은 것은?

> 왕은 노론과 소론, 남인을 두루 등용하였으며 젊은 관료들을 재교육하기 위해 초계문신제를 시행하였다. 또 서얼 출신의 유능한 인사를 규장각 검서관으로 등용하였다.

① 동학이 창시되었다.
② 『대전회통』이 편찬되었다.
③ 신해통공이 시행되었다.
④ 홍경래의 난이 발생하였다.

06 2017년 경찰직 1차

조선 시대 각 왕에 대한 설명으로 가장 적절하지 않은 것은?

> ㉠ 인사 관리를 통하여 세력 균형을 유지하려는 탕평론을 제시하였으나, 명목상의 탕평에 그쳤다.
> ㉡ 각 붕당의 주장이 옳은지 그른지를 명백히 가리는 적극적인 탕평책을 추진하였다.
> ㉢ 왕과 신하 사이의 의리를 바로 세워야 한다며, 붕당을 없애자는 논리에 동의하는 탕평파를 중심으로 정국을 운영하였다.

① ㉠은 상황에 따라 한 당파를 일거에 내몰고 상대 당파에게 정권을 모두 위임하는 편당적인 인사 관리로 일관하여 환국이 일어나는 빌미를 제공하기도 하였다.
② ㉡은 친위 부대인 장용영을 설치하여 왕권을 뒷받침하는 군사적 기반을 갖추었다.
③ ㉡은 초계문신 제도를 실시하고, 규장각을 정치 기구로 육성하였다.
④ ㉢은 서얼과 노비에 대한 차별을 완화하였으며, 상공업을 진흥시키기 위하여 자유로운 상업 행위를 허락하는 통공 정책을 시행하였다.

07 2018년 지방직 7급

밑줄 친 '왕'의 업적으로 옳은 것만을 <보기>에서 모두 고르면?

> 왕은 계지술사(繼志述事)를 내걸고 전통 문화를 계승하면서 중국과 서양의 과학 기술을 받아들여 국가 경영을 혁신하였다. 또한 재정 수입을 늘리고 상공업을 진흥하기 위해 육의전을 제외한 시전의 금난전권을 폐지하여 자유 상업을 진작하고, 전국 각지의 광산 개발을 장려하였다.

보기
㉠ 무위영을 설치하였다.
㉡ 『동문휘고』를 편찬하였다.
㉢ 수성윤음(守城綸音)을 반포하였다.
㉣ 한구자(韓構字)와 정리자(整理字)를 주조하였다.

① ㉠, ㉢ 　　　　　② ㉠, ㉣
③ ㉡, ㉢ 　　　　　④ ㉡, ㉣

08 2021년 법원직 9급

(가), (나)에 대한 설명으로 옳은 것을 <보기>에서 모두 고른 것은?

> 숙종 때에 이르러 여러 차례 ___(가)___ 이/가 발생하면서 붕당 간의 대립은 더욱 격화되었다. 숙종은 집권 붕당이 바뀔 때마다 상대 당의 인사들을 정계에서 축출하였다. 숙종 말년에 노론과 소론은 왕위 계승을 놓고 대립하였을 뿐만 아니라 왕권을 위협하기까지 하였다. 이후 연이어 즉위한 영조와 정조는 붕당 정치의 폐해를 줄이기 위해 ___(나)___ 을/를 시행하였다.

보기
㉠ (가)에 들어갈 용어는 예송이다.
㉡ (나)에 들어갈 용어는 탕평책이다.
㉢ (가)의 과정에서 송시열이 죽임을 당하였다.
㉣ (나)의 정책을 펴기 위해 5군영을 설치하였다.

① ㉠, ㉡ 　　　　　② ㉠, ㉢
③ ㉡, ㉢ 　　　　　④ ㉡, ㉣

정답 및 해설 p. 269

05 근대의 정치

압축개념
01 흥선 대원군의 개혁 정치

최근 7개년 **9회 출제!**

2023년 국가직 9급	2022년 국가직 9급
2021년 국가직 9급	2021년 지방직 9급
2021년 법원직 9급	2020년 국가직 9급
2020년 소방직	2019년 지방직 9급
2019년 소방직	

1. 19세기 후반 국내외 정세

국내	· 세도 정치의 폐단: 외척의 정권 장악, 왕권 약화, 매관매직, 삼정의 문란 · 위기의식 고조: 이양선의 잦은 출몰, 천주교 확산, 예언 사상 대두
국외	청과 일본의 문호 개방: 청(난징 조약, 1842)과 일본(미·일 화친 조약, 1854)

2. 흥선 대원군의 개혁 정책(1863~1873)

세도 가문 축출	세도 정치의 중심인 안동 김씨 세력을 축출함
비변사 폐지	비변사를 축소·폐지하여 의정부(정치)와 삼군부(군사)의 기능을 부활
법전 정비	통치 기강을 바로 잡기 위해 『대전회통』, 『육전조례』 편찬
경복궁 중건 사업	· 목적: 임진왜란 중 소실된 경복궁을 중건하고, 육조 거리의 관청들을 복원 → 왕실의 권위 회복 · 폐단: 원납전 징수, 당백전 남발, 양반의 묘지림 벌목, 백성의 부역 강제 동원, 청전 수입·유통
서원 철폐	만동묘 철폐, 서원을 47개소만 남기고 모두 철폐
삼정의 문란 시정	· 전정: 토지 겸병을 금지하고 양전 사업을 실시하여 은결·누결 색출 · 군정: 호포제를 실시하여 군포를 개인이 아닌 가구(호) 단위로 부과, 신분 구별 없이 양반에게도 군포 징수 · 환곡: 사창제를 실시하여 리(里) 단위로 사창을 설치하고, 향촌민들이 자치적으로 운영

확장개념
♀ 삼정의 문란

전정	각종 명목을 붙인 잡세 추가
군정	백골징포, 황구첨정, 인징 등의 폐단
환곡	고리대로 변질

기출문장으로 출제 키워드 점검

01 흥선 대원군은 (　　　)를 사실상 폐지하고, (　　　)와 (　　　)의 기능을 부활시켰다.

02 흥선 대원군은 법치 질서를 정비하기 위해 (　　　)을 간행하였다.

03 흥선 대원군은 (　　　)를 철폐하고 폐단이 큰 서원을 철폐하도록 하였다.

04 흥선 대원군은 환곡제를 면민이 공동 출자하여 운영하는 (　　　)로 전환하였다.

[답]
01 비변사, 의정부, 삼군부　02 대전회통　03 만동묘
04 사창제

압축개념
02 외세의 침입과 항전

최근 7개년 **8회 출제!**

2024년 지방직 9급	2024년 서울시 9급
2024년 법원직 9급	2022년 법원직 9급
2021년 지방직 9급	2020년 국가직 9급
2018년 서울시 9급(6월)	2018년 법원직 9급

제너럴셔먼호 사건(1866. 7.)	· 전개: 미국 상선 제너럴셔먼호가 조선에 통상을 요구했다가 거부당하자 평양의 관리를 납치하고 민가를 약탈함 · 결과: 평안도 관찰사 박규수와 평양 주민들이 제너럴셔먼호를 공격함
병인양요 (1866. 9.)	· 배경: 프랑스가 병인박해를 구실로 삼아 조선과의 통상 수교 시도 · 전개: 프랑스군은 강화도를 점령하고 한성으로 진격하려 하였으나 한성근(문수산성), 양헌수(정족산성) 부대가 프랑스군을 격퇴함 · 결과: 프랑스군이 퇴각 과정에서 외규장각의 도서(『의궤』) 등 문화재 약탈
오페르트 도굴 사건(1868)	· 배경: 독일 상인 오페르트가 조선과의 통상을 요구하였으나 실패 · 전개: 오페르트가 남연군(흥선 대원군의 아버지)의 무덤을 도굴하려다 실패
신미양요 (1871)	· 배경: 미국이 제너럴셔먼호 사건을 구실로 조선과의 통상 수교 시도 · 전개: 미군이 강화도로 침입하여 초지진·덕진진을 점령하고 광성보를 공격하였으나 어재연이 이끄는 조선 수비대가 결사적으로 저항 · 결과: 미군이 수자기 등을 약탈하였고, 대원군은 전국에 척화비를 건립

확장개념
♀ 병인박해(1866. 1.)
고종 때 일어난 천주교 박해로 9명의 프랑스 선교사와 8천여 명의 신자들이 처형되었다.

기출문장으로 출제 키워드 점검

01 1866년 프랑스군이 (　　　)를 침략하였다가 40여 일 만에 물러가면서 (　　　)에 있던 다수의 의궤를 약탈하였다.

02 1871년에 미국의 군함이 (　　　)을 함락하고 (　　　)를 공격하자 (　　　)이 이끄는 부대는 격렬하게 항전하였다.

[답]
01 강화도, 외규장각　02 초지진, 광성보, 어재연

압축개념

03 개항과 불평등 조약의 체결

빈출

최근 7개년 **10회 출제!**	
2024년 국가직 9급	2024년 지방직 9급
2024년 서울시 9급	2021년 국가직 9급
2021년 법원직 9급	2020년 법원직 9급
2019년 국가직 9급	2019년 국가직 7급
2019년 서울시 9급(6월)	2018년 서울시 9급(3월)

II. 정치사

해커스공무원 단권화 핵심정리 한국사

1. 강화도 조약과 부속 조약의 체결

(1) 강화도 조약(1876. 2.)

배경	· 흥선 대원군의 하야(1873): 최익현의 상소를 계기로 흥선 대원군이 하야하고 고종의 친정이 시작됨(민씨 세력이 정권 장악) · 통상 개화파의 등장: 박규수, 오경석, 유홍기 등이 부국강병을 위한 개항의 필요성 주장 · 일본의 강요: 메이지 유신(1868) 이후 서계 사건을 계기로 일본 내에서 조선을 정벌하자는 정한론이 대두되었고, 일본이 강화도 초지진에 포격하는 한편, 영종도에 상륙하여 다수의 민간인을 살상 및 노략질한 운요호 사건(1875)을 일으키고 문호 개방을 요구함
내용	· 청의 종주권 부인: 조선은 자주국 → 일본의 침략 의도가 내포됨 · 부산(1876) 개항 → 원산(1880)·인천(1883) 추가 개항 · 불평등 조항: 해안 측량권 허용, 치외 법권(영사 재판권)을 인정
성격	최초의 근대적 조약이자 불평등 조약

(2) 부속 조약

조·일 수호 조규 부록 (1876. 7.)	· 일본 외교관의 여행 허용, 개항장에서 일본 화폐의 유통 허용 · 일본 상인의 활동 범위 설정(개항장 사방 10리, 간행이정)
조·일 무역 규칙 (조·일 통상 장정, 1876. 7.)	· 양곡(쌀·잡곡)의 무제한 유출 허용 · 일본 수출입 상품에 대한 무관세 규정
조·일 수호 조규 속약 (1882. 7., 임오군란 후)	· 일본 상인의 활동 범위 확대(10리 → 50리, 2년 후 100리까지 확대)·양화진 개시 · 일본 공사·영사와 그 가족의 자유 여행 허용
개정된 조·일 통상 장정 (1883. 6.)	· 관세 규정, 최혜국 대우 규정 · 방곡령 규정(쌀 수출 금지령): 방곡령 시행 1개월 전 지방관이 영사관에 통고해야 함

2. 서양 열강과의 조약 체결

(1) 조·미 수호 통상 조약(1882)

배경	· 2차 수신사로 일본에 갔던 김홍집이 황쭌셴이 쓴 『조선책략』을 가져와 전국에 유포시키자 미국에 대한 기대가 높아짐 · 청의 알선으로 조약 체결(일본과 러시아 견제 의도)
내용	치외 법권(영사 재판권) 인정, 최혜국 대우 규정, 관세 협정, 거중조정 조항
성격	서구 열강과 맺은 최초의 근대적 조약이자 불평등 조약
영향	미국은 조선에 푸트 공사를 파견, 조선은 미국에 보빙사 파견(1883)

(2) 기타 열강과의 조약

영국(1883)	· 치외 법권 인정 문제로 지연되다가 조·미 수호 통상 조약이 체결된 이후 체결 · 치외 법권, 조차지 설정, 최혜국 대우, 내지 통상권(간행이정 100리로 확대) 등 허용
독일(1883)	내지 통상권, 최혜국 대우 등 허용
러시아 (1884)	· 청의 알선 없이 독자적으로 수교 · 최혜국 대우, 치외 법권 등 허용
프랑스 (1886)	· 천주교 전래 문제로 체결 지연 · 언어와 문자를 가르칠 수 있도록 한 조항을 통해 천주교 신앙 및 선교 인정

기출문장으로 출제 키워드 점검

01 강화도 조약은 일본에 조선 해안의 자유로운 (   )을 부여하였다.

02 조·일 수호 조규 부록에서는 개항장 밖 (   )리까지 외국인의 왕래를 허가하였다.

03 개정된 (   )에서 곡물 유출을 막는 방곡령 규정이 합의되었다.

04 조·미 수호 통상 조약에는 다른 나라의 압박을 받으면 (   )한다는 내용의 조항이 들어 있었다.

[답]
01 측량권 02 10 03 조·일 통상 장정 04 거중조정

04 개화 세력의 형성과 개화 정책

최근 7개년 **6회 출제!**
2024년 국가직 9급 　2022년 서울시 9급(6월)
2022년 법원직 9급 　2020년 국가직 9급
2020년 지방직 9급 　2018년 국가직 7급

1. 개화 세력의 형성과 분화

(1) 개화파의 형성: 북학파의 실학 사상을 바탕으로 개화 사상이 형성되고, 19세기 후반에 초기 개화파가 형성되었다.

　① **오경석:** 역관 출신으로 청을 왕래하며 『해국도지』, 『영환지략』 등을 들여왔다.

　② **유홍기:** 한의사 출신으로 개화 사상을 연구하여 김옥균, 홍영식 등을 지도하였다.

　③ **박규수:** 북학파 박지원의 손자로 실학 사상을 계승하였으며, 운요호 사건이 일어나자 일본과의 수교를 주장하였다.

(2) 개화파의 분화: 임오군란 이후 청의 내정 간섭에 대한 입장 차이로 개화파가 온건 개화파와 급진 개화파로 분화되었다.

구분	온건 개화파(사대당, 수구당)	급진 개화파(독립당, 개화당)
주요 인물	김홍집, 어윤중, 김윤식	김옥균, 박영효, 홍영식
정치 성향	민씨 정권과 결탁, 대청 사대 관계 인정	정부의 친청 정책과 대청 사대 외교 비판 → 갑신정변 주도
개혁 방향	청의 양무 운동을 모델로 전통 사상을 지키며 서양 문물 수용(동도서기론) → 점진적 개혁 주장	일본의 메이지 유신을 모델로 서양 문물과 사상·제도까지 수용(문명 개화론) → 급진적 개혁 주장

2. 정부의 개화 정책 추진

(1) 개화파 등용과 제도의 개편

개화파 등용	1880년 전후 개화파를 등용하여 개화 정책 추진
관제 개혁	· 통리기무아문 설치(1880): 청의 제도를 모방하여 설치한 기구로 군국 기밀과 일반 정치를 총괄 · 12사 설치: 통리기무아문의 하위 관청으로 설치(개화 관련 업무 분담) · 규장각 기능을 부활시켜 서양 서적을 비치함
군제 개혁	· 신식 군대인 별기군 창설(1881, 일본의 지원) · 구식 군대 축소: 5군영을 무위영·장어영의 2영으로 축소
근대 시설 설치	박문국(1883, 박영효 건의, 출판 담당), 전환국(1883, 묄렌도르프, 당오전 등의 화폐 주조), 경찰국(1883), 치도국(1883), 기기창(1883, 김윤식), 우정국(1884, 근대적 우편 사업 시작), 농무 목축 시험장(1884) 등 설치

(2) 사절단 파견

수신사	· 강화도 조약 체결 이후 근대 문물 수용의 필요성을 느낀 조선 정부는 수신사를 일본에 공식적으로 파견 · 1차(1876): 김기수 파견, 『수신사일기』, 『일동기유』 저술 · 2차(1880): 김홍집 파견, 『조선책략』 유입, 『수신사일기』 저술 · 3차(1882): 박영효·김옥균 파견, 태극기를 게양함
조사 시찰단 (1881)	· 일본의 정부 기구와 산업 시설을 시찰하기 위해 비공식적으로 파견되었으며 귀국 후 보고서를 제출함 · 박정양, 홍영식, 어윤중 등 파견
영선사 (1881)	· 청의 근대 무기 제조술을 배우기 위해 톈진 기기국에 김윤식을 단장으로 하여 파견된 기술 연수단 → 재정 문제 등으로 1년만에 귀국 · 귀국 후 근대 무기 제조 공장인 기기창 설치(1883)
보빙사 (1883)	· 우리나라 최초의 구미 사절단 · 조·미 수호 통상 조약 체결을 계기로 민영익, 홍영식, 서광범 등 파견 · 귀국 후 농무 목축 시험장 개설(1884)

확장개념

📍**통리기무아문의 변천**

통리기무아문(1880)
↓
기무처(1882)
↓

통리내무아문 (1882. 11.)	통리아문 (1882. 11.)
↓	↓
통리군국 사무아문 (1882. 12.)	통리교섭 통상사무아문 (1882. 12.)

↓
내무부(1885)
↓

내무아문 (1894)	외무아문 (1894)

📍**12사**

명칭	기능	명칭	기능
사대사	대청 외교	선함사	전함 제조
교린사	대일 외교	군물사	병기 제조
군무사	군사	기연사	선박 순찰
변정사	주변국 동정	어학사	외국어
통상사	통상 사무	전선사	관리 인선
기계사	기계 제조	이용사	경리·재용

📍**1차 수신사** 기출사료

저번에 사절선이 온 것은 오로지 수호(修好)때문이니 우리가 선린(善隣)하는 뜻에서도 이번에는 사신을 전위(專委)하여 수신(修身)해야겠습니다. 사신의 호칭은 수신사라 하고 김기수를 특별히 차출하고 따라가는 인원은 일을 아는 자로 적당히 가려서 보내십시오. 이는 조·일 수호 조규(강화도 조약)를 체결한 뒤에 처음 있는 일이니 …… ─『승정원일기』

기출문장으로 출제 키워드 점검

01 온건 개화파는 중체서용을 바탕으로 한 청의 (　　　) 운동과 같은 개혁을 추진하려 하였다.

02 1880년에 개혁 추진 기관으로 (　　　　　)이 설치되었다.

03 (　　　　)의 활동을 계기로 1883년에 근대적 병기 공장인 (　　　　)이 설치되었다.

04 수신사로 일본에 파견된 김홍집 등이 (　　　　　)을 가져와 국제 정세의 이해에 기여하였다.

[답]
01 양무 　02 통리기무아문 　03 영선사, 기기창
04 조선책략

05 위정척사 운동

1. 배경

19세기 중엽 서양 열강의 통상 요구와 개항, 정부의 개화 정책에 대한 반발이 심화되어 성리학을 계승한 유생들 사이에서 위정척사 운동이 일어났다.

2. 전개 과정

시기	배경	내용
1860년대	서양 열강의 통상 요구	· 척화 주전론, 서양과의 통상 수교 반대 운동 전개 · 이항로·기정진이 대원군의 통상 수교 거부 정책 지지
1870년대	문호 개방 (강화도 조약)	· 개항 불가론, 왜양 일체론 · 최익현(오불가소), 유인석 등이 개항 반대 운동 전개
1880년대	개화 정책 추진과 『조선책략』 유포	· 개화 반대론, 정부의 개화 정책 추진 반대 · 『조선책략』 유포 및 미국과의 통상 반대 · 이만손의 영남 만인소, 홍재학의 만언 척사소
1890년대	을미사변과 단발령	유인석·기우만·이소응, 항일 의병 운동(을미의병) 전개

기출문장으로 출제 키워드 점검

01 최익현은 ( )을 내세우며 개항 반대 운동을 전개하였다.

02 1880년대 ( )의 유포를 계기로 영남 유생들의 ( ) 운동이 일어났다.

03 1890년대 위정척사파 인물들은 상당수가 ( ) 활동에 참여하여 일본의 침략에 적극적으로 저항하였다.

[답]
01 왜양 일체론   02 조선책략, 만인소   03 의병

06 임오군란 (1882)

1. 배경

임오군란은 구식 군인에 대한 차별 대우와 급료 체불, 정부의 개화 정책에 대한 반발, 그리고 쌀 값 폭등으로 인한 도시 빈민층의 생활 곤란이 원인이 되어 발생하였다.

2. 전개 과정

구식 군인들의 봉기	구식 군인들이 선혜청·민씨 정부의 고관(민겸호 자택 등) 습격 → 일본 공사관 습격, 별기군 훈련 교관 살해 → 하층민도 합세하여 궁궐 습격(창덕궁 점령) → 민씨 세력 축출 → 민비 충주로 피신
대원군의 일시 재집권	개화 정책 중단: 5군영 부활, 통리기무아문·별기군 폐지
청의 군란 진압	민씨 정권의 지원 요청 → 청 군대 파견 → 군란 진압, 흥선 대원군을 청으로 압송 → 민씨 세력의 재집권 → 친청 정권 수립

3. 결과

(1) 일본과의 조약 체결(1882. 7.)

① 제물포 조약: 일본에 배상금을 지불하고, 일본 공사관 경비를 위한 일본군 주둔을 허용하였으며 사죄의 뜻으로 3차 수신사를 파견하였다(박영효, 김옥균 등).

② 조·일 수호 조규 속약: 간행이정 확대, 양화진 개시, 내지 여행 허용 등

(2) 청의 내정 간섭 심화

정치적	청은 마젠창과 묄렌도르프를 파견하여 조선의 내정과 외교에 관여함
경제적	조·청 상민 수륙 무역 장정(1882. 8.)이 체결되어 청 상인이 내륙 시장까지 진출이 가능해짐
군사적	· 위안 스카이가 지휘하는 군대가 조선에 상주하고 군사 훈련권을 장악 · 청의 군제를 모방하여 친군영을 세우고 4영(좌·우·전·후영) 설치

확장개념

♀ 조·청 상민 수륙 무역 장정
· 속방 규정: 청의 종주권 규정(명문화)
· 조선 국왕과 북양 대신이 대등한 지위를 가짐
· 치외 법권 인정
· 청나라 사람의 조선 연안 어업권 보장
· 청나라 사람들이 서울 양화진에 점포를 개설할 수 있는 권리 인정
· 홍삼 무역 허용 및 저율 관세

기출문장으로 출제 키워드 점검

01 흥선 대원군은 임오군란 직후 ( )을 폐지하고 5군영을 복구하였다.

02 임오군란의 결과로 일본은 배상금 지급 등을 내용으로 하는 ( ) 조약의 체결을 강요하였다.

03 양화진에 청국인 상점을 허용하는 ( )이 체결되었다.

[답]
01 별기군   02 제물포   03 조·청 상민 수륙 무역 장정

압축개념

07 갑신정변 (1884)

최근 7개년 **6회 출제!**
2023년 서울시 9급	2021년 경찰직 1차
2021년 소방직	2020년 경찰직 1차
2020년 법원직 9급	2018년 서울시 7급(6월)

1. 배경

국내	· 임오군란 이후 청의 내정 간섭 심화 · 온건 개화파의 급진 개화파 탄압 → 개화 정책 후퇴 · 김옥균이 일본과의 차관 교섭 실패로 입지가 위축됨
국외	· 청·프 전쟁으로 조선 내 청군이 일부 철수 · 일본 공사가 정변 단행 시 재정 및 군사적 지원을 약속함

2. 전개

(1) **정변 단행 과정**: 김옥균·박영효·서광범 등 급진 개화파는 우정총국 개국 축하연(1884. 10.)을 이용하여 정변을 단행 → 민씨 정권의 고관을 살해 → 고종과 민비의 거처를 창덕궁에서 경우궁으로 옮기고 정권을 장악(개화당 정부 수립)

(2) **14개조 혁신 정강 발표**

정치	청에 대한 조공 허례 폐지(청과의 사대 관계 청산), 문벌 폐지와 인민 평등의 권리 제정, 내시부 폐지(왕권 제한), 대신과 참찬은 의정부에 모여 의결(입헌 군주제 실시), 규장각 폐지
경제	지조법 개혁(국가 재정 확대), 환상미 영구 면제(환곡제 폐지), 혜상공국 혁파(특권적 상업 폐지), 모든 재정은 호조에서 관할(재정 일원화)
사회·군사	탐관오리 처벌, 순사 설치(근대적 경찰제 도입), 4영을 1영으로 축소

3. 결과

(1) **청군의 개입과 실패**: 온건 개화파의 요청으로 청군이 정변 세력을 진압하여 홍영식 등은 피살되었고 김옥균·박영효·서광범 등은 일본으로 망명하였다. 정변 실패 이후 청의 내정 간섭이 심화되었고, 개화 운동이 단절되었다.

(2) **조약 체결**

한성 조약 (1884. 11.)	조선 – 일본	· 일본 공사관 신축 비용을 조선이 부담 · 일본에 배상금 지불
톈진 조약 (1885. 3.)	일본 – 청	· 조선 내 청·일 양군 공동 철수 · 조선 파병 시 상대방 국가에 미리 알릴 것을 규정 (이후 청·일 전쟁의 원인이 됨)

4. 갑신정변 이후 한반도 정세

(1) **청의 내정 간섭 강화**: 임오군란과 갑신정변 이후 청의 내정 간섭이 강화되는 상황에서 조선은 청의 간섭에서 벗어나기 위해 러시아와 교섭을 시도하였다.

(2) **거문도 사건 (1885~1887)**
  ① **배경**: 조선이 러시아와 조·러 통상 조약을 체결하고(1884. 7.) 조·러 비밀 협약 체결을 추진하자, 영국이 러시아의 남하를 막는다는 이유로 거문도를 불법 점령하였다(1885).
  ② **결과**: 청의 중재로 러시아가 조선 영토를 점령하지 않는다는 약속을 받아내고 영국이 거문도에서 철수하였다(1887).

(3) **한반도 중립화론 대두**: 한반도를 둘러싼 열강의 대립이 격화되자 유길준과 독일 영사 부들러는 한반도 중립화론을 제기하였다.

확장개념

⚲ 차관 교섭 실패와 갑신정변 기출사료
나(김옥균을 의미)는 자금이 없이는 아무것도 할 수 없고 지금 빈손으로 귀국하면 집권 사대당은 나를 비판하며 궁지에 몰아넣을 것임을 알고 있다. 어쨌든 우리 개화당은 심한 타격을 받을 것이며, 우리의 개혁안도 없어질 것이며 조선은 청국의 영구적 속국이 될 수밖에 별 도리가 없다. 우리 당과 사대당은 공존할 수 없기 때문에 최후의 선택을 할지도 모르겠다.
– 『후쿠자와 유키치전』

⚲ 혜상공국

역할	· 전국의 보부상을 총괄하던 정부 기관 · 외국 상인의 불법 상행위 단속 등을 통해 보부상의 권익 보호
변천	1883년에 설치 → 1898년에 창립된 황국 협회에 이속 → 1899년에 상무사로 개칭 → 1904년에 혁파

기출문장으로 출제 키워드 점검

01 ( ) 개화파는 갑신정변으로 전제 군주제를 ( ) 군주제로 바꾸어 근대 국민 국가를 수립하려고 하였다.

02 급진 개화파는 ( ) 혁신 정강에서 봉건적 신분 제도를 타파하고 인민 평등권을 확립하여 근대적 평등 사회를 이루려고 하였다.

03 갑신정변의 결과로 ( )의 내정 간섭이 강화되었다.

04 ( ) 사건은 영국이 ( )가 조선에 세력을 확장하는 것을 막기 위해서 일으켰다.

05 갑신정변 이후 독일 부영사 ( )는 조선의 영세 중립국화를 건의하였다.

[답]
01 급진, 입헌 02 14개조 03 청 04 거문도, 러시아
05 부들러

08 동학 농민 운동 (1894)

최근 7개년 9회 출제!
2024년 지방직 9급	2024년 법원직 9급
2023년 서울시 9급	2022년 법원직 9급
2020년 경찰직 1차	2019년 국가직 9급
2019년 서울시 7급(2월)	2019년 소방직
2018년 국가직 9급	

1. 배경

(1) **농민층의 동요**: 지방 수령과 아전의 수탈이 가중되는 상황에서 정부가 이를 개선하지 않아 농촌 경제가 파탄에 이르렀다. 또한 개항 이후 미곡 수탈과 곡물 값의 폭등, 식량 부족 현상 등이 이어지면서 농민들의 반일 감정이 높아졌다.

(2) **동학의 성장**: 동학은 교세가 확장되면서 각 지방에 포, 접의 교단을 설치하고 접주가 통솔하게 하였다. 이러한 포접제의 운영은 농민을 조직화하는 데 기여하였다.

(3) **교조 신원 운동**: 동학 교도들은 처형된 최제우의 억울함을 풀어주고 동학 포교의 자유를 인정해 줄 것을 요구하였다.

종교적 성격	· 삼례 집회(1892. 10.~11.): 최제우의 사면과 포교의 자유를 요구 · 복합 상소(1893. 2.): 손병희, 박광호 등이 한양에서 국왕에게 직접 상소를 올려 교조 신원을 요구
정치적 성격	· 보은 집회(1893. 3.): 동학 교도 외에도 농민이 참가하였으며, 탐관오리의 숙청과 척왜양창의(일본·서양 세력을 축출하기 위해 의병을 일으킨다) 주장 · 금구 집회(1893. 3.): 서울 진공 계획

2. 전개

고부 민란 (1894. 1.~3.)	고부 군수 조병갑의 횡포·착취(만석보 설치) → 전봉준의 주도로 농민들이 고부 관아 습격 → 조병갑 파면, 신임 군수 박원명 파견 → 폐정 시정을 약속 받고 농민군 자진 해산 → 정부가 안핵사 이용태 파견
제1차 농민 봉기 (1894. 3.~4.)	안핵사 이용태의 탄압(고부 민란 관련자를 체포함) → 무장에서 창의문 발표(보국안민과 제폭구민) → 백산 봉기(3월, 남접 주도), 격문과 4대 강령을 발표하여 탐관오리의 제거와 균전사 폐지 주장 → 고부 황토현 전투(4. 7.)에서 농민군 승리 → 장성 황룡촌 전투(4. 23.)에서 농민군 승리 → 전주성 점령(4. 27.) → 정부가 청에 원병 요청
청·일군의 상륙과 전주 화약 체결 (1894. 5.)	청군 아산만 상륙(5. 5.) → 일본군도 톈진 조약을 구실로 인천 상륙(5. 6.) → 전주 화약 체결(농민군: 전봉준 – 정부군: 홍계훈)
동학 농민군의 개혁	· 정부는 농민군의 폐정 개혁안 수용, 교정청 설치(자주적 개혁 시도) · 농민군은 전라도와 충청 일대에 집강소(농민 자치 기구)를 설치 · 폐정 개혁안 12개조: 신분제 철폐, 과부의 재가 허용, 토지의 평균 분작, 공·사채 무효, 잡세 폐지, 왜와 통하는 자 엄징 등
청·일 전쟁	일본의 내정 개혁 강요 → 조선은 일본의 철수를 요구하며 교정청 설치 → 일본이 조선의 철병 요구 거절 → 일본군의 경복궁 점령(1894. 6. 21.) → 일본군이 아산만 풍도의 청국 군함 격침 → 제1차 김홍집 내각 조직 및 군국기무처 설치(6. 25.), 제1차 갑오개혁 실시
제2차 농민 봉기 (1894. 9.~12.)	일본의 내정 간섭 심화 → 농민군 재봉기(9월, 삼례), 논산에 남접+북접 집결 → 공주 우금치 전투(11월)에서 관군과 일본군에 패배 → 산발적 전투 지속(보은 전투 등) → 동학 지도부(전봉준) 체포·처형(12월), 동학 농민군은 민보군에 의해 탄압 받음

3. 영향

(1) **반침략적 민족 운동으로의 계승**: 동학 농민 운동이 진압된 이후에도 잔여 세력이 활빈당·영학당 등을 조직하여 항일 투쟁을 계속하였다.

(2) **청·일 전쟁의 계기**: 동학 농민 운동은 청·일 전쟁의 도화선이 되었고, 전쟁에서 일본이 승리하여 조선의 내정에 간섭하는 계기가 되었다.

확장개념

보국안민과 제폭구민
· 보국안민: '나라를 돕고 백성을 편하게 한다.'는 의미로 보은 집회의 구호이기도 했다.
· 제폭구민: '폭정을 제거하고 백성을 구한다.'는 의미이다.

집강소
· 개혁을 실천하는 농민의 자치 기구로, 지방 행정과 치안을 담당하며 폐정 개혁안을 실천
· 전라도 53개 군현에 설치, 전봉준(금구·원평), 김개남(남원), 손화중(광주 일대) 등이 통솔

민보군
양반 지주와 토호들이 '평등한 세상'을 주장하는 동학 농민군에 맞서기 위해 조직한 군대

활빈당
조직	· 동학 농민 운동과 을미의병에 가담한 농민군 + 행상, 노동자, 걸인 등이 조직 · 「홍길동전」을 사상적 배경으로 함
활동	· 부호의 재물을 빼앗아 빈민에게 나누어 줌 · 13개조 행동 강령(대한 사민 논설)을 발표 → 외국의 철도 부설권 허용 금지, 외국 상인 활동 금지 등을 주장 · 1905년 이후 의병 운동에 흡수

기출문장으로 출제 키워드 점검

01 ( )는 조병갑의 학정에 항거한 사건이며, 정부는 안핵사 이용태를 파견하여 동학 교도를 색출하고 탄압하였다.

02 농민군은 ( )의 체제로 전라도 일대에 ( )를 설치하여 치안과 행정을 담당하였다.

03 손병희의 ( ) 농민군과 전봉준의 ( ) 농민군이 충청도 ( )에서 합류하였다.

04 남접과 북접의 농민군은 공주 ( ) 전투에서 패배하였고, 보은 전투에서 대패한 후 해산하였다.

[답]
01 고부 농민 봉기(고부 민란) 02 전주 화약, 집강소
03 북접, 남접, 논산 04 우금치

09 갑오개혁과 을미개혁

빈출

최근 7개년 **9회 출제!**
2023년 국가직 9급	2023년 법원직 9급
2022년 서울시 9급(6월)	2020년 경찰직 1차
2020년 소방직	2020년 법원직 9급
2019년 경찰간부후보생	2019년 법원직 9급
2018년 서울시 9급(6월)	

1. 제1차 갑오개혁 (1894. 6.~1894. 11.)

(1) 전개 과정: 일본군의 경복궁 점령(1894. 6. 21.) → 일본의 내정 개혁 강요 → 흥선 대원군 섭정, 제1차 김홍집 내각(친일) 성립 → 청·일 전쟁 발발(6. 23.) → 교정청 폐지·군국기무처 설치(6. 25.), 총재관 김홍집과 김윤식·유길준 등 군국기무처 의원들이 개혁 주도

(2) 개혁 내용

정치	개국 기원 사용(중국 연호 폐지), 왕실(궁내부)과 정부(의정부) 사무 분리, 6조를 80아문으로 개편, 과거제 폐지, 경무청 설치(경찰 업무 관장)
경제	탁지아문으로 재정 일원화, 조세의 금납화, 일본 화폐로 조세 납부 허용, 은본위 화폐 제도 실시(신식 화폐 발행 장정 제정), 도량형 개정·통일
사회	공·사노비 제도 폐지, 조혼 금지, 과부 재가 허용, 고문과 연좌제 등의 악습 폐지

2. 제2차 갑오개혁 (1894. 11.~1895. 5.)

(1) 전개 과정: 일본이 청·일 전쟁의 승기를 잡음 → 본격적인 내정 간섭 → 군국기무처의 폐지와 제2차 김홍집·박영효 연립 내각(친일) 성립 → 이노우에와 박영효의 권고로 고종이 독립 서고문과 홍범 14조 반포(1894. 12.)

(2) 개혁 내용

정치	의정부와 8아문 체제를 내각과 7부로 개편, 지방 체제 개편(전국을 8도 → 23부로 개편), 훈련대·시위대 설치, 지방관 권한 축소(사법·군사권 배제)
경제	탁지부 산하에 관세사·징세서(조세 징수 업무 관장) 설치, 내장원(왕실 재산 관리) 설치
사회	신식 재판소 설립(지방·순회·고등 재판소, 사법권의 독립), 교육 입국 조서 반포로 한성 사범 학교 설립, 외국어 학교 관제 공포

3. 을미개혁 (음 1895. 8.~양 1896. 2.)

(1) 전개 과정: 청·일 전쟁 종결(일본 승리) → 시모노세키 조약 체결 → 삼국 간섭(러·프·독) → 제3차 김홍집 내각(정동파) 성립 → 을미사변 → 제4차 김홍집 내각(친일) 성립 → 을미개혁 → 을미의병 → 아관 파천으로 개혁 중단

(2) 개혁 내용

정치	'건양' 연호 사용, 친위대(중앙군)·진위대(지방군) 설치
사회	태양력 사용, 단발령 시행, 종두법 실시, 소학교 설치

시험 직전! 필수 암기

재정의 일원화

갑신정변	호조에서 일원화 주장
제1차 갑오개혁	탁지아문에서 일원화
독립 협회의 헌의 6조	탁지부에서 일원화

확장개념

♀ 제1차 개혁안
제1차 갑오개혁의 개혁안에는 공·사노비 제도의 폐지, 과부의 재가 허용 등 동학 농민군의 요구가 일부 반영되어 있다.

♀ 정동파(정동 구락부)
고종은 당시 통역을 맡은 손탁을 신임하여 정동에 땅을 하사하였고, 이곳이 외교 사교장으로 변하면서 많은 개화파 인사들이 영향을 받았다. 이들을 정동파(정동 구락부)라고 하며 친미·친러적 세력으로 성장하였다.

기출문장으로 출제 키워드 점검

01 제1차 갑오개혁은 (   )의 주도 하에 추진되었다.

02 제1차 갑오개혁 때 (   )조를 (   ) 아문으로 개편하였다.

03 제2차 갑오개혁 때 지방의 군현제를 폐지하고 전국을 (   )부로 나누었다.

04 (   ) 갑오개혁 때 행정권과 사법권이 분리되어 재판소가 설치되었다.

05 을미개혁으로 서울에 (   )를, 지방에 진위대를 두었다.

[답]
01 군국기무처 02 6, 8 03 23 04 2차 05 친위대

---

10 아관 파천 (1896)

배경	을미사변 이후 고종은 신변의 위협을 느껴 궁에서 탈출하고자 함
전개	· 춘생문 사건(1895. 11.): 정동파가 고종을 미국 공사관으로 옮기려 하였으나 실패 · 아관 파천(1896. 2.): 춘생문 사건으로 고종에 대한 일본의 압력이 강해지자 이범진 등이 러시아 공사 베베르와 함께 고종의 거처를 러시아 공사관으로 옮김 · 개혁: 의정부 복설, 지방 행정 구역 개편(23부 → 13도), 단발령 폐지
결과	친러 내각(이완용, 이범진) 성립, 을미개혁 중단, 열강의 이권 침탈 본격화

기출문장으로 출제 키워드 점검

01 을미사변 이후 신변의 위협을 느낀 고종은 (   )으로 피신하였다.

[답]
01 러시아 공사관(아관)

11 독립 협회(1896~1898)

창립(1896. 7.)	· 창립 이전 상황: 미국에 있던 서재필이 귀국한 후 독립신문을 창간(1896. 4.) · 창립: 서재필을 중심으로 정동 구락부 세력, 건양 협회, 관료층 등이 주도하여 설립하였으며, 이후 시민, 학생, 노동자, 여성, 천민 등도 참여
활동	· 민중 계몽 운동: 청의 사신을 맞이하던 영은문과 모화관을 철거하고 독립문·독립관 건립(1897), 토론회·강연회 개최 · 자주 국권 운동: 만민 공동회(1898. 3.)를 통해 이권 침탈 규탄 → 러시아의 절영도 조차 저지, 일본의 석탄고 기지 반환, 러시아 재정 고문·군사 교련단 철수 요구, 독일·프랑스의 광산 채굴권 요구 저지, 한러은행 폐쇄 · 자유 민권 운동: 언론·출판·집회·결사의 자유 요구, 국민 참정권 운동 전개 · 의회 설립 운동: 국정 개혁 운동 전개(보수 세력 파면 요구, 박정양의 진보 내각 수립), 관민 공동회 개최(1898. 10., 헌의 6조 채택), 의회의 1/2을 독립 협회가 선출하도록 하는 중추원 관제 반포(1898. 11., 관선 25명 + 민선 25명)
해산(1898. 12.)	익명서 사건 → 독립 협회 해산령 → 만민 공동회 저항 → 보수 세력이 황국 협회를 동원하여 탄압 → 고종이 두 단체(독립 협회, 황국 협회)를 모두 해산시킴
의의·한계	· 의의: 민중을 개화 운동과 결합시킨 자주적 근대화 운동 · 한계: 러시아에 국한되어 배척(친미·친일적 성격), 농민군·의병에 비판적

확장개념

📍 **헌의 6조의 내용**
① 외국인에게 의지하지 말고 전제 황권을 견고히 할 것
② 외국과의 이권에 관한 조약은 각 대신과 중추원 의장이 합동 날인하여 시행할 것
③ 국가 재정은 탁지부에서 전관하고, 예산과 결산을 국민에게 공포할 것
④ 중대 범죄를 공판하되, 피고의 인권을 존중할 것
⑤ 칙임관을 임명할 때에는 정부에 그 뜻을 물어서 중의에 따를 것
⑥ 정해진 규정을 실천할 것

기출문장으로 출제 키워드 점검

01 독립 협회는 러시아의 (   ) 조차 요구를 저지하였다.

[답]
01 절영도

---

12 대한 제국의 성립과 광무 개혁

1. 대한 제국의 성립

(1) **배경**: 고종의 경운궁(덕수궁)으로의 환궁(1897. 2.)과 자주 독립의 근대 국가를 세우려는 국민적인 자각이 있었으며, 러시아와 일본의 세력 균형이 이루어졌다.

(2) **대한 제국 선포(1897. 10.)**: 고종은 국호는 대한 제국, 연호는 광무로 하여 환구단(원구단)을 세우고 황제 즉위식을 거행하였다(칭제 건원).

(3) **성격**: 구본신참의 원칙하에 복고적인 개혁을 추진하였으며 전제 황권을 강화하였다.

2. 광무 개혁

정치	교전소 설치(1897, 황제 직속 입법 기구, 1899년에 법규 교정소로 개편), 대한국 국제 반포(1899), 궁내부·내장원 확대(황실 재정 강화), 양경 체제(평양을 서경으로 승격, 풍경궁 건설)
외교	한·청 통상 조약 체결(1899), 블라디보스토크에 해삼위 통상사무관 파견, 간도 시찰원 파견(이범윤, 1902), 간도를 함경도 행정 구역에 편입, 울릉도를 울도군으로 승격·독도를 관할 구역에 포함(1900, 대한 제국 칙령 제41호)
군사	원수부 설치(황제가 육·해군 통솔), 시위대(황제 호위 부대)와 친위대(서울)·진위대(지방) 군사 수 증대, 무관 학교 설립
경제	· 양전 사업: 양지아문을 설치(1898)하고 지계아문을 통해 지계를 발급(1901~1904), 산림·가옥 등으로 발급 대상 확대 → 러·일 전쟁으로 중단 · 식산 흥업: 근대적 공장·회사 설립, 상무사 설치(1899), 도량형 개정(평식원 설치), 잠업 시험장 설치, 한성은행(1897)·대한천일은행(1899) 등 민족계 은행 지원 · 금 본위제 시도: 화폐 조례를 제정하고 금 본위제를 시도하였으나 실패
교육	실업 학교 설립(상공 학교, 광무 학교), 외국어·기술 교육 강화, 유학생 파견

확장개념

📍 **러시아와 일본 사이의 협약**
· 베베르-고무라 각서(1896. 5.): 일본은 아관 파천의 적법성 인정, 러시아는 일본군의 조선 주둔을 인정
· 로바노프-야마가타 의정서(1896. 6.): 조선에 대한 러·일 양국의 동등한 권리 보장, 중립 지대 설정
· 로젠-니시 협정(1898. 4.): 러·일 양국이 대한 제국의 주권과 완전한 독립을 확인하고 내정에 간섭하지 않음

기출문장으로 출제 키워드 점검

01 경운궁으로 환궁한 고종은 1897년 연호를 (   )로 정하고, 황제 즉위식을 거행하고 국호를 (   )이라 선포하였다.

02 대한 제국은 (   )의 개혁 방향을 제시하고, 대한국 국제를 제정하여 황권을 강화하였다.

03 황실 재정을 담당하는 (   )의 기능을 확대하였다.

04 대한 제국은 1898년 (   )을 설치하여 일부 지역에서 양전 사업을 실시하였다.

[답]
01 광무, 대한 제국 02 구본신참 03 내장원
04 양지아문

13 일제의 국권 침탈 과정

 빈출

용암포 사건 **(1903)**	압록강 주변에서 벌채 사업을 추진하던 러시아가 용암포 및 압록강 하구 일대를 불법으로 점령·조차 요구 → 러·일 전쟁의 도화선이 됨
↓	
국외 중립 선언 **(1904. 1.)**	고종은 러·일 전쟁이 일어날 조짐이 보이자 국외 중립을 선언함
↓	
러·일 전쟁 발발 **(1904. 2.)**	일본군이 러시아 관할 지역인 만주 뤼순(여순) 공격 → 일본군이 인천 제물포의 러시아 함대 격침(2. 9.) → 일본군이 러시아에 선전 포고(2. 10.)
↓	
한·일 의정서 **(1904. 2.)**	· 체결: 일본이 대한 제국의 독립과 영토 안정을 보장한다는 이유로 체결 · 내용: 일본이 대한 제국 내의 군사 기지 사용권 획득, 대한 제국의 국외 중립 선언 무효화, 조선이 일본과의 상의 없이 제3국과 조약을 체결할 수 없도록 함
↓	
제1차 한·일 협약 **(한·일 협정서,** **1904. 8.)**	· 체결: 러·일 전쟁에서 전세가 유리해진 일본이 대한 시설 강령♀ 수립 후 대한 제국과 체결 · 내용: 외교에 스티븐스, 재정에 메가타를 고문으로 파견(고문 정치를 통한 내정 간섭), 해외에 주재하는 한국 공사를 철수시킴
↓	
러·일 전쟁 종전 **(1905. 9.)**	일본의 승리로 전쟁이 끝났으며, 종전 조약으로 포츠머스 조약이 체결됨 → 러시아가 일본의 한국 지배 묵인
↓	

을사늑약
(제2차 한·일 협약,
1905. 11.)
	· 체결: 일본은 덕수궁 중명전에서 고종의 비준 없이 강제로 체결함
	· 내용
	  – 통감부를 설치하여 통감 정치(보호 정치) 시행, 초대 통감에 이토 히로부미 임명
	  – 대한 제국의 외교권 박탈, 주한 외국 공사들의 한국 철수
	· 을사늑약에 대한 저항
	  – 조약 파기 상소 운동: 최익현, 이상설, 조병세, 민영환
	  – 항일 순국: 민영환, 조병세 등이 자결
	  – 5적 암살단 조직: 나철과 오기호는 5적(박제순, 이지용, 이근택, 이완용, 권중현)의 처단을 시도
	  – 항일 언론: 황성신문에 장지연의 '시일야방성대곡' 게재(대한매일신보에 영문으로 게재), 대한매일신보에 고종의 을사늑약 무효 친서 발표
	  – 을사의병 전개
	  – 외교적 노력: 미국 대통령에게 특사 파견(1905. 12., 헐버트), 헤이그♀ 특사 파견(1907. 7.)
	  – 의거 활동: 전명운·장지연의 스티븐스 사살, 이재명의 이완용 처단 시도, 안중근 의사의 이토 히로부미 저격(1909, 만주 하얼빈)

↓	
한·일 신협약♀ **(정미7조약, 1907. 7.)**	· 체결: 일본이 고종을 강제 퇴위시킨 이후 체결함 · 내용: 통감의 권한 강화, 부속 조약(군대 해산 조칙, 1907. 7.)을 통해 군대 해산, 각 부서에 일본인 차관을 파견하는 차관 정치 실시
↓	
기유각서(1909. 7.)	사법권·감옥 사무 처리권 박탈 → 추후 경찰권 박탈(1910. 6.)
↓	
한·일 합병 조약 **(1910. 8.)**	· 체결: 통감인 데라우치와 총리대신 이완용이 체결 · 내용: 일본이 국권을 피탈하고 조선 총독부를 설치, 데라우치가 초대 총독으로 부임 → 일본의 식민 통치 시작(경술국치)

시험 직전! 필수 암기

일본의 한반도 지배(을사늑약)의 국제적 승인

가쓰라·태프트 밀약 **(1905. 7.)**	· 일본과 미국 간 체결 · 미국의 필리핀 지배, 일본의 한반도 지배를 상호 인정
제2차 영·일 동맹 **(1905. 8.)**	· 일본과 영국 간 체결 · 영국의 인도 지배, 일본의 한반도 지배를 상호 인정
포츠머스 조약 **(1905. 9.)**	· 일본과 러시아 간 체결 · 러시아가 일본의 한반도 지배를 인정

확장개념

♀ 대한 시설 강령(1904. 5.)
대한 시설 강령은 일본이 한·일 의정서 체결을 통해 얻게 된 이권을 더욱 강화하고 대한 제국을 식민지로 만들기 위한 구체적인 방침으로, 군대의 영구 주둔, 재정권과 외교권 탈취, 철도 등 교통 시설 장악 등을 핵심적인 내용으로 제시하였다.

♀ 헤이그 특사 파견
고종은 네덜란드에서 열린 만국 평화 회의에 이상설·이준·이위종을 특사(밀사)로 파견하여 을사늑약이 무효임을 알리고자 하였으나 일본의 방해 등으로 실패하였고, 일본은 이를 구실로 고종을 강제 퇴위시켰다.

♀ 한·일 신협약 [기출사료]
· 한국 정부는 시정 개선에 관하여 통감의 지도를 받을 것
· 한국 정부의 법령 제정 및 중요한 행정상의 처분은 미리 통감의 승인을 거칠 것
· 한국 고등 관리의 임면은 통감의 동의로써 이를 행할 것
· 한국 정부는 통감이 추천하는 일본인을 한국 관리에 임명할 것

기출문장으로 출제 키워드 점검

01 러시아는 ( )를 강제 점령하고 조차를 요구하였다.

02 러·일 전쟁에서 승리한 일본은 ( )을 강제로 체결하였다.

03 일본은 을사늑약을 체결하여 대한 제국의 ( )을 박탈하고 ( )를 설치하였다.

04 ( ) 체결 이후 한국 정부 각 부의 차관에 일본인이 임명되어 이른바 차관 정치가 시작되었다.

[답]
01 용암포 02 을사늑약 03 외교권, 통감부
04 한·일 신협약

14 국권 회복 운동 - 항일 의병 운동

의병	배경 및 주요 인물	전개
을미의병 (1895)	· 배경: 을미사변, 단발령 · 주도 세력: 유생 의병장 중심 (유인석, 이소응, 허위, 기우만 등) + 동학 농민군 잔여 세력 가담	지방 관아 습격, 친일 내각 처단 → 단발령 철회 + 아관 파천 이후 고종의 해산 권고 조칙 → 자진 해산 → 의병에 참여했던 동학 농민군 잔여 세력은 활빈당으로 계승·발전
을사의병 (1905)	· 배경: 을사늑약 체결 · 주도 세력: 유생 의병장 중심 (민종식, 최익현, 임병찬 등) + 평민 의병장 등장 + 농민 참여	· 민종식의 정산 봉기, 홍주성 점령(1906) · 최익현의 태인 봉기, 정읍 점령(1906) → 쓰시마 섬에서 순국 · 평민 의병장인 신돌석의 봉기(1906)
정미의병 (1907)	· 배경: 고종의 강제 퇴위, 군대 해산(1907) · 주도 세력: 유생 의병장(이인영·허위) + 평민 의병장(홍범도) + 해산된 군인	· 시위대 대대장 박승환의 자결로 시위대와 진위대가 봉기 → 해산 군인의 의병 합류 → 13도 창의군 결성(총대장 이인영과 군사장 허위) → 서울 주재 각 영사관에 의병을 국제법상 교전 단체로 승인해줄 것을 요청 → 서울 진공 작전 전개(1908. 1.) → 실패 · 홍범도와 이범윤이 지휘하는 간도와 연해주 일대의 의병 부대가 국내 진공 작전을 꾀함(1908) · 호남 지방 의병에 대한 일본의 '남한 대토벌' 작전(1909. 9.) → 국외로 이동하여 독립군으로 활동

확장개념

📍 **'남한 대토벌' 작전**
남한 대토벌 작전으로 인해 국내의 의병 투쟁은 크게 위축되었으며, 남은 의병 부대들은 간도와 연해주로 이동하였다.

기출문장으로 출제 키워드 점검

01 명성 황후 시해 사건과 (　　　　)으로 을미의병이 확산되었다.

02 (　　　　)의병에서는 최초의 (　　) 출신 의병장인 신돌석의 활약이 컸다.

03 한·일 신협약으로 해산된 군인들이 (　　　　)의병에 합류하기 시작했다.

04 이인영을 총대장으로 하는 (　　　　) 창의군이 (　　　　　　　)을 시도하였다.

[답]
01 단발령 02 을사, 평민 03 정미
04 13도, 서울 진공 작전

---

15 국권 회복 운동 - 애국 계몽 운동

1. 애국 계몽 단체

단체	중심 인물	주요 활동
보안회 (1904)	송수만, 원세성	일본의 황무지 개간권 요구 저지 → 일본의 탄압으로 약화
헌정 연구회 (1905)	이준, 윤효정	· 독립 협회 계승, 입헌 군주정 주장 · 일진회의 친일 행위 규탄 → 통감부에 의해 강제 해산
대한 자강회 (1906)	윤효정, 장지연	· 헌정 연구회 계승, 월보 간행, 전국 각지에 지회 설치, 강연회 개최, 교육 진흥 · 고종 강제 퇴위 반대 운동을 벌이다 보안법 위반으로 해산
대한 협회 (1907)	윤효정, 장지연, 오세창	· 활동: 교육 보급·산업 개발·민권 신장 · 변질: 일진회와 연합 → 친일 단체로 변모
신민회 (1907~1911)	윤치호, 장지연, 안창호, 양기탁, 신채호, 박은식 등	· 목표: 국권 회복, 공화 정치 체제의 근대 국가 수립, 실력 양성과 독립운동을 병행하는 비밀 결사 · 활동: 민족 교육 추진(오산 학교·대성 학교 설립), 민족 산업 육성(자기 회사 설립, 태극 서관 개설), 민족 문화 양성(대한매일신보 발행 담당, 조선 광문회 후원, 잡지 『소년』 간행), 독립군 기지 건설(만주 삼원보에 신흥 강습소 설립) · 해산: 105인 사건(1911)으로 해산

확장개념

📍 **일진회(1904~1910)**
일본이 송병준의 유신회와 이용구의 진보회를 통합하여 일진회를 조직하였다. 일진회는 1905년 일본에 외교권을 넘길 것과 고종의 양위를 주장하였으며, 1909년에는 한·일 합방 청원서를 발표하기도 하였다.

📍 **보안법**
1907년 집회·결사·언론의 자유를 탄압하기 위해 일본의 강요로 제정된 법률이다. 또한 일본은 보안법과 함께 신문지법을 제정하여 민족신문의 발행을 통제하였다.

기출문장으로 출제 키워드 점검

01 (　　　　　　　)는 고종의 강제 퇴위 반대 운동을 전개하다가 일본의 탄압으로 해산되었다.

02 신민회의 국내 조직은 (　　　　) 사건으로 인하여 와해되었다.

03 신민회는 평양에 (　　　) 학교, 정주에 (　　　) 학교를 설립하였다.

[답]
01 대한 자강회 02 105인 03 대성, 오산

2. 교육 운동

서북 학회(1908, 안창호, 이동휘), 기호 흥학회(1908, 이용직, 지석영) 등 학회가 설립되었으며, 보성 학교(1905), 오산 학교(1907, 정주)·대성 학교(1908, 평양) 등 사립 학교가 설립되었다.

01 2021년 국가직 9급

밑줄 친 '그'에 대한 설명으로 옳은 것은?

> 군역에 뽑힌 장정에게 군포를 거두었는데, 그 폐단이 많아서 백성들이 뼈를 깎는 원한을 가졌다. 그런데 사족들은 한평생 한가하게 놀며 신역(身役)이 없었다. …(중략)… 그러나 유속(流俗)에 끌려 이행되지 못하였으나 갑자년 초에 그가 강력히 나서서 귀천이 동일하게 장정 한 사람마다 세납전(歲納錢) 2민(緡)을 바치게 하니, 이를 동포전(洞布錢)이라고 하였다.
> – 『매천야록』

① 만동묘 건립을 주도하였다.
② 군국기무처 총재를 역임하였다.
③ 통리기무아문을 폐지하고 5군영을 부활하였다.
④ 탕평 정치를 정리한 『만기요람』을 편찬하였다.

02 2021년 지방직 9급

(가) 시기에 있었던 사실로 옳은 것은?

> 평양의 관민이 제너럴셔먼호를 불태웠다.

↓

> (가)

↓

> 미군이 광성보를 공격해 점령하였다.

① 고종이 홍범 14조를 발표하였다.
② 일본의 운요호가 초지진을 포격하였다.
③ 오페르트가 남연군의 묘 도굴을 시도하였다.
④ 차별 대우에 불만을 품은 군인이 임오군란을 일으켰다.

03 2019년 국가직 9급

(가), (나)가 설명하는 조약을 옳게 짝지은 것은?

> (가) 강화도 조약에 이어 몇 달 뒤 체결되었다. 양곡의 무제한 유출을 가능하게 한 규정과 일본 정부에 소속된 선박은 항세를 납부하지 않는다는 규정이 들어 있었다.
> (나) 김홍집이 일본에서 황준헌의 『조선책략』을 가져오면서 그 내용의 영향으로 체결되었으며, 청의 적극적인 알선이 있었다. 거중조정 조항과 최혜국 대우의 규정이 포함되어 있었다.

	(가)	(나)
①	조·일 무역 규칙	조·미 수호 통상 조약
②	조·일 무역 규칙	조·러 수호 통상 조약
③	조·일 수호 조규 부록	조·미 수호 통상 조약
④	조·일 수호 조규 부록	조·러 수호 통상 조약

04 2018년 국가직 9급

(가) 시기에 해당되는 사실로 옳은 것은?

> 방금 안핵사 이용태의 보고에 따르면 "죄인들이 대다수 도망치는 바람에 조사하지 못하였다."라고 하였다.
> – 『승정원일기』

↓

> (가)

↓

> 전봉준은 금구 원평에 앉아 (전라) 우도에 호령하였으며, 김개남은 남원성에 앉아 좌도를 통솔하였다.
> – 『갑오약력』

① 논산에서 남·북접의 동학군이 집결하였다.
② 우금치 전투에서 동학군이 일본군과 격전을 벌였다.
③ 동학 교도가 궁궐 앞에서 교조 신원을 주장하는 집회를 열었다.
④ 백산에서 전봉준이 보국안민을 위해 궐기하라는 통문을 보냈다.

05 2019년 법원직 9급

다음 밑줄 친 '개혁'의 내용으로 옳은 것을 <보기>에서 고른 것은?

> 청·일 전쟁에서 승기를 잡은 일본은 조선의 내정에 적극 간섭하기 시작하였다. 흥선 대원군을 물러나게 하고 군국 기무처를 폐지하였으며, 김홍집·박영효 연립 내각을 구성하고 <u>개혁</u>을 단행하였다.

보기

ⓐ 과거제를 폐지하였다.
ⓑ 재판소를 설치하였다.
ⓒ 8도를 23부로 개편하였다.
ⓓ 친위대, 진위대를 설치하였다.

① ⓐ, ⓑ
② ⓐ, ⓓ
③ ⓑ, ⓒ
④ ⓒ, ⓓ

06 2019년 서울시 9급(2월 시행)

<보기>는 대한 제국 시기의 국권 피탈과 관련된 사건이다. 이를 시간 순으로 바르게 나열한 것은?

보기

ⓐ 일본은 대한 제국의 외교권을 박탈하고 통감부를 설치하였다.
ⓑ 일본은 대한 제국의 각 부에 일본인 차관을 두어 내정을 간섭하였다.
ⓒ 대한 제국은 재정과 외교 부문에 일본이 추천하는 외국인 고문을 두게 되었다.
ⓓ 고종은 헤이그의 만국 평화 회의에 특사를 보내 억울함을 호소하려고 하였다.

① ⓐ → ⓒ → ⓑ → ⓓ
② ⓑ → ⓒ → ⓐ → ⓓ
③ ⓒ → ⓐ → ⓓ → ⓑ
④ ⓓ → ⓒ → ⓐ → ⓑ

07 2020년 소방직

(가), (나) 자료에 나타난 사건 사이에 있었던 사실로 옳지 않은 것은?

> (가) 우리 국모의 원수를 생각하며 이미 이를 갈았는데, 참혹한 일이 더하여 우리 부모에게서 받은 머리털을 풀 베듯이 베어 버리니 이 무슨 변고란 말인가.
> (나) 군사장 허위는 미리 군비를 신속히 정돈하여 철통과 같이 함에 한 방울의 물도 샐 틈이 없는지라. 이에 전군에 전령하여 일제히 진군을 재촉하여 동대문 밖으로 진격하였다.

① 외교권이 박탈되고 통감부가 설치되었다.
② 고종이 강제로 퇴위되고 군대가 해산되었다.
③ 안중근이 하얼빈에서 이토 히로부미를 저격하였다.
④ 헤이그에 이상설, 이준, 이위종을 특사로 파견하였다.

08 2020년 법원직 9급

(가)에 대한 설명으로 가장 옳은 것은?

> ___(가)___ 의 목적은 한국의 부패한 사상과 습관을 혁신하여 국민을 유신케 하며, 쇠퇴한 발육과 산업을 개량하여 사업을 유신케 하며, 유신한 국민이 통일 연합하여 유신한 자유 문명국을 성립케 한다고 말하는 것으로서, 그 깊은 뜻은 열국 보호 하에 공화정체의 독립국으로 함에 목적이 있다고 함.   - 일본 헌병대 기밀 보고(1908)

① 해외 독립 운동 기지 건설에 앞장섰다.
② 고종이 퇴위 당하자 의병 투쟁에 앞장섰다.
③ 입헌 군주제 수립을 목표로 활동하였다.
④ 5적 암살단을 조직하였다.

정답 및 해설 p. 270

06 일제 강점기의 정치

01 일제의 식민 통치 방식

> **최근 7개년 16회 출제!**
> 2024년 서울시 9급(2월) | 2024년 법원직 9급
> 2023년 국가직 9급 | 2023년 서울시 9급
> 2023년 법원직 9급 | 2022년 국가직 9급
> 2022년 서울시 9급(6월) | 2022년 서울시 9급(2월)
> 2021년 국가직 9급 | 2021년 법원직 9급
> 2020년 국가직 9급 | 2019년 국가직 7급
> 2019년 지방직 9급 | 2019년 서울시 7급(2월)
> 2019년 소방직 | 2018년 서울시 9급(3월)

1. 무단 통치 (헌병 경찰 통치, 1910~1919)

(1) **조선 총독부 설치**: 조선 총독부의 총독은 일본 국왕에 직속된 관직으로, 외교권을 제외한 행정권, 입법권, 사법권 및 군사 통수권을 가졌다.

(2) **중앙 통치 조직** : 총독부는 총독 아래 정무총감(행정 사무 담당)과 경무총감(경찰 업무와 치안 담당)으로 구성되었고, 중추원, 취조국 등의 자문 기구가 있었다.

(3) **강압적 무단 통치**

① **헌병 경찰제**: 헌병 사령관이 경찰 업무를 수행하고 각종 사법권도 관여하며 범죄 즉결례(1910), 조선 태형령(1912), 경찰범 처벌 규칙(1912)을 행사하였다.

② **제복의 착용과 착검**: 일반 관리 및 교원들까지 제복과 칼을 착용하였다.

③ **기본권 박탈**: 보안법, 신문지법, 출판법을 적용하여 언론·출판·집회·결사의 자유를 박탈하였다.

④ **민족 독립운동 탄압**: 일제는 안악 사건(1910), 105인 사건(1911) 등 국내의 민족 독립운동을 철저하게 탄압하였다.

2. 문화 통치 (민족 분열 통치, 1919~1931)

(1) **배경**: 일제는 3·1 운동과 악화된 국제 여론을 인식하여 무단적 억압 통치에서 이른바 문화 통치로 식민 통치 방식을 변화하였다.

(2) **문화 통치의 실상**: 친일파를 양성하여 우리 민족을 이간시키는 민족 분열책이었다.

방침	실상
헌병 경찰 제도 폐지 → 보통 경찰 제도 실시	·고등 경찰제, 경찰 인원·장비 3배 증가 ·치안 유지법 제정(1925)
문관 총독 임명 가능	해방까지 단 한명도 임명된 적이 없음
언론·출판·집회·결사의 자유 허용 → 조선일보·동아일보 간행(1920)	검열, 삭제, 정간, 폐간 자행
지방 행정에 조선인 참여 가능 (부·면 협의회, 도 평의회 설치)	선거권 제한 → 친일파 및 상층 자산가만 참여, 자문 기관에 불과
교육 기회의 확대(제2차 조선 교육령)	초등 교육과 기술(실업) 교육 강조

(3) **영향**: 일제의 문화 통치에 동조하여 일본이 허용하는 범위 내에서 자치권을 얻자는 자치론을 주장하는 인물들이 등장하였다(이광수, 최린 등).

3. 민족 말살 통치 (1931~1945)

(1) **배경**: 일제는 경제 공황의 상황을 타개하기 위해 만주 사변(1931), 중·일 전쟁(1937) 등 대륙 침략을 강행하고 태평양 전쟁(1941)을 일으켰다.

(2) **목적**: 일제는 조선인에 대한 일제의 인적·물적 수탈을 정당화하여, 한반도를 대륙 침략의 병참 기지로 운용하기 위해 민족 말살 통치를 실시하였다.

확장개념

♀ 중추원

설립	조선 총독부 중추원 관제(1910. 10.)에 따라 설립
구성	·총독부의 자문 기구 ·총독부의 정무총감이 의장을 겸임, 고문과 참의는 모두 친일 인사로 구성
목적	한국인들의 형식적인 정치 참여와 친일파 회유 목적
실제	형식적인 기구로, 3·1 운동 전까지 한 번도 소집되지 않았음

♀ 문화 통치 [기출사료]

핵심적 친일 인물을 골라 그 인물로 하여금 귀족, 양반, 유생, 부호, 교육가, 종교가에게 접근하여 각종 계급과 사정을 참작하여 각종 친일 단체를 조직하게 한다. 각종 종교 단체도 중앙 집권화하여 최고 지도자에 친일파를 앉히고 고문을 붙여 어용화시킨다.
 — 사이토 마코토, 「조선 민족 운동에 대한 대책」

♀ 치안 유지법
· 일제는 국체 변혁, 사유 재산 제도 부인을 목적으로 하는 조직에 대한 처벌을 규정하여 사회주의 단체들의 반정부·반체제 운동을 탄압하였다.
· 사회주의자뿐만 아니라 독립운동가를 처벌하는 데에도 이용되었다.

(3) 민족 말살 정책

황국 신민화 정책	일본 동화 정책 실시, 내선일체 강조(일선 동조론), 조선어·조선사 교육 금지, 신사 참배·궁성 요배 강요, 황국 신민 서사 암송 강요(1937), 창씨개명 강요(1939, 조선 민사령 개정), 국민학교 개칭(1941)
인적·물적 자원 수탈	·국가 총동원법을 제정(1938. 4.)하여 식량과 물자 수탈(공출제), 배급제 시행(1939 → 물자 통제령으로 배급제 확대, 1941) ·육군 특별 지원병령(1938. 2.), 국민 징용령(1939), 학도 지원병제(1943), 징병제(1944), 여자 정신근무령(1944) 등으로 인적 수탈

(4) 신문 폐간(1940): 일제는 조선일보, 동아일보 등의 우리말 신문을 폐간하였다.

(5) 애국반 편성: 국민 정신 총동원 조선 연맹(1938)을 조직하여 10호 단위의 애국반을 만들고 조선인을 가입시킨 후 총독부 시책을 강요하였다.

(6) 국민 총력 운동: 국민 정신 총동원 조선 연맹의 후신으로 국민 총력 조선 연맹을 조직(1940. 10.)하여 황국 신민 정신을 고양하고 징병을 독려하였다.

(7) 사상 통제: 일제는 조선 사상범 보호 관찰령(1936), 조선 사상범 예방 구금령(1941, 독립운동가를 재판 없이 구금 가능하게 함) 등을 제정하고, 시국 대응 전선 사상 보국 연맹(1938, 친일 전향자 단체) 등을 설치하여 독립운동가에 대한 감시를 강화하였다.

[확장개념]

📍 **시국 대응 전선 사상 보국 연맹**
1938년에 조직된 조선 사상범 보호 관찰소의 외곽 단체로, 사상범(체제 전복을 꾀하여 체포된 자, 독립운동가) 중 친일로 변절한 자를 맹원으로 하여, 형무소에 복역 중인 사상범들에게 전향을 강요하는 활동을 하였다. 한편, 시국 대응 전선 사상 보국 연맹은 대화숙(1940. 12.)에 통합됨으로써 해소되었다.

기출문장으로 출제 키워드 점검

01 무단 통치 시기인 1912년에 일제는 (   )과 경찰범 처벌 규칙을 만들어 시행하였다.

02 민족 말살 통치 시기에 일제는 일본식 성과 이름으로 고치는 (   )을 시행하였다.

[답]
01 조선 태형령 02 창씨개명

1. 배경

무단 통치 시기에 일제의 강력한 탄압으로 의병 운동과 애국 계몽 운동이 한계에 도달하자, 일제의 감시를 피해 조직된 비밀 결사 단체들을 중심으로 독립운동이 전개되었고, 3·1 운동을 전후하여 국내에서 무장 항일 투쟁이 전개되었다.

2. 비밀 결사 단체

독립 의군부 (1912~1914)	·조직: 임병찬이 고종의 밀명을 받아 의병과 유생을 규합하여 조직, 의병 전쟁을 목표로 활동 ·성향: 복벽주의(왕정 복고 → 고종 복위 주장) ·활동: 조선 총독부와 일본 정부에 국권 반환 요구서 전송 시도 및 전국적인 의병 봉기를 계획
대한 광복회 (1915~1918)	·조직: 풍기 광복단(대한 광복단)과 조선 국권 회복단 회원 중심으로 박상진, 김좌진 등이 주도하여 군대식으로 조직 ·성격: 공화 정치 체제 지향 ·활동: 군자금 모금과 친일파 색출 및 처단, 만주에 무관 학교와 독립운동 기지 설립 추진
조선 국권 회복단 (1915~1919)	·조직: 윤상태, 서상일 등의 주도로 경북 지방의 유생들이 조직 ·활동: 3·1 운동에 참여, 임시 정부에 군자금 송금, 파리 강화 회의에 독립 청원서를 제출하는 데에도 참여
송죽회(1913)	평양 숭의 여학교 교사와 학생으로 구성(항일 여성 비밀 결사)
기성단(1914)	평양에서 조직된 항일 학생 조직(대성 학교 출신)
조선 국민회(1915)	평양 숭실 학교 재학생과 졸업생 중심으로 조직된 단체로, 대조선 국민군단(하와이, 박용만)의 국내 지부로 시작
자립단(1915)	방주익·강명환 등 기독교 교인 중심, 함경남도 단천에서 결성
조선 산직 장려계(1915)	사립 학교 교사와 경성 고등 보통 학교 부설 교원 양성소 재학생이 조직, 민족 경제 자립을 통해 국권 회복

[확장개념]

📍 **국내 항일 무장 단체**
·특징: 소규모 유격전 전개, 한반도와 만주의 국경에서 활동, 만주 독립군과 연계
·대표 단체

천마 산대 (1919)	·최시흥 등 구한 말의 군인들이 결성(평북 의주) ·활동: 식민 통치 기관 파괴, 친일파 처단, 광복군 총영과 협조
보합단 (1920)	·김동식, 백운기 등이 결성 ·활동: 임시 정부에 군자금 송금, 친일파 처단
구월 산대 (1920)	·대한 독립단(만주)의 이명서가 중심이 되어 결성 ·황해도 구월산을 중심으로 활동, 일제 관리와 밀정 처단

기출문장으로 출제 키워드 점검

01 박상진을 총사령으로 하여 군대식 조직을 갖추고, 공화 정부 수립을 목표로 활동한 (   )가 결성되었다.

02 대한 광복회는 (   )과 조선 국권 회복단의 일부 인사가 통합하여 만들었다.

03 조선 국민회는 (   )에서 조직된 대조선 국민군단의 국내 조직이었다.

[답]
01 대한 광복회 02 풍기 광복단(대한 광복단) 03 하와이

1. 배경

(1) **일제의 탄압 심화**: 남한 대토벌 작전 등으로 인해 국내의 의병 활동이 크게 위축되었다.

(2) **국외로 이동**: 독립운동가들은 일제의 간섭이 미약한 만주, 연해주 등지에 독립운동 기지를 건설하여 독립운동을 전개하였다.

2. 만주

서간도 (남만주, 삼원보)	· 자치 기구: 경학사(1911) → 부민단(1912) → 한족회(1919)로 개편, 산하에 서로 군정서 편성(1919) · 학교: 신흥 강습소(1911) → 신흥 중학교(1913) → 신흥 무관 학교(1919) · 대한 독립단(1919): 3·1 운동 이후 박장호 등을 중심으로 의병장 등을 모아 독립군 편성
북만주	· 한흥동: 소·만 국경 지대인 밀산부에 설립(이상설, 이승희 등)
북간도	· 학교: 서전서숙(1906, 용정, 이상설 설립), 명동 학교(1908, 김약연 주도) · 중광단(1911, 서일, 대종교 본사, 대한 독립 선언 주도) → 북로 군정서군(1919. 8., 김좌진) · 간민회(1913, 한인 자치 단체) → 대한 국민회(1919, 국민회군 편성)

3. 연해주 - 신한촌(블라디보스토크)

13도 의군(1910)	구한말 의병장 중심(유인석·이범윤·홍범도 등), 망명 정부 수립 시도
성명회(1910)	한·일 합병의 부당함을 각국에 호소하고 격문을 한인 사회에 배포
권업회(1911)	신한촌의 의병 계열과 계몽 운동 계열의 합작으로 조직된 자치 기관으로, 권업신문을 발행하고 한민 학교·대전 학교를 설립
대한 광복군 정부 (1914)	권업회가 신한촌에서 이상설과 이동휘를 정·부통령으로 하여 수립(공화 정체 지향)
전로 한족회 중앙 총회(1917)	문창범, 이동휘 등이 러시아 혁명의 영향을 받아 설립하였으며 대한 국민 의회로 개편됨(1919)

4. 중국 관내

상하이	· 동제사(1912): 박은식·신규식·조소앙이 결성한 비밀 결사 조직, 박달학원 설립(1913, 청년 교육) · 대동 보국단(1915): 신규식·박은식 등이 조직, 잡지 『진단』 발간 · 신한청년당(1918): 여운형 중심, 『신한청년보』 발간, 파리 강화 회의에 김규식을 파견해 독립 청원서 제출 → 상하이 임시 정부 수립에 영향
베이징	신한 혁명당(1915): 신규식·박은식·이상설 등이 상하이에서 조직 → 본부는 베이징, 대동 단결 선언 제창(1917, 최초로 임시 정부의 필요성 제안), 복벽주의에서 출발하였으나 이후 민주 공화정 주장

5. 미주

샌프란시스코	· 대한인 국민회(1910): 박용만·이승만 중심, 위임 통치 청원서 제출 · 흥사단(1913): 안창호 조직, 미주 동포들이 애국 계몽 운동 전개, 국내 지부로 수양 동우회(국내 애국 계몽 운동 단체) 조직(잡지 『동광』 발간)
하와이	대조선 국민군단(1914): 박용만이 조직, 독립군 양성
멕시코	숭무 학교(1910): 독립군 양성

확장개념

한족회와 서로 군정서

한족회	· 3·1 운동 이후 통합된 민족 독립운동 단체의 필요성이 대두 → 부민단을 확대·개편한 한족회가 결성됨(1919. 4.) · 한족회 산하에 무장 독립운동의 총본부로 군정부가 구성
서로 군정서	한족회 산하의 군정부가 대한민국 임시 정부 관할의 군사 기관인 서로 군정서로 개편됨(1919. 5.)

신흥 무관 학교
이회영을 중심으로 설립된 경학사에서 설치하였던 신흥 강습소는 이후 신흥 무관 학교로 개편되어 군사 훈련을 실시하고, 독립군 간부와 독립군을 양성하는 데 큰 역할을 하였다.

파리 강화 회의
제1차 세계 대전(1914~1918)의 전후 처리에 관한 회의로, 1919년 1월부터 약 1년 간 평화 체제를 논의하였다.

기출문장으로 출제 키워드 점검

01 이회영 등 신민회 인사들은 삼원보에 (   )를 만들어 민족 교육과 독립군 양성을 추진하였다.

02 이동휘는 블라디보스토크에 (   )라는 임시 정부를 수립하였다.

03 1912년 상하이에서 신규식, 박은식 등의 주도로 (   )가 조직되었다.

04 상하이의 신한청년당은 파리 강화 회의에 보낼 독립 청원서를 작성하여 (   )을 대표로 파견하였다.

[답]
01 신흥 강습소   02 대한 광복군 정부   03 동제사
04 김규식

04 3·1 운동 (1919)

최근 7개년 8회 출제!
2024년 지방직 9급	2022년 법원직 9급
2020년 소방직	2019년 국가직 9급
2019년 서울시 9급(6월)	2019년 경찰직 1차
2019년 경찰간부후보생	2019년 기상직 9급

1. 배경

국외	· 레닌의 식민지 민족 해방 운동 지원 선언(1917, 러시아 혁명) · 윌슨이 파리 강화 회의에서 '민족 자결주의' 주창(1918, 제1차 세계 대전의 패전국에만 해당) · 신한청년당이 김규식을 파리 강화 회의에 대표로 보내 독립 청원서 제출 · 국외의 독립 선언 　– 2·8 독립 선언(1919, 도쿄): 조선 청년 독립단 주축(일본 거주 한인 유학생들이 중심), 선언서와 결의문 발표 → 3·1 운동의 도화선으로 작용
국내	고종 독살설 유포로 국민들의 분노 증대, 무단 통치에 대한 반발 증대

2. 전개

1단계 (점화기)	· 계획: 천도교에서 대중화·일원화·비폭력화의 3대 행동 원칙을 확립하고 기독교, 불교와 연합 + 학생 세력이 동참하여 민족 대연합 전선 구축 · 3·1 독립 선언서(기미 독립 선언서) 작성 및 서명: 최남선이 본문을 작성 → 손병희, 이승훈 등 민족 대표 33인이 서명, 종교 교단을 중심으로 배포 · 독립 선언 낭독: 시위가 격해질 것을 우려한 민족 대표들이 탑골 공원이 아닌 태화관에서 선언서를 낭독하고 자진하여 체포 당함 · 탑골 공원 시위 전개: 탑골 공원에 모여 있던 수천 명의 학생과 시민들이 이미 배포되었던 독립 선언서를 낭독한 후 만세 시위를 전개(비폭력 시위)
2단계 (도시 확산기)	· 지방으로 확산: 학생들의 주도하에 지방 도시를 중심으로 만세 시위 확산 · 계층 확산: 상인·노동자 계층의 시위 참여, 파업·자금 제공 등으로 호응
3단계 (절정기)	· 농촌으로의 확산: 만세 시위 운동이 전국의 농촌 각지로 확산 → 농민층의 적극 참가 · 폭력 투쟁 전개: 비폭력 독립운동으로 시작된 만세 시위가 차츰 면사무소·헌병 주재소·친일 지주 등을 습격하는 무력적인 저항으로 변모함
4단계 (해외 확산기)	· 도쿄 유학생들도 국내의 만세 운동 소식을 듣고 일본에서 만세 시위를 전개 · 만주와 연해주, 상하이, 미주 등에서도 만세 시위 전개
일제의 탄압	일제는 헌병과 경찰, 육·해군까지 동원하여 만세 시위를 전개하는 군중에게 총격을 가하여 탄압(화성 제암리 학살 사건, 유관순 열사)

3. 의의

(1) **독립 의지 천명**: 3·1 운동은 우리 민족의 자주 독립 의지와 역량을 전 세계에 천명하였다.

(2) **독립운동 참여 계층·기반 확대**: 3·1 운동에는 종교계와 학생, 노동자, 농민 등 전 국민이 신분·계급·남녀노소 등의 구분 없이 동참하였다.

4. 영향

(1) **일제 통치 방식의 변화**: 일제는 무단 통치에서 문화 통치로 통치 방식을 전환하였다.

(2) **대한민국 임시 정부 수립 계기**: 상하이에 대한민국 임시 정부가 수립되었다(1919. 9.).

(3) **무장 투쟁 운동 자극**: 무장 투쟁의 필요성이 대두하여 서간도·북간도의 국경 일대에서 봉오동 전투, 청산리 전투(1920) 등의 독립 전쟁으로 발전하게 되었다.

(4) **반제국주의 운동의 신호탄**: 중국의 5·4 운동, 인도의 비폭력·불복종 운동에 영향을 미쳤다.

시험 직전! 필수 암기

3·1 운동 이후 민족 운동의 양상

계열	주장 및 활동
외교론	국제 연맹 위임 통치론 (이승만)
자치론	일제의 지배 인정 (이광수, 최린)
실력 양성론	민족 역량 배양(안창호)
무장 투쟁론	무장 독립 전쟁론 (신채호, 김좌진, 이동휘)

확장개념

◉ 민족 자결주의

내용	· 제1차 세계 대전 이후 미국 윌슨 대통령이 제기 · 모든 민족에게는 정치적 운명을 스스로 결정할 권리가 있으며, 다른 민족의 간섭을 받을 수 없다는 주장
한계	제1차 세계 대전의 패전국 식민지에만 적용 → 당시 승전국이었던 일본의 식민지인 조선에는 해당되지 않았음

◉ 3·1 운동에 대한 일제의 탄압 기출사료

만세 시위가 확산되자, 일제는 헌병 경찰은 물론이고 군인까지 긴급 출동시켜 시위 군중을 무차별 살상하였다. 정주, 사천, 맹산, 수안, 남원, 합천 등지에서는 일본 군경의 총격으로 수십명의 사상자를 냈으며, 화성 제암리에서는 전 주민을 교회에 집합, 감금하고 불을 질러 학살하였다.

– 『한국독립운동지혈사』

기출문장으로 출제 키워드 점검

01 3·1 운동 이후 일제는 무단 통치를 이른바 ( )로 바꾸었다.

02 3·1 운동을 계기로 ( )가 수립되었다.

03 ( )은 제1차 세계 대전 승전국의 식민지에서 일어난 최초의 반제 민족 운동이다.

[답]
01 문화 통치 02 대한민국 임시 정부 03 3·1 운동

05 대한민국 임시 정부

 빈출

최근 7개년 **13회 출제!**
2024년 국가직 9급	2024년 법원직 9급
2023년 국가직 9급	2023년 서울시 9급
2022년 국가직 9급	2021년 국가직 9급
2021년 지방직 9급	2021년 법원직 9급
2019년 지방직 9급	2019년 경찰직 1차
2019년 경찰간부후보생	2019년 법원직 9급
2018년 법원직 9급	

1. 임시 정부의 수립과 조직

(1) **배경**: 3·1 운동 이후 독립운동의 구심체 역할을 수행할 단체의 필요성이 대두되었다.

(2) **각지의 임시 정부**

임시 정부	시기	지역	대표
대한 국민 의회	1919. 3.	연해주	대통령 손병희, 국무총리 이승만
대한민국 임시 정부	1919. 4.	상하이	임시 의정원 의장 이동녕, 국무총리 이승만
한성 정부	1919. 4.	서울	집정관 총재 이승만, 국무총리 총재 이동휘

(3) **임시 정부의 통합(1919. 9.)**: 한성 정부의 법통을 계승하며 위치는 상하이로 하였다. 명칭은 대한민국 임시 정부로 통합하고 대통령에 이승만, 국무총리에 이동휘를 두었다.

(4) **임시 정부의 형태**: 대통령 중심제의 3권 분립에 입각한 최초의 민주 공화제 정부 형태로, 입법 기관으로 임시 의정원, 사법 기관으로 법원, 행정 기관으로 국무원을 두어 3권 분립 체제를 구성하였다.

2. 임시 정부의 활동

비밀 행정 조직망	· 연통제를 실시하여 정보 수집과 군자금 모금에 이용 · 교통국을 두어 비밀 통신망으로 활용(백산 상회, 이륭 양행)
독립운동 자금 모금	의연금 모금, 애국 공채 발행하여 군자금 마련, 백산 상회(부산)·이륭 양행(만주 단둥)·연통제·교통국 등을 통해 군자금 전달, 인구세 징수
군사 활동	군무부와 육군 무관 학교 설립, 직할 부대로 광복군 사령부 창설(광복군 총영으로 개편), 남만주에 육군 주만 참의부 조직(1924)
외교 활동	파리 위원부(김규식), 구미 위원부(이승만) 설치
문화 활동	독립신문 발간(발행인: 이광수), 사료 편찬소 설치(『한·일 관계 사료집』 간행), 인성 학교·삼일 중학 운영

3. 국민 대표 회의

(1) **배경**: 연통제와 교통국이 일제에 발각되어 해체되고, 독립운동 방향에 대한 갈등이 심화되었다. 또한 이승만의 위임 통치 청원서는 독립운동가들의 분노를 유발하였다.

(2) **국민 대표 회의 소집(1923)**

① **소집 요구**: 신채호 등 중국 관내 세력과 만주, 연해주의 무장 세력이 독립운동 전선의 통일과 독립운동의 방향 전환을 위해 회의 소집을 요구하였다.

② **결과**: 창조파(신채호·박용만, 임시 정부 해체, 무력 항쟁 강조)와 개조파(안창호, 임시 정부 개혁, 실력 양성 + 외교 활동)의 의견 대립이 격화되자 김구(현상 유지파)가 내무부령을 공포하여 국민 대표 회의를 해산시켰다. 국민 대표 회의의 결렬과 함께 창조파의 다수가 임시 정부를 이탈하였다.

4. 임시 정부의 재정비

(1) **변화**: 이승만을 탄핵하고(1925), 제2대 대통령으로 박은식을 추대한 이후 국무령 중심의 내각 책임제로 개헌하였다(1925).

(2) **임시 정부의 이동**: 김구는 침체된 임시 정부에 활기를 불어넣고자 한인 애국단을 조직하였고(1931), 단원인 이봉창·윤봉길의 의거로 임시 정부는 일제의 공격을 받게 되었다. 이로 인해 임시 정부는 상하이를 떠나 이동하여 1940년에 충칭에 정착하였다.

국민 대표 회의의 노선 구분

창조파	· 임시 정부 해체 → 무력 투쟁 중심의 새 정부 수립 · 신채호, 박용만
개조파	· 임시 정부 개조 → 실력 양성과 외교 강조 · 안창호
현상 유지파	· 임시 정부 유지(국민 대표 회의 자체 반대) · 김구

[확장개념]

○ 임시 의정원(1919. 4.)
· 설립 배경: 3·1 운동 직후 독립운동을 조직적으로 지도하기 위한 임시 정부 수립이 당면 과제로 부각
· 설립: 국내외의 독립운동가들이 1919년 4월 상하이에서 임시 의정원을 구성
· 역할: 상하이 초기 임시 정부와 통합 임시 정부의 입법 기관

○ 연통제
국내의 도·군·면에 각각 감독부(독판), 총감부(군감), 사감부(면감)을 둔 임시 정부의 비밀 행정 조직

○ 이륭 양행
이륭 양행은 아일랜드 사람인 조지 루이스 쇼가 운영한 무역 선박 회사로, 같은 건물에 대한민국 임시 정부의 교통국이 입주해 있었다. 독립운동가들은 이륭 양행의 도움으로 무기를 비밀리에 수송하거나 자금 모금, 연락 활동 등을 전개하였다.

○ 위임 통치 청원서
이승만은 1919년 2월에 미국 대통령 윌슨에게 국제 연맹이 대한민국을 위해 위임 통치해 줄 것을 건의하는 위임 통치 청원서를 제출하였다. 이에 신채호 등은 이를 근거로 임시 정부의 통합 시기부터 이승만의 대통령 추대를 반대하였고, 이후 임시 정부의 외교 활동이 한계에 부딪히자, 무장 투쟁론자들은 위임 통치 청원서 제출을 근거로 이승만의 탄핵과 국민 대표 회의의 소집을 요구하였다.

○ 국민 대표 회의 소집 [기출사료]
베이징 방면의 인사는 분열을 통탄하며 통일을 촉진하는 단체를 출현시키고, 상하이 일대의 인사는 이를 고려하여 개혁을 제창하고 있다. …… 근본적 대해결로써 통일적 재조를 꾀하여 독립운동의 신국면을 타개하려고 함에는 다만 민의뿐이므로 이에 국민 대표 회의 소집을 제창한다.

5. 임시 정부의 정치 체제 변화

개헌	정치 체제	정부 수반
제1차 개헌(1919)	대통령 중심제(3권 분립)	이승만 → 박은식
제2차 개헌(1925)	국무령 중심의 내각 책임제	이상룡 → 홍진 → 김구
제3차 개헌(1927)	국무 위원 집단 지도 체제	–
제4차 개헌(1940)	주석 중심의 단일 지도 체제	김구
제5차 개헌(1944)	주석·부주석 체제	김구(주석), 김규식(부주석)

기출문장으로 출제 키워드 점검

01 임시 정부의 초대 대통령은 (　　　),
국무총리에 (　　　)가 임명되었다.

02 1923년 (　　　　　)를 개최하여
대한민국 임시 정부의 새로운 진로를 모
색하였다.

[답]
01 이승만, 이동휘　02 국민 대표 회의

해커스공무원 단권화 핵심정리 한국사

압축개념
06 국내·국외의 의거 활동

최근 7개년 **10회 출제!**
2024년 지방직 9급	2022년 지방직 급
2022년 서울시 9급(2월)	2020년 경찰직 1차
2019년 지방직 9급	2019년 소방직
2019년 법원직 9급	2018년 지방직 9급
2018년 서울시 9급(3월)	2018년 서울시 7급(3월)

1. 의열단(1919)

(1) 조직(1919): 김원봉, 윤세주 등이 중심이 되어 만주 길림(지린)에서 조직하였다.

(2) 활동: 일제의 주요 요인 사살 및 식민 기관 파괴를 목표로 삼고(5파괴 7가살) 신채호의
「조선혁명선언」을 활동 지침으로 삼았다.

(3) 단원: 박재혁(부산 경찰서 투탄, 1920), 최수봉(밀양 경찰서 투탄, 1920), 김익상(조선 총독부
투탄, 1921 / 상하이 황포탄 의거, 1922), 김상옥(종로 경찰서 투탄, 1923), 김지섭(도쿄 궁성 투
탄, 1924), 나석주(동양 척식 주식 회사·조선식산은행 투탄, 1926)

(4) 활동 방향의 전환: 1920년대 후반부터 개별적 투쟁의 한계를 인식하여 중국 세력과 연
대를 도모하였다. 또한 계급 타파와 토지 평균 등을 주요 내용으로 하는 20개조의 강령
을 발표하여 민족 협동 운동에 참여할 것을 선언하였다.

군사 훈련	황포 군관 학교에 입교(1926)하여 군사 교육을 받음
학교 설립	중국 국민당 정부의 지원을 받아 조선 혁명 간부 학교 설립(1932)
민족 혁명당 결성	중국 내 독립운동 세력을 통합하기 위한 민족 유일당 운동의 일환으로, 의열단이 중심이 되어 민족주의 계열과 사회주의 계열을 통합한 민족 혁명당 결성(1935, 난징)

2. 한인 애국단(1931)

이봉창 의거 (1932. 1.)	· 활동: 일본 도쿄에서 일왕 히로히토의 마차에 폭탄 투척 → 실패 · 영향: 이봉창의 의거 실패에 대해 중국 신문이 안타깝다고 보도 → 중국의 신문 보도를 문제 삼아 일본이 상하이 점령(상하이 사변, 1932. 1.)
윤봉길 의거 (1932. 4.)	· 활동: 상하이 사변에서 승리한 일본이 홍커우 공원에서 개최한 전승 축하식에 폭탄 투척 → 일본군 장성과 고관들 살상 · 영향: 만보산 사건(1931. 7.) 이후 나빠졌던 중국인의 반한 감정 완화, 중국 국민당 정부의 임시 정부 지원, 중국 영토 내 무장 독립 투쟁 허용(중국 군관 학교 내에 한인 특별반 설치)

3. 기타 의거 활동

노인 동맹단(1919)	강우규가 조선 총독 사이토에게 투탄
불령사(1923)	박열이 일본 황태자 폭살을 시도하였으나 실패
다물단(1925)	김창숙이 친일파 밀정 김달하 암살
남화 한인 청년 연맹(1930)	백정기 등이 상하이에서 일본 공사 아리요시 암살 시도(1933)
대한 애국 청년당(1945)	유만수 등이 경성 부민관에 폭탄을 설치하여 친일파 제거 시도

확장개념

「조선혁명선언」(1923)
· 신채호가 작성한 것으로, 무정부주의를 바탕
으로 무장 독립 투쟁의 필요성 지적
· 외교론, 자치론, 문화운동론, 준비론 등을 비
판하고, 민중의 직접 혁명을 내세움

만보산 사건
1931년 일제는 중국 길림성의 만보산 지역에서
한·중 농민을 이간질시켜 유혈 충돌을 발생시
켰고, 이로 인해 한국인에 대한 중국인의 감정
이 악화됨

기출문장으로 출제 키워드 점검

01 의열단원인 (　　　)가 동양 척식 주식
회사와 조선식산은행을 공격하였다.

02 의열단은 혁명 투사·독립운동 지도자를
양성하기 위한 (　　　　) 학교를
설립·운영하였다.

03 (　　　)이 상해 홍구(홍커우) 공원에
서 열린 일본의 천장절 행사에 폭탄을 던
졌다.

04 한인 애국단원인 (　　　)이 동경에서
일왕 히로히토에게 폭탄을 던졌다.

05 대한 애국 청년당은 경성 (　　　)에 폭
탄을 투척하였다.

[답]
01 나석주　02 조선 혁명 간부　03 윤봉길　04 이봉창
05 부민관

1. 배경

문화 통치 하에서 일제의 수탈과 식민지 차별 교육 정책에 대한 반발이 심화되었다.

2. 전개

사회주의 계열	사회주의 계열이 중심이 되어 만세 운동을 계획하였으나 일본 경찰에 의해 사전에 발각됨
학생의 시위	조선 학생 과학 연구회 학생들이 주도하고 민족주의 계열의 전폭적인 지원 아래 순종의 인산일(6. 10.)을 계기로 종로에서 대규모 시위 운동이 전개되었음 → 학생들이 동맹 휴학을 시도하면서 시위가 확산되었으나 일제의 탄압으로 많은 학생들이 투옥됨

3. 의의

광주 학생 항일 운동과 같은 학생 운동의 성장에 영향을 주었고, 민족 유일당 운동의 신호탄이 되었다(신간회 창립에 기여).

확장개념

♀ 조선 학생 과학 연구회
1925년 9월, 사회 과학의 보급을 목적으로 만들어진 학생 운동 조직

기출문장으로 출제 키워드 점검

01 1926년 (   ) 만세 운동은 준비 과정에서 (   ) 계열과 민족주의 계열이 연대하여 민족 유일당을 결성할 수 있는 공감대가 형성되었다.

[답]
01 6·10, 사회주의

압축개념
08 민족 유일당 운동과 신간회의 창립 (1927)

최근 7개년 **8회 출제!**
2024년 지방직 9급   2023년 지방직 9급
2021년 지방직 9급   2021년 소방직
2019년 서울시 9급(2월)   2019년 경찰간부후보생
2018년 서울시 9급(3월)   2018년 서울시 7급(3월)

1. 배경

(1) 국내 상황

구분	계열	주장 내용
우익	타협적 민족주의 계열	자치론 주장(참정권 획득 운동, 이광수·최린)
	비타협적 민족주의 계열	절대 독립론 주장, 타협적 민족주의 세력의 자치 운동 비판 → 사회주의 계열과의 연대 모색
좌익	사회주의 계열	치안 유지법(1925)이 제정되고 일제의 사회주의에 대한 탄압이 강화됨 → 민족주의 계열과의 연대 모색

(2) 국외 상황

중국의 제1차 국·공 합작 (1924)	국내 독립운동 단체의 통합에 대한 관심이 증대됨
북경 촉성회의 창립 (1926. 10.)	한국 독립 유일당 북경 촉성회 창립(1926, 북경, 안창호)의 영향으로 만주에서 3부 통합 운동 전개(1920년대 후반)

2. 전개

6·10 만세 운동	민족주의·사회주의 계열의 연대 가능성 발견
↓	
조선 민흥회 발족(1926. 7.)	조선 물산회와 서울 청년회 중심의 좌·우 합작 단체
↓	
정우회 선언(1926. 11.)	사회주의 계열의 정우회가 민족주의 계열과의 연대 주장
↓	
신간회 창립(1927. 2.)	비타협적 민족주의계와 사회주의계의 통합

확장개념

♀ 이광수
· 장편 소설 「무정」을 매일신보에 연재(1917)
· 2·8 독립 선언서 작성(1919)
· 임시 정부의 독립신문 출간 담당
· 「민족적 경륜」을 발표(1924)하여 자치론을 주장
· 창씨 개명 정책 지지, 징병제 환영, 학도 지원병 권유 등 친일 행위 전개
· 대한민국 정부 수립 이후 반민족 행위 특별 조사 위원회(반민특위)에 의해 수감(1949)

♀ 정우회 선언
민족주의적 세력에 대하여는 그 부르주아 민주주의적 성질을 분명히 인식함과 동시에 과정상의 동맹자적 성질도 충분히 승인하여, 그것이 타락하지 않는 한 적극적으로 제휴하여 대중의 이익을 위해서도 종래의 소극적인 태도를 버리고 싸워야 할 것이다.

3. 결과 - 신간회 창립

창립 (1927)	• 구성: 비타협적 민족주의계와 사회주의계가 결합하여 결성(자치 운동 배척) • 주도 세력: 이상재(회장, 우익), 홍명희(부회장, 좌익) • 일제의 묵인: 일제는 독립운동가를 쉽게 색출하기 위해 신간회 활동을 합법화
강령	민족 대단결, 기회주의자(자치론자) 배격, 정치·경제적 각성
활동	• 조선인 본위 교육 주장, 토론회·강연회 개최, 여성 차별 철폐 주장, 동양 척식 주식회사 폐지 주장, 자치 운동 비판 • 농민·노동 운동 지원(원산 노동자 총파업), 학생 운동 지원(광주 학생 항일 운동) • 신간회의 자매 단체로 근우회가 창립(1927)되어 새로운 여성 운동을 전개 • 전국에 140여 개의 지회와 4만 여 명의 회원을 확보하여, 각 지회를 중심으로 활동을 전개
해소 (1931)	• 일제의 탄압: 전국 민중 대회 불허 → 위원장 허헌과 간부들을 구속, 단속 강화 • 신 집행부의 우경화(타협적 민족주의자와의 협력 주장) → 좌익 세력이 반발하면서 내부 갈등 심화 • 코민테른의 노선 변화: 12월 테제 발표(민족주의자들과의 통일 전선 운동 방침 폐기, 계급 투쟁 전개 지시) • 해소 이후: 비타협적 민족주의 계열은 문화·학술 활동에 주력(조선학 운동), 사회주의 계열은 혁명적 농민·노동 조합 결성(적색 농민 조합, 적색 노동 조합)
의의	• 3·1 운동 이후 사회주의 세력과 민족주의 세력이 연합 전선을 구축한 최초의 민족 유일당 • 일제하 최대 규모의 합법적인 단체

Ⅱ. 정치사

해커스공무원 단권화 핵심정리 한국사

확장개념

📍 **신 집행부의 우경화**

신간회는 광주 학생 항일 운동을 지원하며 대규모 민중 대회의 개최를 계획하였으나 일제의 방해로 실패하였다. 이후 구성된 신 집행부의 일부 인사들이 타협적 민족주의자와의 연대를 주장하여 신간회 내부의 좌·우익 간 갈등이 심화되었다.

기출문장으로 출제 키워드 점검

01 신간회는 (   ) 민족주의 세력과 사회주의 세력이 연합하였다.

02 신간회는 (   )을 계기로 결성되었다.

03 신간회는 (   ) 운동의 진상 조사 활동을 펼쳤다.

[답]
01 비타협적 02 정우회 선언 03 광주 학생 항일

압축개념
09 광주 학생 항일 운동 (1929)

최근 7개년 **3회 출제!**
2024년 국가직 9급   2021년 법원직 9급
2019년 서울시 9급(6월)

1. 배경

(1) **식민지 차별 교육**: 조선인의 고등 교육이 제한되어 있었고, 자유로운 토론과 비판·자치활동 등이 금지되어 있었다. 또한 일본인 교사들의 민족적 차별과 무시도 일상적으로 나타났다.

(2) **항일 결사 조직**: 1920년대에 들어서면서 학생 조직이 크게 성장하여 각급 학교 내에 독서회, 성진회 등이 조직되었고, 식민지 차별 교육에 항거하는 동맹 휴학이 빈발하였다.

2. 전개

원인	광주의 통학 열차 안에서 한·일 학생 간의 충돌이 발생 → 일본 경찰의 편파적인 사법 처리 → 학생들의 불만이 고조됨
전개	• 학생들을 중심으로 광주에서 가두 시위 시작 → 독서회의 지도 아래 광주·전라도 지역으로 확산 → 전국적 항일 투쟁으로 확산 • 신간회의 지원: 광주에 진상 조사단을 파견하여 후원, 대규모 민중 대회 개최를 계획 → 일제에 발각

3. 의의

(1) **3·1 운동 이후 최대 규모의 민족 운동**: 광주에서 시작되어 전국적으로 확산된 최대 민족 운동이다.

(2) **투쟁적 양상으로 변화**: 식민지 차별 교육 철폐와 한국인 본위의 교육 제도 확립 등을 요구하며 시작된 운동이, 점차 일제 타도와 민족 해방을 부르짖는 항일 민족 운동으로 발전하였다.

확장개념

📍 **광주 학생 항일 운동 격문** 기출사료

• 검거된 학생들을 즉시 우리 손으로 탈환하자.
• 경찰의 교내 침입을 절대 반대한다.
• 교우회 자치권을 획득하자.
• 언론·출판·집회·결사·시위의 자유를 획득하자.
• 직원회에 학생 대표를 참가시키자.
• 조선인 본위의 교육 제도를 확립하라.
• 식민지적 노예 교육 제도를 철폐하라.
• 사회 과학 연구의 자유를 획득하라.
• 전국 학생 대표자 회의를 개최하라.
- 광주 학생 항일 운동 격문

기출문장으로 출제 키워드 점검

01 (   ) 운동은 단순한 동맹 휴학에 그치지 않고 적극적인 (   ) 시위 형태로 전개되었으며, 식민지 교육 제도의 철폐와 조선인 본위의 교육 제도 확립을 주장하였다.

02 (   )는 1929년에 광주 학생 운동이 일어나자 민중 대회의 개최를 계획했다.

[답]
01 광주 학생 항일, 가두 02 신간회

10 만주 지역의 무장 독립 전쟁

빈출

최근 7개년 10회 출제!
2021년 법원직 9급	2021년 소방직
2020년 경찰직 1차	2020년 소방직
2020년 법원직 9급	2019년 국가직 9급
2019년 국가직 7급	2019년 법원직 9급
2018년 지방직 9급	2018년 법원직 9급

1. 독립군의 무장 독립 전쟁

(1) **배경**: 평화적으로 전개한 3·1 운동이 실패하자 무장 독립 전쟁의 필요성이 대두하였다.

(2) **무장 독립 전쟁의 전개**

삼둔자 전투 (1920. 6.)	독립군이 함경북도 종성에서 일본 헌병을 공격하자 일본군이 추격 → 삼둔자에 이르렀을 때 독립군이 반격하여 큰 타격을 입힘
봉오동 전투 (1920. 6.)	일본군이 봉오동 공격 → 홍범도의 대한 독립군이 주축 + 안무의 국민회군, 최진동의 군무 도독부가 연합 부대 형성 → 독립군의 승리
청산리 전투 (1920. 10.)	일제가 훈춘 사건 조작 → 일본군 대부대 출동 → 김좌진의 북로 군정서군과 홍범도의 대한 독립군이 연합 부대 형성 → 독립군의 대승
간도 참변 (경신참변, 1920)	봉오동·청산리 전투에서 패배한 일본의 보복(독립군 소탕 목적) → 간도의 한인들이 학살되었고, 한인 부락이 많이 사라짐
독립군 이동 (1920~1921)	일제의 추격을 피해 밀산부(한흥동)에 집결 → 밀산부에서 대한 독립 군단 결성(총재: 서일) → 자유시(스보보드니)로 이동
자유시 참변 (1921. 6.)	독립군 내부의 지휘권 다툼(상하이파 공산당 VS 이르쿠츠크파 공산당) → 적색군이 독립군에게 강제 무장 해제 요구 → 이 과정에서 무수한 사상자가 발생 → 독립군 세력이 와해됨
독립군의 재정비	대한 독립 군단이 재결성(1922, 북만주)되고, 대한 통의부가 발족(1922, 서간도)하였으나 다시 통의부와 의군부로 분열됨(1923)
3부의 성립 (1923~1925)	· 참의부(1923, 압록강 유역, 임시 정부 직할 부대), 정의부(1924, 남만주 일대), 신민부(1925, 북만주 일대, 소련에서 되돌아온 독립군 중심) · 민정 자치 기구(행정 조직)+ 군정 기구(군사 조직), 3권 분립 체제
미쓰야 협정 (1925)	조선 총독부 경무국장 미쓰야와 만주 군벌 장쭤린 휘하의 봉천성 경무국장 우진이 체결한 한국 독립군 탄압 협정 → 3부 활동 위축
3부 통합 운동 (~1929)	· 민족 유일당 운동의 일환으로 3부가 남만주의 국민부(1929)와 북만주의 혁신 의회(1928)로 통합됨 · 국민부: 조선 혁명당 조직, 조선 혁명군 편성(양세봉, 이진탁) · 혁신 의회: 김좌진 암살 이후 한국 독립당으로 개편, 한국 독립군 편성(지청천)
한·중 연합 작전 (1931~1933)	· 남만주: 조선 혁명군(양세봉) + 중국 의용군이 연합하여 영릉가 전투(1932), 흥경성 전투(1933)에서 승리 → 양세봉 피살 이후 세력 약화 → 조선 혁명군 정부로 개편(김호석) · 북만주: 한국 독립군(지청천) + 중국 호로군이 연합하여 쌍성보 전투(1932), 사도하자 전투(1933), 동경성 전투(1933), 대전자령 전투(1933)에서 승리 → 1930년대 중국 관내로 이동 → 1940년 한국광복군에 합류(충칭)

2. 항일 유격대의 무장 투쟁 (공산주의계)

(1) **배경**: 공산주의자들의 주도로 추수·춘황 투쟁(1931)이 전개되었고, 이것이 소규모 유격대를 중심으로 한 항일 무장 투쟁으로 발전하였다.

(2) **항일 무장 투쟁**

동북 인민 혁명군(1933)	중국 공산당 유격대와 한인 항일 유격대가 연합
동북 항일 연군(1936)	· 동북 인민 혁명군(1933)이 개편됨, 조선인 간부들이 조국 광복회 조직(1936) · 보천보 전투(1937): 동북 항일 연군의 김일성 부대가 전개, 국내 진공 시도(보천보 습격)

시험 직전! 필수 암기

만주의 독립군

국민회군	대한 국민회의 직속 부대, 사령관 안무
대한 독립군	홍범도가 조직
북로 군정서	대종교 중심, 사령관 김좌진
군무 도독부	최진동이 통솔한 독립 군단
서로 군정서	지청천 지휘, 신흥 무관 학교 출신 중심
대한 독립단	3·1 운동 이후 삼원보에서 조직한 독립군 부대
광복군 사령부	3·1 운동 이후 만주 지역의 독립군을 통합하여 남만주에서 조직
광복군 총영	대한민국 임시 정부 군무부 산하의 정규군 표방

확장개념

♀ 훈춘 사건
훈춘 사건은 일제의 사주를 받은 중국의 마적단이 훈춘의 시가지와 일본 관공서를 습격한 사건이다. 일제는 봉오동 전투의 패배에 보복하기 위해 훈춘 사건을 일으켰고, 이 사건을 명분으로 대규모의 일본군을 만주로 이동시켜 독립군을 공격하였다.

기출문장으로 출제 키워드 점검

01 홍범도의 (   )과 김좌진의 (   ) 등이 봉오동과 청산리에서 일본군과 전투를 벌여 큰 승리를 거두었다.

02 일제는 독립군의 근거지를 소탕한다는 명분 아래 독립군은 물론 조선인 양민을 학살하는 (   )을 일으켰다.

03 1920년대에 독립운동 단체 간에 새로운 통합의 기운이 일어나 (   ), (   ), (   )가 만들어졌다.

04 (   )은 만주 지역에서 활동했던 한국 독립당의 산하 조직이었다.

05 (   )이 영릉가 전투에서 일본군을 물리쳤다.

[답]
01 대한 독립군, 북로 군정서군 02 간도 참변
03 참의부, 정의부, 신민부 04 한국 독립군
05 조선 혁명군

11 중국 관내의 민족 독립운동

최근 7개년 10회 출제!
2024년 서울시 9급	2023년 서울시 9급
2021년 법원직 9급	2021년 경찰직 1차
2020년 국가직 9급	2020년 경찰직 1차
2020년 소방직	2018년 국가직 7급
2018년 서울시 7급(3월)	2018년 법원직 9급

1. 민족 연합 전선의 형성 – 좌익 계열 주도

(1) 민족 혁명당(1935, 난징)

① **조직**: 의열단(김원봉) + 한국 독립당(조소앙) + 조선 혁명당(최동오) + 신한 독립당(지청천) 등이 연합하여 결성되었다.

② **분열**: 조소앙·지청천 등의 민족주의 계열은 탈퇴하고, 의열단을 중심으로 하여 조선 민족 혁명당으로 개편되었다(1937).

(2) 조선 민족 전선 연맹(1937)과 조선 의용대(1938)

① **조직**: 중·일 전쟁이 일어나자 조선 민족 혁명당의 김원봉을 중심으로 중도 좌파 단체들이 조선 민족 전선 연맹을 조직하였고(1937), 중국군과 연합하여 일본에 저항하기 위해 군사 조직인 조선 의용대를 조직하였다(1938).

② **활동**: 중국 국민당과 함께 항일 투쟁을 전개하여 포로 심문, 정보 수집, 후방 교란 등을 담당하였다.

③ **분열**: 화북과 충칭으로 분리

화북(옌안) 이동	· 화북 조선 청년 연합회가 결성(1941)되고 조선 의용대 화북 지대가 편성됨 → 조선 독립 동맹과 조선 의용군으로 확대·개편(1942, 김두봉) · 조선 의용군(1942): 조선 독립 동맹 산하 군대로 중국 팔로군과 연합하여 항일 전투 수행, 건국 강령 공포, 중국 국·공 내전에 참전, 북한 인민군에 편입되어 6·25 전쟁에 참전(해방 이후)
충칭 이동	김원봉의 지휘 아래 한국광복군에 합류(1942)

2. 민족 연합 전선의 형성 – 우익 계열 주도

(1) 한국 국민당(1935): 김구를 중심으로 창당하였으며, 민족 혁명당에 불참한 임시 정부 인사 중심으로 조직되어 임시 정부의 유지를 옹호하였다.

(2) 한국 광복 운동 단체 연합회(1937): 임시 정부 및 한국 국민당 중심으로 조직된 단체로, 민족 혁명당이 개편될 때 탈퇴했던 한국 독립당(조소앙)과 조선 혁명당(지청천)이 합류하였으며 하와이의 대한인 국민회와 연합하여 결성되었다.

(3) 전국 연합 진선 협회(1939): 한국 광복 운동 단체 연합회와 조선 민족 전선 연맹이 제휴하여 조직하려고 하였으나 통합에 성공하지는 못하였다.

(4) 한국 독립당(1940): 한국 국민당(김구), 조선 혁명당(지청천), 한국 독립당(조소앙)이 통합되어 김구를 위원장으로 하는 한국 독립당을 결성하였다(1940). 이후 한국 독립당은 조소앙의 삼균주의를 바탕으로 한 건국 강령을 발표하였다(1941).

(5) 한국광복군(1940)

창설	충칭에 자리를 잡은 임시 정부가 중국 정부의 지원을 받아 창설(1940, 총사령관 지청천)하였고, 이후 김원봉의 조선 의용대 일부가 합류(1942)
활동	· 한국광복군 행동 9개 준승(1941): 중국은 한국광복군을 지원하는 대신 한국광복군 행동 9개 준승을 요구하고 한국광복군을 중국 군사 위원회에 예속시켜 통제함(1944년에 폐기하고 새로운 군사 협정 체결) · 대일 선전 포고(1941): 태평양 전쟁 발발 직후 대한민국 임시 정부는 대일 선전 포고문 발표 · 연합군의 일원으로 참전(1943): 중국 전선에서 중국군과 연합, 미얀마(버마)·인도 전선에서 영국군과 연합 · 국내 진공 작전 계획(1945): 미국 전략 정보처(OSS)의 지원으로 국내 정진군 편성 후 특수 훈련을 실시하였으나 일본의 조기 항복으로 실현하지 못함

시험 직전! 필수 암기

국내·외의 주요 민족 유일당 단체

· 1920년대

국내	조선 민흥회(1926), 신간회(1927), 근우회(1927)
국외	한국 독립 유일당 북경 촉성회(1926), 조선 혁명당(1929)

· 1930년대 이후

국내	조선 건국 동맹(1944)
국외	한국 독립당(1930), 민족 혁명당(1935), 조국 광복회(1936), 전국 연합 진선 협회(1939)

확장개념

한국 독립당 구분

활동 지역	특징	대표 인물
북만주 (1930)	혁신 의회가 개편된 독립운동 조직	지청천
상하이 (1930)	임시 정부 인사들이 조직한 민족주의 계열의 단체로, 민족 혁명당(1935)에 참여	조소앙
충칭 (1940)	한국 국민당, 조선 혁명당, 한국 독립당이 통합된 임시 정부의 여당	김구, 지청천, 조소앙

임시 정부의 건국 강령

· 삼균주의

인균	정치, 경제, 교육의 균등
족균	소수·약소 민족의 독립을 통해 실현(민족 평등)
국균	식민 정책, 제국주의, 상호 침략을 배제하여 실현(국가 평등)

· 건국 강령의 내용
보통 선거, 의무 교육, 토지 국유화, 토지 분배, 생산 기관의 국유화 등의 내용을 포함하였다.

기출문장으로 출제 키워드 점검

01 한국 독립당은 (   )를 바탕으로 한 건국 강령을 채택하였다.

02 조선 독립 동맹은 조선 의용대 화북 지대를 기반으로 (   )을 조직하였다.

03 (   )은 미국 전략 정보처(OSS)와 협력하여 국내 진공 작전을 계획하였다.

[답]
01 삼균주의 02 조선 의용군 03 한국광복군

01 2018년 경찰간부후보생

조선 총독부에 관한 다음 설명 중 가장 옳지 않은 것은?

① 조선 총독은 일본 육군이나 해군 현역(또는 예비역) 대장 중에서 임명되었다.

② 총독 아래 행정 사무를 총괄하는 정무총감과 경찰 사무를 담당하는 경무총감이 있었다.

③ 철도국, 전매국, 임시 토지 조사국 등 각급 식민 행정 기관과 직속 재판소가 설치되었다.

④ 조선 총독은 내각 총리대신에 직속되어 조선에 대한 모든 통치권을 행사하였다.

02 2020년 국가직 9급

다음 법령이 실시된 기간에 있었던 사실로 옳은 것은?

> 제1조 국체를 변혁 또는 사유재산제를 부인할 목적으로 결사를 조직하거나 그 정을 알고 이에 가입하는 자는 10년 이하의 징역 또는 금고에 처함
>
> 제2조 전조의 제1항의 목적으로 그 목적한 사항의 실행에 관하여 협의한 자는 7년 이하의 징역 또는 금고에 처함

① 조선 태형령이 공포되었다.

② 경성 제국 대학이 설립되었다.

③ 물산 장려 운동이 시작되었다.

④ 학도 지원병 제도가 실시되었다.

03 2015년 국가직 9급

밑줄 친 ㉠, ㉡에 대한 설명으로 옳은 것은?

> 일제의 가혹한 탄압으로 독립운동은 큰 제약을 받게 되었다. 그러나 그러한 제약 속에서도 비밀 결사의 형태로 독립운동 단체가 결성되었다. ㉠독립 의군부와 ㉡대한 광복회는 모두 이러한 비밀 결사 단체였다.

① ㉠은 공화국의 건설을 목표로 하였다.

② ㉡은 고종의 비밀 지령을 받아 조직되었다.

③ ㉠과 ㉡은 모두 1910년대 국내에서 결성된 단체이다.

④ ㉠은 박상진을 중심으로, ㉡은 임병찬을 중심으로 한 조직이었다.

04 2020년 소방직

다음을 선언한 민족 운동에 대한 설명으로 옳은 것은?

> ○ 금일 오인(吾人)의 이 거사는 정의 인도 생존 존영을 위하는 민족적 요구이니, 오직 자유적 정신을 발휘할 것이요, 결코 배타적 감정으로 일주(逸走)지 말라.
> ○ 최후의 한 사람까지, 최후의 한 순간까지 민족의 정당한 의사를 쾌히 발표하라.
> ○ 일체의 행동은 가장 질서를 존중하여 오인의 주장과 태도로 하여금 어디까지든지 광명정대하게 하라.

① 대한매일신보의 후원을 받았다.

② 신간회의 지원을 받아 전국으로 확산되었다.

③ 대한민국 임시 정부 수립의 계기가 되었다.

④ 원산 노동자들의 총파업을 이끈 운동이었다.

05 2021년 국가직 9급

밑줄 친 '회의'에서 있었던 사실은?

> 본 회의는 2천만 민중의 공정한 뜻에 바탕을 둔 국민적 대화합으로 최고의 권위를 가지고 국민의 완전한 통일을 공고하게 하며, 광복 대업의 근본 방침을 수립하여 우리 민족의 자유를 만회하며 독립을 완성하기를 기도하고 이에 선언하노라. …(중략)… 본 대표 등은 국민이 위탁한 사명을 받들어 국민적 대단결에 힘쓰며 독립운동이 나아갈 방향을 확립하여 통일적 기관 아래에서 대업을 완성하고자 하노라.

① 대한민국 건국 강령이 상정되었다.

② 박은식이 임시 대통령으로 선출되었다.

③ 민족 유일당 운동 차원에서 조선 혁명당이 참가하였다.

④ 임시 정부를 대체할 새로운 조직을 만들자는 주장이 나왔다.

06 2017년 사회복지직 9급

다음 지문과 관계 있는 단체의 활동으로 옳은 것은?

> 이제 폭력의 목적물을 대략 열거하건대, 조선 총독 및 각 관공리, 일본 천황 및 각 관공리, 정탐노·매국적, 적의 일체 시설물, 이 밖에 각 지방의 신사나 부호가 비록 현저히 혁명 운동을 방해한 죄가 없을지라도 언어 혹 행동으로 우리의 운동을 완화하고 중상하는 자는 폭력으로써 대응할지니라.

① 1932년 1월 이봉창은 도쿄에서 관병식을 마치고 돌아가는 일왕 히로히토를 저격하였다.
② 1932년 4월 윤봉길은 상하이 훙커우 공원에서 일제의 요인들을 폭살시키는 의거를 결행하였다.
③ 1920년 박재혁은 밀양 경찰서에 폭탄을 투척하는 의거를 결행하였다.
④ 1926년 나석주는 식민지 대표 착취 기관인 식산은행과 동양 척식 주식회사에 들어가 폭탄을 던지고 권총으로 관리들을 저격하였다.

07 2021년 지방직 9급

밑줄 친 '이 단체'에 대한 설명으로 옳은 것은?

> 1920년대 국내에서는 일본과 타협해 실익을 찾자는 자치 운동이 대두하였다. 비타협적인 민족주의자들은 이를 경계하면서 사회주의 세력과 연대하고자 하였다. 사회주의 세력도 정우회 선언을 발표해 비타협적 민족주의 세력과 제휴를 주장하였다. 그 결과 비타협적 민족주의 세력과 사회주의 세력은 1927년 2월에 이 단체를 창립하고 이상재를 회장으로 추대하였다.

① 조선 물산 장려회를 조직해 물산 장려 운동을 펼쳤다.
② 고등 교육 기관을 설립하기 위해 민립 대학 설립 운동을 시작하였다.
③ 문맹 퇴치와 미신 타파를 목적으로 브나로드 운동을 전개하였다.
④ 광주 학생 항일 운동의 진상을 조사하고 이를 알리는 대회를 개최하고자 하였다.

08 2020년 소방직

(가)~(라)의 사건들을 발생 순서대로 옳게 나열한 것은?

> (가) 조선 민족 전선 연맹 산하에 조선 의용대를 창설하였다.
> (나) 대한 독립 군단이 자유시에서 참변을 당하였다.
> (다) 한국 독립군이 한·중 연합 작전으로 쌍성보에서 전투를 전개하였다.
> (라) 임시 정부에서 한국광복군을 조직하였다.

① (가) → (나) → (다) → (라)
② (가) → (나) → (라) → (다)
③ (나) → (가) → (다) → (라)
④ (나) → (다) → (가) → (라)

09 2020년 국가직 9급

다음 자료가 발표된 이후의 사실에 해당하지 않는 것은?

> 우리는 3천만 한국 인민과 정부를 대표하여 삼가 중·영·미·소·캐나다 기타 제국의 대일 선전이 일본을 격패케 하고 동아를 재건하는 가장 유효한 수단이 됨을 축하하여 이에 특히 다음과 같이 성명한다.
> 1. 한국 전 인민은 현재 이미 반침략 전선에 참가하였으니 한 개의 전투 단위로서 추축국에 선전한다.
> 2. 1910년의 합방 조약과 일체의 불평등 조약의 무효를 거듭 선포하며 아울러 반(反)침략 국가인 한국에 있어서의 합리적 기득권익을 존중한다.
> …(중략)…
> 5. 루스벨트·처어칠 선언의 각 조를 견결히 주장하며 한국 독립을 실현키 위하여 이것을 적용하여 민주 진영의 최후 승리를 축원한다.

① 한국광복군은 김원봉이 이끌던 조선 의용대의 병력을 통합하였다.
② 영국군의 요청에 따라 인도, 미얀마 전선에 한국광복군이 파견되었다.
③ 조선 독립 동맹은 조선 의용대 화북 지대를 기반으로 조선 의용군을 조직하였다.
④ 대한민국 임시 정부는 김구를 주석으로 하는 단일 지도 체제를 만들고 대한민국 건국 강령을 제정하였다.

정답 및 해설 p. 272

07 현대의 정치

01 해방 전후의 활동과 정치 상황

최근 7개년 8회 출제!
2023년 서울시 9급   2021년 지방직 9급
2021년 법원직 9급   2021년 경찰직 1차
2020년 지방직 9급   2019년 국가직 9급
2019년 국가직 7급   2018년 서울시 9급(3월)

1. 해방 직전의 건국 준비 활동

임시 정부	한국 독립당 재창당·한국광복군 창설(1940), 건국 강령 발표(1941)
조선 독립 동맹 (1942, 김두봉)	·건국 강령 발표(토지 분배 실행 등 좌익적 성격) ·산하 군사 조직으로 조선 의용군 창설
조선 건국 동맹 (1944)	·여운형을 중심으로 국내에서 조직된 비밀 조직 ·일제 타도와 민주주의 국가 건설을 주요 내용으로 하는 건국 강령을 발표 ·해방 직후 조선 건국 준비 위원회로 개편(1945. 8. 15.)

2. 열강의 한반도 문제 논의

카이로 회담 (1943. 11.)	·주체: 미국의 루즈벨트, 영국의 처칠, 중국의 장제스 ·내용: 최초로 한국의 독립을 약속함(일정한 절차를 밟아 적당한 시기에 독립)
얄타 회담 (1945. 2.)	·주체: 미국의 루즈벨트, 영국의 처칠, 소련의 스탈린 ·내용: 소련의 대일전 참전 약속, 신탁 통치 문제 언급
포츠담 회담 (1945. 7.)	·주체: 미국의 트루먼, 영국의 처칠(후에 애틀리), 중국의 장제스, 소련의 스탈린(회담 후에 참가하여 선언문에 서명) ·내용: 일본의 무조건 항복 요구, 한국의 독립 약속 재확인

3. 해방 이후 남한의 정치 상황

(1) **해방 이후 상황:** 남에는 미군이, 북에는 소련군이 진주하여 미·소 군정이 실시되었고, 좌우간 이념의 대립이 심화되었다.

(2) **조선 건국 준비 위원회(1945. 8. 15.)**

조직	여운형 등의 중도 좌파와 안재홍 등의 중도 우파가 연합
활동	총독부로부터 치안 유지권과 일부 행정권을 인수 → 치안대를 조직(치안·행정 담당)하고, 전국에 145개의 지부를 설치
분열	좌파 중심으로 지도부가 형성되자 우파 민족주의 세력이 탈퇴
해체	미국이 상륙하기 전에 전국 인민 대표 회의를 통해 (조선)인민 공화국을 선포(9. 6.)하였으나, 미 군정의 인정을 받지 못하고 해체됨

(3) **광복 이후 정당 및 단체**

독립 촉성 중앙 협의회	이승만을 중심으로 결성, 좌·우익을 아우르고자 하였으나 친일 인사 참여로 좌익 계열이 참여 거부
한국 민주당	송진우, 김성수 등 우익 세력을 중심으로 조직, 미 군정에 적극 참여
국민당	건국 준비 위원회가 좌경화되자, 안재홍이 국민당 창당
조선 인민당	여운형 등 중도 좌파 세력 중심, 일부가 남로당에 흡수됨
남조선 신민당	백남운을 중심으로 중산층 이상의 공산주의 지식인들이 주도하여 조직, 중국 공산당 노선을 추종하고 남로당에 흡수·통합됨
민족 자주 연맹	김규식을 중심으로 한 좌·우 합작 노선, 남북 연석 회의의 주도

확장개념

카이로 선언 기출사료
3대 동맹국(미국, 영국, 중국)은 일본의 침략을 정지시키며 이를 벌하기 위하여 이번 전쟁을 속행하고 있는 것이다. …… 위 동맹국의 목적은 일본이 1914년 제1차 세계 대전 개시 이후에 탈취 또는 점령한 태평양의 도서(島嶼) 일체를 빼앗고 만주, 대만 및 펑후(澎湖) 섬과 같이 일본이 청국으로부터 빼앗은 지역 일체를 중화민국에 반환함에 있다. …… 미국, 영국, 중국은 한국민의 노예 상태에 유의하여 적당한 시기에 한국을 자주 독립시킬 결의를 한다. – 카이로 선언

조선 건국 준비 위원회 강령
·완전한 독립 국가 건설
·전 민족의 정치적·경제적·사회적 기본 요구를 실현할 수 있는 민주주의 정권의 수립
·국내 질서의 자주적 유지와 대중 생활의 확보

기출문장으로 출제 키워드 점검

01 (   )에서 한국의 신탁 통치에 대하여 처음 국제적으로 논의하였다.

02 조선 건국 준비 위원회는 국내 치안을 담당하기 위해 (   )를 조직하였다.

03 (   )는 좌파와 우파 인사들로 조직되었으나, 좌파의 득세로 우파 민족주의자들이 탈퇴하였다.

04 송진우, 김성수 등은 (   )을 결성하여 미 군정에 적극 참여하였다.

[답]
01 얄타 회담   02 치안대   03 조선 건국 준비 위원회
04 한국 민주당

02 대한민국 정부 수립 과정

최근 7개년 **17회 출제!**	
2024년 국가직 9급	2024년 서울시 9급
2023년 국가직 9급	2023년 지방직 9급
2021년 지방직 9급	2021년 법원직 9급
2020년 지방직 9급	2020년 소방직
2019년 국가직 9급	2019년 서울시 9급(2월)
2019년 경찰간부후보생	2019년 소방직
2019년 법원직 9급	2018년 국가직 9급
2018년 법원직 9급	2018년 서울시 7급(6월)
2018년 법원직 9급	

미·소 군정 실시 (1945. 9.)	· 미 군정의 직접 통치: 대한민국 임시 정부 불인정, 국내 우익 세력 지원, 일제의 총독부 체제 유지 · 소 군정의 간접 통치: 인민 위원회(북한 주민들이 조직)에 행정권·치안권을 넘겨줌, 공산주의 정권 수립 기반 마련
모스크바 3국 외상 회의 (1945. 12.)	· 목적: 미국, 영국, 소련의 3국 외상이 한반도 문제에 대해 협의 · 내용: 임시 민주 정부의 수립 지원 약속, 4개국이 한국을 최고 5년 동안 신탁 통치 실시, 미·소 공동 위원회 설치 · 영향: 신탁 통치를 둘러싸고 반탁과 찬탁이 대립함 　– 반탁(우익): 김구 등은 신탁 통치를 반대하며 신탁 통치 반대 국민 총동원 위원회 결성 　– 찬탁(좌익): 처음에는 반탁 주장 → 소련의 지령을 받고 찬탁으로 선회
제1차 미·소 공동 위원회 (1946. 3.~5.)	정부 구성에 대한 입장 차이로 결렬(미국은 신탁 통치 찬·반탁 모든 세력 포함 ↔ 소련은 찬탁 세력만 포함하자고 주장)
정읍 발언(1946. 6.)	제1차 미·소 공동 위원회의 결렬과 북한의 토지 개혁(1946. 3., 무상 몰수·무상 분배)으로 남한 민심이 동요하자 이승만이 남한만의 단독 정부 수립을 주장
좌·우 합작 운동	· 배경: 김일성의 북한 장악, 남한의 단독 정부 수립 운동(정읍 발언), 미 군정의 정책적·재정적 후원 · 전개: 김규식과 여운형을 비롯한 좌·우익 세력이 좌·우 합작 위원회 조직(1946. 7.) → 좌·우 합작 7원칙 발표(1946. 10.) → 미 군정은 좌·우 합작파를 중심으로 남조선 과도 입법 의원 창립(1946. 12., 의장 김규식) → 남조선 과도 정부 발족(1947. 5., 민정 장관 안재홍) · 결과: 냉전 체제 강화로 인한 미 군정의 지원 철회와 여운형의 암살로(1947. 7.) 실패 → 좌·우 합작 위원회 해산(1947. 12.)
한반도 문제의 유엔 상정 (1947. 9.)	· 제2차 미·소 공동 위원회 개최(1947. 5.) · 협상에 진전이 없이 실질적 결렬 상태에 빠지자 미국의 제안에 따라 한반도 문제를 유엔에 이관(1947. 9.)
유엔 총회의 결의 (1947. 11.)	유엔 총회에서 남북한 인구 비례로 총선거 실시를 결의하고, 유엔 한국 임시 위원단을 파견하였으나 소련에서는 입북을 거부함(1948. 1.)
유엔 소총회의 결의 (1948. 2.)	유엔 소총회에서 남한만의 우선 선거 결의가 기정사실화 됨 → 김구가 이에 반발하여 '삼천만 동포에게 읍고함'(1948. 2.) 발표 → 유엔 소총회의 남한만의 단독 선거 실시 결의 → 단독 정부 수립 반대 운동 전개(김구·김규식)
제주 4·3 사건 (1948. 4.)	남한만의 단독 선거에 반대하며 제주 4·3 사건이 발생(정부 수립 후 진압 완료)
남북 협상 (1948. 4.)	· 김구, 김규식 등은 남북 분단을 우려하여 남북한의 정치 지도자가 함께 모여 통일 정부 수립 방안을 협의하는 남북 협상을 제의 · 남북 연석 회의(1948. 4.): 김구·김규식은 평양에 가서 김일성·김두봉 등을 만나 '남북한 제 정당 사회 단체 대표자 연석 회의' 등을 개최하고 남한 단독 정부 수립 반대 및 미·소 양군의 철수의 내용을 담은 결의문을 채택함 → 냉전 체제 강화로 실패
총선거 실시 (1948. 5. 10.)	최초의 민주적인 보통 선거가 실시되어 임기 2년의 제헌 국회의원 선출(김구, 김규식 불참), 제헌 국회 구성
헌법 공포 (1948. 7.)	3권 분립과 대통령 중심제, 국회의 간접 선거에 의한 대통령 선출 등을 요지로 헌법 공포
대한민국 정부 수립 (1948. 8.)	이승만을 대통령, 이시영을 부통령, 이범석을 국무총리로 하는 정부를 구성 → 대한민국 정부 수립을 선포 → 유엔 총회에서 대한민국을 한반도 내 유일한 합법 정부로 승인(1948. 12.)

II. 정치사

해커스공무원 단권화 핵심정리 한국사

시험 직전! 필수 암기

1946년~1947년의 사건 순서

1946. 3.	제1차 미·소 공동 위원회 개최
1946. 6.	정읍 발언
1946. 7.	좌·우 합작 위원회 조직
1946. 10.	좌·우 합작 7원칙 발표
1946. 12.	남조선 과도 입법 의원 개원
1947. 3.	트루먼 독트린 발표 (냉전 체제 강화)
1947. 5.	제2차 미·소 공동 위원회 개최
1947. 7.	여운형 암살
1947. 9.	한국 문제의 유엔 상정
1947. 11.	유엔의 남북 총선거 결정
1947. 12.	좌·우 합작 위원회 해산

확장개념

좌·우 합작 7원칙

좌익과 우익 세력은 제1차 미·소 공동 위원회가 결렬되고 이승만 중심의 단독 정부 수립론이 제기되자, 임시 정부의 수립, 몰수·유조건 몰수·체감 매상에 의한 무상 분배 원칙의 토지 개혁 등을 주요 내용으로 하는 '좌·우 합작 7원칙'에 합의하였다.

4·3 사건

· 제주도에서 남한 단독 선거 반대 무장 봉기 → 정부의 진압 과정에서 무고한 주민 희생
· 제주도 3개 선거구 중 2개소에서 총선거 실시되지 못함
· 4·3 사건 진압을 위해 여수 주둔 부대에 제주도 출동 명령을 내렸으나, 부대 내 좌익 세력이 이를 거부 → 여수·순천 점령(여수·순천 10·19 사건 → 국가 보안법 제정의 계기가 됨)

기출문장으로 출제 키워드 점검

01 모스크바 3국 외상 회의에서는 임시 정부의 수립을 원조하기 위해 (　　　　　)를 설치하기로 결정하였다.

02 이승만은 전라북도 정읍에서 (　　　　　)를 수립하자고 연설했다.

03 (　　　　　　)를 통해 선출된 국회의원의 임기는 2년이었다.

[답]
01 미·소 공동 위원회　02 단독 정부　03 5·10 총선거

1. 친일파 청산

(1) 반민족 행위 처벌법 제정(1948. 9.)

① 배경: 일제의 잔재를 청산하고 사회 기강을 확립하기 위해 제헌 국회에서 반민족 행위 처벌법을 제정하였다.

② 내용: 반민족 행위(친일 행위)를 한 사람을 처벌하고, 공민권을 제한하였다.

(2) 반민족 행위 특별 조사 위원회(반민특위) 구성

① 조직: 위원장인 김상덕을 중심으로 제헌 국회의원 10명으로 구성되었다.

② 활동: 박흥식, 이광수, 최린, 노덕술, 최남선 등 친일 혐의를 받은 주요 인사들을 조사하고 구속 영장을 발부하였다.

(3) 한계: 반공을 중시한 이승만 정부는 반민특위 활동에 미온적 태도를 보이며 반민법의 공소 시효 기간을 단축(2년 → 1년)하였고, 국회 프락치 사건, 반민특위 습격 사건(1949. 6. 6.) 등이 일어났다.

(4) 결과: 반민특위가 시효 만료(1949. 8.)로 해체되자 관련자 대부분이 석방되면서 친일파 청산이 좌절되었다.

2. 농지 개혁

(1) 미 군정 시기의 농지 개혁

최고 소작료 결정의 건 (1945. 9.)	소작료가 생산량의 1/3을 초과하지 못하도록 규정
신한 공사 설립 (1946. 2.)	동양 척식 주식회사의 재산·일본인 소유 농지 관리 → 일부 토지 매도
중앙 토지 행정처 (1948. 3.)	신한 공사가 중앙 토지 행정처로 개편되었고, 일본인 소유 농지의 대부분이 농민에게 매각됨

(2) 제헌 국회의 농지 개혁

① 배경: 북한의 토지 개혁(5정보 기준, 무상 몰수·무상 분배)에 자극받아 남한에서 토지 개혁에 대한 요구가 증가하였다.

② 대상: 농지에 한정(임야·산림 제외)

③ 시행: 1949년 6월에 농지 개혁법이 제정되었으나, 이후 개정되어 1950년부터 농지 개혁이 시행되었다.

④ 원칙: 3정보 이상의 토지 소유 금지, 유상 매입(3정보 이상의 농지를 소유한 지주에게 평년 수확량의 1.5배 지불), 유상 분배(평년 수확량의 30%씩, 5년간 총 150%를 국가에 상환)

⑤ 결과: 소작농이 감소하고 자영농이 증가하면서 경자유전의 원칙을 실현하게 되었고, 6·25 전쟁 당시 남한의 공산화를 막는 데 큰 역할을 하였다.

⑥ 한계: 지주들이 미리 땅을 팔거나 농지를 비농지로 전환하여 농지 개혁 대상이 되는 토지가 축소되었다.

3. 귀속 재산 처리

(1) 미 군정 시기: 신한 공사에서 귀속 재산을 처리하였다.

(2) 대한민국 정부 수립 후: 귀속 재산 처리법이 제정(1949. 12.)되어 일본인 소유의 공장과 주택 등을 민간인에게 저렴한 가격으로 불하(15년간 분할 상환)하였고, 불하 우선 순위가 해당 기업체의 임차인, 관리인, 주주 등에게 주어졌기 때문에 이 과정에서 많은 재벌이 탄생하였다(정경 유착 발생).

시험 직전! 필수 암기

미 군정과 제헌 국회의 활동 비교

구분	미 군정	제헌 국회
친일파 청산	소극적 (현상 유지)	소극적 (반민특위 탄압)
농지 개혁	·최고 소작료 결정의 건 ·신한 공사 설치 → 중앙 토지 행정처에서 처리	농지 개혁법 제정 및 실시
귀속 재산	신한 공사에서 처리	귀속 재산 처리법 제정

확장개념

⚲ 국회 프락치 사건
제헌 국회 내의 일부 소장파 국회의원들이 외국군 철수와 평화 통일을 주장하였는데, 이에 대해 이승만 정부는 이 국회의원들을 남조선 노동당의 국회 내 프락치 역할을 했다는 혐의로 대거 구속하였다.

⚲ 귀속 재산 처리법 기출사료
제2조 본 법에서 귀속 재산이라 함은 …… 대한민국 정부에 이양된 일체의 재산을 지칭한다. 단, 농경지는 따로 농지 개혁법에 의하여 처리한다.
제3조 귀속 재산은 본 법과 본 법의 규정에 의하여 발하는 명령의 정하는 바에 의하여 국용 또는 공유 재산, 국영 또는 공영 기업체로 지정되는 것을 제한 외에는 대한민국의 국민 또는 법인에게 매각한다.
– 귀속 재산 처리법(1949)

기출문장으로 출제 키워드 점검

01 친일파 청산을 위해 (   )를 설치하였다.

02 남한의 농지 개혁법에서는 가구당 농지 소유를 (   ) 이내로 제한하였다.

03 이승만 정부는 (   )에 따라 일본인이 소유했던 재산과 공장 등을 민간인에게 불하하였다.

[답]
01 반민족 행위 특별 조사 위원회 02 3정보
03 귀속 재산 처리법

최근 7개년 **1회 출제!**
2018년 서울시 9급(3월)

평남 건국 준비 위원회 조직	· 조만식 등 민족주의자들을 중심으로 평양에서 조직(1945. 8.) · 소련군에 의해 강제 해체, 인민 위원회로 개편
소련군 진주	· 북조선 5도 임시 인민 위원회 설립(1945. 10.), 이후 북조선 5도 행정국으로 개편(1945. 11.) · 김일성 등이 주도하여 조선 공산당 북조선 분국 설치(1945. 10.)
북조선 임시 인민 위원회 설치	· 북조선 임시 인민 위원회 설치(1946. 2.): 김일성이 위원장에 선임되고 공산주의 정권 수립 작업 진행 · 사회주의 민주 개혁 실시(1946. 3.): 토지 개혁(무상 몰수, 무상 분배), 남녀 평등법 제정, 국유화 조치
북조선 노동당 결성	조선 공산당 북조선 분국을 북조선 공산당으로 명칭을 바꾸고 북조선 신민당과 통합하여 북조선 노동당(북로당)을 결성(1946. 8.)
북조선 인민 위원회 창설	북한 정부 수립을 위한 기구로 북조선 인민 위원회를 창설(1947. 2.), 이후 조선 인민군을 창설(1948. 2.)하고 최고 인민 회의 구성(1948. 9.)
북한 정부 수립	남한이 대한민국을 수립하자, 최고 인민 회의 대의원 선거를 실시하고, 김일성을 수상으로 하는 조선 민주주의 인민 공화국을 수립(1948. 9. 9.)

확장개념

북한 정부의 수립 과정

1945. 8.	평남 건국 준비 위원회 조직, 소련군 진주
1945. 10.	조선 공산당 북조선 분국 설치
1945. 11.	북조선 5도 행정국 설치
1946. 2.	북조선 임시 인민 위원회 수립
1946. 3.	토지 개혁 실시
1946. 8.	북조선 노동당 창당
1947. 2.	북조선 인민 위원회 수립
1948. 2.	조선 인민군 창설
1948. 9.	· 최고 인민 회의 구성 · 조선 민주주의 인민 공화국 수립

압축개념

05 6·25 전쟁 (1950~1953)

최근 7개년 **5회 출제!**
2023년 지방직 9급   2023년 법원직 9급
2022년 서울시 9급(6월)   2020년 경찰직 1차
2020년 소방직

1. 전쟁 전의 한반도 정세

북한의 상황	중국의 공산화 성공 후 조선 의용군을 북한 인민군에 편입시키고, 소련과 군사 비밀 협정을 체결(무기 지원 약속)
남한의 상황	주한 미군이 철수하고(1949. 6.), 애치슨 선언이 발표됨(1950. 1., 미 극동 방위선에 대만, 한국 제외), 한·미 상호 방위 원조 협정 체결(1950. 1.)

2. 전쟁의 경과

북한의 남침	북한의 남침(1950. 6. 25.) → 3일 만에 서울 함락 → 정부는 부산으로 피난 → 낙동강 전선 형성
유엔군 참전	유엔군 참전(1950. 7.) → 인천 상륙 작전(9. 15.) → 서울 수복(9. 28.) → 국군이 북진하여 38도선 통과(10. 1.) → 평양 탈환(10. 19.)
중공군 참전	중공군 참전(1950. 10. 25.) → 흥남 철수(1950. 12.) → 1·4 후퇴(1951, 공산군이 서울 재함락) → 국군과 유엔군의 총공세로 서울 재수복(1951. 3.) → 38도선 일대를 중심으로 치열한 교전(교착 상태)
휴전 논의	소련의 휴전 제안(1951. 6.) → 미국 수용, 이승만 정부 반대 → 휴전 회담 시작(1951. 7.) → 이승만이 거제도의 반공 포로를 석방(1953. 6.) → 한국은 미국으로부터 방위 조약을 체결할 것을 약속받고 동의
휴전 협정 체결	· 1953년 7월 27일에 판문점에서 유엔군 대표와 북한군 대표 사이에서 휴전 협정이 체결됨 · 비무장 지대·군사 분계선 설치, 군사 정전 위원회 설치, 4개국(스웨덴, 스위스, 체코슬로바키아, 폴란드) 중립국 감시 위원단 구성 등 합의
한·미 상호 방위 조약 체결	· 협정 이후 한·미 양국이 한반도의 군사적 상황에 공동으로 대처하기 위해 체결(1953. 10.) · 주한 미군 주둔 허용, 한·미 연합 사령관에게 군사 작전 지휘권 부여

확장개념

휴전 회담의 쟁점

· 군사 분계선 설정 문제
· 중립국 감시 위원단 구성 문제
· 전쟁 포로 송환 문제: 유엔군(자유 송환 주장) ↔ 공산군(강제 자동 송환 주장)

기출문장으로 출제 키워드 점검

01 미국을 주축으로 16개국이 참여한 유엔군의 지원을 받아 (   )을 성공시켰다.

02 휴전 협정 조인 이후 정부는 미국과 (   )을 체결하였다.

03 이승만은 거제도에 수용되어 있던 (   )들을 석방하였다.

04 휴전 회담에서 소련을 제외한 4개국 (   )의 구성에 합의하였다.

[답]
01 인천 상륙 작전 02 한·미 상호 방위 조약 03 반공 포로
04 중립국 감시 위원단(회)

최근 7개년 **10회 출제!**
2024년 서울시 9급(2월)	2022년 지방직 9급
2021년 법원직 9급	2021년 소방직
2020년 경찰직 1차	2019년 서울시 9급(6월)
2019년 서울시 7급(2월)	2019년 경찰간부후보생
2019년 법원직 9급	2018년 서울시 9급(6월)

1. 이승만 정부의 장기 집권 추진

(1) 발췌 개헌(1952, 제1차 개헌)

배경	제2대 총선(1950)에서 남북 협상파가 다수 당선, 거창 양민 학살 사건·국민 방위군 사건(1951) 등의 거듭된 실정 → 국회 간선제로는 재선이 어렵다고 판단하여 직선제 개헌 시도
내용	· 대통령 직선제(임기 4년, 1차 중임 허용) · 국회 양원제(실제로는 단원제): 민의원과 참의원 양원을 두게 되어 있었으나 민의원만 구성
전개	이승만이 임시 수도 부산에서 자유당을 창당(1951)하고 개헌 추진을 논의 → 야당 국회의원들의 반발 → 부산 정치 파동(계엄령 선포, 폭력배를 동원하여 국회 해산을 요구, 국회의원을 헌병대가 연행) → 군경이 국회를 포위한 가운데 기립 표결로 발췌 개헌 통과(1952. 7.)
결과	1952년 제2대 대통령 선거에서 이승만 재선 성공

(2) 사사오입 개헌(1954, 제2차 개헌)

배경	제3대 총선에서 다수를 차지한 자유당이 이승만의 장기 집권을 위해 초대 대통령에 한하여 중임 제한을 철폐한다는 내용으로 개헌하고자 함
전개	개헌 의석 수를 넘지 못해 부결 → 이틀 후 사사오입(반올림)이라는 논리를 내세워 야당 의원이 퇴장한 가운데 개헌안을 통과시킴
결과	· 야당이 결집하여 민주당을 창당(1955)하고 개헌 반대 투쟁 전개 · 제3대 대선에서 대통령에 이승만, 부통령에 장면(민주당) 당선

2. 독재 체제의 강화

(1) **진보당 등록 취소 사건(1958. 1.)**: 제3대 대통령 선거에서 낙선한 조봉암을 중심으로 결성된 진보당이 북한의 사주를 받는다는 혐의로 구속되었다.

(2) **신국가 보안법 제정(1958. 12., 보안법 파동)**: 간첩 범위 확대, 사찰 강화와 언론 통제를 내용으로 하는 국가 보안법을 개정하였다.

(3) **경향신문 폐간(1959)**: 이승만 정부를 강력하게 비판했기 때문에 폐간되었다.

3. 4·19 혁명 (1960)

(1) 배경

경제 침체	1950년대 말 미국의 무상 원조 감소로 경기가 침체되고 실업자가 증가
부정부패	이승만 정부의 민주주의 원칙을 훼손한 장기 독재로 국민의 불만이 고조
3·15 부정 선거	· 민주당의 대통령 후보인 조병옥의 사망으로 이승만의 당선은 확실시 됨 · 이승만의 사망을 대비하여 부통령에 자유당의 이기붕을 당선시키기 위해 4할 사전 투표, 3~5인조 공개 투표 등의 부정 선거 단행

(2) 4·19 혁명의 전개 과정

마산 의거	시민들의 부정 선거 규탄 시위를 무력으로 진압 → 수많은 사상자 발생(3. 15.) → 행방불명되었던 김주열의 시신이 발견됨(4. 11.)
시위의 확산	고려대 학생들이 시위 전개(4. 18.) → 귀교 도중 폭력배의 습격 → 4·19 혁명 발발, 학생 + 시민들이 중앙청까지 진입, 경무대(현 청와대) 진입 시도 → 경찰의 무차별 총격, 계엄령 선포(4. 19.) → 서울 시내 대학 교수단의 이승만 퇴진을 요구하는 시국 선언문 발표(4. 25.) → 이승만 대통령 하야(4. 26.)
결과	이승만의 하야와 자유당 정권의 붕괴 이후 허정 과도 정부가 수립

확장개념

📍 **국민 방위군 사건(1951)**
· 6·25 전쟁 과정에서 중공군의 참전(1950. 10.)에 대응하여 편성된 군대
· 국민 방위군에 배당된 군사 물자를 장교들이 착복하여 1·4 후퇴 시기에 많은 군사들이 아사·동사함

📍 **제3대 정·부통령 선거(1956)**
· 정·부통령 후보

구분	자유당	민주당	무소속
정통령	이승만	신익희	조봉암
부통령	이기붕	장면	

· 구호
 – 민주당: '못살겠다! 갈아보자'
 – 자유당: '갈아봤자 별 수 없다', '갈면 더 못 산다'
· 결과: 민주당의 대통령 후보 신익희가 급사하면서 자유당의 이승만이 당선되었으나, 무소속 대통령 후보였던 조봉암이 전체 유효의 30% 차지, 부통령으로는 장면 당선

📍 **진보당**

결성	제3대 대통령 선거에서 낙선한 조봉암을 중심으로 조직(1956. 11.)
활동	민주적 평화 통일과 정치 혁신 주장 → 국민 지지 확대
해산	위협을 느낀 이승만 정부는 국가 보안법 위반 혐의로 조봉암 등 진보당의 주요 간부들을 체포 → 조봉암은 사형 선고를 받고, 진보당은 정당 등록이 취소됨

기출문장으로 출제 키워드 점검

01 (　　　　)에서 대통령과 부통령을 직선으로 선출하고, 임기는 4년으로 하였다.

02 이승만 정권은 (　　　　)을 제정하였고 반공 청년단을 조직하였으며 진보당의 (　　　　)을 간첩 혐의로 사형에 처하였다.

03 (　　　　) 규탄에서 촉발된 시위는 결국 이승만 대통령의 하야로 귀결되었다.

04 이승만이 하야 성명을 발표한 후 (　　　　)을 수반으로 하는 과도 정부가 수립되었다.

[답]
01 발췌 개헌 02 신국가 보안법, 조봉암
03 3·15 부정 선거 04 허정

07 장면 내각

최근 7개년 3회 출제!
2021년 경찰직 1차   2020년 지방직 9급
2019년 기상직 9급

1. 내각제의 성립

(1) 제3차 개헌(1960. 6.): 허정 과도 정부는 내각 책임제와 국회 양원제(참의원, 민의원), 대통령 간선제를 골자로 헌법을 개정하였다.

(2) 제5대 총선거(1960. 7.): 총선거를 실시한 결과 민주당이 압승하였다.

2. 장면 내각

내각의 수립	국회에서 민주당 구파인 윤보선이 대통령으로 당선, 민주당 신파인 장면을 국무총리로 임명(제4대 대선, 1960. 8.) → 장면 내각 출범(제2공화국)
장면 정부의 과제	독재 정권의 유산 청산, 민주주의의 실현, 경제 재건과 경제 개발, 남북 관계의 개선 노력 등의 국정 과제에 직면
민주당의 내분	윤보선 중심의 구파와 장면 중심의 신파가 갈등을 빚으며 국민의 불만을 해결하는 데 한계를 보임
민주화의 진전	정부의 각종 규제가 풀리고 언론이 활성화되면서 민주화 요구가 분출되어 노동 운동, 청년 운동 등이 전개
제4차 개헌	1960년 반민주 행위자를 처벌하는 소급 입법 개헌(제4차 개헌)이 통과
통일 논의의 활성화	학생과 혁신계 정치인들을 중심으로 중립화 통일론, 남북 협상론 등 다양한 통일 논의가 활성화(장면 내각은 남북 대화에 소극적)
경제 개발 5개년 계획	경제 제일주의를 내걸고 댐 건설을 비롯한 국토 개발 사업에 착수하였으며 장기적인 경제 개발 계획을 마련 → 5·16 군사 정변으로 좌절

확장개념

♦ **장면 내각의 한계**

정국 분열	민주당 내의 신·구파 대립
소극적인 개혁	부정 선거 책임자와 부정 축재자 처벌 및 개혁에 소극적

♦ **반민주 행위자 공민권 제한법 제정**
3·15 부정 선거 당시 반민주 행위를 한 자의 공무원이 되는 자격 및 선거권·피선거권을 제한하는 법률

♦ **통일 논의의 활성화**
장면 내각 출범 이후 혁신계 여러 인사들이 통일 추진을 위한 민족 자주 통일 중앙 협의회를 조직(1960. 9.)하였다.

기출문장으로 출제 키워드 점검

01 4·19 혁명 이후 (   )와 (   )를 골자로 하는 헌법으로 개정되었다.

02 장면 정권은 (   ) 계획을 실행했으나 군사 정변으로 중단되고 말았다.

[답]
01 내각 책임제, 양원제 02 경제 개발 5개년

---

08 5·16 군사 정변 (1961)

1. 발발

장면 내각의 군비 축소 계획에 불만을 품은 박정희 등의 일부 군부 세력이 사회 혼란과 무질서를 명분으로 정변을 일으켰다. 정권을 장악한 군부 세력은 군사 혁명 위원회를 조직하고, 6개 항의 혁명 공약(반공, 경제 발전 등)을 발표하였다.

2. 군정 실시 (1961. 5.~1963. 12.)

정치	· 비상 계엄 선포, 국가 재건 최고 회의 창설(최고 권력 기구, 군사 혁명 위원회가 재편된 것), 중앙 정보부 창설(김종필의 주도) · 정치 활동 정화법 제정(구 정치인의 활동 금지), 반공법 제정
경제	경제 개발 5개년 계획 추진(1차, 1962), 농어촌 고리채 탕감, 화폐 개혁 시도(10환 → 1원, 화폐 단위 평가 절하)
사회	부정 축재 처리법 제정(부정 축재자 처벌)

3. 5차 개헌과 대선

(1) 제5차 개헌(1962): 대통령 중심제(직선제, 4년 중임제)와 단원제 국회의 내용을 골자로 개헌하였다(1963년 시행).

(2) 민주 공화당 창당(1963. 2.): 박정희는 창당 자금을 마련하여 민주 공화당을 창당하였다.

(3) 제5대 대선(1963. 10.): 박정희가 민주 공화당 후보로 출마하여 당선되었다.

확장개념

♦ **6개 항의 혁명 공약**
① 반공을 제1의 국시로 하고 반공 태세를 재정비한다.
② 미국 및 자유 우방과의 유대를 더욱 공고히 한다.
③ 부패와 구악을 일소하고 청신한 기풍을 진작시킨다.
④ 민생고를 해결하고 국가 자주 경제 재건에 총력을 기울인다.
⑤ 국토 통일을 위하여 공산주의와 대결할 실력을 배양한다.
⑥ 과업이 성취되면 양심적인 정치인에게 정권을 이양하고 군 본연의 임무에 복귀한다.

기출문장으로 출제 키워드 점검

01 5·16 군사 정변으로 (   ) 회의가 구성되어 군정이 실시되었다.

[답]
01 국가 재건 최고

최근 7개년 **15회 출제!**
2023년 국가직 9급	2023년 법원직 9급
2022년 지방직 9급	2021년 국가직 9급
2021년 법원직 9급	2021년 소방직
2019년 지방직 9급	2019년 서울시 9급(6월)
2019년 서울시 7급(2월)	2019년 경찰직 1차
2019년 법원직 9급	2018년 서울시 9급(6월)
2018년 서울시 7급(6월)	2018년 서울시 7급(3월)
2018년 법원직 9급	

1. 제3공화국(1963. 12.~1972. 10.)

(1) **정책 방향**: 경제 제일주의, 조국의 근대화 등을 내세우며 경제 개발에 집중하였다.

(2) **한·일 국교 정상화**(1965)

배경	경제 개발을 위한 자금 필요, 미국의 압력(한국 원조 부담을 일본과 분담 + 한·미·일 안보 공동체 마련 목적)
전개	· 한·일 회담(1962, 김종필·오히라 비밀 메모): 경제 개발에 필요한 자금을 마련하기 위해 청구권 협정 진행, 식민 지배에 대한 사과와 독도·위안부 문제 등은 언급이 되지 않음 · 6·3 항쟁(1964): 한·일 회담 반대 시위를 하였으나 무력으로 진압됨 · 한·일 기본 조약과 부속 협정 체결(1965): 과거사 청산, 청구권 자금을 경제 협력 방식으로 일괄 타결(사과 대신 독립 축하금 형식으로 무상 3억 달러·정부 차관 2억 달러·상업 차관 1억 달러 이상 제공), 재일 교포의 법적 지위 및 대우, 문화재와 문화 협력, 어업 문제 등에 대해 합의

(3) **베트남 파병**(1964~1973): 미국과의 유대 강화와 경제 개발 자금의 필요로 파병을 결정

전개	초기에는 비전투 부대를 파병 → 1965년 이후 전투 부대 파병 → 미국의 추가 파병 요청 → 브라운 각서 체결(1966)
영향	베트남 특수로 경제 성장, 베트남 민간인 살상, 라이따이한 문제 발생

(4) **3선 개헌 강행**(제6차 개헌, 1969): 정부는 야당, 재야 세력, 학생들의 반대 여론을 북한의 도발을 빌미로 억압하고, 대통령의 3선 연임을 허용하는 개헌을 통과시켰다.

2. 제4공화국 - 유신 체제(1972. 10.~1979)

(1) **배경**: 냉전 체제의 완화와 야당의 성장으로 박정희 정부는 위기를 느끼게 되었다.

(2) **10월 유신 선포**(1972. 10. 17.): 박정희 정부는 한국적 민주주의 토착화를 구실로 10월 유신과 비상 계엄을 선포하고 국회를 해산한 다음 비상 국무 회의에서 유신 헌법을 제정하고 국민 투표(1972. 11.)로 확정하였다(1972. 12. 시행).

(3) **유신 헌법**(제7차 개헌, 1972. 12.)

장기 독재 체제 마련	통일 주체 국민회의에서 간선제로 대통령 선출, 대통령 임기 6년(중임 제한 폐지)
박정희 당선	제8대 대통령에 박정희 당선(제4공화국)
대통령 권한 강화	국회의원 1/3 지명권, 국회 해산권, 긴급 조치권 등 부여

(4) **유신 체제에 대한 저항과 탄압**

김대중 납치 사건	일본, 미국 각지에서 유신에 저항하던 김대중 납치(1973)
개헌 청원 백만인 서명 운동(1973)	장준하, 함석헌 등 재야 인사 중심으로 개헌 청원 운동 전개
민청학련 사건 (1974)	전국 민주 청년 학생 총연맹이 조직되어 유신 헌법 철폐와 개헌을 요구하는 투쟁 전개 → 학생들을 간첩이라고 조작하여 탄압
3·1 민주 구국 선언 (1976)	김대중, 함석헌 등이 명동 성당에서 발표한 것으로, 긴급 조치 철폐·박정희 정권 퇴진·민족 통일 추구 등을 요구

(5) **유신 체제의 붕괴**

① **배경**: 1978년 제2차 석유 파동으로 경제난이 심화되고 있었다.

② **붕괴 과정**: YH 무역 사건(1979. 8.) → 김영삼 신민당 총재가 국회의원에서 제명됨 → 부·마 항쟁(1979. 10.) → 10·26 사태로 유신 체제 붕괴

확장개념

♥ **브라운 각서**
· 한국군의 현대화 지원, 대월남 물자의 한국 조달
· 모든 수출 산업 분야의 기술 원조
· 추가 파병의 대가로 추가 AID(국제 개발처) 차관 제공

♥ **북한의 도발**

박정희 정부 시기	· 1·21 사태(1968, 향토 예비군 창설 계기) · 푸에블로호 납치 사건(1968) · 울진·삼척 지구 무장 공비 침투 사건(1968) · 판문점 도끼 만행 사건(1976)
김대중 정부 시기	· 1차 서해 연평 해전(1999) · 2차 서해 연평 해전(2002)

♥ **유신 체제의 배경**

국외	미국 대통령 닉슨이 냉전의 완화를 선언(1969, 닉슨 독트린) → 국제적 화해 분위기가 조성됨 → 반공주의를 내세운 박정희 정부의 위기
국내	제7대 대통령 선거(1971. 4.)에서 박정희가 신민당 김대중 후보를 8% 차이로 겨우 이김

♥ **통일 주체 국민회의**
· 국민의 직접 선거로 선출된 2,000명 이상 ~ 5,000명 이하의 대의원으로 구성
· 대통령 선출권, 국회의원 1/3 동의권 등을 소유

♥ **반(反)유신 민주화 운동 단체**
· 천주교 정의구현 전국 사제단(1974. 9.): 강원도 원주에서 가톨릭 사제 중심으로 결성, 사회 정의 실천 운동 등의 민주화 운동 전개
· 민주 회복 국민 회의(1974. 11.): 야당·종교계·법조계·언론인 등 각계 대표 71명이 결성, 자주·평화·양심을 행동 강령으로 삼고 민주 회복을 목표로 설정하여 유신 체제에 저항

♥ **민청학련 사건**
1974년 4월 폭력으로 정부를 전복하기 위해 전국적인 민중 봉기를 획책했다는 혐의로, 전국 민주 청년 학생 총연맹을 중심으로 180명이 구속·기소된 사건

기출문장으로 출제 키워드 점검

01 제4공화국 시기에는 (　　　　　) 회의 대의원들의 (　　　) 선거로 대통령이 선출되었다.

[답]
01 통일 주체 국민, 간접

10 5·18 민주화 운동(1980)과 전두환 정부

1. 신군부 세력의 등장과 5·18 민주화 운동

(1) 신군부 세력의 등장

① 정국 불안: 10·26 사태 이후 국무총리 최규하가 통일 주체 국민회의를 통해 제10대 대통령에 당선되었으나 유신 체제에 대한 반발 등으로 정국은 계속 불안하였다.

② 12·12 사태: 전두환, 노태우 등의 신군부 세력은 병력을 동원하여 계엄 사령관 정승화를 체포하고 군부를 장악하여 정치적 실권을 장악하였다(1979).

③ 서울의 봄: 학생·시민들이 유신 헌법 폐지, 신군부 퇴진, 비상 계엄 폐지, 민주적 절차를 통한 정부 수립 등을 요구하며 시위를 전개하였다(5월 15일 서울역 평화 행진).

(2) 5·18 민주화 운동(1980)

배경	신군부 세력이 전국에 비상 계엄을 확대(1980. 5. 17.)하여 국회 폐쇄, 정치 활동 금지, 대학 휴교, 언론 검열 강화 등을 포고 → 김대중 등 주요 정치 인사와 학생 운동 지도부를 체포·구속하였음
전개	광주 지역 학생과 시민들이 계엄령 철폐와 김대중 석방을 요구하며 민주화 운동을 전개 → 신군부의 공수 부대 투입과 무자비한 진압 → 시민의 무장 봉기로 발전 → 계엄군의 강제 진압으로 다수의 사상자가 발생
영향	5·18 민주화 운동에 대한 폭력적 진압을 미국이 방조했다는 의혹으로 반미 운동이 전개되었음

2. 전두환 정부(제5공화국, 1981~1988)

(1) 신군부의 정권 장악: 5·18 민주화 운동을 무력 진압(1980. 5. 27.)한 신군부는 국가 보위 비상 대책 위원회 설치(1980. 5. 31.)하였고, 국보위에서 언론 통폐합, 삼청 교육대 운영, 과외 전면 금지, 본고사 폐지, 대학 졸업 정원제 등을 실시하였다.

(2) 전두환 정부의 수립 과정: 신군부 세력의 압력으로 최규하 대통령이 사퇴 → 통일 주체 국민회의에서 전두환을 제11대 대통령으로 선출 → 제8차 개헌(1980. 10., 7년 단임제) → 개헌에 따라 대통령 선거인단에 의해 제12대 대통령으로 전두환 당선(1981. 2.)

(3) 전두환 정부의 정책

유화 정책	교복·두발·해외 여행 자유화, 3S 정책(프로 야구와 씨름 창설), 야간 통행 금지 해제, 컬러 TV 보급, 국풍 81(문화 행사)
경제 성장	3저 호황(저유가, 저금리, 저달러)으로 물가 안정과 국제 무역 수지 흑자 달성
외교 정책	1986년 서울 아시안 게임 개최, 1988년 서울 올림픽 유치

전두환 집권 과정

전두환 당선(제11대) (1980. 8.)
유신 헌법에 의해 공포·조직된 헌법 기관인 통일 주체 국민회의에서 선출

제8차 개헌(1980. 10.)
· 7년 단임제 · 간선제

전두환 당선(제12대) (1981. 2.)
· 개정 헌법(제8차 개헌) 적용 · 대통령 선거인단에서 선출

국가 보위 비상 대책 위원회
1980년 5월 비상 계엄하에 당시 보안 사령관 겸 중앙 정보부장 서리 전두환을 중심으로 하는 신군부 강경 세력이 구성한 최고 군사 회의의 성격을 띤 기구로, 제8차 개헌(1980)으로 국가 보위 입법 회의로 개편되어, 1981년에 국회 수립 후 해산

기출문장으로 출제 키워드 점검

01 1980년 ( ) 운동에서는 신군부 세력의 퇴진을 요구하였다.

02 8차 개헌에서는 대통령을 ( )에서 선출하고, 임기는 7년으로 하였다.

[답]
01 5·18 민주화 02 대통령 선거인단

11 6월 민주 항쟁 (1987)

배경	전두환 정부의 권위주의적 통치와 강압적 통제로 인해 민주화 운동이 활성화됨
전개 과정	1천만 서명 운동 전개(1985. 12., 직선제 개헌 요구) → 박종철 고문 치사 사건(1987. 1.) → 전두환 정부가 4·13 호헌 조치 발표(현행 헌법 유지) → 이한열 최루탄 피격 사건(1987.6. 9.) → 6·10 국민 대회가 열려 전국 각지에서 국민 대회와 시위 전개, "호헌 철폐·독재 타도·민주 헌법 쟁취" 요구
결과	노태우가 대통령 직선제 개헌과 김대중 사면 복권 등을 약속하는 '시국 수습을 위한 8개 항' 발표(6·29 민주화 선언) → 5년 단임의 대통령 직선제로 개헌(제9차 개헌)

기출문장으로 출제 키워드 점검

01 전두환 정부는 ( ) 조치를 통해 대통령 간선제 헌법의 고수를 천명하였다.

02 6월 민주 항쟁의 결과 5년 단임의 대통령 ( ) 개헌이 이루어졌다.

[답]
01 4·13 호헌 02 직선제

12 노태우 정부~이명박 정부

최근 7개년 5회 출제!
2024년 서울시 9급(2월) 2022년 서울시 9급(2월)
2019년 경찰간부후보생 2019년 소방직
2018년 서울시 7급(6월)

노태우 정부 (1988~1993)	· 야당의 후보 단일화 실패로 민주 정의당의 노태우가 제13대 대통령 당선 · 서울 올림픽 개최(1988): 국제적 지위 상승, 국민의 일체감 증대 · 5공 청문회 개최: 제5공화국 정부의 비리와 5·18 민주화 운동의 진실 규명 · 3당 합당(1990): 여소 야대 정국 형성 → 3당 합당으로 거대 여당 창당(민주 　정의당 + 통일 민주당 + 신민주 공화당 = 민주 자유당) · 지방 자치제 부분 실시(1991) · 북방 외교 추진: 소련(1990), 중국(1992) 등 공산권 국가와 수교
김영삼 정부 (1993~1998)	· 개혁 정책: 금융 실명제 실시(1993, 금융 거래의 투명성 확보), 부동산 실명 　제 실시, 고위 공직자 재산 등록, 지방 자치제 전면 실시(1995), WTO 출 　범(1995), KEDO(한반도 에너지 개발 기구) 설치(1995), OECD 가입(1996) · 역사 바로 세우기 운동: 조선 총독부 건물 철거, 친일파 인명 사전 편찬 시작, 　국민학교를 초등학교로 개칭, 전두환과 노태우 구속·기소 · 외환 위기(1997): IMF(국제 통화 기금)에 지원 요청
김대중 정부 (1998~2003)	· 외환 위기 극복 노력: 금 모으기 운동, 노사정 위원회 설치, 기업·공공 부문 　의 구조조정, 금융·투자 개방 · 여성부 신설(2001), 교육 정보화 정책(인터넷 전국 보급)
노무현 정부 (2003~2008)	· KTX 개통(2004), 호주제 폐지(2005), 국민 참여 재판 채택 · 한·칠레 FTA 체결(2004), 한·미 FTA 체결(2007)
이명박 정부 (2008~2013)	· 친실용주의, 친기업주의 가치 표방(작은 정부·큰 시장) · 정책: 747 성장, 저탄소 녹색 성장, 한·미 쇠고기 협상 논란(2008), 세종시 수 　정안 부결, 4대강 사업 추진

확장개념

⚲ 지방 자치제의 발전

지방 자치법 제정(1949)
↓
지방 의회 의원 선거 최초 실시(1952)
↓
지방 자치제 중단(1961)
↓
광역 의회 의원 선거 실시(1991)
↓
지방 자치제 부분 실시(1991)
↓
지방 자치제 전면 실시(1995)

기출문장으로 출제 키워드 점검

01 (　　　) 정부는 세계 160개국이 참여
　한 서울 올림픽을 성공리에 개최하였다.

02 (　　　) 정부 때 경제 협력 개발 기구
　(OECD)에 가입하였다.

[답]
01 노태우 02 김영삼

13 북한 체제의 변화

1. 김일성 유일 체제

(1) **6·25 전쟁 전후**: 연안파 무정과 소련파 허가이가 실각하고 전쟁 직후 패전의 책임으로
남로당 세력(박헌영)이 제거되었다.

(2) **8월 종파 사건(1956)**: 독재 체제를 비판한 소련파와 연안파를 숙청하였다.

(3) **온건파 숙청(1967)**: 갑산파 일부(온건파)를 숙청하고 김일성 독재 체제를 구축하였다.

(4) **주체 사상의 강조(1960년대 후반)**: 1960년대에 중국과 소련이 사회주의 노선을 두고 분
쟁을 벌이자 북한은 독자적인 노선을 모색하였고, 주체 사상을 강조하면서 김일성 개인
에 대한 우상 숭배를 조장하였다.

(5) **사회주의 헌법 공포(1972)**: '조선 민주주의 인민 공화국 사회주의 헌법'을 채택하여 국가
주석제를 신설하고, 사회주의적 주체 사상을 통치 이념으로 천명하였다.

2. 김정일 권력 승계 체제

(1) **김정일 후계 체제 확정**: 김정일을 후계자로 내정하고(1974) 노동당 대회에서 김정일을
공식 후계자로 지명(1980)하였다.

(2) **국방 위원장 취임(1993)**: 김정일이 김일성 사망 전에 국방 위원장으로 취임하였다.

(3) **권력 승계(1994)**: 김일성 사후 권력을 승계하고 3년간 유훈 통치를 실시하였다.

(4) **김일성 헌법 제정(1998)**: 주석제와 중앙 인민 위원회를 폐지하고, 군 중심의 통치 방식을
강조하며 국방 위원장에게 권력을 집중시켰다.

확장개념

⚲ 8월 종파 사건
전후 복구 노선과 김일성 개인 숭배를 둘러싸고
김일성파와 반김일성파(연안파와 일부 소련파)
가 대립하여 권력 투쟁으로 비화된 사건이다.

⚲ 유훈 통치
한 나라의 지도자가 이전 지도자의 유훈에 따라
나라를 다스리는 것을 의미한다.

기출문장으로 출제 키워드 점검

01 북한은 (　　　　) 사상을 노동당의 유
　일 사상으로 규정하였다.

[답]
01 주체

14 시기별 각 정부의 통일 정책

1. 냉전 시기(1950~1960년대)

이승만 정부	북진 통일론 주장, 조봉암(진보당 인사)의 평화 통일론 탄압
장면 내각	· 유엔 감시하에 남북한 총선거를 통한 평화적 자유 민주 통일 주장 · 일부 학생과 혁신 세력의 중립화 통일론과 남북 협상론 제기

2. 냉전 완화 시기(1970~1980년대)

박정희 정부	· 평화 통일 구상 선언(8·15 선언, 1970): 남북한의 평화 공존과 선의의 경쟁을 제안
	· 7·4 남북 공동 성명(1972)
	  – 배경: 닉슨 독트린(1969, 냉전 완화), 남북 적십자 예비 회담 제안(1971, 분단 이후 최초의 남북 대화)
	  – 내용: 통일 3대 원칙(자주·평화·민족 대단결)에 합의, 남북 조절 위원회 설치, 서울·평양 간 상설 전화 개설
	  – 한계: 남·북 독재 체제 강화에 이용
	· 6·23 평화 통일 외교 선언(1973): 남북 유엔 동시 가입 제안과 공산 국가에 대한 문호 개방을 선언하였으나 북한에서 반발하여 남북 대화 중단을 통보

전두환 정부	· 민족·화합·민주 통일 방안(1982): 민족 통일 협의회 구성 제안 · 남북 이산가족 고향 방문(1985, 서울·평양): 최초의 남북 이산가족 상봉, 남·북 예술단 교환 공연(1985)

3. 탈 냉전 시기(1980년대~)

노태우 정부	· 7·7 선언(1988, 민족 자존과 통일 번영을 위한 특별 선언): 남북 관계를 선의의 동반자로 인식, 교류 표방 · 한민족 공동체 통일 방안(1989): 통일 3대 원칙 제시(자주·평화·민주), 최초로 점진적 통일 방안 제시(3단계), 2단계(과도 단계)로 남북 연합 설정 · 남북 유엔 동시 가입(1991. 9.) · 남북 기본 합의서(1991. 12., 남북 사이의 화해와 불가침 및 교류·협력에 관한 합의서): 7·4 남북 공동 성명 재확인, 남과 북의 관계를 잠정적 특수 관계로 규정(나라와 나라 사이의 관계가 아닌 통일을 향해 나아가는 관계), 상호 불가침, 상대방의 체제 인정, 교류·협력 확대, 남북 군사 공동 위원회 설치, 판문점에 연락 사무소 설치·운영 · 한반도 비핵화에 관한 공동 선언 채택(1991. 12.)
김영삼 정부	· 3단계 3기조 통일 방안 제안(1993): 3단계(화해·협력 → 남북 연합 → 통일 국가), 3기조(국민 합의 → 공존·공영 → 민족 복리) · 민족 공동체 통일 방안(1994): 3원칙(자주, 평화, 민주), 3단계 통일 방안(화해 협력, 남북 연합, 통일 국가) · 북핵 문제 해결 노력: 북·미 간에 제네바 기본 합의서 채택(1994, 북한 핵시설 동결, 경수로 발전소 건설 지원 합의) → 합의문 이행을 위해 한·미·일이 한반도 에너지 개발 기구(KEDO) 설립(1995)
김대중 정부	· 정주영 현대그룹 회장 소떼 방북(1998. 6.), 금강산 해로 관광 시작(1998. 11.) · 6·15 남북 공동 선언(2000. 6.): 최초의 남북 정상 회담, 남측의 연합제 안과 북측의 낮은 단계 연방제 안의 공통성 인정 · 개성 공단 건설 합의(2000 → 착공, 2003), 제2차 이산가족 상봉(2000. 8. 15.), 경의선 복구 기공식(2000. 9.), 경의선·동해선 철도 및 도로 연결 착공식(2002. 9.)
노무현 정부	제2차 남북 정상 회담 개최(2007), 10·4 남북 공동 선언(2007, 6·15 남북 공동 선언의 적극 구현, 한반도의 평화·핵문제 해결, 남북 경제 협력 사업의 활성화)
문재인 정부	4·27 판문점 선언(2018, 남북 공동 연락 사무소 설치, 이산가족 상봉 등에 합의)

시험 직전! 필수 암기

남북한이 합의한 통일 문서

> 7·4 남북 공동 성명(1972)
>
> ↓
>
> 남북 기본 합의서(1991)
>
> ↓
>
> 6·15 남북 공동 선언(2000)
>
> ↓
>
> 10·4 남북 공동 선언(2007)

확장개념

♀ 남북 협상론
우리 민족의 자주적·주체적 민족 통일을 위해 제시된 것으로써 '반외세, 민족 자주'의 문제를 통일 문제 전면에 내세웠다. 또한, '자주·민주·평화'의 통일 원칙을 중심으로 다양한 민족주의 세력들을 하나로 집결한 대표적 통일론이었다.

♀ 남·북의 독재 체제 강화
7·4 남북 공동 성명 이후 남한에서는 유신 헌법이 제정되었으며, 북한에서는 사회주의 헌법이 제정되어 1인 독재 체제가 강화되었다.

♀ 금강산 관광
김대중 정부의 대북 화해 협력 정책을 배경으로 현대 그룹이 주도하여 1998년부터 금강산 해로 관광이 시작되었다. 이후 김대중 정부의 햇볕 정책을 계승한 노무현 정부 시기에 금강산 육로 관광이 시작되었다(2003).

기출문장으로 출제 키워드 점검

01 7·4 남북 공동 성명 합의문 발표 이후 (   )가 설치되었다.

02 (   ) 정부 때 민족 화합과 민주 통일 방안을 제시하고, 남북한의 (   )이 각각 서울과 평양을 처음으로 방문하였다.

03 (   )에서 판문점에 남북 연락 사무소를 설치하기로 합의하였다.

04 노태우 정부 때 (   )에 관한 공동 선언이 채택되었다.

05 (   ) 이후 경의선 철로 복원 사업이 착공되었다.

[답]
01 남북 조절 위원회 02 전두환, 이산가족
03 남북 기본 합의서 04 한반도 비핵화
05 6·15 남북 공동 선언

01 2020년 지방직 9급

다음의 사건을 시기 순으로 바르게 나열한 것은?

(가) 제헌 국회가 구성되어 헌법을 제정하였다.
(나) 여운형과 김규식은 좌·우 합작 위원회를 조직하였다.
(다) 조선 건국 동맹을 기반으로 조선 건국 준비 위원회가 조직되었다.
(라) 민주주의 임시 정부 수립을 논의하기 위해 제1차 미·소 공동 위원회가 열렸다.

① (가) - (다) - (나) - (라)
② (나) - (다) - (라) - (가)
③ (다) - (라) - (나) - (가)
④ (라) - (나) - (가) - (다)

02 2018년 국가직 9급

(가)와 (나)를 주장한 각 인물에 대한 설명으로 옳은 것은?

(가) 우리는 남방만이라도 임시 정부 혹은 위원회 같은 것을 조직하여 38도선 이북에서 소련이 철퇴하도록 세계 공론에 호소해야 할 것이다.
(나) 나는 통일된 조국을 달성하려다 38도선을 베고 쓰러질지언정 일신의 구차한 안일을 위하여 단독 정부를 세우는 데는 협력하지 아니하겠다.

① (가) - 5·10 총선거에 불참하였다.
② (가) - 좌·우 합작 7원칙을 지지하였다.
③ (나) - 탁치 반대 국민 총동원 위원회를 조직하였다.
④ (나) - 남조선 과도 입법 의원의 의장을 역임하였다.

03 2020년 소방직

다음 사건이 일어난 시기를 연표에서 옳게 고른 것은?

• 아군은 38선 이북에서 대대적인 철수를 계획하였다.
• 아군과 피난민들이 흥남 부두에서 모든 선박을 동원하여 해상으로 철수를 시작하였다.

(가)	(나)	(다)	(라)
북한군 남침 시작	인천 상륙 작전 개시	평양 탈환	

① (가)　　　　　② (나)
③ (다)　　　　　④ (라)

04 2020년 경찰직 1차

다음 내용의 헌법 개헌안이 통과한 이후 나타난 사실로 적절한 것을 <보기>에서 모두 고른 것은?

제31조 입법권은 국회가 행한다. 국회는 민의원과 참의원으로써 구성한다.
제55조 대통령과 부통령의 임기는 4년으로 한다. 단, 재선에 의하여 1차 중임할 수 있다. 대통령이 궐위된 때에는 부통령이 대통령이 되고 잔임 기간 중 재임한다.
부칙 이 헌법 공포 당시의 대통령에 대하여는 제55조 제1항 단서의 제한을 적용하지 아니한다.

보기

㉠ 조봉암이 진보당을 창당하였다.
㉡ 이승만 대통령이 반공 포로를 석방하였다.
㉢ 헌법 개정으로 대통령 선출 방식이 국회 간선제에서 국민 직선제 방식으로 바뀌었다.
㉣ 정·부통령 선거에서 대통령에 자유당의 이승만, 부통령에 민주당의 장면이 당선되었다.

① ㉠, ㉡　　　　　② ㉠, ㉣
③ ㉡, ㉢　　　　　④ ㉡, ㉣

05 2020년 지방직 9급

밑줄 친 '새 헌법'에 대한 설명으로 옳은 것은?

> 정부에서는 6월 15일 국회에서 통과된 개헌안을 이송받자 이날 긴급 국무회의를 소집하고 정식으로 이를 공포하였다. 이로써 개정된 새 헌법은 16일 0시를 기해 효력을 발생케 되었다. 새 헌법이 공포됨으로써 16일부터는 실질적인 내각 책임 체제의 정부를 갖게 되었으며 허정 수석 국무 위원은 자동으로 국무총리가 된다.
>   – 경향신문, 1960. 6. 16.

① 임시 수도 부산에서 개정되었다.
② '사사오입'의 논리로 통과되었다.
③ 통일 주체 국민회의 설치를 규정한 조항이 있다.
④ 민의원과 참의원으로 구성된 국회 조항이 있다.

06 2021년 국가직 9급

밑줄 친 '헌법'이 시행 중인 시기에 일어난 사건은?

> 이 헌법은 한 사람의 집권자가 긴급 조치라는 형식적인 법 절차와 권력 남용으로 양보할 수 없는 국민의 기본 인권과 존엄성을 억압하였다. 그리고 이러한 권력 남용에 형식적인 합법성을 부여하고자 …(중략)… 입법, 사법, 행정 3권을 한 사람의 집권자에게 집중시키고 있다.

① 부·마 민주 항쟁이 일어났다.
② 국민 교육 헌장을 선포하였다.
③ 7·4 남북 공동 성명이 발표되었다.
④ 한·일 협정 체결을 반대하는 6·3 시위가 있었다.

07 2019년 법원직 9급

(가)~(라)에 해당하는 구호와 관련된 설명이 잘못된 것은?

> (가) 3·15 부정 선거 다시 하라!
> (나) 계엄령 해제하고 신군부 퇴진하라!
> (다) 굴욕적인 대일 외교 결사 반대한다!
> (라) 호헌 철폐, 대통령 직선제 개헌 쟁취하자!

① (가) – 이승만이 하야하는 계기가 되었다.
② (나) – 종신 집권이 가능한 대통령제로 개헌했다.
③ (다) – 한일 회담에 반대하고 정권의 퇴진을 요구했다.
④ (라) – 이한열 등의 희생을 통해 직선제 개헌에 성공했다.

08 2018년 법원직 9급

다음 (가), (나)의 선언문 사이의 시기에 있었던 사실로 가장 옳은 것은?

> (가) 남과 북은 …… 쌍방의 관계가 나라와 나라 사이의 관계가 아닌 통일을 지향하는 과정에서 잠정적으로 형성되는 특수 관계라는 것을 ……
>   제 1 조 남과 북은 서로 상대방의 체제를 인정하고 존중한다.
>   제 9 조 남과 북은 상대방에 대해 무력을 사용하지 않으며 상대방을 무력으로 침략하지 아니한다.
> (나) 1. 나라의 통일 문제를 우리 민족끼리 서로 힘을 합쳐 자주적으로 해결해 나가기로 하였다.
>   2. 나라의 통일을 위한 남측의 연합제 안과 북측의 낮은 단계의 연방제 안이 서로 공통성이 있다고 인정하고, 이 방향에서 통일을 지향하기로 하였다.

① 금강산 관광이 시작되었다.
② 개성 공단 건설 사업이 시작되었다.
③ 최초로 남·북 이산가족이 상봉하였다.
④ 경의선 철로 복원 사업이 착공되었다.

정답 및 해설 p. 273

해커스공무원 단권화 핵심정리 한국사

Ⅲ. 경제사

* 출제 횟수: 최근 7개년 국가직·지방직·서울시 9급, 경찰직, 소방직 1회 20문제 기준

고대의 경제

압축개념

01 삼국의 경제 정책과 활동

최근 7개년 **1회 출제!**
2020년 경찰직 1차

1. 삼국의 경제 정책

수취 제도	· 조세: 재산의 정도에 따라 호를 나누어 곡물과 포 징수 · 공납(공물): 특산물 징수 · 역: 요역(15세 이상 남자의 노동력 징발, 왕궁·성·저수지 건축 시 동원), 군역
농민 생활 안정책	· 농업 생산성 증대 정책: 철제 농기구의 보급, 우경 장려, 황무지 개간 권장 등 · 구휼 정책: 고구려 진대법(194, 고국천왕 때 을파소의 건의로 실시, 춘대추납제)

2. 삼국의 경제 활동

수공업	· 초기: 노비 수공업(노비가 무기·장신구 등 국가 수요품 생산) · 후기: 관청 수공업 발달(관청에 소속된 수공업자가 필요한 물품 생산)
상업	· 신라 소지 마립간: 시장 개설(490, 경주) · 신라 지증왕: 동시(시장) 설치(509), 시장 감독 관청인 동시전 설치
무역	고구려(남북조 및 북방 유목민과 교류), 백제(남중국 및 왜와 교역), 신라(중국과 간접적으로 교역 → 진흥왕 때 한강 유역 확보 이후 당항성을 통해 중국과 직접 교역)

3. 삼국의 경제 생활

(1) **귀족의 경제 생활**: 녹읍과 식읍을 기반으로 조세를 수취하고 노동력을 징발하였다.

(2) **농민의 경제 생활**: 대개 토지를 빌려 경작하였고, 국가·귀족의 수취로 궁핍하게 생활하였다.

확장개념

📍 **삼국의 무역**
4세기 이후 국제 무역이 크게 발달하였으며 주로 공무역 형태로 이루어졌다.

📍 **녹읍과 식읍**

구분	내용	공통점
녹읍	귀족 관료에게 직무의 대가로 토지 지급	· 일정 지역 단위로 지급
식읍	왕족, 공신에게 일정 지역의 토지와 가호 지급	· 조세 수취와 노동력 징발 가능

기출문장으로 출제 키워드 점검

01 (　　　)는 남중국 및 왜와 무역을 활발하게 전개하였다.

02 녹읍 수급자는 토지로부터 (　　　)를 받을 뿐 아니라, 그 지역의 주민을 (　　　)에 동원할 수 있었다.

[답]
01 백제 02 조(세), (노)역

압축개념

02 통일 신라의 경제 정책과 활동

빈출

최근 7개년 **6회 출제!**
2023년 서울시 9급   2020년 법원직 9급
2019년 국가직 9급   2019년 국가직 7급
2019년 지방직 9급   2019년 경찰간부후보생

1. 통일 신라의 경제 정책

(1) **수취 체제**: 조세(생산량의 1/10 징수), 공물(촌락 단위로 특산물 징수), 역(16~60세 남자 대상, 군역과 요역 부과)

(2) **신라 촌락 문서**(신라 장적, 민정 문서)

발견	1933년 일본 도다이사(동대사) 쇼소인(정창원)에서 발견
문서 작성	촌주(지방관 x, 토착 세력 ○)가 매년 변동 사항을 조사하여 3년마다 작성
조사 대상	서원경(지금의 청주) 부근 4개 촌락의 호(戶) 수, 인구 수, 소·말의 수, 뽕·잣·호두나무 수, 토지 종류와 총면적(토지의 증감은 기록 x) 기록
토지 종류	촌주위답(촌주가 역의 대가로 지급받은 토지), 내시령답(내시령이라는 관리에게 지급된 일종의 관료전), 연수유전답(정전과 같은 성격의 토지), 관모전답(관청 운영 경비를 충당하기 위해 지급된 토지), 마전(촌락 공동 경작 토지)
기준	· 사람(人)은 남녀를 각각 연령에 따라 6등급으로 나누어 조사 · 호(戶)는 사람의 많고 적음에 따라 9등급으로 나누어 조사

확장개념

📍 **신라 촌락 문서의 호(戶)**
· 등급 기준: 사람의 많고 적음에 따라 호구의 등급을 나누었다는 학설이 지배적이기는 하나 최근에는 재산(토지)의 다과(多寡)에 따라 구분하였다는 의견도 설득력을 얻고 있다.
· 가호 구분: 가호는 공연과 계연으로 구분하여 표시하였다.

공연(孔烟)	상상연에서 하하연까지 9등급으로 표시된 등급 호
계연(計烟)	각 등급 호에 특정한 수를 곱한 후 촌 단위로 합쳐 산출된 '계산된 호'

(3) 토지 제도의 변화

① 관료전 지급(신문왕, 687), 녹읍 폐지(신문왕, 689): 수조권만을 인정하는 관료전을 지급하는 한편 녹읍을 폐지하여 국가의 토지 지배권과 왕권을 강화하였다.

② 정전 지급(성덕왕, 722): 백성에게 정전을 지급하여 국가의 토지 지배권을 강화하였다.

③ 녹읍 부활(경덕왕, 757): 귀족들의 반발로 녹읍이 부활하였다.

2. 통일 신라의 경제 활동

(1) 시장 설치: 농업 생산량 향상으로 경주의 인구 증가, 상품 생산의 증가 → 동시 외에 서시·남시와 감독 기관인 서시전·남시전을 추가로 설치(695, 효소왕)

(2) 대외 무역의 발달

대당 무역	· 통일 후 무역 번성, 공무역(사신)과 사무역(상인) 발달 · 산둥 반도와 양쯔강 하류 일대에 신라방(집단 거류지), 신라관(여관), 신라원(사원), 신라소(자치 행정 기구) 설치 · 명주, 베, 인삼 등을 수출하고, 비단, 책, 사치품 등을 수입
무역로·무역항 발달	· 대당 무역로: 전남 영암~상하이, 경기 남양만(당항성)~산둥 반도 · 국제 무역항: 울산항 번성(이슬람 상인까지 왕래)
대일 무역	8세기 이후 이전에 비해 무역 활동이 활발해짐, 일본은 쓰시마 섬(대마도)에 신라 역어소를 설치하여 통역관 양성

3. 통일 신라의 경제 생활

귀족	· 경제 기반: 식읍과 녹읍을 통하여 농민 지배, 조세와 공물 징수 · 호화 별장(금입택 소유), 사치품 사용(당과 아라비아에서 수입한 비단·양탄자 등)
농민	시비법의 미발달로 휴경이 일상화, 과중한 지대 및 조세 부담
향·부곡민	대체로 농민과 비슷한 생활을 하였으나, 농민보다 더 많은 공납(공물) 부담
노비	왕실·관청 등에 소속되어 각종 필수품 제작, 주인의 농장 관리 및 토지 경작

기출문장으로 출제 키워드 점검

01 신라 촌락 문서는 토착 세력인 (　　)가 변동 사항을 조사하여 (　　)마다 작성하였다.

02 신라 촌락 문서에서 호는 (　　)등급으로, 인구는 연령에 따라 (　　)등급으로 나누었으며 성별도 구별하였다.

03 신문왕은 중앙과 지방 관리들의 (　　)을 폐지하고 해마다 조를 차등 있게 주었으며 이를 일정한 법으로 삼았다.

04 성덕왕 대에 백성에게 (　　)을 처음으로 지급하였다.

05 삼국 통일 후 인구 증가와 상품 생산의 확대에 따라 경주에 (　　)와 (　　)가 설치되었다.

06 통일 신라의 귀족들은 (　　)·전장 등을 경제적 기반으로 하였다.

[답]
01 촌주, 3년　02 9, 6　03 녹읍　04 정전
05 서시, 남시　06 식읍

---

03 발해의 경제 정책과 활동

1. 발해의 수취 제도

조세(조·보리·콩 징수), 공물(특산물 징수), 부역(궁궐·관청 등에 농민 동원) 등이 있었다.

2. 발해의 경제 활동

농업	밭농사(조·보리·콩 재배) 위주, 일부 지역에서는 벼농사 실시
수공업	금속 가공업(금, 은, 구리)·직물업(삼베, 명주, 비단)·도자기업 발달
상업	수도인 상경 용천부 등 도시와 교통 요충지에서 상업 발달
목축과 수렵	돼지·소·말·양 등을 사육, 모피 등 생산(솔빈부의 말은 주요 수출품)

3. 발해의 대외 무역

대당 무역	· 해로와 육로 무역 전개(서경 압록부를 중심으로 한 조공도) · 8세기 후반 산둥 반도 덩저우에 발해관 설치 · 모피·인삼·말 등 토산물, 불상·자기 등 수공업품을 수출, 비단, 책 등을 수입
대일 무역	일본도를 통해 한번에 수백 명씩 일본에 왕래
신라와의 교류	동경에서 남경을 거쳐 동해안에 이르는 신라도를 이용하여 신라와 교류

확장개념

ⓥ 발해의 무역로
· 조공도(압록도): 상경 → 서경 압록부 → 황해 경유 → 당나라 덩저우 → 당나라 수도 장안
· 영주도: 상경 → 발해 장령부(길림성) → 당나라 영주 → 당나라 수도 장안
· 거란도: 상경 → 숭령 → 발해 부여부 → 거란의 수도 임황
· 일본도: 상경 → 동경 용원부 → 크라스키노 발해성(러시아 연해주로 추정) → 동해 경유 → 일본의 후쿠라 항구 → 일본의 수도 나라
· 신라도: 상경 → 동경 용원부 → 남경 남해부(함경도) → 동해 또는 동해안 → 신라의 수도 서라벌

기출문장으로 출제 키워드 점검

01 발해는 당으로부터 (　　), 서적 등을 수입하고, (　　)과 자기 등을 수출하였다.

[답]
01 비단, 말

01 2020년 경찰직 1차

한국 고대 국가의 경제에 대한 설명 중 가장 적절하지 않은 것은?

① 삼국 시대에는 개인 소유의 토지가 사실상 존재했으며 일반 백성은 이를 경작하거나 남의 토지를 빌려 경작하기도 했다.

② 통일 신라에는 녹비법, 퇴비법 등의 시비법이 발달하고 윤작법이 보급되어 생산력이 증가하였다.

③ 삼국 시대에는 점차 국가 체제가 정비되면서 관청을 두고 여기에 수공업자를 배정하여 무기나 비단 등 필요한 물품을 생산하였다.

④ 삼국 통일 후 인구 증가와 상품 생산의 확대에 따라 경주에 서시와 남시가 설치되었다.

02 2017년 지방직 9급(12월 시행)

'신라 촌락(민정) 문서'를 통해서 알 수 있는 내용으로 옳지 않은 것은?

① 인구를 중시하여 소아의 수까지 파악했다.

② 내시령과 같은 관료에게 토지가 지급되었다.

③ 촌락의 경제력을 파악할 때 유실수의 상황을 반영했다.

④ 촌락을 통제하기 위해서 지방관으로 촌주가 파견되었다.

03 2019년 국가직 9급

(가) 시기의 경제 상황에 대한 설명으로 옳은 것은?

		(가)		

국호 '신라' 확정 → 9주 5소경 설치 → 대공의 난 발발 → 독서삼품과 실시

① 백성에게 정전을 처음으로 지급하였다.

② 시장을 감독하는 관청인 동시전을 신설하였다.

③ 백성의 구휼을 위하여 진대법을 제정하였다.

④ 청주(菁州)의 거로현을 국학생의 녹읍으로 삼았다.

04 2018년 지방교행직

(가)에 대한 설명으로 옳은 것은?

- 경덕왕 16년, 내외 관료의 월봉을 없애고 다시 [(가)] 을/를 내려주었다. - 『삼국사기』
- 왕건이 예산진(禮山鎭)에 행차하여 이르기를, "지난날 신라의 정치가 쇠퇴하자 도적 무리가 다투어 일어나 백성은 흩어지고 들판에는 해골이 나뒹굴었다. …(중략)… 공경(公卿)이나 장상(將相)은 내가 백성을 자식처럼 사랑하는 마음을 헤아려 너희 [(가)] 에 소속되어 있는 백성을 불쌍히 여겨야 한다."라고 하였다. - 『고려사』

① 경기(京畿)에 한정하여 지급되었다.

② 토지 비옥도에 따라 6등급으로 구분되었다.

③ 지역을 단위로 설정되어 수취가 허용되었다.

④ 18등급으로 나누어 지급되었으며 전지와 시지로 구성되었다.

05 2018년 서울시 9급(6월 시행)

<보기>의 통일 신라 시대의 경제 제도를 시간 순으로 바르게 나열한 것은?

보기

㉠ 중앙과 지방의 여러 관리에게 매달 주던 녹봉을 없애고 다시 녹읍을 주었다.

㉡ 중앙과 지방 관리들의 녹읍을 폐지하고 해마다 조(租)를 차등 있게 주었으며 이를 일정한 법으로 삼았다.

㉢ 처음으로 백성들에게 정전(丁田)을 지급하였다.

㉣ 교서를 내려 문무 관료들에게 토지를 차등 있게 주었다.

① ㉡ → ㉠ → ㉣ → ㉢

② ㉡ → ㉣ → ㉠ → ㉢

③ ㉣ → ㉢ → ㉡ → ㉠

④ ㉣ → ㉡ → ㉢ → ㉠

06 2017년 사회복지직 9급

다음 중 통일 신라 시대의 사회와 경제 관련 내용으로 가장 옳지 않은 것은?

① 신문왕은 관료전을 지급하고 녹읍을 폐지하였다.

② 성덕왕 대에는 일반 백성들에게 정전을 지급하였다.

③ 헌강왕 대에 녹읍이 부활되고, 경덕왕 대에 관료전이 폐지되었다.

④ 일본 정창원에서 발견된 신라 촌락 문서는 서원경 부근의 4개 촌락을 대상으로 한 것이다.

08 2017년 지방직 9급(6월 시행)

다음 밑줄 친 '대사'에 대한 내용으로 옳지 않은 것은?

> 이 엔닌은 대사의 어진 덕을 입었기에 삼가 우러러 뵙지 않을 수 없습니다. 저는 이미 뜻한 바를 이루기 위해 당나라에 머물러 왔습니다. 부족한 이 사람은 다행히도 대사께서 발원하신 적산원(赤山院)에 머물 수 있었던 것에 대해 감경(感慶)한 마음을 달리 비교해 말씀드리기가 어렵습니다.
> – 『입당구법순례행기』

① 법화원을 건립하고 이를 지원하였다.

② 당나라에 가서 서주 무령군 소장이 되었다.

③ 회역사, 견당매물사 등의 교역 사절을 파견하였다.

④ 웅주를 근거지로 반란을 일으켜 장안(長安)이라는 나라를 세웠다.

07 2014년 경찰직 1차

다음 중 삼국 시대와 통일 신라 시대 경제에 대한 설명 중 가장 적절하지 않은 것은?

① 삼국은 전쟁에서 공을 세운 사람에게 일정 지역의 토지와 농민을 식읍으로 주었다.

② 통일 신라 민정 문서는 남녀 인구 수와 소·말의 수, 토지 면적 등을 조사하여 3년마다 작성되었다.

③ 신라에서는 4~5세기를 지나면서 철제 농기구가 점차 보급되었다.

④ 삼국 시대에는 농업 생산력이 발달하여 수도뿐 아니라 농촌 각지에서도 시장이 번성하였다.

09 2014년 방재안전직 9급

남북국 시대의 경제에 대한 설명으로 옳지 않은 것은?

① 발해의 수취 제도는 조세, 공물, 요역 등으로 구분할 수 있다.

② 발해는 당으로부터 비단, 서적 등을 수입하고, 말과 자기 등을 수출하였다.

③ 삼국 통일 후 비약적인 경제 발전으로 신라의 수도 경주에 처음으로 시장이 설치되었다.

④ 삼국 통일 후에도 신라에서는 시비법이 발달하지 못하여 같은 토지를 해마다 경작할 수 없었다.

정답 및 해설 p. 275

02 고려의 경제

압축개념
01 고려의 경제 정책

최근 7개년 1회 출제!
2022년 국가직 9급

1. 농업 중심의 산업 발전

(1) **중농 정책**: 개간한 땅에 대해 소작료를 일정 기간 면제하여 개간을 장려하였고, 농번기에는 잡역 동원을 금지하였다.

(2) **농민 안정책**: 재해 시 세금을 감면해 주고, 고리대의 이자를 제한하였으며, 의창을 설치하는 등 농민 안정책을 더욱 강화하였다.

2. 국가 재정의 운영 및 수취 제도

(1) **국가 재정의 운영**

재정 운영 관청	· 호부: 양안(토지 장부)과 호적(호구 장부) 작성, 정부는 양안·호적을 토대로 인구와 토지를 파악·관리하고 조세·공물·부역 등을 부과 · 삼사: 화폐와 곡식 출납에 대한 재정과 회계를 담당, 그러나 실제 조세 수취와 집행은 각 관청의 향리가 담당
재정 지출	관리의 녹봉, 국방비, 왕실 경비 등에 세금 사용

(2) **수취 제도**

조세 (전세)	· 토지 비옥도에 따라 3등급(상·중·하)으로 나누어 부과(차등 징수) · 생산량의 1/10 징수(민전) · 거둔 조세는 조창까지 옮긴 다음 조운을 통해 개경의 경창으로 운반
공물 (가구세)	· 집집마다 특산물 징수(인정의 다과에 따라 9등호로 나누어 징수) · 조세보다 더 큰 부담, 상공(정기 납부)과 별공(수시 납부)이 있음
역 (인두세)	· 16~60세 정남 대상(인정의 다과에 따라 9등호로 나누어 징발) · 군역(병역)과 요역(일반 노동력 제공)의 형태로 노동력을 무상으로 동원
잡세	어량세 및 어염세(어민), 상세(상인) 등을 징수

확장개념

📍 **고려의 조운 제도**
· 각 지방의 조창에서 경창(개경의 좌·우창)까지의 운반은 조창민을 동원함
· 경기를 제외한 남부 5도의 조세 운반은 대개 해운이나 수운을 이용하였으며, 보통 2~5월에 이루어짐
· 양계의 조세는 국방비 등 자체 경비로 사용하도록 함

기출문장으로 출제 키워드 점검

01 고려 시대에 조는 토지를 논과 밭으로 나누어 (　　　)에 따라 (　　　)으로 나누어 부과하였다.

02 고려 시대에 (　　　)에서는 조세를 현지 경비로 사용하였다.

03 고려 시대의 조운 제도에 따라 조창에서 개경까지의 운반은 (　　　)이 담당하였다.

04 고려 시대의 공물에는 매년 내야 하는 (　　　)과 수시로 거두는 (　　　)이 있었다.

[답]
01 비옥도, 3등급 02 양계 03 조창민 04 상공, 별공

압축개념
02 고려의 전시과 제도

빈출

최근 7개년 8회 출제!
2021년 법원직 9급　　2020년 경찰직 1차
2020년 소방직　　　　2020년 법원직 9급
2019년 국가직 9급　　2019년 서울시 9급(2월)
2019년 경찰간부후보생　2019년 법원직 9급

1. 전시과 제도의 성립과 변천

(1) **대상**: 문무 관리로부터 군인·한인에 이르기까지 18등급으로 나누어 전지(농경지)와 시지(땔감을 얻을 수 있는 땅)를 지급하였다.

(2) **특징**

① **수조권만 지급**: 토지의 소유권이 아닌 수조권(세금을 거둘 수 있는 권리)을 지급하였다.

② **전국적 토지 분급**: 양계 지방을 제외한 전국의 토지를 대상으로 분급하였다.

③ **세습 불가의 원칙**: 퇴직이나 사망 시 국가에 반납하는 것이 원칙이었지만, 점차 직역과 함께 토지를 세습하는 경우가 많아졌다.

확장개념

📍 **시지**
대개 개경에서 가까운 지역으로 하루나 이틀 거리에 있는 야산을 지급받았다.

(3) **정비 과정**: 시간이 지날수록 토지 지급 대상이 축소되고, 지급 액수가 감소하였다.

토지 제도	시기	지급 대상	특징
역분전	태조	후삼국 통일의 공신	· 인품과 공로에 따라 지급 · 전시과 제도의 모체
시정 전시과	경종 (976)	전·현직 관리	· 관품과 함께 인품을 반영하여 지급 · 4색 공복(자·단·비·녹)에 따라 등급을 나누고, 다시 문반·무반·잡업 등으로 나누어 지급
개정 전시과	목종 (998)	전·현직 관리	· 인품을 배제하고 관직만 고려하여 지급 · 문관 우대, 한외과(18과에 들지 못한 관리에게 지급) 제도화, 군인전이 규정됨 · 토지 지급량 축소: 퇴직자인 산관은 현직자에 비해 분급량이 감소하였고, 16과 이하로는 시지가 지급되지 않음
경정 전시과	문종 (1076)	현직 관리	· 산직이 전시의 지급 대상에서 배제됨 · 15과 이하로는 시지가 지급되지 않음 · 공음전, 한인전, 구분전 규정 정비 · 무관 차별 완화, 별정 전시과 정비, 한외과 폐지, 전시과와 별도로 녹봉제를 정비함

(4) **토지 종류**

구분	종류	특징	
공전 (公田)	공해전	중앙과 지방의 각 관청에 지급하여 경비를 충당하게 함	
	둔전	군대에 지급(군인 개개인 ×)하여 군대의 경비 충당	
	학전	국자감과 향교의 경비를 충당	
사전 (私田)	내장전	왕실의 경비를 충당	
	공음전	5품 이상의 관리에게 지급	영업전 (세습 가능한 토지)
	공신전	공을 세운 관리에게 지급	
	군인전	중앙군(2군 6위)의 직업 군인에게 지급	
	외역전	지방 향리에게 지급	
	과전	문무 관리에게 지급	
	구분전	하급 관리와 군인의 유가족에게 지급	
	별사전	법계를 지닌 승려와 지리업 종사자에게 지급	
	한인전	6품 이하 하급 관리의 자제 중 관직에 오르지 못한 자에게 지급	
	사원전	사원에 지급(면세·면역 특권)	

2. 전시과 제도의 붕괴와 과전법의 시행

(1) **전시과 제도의 붕괴**

① **귀족의 토지 독점**: 무신 집권기를 거치면서 귀족들이 토지를 독점·세습하는 경향이 커졌고, 이로 인해 분배 가능한 토지와 조세 수취 대상이 되는 토지가 감소하였다. 이에 12세기 무렵부터 전시과 제도가 붕괴되었고 국가 재정이 파탄에 이르렀다.

② **녹과전 지급(고종·원종)**: 관리에게 녹봉조차 제대로 지급하지 못하는 상황이 오자, 현직 관료를 위주로 경기 8현의 토지를 녹과전으로(수조권) 지급하였다.

(2) **과전법의 시행(공양왕, 1391)**

목적	국가 재정 기반 확충, 신진 사대부 세력의 경제적 기반 확보
내용	· 정도전, 조준 등 혁명파 사대부 주도 하에 급전도감을 통해 개혁 단행 · 전·현직 관리에게 경기 지방에 한정하여 전지만 지급(수조권 재분배)

기출문장으로 출제 키워드 점검

01 (   )은 고려의 건국 과정에서 충성도와 공로에 따라 차등 지급되었다.

02 경종 때 만들어진 전시과 제도는 (   ) 관리를 대상으로 전지와 시지를 지급하였다.

03 시정 전시과는 (   )을 기준으로 등급을 나누었다.

04 고려 전시과에서는 5품 이상의 관료에게 (   )을 지급하였고 자손에게 (   )할 수 있었다.

05 문종 때 시행된 전시과에서는 지급 대상을 (   ) 관리로 제한하였다.

06 고려 (   ) 때 시행된 경정 전시과에서 (   )에 대한 차별 대우가 시정되었다.

[답]
01 역분전 02 전·현직 03 4색 공복 04 공음전, 세습
05 현직 06 문종, 무관

03 고려 귀족과 양민의 경제 활동

1. 귀족의 경제 생활

경제 기반	상속받은 노비와 토지, 식읍(왕실이나 공신), 과전(생산량의 1/10 수조), 녹봉(1년에 2번씩 곡식 또는 비단으로 받음), 외거 노비의 신공 수취(곡식, 베, 노동력)
농장 경영	토지 약탈, 사패, 개간 등을 통해 토지를 확대하여 농장 경영

2. 양민의 경제 생활

(1) 경제 기반: 민전을 소유하거나, 국·공유지나 다른 사람의 소유지를 경작하였다. 또한 가내 수공업(삼베, 모시, 비단 생산)을 통해 생계를 유지하였으며, 진전(황폐해진 경작지)이나 황무지를 개간하였을 경우, 국가에서 일정 기간 소작료나 조세를 감면해 주었다.

(2) 농업 기술의 발달

농기구·종자 개량	호미와 보습 등의 농기구와 종자 개량
심경법의 일반화	소를 이용한 깊이갈이의 일반화로 휴경 기간 단축, 생산력 증대
시비법 발달	녹비법(콩·작물을 심은 뒤 갈아엎어 비료로 사용) + 퇴비법(동물의 배설물을 비료로 이용)을 사용하는 시비법이 발달 → 휴경지가 현저히 감소함, 그러나 완전한 농경의 상경화 ×
윤작법 실시	2년 3작의 윤작법(조, 콩, 보리를 2년 동안 돌려가며 재배) 시작·보급(일반화 ×) → 고려 후기~조선 전기에 널리 보급됨
이앙법 실시	비가 많이 오는 남부 지방 일부에 이앙법(모내기법) 실시 → 이앙법은 조선 후기에 이르러 전국적으로 보급됨
목화 전래	공민왕 때 문익점이 원에서 목화씨를 들여옴, 정천익(문익점의 장인)이 재배에 성공하여 기술 보급 → 의생활 변화
농서 보급	『농상집요』(충정왕 때 이암이 원에서 들여온 농서, 원의 화북 지방 농법 소개)

(3) 수공업 활동

전기	·관청 수공업: 중앙과 지방의 관청에서 기술자를 공장안(기술자 명단 장부)에 등록하여 국가에서 필요로 하는 물품 생산 ·소(所) 수공업: 광산물(금·은·철)·옷감·종이 등을 생산하여 공물로 납부
후기	·민간 수공업: 농촌의 가내 수공업 중심, 삼베·모시·비단 등 생산 ·사원 수공업: 승려들이 제지·직포 활동, 베·모시·술·소금 등 생산

사패
· 사패: 일종의 토지 수여 증서이자 개간 허가서
· 사패전: 사패를 통해 지급한 토지의 종류로, 세습이 가능하고 국가에 조세를 납부하지 않았으므로, 국가 재정을 악화시키는 원인이 됨

종류	특징
공신 사패전	공신전의 일종으로 개간된 토지를 지급
개간 사패전	원 간섭기에 몽골과의 전쟁으로 황폐해진 토지를 개간하기 위해 지급됨 → 권문세족의 토지 탈점에 악용됨 → 대농장 형성

농민의 조세 및 지대(소작료) 납부
· 자영농: 국가 혹은 수조권자에게 1/10 조세 납부
· 국유지 소작농: 국가에 1/4 지대 납부
· 사유지 소작농: 지주에게 1/2 지대 납부

기출문장으로 출제 키워드 점검

01 고려의 권세가들은 대규모 (   )에 참여하였고 (   )를 받아 토지를 확대하기도 하였다.

02 고려에서는 2년 3작의 (   )이 점차 보급되었다.

03 고려 충정왕 때 이암에 의해 원의 (   )가 소개되었다.

04 고려 시대의 수공업은 (   ) 수공업, (   ) 수공업, 사원 수공업, 민간 수공업으로 구분할 수 있다.

[답]
01 개간, 사패 02 윤작법 03 농상집요 04 관청, 소(所)

---

04 고려의 상업 활동과 무역 활동

1. 상업 활동

전기	·도시
	  – 개경, 서경 등에 시전 설치(관청·귀족이 주로 이용), 경시서 설치(상행위 감독)
	  – 관영 상점 설치: 개경·서경·동경 등 대도시에 서적점·약점·주점·다점 등을 설치
	·지방: 관아 근처에서 시장을 형성하여 일상에 필요한 쌀·베 등의 물품 거래, 행상이 지방 시장을 돌아다니며 물품 판매, 사원이 상업 활동 전개

후기	·개경의 인구가 증가하면서 시전의 규모가 확대되고 전문화됨 ·벽란도(예성강 하구)와 같은 항구 상업 발달, 원(국립 여관)의 발달 ·소금 전매제 실시(각염법, 충선왕), 관청·관리·사원 등이 상업 활동에 개입

2. 화폐 주조와 고리대의 성행

(1) **화폐 주조**: 상업 활동이 활발해지면서 고려 정부가 화폐 유통에 관심을 가졌고, 이에 따라 국가의 재정 확보와 경제 활동을 통제할 목적으로 화폐를 주조하기 시작하였다.

① **발행 종류**

화폐	제작 시기	특징
건원중보	성종(996)	· 최초의 화폐로 널리 유통되지 못함 · 철전과 동전의 두 종류가 있음
은병(활구)	숙종(1101)	의천의 건의를 계기로 주조, 은 1근으로 만든 고액 화폐
해동통보	숙종(1102)	
삼한통보	숙종(1102)	주전도감에서 주조된 동전, 널리 유통되지 못함
동국통보	숙종(1102)	
해동중보	숙종(1103)	
쇄은	충렬왕(1287)	잘게 부서진 은으로, 은을 무게로 달아 사용
소은병	충혜왕(1331)	저품질 은병의 폐단을 바로잡기 위해 발행
저화	공양왕(1391)	원 간섭기에 유통된 원의 화폐(보초)를 모방하여 만든 지폐로, 제대로 유통되지 못함

② **한계**: 농민들은 농업 중심의 자급자족적 경제 활동으로 화폐의 필요성을 거의 느끼지 못했으며, 귀족들의 반발로 화폐 유통이 부진하였다.

(2) **고리대의 성행**

① **재산 축적 수단으로 활용**: 고리대는 왕실, 귀족, 사원의 재산 축적 수단으로 활용(장생고 운영)되어 농민의 몰락을 야기하였다. 농민들은 높은 이자로 돈을 빌렸다가 갚지 못하면 토지를 빼앗기거나 노비가 되었다.

② **고리대 이자 제한**: 경종 때 정한 이자율은 연 1/3이었고, 성종은 이자가 원금 액수를 넘지 못하도록 하였다.

(3) **보의 출현**: 일정 기금을 만들어 그 이자를 공적인 사업의 경비로 충당하기 위해 각종 보가 출현하였다. 그러나 보가 오히려 이자 취득에만 급급하여 고리대로 변질되면서 농민들의 생활에 폐해를 끼쳤다.

3. 무역 활동

(1) **특징**: 사무역이 쇠퇴하고 공무역이 중심이 되었으며, 대외 무역이 발달하여 벽란도가 국제 무역항으로 번성하였다.

(2) **대송 무역 중심**: 조공 무역의 형태로, 고려의 대외 무역 중 가장 큰 비중을 차지하였다.

무역로	· 북로: 벽란도 → 옹진(장산곶) → 산둥 반도 → 덩저우 · 남로: 벽란도 → 군산도·흑산도 → 양쯔강의 밍저우
무역품	· 수입품: 비단, 서적, 약재 등 왕실과 귀족의 수요품 수입 · 수출품: 금, 은, 인삼, 종이, 붓, 먹 등 수공업품과 토산물 수출

(3) **여진·거란과의 무역**: 주로 모피, 은, 말 등을 수입하고 농기구, 식량 등을 수출하였다.

(4) **대일 무역**: 11세기 후반부터 왕래하였으나 교역량은 많지 않았다. 금주(김해)를 통해 교역하였으며, 유황, 수은 등을 수입하고 곡식, 인삼, 서적 등을 수출하였다.

(5) **아라비아(대식국)와의 무역**: 벽란도를 통해 무역하였으며, 수은, 향료, 산호 등을 수입하고 금, 비단 등을 수출하였다. 아라비아 상인들을 통해 고려(Corea)라는 이름이 서방 세계에 알려지게 되었다.

(6) **원 간섭기의 무역**: 공무역과 함께 사무역이 다시 활발해졌는데, 이때 상인들이 독자적으로 원과 교류하면서 금·은·소·말 등이 지나치게 유출되어 사회적 혼란이 야기되었다.

확장개념

♀ 건원중보
원래 중국 당의 화폐로, 고려에서 같은 이름을 사용한 것이다. 중국의 것과 구별하기 위해 뒷면에 동국(東國)이라는 글자를 새겨 넣었다.

♀ 은병(활구)
우리나라의 지형을 본떠서 제작한 것이다. 은병 1개의 가치는 포 100여 필과 같았으며 지배층을 중심으로 유통되었다.

♀ 원의 보초
원 간섭기에 원의 지폐인 보초(지원보초 등)가 고려에 유입되어 유통되었다.

♀ 장생고
· 고려 시대 사찰 운영을 위해 사원에 설치된 일종의 서민 금융 기관
· 이자 수입으로 사원 경영과 빈민 구제 사업에 쓴다는 것이 명분이었으나, 후에 고리대금 고로 변해 불교계의 타락과 부패 초래

♀ 시대별 국제 무역항
· 신라: 당항성과 울산항
· 고려: 벽란도
· 조선: 부산포, 제포, 염포

기출문장으로 출제 키워드 점검

01 고려에서는 대도시에 주점, 다점 등의 (　　　　)을 두었다.

02 고려 (　　) 대에 의천의 건의로 만들어진 (　　)은 고액 화폐로 사용되었다.

03 고려에서는 기금의 이자로 공적인 사업 경비를 충당하는 각종 (　)가 출현하였다.

04 고려 시대에 예성강 입구의 (　　　　)는 국제 무역항으로 번성하였으며, 송나라 상인뿐만 아니라 (　　　　) 상인까지 왕래하였다.

[답]
01 관영 상점　02 숙종, 은병(활구)　03 보
04 벽란도, 아라비아

01 2019년 국가직 9급

(가) 토지 제도에 대한 설명으로 옳은 것은?

> 비로소 직관(職官)·산관(散官) 각 품(品)의 ☐(가)☐ 을/를 제정하였는데, 관품의 높고 낮은 것은 논하지 않고 다만 인품만 가지고 그 등급을 결정하였다.
> – 『고려사』

① 4색 공복을 기준으로 문반, 무반, 잡업으로 나누어 지급 결수를 정하였다.

② 산관이 지급 대상에서 제외되었으며 무반의 차별 대우가 개선되었다.

③ 전임 관료와 현임 관료를 대상으로 경기 지방에 한하여 지급하였다.

④ 고려의 건국 과정에서 충성도와 공로에 따라 차등 지급되었다.

02 2015년 지방직 9급

(가)~(다) 전시과에 대한 설명으로 옳은 것을 <보기>에서 모두 고른 것은?

과		1	2	3	4	5	6	7	8	9	10	11	12	13	14	15	16	17	18
(가)	전지	110	105	100	95	90	85	80	75	70	65	60	55	50	45	42	39	36	32
	시지	110	105	100	95	90	85	80	75	70	65	60	55	50	45	40	35	30	25
(나)	전지	100	95	90	85	80	75	70	65	60	55	50	45	40	35	30	27	23	20
	시지	70	65	60	55	50	45	40	35	33	30	25	22	20	15	10			
(다)	전지	100	90	85	80	75	70	65	60	55	50	45	40	35	30	25	22	20	17
	시지	50	45	40	35	30	27	24	21	18	15	12	10	5	8				

지급액수(결)

– 『고려사』 식화지

보기

㉠ (가) - 관품과 함께 인품도 고려되었다.

㉡ (나) - 한외과가 소멸되었다.

㉢ (다) - 승인과 지리업에게 별사전이 지급되었다.

㉣ (가)~(다) - 경기 8현에 한하여 지급되었다.

① ㉠, ㉡   ② ㉠, ㉢

③ ㉡, ㉢   ④ ㉢, ㉣

03 2020년 법원직 9급

고려 시대 (가)~(라)의 토지 제도가 시행된 순서대로 바르게 정리한 것은?

> (가) 관등과 인품을 기준으로 지급하였다.
> (나) 현직 관리만을 대상으로 지급하였다.
> (다) 공신의 공로에 따라 차등 지급하였다.
> (라) 관등에 따라 18등급으로 구분하여 지급하였다.

① (가) → (나) → (다) → (라)

② (나) → (가) → (라) → (다)

③ (다) → (가) → (라) → (나)

④ (라) → (다) → (나) → (가)

04 2018년 서울시 7급(6월 시행)

<보기> 자료의 정책을 시행한 국왕이 발행한 화폐로 가장 옳은 것은?

> **보기**
> 주전도감에서 아뢰기를, "나라 사람들이 비로소 전폐(錢幣) 사용의 이로움을 알아 편리하게 되었으니 바라건대 종묘에 고하소서." 라고 하였다. 이 해에 또한 은병을 사용하여 화폐로 삼았는데, 그 제도는 은 1근으로 만들고, 형상은 우리나라 지형으로 하였으며, 속칭 활구라고 하였다.

① 건원중보   ② 상평통보

③ 조선통보   ④ 해동통보

05 2018년 서울시 9급(6월 시행)

고려 시대의 경제 생활에 대한 설명으로 옳은 것을 <보기>에서 모두 고른 것은?

보기
㉠ 성종은 건원중보를 만들어 전국적으로 사용하게 하려 했으나 성공하지 못하였다.
㉡ 고려 후기 관청 수공업이 쇠퇴하면서 민간 수공업이 발달하였다.
㉢ 예성강 어귀의 벽란도는 고려의 국제 무역항이었다.
㉣ 원 간섭기에는 원의 지폐인 보초가 들어와 유통되기도 하였다.

① ㉠, ㉡, ㉢   ② ㉠, ㉢, ㉣
③ ㉡, ㉢, ㉣   ④ ㉠, ㉡, ㉢, ㉣

06 2015년 기상직 9급

다음 자료와 같은 시대의 경제 활동에 대한 설명으로 옳은 것은?

왕이 옛 법제에 따라 조서를 내리어 삼한통보, 삼한중보, 해동중보를 주조하게 하였다. 수년 동안 만든 돈 꿰미가 창고에 가득 찼고 쓰기에 편리하였다. 그리하여 대신들에게 축하연을 베풀 것을 명령하고 좋은 날을 택하여 통용시키었다.

① 담배, 인삼, 채소 등의 상품 작물을 널리 재배하였다.
② 물건을 사고 파는 상업적 거래 수단으로 면포를 널리 사용하였다.
③ 벽란도가 국제 무역항으로 번성하였다.
④ 빈민을 구제하기 위해 진대법을 실시하였다.

07 2017년 국가직 9급(10월 시행)

㉠~㉣에 대한 설명으로 옳지 않은 것은?

고려는 국가가 주도하여 산업을 재편하면서 ㉠경작지를 확대하고, ㉡상업과 수공업의 체제를 확립하여 안정된 경제 기반을 확보하였다. 또 ㉢수취 체제를 정비하면서 양전 사업을 실시하고 ㉣토지 제도를 정비하였다.

① ㉠ 농민이 황무지를 개간하면 일정 기간 소작료나 조세를 감면해 주었고, 여러 수리 시설도 개축하였다.
② ㉡ 개경에 시전을 만들어 관영 점포를 열었고, 소는 생산한 물품을 일정하게 공물로 납부하였다.
③ ㉢ 국초부터 군현 단위로 20년마다 양전을 실시하여 1/10의 조세를 거두었다.
④ ㉣ 경종 때의 전시과 제도는 문무 관리의 지위와 직역, 인품에 따라 전지와 시지를 지급하였다.

08 2013년 지방직 7급

고려 시대 경제에 대한 설명으로 옳은 것만을 모두 고른 것은?

㉠ 권세가들은 대규모 개간에 참여하였고 사패를 받아 토지를 확대하기도 하였다.
㉡ 농민은 민전을 경작하여 수확의 10분의 1을 세금으로 냈고, 역과 공부를 부담하였다.
㉢ 토지만이 아니라 인정에 대한 지배가 허용된 식읍이 왕실이나 공신들에게 수여되었다.
㉣ 왕실의 경비를 충당하기 위해 외역전과 내장전을, 관청의 경비를 위해 공해전을 두었다.

① ㉠, ㉡, ㉢   ② ㉠, ㉡, ㉣
③ ㉠, ㉢, ㉣   ④ ㉡, ㉢, ㉣

정답 및 해설 p. 276

03 조선 전기의 경제

최근 7개년 **5회 출제!**
2024년 서울시 9급(2월) 2023년 서울시 9급
2022년 법원직 9급 2019년 서울시 9급(2월)
2018년 서울시 7급(6월)

구분	과전법	직전법	관수 관급제	직전법 폐지
시기	공양왕(1391)	세조(1466)	성종(1470)	명종(1556)
배경	권문세족의 토지 겸병으로 재정 궁핍	경기도의 과전 부족 (관리들의 토지 세습)	관리의 농민에 대한 과도한 수취	수조권 지급의 유명 무실화
목적	신진 사대부의 경제적 기반 마련, 국가 재정 확충	토지 부족 보완	국가의 토지 지배권 강화	국가의 토지 지배권 강화
내용	경기 지역의 전지 지급, 전·현직 관리를 18과로 나누어 150결~10결까지의 수조권 지급, 세습 금지(예외적으로 수신전·휼양전 지급)	현직 관리에게만 수조권 지급, 수신전·휼양전 폐지 → 관리들의 토지 사유화, 수조권 남용	국가가 조세를 거둔 뒤 관리에게 나누어 줌 → 국가의 토지 지배력 강화, 관리들의 농장 확대 심화	관리들에게 녹봉만 지급(수조권 소멸) → 지주 전호제 일반화(농민 대부분이 소작농으로 전락)

확장개념

♀ 지주 전호제
토지 소유주인 지주와 이를 소작하는 전호(소작농)가 연결되어 나타나는 토지 소유 형태

기출문장으로 출제 키워드 점검

01 과전법 체제에서는 ( ), ( ) 을 죽은 관료의 가족에게 지급하였다.

02 ( ) 대에 과전법에서 직전법으로 바꾸어 ( ) 관리에게만 수조권을 지급하였다.

03 명종 때 ( )을 폐지하고 관리들에게 ( )만 지급하였다.

[답]
01 수신전, 휼양전 02 세조, 현직 03 직전법, 녹봉

1. 수취 제도의 확립

(1) **조세(전세)**: 토지에 부과하는 세금(쌀·콩) 징수

과전법 (건국 초)	· 수확량의 1/10 징수 원칙, 1결당 30두 징수(초과 ×) · 답험 손실법 시행: 풍흉에 따라 납부액 조정
공법(세종)	· 전분 6등법: 토지를 비옥도에 따라 6등급으로 구분 · 연분 9등법: 수확한 해의 풍흉의 정도에 따라 9등급(상상년~하하년)으로 구분 → 토지 1결당 최고 20두에서 최저 4두 징수

(2) **공납**: 토산물(특산물) 징수

징수 방법	중앙 관청에서 각 지역의 토산물을 조사하여 군현에 물품과 액수를 할당 → 군현은 각 가호(家戶)마다 이를 할당하여 징수
유형	상공(정기적 납부), 별공(부정기적 납부), 진상(각 도의 지방관이 국왕에게 상납)
폐단	빈부 격차를 고려하지 않음, 생산되지 않는 공물 강요, 전세보다 더 큰 부담

(3) **역**: 16~60세의 호적에 등재된 정남에게 부과

군역	· 보법: 정군(일정 기간 군사 복무), 보인(정군의 복무 비용 부담) · 면제 대상: 양반과 서리, 향리, 성균관 유생 등은 군역에서 면제
요역	· 초기: 가호를 기준으로 정남의 수를 고려하여 선발 · 성종 대: 토지 8결당 1인을 선발하여 동원, 1년에 6일 이내로 동원을 제한하였으나 실제로는 임의로 징발

시험 직전! 필수 암기

조선 시대의 조운 제도

특징	현물로 받은 지방의 조세를 서울까지 운반하기 위한 제도로, 호조에서 관할하였음
운송	· 조창에 조세를 임시 보관하였다가 서울의 경창으로 운송 · 전라도·충청도·황해도는 바다를 통해, 경상도는 강(낙동강, 남한강)을 통해 운송
잉류 지역	· 평안도·함경도: 군사비와 사신 접대비로 조세를 자체 소비 · 제주도: 조세를 자체 소비

확장개념

♀ 답험 손실법
'답험'은 한 해의 농업 상황을 직접 조사해 등급을 정하는 것이고, '손실법'은 조사 등급에 따라 적당 비율로 조세를 감면해 주는 것이다.

♀ 공법(세종)
세종 때 전세 제도의 개선을 위해 공법의 구체적인 논의로서 조정의 신하와 지방의 촌민에 이르기까지 17만 명의 의견을 묻고 전제상정소와 공법상정소를 설치하여 공법을 마련하였다.

2. 수취 제도의 변질

공납의 폐단	• 폐단: 공납 납부의 어려움 → 서리, 시전 상인들이 공납을 대신 내고 큰 대가를 챙기는 방납이 성행 → 유망 농민 급증 • 개선책: 조광조가 공안 개정과 수미법을 주장, 이이·유성룡 등도 수미법 주장
군역의 폐단	• 배경: 농민들이 요역을 기피하자 군인들을 각종 토목 공사에 동원(군역의 요역화) → 군인들도 군역을 기피하게 됨 • 폐단: 방군수포(관청이나 군대에 포를 내고 군역을 면제 받음)와 대립(다른 사람을 사서 군역을 대신하게 함)이 성행
환곡의 폐단	지방 수령과 향리들이 정한 이자(1/10)보다 많이 거두면서 고리대로 변질

기출문장으로 출제 키워드 점검

01 조선 세종 때에는 (　　)9등법과 (　　)6등법을 시행하여 조세 제도를 개편하였다.

02 조선 성종 때에는 경작하는 토지 (　　)결을 기준으로 한 사람씩 (　　)에 동원하도록 하였다.

[답]
01 연분, 전분　02 8, 요역

03 조선 전기 양반과 평민의 경제 활동

최근 7개년 **1회 출제!**
2023년 법원직 9급

1. 양반 지주의 생활

(1) 경제 기반: 과전, 녹봉, 자기 소유의 토지와 노비, 외거 노비의 신공 등으로 영위하였다.

(2) 농장 경영: 토지를 노비에게 경작시키거나, 병작반수의 소작 방식으로 농장을 경영하였다.

2. 농민의 생활

(1) 정부의 농민 보호책: 중농 정책을 실시하고(개간 장려, 각종 수리 시설 보수·확충), 농서를 간행하였다(세종 때 『농사직설』, 성종 때 『금양잡록』).

(2) 농업 기술의 발달

밭농사	조·보리·콩을 재배하는 2년 3작의 윤작법이 널리 보급됨(일반화)
논농사	일부 남부 지방에서는 이앙법(모내기법)의 보급으로 벼와 보리의 이모작 가능
상경화	시비법이 발달(녹비법이 널리 보급)하여 휴경지 소멸
기타	과수 및 목화 재배 확대, 농기구 개량, 저수 시설 확충

(3) 농민의 유망과 대책: 16세기 이후 지주제 확대, 자연재해, 고리대의 피해 등으로 소작농이 증가하고, 농민의 토지 이탈 현상이 심화되었다. 이에 정부에서는 『구황촬요』를 보급하고, 호패법·5가작통법 등을 통해 농민 통제를 강화하였다. 또한 지방 양반(지주)들은 향약을 시행하여 농촌 사회를 안정시키려 하였다.

3. 수공업 생산 활동

관영 수공업	• 장인(기술자)은 공장안에 등록되어 관청에서 필요한 물품 제작 • 16세기 이후 상공업 발달과 부역제의 해이로 관영 수공업 쇠퇴
민영 수공업	주로 농민을 상대로 농기구 제작, 양반 사치품 등도 생산
가내 수공업	농가에서 자급자족의 형태로 생활 필수품 제작, 면직물로 무명, 명주, 삼베, 모시 등이 생산됨(면직물을 물품 화폐처럼 사용함, 포화라고 불림)

4. 상업 활동

시전	• 왕실이나 관청에 물품을 공급하는 대신에 독점 판매권을 부여 받음 • 국가가 종로에 시전을 설치하여 장사를 허용, 육의전이 번성 • 경시서에서 불법 상행위를 감독하고 물가 조절(세조 때 평시서로 개편)
장시	15세기 후반에 전라도 지역에서 등장하였으며, 16세기 중엽 전국적으로 확대됨 (보부상의 활동)

시험 직전! 필수 암기

조선 시대의 장부
• 양안: 토지 장부(20년마다 작성)
• 호적: 호구 장부(3년마다 작성)
• 공안: 국가 재정 세입표
• 공장안: 장인 등록 장부(관영 수공업)

확장개념

♀『구황촬요』
명종 때 간행된 서적으로, 흉년에 대비한 구호 방법과 구황 방법 등이 담겨있는 책

♀ 공장안(장인 등록제)
관청에 등록된 장인들의 명부로 중앙의 경공장은 한성부에 등록하고, 지방의 외공장은 각 도의 병영이나 해당 관청에 등록하여 국가나 관청에서 필요한 물품을 제작하였다. 공장안에 등록된 장인들은 책임량을 초과한 생산품에 대해 세금을 내고 판매할 수 있었으며, 부역에 동원되는 기간 외에는 세금을 내고 사적으로 물건을 판매할 수 있었다.

기출문장으로 출제 키워드 점검

01 조선 전기 세종 때는 농업 기술을 발달시키기 위해 (　　　)이 간행되었다.

02 조선 전기에는 (　　　)도 발달하여 밑거름과 덧거름을 주게 되면서, 경작지를 묵히지 않고 계속해서 농사지을 수 있었다.

03 조선 전기에 (　　　)은 부역으로 동원되어 물품을 만들었다.

[답]
01 농사직설　02 시비법　03 장인(기술자)

필수 기출문제

01 2019년 서울시 9급(2월 시행)

조선 초기의 과전(科田)에 대한 설명 중 가장 옳은 것은?

① 과전은 성종 대까지 경기도에 한정되었다.
② 현직 관리에게 소유권과 수조권(收租權)을 부여하였다.
③ 전직 관리와 현직 관리에게 모두 수조권을 지급하였다.
④ 과전에 대해서 상속권을 인정해 주었다.

03 2017년 지방직 9급(6월 시행)

밑줄 친 제도에 대한 설명으로 옳은 것은?

> 국왕이 말했다. "나는 일찍부터 이 제도를 시행해 여러 해의 평균을 파악하고 답험(踏驗)의 폐단을 영원히 없애려고 해왔다. 신하들부터 백성까지 두루 물어보니 반대하는 사람은 적고 찬성하는 사람이 많았으므로 백성의 뜻도 알 수 있다."

① 토지의 비옥도에 따라 조세를 차등 징수하였다.
② 풍흉에 상관없이 1결당 4~6두를 조세로 징수하였다.
③ 토지 소유자에게 1결당 미곡 12두를 조세로 징수하였다.
④ 토지 소유자에게 수확량의 10분의 1을 조세로 징수하였다.

02 2017년 지방직 7급

다음 자료 이후에 나타난 사실로 옳은 것은?

> 대사헌 조준이 글을 올려 아뢰기를 "······ 근년에는 (토지를) 겸병하는 일이 더욱 심해져 간사하고 흉악한 무리의 토지가 주(州)에 걸치고 군(郡)을 포괄하며, 산천을 경계로 삼을 정도입니다. 1무(畝)의 주인이 5, 6명이나 되고 1년에 조세를 받는 횟수가 8, 9차에 이릅니다. 위로는 어분전(御分田)부터 종실·공신·조정·문무관의 토지, 외역·진·역·원·관의 토지와 백성들이 여러 대 동안 심은 뽕나무와 지은 집에 이르기까지 모두 빼앗아 차지하니 호소할 곳 없는 불쌍한 백성들이 사방으로 흩어져 떠돌아다닙니다."

① 전시과를 공포하여 전제 개혁을 단행하였다.
② 전제 개혁으로 신진 사대부들은 심각한 타격을 받았다.
③ 이성계에 반대하는 신하들에게는 토지를 분배하지 않았다.
④ 과전 지급 지역은 경기에 한정되었고, 지급 대상은 전직, 현직 관리였다.

04 2018년 경찰직 1차

조선 시대의 토지 제도에 대한 설명으로 가장 적절하지 않은 것은?

① 조선 성종 때 시행된 관수 관급제는 수조권자의 과다한 수취를 막기 위해 국가가 수조를 대행하는 제도이다.
② 조선 명종 때 직전법이 폐지됨에 따라 자영농의 숫자가 급속히 늘어나게 되었다.
③ 과전의 세습 등으로 관료에게 지급할 토지가 부족해지자 현직 관리에게만 토지를 지급하는 직전법을 시행하였다.
④ 과전법 체제에서는 관료가 사망한 이후 수신전과 휼양전이 죽은 관료의 가족에게 지급되기도 하였다.

Ⅲ. 경제사

해커스공무원 단권화 핵심정리 한국사

05 2018년 지방직 7급

다음은 고려·조선 시대 토지 제도의 폐단을 기술한 것이다. 이를 시정하기 위해 실시한 내용으로 옳은 것은?

> (가) 권문세족의 대토지 소유와 토지 겸병으로 국가 재정이 부족해졌다.
> (나) 수신전, 휼양전, 공신전 세습과 증가로 신진 관료에게 지급할 수조지가 부족해졌다.
> (다) 수조권을 받은 관료가 권한을 남용하여 과다하게 수취하는 일이 빈번하게 발생하였다.
> (라) 거듭되는 흉년과 왜구의 침입 등으로 국가 재정이 악화되어 직전이 유명무실해졌다.

① (가) - 권문세족이 겸병한 토지를 몰수하고, 전국 토지의 수조권을 관료에게 지급하였다.
② (나) - 공신전을 몰수하고 신진 관료에게 수조권 지급을 중지하였다.
③ (다) - 관료의 직접적인 수조권 행사를 금지하고 관청에서 수조권 행사를 대행하였다.
④ (라) - 관료에게 수조권과 함께 녹봉도 지급하였다.

07 2017년 국가직 7급(8월 시행)

다음은 조선 시대 어느 관원의 일기에서 발췌한 사실이다. 이와 관련된 내용으로 적절하지 않은 것은?

> · 1568년: 광흥창에서 쌀 7섬, 콩 7섬, 명주베 1필, 삼베 3필을 받아왔다.
> · 1568년: 쌀 4섬 5되와 베 10필, 콩 2섬으로 이형이라는 사람의 밭을 샀다.
> · 1569년: 노비 석정이 와서 올해 논의 총 수확이 모두 83섬이라고 말했다.
> · 1570년: 이효원이 찾아와 호조에 속한 공장(工匠)이 만들어 파는 충정관(沖靜冠)의 구입을 권하였다.

① 이 관원은 녹봉을 광흥창에 가서 받았다.
② 이 관원이 이형에게 산 밭은 병작반수의 형태로 경작을 시킬 수 있었다.
③ 이 관원은 논의 총 수확 83섬의 10분의 1을 농민들로부터 수조할 수 있었다.
④ 이 관원은 관청에 소속된 공장들이 개인적으로 생산 판매하는 물품을 구입할 수 있었다.

06 2016년 국가직 7급

밑줄 친 '농서'가 편찬된 왕 대의 경제 생활로 옳은 것은?

> 각 지역의 풍토가 달라 곡식을 심고 가꾸는 법이 옛 글과 다 같을 수 없습니다. 이에 여러 도의 감사들이 주현의 늙은 농부를 방문하여 실제 농사 경험을 들었습니다. 저희 정초 등은 이를 참고하여 농서를 편찬하였습니다.

① 칠패 시장에서 어물을 판매하였다.
② 녹비법을 활용하여 지력을 회복하였다.
③ 고구마·감자를 구황 작물로 활용하였다.
④ 시전에서 남초를 거래하였다.

08 2017년 경찰간부후보생

조선 전기 상업의 모습으로 가장 옳지 않은 것은?

① 실물 가치가 있는 무명을 화폐 대용으로 사용한 것을 포화라고 불렀다.
② 전라도 농민들이 생산품을 들고 읍에 나와 파는 현상이 나타났다.
③ 객주와 여각이 나타나고 거래를 붙이는 거간도 생겼다.
④ 명주, 종이, 어물, 모시, 삼베, 무명을 파는 시전이 가장 번성하였다.

정답 및 해설 p. 277

04 조선 후기의 경제

압축개념

01 조선 후기 수취 제도의 개편

최근 7개년 9회 출제!
2024년 지방직 9급 | 2024년 법원직 9급
2023년 국가직 9급 | 2022년 서울시 9급(6월)
2019년 서울시 9급(6월) | 2019년 경찰간부후보생
2019년 법원직 9급 | 2018년 서울시 7급(6월)
2018년 법원직 9급

1. 영정법 (1635, 인조) - 전세의 정액화

배경	· 지주 전호제가 일반화되어 농민 대부분이 소작농으로 전락 · 전분 6등법과 연분 9등법이 복잡하여 제대로 운영되지 못하였으며, 이 또한 무시되어 최저율의 세액(4~6두)이 적용되고 있었음
내용	풍흉에 관계없이 전세를 토지 1결당 미곡 4~6두로 고정(정액제)
결과	· 전세율이 낮아졌으나 농민에게 큰 혜택은 없었음(농민 대부분이 소작농이기 때문) · 전세 외에 여러 부가세(자연 소모 보충비, 운송비 등)가 농민에게 전가됨

2. 대동법 (1608, 광해군) - 공납의 전세화

배경	과중한 공물(공납)의 부담, 특히 방납의 폐단으로 농민의 부담이 더욱 커짐
내용	집집마다 토산물을 징수하던 공물 납부 방식 대신 소유한 토지 결수(면적)에 따라 쌀(1결당 12두)·삼베·무명·동전 등으로 차등 납부하게 함
운영	· 담당 관청으로 선혜청 설치 · 어용 상인인 공인이 국가에서 거두어들인 대동세를 공가로 미리 받아 필요한 물품을 사서 국가에 납부
확대	경기도(1608, 광해군) → 강원도(인조) → 충청도(효종)·전라도(연해-효종, 내륙-현종) → 함경도·평안도를 제외한 전국에서 실시(1708, 숙종)
결과	· 공납의 전세화(토지 소유 정도에 따라 차등 부과), 조세의 금납화(현물 징수를 미곡·포목 등으로 대체) · 지주의 부담은 증가하고, 농민의 부담은 일시적으로 경감됨 · 공인의 활동이 활발해지면서 각 지방에 장시가 발달 · 상품 화폐 경제의 발달(공인이 시장에서 물품을 구매함에 따라 상품 수요가 증가, 농민들은 시장에 토산물을 내다 팔아 쌀·베·돈을 마련) · 지방 장시·자유 상공업 활성화(관영<민영)
한계	상공에만 적용, 별공·진상은 존속, 지방 관아의 재정 부족으로 수령의 수탈 심화

3. 균역법 (1750, 영조) - 군포 부담의 감소

배경	· 양난 이후 모병제가 제도화되자 군역을 대신하여 군포를 내는 수포군이 증가 · 5군영, 지방의 감영, 병영에서 독자적으로 군포 징수 → 한 명에게 중복 징수, 군포의 양을 초과 징수 · 양난 이후 납속, 공명첩으로 양반 수(면역)가 증가 → 군역 대상자(군포 부담자)가 감소 → 군포액은 점차 증가 → 군포의 폐단(군적 문란) → 양역변통론 대두
내용	1년에 2필씩 내던 군포를 1필만 부과, 균역청에서 관리하다 선혜청이 관리함
재정 보충책	· 결작: 지주에게 1결당 2두의 결작 부과 · 선무군관포: 일부 상류층에게 선무군관의 칭호를 주고 1년에 군포 1필 징수 · 잡세(어장세·염세·선박세) 수입을 균역청에서 관장하도록 함
결과	일시적으로 지주의 부담이 증가하고 농민의 부담이 경감했으나, 결작이 소작농에게 전가되면서 농민의 부담이 다시 증가

시험 직전! 필수 암기

수취 제도별 토지 1결당 조세액

수취 제도	결당 징수액
영정법	4~6두
대동법	대체로 12두
균역법의 결작	2두

확장개념

군포의 폐단 (군적 문란)
· 인징: 이웃에게 군포 징수
· 족징: 친족에게 군포 징수
· 백골징포: 죽은 자에게 군포 징수
· 황구첨정: 갓난 아이에게 군포 징수

양역변통론의 대두 기출사료
백성들이 2필의 응역(應役)에 괴로워하였기 때문에 … 그 폐단을 줄이려 하였으나 오래도록 결말이 나지 않았다. 이에 1필을 감하고 어(漁)·염(鹽)·선(船)에 세를 거두어 그 감액을 보충하려 하였다.
▶ 양역(양인이 지는 역)의 폐단으로 농민들의 유망이나 역을 피하는 일이 늘어나자 양역의 폐단을 시정하자는 양역변통론이 제기되었다. 그 과정에서 호포론(양반층까지 군역 부담)과 감필론(2필 → 1필)이 대립하자, 영조는 창경궁 홍화문에 직접 나와 백성들에게 의견을 묻고 조정 대신들과 논의하여 감필론을 채택하고 균역법을 시행하였다.

기출문장으로 출제 키워드 점검

01 (　　　) 때 풍년이건 흉년이건 관계없이 전세를 토지 1결당 미곡 4두로 고정시켰다.

02 대동법은 (　　　) 때 경기도에서 처음으로 실시되었다.

03 영조 때 (　　　)의 시행으로 농민들의 군포 부담이 2필에서 (　　　)로 줄어들었다.

[답]
01 인조 02 광해군 03 균역법, 1필

4. 조선 후기 부세 제도의 특징

(1) **군·현 단위의 총액제 실시**: 조선 후기에 신분제 변동 등으로 토지·호구를 명확히 파악하기 어려워지자, 정부는 총액제를 실시하였다. 총액제는 국가 재정의 총액을 미리 정해놓고 도별로 총액을 할당하여, 군현 단위로 정해진 총액을 공동으로 부담하게 하는 제도이다.

(2) **도결**

내용	·군역, 환곡, 잡역 중 일부 또는 전부를 토지에 부과하여 화폐로 징수 ·세원 확보의 안정성·편리성 때문에 19세기 초 일부 군현에서 실시 → 1830년에 이르러 전국적으로 관행화
결과	수령과 아전이 횡령한 관곡을 민의 토지에 부세로 부과하는 수단으로 악용 → 농민들은 규정보다 많은 부세를 납부

확장개념

♀ **총액제의 적용**
· 조선 후기의 부세 체계: 조·용·조 → 삼정 체제[전정·군정·환곡]]
· 총액제 방법으로 수취: 전정(비총제), 군정(군총제), 환곡(환총제)

압축개념
02 조선 후기 서민 경제의 변화

최근 7개년 **5회 출제!**
2021년 법원직 9급   2019년 국가직 9급
2019년 소방직   2019년 법원직 9급
2018년 법원직 9급

1. 농법과 농업 경영 방식의 변화

(1) **농민들의 노력**: 농민들은 양난 이후 황폐해진 농토를 개간하고 수리 시설을 복구하였다. 또한 농기구와 시비법을 개량하였으며, 새로운 영농 방법을 시도하였다.

(2) **견종법의 보급**: 밭농사에서 농종법(이랑에 씨를 뿌림)이 견종법(고랑에 씨를 뿌림)으로 변화하면서 생산력이 2~3배 증대되었다.

(3) **이앙법(모내기법)의 전국적 확대**

내용	·농민들은 수리 시설을 확충하며 이앙법을 일반화시킴 ·남부 일부 지방을 시작으로 이앙법이 점차 전국으로 확산
결과	노동력 절감, 벼와 보리의 이모작이 가능해지며 단위 면적당 생산량 증가, 보리 재배 확대(보리는 수취 대상에서 제외되었기 때문에 소작농들이 선호함)

(4) **농업 방식의 변화**

광작 실시	이앙법의 보급으로 노동력 절감 → 농가의 경작 가능한 농지 면적 증가, 1인당 생산 가능한 경작지 규모 확대 → 광작 성행 → 농민의 계층 분화
상품 작물 재배	쌀, 면화, 채소, 담배, 약초 등 상품 작물을 재배·판매하면서 쌀의 상품화(밭을 논으로 바꾸는 현상)가 활발해짐
다양한 작물 생산	고구마(18세기, 일본)·감자(19세기, 청) 등의 구황 작물 재배, 고추·호박 등 새로운 작물 생산, 인삼·담배(남초, 17세기, 일본)의 재배가 확산됨
농기구의 개량	쟁기, 호미 등이 개량되어 기능이 개선되고, 소를 이용한 쟁기의 사용이 보편화되면서 생산력이 증대됨

확장개념

♀ **수리 관개 시설의 정비**
· 제언사 재설치(현종): 저수지 관리를 위해 각 도의 제방과 수리 사업을 관장하던 관청인 제언사를 다시 설치
· 제언절목 반포(정조): 저수지를 백성들이 개인적으로 축조·소유하지 못하게 하기 위해 제언 수축에 관한 절목을 반포

♀ **견종법의 장점**
견종법은 씨를 밭고랑에 뿌리는 방식으로, 김매기가 쉬워 농종법에 비해 2~3배의 노동력이 절감되고, 방한·보습의 효과가 크며, 통풍이 잘되고 거름을 줄 때 낭비가 적다는 장점이 있다.

♀ **이앙법의 전국적 확대** [기출사료]
남부 지역에서는 모두 이앙을 한다. 그 노동력이 직파에 비해 4/5가 절약되므로 노비나 고공이 많은 사람들은 경작을 끝없이 하여 토지 없는 자는 조금도 경작할 수가 없다. - 『성호사설』

♀ **고구마의 전래**
고구마는 18세기에 통신사로 일본에 다녀온 조엄에 의해 전래되었고, 고구마의 재배, 이용 방법 및 저장 방법 등에 대해 저술한 『감저보』(1766), 『감저신보』(1813) 등이 간행되었다.

♀ **도지권**
소작인들이 지주의 땅을 개간할 경우 가지게 되는 부분적인 소유권

2. 지대(소작료) 납부 방식의 변화 – 지주·전호 관계의 변화

타조법		도조법
·정률 지대(병작 반수제 = 1/2) ·지주 – 전호: 예속 관계 ·지주의 영농 간섭 심화	→	·정액 지대(약 1/3 정도) ·지주 – 전호: 계약 관계 ·소작인(전호)이 도지권 행사

3. 농민층의 계층 분화

부농층	일부 농민들은 광작 등을 통해 부를 축적하여 부농(지주)으로 성장
빈농층	다수의 농민들은 부세의 부담과 지주들의 토지 확대, 직접 경영의 증가로 소작지를 상실 → 농촌을 떠나 상공업에 종사하거나 임노동자로 전락

기출문장으로 출제 키워드 점검

01 조선 후기에 (   )의 보급으로 벼·보리의 (   )이 가능해져 보리 농사가 성행하였다.

02 『감저보』, 『감저신보』에서 (   )의 재배법을 기술하였다.

03 조선 후기에 일부 지방에서 (   )으로 지대를 납부하였다.

[답]
01 이앙법, 이모작 02 고구마 03 도조법

03 조선 후기 수공업·광업의 발달

1. 민영 수공업의 발달

(1) 발달 배경

물품 수요 증대	상품 화폐 경제 발달로 수공업 제품 생산 활발, 도시 인구의 급증으로 상품 수요 증가, 대동법 시행으로 관수품 수요 증가
관영 수공업 쇠퇴·납포장 증가	· 16세기 부역제의 해이로 관영 수공업이 제 기능을 못함 · 납포장이 자유롭게 생산 활동을 전개하며 관영 수공업자의 수가 크게 감소

(2) 선대제 수공업의 발달(17세기 중·후반): 민영 수공업이 더욱 확대됨에 따라 선대제 수공업이 발달하였고, 상인 자본의 수공업 지배 현상이 두드러졌다(자본주의의 태동).

(3) 독립 수공업의 발달(18세기 후반): 자본을 축적한 수공업자가 독자적으로 제품을 직접 생산하고 판매하였으며, 18세기 말 정조 때 장인 등록 장부인 공장안이 폐지되었다.

2. 민영 광산의 증가

(1) 배경: 민영 수공업이 발달함에 따라 그 원료인 광물의 수요가 급증하였다. 또한 청과의 무역 증대로 은(교역 수단)의 수요가 증가하면서 은광 개발이 활기를 띠었다.

(2) 광산 정책의 변화

조선 초	국가가 독점 채굴(사채 금지), 농민들을 부역에 동원하여 채굴
17세기	· 설점수세제(효종): 정부의 감독 아래 민간인의 광물 채굴(사채)을 허용하고 호조의 별장이 세금 징수 · 은광 개발 성행: 은의 수요 급증으로 17세기 말 70여 개소의 은점이 설치됨
18세기 후반	· 수령수세제(영조): 사채를 허용하는 대신 징수하던 세금을 수령이 관리 · 잠채 성행: 몰래 광물을 채굴하는 잠채가 성행함

(3) 광산 경영 방식

경영 전문화	광산을 경영하는 전문가인 덕대가 상인 물주의 자본을 바탕으로 채굴업자(혈주)·채굴 노동자·제련 노동자 등을 고용하여 광물을 채굴·제련
작업 과정	분업(채굴, 운반, 분쇄, 제련)을 토대로 한 협업으로 진행

시험 직전! 필수 암기

민영 수공업의 발달 과정

16세기: 공장안 등록 기피 현상, 부역제의 해이

17세기: 관영 수공업 급격히 쇠퇴, 민영 수공업 널리 발달

18세기 중엽: 납포장이 더욱 확대됨

18세기 후반: 독립 수공업 발달, 공장안(장인 등록 장부) 폐기

확장개념

♀ **납포장**
장인세를 베(포)로 납부하고 자유롭게 제품을 만들었던 민간 수공 기술자를 의미한다.

♀ **선대제 수공업**
상인·공인으로부터 물품 주문과 함께 자금, 원료를 미리 받아 제품을 생산하는 방식

기출문장으로 출제 키워드 점검

01 조선 후기에는 (　　　)에서 벗어난 납포장이 (　　　)를 납부하면서 상품 생산을 확대하였다.

02 조선 후기에 광산 경영 전문가인 (　　　)는 대개 상인 (　　　)에게 자본을 조달받았다.

[답]
01 공장안, 장인세 02 덕대, 물주

---

04 조선 후기 상업의 발달 – 상품 화폐 경제

1. 사상의 대두

(1) 사상(私商)의 성장

배경	상품 화폐 경제 발달로 사상의 활동이 활발해지면서 시전 상인과의 마찰 심화 → 신해통공을 반포(1791, 정조)하여 육의전을 제외한 다른 시전 상인들의 금난전권 철폐 → 시전 상인들이 위축됨, 사상의 자유로운 상업 활동이 보장됨
활동	· 활동 영역: 이현(동대문)·칠패(남대문)·송파와 개성·평양·의주·동래 · 지방의 장시들을 연결하고 물화를 교역

(2) 도고 상인의 성장: 조선 후기 사상을 비롯한 공인(대동법 실시로 관수품을 조달하던 어용 상인)은 독점적 도매 상인인 도고로 성장하였다.

확장개념

♀ **금난전권**
· 정부가 시전 상인들에게 부여한 권리
· 서울 도성 안과 도성 아래 10리 이내의 지역에서 난전의 활동을 규제하고, 특정 상품에 대한 독점 판매권을 지킬 수 있는 권리

(3) 대표적 사상

송상	개성(송도) 중심, 전국에 지점(송방) 설치, 인삼 재배·판매로 성장, 청과 일본 간 중계 무역(의주의 만상과 동래의 내상)에 관여
경강 상인	한강을 중심으로 서남 연해안을 오가며 미곡·소금·어물 등의 운송·판매, 선박의 건조 등 생산 분야에 진출
기타	유상(평양), 만상(의주, 대청 무역에 참여), 내상(동래, 대일 무역에 참여)

2. 장시의 발달

장시의 증가	15세기 말 남부 지방에서 개설되기 시작하여 18세기 중엽 전국적으로 확대
장시의 특징	· 지방민의 교역 장소, 인근 장시와 연계하여 하나의 지역적 시장권 형성 · 대표적 장시: 송파장(광주), 강경장(은진), 원산장(덕원), 마산포장(창원) 등
보부상의 활동	· 지방 장시를 연결하여 하나의 유통망 형성, 생산자와 소비자를 이어주는 역할 · 전국의 장시를 무대로 활동, 자신들의 이익을 지키기 위해 보부상단 결성

3. 포구에서의 상업 활동

포구의 발달	· 15세기에 포구는 세곡·소작료의 운송 기지로서의 역할을 하였으나, 18세기에 이르러 상업의 중심지로 성장, 장시의 상거래보다 큰 규모 · 대표적 포구: 칠성포, 강경포, 원산포
포구 상인	· 선상: 전국의 포구를 하나의 유통망으로 형성, 각 지방에서 구입한 물품을 포구에서 처분, 경강 상인(운송업에 종사하다 거상으로 성장)이 대표적 · 객주·여각: 선상이 가져온 상품의 매매·중개, 운송·보관·숙박·금융업 종사

4. 대외 무역의 발달

대청 무역	· 발달 시기: 17세기 중엽부터 활발하게 전개 · 무역 형태: 공무역인 개시와 사무역인 후시 활발, 의주의 만상이 주도 · 교역품: 은·종이·무명·인삼 등을 수출하였고, 비단·약재·문방구 등을 수입함
대일 무역	· 발달 시기: 17세기 이후 관계가 점차 정상화되면서 대일 무역 성행 · 무역 형태: 왜관 개시를 통한 공무역과 왜관 후시를 통한 사무역 전개, 동래의 내상이 주도 · 교역품: 인삼, 쌀, 무명 등을 수출하였고, 은·구리·황·후추 등을 수입함

5. 화폐의 유통

(1) 배경: 상공업이 발달함에 따라 교환의 매개로서 동전(상평통보)이 전국적으로 유통되었다.

(2) 상평통보의 주조·유통

내용	· 인조: 상평청에서 동전(조선통보, 상평통보 등) 주조, 개성 등을 중심으로 통용 · 효종: 서울 및 일부 지방에서 유통 · 숙종: 상평통보를 법화로 채택하여 전국적으로 유통 확대
영향	18세기 후반 세금과 소작료를 동전으로 납부하는 비중↑(조세의 금납화)

(3) 전황의 발생

원인	지주나 대상인들이 화폐를 고리대나 재산 축적 수단으로 이용
전개	시중에 동전이 부족해지는 현상인 전황이 발생하여 디플레이션 초래(화폐 가치↑, 물가↓) → 조세 및 소작료의 금납화로 농민 부담 가중
여론 분열	이익의 폐전론(화폐를 없애자), 박지원의 용전론(화폐를 사용하자) 등장

(4) 신용 화폐의 등장: 상품 화폐가 발달하면서 환·어음 등의 신용 화폐가 점차 보급되어 대규모의 상거래에 이용되었다.

📍 **조선 후기에 활동한 사상**

📍 **개시와 후시**

개시	조선 후기 국가에서 인정한 대외 교역 시장으로 중강 개시, 경원 개시, 회령 개시, 왜관 개시 등이 열렸음
후시	조선 후기 사상들이 전개한 밀무역으로 중강 후시, 책문 후시가 대표적임

📍 **상평통보의 주조**
정부는 상평통보를 법화로 주조·유통하기로 결정한 뒤, 호조·상평청·진휼청·정초청·사복시·어영청 및 훈련도감 등 7개 관청 및 군영에서 상평통보를 주조하도록 하였으며, 이후 각 지방 관청에서 필요할 때마다 수시로 주조·유통하게 하였다.

기출문장으로 출제 키워드 점검

01 의주의 (　　)은 대중국 무역을 주도하면서 재화를 많이 축적하였다.

02 조선 후기의 (　　)은 농촌의 장시를 하나의 유통망으로 연계시켰다.

03 조선 후기 지방 장시의 객주와 여각은 상품의 매매뿐 아니라 (　　)·창고·(　　) 업무까지 운영하였다.

04 조선 후기 청과의 무역이 활발해지면서 국경 지대를 중심으로 공적으로 허용된 무역인 (　　)와 사적인 무역인 (　　)가 이루어졌다.

05 상품 화폐 경제가 발달하면서 (　　) 화폐가 점차 보급되었다.

[답]
01 만상 02 보부상 03 숙박, 운송 04 개시, 후시
05 신용

01 2018년 서울시 7급(6월 시행)

<보기>의 정책이 실시된 왕 대에 대한 설명으로 가장 옳은 것은?

> **보기**
>
> 백성들이 2필의 응역(應役)에 괴로워하였기 때문에 … 그 폐단을 줄이려 하였으나 오래도록 결말이 나지 않았다. 이에 1필을 감하고 어(漁)·염(鹽)·선(船)에 세를 거두어 그 감액을 보충하려 하였다. 아! 예부터 민역(民役)을 줄이는 방도는 경비를 절약하여 백성을 넉넉하게 해주는 것보다 나은 방도가 없는 것이다.

① 자의 대비의 복제 문제를 둘러싸고 예송 논쟁이 치열하게 전개되었다.

② 국제 정세를 이용하여 명과 후금의 사이에서 중립 외교 정책을 취하였다.

③ 호포제를 시행하기 위하여 창경궁 홍화문에 나아가 백성들에게 의견을 물었다.

④ 흉년을 당해 걸식하거나 버려진 아이들을 구휼하기 위하여 『자휼전칙』을 반포하였다.

02 2016년 법원직 9급

(가), (나)와 관련하여 새로이 시행된 수취 제도에 대한 설명으로 가장 옳은 것은?

> (가) 지금 호조에서 한 나라의 살림을 맡아 보면서도 어느 지방의 어떤 물건의 대납인지, 또 대납의 이익이 얼마나 되는지도 살피지 않은 채 모두 부상들에게 허가하여 이 일을 맡기고 있습니다. 세금도 정해진 것보다 지나치게 많이 거두는 경우가 많습니다.
>
> (나) 마침내 연분 9등법을 파하였다. 삼남 지방은 각 등급으로 결수를 정해 조안에 기록하였다. 영남은 상지하(上之下)까지만 있게 하고, 호남과 호서 지방은 중지중(中之中)까지만 있게 하였다.

① (가) - 담당 기관으로 사창을 설치하였다.

② (가) - 가구에 부과하던 공납을 전세화했다.

③ (나) - 결작으로 부족한 세수를 보충하였다.

④ (나) - 광해군 때 경기도에서 처음 실시되었다.

03 2019년 법원직 9급

밑줄 친 ㉠의 폐단을 시정하고자 실시한 제도와 관련된 설명으로 가장 옳은 것은?

> 정인홍이 아뢰기를 "민생이 곤궁한 것은 공상할 물건은 얼마 되지도 않는데 ㉠방납으로 모리하는 무리에게 들어가는 양이 거의 3분의 2가 넘고, 게다가 수령이 욕심을 부리고 아전이 애를 먹여서 그 형세가 마치 삼분오열로 할거하듯 하니 민생이 어찌 곤궁하지 않겠습니까."
>
> – 『선조실록』

① 공납의 호세화가 촉진되었다.

② 상품 화폐 경제의 발달에 영향을 주었다.

③ 영조 대에 토지 1결당 쌀 4두를 징수하였다.

④ 농민들의 군포 부담이 2필에서 1필로 줄어들었다.

04 2017년 국가직 9급(4월 시행)

다음의 자료에 보이는 시기의 경제 상황에 대한 설명으로 옳지 않은 것은?

> 황해도 관찰사의 보고에 따르면, 수안군에는 본래 금광이 다섯 곳이 있었다. 올해 여름에 새로 39개소의 금혈을 뚫었는데, 550여 명의 광꾼들이 모여 들었다. 도내의 무뢰배들이 농사를 짓지 않고 다투어 모여들 뿐만 아니라 다른 지방에서 이익을 좇는 무리들도 소문을 듣고 몰려온다. …(중략)… 금점을 설치한 지 이미 여러 해가 된 곳에는 촌락이 즐비하고 상인들이 물품을 유통시켜 큰 도회지를 이루고 있다.

① 개간을 장려하기 위해 사패전을 부농층에 분급하였다.

② 일부 지방에서 도조법으로 지대를 납부하였다.

③ 면화, 담배 등 상품 작물을 재배하였다.

④ 밭농사에서는 견종법이 보급되었다.

05 2019년 국가직 9급

밑줄 친 ㉠~㉢과 관련된 임란 이후 경제에 대한 설명으로 옳지 않은 것은?

> - ㉠서울 안팎과 번화한 큰 도시에 파·마늘·배추·오이 밭 따위는 10묘의 땅에서 얻은 수확이 돈 수만을 헤아리게 된다. 서도 지방의 ㉡담배 밭, 북도 지방의 삼 밭, 한산의 모시 밭, 전주의 생강 밭, 강진의 ㉢고구마 밭, 황주의 지황 밭에서의 수확은 모두 상상등전(上上等田)의 논에서 나는 수확보다 그 이익이 10배에 이른다.
> - 작은 보습으로 이랑에다 고랑을 내는데, 너비 1척, 깊이 1척이다. 이렇게 한 이랑, 즉 1묘 마다 고랑 3개와 두둑 3개를 만들면, 두둑의 높이와 너비는 고랑의 깊이와 너비와 같아진다. 그 뒤 ㉣고랑에 거름 재를 두껍게 펴고, 구멍 뚫린 박에 조를 담고서 파종한다.

① ㉠ - 신해통공을 반포하여 육의전의 금난전권을 폐지하였다.
② ㉡ - 인삼과 더불어 대표적인 상업 작물로 재배되었다.
③ ㉢ -『감저보』,『감저신보』에서 재배법을 기술하였다.
④ ㉣ - 밭농사에서 농업 생산력의 발전을 가져온 농법이었다.

06 2018년 법원직 9급

다음 농법의 결과로 나타난 현상으로 옳지 않은 것은?

> 가물 때도 마르지 않는 무논을 가려 2월 하순에서 3월 상순까지에 갈아야 한다. 그 무논의 10분의 1에 모를 기르고 나머지 9분에는 모를 심을 수 있게 준비한다. 먼저, 모를 기를 자리를 갈아 법대로 잘 다듬고 물을 빼고서 부드러운 버드나무 가지를 꺾어다 두텁게 덮은 다음 밟아 주며, 바닥을 볕에 말린 뒤 물을 댄다. …… 모가 4촌(寸) 이상 자라면 옮겨 심을 수 있다.

① 농민 수입의 증가로 농촌 내 빈부 격차가 줄어들었다.
② 농사에 필요한 노동력이 절감되어 광작이 가능해졌다.
③ 벼·보리의 이모작이 가능해져 보리 농사가 성행하였다.
④ 머슴을 고용하여 농토를 직접 경영하는 지주가 생겨났다.

07 2015년 국가직 9급

다음의 자료에 보이는 시기의 경제 동향에 대한 설명으로 옳지 않은 것은?

> 배에 물건을 싣고 오가면서 장사하는 장사꾼은 반드시 강과 바다가 이어지는 곳에서 이득을 얻는다. 전라도 나주의 영산포, 영광의 법성포, 흥덕의 사진포, 전주의 사탄은 비록 작은 강이나 모두 바닷물이 통하므로 장삿배가 모인다. …… 그리하여 큰 배와 작은 배가 밤낮으로 포구에 줄을 서고 있다.
> - 『비변사등록』

① 강경, 원산 등이 상업 중심지로 성장하였다.
② 선상은 선박을 이용해서 각 지방의 물품을 거래하였다.
③ 객주나 여각은 상품의 매매를 중개하고, 숙박, 금융 등의 영업도 하였다.
④ 상업 활동이 활발해지면서 삼한통보 등의 동전을 만들어 유통하였다.

08 2017년 경찰직 1차

조선 후기 활동한 사상(私商)과 그에 대한 설명으로 가장 적절하지 않은 것은?

① 송상 - 개성을 근거지로 하여 상행위를 하였으며, 전국에 송방이라는 지점을 설치하였는데 주로 인삼을 재배·판매하였다.
② 경강 상인 - 선상(선박을 이용한 상행위)을 하였으며, 주로 서남 연해안을 오가며 미곡·소금·어물 등의 운송과 판매를 장악하여 부를 축적하였다.
③ 만상 - 의주를 근거지로 활동하였으며, 주로 대청 무역을 담당하였다.
④ 유상 - 동래를 근거지로 하여 활동하였다. 주로 대일 무역을 담당하였으며, 인삼·무명·쌀 등을 수출하고, 은·구리·황·후추 등을 수입하였다.

정답 및 해설 p. 278

05 근대의 경제

01 열강의 경제 침탈

1. 청과 일본 상인의 침투

(1) 강화도 조약 체결 이후(1876~1882): 일본 상인이 상권을 독점하였다.

거류지 무역	조·일 수호 조규 부록에 따라 일본 상인의 활동 범위(간행이정)를 개항장 10리 이내로 제한 → 조선의 중개 상인(객주·여각·보부상)이 활발하게 활동
중계 무역	• 일본 상인들은 조선 상인과의 중계 무역을 통해 영국산 면직물과 공산품 판매, 곡물(미곡·콩)·금 등을 매입 • 결과: 곡물 유출로 국내 식량 부족 심화, 쌀값 폭등, 국내 면직물 수공업 타격

(2) 임오군란 이후(1882~1894): 청·일 간의 상권 침탈 경쟁이 심화되었다.

청 상인의 내륙 진출 허용	조·청 상민 수륙 무역 장정(1882)에 따라 청 상인의 내지 통상 허용 → 조선과의 무역을 주도하던 일본 상인을 청 상인이 위협 → 청·일 전쟁(1894) 무렵에는 조선-일본/조선-청 간의 무역 규모가 비슷해짐
청·일의 상권 경쟁 심화	• 조·일 수호 조규 속약(1882)에 따라 일본 상인의 활동 범위가 확대(50리 → 2년 뒤, 100리) • 조·일 통상 장정 개정(1883)에서 최혜국 대우를 규정하여, 일본도 조선의 내륙 시장에 진출 → 청·일 상인들 간의 경쟁이 과열됨
국내 상인 몰락	외국 상인의 활동 범위가 확대되자, 국내 중개 상인 몰락

(3) 청·일 전쟁 이후(1894~): 청·일 전쟁에서 승리한 일본은 조선 시장에 대한 독점적 지배권을 장악하였으며, 일본 상인들은 조선에서 일본산 면직물을 판매하고 곡물을 대량 매입하였다.

2. 제국주의 열강의 경제 침탈

(1) 열강의 이권 침탈: 아관 파천(1896) 이후 열강들의 이권 침탈이 본격화되었다.

(2) 일본의 토지 약탈: 러·일 전쟁(1904) 이후 본격화되었다.

개항 초기	고리 대금업 등으로 일본인의 농장이 확대됨
청·일 전쟁 이후	일본의 대자본가들이 전라도 일대(전주, 나주, 군산)에 대농장 경영
러·일 전쟁 이후	• 군용지와 철도 부지를 확보한다는 명목으로 국유지·역둔토 약탈 • 철도 정거장 건설 부지 명목으로 국가 소유의 황무지 개간권 요구(보안회가 저지) • 토지 가옥 증명 규칙을 제정(1906)하여 일본인이 조선에서 토지 소유권을 가질 수 있도록 허용 • 동양 척식 주식회사를 설립(1908)하여 토지 수탈 자행

(3) 일본의 금융 지배 및 재정 장악

① **제일은행 설치:** 일본의 제일은행은 개항 직후 부산에 처음 설치되었고, 이후 여러 곳에 지점이 설치되었다. 제일은행은 은행 업무 외에 세관 업무, 화폐 정리 업무 등을 담당함으로써 일본의 경제적 침략의 첨병 역할을 하였다.

조선이 청·일본과 맺은 통상 조약

조·일 수호 조규 부록 (1876. 7. 6.)	간행이정 10리, 개항장에서 일본 화폐 유통 허용
조·일 통상 장정 (조·일 무역 규칙, 1876. 7. 6.)	쌀과 잡곡 수출 허용, 무관세 규정
조·일 수호 조규 속약 (1882. 7. 17.)	간행이정 확대(50리, 2년후 100리)
조·청 상민 수륙 무역 장정(1882. 8. 23.)	양화진에서 무역 허용
조·일 통상 장정 개정 (1883)	방곡령 규정, 최혜국 대우 규정, 관세 규정

열강의 이권 침탈

러시아	압록강·두만강·울릉도 삼림 채벌권(1896), 경원·종성 광산 채굴권(1896)
미국	운산 금광 채굴권(1896), 전등·전화·전차 부설권, 경인선 부설권(1896 → 1897: 일본에 양도)
일본	직산 금광 채굴권(1900), 경부선 부설권(1898), 경원선 부설권(1904)
영국	은산 금광 채굴권(1900)
독일	당현 금광 채굴권(1897)
프랑스	경의선 부설권(1896, 재력 부족으로 부설권 상실 → 대한 제국이 서북철도국을 설치하여 착공 계획 → 이후 일본의 강요로 부설권을 넘겼고, 일본이 경의선 완공)

제일은행
1902년에 제일은행이 불법으로 발행한 제일은행권이 1905년의 화폐 정리 사업을 계기로 본위 화폐로 지정되면서, 제일은행이 사실상 조선의 중앙은행이 되었고, 일본 정부가 감독권을 행사함으로써 조선의 재정 및 화폐·금융을 지배하였다.

② **농공은행 설립(1906):** 메가타는 농업과 공업의 개량·발전을 위한 자금 대부를 명목으로 농공은행을 설립하였으나 실제로는 한국에 이주한 일본인에게 자금을 지원하였다.

③ **재정 정리 사업 실시:** 황실 재정을 해체하고 징세 기구를 개편하였으며, 식민 통치 시설 마련을 위한 조세액을 증가시키고자 하였다.

④ **화폐 정리 사업 실시(1905)**

전개	· 제1차 한·일 협약에 의해 재정 고문이 된 메가타의 주도로 시행 · 일본 제일은행권을 조선의 본위 화폐로 지정, 조선 화폐인 백동화와 엽전(상평통보)을 제일은행권 화폐로 교환하게 함 　- 교환 기준: 액면가 기준 교환이 아니라 화폐의 질에 따라 갑종(2전 5리), 을종(1전), 병종(교환 ×)으로 나누어 차등 교환
결과	· 국내 중소 상공업자들이 큰 타격을 입고, 국가 재정이 악화됨 · 조선의 민족 은행(한성은행, 대한천일은행)이 파산하여 몰락함 · 금본위 화폐 제도 실시(1905)

⑤ **일본의 차관 제공:** 일본은 화폐 정리와 시설 개선을 명목으로 강제적으로 차관을 제공하였는데, 그 자금은 대부분 식민지화에 사용되었다.

압축개념
02　경제적 구국 운동의 전개

최근 7개년 **3회 출제!**
2023년 지방직 9급　　2019년 국가직 9급
2018년 국가직 9급

구국 운동	배경	내용
방곡령 선포	일본으로의 곡물 유출로 조선 내 식량 부족 야기, 곡물 가격의 폭등	함경도(1889, 조병식)와 황해도(1889, 조병철/1890, 오준영)에서 관찰사가 방곡령 선포 → 일본이 조·일 통상 장정(개정)의 규정(방곡령 시행 1개월 전 통고)을 구실로 방곡령 철회 요구 → 방곡령 철회, 일본에 배상금 지불 ⇒ 제1차 갑오개혁 때 선포가 금지됨
상권 수호 운동	외국 상인의 상권 침탈 심화	· 서울 상인의 철시 시위(외국 상인 퇴거 요구,1880년대) · 시전 상인들이 자신의 이익 수호를 위해 황국 중앙 총상회를 조직(1898)하고 독립 협회와 함께 외국인의 불법적인 내륙 상업 활동 저지 요구 · 민족 자본을 토대로 종로 직조사(1900), 한성 제직 회사(1901) 등의 근대적 회사 설립
독립 협회의 이권 수호 운동	아관 파천 이후 열강의 이권 침탈 심화	· 러시아의 절영도(부산 영도) 조차 요구 저지 · 한·러 은행 폐쇄 · 목포·(진)남포 부근의 도서 매입 저지 · 프랑스의 광산 채굴권 요구 저지 · 독일이 차지한 이권에 대한 반대 운동 전개
황무지 개간권 요구 철회 운동 (1904)	러·일 전쟁 중 일본이 경제 침탈을 강화하면서 국가 및 황실 소유의 황무지 개간권을 요구	· 일본의 황무지 개간권 요구를 막기 위해 보안회 설립(1904) → 매일 가두 집회를 열고 반대 운동 전개 → 일본의 황무지 개간권 요구 철회 · 일부 민간 실업인과 관리들이 황무지를 우리 손으로 개간하기 위해 농광 회사 설립
국채 보상 운동 (1907)	일본이 대한 제국을 경제적으로 예속시키기 위해 거액의 차관을 제공(총 1,300만원)	· 전개: 서상돈·김광제 등이 중심이 되어 대구에서 모금 활동을 위한 국민 대회 개최 → 서울에서 국채 보상 기성회 조직(양기탁) → 대한매일신보·황성신문·만세보 등 언론 기관의 지원 · 결과: 일진회를 이용한 일제의 탄압으로 모금이 중단되고, 양기탁이 모금액을 횡령하였다는 혐의로 구속되는 등 통감부의 방해로 실패함

01 2019년 지방직 9급

조약 (가), (나) 사이 시기의 경제 상황으로 옳은 것은?

(가)	(나)
○ 조선국 항구에 머무르는 일본은 쌀과 잡곡을 수출·수입할 수 있다. ○ 일본국 정부에 소속된 모든 선박은 항세(港稅)를 납부하지 않는다.	○ 입항하거나 출항하는 각 화물이 세관을 통과 할 때에는 세칙에 따라 관세를 납부해야 한다. ○ 조선 정부가 쌀 수출을 금지하고자 할 때에는 반드시 먼저 1개월 전에 지방관이 일본 영사관에게 통고해야 한다.

① 메가타 재정 고문이 화폐 정리 사업을 시도하였다.
② 혜상공국의 폐지 등을 주장한 정변이 발생하였다.
③ 양화진에 청국인 상점을 허용하는 조약이 체결되었다.
④ 함경도 방곡령 사건으로 일본과 외교적 마찰이 일어났다.

02 2021년 국가직 9급

개항기 무역에 대한 설명으로 옳지 않은 것은?

① 개항장에서 조선인 객주가 중개 활동을 하였다.
② 조·청 무역 장정으로 청국에서의 수입액이 일본을 앞질렀다.
③ 일본 상인은 면제품을 팔고, 쇠가죽·쌀·콩 등을 구입하였다.
④ 조·일 통상 장정의 개정으로 곡물 수출이 금지되기도 하였다.

03 2019년 국가직 7급

다음의 정부 조치에 대한 설명으로 옳은 것만을 <보기>에서 모두 고르면?

> 상태가 매우 좋은 갑종 백동화는 개당 2전 5리의 가격으로 새 돈으로 바꾸어 주고, 상태가 좋지 않은 을종 백동화는 개당 1전의 가격으로 정부에서 사들이며, 팔기를 원치 않는 자에 대해서는 정부가 절단하여 돌려준다. 다만 모양과 질이 조잡하여 화폐로 인정하기 어려운 병종 백동화는 사들이지 않는다.
> – 「탁지부령」

보기

㉠ 한·일 신협약을 계기로 추진되었다.
㉡ 은화를 발행하여 본위화로 삼고자 하였다.
㉢ 제일 은행권을 교환용 화폐로 사용하였다.
㉣ 필요한 자금을 대느라 거액의 국채가 발생하였다.

① ㉠, ㉡   ② ㉠, ㉣
③ ㉡, ㉢   ④ ㉢, ㉣

04 2014년 사회복지직 9급

밑줄 친 '이 단체'의 운동에 대한 설명으로 옳은 것은?

> 이 단체는 본격적으로 자신을 수호하는 운동을 벌이기에 앞서 정부로부터의 허가 과정에서 유배에 처해진 회장의 유배 해제를 주장하는 강경한 상소를 올렸다. 정부의 반응이 소극적이자 이 단체는 독립 협회의 민권 운동을 적극 지원하는 것이 그들의 운동에 부합하는 것이라고 생각하였다. 그리하여 이 단체는 독립 협회가 사회 운동의 일환으로 전개한 노륙법과 연좌법의 부활 저지 운동에 적극 참가하였다.

① 대한매일신보, 만세보 등의 언론 기관이 참여하였다.
② 시전 상인들이 경제적 특권 회복을 요구하였다.
③ 대한 자강회 등의 애국 계몽 운동 단체가 참여하였다.
④ 통감부는 양기탁을 횡령 혐의로 구속하는 등 탄압하였다.

05 2018년 국가직 9급

다음은 대한 제국 시기에 설립된 어느 회사에 관한 내용이다. 밑줄 친 '이 회사'에 대한 설명으로 옳은 것은?

> ○ 이 회사의 고금(股金, 주권)은 액면 50원씩이고, 총 1천만 원을 발행하고, 주당 불입금은 5년간 총 10회 5원씩 나눠서 낸다.
> ○ 이 회사는 국내 진황지 개간, 관개 사무와 산림천택(山林川澤), 식양채벌(殖養採伐) 등의 사무 이외에 금·은·동·철·석유 등의 각종 채굴 사무에 종사한다.

① 종로의 백목전 상인이 주도가 된 직조 회사였다.
② 역둔토나 국유 미간지를 약탈하려는 국책 회사였다.
③ 황무지 개간권 요구에 대응하여 설립된 특허 회사였다.
④ 외국 상인과의 상권 경쟁을 위해 시전 상인이 만든 척식 회사였다.

06 2014년 지방직 7급

다음 자료의 사건보다 늦게 일어난 사실만을 <보기>에서 모두 고른 것은?

> 국채 1,300만 원은 우리 대한의 존망에 관계가 있는 것이다. 갚아 버리면 나라가 존재하고 갚지 못하면 나라가 망하는 것은 대세가 반드시 그렇게 이르는 것이다. 현재 국고에서는 이 국채를 갚아 버리기 어려운즉, 장차 삼천리강토는 우리나라와 백성의 것이 아닌 것으로 될 위험이 있다. 토지를 한 번 잃어버리면 다시 회복하기 어려운 것이다.

보기
㉠ 일본의 경원선 부설권 강탈
㉡ 토지 조사령 반포
㉢ 을사조약 체결
㉣ 산미 증식 계획 시행

① ㉠, ㉡   ② ㉠, ㉢
③ ㉡, ㉢   ④ ㉡, ㉣

07 2018년 서울시 7급(6월 시행)

<보기>는 개항 이후 경제 상황이다. 시간 순으로 바르게 나열한 것은?

보기
㉠ 청 상인들이 내지 통상권을 획득하였다.
㉡ 일본인 재정 고문이 화폐 정리 사업을 추진하였다.
㉢ 대한천일은행이 고종의 적극적인 지원하에 설립되었다.
㉣ 일본 상인들이 개항장 중심의 거류지 무역을 시작하였다.

① ㉠ → ㉡ → ㉢ → ㉣   ② ㉠ → ㉢ → ㉡ → ㉣
③ ㉣ → ㉠ → ㉢ → ㉡   ④ ㉣ → ㉠ → ㉡ → ㉢

08 2014년 국가직 7급

다음 자료에서 나타난 민족 운동에 대한 설명으로 옳지 않은 것은?

> • 나라 빚 1,300만 원은 우리 대한의 존망에 관계한다. 갚으면 나라가 존재하고 갚지 못하면 나라가 망하는 것이 대세이다.
> – 취지문
> • 모집금 내역
> (단위: 원)

도명	5월까지 모집금	6월 중 모집금	계
경성	62,735.080	109.200	62,844.280
경기도	13,916.087	4,412.312	18,328.399
충청북도	3,778.625	227.530	4,006.155
……	……	……	……
함경북도	977.400	207.000	1,184.400
합계	241,098.913	31,590.606	272,689.519

– 경무고문 보고

① 한·일 신협약에 따라 중지되었다.
② 서울에서는 국채 보상 기성회가 발족되었다.
③ 2,000만 조선인의 금연 및 금주 운동이 전개되었다.
④ 언론 기관인 대한매일신보사와 황성신문사가 지원하였다.

정답 및 해설 p. 280

06 일제 강점기의 경제

01 일제의 식민지 경제 수탈

최근 7개년 **6회 출제!**
2023년 법원직 9급 2021년 국가직 9급
2021년 소방직 2019년 법원직 9급
2018년 국가직 9급 2018년 서울시 7급(6월)

1. 1910년대 경제 수탈

(1) 토지 조사 사업(1912~1918)

목적	· 명분: 공정한 지세 확보, 근대적 토지 소유권 확립 · 실상: 안정적인 지세 확보, 토지 약탈, 한국인 지주층 회유 목적
방법	· 임시 토지 조사국 설치(1910) → 토지 조사령 공포(1912) · 기한부 신고주의 원칙으로 운영
내용	신고 기간이 짧고 절차가 복잡하여 미신고 토지가 많았음 → 일제가 이를 약탈
결과	· 토지 약탈: 일제는 미신고 토지 외에도 왕실·문중의 토지, 공공기관에 속한 토지 등을 조선 총독부에 귀속시킴 · 토지 불하: 수탈한 토지는 동양 척식 주식회사를 비롯한 일본 토지 회사 및 일본 이주민에게 싼값으로 불하(일본인 이주민이 증가) · 지세 수입 증가: 총독부의 지세 수입이 2배 가까이 증가 · 지세령 공포(1914): 토지 조사 사업을 바탕으로 지역별 지가(토지 가격)와 지세를 확정하여 지세령 공포 → 토지 조사 사업이 완료되자 지세령을 개정하여 지세를 지가의 1.3%로 결정 · 지주 권한 강화·농민 몰락: 지주는 소유권의 법적 보장을 받았으나, 농민의 관습적 경작권·입회권·도지권은 인정받지 못함 · 농민의 유민화: 농민들은 화전민이 되거나 만주·연해주 등지로 이주

(2) 산업 침탈

① 회사령 제정(1910): 회사 설립 시 총독부의 허가를 받아야 하고, 회사의 해산 또한 총독이 명할 수 있었다(조선인의 회사 설립 방해 목적).

② 기타 산업별 침탈: 삼림령(1911), 어업령(1911), 광업령(1915), 임야 조사령(1918)

③ 전매 제도: 담배·소금·인삼 등의 전매제를 실시하여 민족 산업 성장을 억제하였다.

2. 1920년대 경제 수탈

(1) 산미 증식 계획(1920~1934)

목적	조선의 미곡 생산량을 늘려 일본의 부족한 식량을 충당하려는 목적
내용	· 토지 개량: 관개 시설 개선과 지목 전환, 개간·간척 사업 등 토지 개량을 통한 쌀 생산량 증대 · 농사 개량: 품종·농법·시비 개량 등을 추진하여 쌀 생산량 증대
결과	· 증산량이 목표량에 미달되었음에도 수탈을 계획대로 진행 · 국내 식량 부족으로 만주에서 잡곡을 수입하여 부족분 충당 · 과도한 수리 조합비와 비료 대금 부담으로 농민층 몰락 · 쌀 중심의 단작형 농업 구조가 형성됨, 식민지 지주제 강화 · 경제 대공황으로 일본 지주들이 쌀 수입을 반대하며 일시 중단(1934)

(2) 회사령 철폐(1920): 허가제에서 신고제로 전환하여 일본 자본의 조선 진출을 유도하였다.

(3) 관세 철폐(1923): 일본 상품에 대해서는 관세를 철폐하여 국내 기업이 타격을 입었다.

(4) 신은행령(1928): 한국인 소유의 중소 규모 은행을 일본 은행에 강제 편입시켰다.

시험 직전! 필수 암기

일제의 주요 경제 수탈 정책

시기	내용
1910년대	· 토지 조사 사업 · 회사령 제정
1920년대	· 산미 증식 계획 · 회사령 철폐, 관세 철폐
1930년대 이후	· 남면북양 정책 · 공출제·배급제 시행 · 물자 통제령 시행

확장개념

♀ 토지 조사령(1912) 기출사료

제4조 토지 소유자는 조선 총독이 정하는 기간 안에 주소, 씨명, 명칭 및 소유지의 소재, 지목, 자번호(字番號), 사표(四標), 등급, 결수를 임시 토지 조사 국장에게 신고해야 한다. 단, 국유지는 보관 관청이 임시 토지 조사 국장에게 통보해야 한다.

♀ 기한부 신고주의

일제는 토지 소유에 필요한 복잡한 서류를 구비하여 지정된 기일 내에 신고해야만 소유권을 인정하였고, 미신고 토지는 몰수하였다.

♀ 입회권

마을 주변의 주인 없는 토지에 대한 농민들의 관습적인 공동 이용권으로, 농민들은 공유지인 산림이나 들에서 공동으로 풀과 땔감을 거둘 수 있었다.

♀ 연초(담배) 전매령

조선 총독부는 1921년에 연초 전매령을 공포(법제화)하여 연초 재배·제조·판매의 전부문을 통제함으로써, 조선 농민·제조업자·판매업자에게 타격을 주었고, 소비자에게는 비싼 전매 연초를 소비하게 하여 조선 총독부의 재정 세입을 늘려 나갔다.

♀ 수리 조합비

수리 조합은 토지나 가옥 소유자가 저수지·제방 등의 축조·관리 및 수해 예방 사업을 목적으로 조직한 단체로, 일제는 저수지 축조에 드는 비용을 수리 조합비라는 명목으로 농민에게 부담시켰다.

3. 1930~40년대 경제 수탈

(1) 농촌 진흥 운동(1932~1940)

배경	소작 쟁의가 심화되고 사회주의 세력이 농촌으로 확산되면서 일제의 위기의식 고조
내용	• 소작 쟁의 억제: 일제는 조선 소작 조정령(1932)과 조선 농지령(1934)을 제정하여 농민의 불만을 무마하고자 함 • 정신 운동 전개: 농민 스스로가 가난에서 벗어나야 한다며 자력 갱생을 추구하고 농민의 정신 계몽에 주력
결과	농민 통제 강화를 위한 미봉책에 불과했음

(2) 남면북양 정책
공업 원료를 수탈할 목적으로 남부 지방에는 면화 재배(면직물 공업 육성 목적)를, 북부 지방에는 양 사육(모직물 공업 육성 목적)을 강요하였다.

(3) 병참 기지화 정책

배경	경제 공황 극복을 위한 일본의 대외 침략이 중·일 전쟁(1937) 이후 본격화
내용	국가 총동원법을 제정(1938)하여 조선의 물적·인적 자원 수탈 강화
인적 수탈	• 징병: 지원병제(1938), 학도 지원병제(1943), 징병제(1944) • 징용: 국민 징용령(1939), 근로 보국대 조직(1938, 몸뻬 장려, 농촌 여성 노동력 동원 목적), 국민 근로 보국령(1941), 여자 정신대 근무령(1944)
물적 수탈	• 산미 증식 계획 재개(1940), 가축 증식 계획 수립(군수품 조달 목적) • 공출제, 배급제 시행(1939) → 금속류 회수령(1941), 식량 관리령(1943)으로 공출제 강화, 물자 통제령(1941)으로 배급제 확대

확장개념

⚲ 조선 소작 조정령과 조선 농지령
• 조선 소작 조정령(1932): 소작쟁의를 조정·억제하기 위해 일제가 만든 법령, 소작 쟁의를 조정하기 위한 자본가와 지주 중심으로 구성된 소작 위원회가 화해 권고를 하고 재판소가 소작 쟁의 당사자들 사이에서 조정을 실시하여 쟁의를 해결하고자 하였다.
• 조선 농지령(1934): 일제는 농민의 소작권 확립을 위해 마름을 단속하고, 소작 기간을 갱신할 때도 지주에게 제한을 가하도록 하였다.

기출문장으로 출제 키워드 점검

01 일제의 토지 조사 사업의 결과로 기한부 계약에 따라 (　　　)이 증가했다.

02 1910년 총독부는 (　　　)을 공포하여 회사를 설립할 때 총독의 (　　　)를 받도록 하였다.

03 (　　　　　　　)의 결과 만주로부터 조, 수수, 콩 등의 잡곡 수입이 증가하였다.

[답]
01 소작인　02 회사령, 허가　03 산미 증식 계획

압축개념

02

민족 기업의 성장과 물산 장려 운동

최근 7개년 **4회 출제!**
2022년 지방직 9급　2019년 서울시 9급(6월)
2018년 지방직 9급　2018년 서울시 7급(6월)

1. 민족 기업의 성장

(1) 배경: 회사령이 철폐(1920)되고 회사 설립이 신고제로 전환되면서 한국인들 사이에서 경제적 자립을 도모하고자 기업(경공업 위주의 소규모 공장) 설립 열풍이 일어났다.

(2) 내용: 경성 방직 주식회사(1919, 지주·상인 자본가 주도), 평양 메리야스 공장 및 부산 고무신 공장(서민 자본) 등이 설립되었다.

(3) 1930년대 이후: 민족 기업은 해체되었고, 대부분 일본 기업에 흡수되면서 기업 활동이 침체되었다.

2. 물산 장려 운동

배경	일본 상품에 대한 관세 철폐 움직임 속에서 조선인 기업가들의 위기의식 고조
전개	• 평양 물산 장려회 발족(1920): 평양에서 조만식 등의 민족 자본이 중심 • 조선 물산 장려회 조직(1923): 서울에서 설립, 전국 각지에 지부를 형성 • 기타 참여 조직: 자작회(1922), 토산 애용 부인회(여성), 자작 자급회, 조선 상품 소비 조합 등 전국적으로 다양한 단체 탄생
활동	국산품 애용("내 살림 내 것으로", "조선 사람 조선 것으로"), 근검절약, 생활 개선, 금주·단연 운동 전개
한계	• 물가 상승: 늘어난 수요를 뒷받침할 수 있는 자본과 생산 시설의 미흡으로 국산품 가격 폭등 • 사회주의 계열의 운동가들과 일부 민중들이 자본가 계급만을 위한 운동이라고 비판

확장개념

⚲ 물산 장려 운동 [기출사료]
비록 우리의 재화가 남의 재화보다 품질상 또는 가격상에 개인 경제상 다소 불이익이 있다 할지라도 민족 경제의 이익에 유의하여 이를 애호하며 장려하여 수요하며 구매하지 아니하지 못할지라.

기출문장으로 출제 키워드 점검

01 일제는 1920년 회사령을 폐지하여 회사 설립을 (　　　　)로 바꾸었다.

02 1920년대에 상인들은 방직, 고무, (　　　　) 공장을 육성하여 경제 자립을 이루자는 운동을 전개하였다.

03 물산 장려 운동은 조만식 등에 의해 (　　　)에서 시작되어 전국으로 확산되었다.

04 물산 장려 운동에 대해 (　　　　) 계열은 (　　　)와 일부 상인의 이윤 추구라고 비판하였다.

[답]
01 신고제　02 메리야스　03 평양　04 사회주의, 자본가

01 2021년 국가직 9급

다음 법령에 따라 시행된 사업에 대한 설명으로 옳은 것은?

> 제1조 토지의 조사 및 측량은 본령에 따른다.
> 제4조 토지 소유자는 조선 총독이 정한 기간 내에 주소, 성명 또는 명칭 및 소유지의 소재, 지목, 자 번호, 사표, 등급, 지적, 결수를 임시 토지 조사 국장에게 신고해야 한다. 단 국유지는 보관 관청이 임시 토지 조사 국장에게 통지해야 한다.

① 농상공부를 주무 기관으로 하였다.
② 역둔토, 궁장토를 총독부 소유로 만들었다.
③ 토지 약탈을 위해 동양 척식 회사를 설립하였다.
④ 춘궁 퇴치, 농가 부채 근절을 목표로 내세웠다.

02 2016년 지방직 7급

'무단 통치' 시기에 조선 총독부가 실시한 경제 정책으로 옳지 않은 것은?

① 조선 광업령으로 일본 자본의 광산 진출을 촉진하였다.
② 회사령을 공포하여 회사를 설립할 때 총독의 허가를 받도록 하였다.
③ 토지 조사령에서 황무지의 국유지 편입을 규정하였다.
④ 조선 어업령으로 황실 소유 어장을 일본인 소유로 재편하였다.

03 2016년 국회직 9급

다음을 시기 순으로 바르게 나열한 것은?

> ㉠ 토지 조사령   ㉡ 조선 광업령
> ㉢ 조선 어업령   ㉣ 회사령

① ㉠ → ㉡ → ㉢ → ㉣
② ㉡ → ㉠ → ㉢ → ㉣
③ ㉢ → ㉡ → ㉠ → ㉣
④ ㉣ → ㉢ → ㉠ → ㉡
⑤ ㉣ → ㉢ → ㉡ → ㉠

04 2013년 국가직 7급

(가), (나) 사이의 농업 상황에 대한 설명으로 가장 적절한 것은?

<민족별 토지 소유 현황>

(단위: 명)

구분	(가) 1921년		(나) 1936년	
	한국인	일본인	한국인	일본인
200정보 이상	66	169	49	181
100~200정보	360	321	336	380
50~100정보	1,650	519	1,571	749
20~50정보	14,438	1,420	12,701	2,958
10~20정보	29,646	1,544	30,332	3,504
1정보 이상 소계	1,125,604	18,060	1,073,177	41,986

① 전체 지주의 감소는 주로 일본인 지주가 감소한 결과였다.
② 미곡 배급 제도의 시행으로 10~20정보 구간 한국인 지주가 증가하였다.
③ 20정보 이상 일본인 지주의 증가는 상품 작물 개발과 밭 농사 중심 경영 때문이었다.
④ 미곡의 수출 여건 악화와 일본인 위주 농정의 영향으로 1정보 이상 한국인 지주가 감소하였다.

Ⅲ. 경제사

해커스공무원 단권화 핵심정리 한국사

05 2018년 서울시 7급(6월 시행)

산미 증식 계획의 영향으로 가장 옳지 않은 것은?

① 식민지 조선 내에서 부족해진 식량은 만주에서 조, 수수, 콩 등의 잡곡을 수입해서 메꾸었다.

② 대한 제국 정부와 황실의 땅 등 모든 국유지는 물론 황무지나 소유 관계가 불분명한 땅들도 모두 조선 총독부로 귀속시켰다.

③ 소작 농민들은 고율의 소작료 외에도 수리조합비를 비롯한 여러 비용을 부담해야 했다.

④ 지주들은 일본으로의 쌀 수출을 통해 이익을 증대시켰다.

06 2014년 지방직 7급

일제의 인적·물적 자원 수탈에 대한 설명으로 옳지 않은 것은?

① 일제는 만주 사변 도발과 함께 국가 총동원법을 제정하여 전시 동원 체제를 확립하고 조선에도 이를 적용하였다.

② 일제는 중국 대륙 침략과 태평양 전쟁을 감행하면서 지원병제와 징병제를 실시하여 조선의 청년들을 군인으로 동원하였다.

③ 군수 산업에 종사할 노동자의 확보를 위해 징용제를 실시하여 조선인을 강제로 동원하였다.

④ 여성도 근로 보국대라는 이름으로 동원하여 노동력을 착취하였다.

07 2018년 지방직 9급

밑줄 친 '운동'에 대한 설명으로 옳은 것은?

> 조선 사람은 조선 사람이 만든 물건만 쓰고 살자고 하는 운동이 일어나고 있다. 그렇게 하면 조선인 자본가의 공업이 일어난다고 한다. …(중략)… 이 운동이 잘 되면 조선인 공업이 발전해야 하지만 아직 그렇지 않다. …(중략)… 이 운동을 위해 곧 발행된다는 잡지에 회사를 만들라고 호소하지만 말고 기업을 하는 방법 같은 것을 소개해야 한다.
> － 『개벽』

① 조선 총독부가 회사령을 폐지하는 계기가 되었다.

② 원산 총파업을 계기로 조직적으로 전개될 수 있었다.

③ 조만식 등에 의해 평양에서 시작되어 전국으로 확산되었다.

④ 조선 노농 총동맹의 적극적 참여로 대중적인 기반이 확충되었다.

08 2016년 국가직 7급

조선 총독부의 식민지 경제 정책으로 옳지 않은 것은?

① 1910년대 - 회사 설립을 허가제로 한 회사령을 공포하였다.

② 1920년대 - 미곡 증산을 표방한 산미 증식 계획을 수립하였다.

③ 1930년대 - 농공은행을 통합하여 조선식산은행을 설립하였다.

④ 1940년대 - 전체 농민까지 식량 공출을 강제한 식량 관리령을 제정하였다.

정답 및 해설 p. 281

07 현대의 경제

압축개념

01 광복 이후 경제 상황과 전후 복구

최근 7개년 **6회 출제!**
2024년 지방직 9급	2021년 국가직 9급
2020년 국가직 9급	2020년 법원직 9급
2019년 지방직 9급	2018년 법원직 9급

1. 광복 직후의 경제 혼란

산업 활동 위축	일본 자본의 이탈로 상당수의 공장 가동 중단, 남북 분단으로 남북한의 경제 교류 단절 → 북한이 남한에 전기 공급을 중단하여 경제적 타격을 받음
인구 증가	해외 동포들의 귀국, 북한 주민의 월남으로 인구 증가, 실업난 가중
물가 폭등	광복 직후 일제와 미 군정의 화폐 남발로 물가 폭등

2. 이승만 정부의 경제 정책

(1) 농지 개혁

배경	북한의 토지 개혁에 자극을 받아 토지 개혁에 대한 요구 증대
시행	농지 개혁법 제정(1949. 6.) → 일부 수정하여 실시(1950) → 종결(1957)
내용	・3정보 이내로 농지 소유 제한 ・유상 매수·유상 분배(연평균 수확량의 30%씩, 5년 간 분할 상환)
결과	소작지가 줄고 자작지가 늘어남 → 지주 전호제 폐지, 농사를 짓는 사람이 토지를 소유하는 경자유전의 원칙 수립
한계	・농지 개혁의 지연으로 지주들이 일부 토지를 미리 매각하였음 ・토지 대금으로 발행한 지가 증권을 현금으로 바꾸기 어려워 지주층이 산업 자본가로 전환되지 못함 ・농민들에게 분배 받은 토지를 5년 간 분할 상환하도록 하였으나 그 기간에 상환하지 못하여 받은 토지를 다시 매각하고 소작농으로 전락

(2) 귀속 재산 처리

미 군정 시기	신한 공사에서 귀속 재산 관리
대한민국 정부 수립 후	귀속 재산 처리법 제정(1949. 12.) → 일본인 소유의 공장과 주택 등을 민간인에게 저렴한 가격으로 불하(15년 간 분할 상환) → 불하 과정에서 재벌 탄생(정경 유착 발생)

3. 6·25 전쟁의 피해와 전후 복구

전쟁 피해	생산 시설의 파괴, 민간인 사상자 다수 발생, 재산 손실, 막대한 재정 지출로 인플레이션 가속, 물가 폭등 및 물자 부족
전후 복구	미국과 유엔의 원조를 받아 시설 보수, 공업화 지향(충주 비료 공장, 문경 시멘트 공장 준공)

4. 미국의 원조 경제 체제(1950년대)

무상 원조	생활 필수품과 소비재 원료 및 잉여 농산물 원조
영향	전후 경제 복구에 기여, 식량 문제 해결에 도움, 삼백 산업(밀가루, 설탕, 면방직) 발달
문제점	공업 부문의 불균형, 농업 기반 파괴

시험 직전! 필수 암기

남한의 농지 개혁과 북한의 토지 개혁 비교

구분	남한	북한
대상	농지(산림·임야 제외)	모든 토지
원칙	유상 매입, 유상 분배	무상 몰수, 무상 분배
소유 상한	3정보	5정보
법령 공포	1949년 6월 제정 (1950년 시행)	1946년 3월 제정

확장개념

📍 광복 직후의 경제 혼란

미 군정이 식량 문제 해결 및 물가 통제를 위해 미곡 수집제 등을 시행하였으나 실패로 돌아갔다. 한편 1946년 미 군정의 식량 정책에 항의하며 식량 배급을 요구하는 대규모 시위(대구 10·1 사건)가 일어나 남한 전역으로 확대되었다.

📍 시기별 주요 경제 원조

시기	원조
미 군정기	GARIOA 원조(점령 지역 구호 원조, 1945~1948): 미국의 식료품, 의약품, 농업 용품 지원
이승만 정부	・UNKRA(유엔 한국 재건단) 원조(1953~1958): 유엔의 전시 긴급 구호 원조 ・미공법480호(PL480호, 1956)에 따른 미국의 잉여 농산물 원조
박정희 정부	AID(국제 개발처) 원조(1962~1969): 미국의 차관 원조

기출문장으로 출제 키워드 점검

01 농지 개혁으로 토지를 분배 받은 농민은 평년 생산량의 (　　)를 (　)년간 상환하였다.

02 대한민국 정부 수립 이후 (　　　)에 따라 일본인이 소유했던 재산과 공장 등을 민간인에게 불하하였다.

03 이승만 정부는 미국의 잉여 농산물을 가공하는 (　　) 산업을 육성하였다.

[답]
01 30%, 5　02 귀속 재산 처리법　03 삼백

02 경제 성장과 자본주의의 발전

최근 7개년 **5회 출제!**
2023년 법원직 9급   2020년 국가직 9급
2019년 서울시 9급(2월) 2019년 법원직 9급
2018년 국가직 9급

1. 1960년대~1970년대의 경제 개발 5개년 계획

(1) **목표**: 경제 구조를 공업 중심으로 바꾸어 국민 경제의 자립 기반을 마련하는 것이었다.

(2) **특징**: 국내 자본이 부족하였기 때문에 경제 개발을 위한 재원은 주로 외국 자본 도입을 통해 마련하였다. 또한 정부 주도로 외국의 자본 도입, 풍부한 노동력을 바탕으로 한 제품 생산, 수출 중심의 공업화를 지향하였다.

(3) **실행(박정희 정부)**

제1·2차 경제 개발 5개년 계획 (1962~1971)	· 노동 집약적 경공업 육성: 의류·신발 등 저임금의 노동 집약적 산업을 중점적으로 육성 · 산업 구조 개편 노력: 사회 간접 자본 확충을 위해 비료·시멘트·정유 산업을 육성(1964, 울산 정유 공장 준공) · 베트남 파병에 따른 베트남 특수로 빠른 경제 성장(브라운 각서) · 경부 고속도로 개통(1970)
제3·4차 경제 개발 5개년 계획 (1972~1981)	· 중화학 공업 육성 · 마산 자유 무역 지역(1970), 익산 자유 무역 지역(1973) 지정 · 울산·포항·구미 등지에 공업 단지 조성, 포항 제철 준공(1973) · 중동 건설 사업 진출로 제1차 석유 파동 극복 · 수출 100억 달러 돌파(1977) · 제2차 석유 파동(1978~1980)으로 경제적 위기 직면

(4) **결과**: 경제 개발 5개년 계획으로 '한강의 기적'이라 불릴 정도의 경제 성장을 이루었다. 그러나 경제의 대외 의존도가 심화되었고 정경 유착에 따른 각종 비리가 발생하였으며, 계층 간 소득 격차 및 지역 간 불균등 성장이 이루어졌다.

2. 1980년대 이후의 한국 경제

(1) **경제 상황**: 중화학 공업에 대한 중복·과잉 투자, 제2차 석유 파동, 국내 정치 불안 등으로 1980년을 전후하여 경제적 위기에 직면하였다.

(2) **전두환 정부**

① 중화학 공업 분야의 중복된 투자를 강제로 조정하고 부실 기업을 정리하였으며, 자본 및 금융 시장의 개방화를 추진하였다.

② 3저 호황(저유가·저달러·저금리)으로 물가가 안정되고 수출이 증대되어 국제 무역 수지 흑자를 달성하였다.

(3) **김영삼 정부**

경제 정책	신경제 5개년 계획 발표(1993) → 금융 실명제 실시(1993), 우루과이 라운드(UR) 타결(1994), 세계 무역 기구(WTO) 출범(1995), 공기업의 민영화 추진, 경제 협력 개발 기구(OECD) 가입(1996)
외환 위기 (1997)	준비 없는 개방화 정책 및 무리한 과잉 중복 투자로 외환 위기에 직면, 국제 통화 기금(IMF)에 구제 금융 공식 요청(1997)

(4) **김대중 정부**

외환 위기 극복 노력	금 모으기 운동(1998), 노사정 위원회 구성(1998), 4대 부문 구조 조정 (기업, 금융, 노동, 공공), 벤처 기업 육성, 금융·투자 개방
노력의 결과	IMF 관리 체제에서 벗어났으나(2001), 이 과정에서 대량 해고로 인한 실업자와 비정규직 노동자의 증가, 일부 은행과 대기업의 매각, 사회 양극화의 심화 문제 발생

시험 직전! 필수 암기

1960년대 이후 경제 발전 과정

제1차 경제 개발 5개년 계획 시작(1962)
↓
경부 고속도로 개통, 새마을 운동 전개 (1970)
↓
제1차 석유 파동, 포항 제철 준공(1973)
↓
제2차 석유 파동(1978)
↓
금융 실명제 실시(1993)
↓
세계 무역 기구(WTO) 출범(1995)
↓
경제 협력 개발 기구(OECD) 가입(1996)
↓
외환 위기(1997)
↓
외환 위기 극복(2001)

확장개념

♀ 미국과 체결한 경제 원조 협정

· 한·미 원조 협정(1948): 한국의 경제적 안정을 목적으로, 미국 정부가 한국 정부에 제공할 재정적·기술적 원조와 관련된 원칙·기준 등을 명문화한 한·미 정부 간의 협정
· 한·미 경제 조정 협정(1952): 한국 정부에 이미 제공되고 있는 미국의 경제 원조와 관련하여 한·미 양자 간의 관계를 조정하고자 체결한 협정
· 한·미 경제 원조 협정(1961): 미국 정부가 한국 정부에 공여하는 경제 및 기술 원조에 적용될 양해 사항을 규정한 협정으로, 기존에 체결된 한·미 원조 협정, 한·미 경제 조정 협정 등을 대체하는 협정

♀ 석유 파동

· 국제 석유 가격의 상승으로 발생
· 제1차 석유 파동(1973~1974): 중동 건설 사업에 진출하여 극복
· 제2차 석유 파동(1978~1980): 국내 경기 불황, 국제 수지 악화로 극복하지 못함, 마이너스 경제 성장률 기록, 유신 체제 몰락에도 영향을 끼침

기출문장으로 출제 키워드 점검

01 1970년대부터 철강, 조선 등 (   ) 공업 육성 정책이 우선적으로 실행되었다.

02 전두환 정부 시기 저금리·저유가·저달러의 '(   )'으로 위기를 벗어났다.

[답]
01 중화학 02 3저 호황

01 2020년 국가직 9급

다음 그래프에 표시된 시기에 일어난 사회 현상으로 옳지 않은 것은?

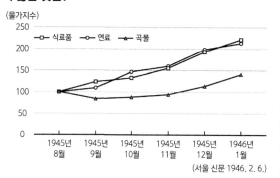

(물가지수)

(서울 신문 1946. 2. 6.)

① 해외로부터 귀환인이 급증하여 식량이 부족했다.

② 38도선 분할 점령 이후 식료품 부문의 생산이 크게 위축되었다.

③ 미군정이 재정 적자를 메우기 위해 화폐를 과도하게 발행했다.

④ 미곡 수집제 폐지, 토지 개혁 실시를 주장하는 대규모 시위가 일어났다.

02 2020년 법원직 9급

다음 법령이 반포되었을 당시의 경제적 상황으로 가장 옳은 것은?

> 제2조 본 법에서 귀속 재산이라 함은 … 대한민국 정부에 이양된 일체의 재산을 지칭한다. 단, 농경지는 따로 농지 개혁법에 의하여 처리한다.
>
> 제3조 귀속 재산은 본 법과 본 법의 규정에 의하여 발하는 명령이 정하는 바에 의하여 국용 또는 공유 재산, 국영 또는 공영 기업체로 지정되는 것을 제외하고는 대한민국의 국민 또는 법인에게 매각한다.
>
> – 귀속 재산 처리법

① 삼백 산업이 발달하였다.

② 금융 실명제가 실시되었다.

③ 수출 100억 달러를 달성하였다.

④ OECD 회원국으로 가입하였다.

03 2018년 법원직 9급

다음 법령에 대한 설명으로 옳은 것은?

> 제5조 정부는 아래에 의하여 농지를 취득한다.
>   1. 아래의 농지는 정부에 귀속한다.
>   (가) 법령 내지 조약에 의하여 몰수 또는 국유로 된 농지
>   (나) 소유권의 명의가 분명치 않은 농지
>   2. 아래의 농지는 적당한 보상으로 정부가 매수한다.
>   (가) 농가 아닌 자의 농지
>   (나) 자경(自耕)하지 않는 자의 농지
>
> 제12조 농지의 분배는 농지의 종목, 등급 및 농가의 능력 기타에 기준한 점수제에 의거하되 1가당 총 경영 면적 3정보를 초과하지 못한다.

① 미 군정 시기에 제정되었다.

② 유상 매수·무상 분배의 방식으로 실시되었다.

③ 법령이 실시되어 자작농이 크게 증가하였다.

④ 이에 영향을 받아 북한에서도 토지 개혁 법령이 제정되었다.

04 2018년 국가직 9급

(가)와 (나)는 외국과 맺은 각서이다. 두 각서 사이에 있었던 사실로 옳은 것은?

> (가) 일본 측은 한국 측에 무상 원조 3억 달러, 유상 원조(해외 경제 협력 기금) 2억 달러, 그리고 수출입 은행 차관 1억 달러 이상을 제공한다.
>
> (나) 미국 정부가 한국과 약속했던 1억 5천만 달러 규모의 차관 공여와 더불어 …(중략)… 한국의 경제 발전을 돕기 위한 추가 AID 차관을 제공한다.

① 경부 고속 국도가 개통되었다.

② 마산에 수출 자유 지역이 건설되었다.

③ 국가 기간 산업인 울산 정유 공장이 가동되었다.

④ 유엔의 지원으로 충주에 비료 공장을 설립하였다.

05 2020년 국가직 9급

다음은 우리나라 경제 성장 과정을 시간 순으로 나열한 것이다. (가)에 들어갈 내용으로 옳은 것은?

수출액 100억 달러를 돌파하다.

↓

제2차 석유 파동으로 경제가 침체에 빠지다.

↓

(가)

↓

경제 협력 개발 기구에 가입하다.

① 제3차 경제 개발 5개년 계획이 실시되다.
② 저금리, 저유가, 저달러의 3저 호황을 경험하다.
③ 베트남 파병을 시작하고 브라운 각서를 체결하다.
④ 일본과 대일 청구권 문제에 합의하고 한일 기본 조약을 체결하다.

06 2017년 지방직 9급(12월 시행)

밑줄 친 '시기'에 있었던 사실에 대한 설명으로 옳은 것은?

제1차 경제 개발 5개년 계획을 시행할 무렵에 우리나라 정부는 국내에서 산업 개발 자금을 확보하려 하였다. 이에 통화 개혁을 실시했으나 목적을 달성하지 못했고, 결국 외국 차관을 들여왔다. 이러한 배경 속에서 섬유·가발 등의 수출 산업이 육성되었다. 제2차 경제 개발 5개년 계획이 적용된 때에는 화학, 철강 산업에 대한 투자도 이루어졌다. 이 두 차례의 경제 개발 계획이 시행된 시기에 수출 주도 성장 전략이 자리를 잡았다.

① 경부 고속 국도가 건설되었다.
② 금융 실명제가 전격적으로 실시되었다.
③ 경제 협력 개발 기구(OECD)에 가입하였다.
④ 연간 수출 총액이 늘어나 100억 달러를 돌파하였다.

07 2019년 소방직

다음 담화문을 발표한 정부 시기에 있었던 사실로 옳은 것은?

저는 이 순간 엄숙한 마음으로 헌법 제76조 1항의 규정에 의거하여, 「금융 실명 거래 및 비밀 보장에 관한 대통령 긴급명령」을 반포합니다. 아울러 헌법 제47조 3항의 규정에 따라, 대통령의 긴급 명령을 심의하기 위한 임시 국회 소집을 요청하고자 합니다. …(중략)… 이 시간 이후 모든 금융 거래는 실명으로만 이루어집니다.

① 삼백 산업이 발달하였다.
② 새마을 운동이 전개되었다.
③ 경부 고속 국도(도로)가 개통되었다.
④ 경제 협력 개발 기구(OECD)에 가입하였다.

08 2012년 기상직 9급

1980년대 경제 상황의 설명으로 바른 것은?

① 저금리·저유가·저달러의 '3저 호황'으로 위기를 벗어났다.
② 소비재 중심인 제분, 제당, 면방직 등의 삼백 산업이 발달하였다.
③ 우루과이 라운드의 타결로 쌀 시장과 서비스 시장을 개방하였다.
④ 마산과 익산을 수출 자유 무역 지역으로 선정하여 외자를 유치하였다.

정답 및 해설 p. 283

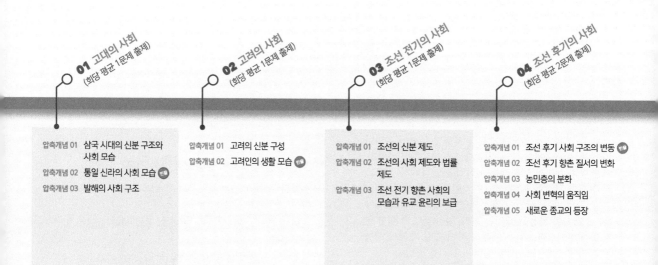

해커스공무원 **단권화 핵심정리 한국사**

IV. 사회사

* 출제 횟수: 최근 7개년 국가직·지방직·서울시 9급, 경찰직, 소방직 1회 20문제 기준

고대의 사회

압축개념
01 삼국의 신분 구조와 사회 모습

최근 7개년 **3회 출제!**
2019년 서울시 9급(2월) 2019년 서울시 7급(2월)
2018년 지방직 9급

1. 삼국의 신분 구조

(1) **구성**: 귀족, 평민(대부분 농민), 천민(노비)로 구성되어 있으며 특히 천민의 경우에는 전쟁 노비가 많았다.

(2) **삼국의 지배층**

고구려	백제	신라
고추가로 불린 왕족과 왕비족을 비롯한 5부 출신의 귀족, 지위를 세습하며 국정 운영을 주도함	왕족인 부여씨와 8성 귀족(진·해·연·백·사·목·협·국), 투호, 바둑 등의 오락을 즐김	성골, 진골, 6두품~1두품 (골품제 운영)

2. 신라의 골품제

(1) **성립**: 중앙 집권 국가로 발전하는 과정에서 각지의 크고 작은 족장 세력을 경주에 이주시키고, 이들을 지배 체제 내에 편입시키는 과정에서 골품제가 성립하였다(법흥왕 때 정비).

(2) **구성**: 성골과 진골의 두 개의 골과 6두품에서 1두품까지의 6개의 두품으로 나누어졌다.

(3) **성격**

정치적 제한	· 골품에 따라 관등 승진의 상한선이 존재함 · 관등에 따라 복색에 차등을 둠
사회적 제한	가옥의 규모, 복색, 수레 등 일상생활까지 규제

3. 삼국의 사회 모습

국가	사회 특징	내용
고구려	사회 기풍	생활 태도에 전투를 대비하기 위한 모습이 반영(상무적 기풍)
	법률	반역자는 화형 후 참형 + 가족은 노비로 삼음, 전쟁에서 항복·패한 자는 사형, 도둑질한 자는 훔친 물건의 12배로 배상(1책 12법)
	혼인 풍습	서옥제·형사취수제(지배층), 평민은 자유로운 교제를 통해 혼인
백제	사회 기풍	고구려와 언어, 풍속이 비슷하였으며, 상무적 기풍을 띰
	법률	패전·반역·살인자는 사형, 간음한 부녀자는 남편 집의 노비로 삼음, 도둑질한 자는 귀양과 함께 2배로 배상, 뇌물을 받은 관리는 종신금고형과 3배 배상(관인수재죄)
신라	사회 기풍	· 씨족 사회의 전통을 오랫동안 유지(화백 회의와 화랑도) · 순장 금지(지증왕, 노동력의 확보 목적)
	화랑도	· 기원: 원시 씨족 단체의 청소년 집단에서 비롯 · 구성: 화랑(진골 귀족) + 낭도(일반 귀족이나 평민) · 규율: 진평왕 때 원광 법사가 제시한 세속 5계를 행동 규범으로 삼아 활동(유+불+선의 가치관) · 개편: 진흥왕 때 국가적인 조직으로 개편, 확대

확장개념

⚲ 성골과 진골의 왕위 계승
신라 건국 이후 성골만이 왕위에 오를 수 있었으나, 진덕 여왕을 마지막으로 성골이 소멸되었다. 이후 무열왕부터는 진골 출신이 왕위를 계승하였다.

⚲ 6두품
· 득난(得難)이라고도 불림
· 제6관등인 아찬까지 승진 가능

⚲ 골품제에 따른 관등 승진의 상한

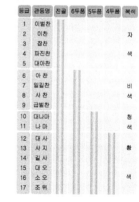

등급	관등명	진골	6두품	5두품	4두품	복색
1	이벌찬					
2	이찬					자
3	잡찬					색
4	파진찬					
5	대아찬					
6	아찬					
7	일길찬					비
8	사찬					색
9	급벌찬					
10	대나마					청
11	나마					색
12	대사					
13	사지					황
14	길사					
15	대오					
16	소오					색
17	조위					

기출문장으로 출제 키워드 점검

01 고구려의 최고 귀족인 왕족과 왕비족은 ( )로 불렸다.

02 백제의 지배층은 왕족인 ( )와 ( )의 귀족으로 이루어졌다.

03 골품제는 ( )에 따른 신분제로서 승진의 ( )을 결정했다.

04 신라의 ( )는 진골 귀족에서 평민까지 포함하는 조직이었다.

[답]
01 고추가 02 부여씨, 8성 03 혈통, 상한선 04 화랑도

02 통일 신라의 사회 모습

1. 통일 후 신라 사회의 변화

왕권의 전제화	신문왕이 김흠돌의 난을 계기로 일부 진골 귀족 세력을 숙청하여 귀족과 상대등의 세력이 약화되었고, 집사부 시중의 권한이 강화됨
진골 귀족	세력은 약화되었으나, 여전히 정치적·사회적 권력을 독점
6두품	· 학문적 식견과 실무 능력을 갖춘 6두품 세력이 중앙 정계에 진출하고, 국왕을 보좌 · 신분의 제약으로 중앙 관청의 우두머리나 지방 장관에는 오르지 못함
골품제의 변화	· 하급 신분층부터 골품의 구분이 점차 희미해짐(3~1두품의 평민화) · 중위제의 실시

2. 통일 신라인의 생활 모습

(1) 귀족의 생활

① 주거: 금입택이라고 불린 저택에서 노비와 사병을 거느리며 살았다.

② 수입원: 녹읍·식읍 등으로 확보한 대토지와 목장에서 수입을 얻었다.

③ 사치품 선호: 귀족들은 진기한 사치품을 선호하여 통일 신라 말 흥덕왕 때에 사치 금지령이 내려지기도 하였다.

(2) 평민의 생활: 대부분 자신의 토지를 경작하며 생활하였고, 귀족의 토지를 빌려서 생계를 이어나갔다.

3. 통일 신라 말의 사회 모순

왕권 약화	· 진골 귀족: 치열한 왕위 쟁탈전 전개, 대토지 소유 확대 → 중앙 정부의 통제력 약화, 농민 수탈 강화 · 6두품: 왕권 약화로 정치적 영향력 약화, 승진의 제한 → 당나라로 떠나 빈공과에 응시하거나, 지방으로 낙향하여 지방 호족과 결탁
지방 세력	지방의 유력자를 중심으로 무장 조직이 결성, 호족 세력으로 성장
사회 모순 증폭	정부의 강압적인 수취로 농민이 몰락하여 원종과 애노의 난, 적고적의 난 등 농민 반란이 발생함

확장개념

◎ 중위제
· 승진에 제한이 있던 비진골 계열 관료(6두품 등)의 불만을 무마하기 위해 실시한 특진 제도
· 골품제를 유지한 채 특정 관등(아찬·대나마 등)을 세분화

아찬(6관등)	4중아찬으로 세분화
대나마(10관등)	9중대나마로 세분화
나마(11관등)	7중나마로 세분화

· 중위제 실시 이후에도 승진 상한선은 엄격히 유지

기출문장으로 출제 키워드 점검

01 신라의 (   )은 삼국 통일 후 학문적 식견과 실무 능력을 바탕으로 정치적 진출을 활발히 하였다.

02 삼국 통일을 전후한 시기에 이르면 6두품 이하에 속한 사람들에게 (   )라는 일종의 특진의 길을 개방하기도 하였다.

[답]
01 6두품 02 중위제

---

03 발해의 사회 구조

1. 지배층

구성	왕족인 대씨와 귀족인 고씨 등 고구려계 사람
생활	중요한 관직을 차지하고 노비와 예속민을 거느림
문화	상층 사회에서는 당의 제도와 문화를 수용, 빈공과 응시

2. 피지배층

구성	대다수가 말갈인
생활	일부는 지배층이 되거나 자신이 거주하는 촌락의 우두머리(촌장, 수령)가 됨
문화	고구려나 말갈 사회의 생활 모습을 유지

기출문장으로 출제 키워드 점검

01 발해의 주민은 (   ) 유민과 (   )으로 구성되었다.

[답]
01 고구려, 말갈인

01 2019년 서울시 9급(2월 시행)

<보기>의 밑줄 친 ㉠에 관한 설명으로 옳은 것은?

> **보기**
>
> 신라에서는 사람을 등용하는 데에 ㉠을(를) 따진다. [때문에] 진실로 그 족속이 아니면, 비록 큰 재주와 뛰어난 공이 있더라도 넘을 수가 없다. 나는 원컨대, 서쪽 중국으로 가서 세상에서 보기 드문 지략을 떨쳐서 특별한 공을 세워 스스로 영광스러운 관직에 올라 고관대작의 옷을 갖추어 입고 칼을 차고서 천자의 곁에 출입하면 만족하겠다.

① 통일 신라기에 성립하였다.
② 국학이 설립되면서 폐지되었다.
③ 진골은 대아찬 이상의 고위 관등만 받을 수 있었다.
④ 혈통에 따른 신분제로서 승진의 상한선을 결정했다.

02 2012년 기상직 9급

고대 국가들의 사회 모습에 대한 설명으로 바른 것은?

① 고구려 - 혼인 풍속으로 형사취수제와 민며느리제가 있었다.
② 백제 - 상무적 기풍이 있어 말타기와 활쏘기를 좋아하였다.
③ 신라 - 개인의 많은 활동 범위를 제한하는 화백 제도가 있었다.
④ 가야 - 농경 문화가 발달하였고, 철을 산둥과 규슈 지방으로 수출하였다.

03 2012년 국가직 7급

다음은 삼국 시대 어느 나라의 사회 모습에 대한 내용이다. 이 나라의 지배층에 대한 설명으로 옳지 않은 것은?

> 이 나라 사람은 상무적인 기풍이 있어서 말타기와 활쏘기를 좋아하고, 형법의 적용이 엄격했다. 반역한 자나 전쟁터에서 퇴각한 군사 및 살인자는 목을 베었고, 도둑질한 자는 유배를 보냄과 동시에 2배를 물게 했다. 그리고 관리가 뇌물을 받거나 국가의 재물을 횡령했을 때에는 3배를 배상하고, 죽을 때까지 금고형에 처했다.

① 간음죄를 범할 경우 남녀 모두를 처벌하였다.
② 투호와 바둑 및 장기와 같은 오락을 즐겼다.
③ 중국의 고전과 역사책을 읽고 한문을 구사하였다.
④ 대표적인 귀족의 성으로는 여덟 개가 있었다.

04 2016년 국가직 9급

다음 자료에 나타난 통일 신라 시대의 신분층과 연관된 설명으로 옳은 것은?

> (그들의) 집에는 녹(祿)이 끊이지 않았다. 노동(奴僮)이 3천 명이며, 비슷한 수의 갑병(甲兵)이 있다. 소, 말, 돼지는 바다 가운데 섬에서 기르다가 필요할 때 활로 쏘아 잡아먹는다. 곡식을 남에게 빌려 주어 늘리는데, 기간 안에 갚지 못하면 노비로 삼아 부린다.
>
> – 『신당서』

① 관등 승진의 상한은 아찬까지였다.
② 도당 유학생의 대부분을 차지하였다.
③ 돌무지덧널무덤을 묘제로 사용하였다.
④ 식읍·전장 등을 경제적 기반으로 하였다.

05 2017년 지방직 7급

다음 (가), (나)에 나타난 신라 제도에 대한 설명으로 옳지 않은 것은?

> (가) 속성은 김씨로 태종 무열왕이 8대조이다. 할아버지인 주천의 골품은 진골이고 … 아버지는 범청으로 골품이 진골에서 한 등급 떨어져 득난(得難)이 되었다.
> — 「성주사낭혜화상백월보광탑비문」
> (나) 최치원은 난랑비(鸞郎碑) 서문에서 우리나라에는 현묘한 도가 있으니 풍류(風流)라 일컬었다. … 실로 이는 삼교(유·불·선)를 포함하고 중생을 교화한다.
> — 『삼국사기』

① (가) – 개인의 사회 활동과 일상생활을 규제하였다.
② (가) – 관등 승진의 상한선이 정해져 있었다.
③ (나) – 진흥왕 때 인재 양성을 위한 제도로 정착되었다.
④ (나) – 귀족들이 회의를 통하여 중요한 국사를 결정하였다.

06 2017년 국가직 9급(4월 시행)

㉠과 ㉡ 두 인물의 공통된 신분상의 특징으로 옳은 것은?

> • ㉠은(는) 신문왕에게 「화왕계」를 통하여 조언하였다.
> • ㉡은(는) 진성 여왕에게 시무책 10여 조를 올렸다.

① 관등 승진에서 중위제(重位制)를 적용받았다.
② 중앙 관부의 최고 책임자를 독점하였다.
③ 자색(紫色)의 공복을 착용하였다.
④ 왕이 될 수 있는 신분이었다.

07 2017년 지방직 9급(12월 시행)

밑줄 친 인물들이 속한 신분층에 대한 설명으로 옳은 것은?

> • 진덕 여왕 2년, 김춘추가 돌아오는 길에 고구려의 순라병을 만났는데, 종자인 온군해가 대신 피살되었고 그는 무사히 신라로 귀국했다.
> • 마침 알천의 물이 불어 김주원이 왕궁으로 건너오지 못하니, 상대등 김경신이 왕위에 올랐다. — 『삼국사기』

① 관등과 상관없이 특정 색깔의 관복을 입었다.
② 골품제의 모순을 비판하며 과거제 도입을 주장하였다.
③ 죄를 지으면 본관지로 귀향시키는 형벌이 적용되었다.
④ 중앙 관부와 지방 행정 조직의 장관직에 오를 수 있었다.

08 2018년 경찰직 3차

밑줄 친 '나라'에 대한 설명으로 가장 적절한 것은?

> 그 나라는 사방 2천 리에 이른다. 주와 현 및 객사와 역참이 없고 곳곳에 촌락이 있는데 모두 말갈 부락이다. 그 백성은 말갈이 많고 토인이 적다.
> — 『유취국사』

① 대가들의 호칭에 말, 소, 돼지, 개 등 가축의 이름을 붙였다.
② 민며느리제라는 혼인 풍습이 있었다.
③ 왕족과 귀족을 돌무지덧널무덤에 장사 지냈다.
④ 고구려 유민이 촌장이 되어 지방을 다스렸다.

정답 및 해설 p. 285

02 고려의 사회

01 고려의 신분 구성

최근 7개년 5회 출제!
2022년 법원직 9급   2021년 국가직 9급
2021년 법원직 9급   2019년 국가직 7급
2018년 서울시 7급(6월)

1. 귀족

(1) **구성**: 왕족, 공신, 5품 이상의 고위 관료로 구성되었다.

(2) **특징**: 음서와 공음전의 혜택을 보유하고 폐쇄적인 혼인 관계를 맺었다.

(3) **지배층의 변천**: 호족 → 문벌 귀족 → 무신 → 권문세족 → 신진 사대부

2. 중간 계층

(1) **특징**: 직역을 세습하였고, 그에 상응하는 토지를 국가로부터 지급받았다.

(2) **구성**

하급 관리	서리(하급 관리), 잡류(중앙 관청의 말단 서리), 역리(지방의 역 관리)
실무 관리	남반(궁중 실무를 담당하는 내료직), 향리(지방 행정 실무 관리)
기술 관리	역관, 의관 등의 잡과 출신
직업 군인	군반(하급 장교로, 군공을 세울 경우 무반으로 신분 상승 가능)

3. 양민

(1) **특징**: 일반 주·부·군·현에 거주하였고, 농업·상공업에 종사하였다.

(2) **구성**

백정	일반 농민, 과거 응시에 법적 제한 없음, 조세·공납·역의 의무 수행
특수 집단민	· 특징: 일반 양민보다 과중한 세금을 부담, 거주지 이전의 자유 없음, 과거 응시가 제한됨, 국자감에 입학 불가, 승려가 되는 것도 금지 · 구성: 향·부곡·소민(농업·수공업 종사), 진촌민·역촌민(육로·수로 교통 종사)
기타 (화척·진척·재인 등)	· 화척(양수척)은 도살업 종사자, 진척은 뱃사공, 재인은 광대를 의미함 · 호적에 등재되지 않았으며, 국역도 부담하지 않음 · 법제상 양민이었으나, 직업이 천하여 천민으로 인식되었음(신량역천)

4. 천민

(1) **특징**: 매매·증여·상속의 대상, 같은 신분끼리 혼인이 가능하였다.

(2) **구성**: 대다수가 노비이며 노비는 공노비와 사노비로 구분되었다.

공노비	입역 노비	궁중·관청에 소속되어 잡역에 종사하였고, 급료를 받아 생활함	60세가 되면 역 면제(정로제)
	외거 노비	· 지방에 거주하면서 농업에 종사 · 수입 중 일부를 관청에 신공 납부	
사노비	솔거 노비	주인 집에서 거주, 잡일 담당	
	외거 노비	· 주인과 떨어져 독립 생활, 주인에게 신공 납부 · 토지·가옥 등을 소유할 수 있고, 재산의 증식이 가능 · 신분적으로는 주인에게 예속되어 있었으나, 경제적으로는 양민 백정과 비슷하게 독립된 경제 생활을 영위	

확장개념

📍 **고려의 향리**
· 출신: 지방의 잔류 호족
· 역할
  – 상층 향리(호장·부호장): 속현·향·부곡·소의 실질적인 지배자
  – 하층 향리: 지방 행정의 실무를 담당하는 말단 행정리
· 특징: 직역의 대가로 국가로부터 외역전을 지급받음(직역과 함께 세습 가능)
· 변화: 상층 향리들은 과거를 통해 중앙 관리로 진출 가능 → 고려 말 신진 사대부를 형성

📍 **노비와 관련된 법률**

노비세전법 (태조)	공신의 반발을 무마하기 위해 전쟁 노비의 해방을 포기하고 노비의 신분을 대대로 세습시킴
천자수모법 (정종)	노비 자식은 어머니 소유주에게 귀속, 양천교혼 금지
일천즉천 (충렬왕)	부모 중 어느 한 쪽이 노비이면 그 자식은 무조건 노비

기출문장으로 출제 키워드 점검

01 고려 시대에 (   )은 5품 이상의 관료에게 세습되어 귀족의 지위를 유지하는 경제적 기반이 되었다.

02 고려에서 (   )는 과거 응시에 제한을 두지 않아 고위 관리가 될 수 있었다.

03 고려의 (   )은 군현민과 같은 양인이지만 사회적 차별을 받았다.

04 (   )는 매매, 증여, 상속의 대상이 되었고, 승려가 될 수 없었다.

05 사노비 중 (   ) 노비는 독립된 경제 생활을 영위하였다.

[답]
01 공음전(시) 02 상급 향리 03 향·부곡·소민
04 노비(천민) 05 외거

02 고려인의 생활 모습

1. 향도(농민 조직)

(1) **의미**: 불교 신앙 조직으로, 농민 공동체 조직의 대표적인 것이었다.

(2) **활동**: 매향 활동을 진행하고 매향비를 건립하기도 하였다. 초기에는 대형 불상이나 사찰을 건립할 때 주도적인 역할을 하였으며, 후기에는 농민 공동체 조직으로 변모하여 혼례와 마을 제사 같은 마을의 공동 의식을 주도하였다.

2. 사회 안정책

흑창·의창	평상시 곡물·소금 등을 저장하였다가 흉년에 빈민 구휼에 사용(태조 때 흑창 → 성종 때 의창으로 개칭)
제위보(광종)	일정 기금을 만들어 그 이자로 빈민을 구제하는 기구(공양왕 때 폐지)
상평창(성종)	물가 조절 기구, 개경·서경·12목에 설치
동·서 대비원	개경(동·서쪽)에 설치, 음식 제공, 빈민 치료, 서경에 분사 설치
혜민국(예종)	백성의 질병 치료·약 처방
구제도감·구급도감	· 구제도감은 예종 때 설치(전염병에 대응), 구급도감은 고종 때 설치 · 빈민 구제를 위한 임시 기구로 설치

3. 법률과 풍습

(1) **법률**: 기본법은 중국 당률을 기반으로 한 71개조의 법률을 시행하였으나, 대부분의 경우 관습법을 따랐다(지방관이 사법권을 행사).

형벌	· 5종: 태·장·도·유·사 · 반역죄·불효죄는 중죄로 처벌(유교 윤리 강조) · 귀양형을 받은 자가 부모상을 당하면 7일간의 휴가 집행 · 70세 이상 노부모를 두고 봉양할 가족이 없으면 형벌 집행 보류
형벌 대체	· 속동제(수속법): 가벼운 범죄일 경우 돈을 내면 형벌을 면제 받음 · 귀향형: 일정 신분 이상의 사람이 죄를 지은 경우 본관지로 돌려 보내 중앙의 정치 권력과 연계성을 차단시킴

(2) **풍습**

혼인 풍습	· 일부일처제가 일반적이었음(여 18세 전후·남 20세 전후 혼인) · 왕실에서 족내혼 성행, 원 간섭기 조혼 성행 + 예서제 증가
장례와 제사	민간에서는 토착 신앙과 불교·도교 의식 거행
불교 행사	· 연등회(2월 15일): 전국적 불교 행사, 군신이 함께 즐기는 명절 · 팔관회[10월 15일(서경), 11월 15일(개경)]: 토속 신앙과 불교 융합, 국가와 왕실의 태평 기원, 외국 사신·상인 방문으로 국제 무역이 행해짐

4. 여성의 지위

(1) **재산 상속**: 재산은 남녀 차별 없이 자녀들에게 균분 상속하였다.

(2) **호주와 호적**: 여성이 호주가 될 수 있었고, 호적·묘비에 남녀를 연령순으로 기록하였다.

(3) **제사**: 아들이 없으면 딸이 제사를 담당하였고, 윤회 봉사(제사를 자녀들이 돌아가면서 지냄)가 가능하였다. 상복에서도 처가와 외가의 차이가 크지 않았다.

(4) **혼인**: 남자가 여자 집으로 장가를 가서 어느 정도 생활한 후에 남자 집으로 가는 서류부가혼이 일반적이었고, 데릴사위제도 적지 않았다.

(5) **음서의 혜택**: 사위와 외손자에게까지 음서의 혜택이 있었다.

(6) **재가**: 여성의 이혼과 재가가 비교적 자유로웠고 재가녀 자식의 사회적 차별도 없었다.

확장개념

◎ 보(寶)의 종류
· 학보(태조): 서경에 설치한 장학 재단
· 불명경보(정종): 승려의 장학 재단
· 광학보(정종): 승려의 장학금 마련
· 제위보(광종): 빈민 구제
· 금종보(현종): 현화사의 범종 주조
· 반야경보(현종): 불경 간행 재단
· 팔관보(문종): 팔관회의 경비 충당

◎ 고려 시대의 형벌
· 태: 볼기를 치는 매질
· 장: 곤장형
· 도: 징역형
· 유: 멀리 유배 보내는 형
· 사: 사형(교수형, 참수형)

◎ 예서제
어린 신랑을 처가에서 양육해 혼인시키는 일종의 데릴사위제로, 고려 원 간섭기에는 공녀 선발을 피하기 위해 조혼이 성행함과 동시에 예서제와 같은 혼인 풍습이 증가하였다.

기출문장으로 출제 키워드 점검

01 고려 시대 (   )에서는 향나무를 땅에 묻는 (   ) 활동이 이루어졌다.

02 고려 시대에는 의창 설치 이전에 (   )을 두어 빈민에게 곡식을 빌려 주었다.

03 고려 시대 (   )는 기금을 마련한 뒤 (   )로 빈민을 구제하는 기관이었다.

04 고려 시대 (   )은 물가 조절 기관으로 개경과 서경, (   )에 설치되었다.

05 고려 시대의 (   )은 환자를 진료하고 갈 곳이 없는 어려운 사람들을 돌보아 주었다.

06 고려 시대는 (   )도 호주가 될 수 있는 사회였다.

[답]
01 향도, 매향 02 흑창 03 제위보, 이자
04 상평창, 12목 05 대비원 06 여성

01 2017년 사회복지직 9급

고려 시대 귀족의 특징에 대한 설명으로 옳은 것은?

① 귀족 세력은 왕족을 비롯하여 7품 이상의 고위 관료가 주류를 형성하였다.

② 귀족은 대대로 고위 관직을 차지하여 사림 세력을 형성하였다.

③ 귀족의 자제는 음서를 통해 관직에 진출할 수 있었다.

④ 향리의 자제는 과거를 통하여 귀족의 대열에 들 수 없었다.

02 2012년 경찰직 2차

다음에서 설명하는 고려 정치 세력들을 집권한 순서대로 가장 옳게 나열한 것은?

> ㉠ 자기 근거지에 성을 쌓고 군대를 보유하며 스스로 성주, 장군이라 칭했다.
>
> ㉡ 차별에 따른 불만으로 정변을 일으켜 의종을 폐하고 명종을 세워 정권을 장악하였다.
>
> ㉢ 여러 세대에 걸쳐 고위 관직자를 배출한 가문으로 중서문하성과 중추원의 재상이 되어 정국을 주도하였다.
>
> ㉣ 주로 향리의 자제들로 과거를 통해 관리로 진출한 이들은 성리학을 학문의 기반으로 삼고 새로운 개혁을 시도하였다.
>
> ㉤ 원과의 관계를 통해 성장한 기철 세력은 남의 토지를 빼앗아 농장을 확대하고 양민을 노비로 삼는 등의 권세를 부렸다.

① ㉠ → ㉡ → ㉢ → ㉣ → ㉤

② ㉡ → ㉢ → ㉠ → ㉣ → ㉤

③ ㉠ → ㉢ → ㉡ → ㉤ → ㉣

④ ㉢ → ㉠ → ㉣ → ㉤ → ㉡

03 2018년 서울시 7급(6월 시행)

고려 시대 신분 제도에 대한 설명으로 가장 옳지 않은 것은?

① 왕실과 혼인을 통해 외척이 되어 대대로 특권을 누리는 문벌 가문이 나타났다.

② 상층 향리인 호장층은 지방 세력 가운데 과거 합격률이 가장 높아 관료를 배출하는 모체가 되었다.

③ 서민이 손쉽게 출세하는 벼슬은 궁궐의 잡무를 맡은 서리층으로 이를 산관이라 했다.

④ 광산에서 일하는 광부를 철간, 어부를 생선간, 소금 굽는 염부를 염간, 목축하는 사람을 목자간, 뱃사공을 진척이라 불렀다.

04 2021년 국가직 9급

고려 시대 향리에 대한 설명으로 옳은 것만을 모두 고르면?

> ㉠ 부호장 이하의 향리는 사심관의 감독을 받았다.
>
> ㉡ 상층 향리는 과거로 중앙 관직에 진출할 수 있었다.
>
> ㉢ 일부 향리의 자제들은 기인으로 선발되어 개경으로 보내졌다.
>
> ㉣ 속현의 행정 실무는 향리가 담당하였다.

① ㉠

② ㉠, ㉡

③ ㉡, ㉢, ㉣

④ ㉠, ㉡, ㉢, ㉣

05 2017년 국가직 9급(10월 시행)

다음은 『고려사』의 일부 내용이다. 이 시기에 대한 설명으로 옳지 않은 것은?

> - 명학소를 충순현으로 승격시켰다. 수령까지 두어 위무하더니 태도를 바꿔 군대를 보내와서 토벌하니 어찌된 까닭인가?
> - 순비 허씨는 일찍이 평양공 왕현에게 시집가서 3남 4녀를 낳았는데, 왕현이 죽은 후 충선왕의 비가 되었다.
> - 윤수는 매와 사냥개를 잘 다루어 응방 관리가 되었으며, 그의 가문은 권세가가 되었다.

① 충선왕 대 이후에도 왕실 족내혼이 널리 행해졌다.
② 향리 이하의 층도 문·무반으로 신분 상승을 할 수 있었다.
③ 여성의 재혼을 규제하려는 움직임이 나타났다.
④ 향·소·부곡 등 특수 행정 구역이 주현으로 승격되기도 하였다.

06 2021년 소방직

(가)에 들어갈 기관은?

> 고려는 백성의 생활을 안정시키기 위한 여러 정책을 추진하였다. 가난한 백성을 진료하고, 의탁할 곳이 없는 백성들을 돌보기 위해 개경에 ___(가)___ 을 설치하였다.

① 의창   ② 흑창
③ 상평창   ④ 동·서 대비원

07 2020년 국가직 9급

(가)에 들어갈 기관으로 옳은 것은?

> 5월에 조서를 내리기를 "개경 내의 사람들이 역질에 걸렸으니 마땅히 ___(가)___ 을/를 설치하여 이들을 치료하고, 또한 시신과 유골은 거두어 묻어서 비바람에 드러나지 않게 할 것이며, 신하를 보내어 동북도와 서남도의 굶주린 백성을 진휼하라."라고 하였다. – 『고려사』

① 의창   ② 제위보
③ 혜민국   ④ 구제도감

08 2017년 경찰직 1차

고려 시대 사회 모습에 대한 설명으로 가장 적절하지 않은 것은?

① 개경, 서경 및 각 12목에는 상평창을 두어 물가의 안정을 꾀하였다.
② 향도는 고려 후기에 이르러 자신들의 이익을 위하여 조직되는 향도에서 점차 신앙적인 향도로 변모되었다.
③ 기금을 마련한 뒤 이자로 빈민을 구제하는 제위보가 설치되었다.
④ 귀양형을 받은 사람이 부모상을 당하였을 때에는 유형지에 도착하기 전에 7일간의 휴가를 주어 부모상을 치를 수 있도록 하였다.

09 2016년 지방직 7급

고려 시대 혼인 풍속에 대한 설명으로 옳지 않은 것은?

① 결혼 후 신랑이 신부 집에 머무르는 '서류부가혼' 혼속이 있었다.
② 국왕을 비롯한 종실의 경우 동성 근친혼인 족내혼의 관행이 있었다.
③ 원의 영향으로 여러 명의 처와 첩을 두는 '다처병첩'이 법적으로 허용되었다.
④ 공녀 선발을 피하기 위해 어린 신랑을 처가에서 양육해 혼인시키는 '예서제'가 있었다.

정답 및 해설 p. 286

03 조선 전기의 사회

압축개념

01 조선의 신분 제도

최근 7개년 **4회 출제!**
2021년 경찰직 1차   2019년 서울시 7급(2월)
2018년 서울시 9급(6월)   2018년 서울시 7급(3월)

1. 양천 제도(15세기) – 법제적 신분 제도

양인	과거 응시가 가능하여 관직에 진출할 수 있는 자유민, 조세와 국역의 의무 담당
천인	비자유민, 개인이나 국가에 소속되어 천역 담당

2. 반상 제도(16세기) – 실제적 신분 제도(4신분제)

(1) 양반

의미	관료(문반 + 무반)를 뜻하였으나 추후 그 가문까지 칭하는 신분으로 정착
특권 유지	· 특권: 토지와 노비 소유(지주층), 고위 관직 독점(관료층), 각종 국역 면제 · 특권 유지책: 사족과 이서층(서리층)의 분화, 서얼을 차별(관직 진출 제한)

(2) 중인

의미	좁게는 기술관, 의관, 역관 등만을 의미하고, 넓게는 양반과 상민의 중간 신분 계층을 의미하며 서얼과 향리를 포괄함
형성	15세기부터 형성되어 조선 후기에 이르러 하나의 독립된 신분층으로 정착
구분	· 중인(서리, 향리, 기술관): 직역 세습, 같은 신분끼리 혼인, 관청 근처 거주 · 서얼(중서): 문과 응시 금지

(3) 상민

의미	백성의 대다수로 농민, 수공업자, 상인 등을 말함
구분	농민(조세·공납·부역 의무), 수공업자, 상인, 신량역천(칠반천역)

(4) 천민

① 구성: 노비(법적인 천민), 백정, 무당, 광대 등으로 구성되었다.
② 노비: 재산으로 취급되었으며 매매·상속·증여의 대상이었다.

공노비	입역 노비	관청에서 노역에 동원, 지방의 일부를 중앙에 올리기도 함
	납공 노비	관청 밖에서 살면서 농업 종사, 노역 대신 신공을 관청에 납부
사노비	솔거 노비	주인 집에 거주하면서 잡역을 담당
	외거 노비	독립된 생활을 하면서 주인에게 신공을 바침

확장개념

📍 **유외잡직 진출**
수공업자, 상인, 공노비는 관품이 없는 관직으로 유외잡직(流外雜織)이라 불리는 하급 기술직에 진출하여 물품의 제조, 책 인쇄, 바느질, 말 기르기 등의 잡일을 담당하기도 하였다.

📍 **신량역천**
· 조례: 관청의 잡역 담당
· 수군: 육군에 비해 일이 힘들어서 신량역천으로 취급
· 나장: 형사 업무 담당
· 일수: 지방 고을의 잡역 담당
· 봉수군: 봉수 업무 담당
· 역졸: 역에서 잡역 담당
· 조졸: 조운 업무를 담당

📍 **조선 시대의 백정**
고려 시대의 백정이 일반 농민을 지칭하였던 것과는 달리, 조선 시대의 백정은 도축업에 종사하는 천민 계층을 지칭하였다.

기출문장으로 출제 키워드 점검

01 조선 시대의 신분 제도는 법제상 (   )과 (   )으로 구분되었다.

02 조선 시대의 노비는 (   )으로 취급되어 매매나 (   )의 대상이 되었다.

[답]
01 양인, 천인 02 재산, 상속

압축개념

02 조선의 사회 제도와 법률 제도

1. 사회 제도와 의료 기관

(1) **환곡 제도**: 국가가 주도하여 의창(15세기)·상평창(16세기 이후)을 통해 춘궁기에 양식과 종자를 빌려주고 추수기에 이를 회수하였으나 점차 고리대화되었다.

(2) **사창 제도**: 양반 지주를 중심으로 하는 향촌 자치적 구휼 제도로, 흉년 시 빈민 구휼과 물가를 조절하였다. 세종 때 실시되어 성종 때 혁파되었으나 고종 때 다시 실시되었다.

(3) **의료 기관**

혜민국(→ 혜민서)	백성의 질병 치료를 위한 약 처방
제생원	서민의 진료 담당 + 의학 교육, 세조 때 혜민국(혜민서)에 통합됨
동·서 대비원	고려의 동·서 대비원 계승, 빈민에게 음식 및 약제 제공
동·서 활인서	동·서 활인원(태종 때 동·서 대비원을 개칭)을 세조 때 개칭, 유랑자의 수용과 구휼을 담당

2. 법률 제도

사법 기관	· 중앙: 의금부(중대 범죄 담당), 사헌부(관리 감찰), 형조(사법 행정 감독), 한성부 (수도의 행정, 토지·가옥에 관한 소송), 장례원(노비 장부와 소송 담당) · 지방: 관찰사와 수령이 사법권 보유
형법	· 『경국대전』,「형전」의 조항이 소략하기 때문에 『대명률』 적용 · 반역죄, 강상죄를 중죄로 다룸(연좌제 시행), 형벌·민사에 관한 사항 규정
민법	· 지방관(관찰사, 수령 등)이 관습법에 따라 처리 · 소송 내용: 15세기 주로 노비 관련 소송 → 16세기 산송 문제 주류
종법	재산·노비·상속 문제에 적용

확장개념

📍 **환곡 제도의 고리대화**
16세기에 환곡을 담당했던 상평창에서는 원곡의 감소분으로 1/10을 거두어 들였는데, 이것이 점차 고리대로 변질되었다.

기출문장으로 출제 키워드 점검

01 조선 시대의 (   )는 유랑자의 수용과 구휼을 담당하였다.

02 조선 시대에는 유교에서 중요시하는 삼강오륜을 어긴 것을 (   )라 하여 중대 범죄로 취급하였다.

[답]
01 동·서 활인서 02 강상죄

암축개념

03 조선 전기 향촌 사회의 모습과 유교 윤리의 보급

최근 7개년 **3회 출제!**
2022년 법원직 9급   2019년 경찰간부후보생
2018년 서울시 9급(6월)

1. 향촌

향	행정 구역상의 군현 단위로 지방관이 파견됨
촌	· 촌락이나 마을 단위로, 지방관이 파견되지 않음 · 몇 개의 리를 면으로 묶는 면리제[면에는 면임(권농관), 리에는 이정의 책임자를 둠], 5가작통법 등으로 촌락을 통제함

2. 향약 – 향촌 내 사람들 간의 약속

기원	중종 때 조광조가 시작(주자의 여씨향약) → 이황(예안향약), 이이(서원향약, 해주향약) → 이후 전국적으로 확산
구성	· 간부: 약정·도약정(회장), 부약정(부회장), 직월(총무), 유사 · 구성원: 양반에서 천민까지 전체 향촌민을 포함(여성, 어린이도 포함)
역할	사림의 지위 강화, 조선 사회의 풍속 교화, 질서 유지, 치안 담당
폐단	지방 유력자(토호·양반)의 주민 수탈 수단으로 기능

3. 유교 윤리의 보급

예학	의미	삼강오륜을 기본 덕목으로 종족 내부의 의례 규정
	목적	성리학적 도덕 윤리 강조, 양반 중심의 신분 질서의 안정 추구
	보급	16세기 중반 학문적 연구 시작 → 16세기 후반 성리학자들에 의해 확산
	영향	『소학』 보급, 사림의 향촌 사회에 대한 지배력 강화, 가묘와 사당 건립
보학	의미	족보를 통해 종족의 종적인 내력과 횡적인 종족 관계 확인
	목적	양반들의 신분적 우월성을 확보하기 위함
	기능	종족의 내부 결속력 강화, 신분적 우월 의식 과시

확장개념

📍 **향약의 4대 덕목**
· 덕업상권   · 과실상규
· 예속상교   · 환난상휼

📍 **조선 전기의 족보**

『안동 권씨 성화보』 (1476, 성종)	· 현존하는 최고(最古)의 족보 · 출생 순서에 따라 기재 · 친손·외손의 가계를 모두 기재 · 자녀가 없는 사람 밑에 무후(無後)라고 기재 · 양자 입양에 대한 기록이 없음
『문화 류씨 가정보』 (1565, 명종)	· 출생 순서에 따라 기재 · 자녀가 없는 사람 밑에 무후(無後)라고 기재 · 『안동 권씨 성화보』에 비해 남성 우위의 경향을 보임

기출문장으로 출제 키워드 점검

01 조선 시대에 (   )은 풍속 교화, 향촌 사회의 질서 유지를 담당하여 (   )의 지위 강화에 기여하였다.

02 사림은 향촌에 도덕과 의례의 기본 서적인 (   )을 보급하였다.

03 조선 시대에는 (   )가 배우자를 구하거나 붕당을 구별하는 데 중요한 자료로 활용되기도 하였다.

[답]
01 향약, 사림 02 소학 03 족보

01 2018년 서울시 9급(6월 시행)

조선 시대 신분제에 대한 설명으로 가장 옳지 않은 것은?

① 중앙 관직에 진출할 수 있던 고려 시대의 향리와 달리 조선의 향리는 수령을 보좌하는 아전으로 격하되었다.

② 유교의 적서 구분에 의해 서얼에 대한 차별이 심했기 때문에 서얼은 관직에 진출하지 못하였다.

③ 뱃사공, 백정 등은 법적으로는 양인으로 취급되기도 했으나 노비처럼 천대받으며 특수 직업에 종사하였다.

④ 순조는 공노비 중 일부를 양인으로 해방시켜 주었다.

02 2019년 서울시 7급(2월 시행)

조선 시대 노비 제도 및 노비의 역할에 대한 설명으로 가장 옳은 것은?

① 조선 시대 노비의 자식들은 대대로 노비 신분이 세습되었으나, 일정 기간 국역(國役)에 종사하면 양인으로 신분이 상승하는 게 일반적이었다.

② 조선 시대 사노비는 주인이 마음대로 매매·양도·상속할 수 있었을 뿐 아니라, 주인이 사노비를 함부로 죽이거나 사형(私刑)을 가하는 게 법으로 허용되었다.

③ 사노비는 주인의 집에서 거주하는 솔거 노비와 주인과 떨어져 거주하는 외거 노비가 있었는데, 그 수는 솔거 노비가 절대 다수였다.

④ 외거하는 사노비는 주인으로부터 사경지(私耕地)를 받아 그 수확을 자신이 차지하여 재산을 축적하기도 하였다.

03 2018년 서울시 7급(3월 시행)

<보기>의 (갑)은 조선 시대 신분층에 대한 설명이다. (갑)에 대한 내용으로 가장 옳지 않은 것은?

> **보기**
>
> 무릇 (갑)의 매매는 관청에 신고해야 하며 사사로이 몰래 사고 팔았을 때는 관청에서 (갑)과 그 대가로 받은 물건을 모두 몰수한다. 나이 16세 이상 50세 이하는 값이 저화 4천 장이고, 15세 이하 50세 이상은 3천 장이다.
>
> - 『경국대전』

① 재산으로 취급되어 매매나 상속의 대상이 되었다.

② 부모 모두가 (갑)일 경우에만 그 자녀도 (갑) 신분이 되었다.

③ 주인과 떨어져 독립된 생활을 하며 신공(身貢)을 바치기도 했다.

④ 국가에 소속된 경우 관청의 잡무 처리와 물품 제작에 참여했다.

04 2017년 기상직 9급

다음 직업을 가진 사람들에 대한 설명으로 옳은 것을 <보기>에서 고른 것은?

수군, 조례, 나장, 일수, 봉수군, 역졸, 조졸

> **보기**
>
> ㉠ 사람들이 기피하는 천한 역을 담당하였다.
> ㉡ 법제상 양인에 속해 있었다.
> ㉢ 매매·상속·증여의 대상이 되는 비자유민이었다.
> ㉣ 수령의 행정 실무를 보좌하는 역할을 담당하였다.

① ㉠, ㉡   ② ㉠, ㉢

③ ㉡, ㉢   ④ ㉡, ㉣

05 2017년 국가직 9급(10월 시행)

다음 족보가 편찬된 시기의 사회상으로 가장 적절한 것은?

> 우리나라는 자고로 종법이 없고 보첩(譜牒)도 없어서 비록 거가대족(巨家大族)이라도 가승(家乘)이 전혀 없어서 겨우 몇 대를 전할 뿐이므로 고조나 증조의 이름도 호(號)도 기억하지 못하는 이가 있다.
> 　　　　　　　　　　　　　－ 『안동 권씨 성화보』 서문

① 남자는 대개 결혼 후에 바로 친가에서 거주하였다.
② 자손이 없으면 무후(無後)라 하고 양자를 널리 맞아들였다.
③ 아들을 먼저 기록하고 딸을 그 다음에 기록하였다.
④ 윤회 봉사·외손 봉사 등이 행해졌다.

06 2016년 사회복지직 9급

다음 자료의 ⊙에 해당하는 것은?

> 호조에서 아뢰기를, ＿⊙＿은(는) 진제(賑濟)와 환상(還上)을 위해 설치한 것이고, 국고(國庫)는 군국(軍國)의 수요에 대비한 것입니다. 최근 몇 년 사이에 여러 번 흉년이 들어, 백성의 생활이 오로지 진제와 환상만 바라고 있으니, 이 때문에 ＿⊙＿이(가) 넉넉하지 못하므로 부득이 국고로 지급하여 구휼하게 되어 군수(軍需)가 점차로 거의 없어지게 되니 진실로 염려할 만한 일입니다.
> 　　　　　　　　　　　　　－ 『세종실록』

① 흑창
② 의창
③ 광학보
④ 제위보

07 2017년 국가직 9급(4월 시행)

다음 제도를 시행한 목적에 해당하는 것만을 <보기>에서 모두 고른 것은?

> • 무릇 민호(民戶)는 그 이웃과 더불어 모으되, 가족 숫자의 다과(多寡)와 재산의 빈부에 관계없이 다섯 집마다 한 통(統)을 만들고, 통 안에 한 사람을 골라서 통수(統帥)로 삼아 통 안의 일을 맡게 한다.
> • 1리(里) 마다 5통 이상에서 10통까지는 소리(小里)를 삼고, …(중략)… 리(里) 안에서 또 이정(里正)을 임명한다.
> 　　　　　　　　　　　　　－ 『비변사등록』

보기
⊙ 농민들의 도망과 이탈 방지
ⓒ 부세와 군역의 안정적인 확보
ⓒ 재지 사족 중심의 향촌 자치 활성화
ⓔ 향권을 둘러싼 구향과 신향 간의 향전 억제

① ⊙, ⓒ　　　　　　　② ⊙, ⓔ
③ ⓒ, ⓒ　　　　　　　④ ⓒ, ⓔ

08 2016년 경찰직 1차

다음 중 조선 시대 향촌 사회의 모습에 대한 설명으로 옳은 것은 모두 몇 개인가?

> ⊙ 유향소는 수령을 보좌하고 향리를 감찰하며 향촌 사회의 풍속을 바로잡기 위한 기구였다.
> ⓒ 경재소는 중앙 정부가 현직 관료로 하여금 연고지의 유향소를 통제하게 하는 제도로서, 중앙과 지방의 연락 업무를 맡았다.
> ⓒ 향촌 사회에서 지주로 농민을 지배하던 계층은 사족(士族)이었다.
> ⓔ 향약은 중종 때 조광조가 처음 시행한 이후 전국적으로 확산되었다.

① 1개　　　　　　　② 2개
③ 3개　　　　　　　④ 4개

정답 및 해설 p. 287

조선 후기의 사회

압축개념

01 조선 후기 사회 구조의 변동

최근 7개년 5회 출제!
2022년 지방직 9급   2020년 국가직 9급
2020년 법원직 9급   2019년 경찰간부후보생
2018년 서울시 9급(6월)

1. 신분제의 동요

(1) **양반층의 분화**: 붕당 정치의 변질로 일당 전제화가 전개되었고, 권력을 잡은 일부 양반(권반)을 제외한 다수의 양반이 몰락하여 향반과 잔반으로 분화하였다.

(2) **상민·노비 수 감소**: 부농층의 양반 신분 획득(족보 위조·납속)으로 양반의 수는 더욱 증가하고, 상민과 노비의 수는 감소하였다.

2. 중간 계층의 신분 상승 운동

(1) 서얼의 신분 상승 노력

배경	임진왜란 이후 서얼에 대한 차별 완화 시작, 정부의 납속책 실시와 공명첩 발급 등을 통해 관직에 진출할 수 있었음
내용	서얼 통청 운동 전개: 영·정조 때 허통·통청·후사권을 요구하는 적극적인 신분 상승 운동과 집단 상소 운동을 전개
결과	· 정조 때 유득공, 이덕무, 박제가 등 서얼이 규장각 검서관으로 등용됨 · 철종 때 서얼들의 완전한 청요직 진출이 허용됨

(2) 중인층의 신분 상승 노력

배경	서얼의 신분 상승 운동의 영향, 기술직에 종사하며 축적한 재산과 탄탄한 실무 경험을 바탕으로 신분 상승 추구(요직 진출에 제한이 있었음)
내용	철종 때 대규모의 소청(통청) 운동 전개
결과	신분 상승 운동은 실패했으나, 향촌 사회에서 재력을 바탕으로 성장
활약	중인 중에서도 역관들은 서학을 비롯한 외래 문화 수용에 선구적 역할을 수행하였음

3. 노비의 해방

노비의 신분 상승	공노비 해방	노비제 폐지
· 군공과 납속, 공명첩 등을 통해 신분 상승 · 신공의 부담에서 벗어나기 위해 도망 · 재물을 바치고 합법적으로 신분 상승(속량) · 노비종모법으로 어머니가 양인이면 양인이 됨	공노비의 도망·합법적 신분 상승 등으로 노비안에 이름만 있을 뿐 신공을 받을 수 없게 됨 → 순조 때 내수사를 비롯한 각 궁방과 중앙 관서의 공노비 6만 6,000여 명을 해방시킴(모든 공노비 X)	· 조선 후기에 사노비의 도망도 빈번해짐 · 1886년 노비 세습제 폐지 · 1894년 갑오개혁 때 공·사노비제가 법적으로 일체 폐지됨

4. 가족 제도의 변화와 혼인 제도

(1) **가족 제도의 변화**: 조선 전기의 가족 제도는 부계와 모계가 함께 영향을 미치는 형태였으나, 점차 『주자가례』에 따른 종법적 질서가 보편화되며 부계 위주의 형태로 변화하였다.

시험 직전! 필수 암기

서얼의 신분 상승 운동

> 통청윤음(영조, 1772): 청요직 진출 허용

> 서얼허통절목(정조, 1777): 청요직 허용

> 신해허통(철종, 1851): 서얼 차별 철폐

> 통청의 실현(철종, 1857): 완전한 통청 허용

노비에 관한 정책

노비 추쇄 도감 설치	· 도망 노비의 색출을 위해 설치 · 세종~명종 때까지 수시로 설치, 효종 때(1655) 국가 재정 확충을 위해 설치
노비 종모법	노비 소생의 자녀가 어머니의 신분을 따르게 한 법(1731, 영조 확정)
노비 공감법	노(奴)와 비(婢)의 신공을 줄여줌(1755), 이후 비의 신공 폐지(1775)
노비 추쇄관 폐지	모든 공노비의 추쇄관 폐지(1778, 정조)
공노비 해방	중앙 관서의 공노비 해방(1801, 순조)
노비 세습제 폐지	노비의 세습을 법으로 금지(1886, 고종)

확장개념

향반과 잔반

향반	여러 대에 걸쳐 향촌에 거주하면서 벼슬길에 오르지 못한 양반
잔반	상민과 다름없을 정도로 몰락한 양반

납속책
임진왜란 이후 부족한 국가 재정을 보충하기 위해 실시한 것으로, 일정 금액·곡식을 국가에 납부하면 면천, 관직 제수 등의 특전을 부여한 제도이다.

청요직(淸要職)
홍문관, 사간원, 사헌부 등의 관직을 의미하며 '청렴해야하는 중요한 자리'라 하여 청요직이라 일컬어졌다.

조선 초기~중기		조선 후기(17세기 이후)
남귀여가혼(처가살이), 자녀 균분 상속, 제사의 책임 분담, 호적 연령순 기재, 여성 호주 가능, 친손과 외손 구별 없이 모두 기재(족보)	→	부계 중심의 가족 제도 확립, 친영 제도 정착, 장자 중심의 제사와 상속제 확산, 양자를 들이는 것이 일반화(이성불양의 원칙 적용), 여성 호주 금지

(2) **가족 윤리**: 효와 정절을 강조하였고, 성리학적 가족 제도를 유지하였다.

(3) **혼인**: 일부일처제를 기본으로 축첩을 허용하였고, 법적으로 남자는 15세, 여자는 14세에 혼인할 수 있었다.

(4) **문중의 형성**: 조선 후기에 향촌 지배권이 약화된 양반들은 기득권을 유지하기 위해 부계 혈연 집단인 문중의 결속을 강화하였다.

족보 편찬	부계 위주의 족보를 적극적으로 편찬
사우 건립	가문 중의 이름있는 선조에 대한 제사를 목적으로 건립
동성(동족) 마을 형성	부계 중심으로 정착하게 되자 같은 성을 가진 사람끼리 모여 살게 됨

기출문장으로 출제 키워드 점검

01 서얼도 18세기 후반부터는 점차적으로 (   )의 허통이 이루어졌다.

02 조선 후기 중인은 (   ) 운동을 통해 신분 상승 운동을 전개하였다.

03 조선 후기에 (   )의 실시와 (   )의 발행 등을 통해 신분의 변동이 심해졌다.

04 조선 후기에는 부계 위주의 (   )를 편찬하면서 동성 마을을 이루어 나갔다.

05 조선 후기 향촌 사회에서는 촌락 단위의 (   )이 실시되고 (   ) 마을이 만들어졌다.

[답]
01 청요직 02 소청(통청) 03 납속책, 공명첩
04 족보 05 동약, 동족

압축개념

02   조선 후기 향촌 질서의 변화

최근 7개년 3회 출제!
2020년 국가직 9급   2019년 기상직 9급
2018년 법원직 9급

IV. 사회사

해커스공무원 단권화 핵심정리 한국사

1. 양반의 향촌 지배력 약화

(1) **향촌 질서의 변화**: 일부 평민과 천민이 재산을 모아 부농층(요호부민)이 되어 향촌에서 영향력을 키웠던 반면, 경제력을 상실한 양반이 임노동자로 전락하는 경우도 증가하면서 양반의 권위가 약화되었다.

(2) **양반의 향촌 지배력 강화 노력**: 향안과 청금록을 작성하고, 족보를 제작하였다. 또한 촌락 단위의 동약을 실시하고 동족 마을을 형성하고 서원과 사우(사당)를 건립하였다.

2. 부농층의 도전

(1) **배경**: 정부가 재정 확보를 위해 납속과 향임직 매매를 허용하면서 부농층이 합법적으로 신분 상승을 할 수 있게 되었다.

(2) **전개**: 부농층은 수령 중심의 관권과 결탁하여 향안에 이름을 올렸으며, 향회를 장악하여 향촌 사회의 운영을 주도하고자 하였다.

(3) **활동 및 한계**: 향임직에 진출하여 정부의 부세 제도 운영에 적극 참여하며 향촌 사회에서 영향력을 행사하였으나, 향촌 지배에 참여하지 못한 부농층도 여전히 많았다.

3. 향전의 발생

(1) **배경**: 향촌 운영을 둘러싸고 구향과 신향의 대립이 격화되어 향권을 둘러싸고 향전이 발생하였다.

구향	기존에 향촌 사회를 지배하던 재지 사족
신향	부농층을 비롯하여 향촌에서 소외당한 양반·서얼·중인층이 포함된 세력

(2) **전개**: 신향은 수령과 타협적인 관계를 유지하면서 향촌 사회를 장악하였다. 이에 반해 구향들은 촌락 단위로 동약을 실시하고 족적 결합을 강화하여 향촌 내에서의 입지를 유지하고자 하였다.

(3) **결과**: 수령과 향리들의 세력이 강해지며 농민에 대한 수탈이 강화되었고 향회가 수령의 부세 자문 기구로 전락하였다.

확장개념

지방 사족의 지배력 유지 수단

향안	향촌 사회에서 농민을 지배하였던 지방 사족의 명단
향회	향안에 오른 사족들의 총회
향규	향회의 운영 규칙
청금록	서원, 향교에 출입하는 양반의 명부
동계·동약	· 촌락 중심의 양반 자치 조직(동계) 및 규약(동약) · 임진왜란 이후 양반과 평민을 망라한 형태로 변화 → 촌락민 통제 강화

기출문장으로 출제 키워드 점검

01 조선 후기에는 부농층이 관권과 결탁하여 (   )에 진출하였다.

02 조선 후기에 (   )는 지방 사족의 영향력이 약화되고 수령이 절대권을 갖는 지배 체제하에서 농민 수탈을 일삼았다.

03 조선 후기에는 (   )가 수령의 부세 자문 기구로 변질되었다.

[답]
01 향임직 02 향리 03 향회

03 농민층의 분화

1. 농민층의 분화

배경	· 이앙법 확산과 광작의 실시, 영농 방법 개선으로 부를 축적한 농민 등장 · 대동법과 균역법의 효과 미흡, 수취율 증가로 몰락하는 농민 증가
분화	· 농민 일부: 경영형 부농으로 성장, 상공업자로 전환 · 농민 다수: 소작농으로 전락, 농촌을 이탈하여 생계 유지를 위해 도시나 광산의 임노동자가 됨 → 정부는 호패법·5가작통법 등으로 농민을 통제

2. 지주와 임노동자

(1) **양반 대지주**: 상품 화폐 경제의 발달과 함께 양반 지주의 이윤 추구 경향이 확대되고 광작의 운영으로 인해 대지주가 등장하였다.

(2) **서민 지주**: 일부 서민들은 농지 확대, 영농 방법의 개선 등을 통해 부를 축적하며 서민 지주로 성장하였고 신분을 상승시키고자 하였다.

(3) **임노동자**: 16세기 이후 부역제가 무너지면서 국가와 부농층이 임노동자를 고용하였다.

기출문장으로 출제 키워드 점검

01 조선 후기에는 농촌을 떠나 도시나 광산 등에서 (   )가 되는 농민이 늘어났다.

[답]
01 임노동자

04 사회 변혁의 움직임

최근 7개년 4회 출제!
2024년 지방직 9급 / 2024년 법원직 9급
2021년 소방직 / 2019년 국가직 7급

1. 사회 불안의 심화

정치 기강 문란	19세기 세도 정치의 폐단(매관매직), 탐관오리의 탐학과 횡포 심화 등으로 농민의 생활이 더욱 악화됨
사회 동요	지배층과 농민층의 갈등 심화로 양반 중심의 지배 체제가 무너지고, 삼정의 문란 등으로 농민 생활이 파탄
도적의 출현	· 화적: 수십 명씩 무리 지어 지방의 토호·부상 공격 · 수적: 배를 타고 강·바다를 무대로 조운선·상선 약탈
불안 고조	재난과 질병이 발생하고 연해에 이양선까지 출몰하여 민심이 불안하였음
농민 의식 성장	농민 의식이 성장하여 소청, 괘서, 벽서 등의 소극적인 항거에 그치지 않고 농민 봉기와 같은 적극적인 항거가 전개되었음

2. 예언 사상의 대두

(1) **예언 사상 유행**: 비기·도참설을 이용하여 말세의 도래, 왕조의 교체, 변란의 예고 등의 낭설이 횡행하였고, 특히 『정감록』이 널리 유행하였다.

(2) **무격·미륵 신앙 유행**: 현세에서 얻지 못하는 복을 무격(무당) 신앙에서 해결하려 했고, 일부 무리들은 미륵불을 자처하며 미륵 신앙을 유포하였다.

3. 농민의 항거

(1) **배경**: 탐관오리의 부정과 탐학이 심화된 상황에서 삼정의 문란으로 농민 수탈이 강화되었다.

(2) **소극적 저항**: 농민들은 초기에 소청·벽서·괘서 등의 소극적인 형태로 불만을 표출하기도 하였다. 그러나 그들의 의견이 수용되지 않고 오히려 수탈이 더 심화되자 점차 집단 항의 시위, 농민 봉기와 같은 적극적인 형태의 저항을 전개하였다.

시험 직전! 필수 암기

조선 중·후기의 민중 봉기

구분	임꺽정의 난	장길산의 난
시기	명종(16세기)	숙종(17세기)
활동 지역	황해도를 중심으로 경기·강원·평안·함경도 주변 지역	평안도 양덕 일대, 황해도 구월산 일대
내용	수취 제도의 문란으로 많은 농민들이 몰락하자 임꺽정(백정 출신) 등이 중심이 되어 전개	장길산(광대 출신)을 우두머리로, 서얼(이영창), 승려 세력과 함께 봉기하여 거사를 도모하려 함

확장개념

♀ 소청·괘서·벽서
· 소청: 억울한 일을 당한 자가 관청에 나아가 호소하는 것
· 괘서, 벽서: 조정에 대한 불만이나 억울한 일을 알리기 위해 여러 사람이 보는 곳에 몰래 붙이는 게시물

♀ 『정감록』
조선 중기 이후 민간에서 유행한 예언서로, 조선 왕조가 망하고 정씨 왕조가 나타나 계룡산을 수도로 하여 새로운 나라를 건국할 것이라는 내용을 담고 있다.

(3) 농민 봉기

구분	홍경래의 난	임술 농민 봉기
시기	순조, 1811년	철종, 1862년
배경	평안도 지역(서북민)에 대한 차별 대우(중앙 진출 제한, 상공업 활동 억압)	삼정의 문란(특히, 환곡의 폐단) + 경상 우병사 백낙신의 수탈
중심 세력	몰락 양반 홍경래의 지휘 + 영세 농민, 중소 상인, 광산 노동자 합세	몰락 양반 유계춘 중심
전개	처음 가산에서 봉기 → 청천강 이북 지역 장악 → 5개월 만에 관군에 의해 진압됨	경상도 단성 봉기에 자극 → 유계춘 중심으로 진주에서 봉기하며 진주성 점령 → 전국적 확산(함흥~제주)
결과	관리들의 부정과 탐학이 지속됨	박규수를 안핵사로 임명, 삼정이정청 설치(박규수 건의, 얼마 지나지 않아 폐지)

기출문장으로 출제 키워드 점검

01 조선 후기에는 (　　　), 토정비결 등 비기·도참에 따른 (　　　) 사상이 유행하였다.

02 지배층의 압제에 대한 조선 후기 농민의 저항은 (　　　), (　　　)의 형태에서 점차 농민 봉기로 변화되어 갔다.

03 홍경래의 난은 지배층의 수탈과 (　　　) 차별이 봉기 원인이었다.

04 임술 농민 봉기가 전국으로 확대되자 조선 정부는 농민들의 요구에 대응하여 (　　　)을 설치하였다.

[답]
01 정감록, 예언 02 벽서, 괘서 03 서북민
04 삼정이정청

1. 천주교의 전파

(1) **전파**: 중국에 다녀온 우리나라 사신들에 의해 학문(서학)으로 소개되었다(『지봉유설』).

(2) **확산**: 남인 계열 실학자(이가환 등)에 의해 신앙으로 수용(18세기 후반)되었고, 백성들 사이에서 인간 평등의 논리·내세 신앙의 교리에 대한 공감을 이끌며 점차 확산되었다.

(3) **탄압**

박해	시기	내용
을사 추조 적발 사건	정조(1785)	이승훈, 이벽 등이 김범우의 집에서 미사를 드리다가 발각된 사건으로, 김범우가 유배형에 처해짐(천주교에 관대)
신해박해	정조(1791)	진산 사건(윤지충이 모친의 신주를 불사르고 천주교식으로 장례를 치른 사건)을 일으킨 윤지충, 권상연 처형(2명만 처형, 대대적인 박해는 이루어지지 않음)
신유박해	순조(1801)	· 노론 벽파가 남인 시파 탄압 목적으로 정약용·정약전 형제를 비롯한 약 400명을 유배 보냄 · 중국인 신부 주문모와 이승훈, 정약종 등 처형 · 황사영 백서 사건으로 박해가 더욱 심화됨
기해박해	헌종(1839)	신자 색출을 위해 5가작통법 시행, 척사윤음을 반포, 정하상과 프랑스 신부들이 희생됨
병오박해	헌종(1846)	김대건 처형(한국인 최초의 천주교 신부)
병인박해	고종(1866)	남종삼 등 수천 명이 순교하였고, 병인양요의 원인이 됨

2. 동학의 발생

창시	철종 때 경주 지역 잔반 출신 최제우가 창시(1860)
성격	유교 + 불교 + 도교 + 천주교의 일부 교리 + 민간 신앙 융합
사상	평등 사상(시천주, 인내천 사상), 보국안민(반외세), 후천개벽(반봉건)
확산	민중들의 지지를 받으며 삼남 지방을 중심으로 확산됨
탄압	혹세무민이라는 죄목으로 1대 교주 최제우가 처형됨(1864)
교단 정비	2대 교주 최시형이 최제우가 지은 『동경대전』과 『용담유사』를 간행하여 교리를 정리하고 포접제를 통해 교단 조직을 정비함

시험 직전! 필수 암기

정약용과 정약전의 유배 생활
· 정약용: 전라도 강진에서 유배, 『경세유표』·『목민심서』 등 저술
· 정약전: 흑산도로 유배, 『자산어보』 저술

확장개념

천주교의 확산
1784년 이승훈이 최초로 베이징에서 서양인 신부에게 세례를 받고 돌아온 이후 천주교 포교 활동이 더욱 활발하게 전개되었다.

황사영 백서 사건(1801)
황사영(정약용의 조카 사위)이 신유박해가 일어나자 혹독한 박해의 전말 보고와 그 대책(프랑스 군대를 동원하여 신앙의 자유 확보 요구)을 흰 비단에 써서 베이징 주재 프랑스 주교에게 전달하려다 발각된 사건

『동경대전』과 『용담유사』

『동경대전』	· 동학의 한문 경전 · 「포덕문」, 「논학문」, 「수덕문」 등으로 구성
『용담유사』	· 한글 포교 가사집 · 「용담가」, 「안심가」, 「교훈가」 등으로 구성

기출문장으로 출제 키워드 점검

01 18세기 후반에 서울 부근의 일부 (　　　) 계열 학자는 천주교를 수용하였다.

02 조선 후기에 창시된 (　　　)은 삼남 일대의 농촌 사회를 중심으로 교세가 날로 확장되고, (　　)·(　　) 등의 교단 조직도 이루어졌다.

[답]
01 남인 02 동학, 포, 접

01 2020년 국가직 9급

(가), (나) 신분층에 대한 설명으로 옳지 않은 것은?

오래도록 막혀 있으면 반드시 터놓아야 하고, 원한 은 쌓이면 반드시 풀어야 하는 것이 하늘의 이치다. <u>(가)</u> 와과 <u>(나)</u> 에게 벼슬길이 막히게 된 것 은 우리나라의 편벽된 일로 이제 몇 백 년이 되었다. <u>(가)</u> 은/는 다행히 조정의 큰 성덕을 입어 문관은 승문원, 무관은 선전관에 임명되고 있다. 그런데도 우 리들 <u>(나)</u> 은/는 홀로 이 은혜를 함께 입지 못하니 어찌 탄식조차 없겠는가?

① (가)의 신분 상승 운동은 (나)에게 자극을 주었다.
② (가)는 수 차례에 걸친 집단 상소를 통해 관직 진출의 제 한을 없애 줄 것을 요구하였다.
③ (나)에 해당하는 인물로는 정조 때 규장각 검서관으로 등 용된 유득공, 박제가, 이덕무 등이 있다.
④ (나)는 주로 기술직에 종사하며 축적한 재산과 탄탄한 실 무 경력을 바탕으로 신분 상승을 추구하였다.

02 2016년 지방직 9급

다음 자료에 나타난 시기의 사회 모습에 대한 설명으로 옳은 것은?

옷차림은 신분의 귀천을 나타내는 것이다. 그런데 어 찌된 까닭인지 근래 이것이 문란해져 상민·천민들이 갓 을 쓰고 도포를 입는 것을 마치 조정의 관리나 선비와 같이 한다. 진실로 한심스럽기 짝이 없다. 심지어 시전 상인들이나 군역을 지는 상민들까지도 서로 양반이라 부른다.

① 불교의 신앙 조직인 향도가 널리 확산되었다.
② 서얼의 청요직 진출이 부분적으로 허용되었다.
③ 양민의 대다수를 차지한 농민을 백정(白丁)이라고 하였다.
④ 선현 봉사(奉祀)와 교육을 위한 서원이 설립되기 시작 하였다.

03 2020년 법원직 9급

<표>와 같은 변화가 나타나게 된 원인에 대한 탐구 활동 으로 옳은 것을 <보기>에서 모두 고른 것은?

<표>
(단위: %)

시기	양반 호	상민 호	노비 호	합계
1729년	26.29	59.78	13.93	100
1765년	40.98	57.01	2.01	100
1804년	53.47	45.61	0.92	100
1867년	65.48	33.96	0.56	100

보기
㉠ 납속의 혜택에 대하여 조사해본다.
㉡ 공명첩을 구입한 사람들의 신분을 조사해본다.
㉢ 선무군관포의 부과 대상에 대하여 조사해본다.
㉣ 서원 숫자의 변화를 조사해본다.

① ㉠, ㉡   ② ㉠, ㉢
③ ㉡, ㉢   ④ ㉡, ㉣

04 2018년 법원직 9급

다음 사회 현상에 대한 설명으로 옳지 않은 것은?

영덕의 오래된 가문은 모두 남인이며, 이른바 신향 (新鄕)은 모두 서리와 품관의 자손으로 자칭 서인이라 고 하는 자들이다. 근래 신향이 향교를 주관하면서 구향 (舊鄕)과 마찰을 빚었다.
– 『승정원일기』

① 부농층은 수령과 결탁하여 향안에 이름을 올렸다.
② 수령과 결탁한 부농층은 향촌 사회를 완전히 장악하였다.
③ 향전은 수령과 향리의 권한이 강해지는 결과를 가져왔다.
④ 세도 정치 아래에서 농민 수탈이 극심해지는 배경이 되 었다.

05 2020년 국가직 9급

다음 사실이 있었던 시기의 향촌 사회에 대한 설명으로 옳지 않은 것은?

> 황해도 봉산 사람 이극천이 향전(鄕戰) 때문에 투서하여 그와 알력이 있는 사람들을 무고하였는데, 내용이 감히 말할 수 없는 문제에 저촉되었다.

① 향전의 전개 속에서 수령의 권한이 강화되었다.

② 신향층은 수령과 그를 보좌하는 향리층과 결탁하였다.

③ 수령은 경재소와 유향소를 연결하여 지방 통치를 강화하였다.

④ 재지 사족은 동계와 동약을 통해 향촌 사회에 대한 영향력을 유지하려 하였다.

06 2016년 국가직 9급

다음 자료와 같은 현상이 나타난 시기의 사회 모습에 대한 설명으로 옳지 않은 것은?

> 근래 세상의 도리가 점점 썩어가서 돈 있고 힘 있는 백성들이 갖은 방법으로 군역을 회피하고 있다. 간사한 아전과 한통 속이 되어 뇌물을 쓰고 호적을 위조하여 유학(幼學)이라 칭하면서 면역하거나 다른 고을로 옮겨 가서 스스로 양반 행세를 하기도 한다. 호적이 밝지 못하고 명분의 문란함이 지금보다 심한 적이 없다.
> – 『일성록』

① 사족들이 형성한 동족 마을이 증가하였다.

② 향회가 수령의 부세 자문 기구로 변질되었다.

③ 유향소를 통제하기 위하여 경재소가 설치되었다.

④ 부농층이 관권과 결탁하여 향임직에 진출하였다.

07 2017년 국가직 7급(8월 시행)

다음 글에 나타난 '무리들'에 대한 설명으로 옳은 것은?

> 그 무리들이 번성한 지 벌써 십 년이 지났으나 아직 잡지 못하고 있다. 지난 번 양덕에서 군사를 징발하여 그 무리들을 체포하려고 포위하였지만 끝내 잡지 못하였으니 역시 그 음흉함을 알 만하다. 지금 이영창의 심문 기록을 살펴보니 더욱 통탄스럽다.

① 양주 백정 출신인 임꺽정을 중심으로 황해도에서 활동하였다.

② 장길산을 우두머리로 하여 황해도와 평안도 등지에서 활동하였다.

③ 실존 인물인 홍길동이 이 집단의 우두머리로 충청도에서 활동하였다.

④ 몰락 양반인 홍경래를 중심으로 영세농과 광산 노동자 등이 가세하였다.

08 2019년 지방직 9급

조선 후기 서학과 관련한 설명으로 옳지 않은 것은?

① 이승훈이 북경에서 영세를 받았다.

② 윤지충 사건을 계기로 하여 기해박해가 일어났다.

③ 안정복이 천주교를 비판하는 『천학문답』을 저술하였다.

④ 최초의 한국인 신부 김대건이 귀국하여 포교 중 순교하였다.

정답 및 해설 p. 289

근대의 사회

압축개념

01 사회 구조의 변화

최근 7개년 1회 출제!
2022년 서울시 9급(2월)

1. 평등 사회로의 이행

연도	내용
1884	갑신정변: 문벌 폐지·인민 평등권 확립·능력에 따른 관리 등용 주장
1886	노비 세습제 폐지
1894	·동학 농민 운동: 노비 문서 소각·칠반 천인 차별 개선·과부의 재가 허용 등 주장 ·갑오개혁: 동학 농민군의 요구가 일부 수용됨, 신분제 폐지(법제적), 봉건적 악습 타파, 노비제·과거제 폐지
1896	아관 파천 시기: 호구 조사 규칙 반포(호적에 신분을 적는 난 삭제, 직업 표기)
1897	독립 협회의 민중 계몽 운동 전개 → 민권 의식과 평등 의식 성장에 기여

2. 민권 운동의 전개

동학 농민 운동	·아래로부터의 사회 개혁 운동으로 전통적 신분 사회 붕괴에 기여 ·근대적인 사회의식 결여
갑오개혁	·봉건적 신분제 타파로 근대적 평등 사회의 법제적 기틀 마련 ·토지·조세 개혁이 미흡하여 민중의 지지가 결여
독립 협회	·근대적 국권·민권 사상을 보급하기 위해 자유 민권 운동과 참정권 운동 전개 ·민중 계몽 운동을 실시하였고, 이후 애국 계몽 운동으로 계승됨
애국 계몽 운동	·국민의 근대 의식과 민족의식 고취 ·민주주의 사상의 진전

3. 의식의 변화

(1) 국채 보상 운동 – 민중 의식의 성장

내용	일본의 차관을 갚기 위해 전국적으로 전개되었고, 각계각층의 사람이 동참하였음
의의	서로의 차이를 넘어 하나의 국민이라는 의식을 가지게 하는 계기가 됨

(2) 의병 운동 – 신분 의식 극복

내용	전국 각지에서 일어난 의병에는 평민층의 참여뿐만 아니라, 평민 출신의 의병장이 등장하여 활약하였음(을사의병, 신돌석)
의의	신분 의식 극복에 크게 기여함

(3) 여성 단체·교육 기관 설립 – 여성 의식 변화

내용	개항 이후 남녀 평등 의식의 확산과 함께 여성 교육의 중요성이 강조되면서 찬양회, 순성 여학교 등과 같은 여성 단체 및 교육 기관들이 설립되었고, 이들 단체·기관이 여권 신장을 위해 노력
의의	여성에 대한 의식이 변화되어 여성의 사회적 지위가 상승

확장개념

♀ 호구 조사 규칙(1896)

변경 전	변경 후
3년마다 시행	매년 시행
신분, 성명, 연령, 본관 기재	직업, 성명, 연령, 본관 기재
호주, 호수 병용	호주 채택

♀ 찬양회(1898)
· 독립 협회의 영향을 받아 서울의 북촌에 거주하던 부인들을 중심으로 조직
· 독립신문과 황성신문에 여성의 참정권·직업권·교육권 등을 주장하는 여권(여성) 통문 발표
· 여성 계몽을 위한 연설회와 토론회 개최
· 순성 여학교 설립(1899)

기출문장으로 출제 키워드 점검

01 동학 농민 운동은 (   )의 대우를 개선하고, 청춘 과부의 재가를 허락하는 등 (   ) 개혁을 추구하였다.

02 (   )는 자유 민권 운동과 국민 참정권 운동을 전개하였다.

03 (   )의병에는 평민 출신 의병장 (   )이 처음으로 등장하여 강원도·경상도의 해안 지역을 무대로 활약하였다.

04 (   )는 독립신문과 황성신문에 여성의 참정권, 직업권, 교육권을 주장하는 여성 통문을 발표하였다.

[답]
01 칠반 천인, 반봉건적 02 독립 협회 03 을사, 신돌석
04 찬양회

02 의식주 생활의 변화

1. 의생활의 변화

(1) **배경**: 개항 이후, 양복이 소개되면서 의생활의 본격적인 변화가 시작되었다.

(2) **내용**

예복	갑오개혁 이후 관복의 간소화, 1900년 이후 문관 예복이 양복으로 바뀜
남성 복장	일부 상류층과 개화 인사들의 단발 및 양장(양복·구두 등) 차림, 저고리 위에 마고자와 조끼를 입기도 하였음
여성 복장	대부분 전통적인 치마와 저고리를 입었음, 여학생과 신여성의 복장은 활동성을 추구하여 간소화·개량화됨

2. 식생활의 변화

(1) **배경**: 외국과의 교류가 활발해짐에 따라 외국의 여러 음식 문화가 유입되었다.

(2) **내용**: 독상 대신 겸상 혹은 두레상이 보급되었고, 궁중과 일부 상류층에는 서양 식품(커피, 홍차, 빵)과 서양식 식문화가 유입되었다.

(3) **영향**: 외래 음식과의 접촉에 따른 식생활 변화는 있었으나 일반 서민의 음식까지는 영향을 주지 못하였다.

3. 주생활의 변화

(1) **배경**: 개항 이후 가옥의 규모, 건축 양식의 제한, 성별에 따른 공간 구별 등이 철폐되면서 신분에 따라 제한을 받던 주택 문화도 변화하였다.

(2) **내용**

근대 건축물	· 1890년대: 독립문(1897), 명동 성당(1898, 고딕 양식) · 1900년대: 손탁 호텔(1902), 원각사(1908), 덕수궁 석조전(1910, 르네상스 양식)
주택	1890년대 이후 민간에서도 한옥과 양옥을 절충한 주택을 짓기 시작함

확장개념

📍 손탁 호텔(1902)
· 독일 여성 손탁이 세운 서양식 호텔로, 지금의 서울특별시 중구 정동에 위치
· 개화파 정치인과 서구 외교관들의 친목 모임인 정동 구락부가 이곳에서 모임을 가지기도 함

기출문장으로 출제 키워드 점검

01 근대 시기의 서울에는 (　　　　)과 덕수궁 석조전과 같은 서양식 건축물이 세워졌다.

[답]
01 명동 성당

03 국외 이주 동포들의 생활

간도 지역	· 19세기 후반부터 가난을 피해 함경도·평안도 주민들이 간도 지역으로 이주 · 한인 집단촌인 명동촌, 용정촌 등 형성 · 국권 피탈 이후 독립운동의 전초 기지로 이용됨
연해주 지역	· 러시아가 연해주 개발을 위해 한인들의 이주를 장려 · 한인 집단촌인 신한촌 형성, 해조신문 발행 · 국권 피탈 이후 독립운동 기지화
미주 지역	· 배경: 하와이 사탕수수 경작자 협회가 노동력 확보를 위해 농업 이민 요청, 1901~1902년에 대한 제국에 대기근 발생으로 경제적 어려움 발생 · 알렌의 주선으로 하와이 이민 사업 실시(1902, 1903 하와이 도착) · 하와이(대한 제국 최초의 공식적 이민지)의 이주민은 대부분 사탕수수 농장 노동자로 생활 · 미국 본토의 이주민은 철도 공사, 개간 사업 등을 전개 · 일부는 멕시코, 쿠바 등지로 이주 · 미주 지역의 한인 단체들이 연합하여 대한인 국민회 결성(1910)

확장개념

📍 하와이 이민
· 부녀자 이민: 초기 이주 노동자의 대부분이 독신 남자였기 때문에 사진 교환을 통해 결혼하는 이른바 사진 결혼에 의한 부녀자 이민도 이루어졌다.
· 한인 사회 형성: 이주민들은 학교, 교회 등을 세워 한인 사회를 형성하였으며, 한인합성협회 등 항일 운동 단체도 결성하였다.

기출문장으로 출제 키워드 점검

01 (　　　　)로 이주한 한인들은 독립운동 기지를 건설하고 해조신문을 발행하였다.

[답]
01 연해주

06 일제 강점기의 사회

1. 사회적 민족 운동의 배경

(1) 3·1 운동: 3·1 운동으로 민족의식이 고양되었고, 민중의 의식이 성장하였다. 이로 인해 민족 운동에 있어 학생·청년은 물론 여성, 노동자, 농민 등 사회적 차별을 받던 계층의 역할이 새롭게 부각되었다.

(2) 사회주의 사상의 확산: 3·1 운동 이후 사회주의 사상이 유입·확산되면서 부르주아 세력과 일제에 대한 저항 의식이 고취되었다.

2. 사회적 민족 운동의 전개

(1) 청년 운동

특징	계몽 운동(강연회·토론회), 항일 투쟁(동맹 휴학·시위) 등의 형태로 표출
단체	조선 청년 연합회(1920, 물산 장려 운동 참여), 서울 청년회(1921, 사회주의 단체), 조선 청년 총동맹(1924, 민족주의와 사회주의 연합 단체)

(2) 소년 운동

배경	1920년대 이후 아동 노동자 수 증가
단체	천도교 소년회(1921)가 조직되어 방정환(회장)을 중심으로 어린이날 제정(1923. 5. 1.), 잡지 『어린이』 발간(1923), 색동회(1923) 조직

(3) 형평 운동

배경	갑오개혁 이후 신분제는 법적으로 철폐되었으나 백정에 대한 사회적 차별이 여전히 존재(호적에 '도한'이라고 기록하거나 붉은 점 표시, 백정 자녀의 보통학교 입학 통지서에 신분 기재)
단체	조선 형평사(1923, 진주에서 이학찬이 조직, 전국 회원 수 40만, 전국에 지부 설치, 1925년에 본부를 서울로 이전)
활동	사회적 차별 철폐를 요구하는 신분 해방 운동 전개
변질	일제의 탄압으로 인해 대동사로 개칭(1935)되면서 친일 단체로 변질됨

(4) 여성 운동

배경	신교육을 받은 여성들이 증가하면서 여성의 사회의식이 성장함
단체	· 조선 여자 교육회(1920), 조선 여자 기독교 청년회(1922): 1920년대 초반에 문맹 퇴치, 구습 타파, 생활 개선 운동 전개 · 조선 여성 동우회(1924) 사회주의의 영향을 받은 단체로 여성의 단결과 훈련을 통한 여성 해방 운동을 전개 · 근우회(1927): 여성계 민족 유일당 단체, 기관지 『근우』 발간, 여성 계몽 운동과 신생활 운동 전개, 신간회의 자매 단체였으며 신간회가 해소된 이후 약화·해체(1931)

시험 직전! 필수 암기

일제의 사회적 민족 운동 탄압
· 조선 공산당 사건: 일제가 1925년부터 네 차례에 걸쳐 치안 유지법을 적용하여 조선 공산당의 주요 인사를 검거한 사건
· 소년 운동 탄압: 1930년대에 소년 운동을 애국 운동으로 간주하여 탄압, 중·일 전쟁 이후 완전히 금지함
· 수양 동우회 사건(1937): 흥사단 계열의 민족 운동 단체인 수양 동우회(1926) 소속 지식인들에게 치안 유지법을 적용하여 검거한 사건, 이 사건을 계기로 중심 인물이었던 이광수 등이 친일파로 전향

확장개념

♀ 사회주의 사상의 확산
1920년대 전반에 서울 청년회, 화요회, 북풍회 등 다양한 사회주의 단체가 결성되었으며, 1925년에는 김재봉을 중심으로 사회주의 단체를 통합한 조선 공산당이 비밀리에 조직되었다.

♀ 근우회 행동 강령
· 여성에 대한 사회적·법률적 일체의 차별 철폐
· 일제의 봉건적인 인습과 미신 타파
· 조혼 폐지 및 결혼의 자유
· 인신매매 및 공창(公娼) 폐지
· 부인 노동의 임금 차별 철폐 및 산전·산후 임금 지급
· 부인과 소년공의 위험 노동 및 야근 폐지

기출문장으로 출제 키워드 점검

01 일제 강점기 총독부는 (   ) 출신을 호적에 도한으로 써 넣거나 붉은 점을 찍어 차별하였다.

02 일제 강점기에 백정들은 자신들에 대한 신분 차별과 멸시를 타파하려고 진주에서 (   )를 조직하였다.

03 1927년에 조직된 (   )는 여성의 지위 향상과 생활 개선 등을 행동 강령으로 삼았다.

[답]
01 백정 02 조선 형평사 03 근우회

02 일제 강점기의 민족 교육 운동

1. 민족 교육 운동의 배경

문화 통치가 실시된 1920년대에 제2차 조선 교육령(1922)이 공포되는 등 일제의 교육에 대한 탄압이 완화되면서 민족 교육 운동이 활발하게 전개되었다.

2. 민립 대학 설립 운동

배경	· 3·1 운동 이후 민족주의자들을 중심으로 실력 양성 운동 전개 → 한규설, 이상재, 이승훈 등이 중심이 되어 조선 교육회 결성(1920) · 일제의 식민지 차별 교육에 대항하여 한국인 본위의 고등 교육 기관 설립의 필요성 대두 · 일제가 제2차 조선 교육령(1922)을 통해 대학 설립에 대한 규정 신설
전개	조선 교육회의 주도로 조선 민립 대학 기성회 설립(1923), 한국인 본위의 고등 교육 기관 설립을 주장 → '한민족 1천만이 한 사람이 1원씩'이라는 구호를 제창하며 민립 대학 설립을 위한 강연회와 모금 운동 전개 → 전국적인 모금 운동으로 확산되었으며, 해외에서도 모금 운동 전개
결과	· 거듭된 가뭄과 수해로 모금 운동 부진 · 일제의 탄압: 민립 대학 기성회에 대한 감시 강화, 강연회 강제 중단, 경성 제국 대학을 설립(1924)하여 여론을 무마함

3. 문맹 퇴치 운동

(1) 배경: 일제의 우민화 교육으로 한국인의 문맹률이 증가한 상황에서 농촌 계몽 운동에 대한 관심이 증가하였다.

(2) 문맹 퇴치 운동의 전개

① 야학 운동

배경	일제의 탄압으로 사립 학교와 개량 서당이 감소하였으며, 공립 보통 학교는 학생 수용 능력이 부족하였음
전개	· 학생·지식인을 중심으로 야학 설립 · 농민, 노동자, 도시 빈민의 자녀, 일반 성인 등을 대상으로, 국어와 역사, 지리 교육을 우리말로 전개, 노동자의 계급 의식 고취 → 소작 쟁의와 노동 쟁의에 영향을 미침
일제의 탄압	일제의 탄압이 강화되어 점차 쇠퇴

② 농촌 계몽 운동

문자 보급 운동 (1929~1934)	· 조선일보의 주도로 '아는 것이 힘, 배워야 산다!'라는 표어 아래 전개된 농촌 계몽 운동 · 한글 교재인 『한글원본』 간행·보급, 귀향 학생들이 농촌에서 한글 교육
브나로드 운동 (1931~1934)	· 동아일보의 주도로 '배우자! 가르치자! 다함께! 브나로드!'라는 표어 아래 전개된 농촌 계몽 운동 · 귀향 학생들을 중심으로 한글 교육과 구습 제거·미신 타파 등의 계몽 운동 전개

③ 조선어 학회의 활동: 조선어 학회가 문자 보급 운동의 교재를 편집·보급하고, 전국을 순회하며 한글 강습회를 개최하였다.

(3) 결과: 언론계와 학생들의 주도하에 전개된 문맹 퇴치 운동은 한글 보급뿐만 아니라 민족 의식 고취에도 영향을 주었기 때문에 결국 조선 총독부의 문맹 퇴치 운동 금지령(1935)으로 강제 중단되었다.

확장개념

경성 제국 대학

설립 목적	조선인을 위한 대학 설립 주장을 무마하기 위하여 경성 제국 대학 설립
학부 구성	· 조선의 자립의식과 독립의식을 고양시킬 수 있는 정치, 경제, 이공 등의 학부는 설치되지 않음 · 일제의 식민 통치에 이용할 수 있는 법문학부·의학부만 설치
학생 비율	교수와 학생의 구성에서 차별을 두어 전교생 중 6% 이내만 조선 학생이었음

브나로드

브나로드란 '민중 속으로'라는 뜻을 가진 러시아어로 1870년대 러시아에서 지식 계층이 민중 계몽 운동을 위하여 내세운 슬로건이다.

기출문장으로 출제 키워드 점검

01 1920년대에는 한규설, 이상재 등의 주도로 (   )이 일어났으나, 일제의 탄압으로 성공하지 못했다.

[답]
01 민립 대학 설립 운동

1. 농민 운동의 전개

배경	식민지 지주제가 강화되고 일제의 수탈이 심화됨, 3·1 운동 이후 농민의 의식이 성장함
1920년대	• 소작료 인하, 소작권 이동 반대 등 농민의 경제적 권익 투쟁 중심으로 전개, 소작료 납부 거부 투쟁 등의 형태로 전개 • 암태도 소작 쟁의(1923) – 전개: 암태도(전남 신안)의 소작인들이 1여 년간 지주 문재철과 그를 비호하는 일제에 대항하여 소작인회를 조직하고 소작료 인하를 요구 – 결과: 소작인들의 소작료 인하 요구 관철 • 전국적인 농민 운동 단체인 조선 농민 총동맹 조직(1927) • 불이흥업 서선 농장 소작 쟁의(1926~1931)
1930년대	• 토지의 분배와 식민지 지주제 철폐 등을 요구하며 일제의 식민지 수탈 정책 비판 → 정치 투쟁의 성격 강화, 일본 제국주의 타도 주장 • 사회주의와 연계된 비합법적·혁명적 적색 농민 조합 운동 전개 → 소작인 뿐만 아니라 전체 농민을 포괄하는 농민 조합 결성 • 단천 농민 투쟁(1930), 정평 농민 시위 등 • 일제의 회유책: 소작 쟁의를 막기 위해 조선 소작 조정령(1932), 조선 농지령(1934) 등을 제정

2. 노동 운동의 전개

배경	• 회사령 철폐로 공장 설립 증가 → 노동자 수 증가 • 저임금·장시간 노동과 민족 차별로 노동자의 불만 고조 • 1920년대 사회주의의 확산으로 노동자의 계급 의식 향상
1920년대	• 주로 임금 인상, 노동 조건 개선 등을 요구하는 생존권 투쟁, 단식 투쟁(아사동맹)의 형태로 전개 • 전국적인 노동 운동 단체인 조선 노동 총동맹 조직(1927) • 원산 노동자 총파업(1929) – 배경: 한 석유 회사의 일본인 감독이 조선인 노동자를 폭행 – 전개: 3천여 명의 노동자가 근로 조건의 개선 등을 요구하며 노동 쟁의 전개 → 프랑스, 소련 등 해외 노동 단체의 후원 – 의의: 일제 강점기 최대 규모의 노동 쟁의이자 반제국주의 노동 투쟁
1930년대	• 경제 공황 등으로 인한 노동 조건 악화로 노동 운동의 급진화 → 일본 제국주의 타도, 노동자·농민의 정부 수립 등을 주장 • 사회주의와 연계된 비합법적·혁명적 적색 노동 조합 운동 전개(지하 조직화) • 신흥 탄광 노동자 투쟁(1930), 평원 고무 공장 노동자 파업(1931)

시험 직전! 암기

농민·노동 운동 단체의 조직·분화

조선 노동 공제회
(1920. 4.)

조선 노동 연맹회 (1922. 10.) / 조선 노동 공제회 (1922. 10.)

조선 노농 총동맹
(1924. 4.)

조선 노동 총동맹 (1927. 9.) / 조선 농민 총동맹 (1927. 9.)

[확장개념]

◎ 단천 농민 투쟁
• 배경: 일제가 1920년대 중반 이후 농민에게 강제로 삼림 조합에 가입하게 하여 조합비를 부과하고, 삼림 이용시 수수료 징수
• 전개: 1930년에 함남 단천에서 농민들이 삼림 조합 강제 가입 등을 반대하며 면사무소 등 관공서를 습격하고, 시위 전개

◎ 평원 고무 공장 노동자 파업
• 1931년에 평원 고무 공장의 노동자들이 일방적인 임금 삭감에 항의하며 파업
• 여성 노동자 강주룡이 평양 을밀대에 올라가 '여성 해방, 노동 해방' 등을 주장

기출문장으로 출제 키워드 점검

01 1920년대 초기 소작 쟁의의 요구 사항은 주로 (   ) 이동 반대, (   ) 인하 등이었다.

02 1920년대 노동 운동 중에서 가장 규모가 큰 투쟁은 (   )이었다.

[답]
01 소작권, 소작료 02 원산 노동자 총파업

최근 7개년 **1회 출제!**
2018년 국가직 9급

1. 일제 강점기 서울의 모습

(1) 식민지 도시화: 경복궁 등의 전통 건물이 훼손되고, 총독부, 학교 등이 설립되었다.

(2) 이중적인 도시 모습 형성

① 북촌: 청계천 북쪽의 북촌이 한국인 거리로서 명맥을 유지하였다.

② 남촌: 청계천 남쪽의 일본인 거리인 남촌은 관공서, 백화점 등이 설립된 서울의 중심지였다. 1930년대에는 충무로, 명동, 을지로 등에 일본인 거주지가 형성되었다.

[확장개념]

◎ 일제 강점기의 백화점
서울 명동에 일본의 미쓰코시 백화점(1930)이 설립되었고, 종로에는 한국인 박흥식에 의해 화신 백화점(1931)이 설립되었다.

2. 생활 양식의 변화

(1) 의생활의 변화

① 소비 문화의 확산과 대중 문화의 형성

배경	1920년대 공업화와 도시화가 진행 → 도시를 중심으로 소비 문화가 확산되고, 대중 문화가 형성됨
내용	• 서양식 옷차림의 '모던 보이'와 '모던 걸' 등장 • 1920년대에 신여성의 상징으로 단발머리가 유행 • 『신여성』(1923), 『별건곤』(1926), 『삼천리』(1929) 등의 잡지가 창간되어 새로운 패션이나 화장법을 소개하여 유행을 선도

② 전시 체제 이후: 일제는 전시 복장으로 남성에게는 간소화된 국민복을, 여성에게는 몸뻬를 입도록 강요하였다.

(2) 주택의 변화

① 도시의 주택

1920년대	장식적 요소가 가미된 도시형 상품 주택인 개량 한옥이 지어졌으며, 중류층을 중심으로 유행함
1930년대	• 상류층을 위한 2층 양옥인 문화 주택 유행 • 문화 주택에는 전통 주거 공간에서 보기 힘든 복도, 응접실과 침실, 아이들 방 등의 개인 독립 공간이 있었음
1940년대	• 도시 서민의 주택난 해결을 위한 국민 연립 주택인 영단 주택 등장 • 영단 주택은 일본식 다다미와 한국식 온돌 등이 혼용된 대규모 공공 주택이었음

② 도시 외곽: 도시 외곽에는 빈민들이 토막집을 짓고 모여사는 토막촌이 형성되었으며, 산미 증식 계획 시행 이후 토막민의 수가 급증하였다.

(3) 규칙 및 법령의 제정

조선 민사령 시행	• 조선 민사령 시행(1912): 일본의 민법을 한국인에게도 적용 • 1939년에 조선 민사령을 개정하여 창씨개명 정책을 실시(1940)

[확장개념]

♀『별건곤』에 묘사된 1920년대 패션 [기출사료]

혈색 좋은 흰 피부가 드러날 만큼 반짝거리는 엷은 양말에, 금방 발목이나 삐지 않을까 보기에도 조마조마한 구두 뒤로 몸을 고이고, 스커트 자락이 비칠 듯 말 듯한 정강이를 지나는 외투에 단발 혹은 미미가쿠시(당시 유행하던 머리 모양)에다가 모자를 푹 눌러 쓴 모양 …… 분길 같은 손에 경복궁 기둥 같은 단장을 휘두르면서 두툼한 각테 안경, 펑퍼짐한 모자, 코 높은 구두를 신고

– 『별건곤』 모년 12월호

♀ 개량 한옥

개량 한옥은 전통 한옥과 달리 사랑채가 생략되고, 대청마루에 유리문이 설치되었으며, 문간방이 있었다.

♀ 토막집

토막집은 맨땅 위에 자리를 깔고 짚이나 거적때기로 지붕과 출입구를 만든 원시적인 움막집이다.

기출문장으로 출제 키워드 점검

01 1920년대에 발행된 (   ), (   ) 등의 잡지는 새로운 패션이나 화장법을 소개하여 유행을 이끌었다.

02 일제 강점기에 (   )를 입은 여성들이 근로 보국대에서 강제 노동을 하였다.

03 일제 강점기에 도시 외곽의 (   )에는 빈민이 살았다.

[답]
01 신여성, 삼천리 02 몸뻬 03 토막촌

---

05 국외 이주 동포의 활동과 시련

지역	활동	시련
만주	• 독립운동 기지 건설 • 무장 투쟁 전개(봉오동 전투, 청산리 전투 등)	• 간도 참변(1920) • 만보산 사건(1931)
연해주	• 블라디보스토크의 신한촌(한인 집단촌)을 중심으로 독립운동 전개 • 독립운동 단체 조직(대한 광복군 정부, 대한 국민 의회)	• 자유시 참변(1921) • 중앙아시아 강제 이주(1937)
일본	• 19세기 말 유학생·정치적 망명자들이 이주 • 국권 피탈 이후 농민들이 이주하여 산업 노동자로 취업	관동 대학살(1923)
미주	• 20세기 초 대한 제국 정부의 공식 해외 이주(1902) • 하와이 사탕수수·파인애플 농장이나 공사장 등의 노동자로 생활 • 한인 사회 형성(대한인 국민회, 한인합성협회 등)	16시간 이상의 가혹한 노동, 저임금

[확장개념]

♀ 만보산 사건

1931년에 중국 길림성 장춘현의 만보산 지역에서 중국인 농민과 우리나라 농민 간에 수로 문제를 둘러싸고 일어난 유혈 충돌 사건으로, 일제는 이를 악의적으로 과장 보도하여 우리나라와 중국 간의 관계를 이간질하였다.

♀ 중앙아시아 강제 이주

소련과 일본 간에 전쟁이 일어나면 한국인들이 일본을 지원할 것이라고 여긴 소련은 연해주 지역의 한국인 수십만 명을 중앙아시아로 강제 이주시켰다(1937).

기출문장으로 출제 키워드 점검

01 일본군이 1920년에 만주에서 (   )을 일으켜 우리 동포를 학살하였다.

[답]
01 간도 참변

07 현대의 사회

압축개념
01 현대 사회의 변화

최근 7개년 **1회 출제!**
2019년 기상직 9급

1. 인구의 변화

6·25 전쟁 직후	베이비 붐으로 출산율 증가
1960~1980년대	· 정부의 가족 계획 사업으로 출산율 감소 · 핵가족화 진전, 남녀 성차별 둔화
1990년대	낮은 출산, 낮은 사망으로 인구 비율 안정
2000년대	저출산·고령화 사회에 진입, 노인 문제 대두 → 출산 장려 정책

2. 산업화와 도시화

(1) 산업 사회로의 변화

① **시기**: 1960년대에 공업 위주의 경제 개발 정책이 본격적으로 추진되면서 농업 사회에서 산업 사회로 변화되었다.

② **영향**: 농촌 사람들이 일자리를 찾아 대도시나 신흥 산업 도시로 나아가 농업 인구가 감소하였고 공업·서비스업 종사자가 증가하면서 도시의 인구가 급팽창하였다.

(2) 문제점

① **공동체 의식의 약화**: 도시로 이주한 가족은 대부분 핵가족 형태로 이루어져 공동체 의식이 약화되었다.

② **물질 만능주의 팽배**: 개인주의와 물질적 가치가 정신적 가치보다 우선시되는 물질 만능주의가 팽배해졌다.

③ **도시 문제의 발생**: 도시 인구 급증으로 주택난과 실업 문제 등이 발생하였다. 도시 문제를 보여주는 사건으로는 와우 아파트 붕괴 사고(1970)와 광주 대단지 사건(1971)이 있다.

3. 농촌 사회의 변화와 농업 정책

(1) 농촌 사회의 변화: 농업 인구의 감소와 산업화의 진전 등으로 인해 도시와 농촌 간의 소득 격차가 커졌고, 이로 인해 청장년층의 도시 이주가 증가하였다(이농 현상).

(2) 농업 정책

1960년대	정부는 4H 운동을 확대하였음
1970년대	· 쌀의 자급자족이 가능해졌음 · 새마을 운동: 1970년부터 시작된 새마을 운동으로 농민은 원예, 축산 등 영농의 다각화 시도 · 주곡 자급 정책: 1970년대 초반에 유신벼와 통일벼 등 다수확 품종의 벼 종자 도입
1980년대	대외 경제 개방 정책으로 대부분의 농산물 수입이 개방됨에 따라 농촌 경제가 타격을 받았음
1990년대	· 농산물 시장 개방에 이어 쌀 시장이 개방되었음 · 정부의 농촌 지원 대책에도 농촌의 상황은 더욱 악화되었음

확장개념

시기별 인구 정책 표어

시기	표어
1950년대	3남 2녀로 5명은 낳아야죠.
1960년대	많이 낳아 고생 말고 적게 낳아 잘 키우자, 덮어 놓고 낳다 보면 거지꼴을 못 면한다.
1970년대	딸 아들 구별 말고 둘만 낳아 잘 기르자.
1980년대	둘도 많다!, 잘 키운 딸 하나 열 아들 안 부럽다.
1990년대	선생님! 착한 일 하면 여자 짝꿍 시켜주나요.
2000년대	아빠, 혼자는 싫어요. 엄마, 저도 동생을 갖고 싶어요.

와우 아파트 붕괴 사고(1970)
1970년 4월 서울시의 와우 지구 시민 아파트 한 동이 붕괴되어 인명 사고가 일어났다. 와우 아파트는 당시 서울시의 인구가 급증하고 무허가 주택이 난립하는 것에 대한 대책으로 서민용 아파트를 보급하여 도시 문제를 해결하고자 건립된 것이었으나, 전시 행정, 부정부패, 부실 공사 등으로 인해 붕괴되었다.

광주 대단지 사건
서울시의 광주 대단지(현 성남시) 조성 계획으로 광주 대단지에 이주한 주민들에게 서울시가 보상 약속을 시행하지 않고, 오히려 각종 세금을 부과하자 이주민들이 반발하여 광주 대단지 전역을 장악한 사건(1971)이다.

4H 운동
· 1947년부터 낙후된 농촌의 생활 향상과 기술 개량을 도모하고 청소년들을 고무하기 위해 시작된 운동
· 4H는 지성(head)·덕성(heart)·근로(hand)·건강(health)을 뜻함

새마을 운동 기록물
2013년 새마을 운동 기록물이 유네스코 세계 기록유산에 등재되었다.

기출문장으로 출제 키워드 점검

01 1960년대에는 (   )이 대규모로 진행되면서 도시 빈민들의 문제가 커지고 있었다.

[답]
01 이농

02 사회 문제 해결을 위한 노력

1. 노동 운동

(1) **배경**: 산업화 초기에 낮은 임금과 열악한 노동 환경, 노동 3권의 유명무실화 등으로 노동자들의 고통이 심화되었다.

(2) **전개**

1970년대	· 전태일 분신 사건(1970) 이후 노동 운동이 본격적으로 전개됨 · YH 무역 사건(1979)이 발생하였고, 이 사건은 유신 체제 몰락의 계기가 됨
1980년대	· 노동자들의 생존권 요구 투쟁이 민주화 운동의 일환으로 전개 · 1987년 6월 민주 항쟁 이후 노동 조합 결성이 확산되었음 · 대기업 노동 조합 결성 본격화, 전교조 결성(1989, 합법화: 1999)
1990년대	· 정부의 국제 노동 기구(ILO) 가입(1991) · 민주 노총(전국 민주 노동 조합 총연맹) 결성(1995) · 노사정 위원회 설립(1998)

2. 시민 운동

(1) **배경**: 1980년대 후반 민주화의 진전과 경제 발전으로 중산층이 형성되었다. 또한 1987년 6월 민주 항쟁 이후 사회의 다양화, 환경의 위기 등으로 시민 운동 단체(NGO)가 증가하였다.

(2) **활동**: 중산층의 주도로 여러 시민 단체가 조직되어 사회 개혁, 복지, 환경, 여성 문제 등 다양한 분야의 사회 문제가 제기되었다. 대표적인 시민 단체로는 경제 정의 실천 연합(경실련), 참여 연대, 환경 운동 연합 등이 있다.

3. 여성 운동

(1) **배경**: 여성 취업 인구 증가, 여성의 경제 활동 참여 증가로 여성의 사회적 위상이 높아졌음에도 불구하고 부계 혈통의 호주제, 여성 노동자의 저임금·고용 불안·승진 차별 등 여성 차별이 잔재하였다.

(2) **내용**

1970년대 이후	· 성 차별 폐지에 주력하여 남아 선호 사상과 가부장제 등을 배격 · 가족법 개정 등을 도모
1980년대 이후	· 남녀 고용 평등법(1987) 제정 · 가족법 개정(1989, 1991년 시행) · 여성부 신설(2001) → 여성 가족부 개편(2005) · 성매매 금지법 실시(2004) · 호주제 폐지(2005)

4. 사회 보장 정책

(1) **배경**: 경제 발전 이후 사회의 양극화가 심화되었고 노약자, 빈민층, 실업자, 장애인 등 사회적 약자에 대한 국가의 보호 의무가 강화되었다.

(2) **정부의 대책**: 국민 연금(1988), 의료 보험, 산재 보험, 고용 보험(1995), 국민 기초 생활 보장법(2000) 등을 시행하였다.

시험 직전! 필수 암기

사회 보장 제도의 발전

국민 연금법 시행(1988)

↓

의료 보험 제도 전면 실시(1989)

↓

고용 보험 제도 시행(1995)

↓

국민 연금 제도 개편(1999)

↓

국민 건강 보험법 시행(1999)

↓

국민 기초 생활 보장법 시행(2000)

확장개념

📍 **전태일 분신 사건**
서울 동대문 평화 시장에서 재단사로 일하던 청년 전태일이 1970년에 근로 기준법의 준수 등 노동자의 권리를 요구하며 분신 자살한 사건으로, 노동자는 물론 지식인과 대학생들이 노동 문제에 관심을 기울이는 계기가 되었다.

기출문장으로 출제 키워드 점검

01 1960년대에 대부분의 노동자들이 낮은 ( )과 열악한 노동 조건 속에서 일을 하였으며 법적으로 보장된 권리조차 행사하기 어려웠다.

[답]
01 임금

01 2017년 경찰직 2차

다음은 어느 신문 기사의 일부이다. 이 내용이 실린 시기로 가장 적절한 것은?

"북촌의 어떤 여자 중에서 군자(君子) 수 삼 인이 개명(開明)에 뜻이 있어 여학교를 설시 하라는 통문(通文)이 있기에 놀랍고 신기하여 우리 논설을 삭제하고 다음에 기재한다."

① (가)
② (나)
③ (다)
④ (라)

02 2017년 국가직 9급(4월 시행)

밑줄 친 '이곳'에서 전개된 민족 운동으로 옳은 것은?

1903년에 우리나라 공식 이민단이 이곳에 도착하였다. 이주 노동자들은 사탕수수 농장, 개간 사업장, 철도 공사장 등에서 일하며 한인 사회를 형성하여 갔다. 노동 이민과 함께 사진 결혼에 의한 부녀자들의 이민도 이루어졌다. 또한 한인합성협회 등과 같은 한인 단체가 결성되었다.

① 독립운동 기지인 한흥동이 건설되었다.
② 독립운동 단체인 권업회가 조직되었다.
③ 자치 기관인 경학사와 부민단이 만들어졌다.
④ 군사 양성 기관인 대조선 국민군단이 창설되었다.

03 2018년 국가직 9급

일제 강점기 조선인의 생활 모습으로 옳지 않은 것은?

① 도시 외곽의 토막촌에는 빈민이 살았다.
② 번화가에서 최신 유행의 모던 걸과 모던 보이가 활동하였다.
③ 몸뻬를 입은 여성들이 근로 보국대에서 강제 노동을 하였다.
④ 상류층이 한식 주택을 2층으로 개량한 영단 주택에 모여 살았다.

04 2018년 경찰직 3차

다음 선언문이 발표된 때로부터 가장 먼 시기에 있었던 사실로 적절한 것은?

1. 어린이를 재래의 윤리적 압박으로부터 해방하여 그들에 대한 완전한 인격적 예우를 허하게 하라.
2. 어린이를 재래의 경제적 압박으로부터 해방하여 만 14세 이하의 그들에 대한 무상 또는 유상의 노동을 폐하게 하라.
3. 어린이 그들이 고요히 배우고 즐겁게 놀기에 족한 각양의 가정 또한 사회적 시설을 행하게 하라.

① 신채호는 김원봉의 요청으로 「조선혁명선언」을 지어 의열단의 투쟁 노선과 행동 강령을 제시하였다.
② 박상진을 총사령으로 하여 군대식 조직을 갖추고, 공화 정부 수립을 목표로 활동한 대한 광복회가 결성되었다.
③ 백정은 자신들에 대한 차별 대우를 폐지하여 저울처럼 평등한 세상을 만들겠다는 의지를 모아, 경남 진주에서 조선 형평사를 창립하였다.
④ 국내외의 독립운동 상황을 점검하고 새로운 활로를 모색하기 위하여 상하이에서 국민 대표 회의가 열렸다.

05 2013년 서울시 7급

다음 내용을 주장한 단체에 대한 설명으로 가장 옳은 것은?

> 공평은 사회의 근본이고 사랑은 인간의 본성이다. 고로 우리는 계급을 타파하고 모욕적인 칭호를 폐지하여 교육을 장려하고 우리도 참다운 인간으로 되고자 함이 본사(本社)의 주지이다. 지금까지 우리는 어떠한 지위와 압박을 받아왔던가? 과거를 회상하면 종일 통곡하고도 피눈물을 금할 수 없다.

① 경남 진해에서 가장 먼저 시작되었다.
② 도시의 하층민이 중심이 되어 조직하였다.
③ 민족 해방 운동 성격까지 내포하게 되었다.
④ 신분 제도가 법적으로 폐지되는 계기가 되었다.
⑤ 이 단체가 결성된 해에 조선 노농 총동맹이 창립되었다.

06 2020년 지방직 9급

(가) 단체로 옳은 것은?

> [(가)] 발기취지(發起趣旨)
> 인간 사회는 많은 불합리를 산출한 동시에 그 해결을 우리에게 요구하고 있다. 여성 문제는 그 중의 하나이다. …… 과거의 조선 여성 운동은 분산되어 있었다. 그것에는 통일된 조직이 없었고 통일된 지도 정신도 없었고 통일된 항쟁이 없었다. …… 우리는 우선 조선 자매 전체의 역량을 공고히 단결하여 운동을 전반적으로 전개하지 아니하면 아니 된다.
> – 동아일보, 1927. 5. 11.

① 근우회   ② 신간회
③ 신민회   ④ 정우회

07 2017년 국가직 9급(10월 시행)

다음은 연대별 인구 정책을 상징하는 표어이다. 각 연대별로 일어난 일에 대한 설명으로 옳은 것만을 <보기>에서 모두 고른 것은?

연대	표어
(가)	덮어 놓고 낳다 보면 거지꼴을 못 면한다.
(나)	딸 아들 구별 말고 둘만 낳아 잘 기르자.
(다)	잘 키운 딸 하나 열 아들 안 부럽다.

보기

㉠ (가) 군사 정부가 '경제 개발 5개년 계획'을 추진하였다.
㉡ (나) 유신 체제가 성립되었고, 2차례의 오일 쇼크와 중화학 공업 과잉 중복 투자에 따른 경제 불황이 있었다.
㉢ (다) 6월 민주 항쟁과 저금리, 저유가, 저달러의 3저 호황이 있었다.

① ㉠, ㉡   ② ㉠, ㉢
③ ㉡, ㉢   ④ ㉠, ㉡, ㉢

08 2014년 경찰간부후보생

다음에서 설명하는 운동의 명칭으로 가장 적절한 것은?

> • 농가의 소득 배가 운동으로 시작하여 점차 도시·직장·공장 등으로 확산되면서 의식 개혁 운동으로 이어졌다.
> • 농어촌 지역의 경우, 환경 정비 사업을 첫 단계로 하여 지붕 개량, 주택 개량, 농로 개설, 마을도로 확충, 하천 정비, 전기화 사업 등에서 가시적인 성과를 거두었다.
> • 초기에는 겨울철 농한기를 이용하여 전국의 33,267개 이동(里洞)에 시멘트를 335부대씩 무상으로 지급하여, 이동 개발 위원회(里洞開發委員會)를 중심으로 각 마을의 환경 개선 사업을 주민 협동으로 추진하도록 하였다.

① 새마을 운동   ② 브나로드 운동
③ 재건 국민 운동   ④ 물산 장려 운동

정답 및 해설 p. 290

공무원시험전문 **해커스공무원**
gosi.Hackers.com

해커스공무원 **단권화 핵심정리 한국사**

V. 문화사

* 출제 횟수: 최근 7개년 국가직·지방직·서울시 9급, 경찰직, 소방직 1회 20문제 기준

01 고대의 문화

1. 한자의 보급

(1) **전래**: 한자는 철기 시대부터 전래되어 사용하였으며, 이는 창원 다호리 유적에서 출토된 붓을 통해 확인할 수 있다.

(2) **보급**: 한자는 삼국 시대에 널리 보급되었고, 한자를 그대로 사용하다가 이후 이두와 향찰을 만들어 사용하였다. 삼국 통일 이후 설총이 이두(향찰)을 체계적으로 정리하였다.

2. 교육 기관 설립과 학문의 발달

고구려	• 태학(수도, 국립 교육 기관): 소수림왕 때 설립, 유교 경전과 역사서 교육 • 경당(지방, 사설 교육 기관): 장수왕 때 설립, 한학과 무술 교육
백제	• 박사 제도: 5경 박사·의박사·역박사가 유교 경전과 기술학 교육 • 한문학 발달: 개로왕이 북위에 보낸 국서, 사택지적 비문의 세련된 한문 문장
신라	화랑도를 통해 경학과 무술 교육, 임신서기석(유교 경전을 학습할 것을 맹세)
통일 신라	• 국학(유학 교육 기관) 설립(신문왕) → 태학(감)으로 개칭(경덕왕) • 독서삼품과 실시(원성왕): 유교 경전의 이해 정도를 시험하여 학문·유학 보급에 기여(진골 귀족들의 반대)
발해	주자감 설립(문왕): 귀족 자제에게 유학 경전과 한문학 교육 실시

확장개념

📍 **독서삼품과**
신라의 관리 선발 제도로, 국학의 학생들을 유교 경전의 이해 수준에 따라 특품과 상·중·하품으로 구분하였으며, 이를 관리 임용에 참고하였다.

기출문장으로 출제 키워드 점검

01 고구려의 (　　)은 지방에 설치되어 한학과 함께 (　　)을 가르쳤다.

02 백제에는 (　　) 제도가 있었으며, 일본에 유교 경전을 전해주었다.

03 통일 신라 원성왕 대에는 유교 경전의 이해 수준을 시험하여 관리를 채용하는 (　　)를 마련하였다.

[답]
01 경당, 무술　02 박사　03 독서삼품과

1. 삼국의 역사서 편찬

고구려	『유기』 100권을 이문진이 『신집』 5권(영양왕)으로 간추림
백제	고흥의 『서기』(근초고왕)
신라	거칠부의 『국사』(진흥왕)

2. 통일 신라의 유학자

김대문	진골 귀족 출신, 『화랑세기』(화랑들의 전기), 『고승전』(유명한 승려들의 전기), 『한산기』(한산주 지방의 지리지), 『계림잡전』(신라의 야사) 저술
강수	외교 문서 작성에 능통, 「청방인문표」·「답설인귀서」 작성, 불교 비판
설총	유교 경전에 능통, 이두(향찰) 정리, 「화왕계」 저술
최치원	• 당 빈공과에 급제, 진성 여왕에게 시무 10여 조(개혁안) 건의 • 『계원필경』·『제왕연대력』·「토황소격문」·『중산복궤집』, 『법장화상전』, 『석이정전』, 「난랑비서문」 등 저술 • 4산 비문과 해인사 묘길상탑지 등을 작성(유학자이면서 불교·도교에도 능통)

확장개념

📍 **4산 비문**
쌍계사 진감선사 대공탑비문, 성주사 낭혜화상 백월보광탑비문, 초월산 대숭복사비문, 봉암사 지증대사 적조탑비문

기출문장으로 출제 키워드 점검

01 고구려에서는 일찍부터 (　　)가 편찬되었으며, (　　) 때 이문진이 이를 간추려 (　　) 5권을 편찬하였다.

02 통일 신라의 (　　)는 외교 문서를 잘 지은 문장가로 유명하며 불교를 세외교(世外敎)라고 비판하였다.

03 통일 신라의 (　　)은 신라 하대 도당 유학생을 대표하는 지식인으로 계원필경, 제왕연대력과 같은 저술을 남겼다.

[답]
01 유기, 영양왕, 신집　02 강수　03 최치원

03 삼국의 불교 사상

최근 7개년 5회 출제!
2021년 지방직 9급 2019년 지방직 9급
2019년 서울시 9급(6월) 2019년 경찰간부후보생
2018년 서울시 7급(3월)

1. 삼국의 불교 수용과 특징

국가	수용	특징
고구려	4세기 소수림왕 때 전진에서 온 승려 순도를 통해 수용	· 왕실 불교: 왕실이 주체가 되어 불교 수용 추진 · 귀족 불교: 귀족들에게 유리한 성격을 지님(업설, 윤회설 등으로 신분 질서 정당화) · 호국 불교: 국가와 왕실의 안녕과 평안을 기원(『인왕경』, 백좌강회, 신라 황룡사 등) · 토착 신앙과 융합: 초기 불교 보급 과정에서 기존 토착 신앙과 융합(현세 구복적 성격 내포)
백제	4세기 침류왕 때 중국 동진에서 온 승려 마라난타를 통해 수용	
신라	· 5세기 눌지왕 때 고구려의 승려 묵호자를 통해 불교가 전래 · 6세기 법흥왕 때 이차돈의 순교를 계기로 국가적으로 공인	

2. 삼국의 불교 발전과 대표 승려

국가	발전	대표 승려
고구려	삼론종 발달, 백제와 신라 불교에 영향	승랑(중국 삼론종 발전에 기여), 혜량(신라로 망명하여 불법 전파), 보덕(열반종 창시, 백제에 전파)
백제	율종 발달, 호국 불교와 미륵 신앙 성행(왕흥사, 미륵사 건립)	겸익(계율종의 대표적 승려, 인도의 율종 불경 도입·번역), 노리사치계, 관륵
신라	왕즉불 사상, 업설, 미륵불 사상, 밀교 유행, 진흥왕(전륜성왕)	원광(세속오계), 자장(계율종 개창, 선덕 여왕 때 대국통에 임명, 황룡사 9층 목탑 건립 건의)

확장개념

📍 **진흥왕 때의 불교 발전**
· 불교 교단을 국통(승통)·주통·군통으로 정비
· 고구려 승려 혜량을 국통(승통)으로 삼음
· 전륜성왕(불교에서 이상적인 왕)이라 자칭
· 두 아들의 이름을 동륜, 사륜(금륜)으로 지음

기출문장으로 출제 키워드 점검

01 고구려의 보덕은 도교에 밀려 불교가 쇠퇴함을 개탄하였고, 후에 ( )을 제창하였다.

02 백제에서는 계율종이 크게 성행하였는데, ( )이 대표적인 승려이다.

03 신라의 ( )은 대국통으로 있으면서 계율을 지키는 일에 힘을 보탰다.

[답]
01 열반종 02 겸익 03 자장

04 통일 신라와 발해의 불교 사상

빈출

최근 7개년 7회 출제!
2024년 지방직 9급 2023년 법원직 9급
2022년 국가직 9급 2019년 서울시 9급(6월)
2018년 국가직 7급 2018년 지방직 9급
2018년 법원직 9급

1. 통일 신라의 불교 사상

(1) 통일 신라의 대표 승려

원효	· 『대승기신론소』·『금강삼매경론』·『화엄경소』를 저술하여 불교의 사상적 이해 기준을 확립(한국식 불교의 등장) · 일심(一心) 사상(모든 것은 한마음에서 나온다)을 바탕으로 중관파·유식파 간의 대립을 극복하고자 『십문화쟁론』 저술(화쟁 사상 주장) · 누구나 '나무아미타불'만 외우면 극락 정토에 갈 수 있다는 아미타 신앙(정토종, 내세적 성격)을 보급하여 불교의 대중화를 위해 노력(무애가) · 경주 분황사에서 교종의 한 종파인 법성종 개창(교종 5대 분파로 발전)
의상	· 당의 승려인 지엄의 문하에서 수학하였고, 영주 부석사에서 화엄종을 개창 · 모든 만물은 서로 조화를 이루고 있다(일즉다 다즉일)는 화엄 사상 정립 + 『화엄일승법계도』 저술(화엄 사상의 요지를 축약한 시)로 전제 왕권에 기여 · 아미타 신앙과 함께 현세에서의 고난 구제를 강조하는 관음 신앙을 전파(현세적 성격)
원측	· 당의 현장으로부터 유식학을 배우고, 중국 서명사에서 서명학파 형성 · 『해심밀경소』, 『인왕경소』, 『성유식론소』, 『반야심경찬』을 저술 · 원측의 제자들이 유식학을 계승하여 법상종 성립에 영향
혜초	당·인도·중앙아시아 순례, 『왕오천축국전』(기행문) 저술
진표	미륵 신앙을 바탕으로 한 참회 중심의 점찰 법회를 정착시켜 불교의 대중화에 기여함, 금산사를 중건하여 법상종을 개창

시험 직전! 필수 암기

교종과 선종 비교

구분	교종	선종
성격	· 의식과 권위 강조 · 교리 중시	· 내면의 참선 중시 · 실천적·개혁적
유행 시기	신라 중대	신라 하대
지지 세력	왕실, 중앙 귀족	지방 호족
종파	5교	9산
예술	불상, 탑과 같은 조형 미술 발달	조형 미술 침체, 승탑, 탑비 유행

(2) 선종의 발달

전래	삼국 통일 전후에 법랑(선덕 여왕 때 승려), 신행(혜공왕 때 승려) 등을 통해 전래
성격	· 실천적 성격: 구체적인 실천 수행 강조(불립문자) · 좌선·참선 중시: 마음 속에 내재된 깨달음을 얻는 것을 강조
발전	· 신라 하대 귀족 사회의 분열과 지방 세력의 성장으로 지방에 널리 확산 · 호족의 호응과 후원으로 선종 9산(9산 선문) 성립
영향	· 지방 문화의 활성화에 기여하며 고려 왕조 개창의 사상적 기반 마련 · 불교의 형식적 의식과 권위를 부정했기 때문에 조형 미술이 침체되고 승탑, 탑비 유행

2. 발해의 불교 사상

(1) **왕실·귀족 중심의 불교**: 고구려의 불교를 계승하여 왕실·귀족 중심의 불교가 성행하였다. 특히 문왕은 스스로를 '전륜성왕(불교에서 일컫는 이상적인 군주)'이라 자칭하였다.

(2) **불교의 융성**: 발해의 수도인 상경에서는 10여 개의 절터와 불상이 발굴되었다.

---

05 도교와 풍수지리설

1. 도교

(1) **성격**: 불로장생과 현세의 이익을 추구한 도교는 민간 신앙 + 산천 숭배 + 신선 사상 등이 결합된 사상으로, 귀족 사회의 환영을 받았다.

(2) **나라별 특징**

고구려	· 당의 도사를 통해 노자의 『도덕경』 유입(영류왕, 624) · 연개소문의 도교 장려 정책(왕실 견제 목적)으로 발전 · 강서 고분의 사신도(도교의 방위신), 을지문덕의 오언시(『도덕경』의 내용 반영)
백제	· 산수무늬 벽돌, 백제 금동 대향로, 사택지적 비문 · 무령왕릉 지석에 토지신에게 묘소로 쓸 땅을 매입(매지권)했다는 기록
신라	화랑도를 '국선도·풍류도·풍월도'라는 도교적 명칭으로 지칭
통일 신라	최치원의 사산비명(도교·불교·풍수지리 사상을 복합적으로 표현), 무덤 주위 둘레돌에 12지 신상 조각(불교와 도교의 결합)
발해	정효 공주 묘지에 도교의 불로장생 사상이 나타남(당의 영향)

2. 풍수지리설

전래	통일 신라 말기 선종 승려인 도선에 의해 당으로부터 유입됨
내용	인간의 길흉화복이 지형·지세 등 지형적 영향에 의해 결정된다는 것
특징	· 지형과 지세에 따라 도읍·주택·묘지 등을 선정함 · 신라 말기에 안정된 사회를 염원하는 일반 백성의 인식 반영 · 국토의 효율적 이용과 관련하여 활용됨 · 도참 신앙과 결부되어 산수의 생김새로 미래 예측
영향	· 지방 호족들의 신봉을 받음 → 신라 하대에 지방 중심으로 국토 재편성, 고려 건국의 사상적 배경이 됨 · 비보사탑설: 지세가 쇠퇴한 곳에 절이나 탑을 세워 기운을 보완할 것을 주장

06 고대의 과학 기술

1. 천문학과 수학

(1) **천문학**: 천체 현상이 농경과 밀접한 관계가 있음을 인식하였고, 천문학을 통해 왕의 권위를 하늘과 연결시키고자 하였다.

고구려	별자리를 그린 석각 천문도, 고분 벽화(덕화리 1호분)에 남아 있는 별자리 그림(매우 사실적이고 정확한 관측을 토대로 제작)
신라	• 첨성대(7세기, 선덕 여왕 때 건립): 현존하는 가장 오래된 천문 관측 시설 • 『삼국사기』에 일·월식, 기상 이변 등에 관한 관측 기록이 수록되어 있음
백제	역박사를 두고 천문을 관장하는 일관부 설치
통일 신라	• 누각전을 설치하여 천체의 운행을 연구하고 물시계를 통해 시간을 측정함 • 김암이 병학과 천문학 등에 조예가 깊었음

(2) **수학**: 수학의 실제를 보여 주는 자료는 남아 있지 않지만 여러 가지 조형물을 통해 수학이 발달했음을 알 수 있다.

삼국	• 고구려 고분의 석실이나 모줄임 천장 구조 • 백제의 부여 정림사지 5층 석탑 • 신라의 황룡사지 9층 목탑 등
통일 신라	석굴암의 석굴 구조, 경주 불국사 3층 석탑(석가탑)과 경주 불국사 다보탑 등의 건축에 정밀한 수학적 지식이 이용되었음

2. 목판 인쇄술과 제지술의 발달

(1) **발달 배경**: 통일 신라에서는 불교 문화가 크게 발달함에 따라 불경의 대량 인쇄를 위한 목판 인쇄술과 제지술이 발달하였다.

(2) **『무구정광대다라니경』**

① 8세기 초에 제작된 두루마리 불경으로, 현존하는 세계 최고(最古)의 목판 인쇄물이다.

② 불국사 3층 석탑(석가탑)의 복원 공사 도중 탑신부에서 발견되었다(1966).

③ 닥나무로 만든 신라산 종이가 사용되었으며, 지금까지 보존될 만큼 품질이 뛰어나다.

(3) **의의**: 목판 인쇄술과 제지술의 발달은 통일 신라의 기록 문화 발전에 크게 기여하였다.

3. 금속 기술

고구려	• 철의 생산이 중요한 국가적 산업이었으며 철광석 생산이 풍부하여 제철 기술이 발달함 • 고구려 고분 벽화에는 철을 단련하고 수레 바퀴를 제작하는 모습이 표현되어 있음
백제	• 칠지도: 4세기 후반 일본 왕에게 하사한 강철로 만든 제품으로, 금으로 상감한 글씨가 새겨져 있어 백제 제철 기술의 우수함을 보여줌 • 백제 금동 대향로: 부여 능산리 절터에서 출토되었으며, 이상 세계를 정교하게 표현하여 백제의 뛰어난 금속 공예 기술을 보여줌
신라	신라 고분(금관총, 천마총, 황남대총 등)에서 껴묻거리로 출토된 금관을 통해 신라의 금 세공 기술이 발달하였음을 알 수 있음
통일 신라	성덕 대왕 신종의 맑고 단아한 종소리를 통해 당시 통일 신라의 뛰어난 금속 주조 기술을 확인할 수 있음

V. 문화사

해커스공무원 단권화 핵심정리 한국사

확장개념

📍 **고구려의 석각 천문도**
고구려의 석각 천문도는 고구려 멸망(668) 시기에 유실되었으나, 이후 조선 태조 때 권근 등이 고구려 천문도의 탁본을 바탕으로 천상열차분야지도를 만들었다.

📍 **신라의 종이 제작 기술**
『무구정광대다라니경』 외에도 화엄사 서 5층 석탑에서 발견된 『백지묵서다라니경』 등을 통해 신라의 종이 제조 기술이 뛰어났음을 알 수 있다.

기출문장으로 출제 키워드 점검

01 고구려 고분에서는 천문 관측을 수행했음을 보여주는 (   )이 확인된다.

02 불국사 (   )에서 발견된 두루마리 형태의 (   )은 세계에서 가장 오래된 현존 목판 인쇄물이다.

03 4세기 경에 백제에서 제작해 왜에 보낸 (   )는 강철로 만들고 금으로 글씨를 상감해 새겨 넣었다.

[답]
01 별자리 그림(석각 천문도)
02 석가탑, 무구정광대다라니경   03 칠지도

07 고대의 고분

1. 고구려의 고분

(1) 1~5세기: 돌무지무덤(벽화 X)

① 특징: 돌을 정밀하게 쌓아 올린 고구려 초기의 무덤 형태이다.

② 대표 고분: 장군총(7층의 계단식 돌무지무덤, 장수왕릉으로 추정)

(2) 3~7세기: 굴식 돌방무덤(벽화 ○)

① 특징: 돌로 널방을 만들고 그 위에 흙으로 덮어 봉분을 만든 고구려 중·후기의 무덤 형태로, 벽과 천장에 벽화가 있다.

② 대표 고분과 벽화: 무용총(무용도, 수렵도, 접객도), 각저총(씨름도), 덕흥리 고분(묘주도), 쌍영총(기사도, 풍속도), 강서 대묘(사신도), 수산리 고분(시녀도, 교예도)

2. 백제의 고분

(1) 한성 시기: 계단식 돌무지무덤(벽화 X)

① 특징: 고구려 초기의 돌무지무덤과 형태가 비슷한 것을 통해 백제의 건국 세력이 고구려와 같은 계통임을 알 수 있다.

② 대표 고분: 서울 석촌동 고분

(2) 웅진 시기

① 벽돌무덤: 중국 남조의 영향을 받아 널방을 벽돌로 쌓은 형태이다.

공주 송산리 6호분	벽에 사신도와 일월도 등의 벽화가 그려져 있음
무령왕릉	왕과 왕비의 무덤, 지석, 진묘수, 금관식, 귀걸이 등 출토

② 굴식 돌방무덤: 공주 송산리 고분(1~5호분)이 대표적이다.

(3) 사비 시기: 굴식 돌방무덤(벽화 ○)

① 특징: 규모는 작지만 세련된 고분이 제작되었다.

② 대표 고분: 부여 능산리 고분군(1호분에 사신도, 연꽃 무늬 등의 벽화가 있음), 익산 쌍릉

3. 신라의 고분

(1) 초기: 돌무지덧널무덤

① 특징: 도굴이 어려운 구조로 껴묻거리(부장품)가 그대로 남아 있으며, 벽화는 없다.

② 대표 고분: 천마총, 호우총, 황남대총, 금관총 등

(2) 통일 이후

① 규모가 작은 굴식 돌방무덤: 통일 직전부터 굴식 돌방무덤이 조성되었으며, 둘레돌(호석)을 두르고 12지 신상을 조각하는 신라만의 독특한 양식이 나타났다. 대표적으로 김유신 묘가 있다.

② 화장 유행: 불교의 영향으로 화장이 유행하였는데, 대표적으로 문무왕릉(대왕암)이 있다.

4. 발해의 고분

(1) 굴식 돌방무덤: 정혜 공주 묘는 고구려의 양식을 계승한 모줄임 천장 구조이며, 돌사자상이 출토되었다.

(2) 벽돌무덤: 정효 공주 묘는 벽돌로 무덤 벽을 쌓는 당나라 양식과 고구려의 평행 고임 구조가 결합된 형태이며, 고분 봉토 위에 탑을 조성하였다. 또한, 묘지와 함께 공주를 모시는 인물을 그린 벽화가 남아 있다.

시험 직전! 필수 암기

삼국의 고분 벽화

국가	고분 벽화
고구려	사신도(강서 대묘), 씨름도(각저총), 수렵도, 무용도, 접객도(무용총), 풍속도(쌍영총)
백제	사신도, 일월도(공주 송산리 6호분), 연꽃 무늬 벽화(부여 능산리 고분)
신라	연꽃 무늬 벽화(어숙묘)

확장개념

📍 고구려의 고분 벽화
초기에는 생활 모습을 표현한 벽화가 그려졌고, 후기에는 불교와 관련된 연꽃이나 도교의 영향을 받은 신선, 사신 등이 그려졌다.

📍 무령왕릉
무령왕릉은 송산리 고분군의 배수로 공사 중에 우연히 발견된 벽돌무덤으로, 피장자가 누구인지를 알려주는 묘지석이 발견되어 제작 연대를 확실히 알 수 있다. 한편 무덤에 안치된 관의 재질이 일본산 금송이라는 점을 통해 당시 백제와 일본의 밀접한 관계를 엿볼 수 있다.

기출문장으로 출제 키워드 점검

01 고구려 고분에 그려진 벽화 중 (　　　) 유형은 고구려 후기에 축조된 고분에서 발견되었다.

02 서울 (　　　) 백제 고분은 양식상 (　　　) 고분의 영향을 깊게 받았다.

03 백제 (　　　)에서 무덤 안에 놓여 있는 왕과 왕비의 지석이 출토되었다.

04 신라에서는 통일 무렵 굴식 돌방무덤이 발전하여 봉토를 호석으로 두르고 그 호석에는 (　　　)을 조각하였다.

05 통일 신라 시대에는 불교의 영향으로 (　　　)이 유행하였고, 고분 양식도 돌무지덧널무덤에서 점차 규모가 작은 (　　　)으로 바뀌었다.

06 발해의 정혜 공주 무덤은 (　　　) 구조를 하고 있다.

[답]
01 사신도 02 석촌동, 고구려 03 무령왕릉
04 12지 신상 05 화장, 굴식 돌방무덤
06 모줄임 천장

빈출

최근 7개년 **9회 출제!**
2024년 국가직 9급   2023년 지방직 9급
2022년 국가직 9급   2021년 국가직 9급
2019년 국가직 9급   2019년 경찰간부후보생
2019년 법원직 9급   2018년 국가직 7급
2018년 지방직 9급

1. 고대의 도성

고구려	졸본 지역	오녀산성(최초의 도읍지로 추정)
	집안 지역	· 국내성: 유리왕 때 천도, 평지성(平地城) · 환도성: 유리왕이 국내성으로 천도할 때 건설한 방위성, 산성(山城)
	평양	· 안학궁: 장수왕이 평양 천도 이후 거처한 궁궐(남진 정책의 상징성 반영) · 평양성(장안성): 평원왕 때 천도(586), 내성과 북성, 중성, 외성의 4개의 성으로 구성
백제	한성 시기	· 위례성: 최초의 도성, 풍납(북성, 평지성)-몽촌(남성, 산성)토성으로 추정(양성 체제)
	웅진 시기	· 공산성(웅진성): 개로왕 전사 후 천도
	사비 시기	· 부여 나성: 사비의 외곽을 둘러싸고 있는 성 · 부소 산성: 유사시에는 군사적인 목적으로, 평상시에는 왕과 귀족들이 즐기는 비원으로서의 구실을 했을 것으로 추정

신라		· 금성: 기원전 1세기 중반에 축조된 토성, 정확한 위치는 확인할 수 없음
		· 월성: 2세기 초반 축조, 나성 대신 사방에 산성을 쌓아 도성을 방어
		  – 임해전: 태자가 거처하는 동궁, 문무왕 때 축조된 것으로 추정
		  – 월지: 임해전 옆에 있던 연못으로 조선 시대에는 안압지로 불림

발해		상경 용천부(상경성): 당의 장안성을 모방하여 건축, 남북으로 주작대로를 냄, 고구려의 영향을 받은 온돌 시설이 발견됨

2. 고대의 사찰

백제	· 부여 능산리 절터: 위덕왕(창왕) 때 성왕을 기리기 위해 건립된 사찰의 터 · 익산 미륵사: 무왕 때 건립, 백제 중흥 의지가 반영됨
신라	황룡사(진흥왕 때 건립), 분황사·영묘사(선덕 여왕 때 건립)
통일 신라	· 불국사: 불국토의 이상을 표현한 사찰 · 석굴암: 인공 석굴 사원, 아름다운 비례·균형의 조형미를 갖춤 → 경덕왕 때 김대성의 발원으로 건립, 1995년 유네스코 세계 문화유산에 등재

3. 고대의 탑

고구려	주로 목탑 양식이 발달(현존하지 않음)
백제	익산 미륵사지 석탑(목탑 양식의 석탑), 부여 정림사지 5층 석탑(백제의 대표적 석탑, 조화미·균형미, 1층 탑신에 소정방의 평제문이 새겨져 있음)

신라	· 신라 상대: 경주 분황사 모전 석탑(전탑을 모방한 석탑), 황룡사 9층 목탑(선덕 여왕 때 자장의 의견으로 건립, 호국 불교적, 고려 시대 몽골의 침입으로 소실됨)
	· 신라 중대: 이중 기단 위에 3층으로 쌓는 석탑 양식이 유행(안정감 중시)
	  → 경주 감은사지 동서 3층 석탑, 불국사 3층 석탑(석가탑), 다보탑, 화엄사 4사자 3층 석탑
	· 신라 하대
	  – 양양 진전사지 3층 석탑, 화엄사 서 5층 석탑, 충주 탑평리 7층 석탑
	  – 승탑(부도) 유행(승려의 사리를 봉안, 선종의 영향): 흥법사지 염거화상탑, 태안사 적인선사 승탑, 쌍봉사 철감선사 승탑
	  – 탑비 유행: 실상사 증각대사 탑비, 쌍계사 진감선사 탑비

발해	영광탑(벽돌로 쌓은 전탑)

시험 직전! 필수 암기

백제의 사찰에서 출토된 유물
· 부여 왕흥사: 부여 왕흥사 청동제 사리함
· 부여 능산리 절터: 백제 금동 대향로, 능산리 사지 석조 사리감(창왕명 석조 사리감)
· 익산 미륵사지 석탑: 사리함과 봉안 기록

확장개념

📍공산성
공주(웅진) 공산성에서는 백제 시기의 것으로 추정되는 왕궁터가 발견되었으며, 자체 방어가 가능한 산성이었기 때문에 사비와는 달리 별도로 나성을 축조하지 않았다.

📍나성
도성을 에워싼 이중의 성벽

📍탑비
고승의 일대기를 새긴 비석

기출문장으로 출제 키워드 점검

01 발해는 (   )에 직사각형의 내·외성, (   )를 만들었다.

02 신라 중대에는 불국토의 이상을 조화롭고 균형 있게 표현한 (   )가 건립되었다.

03 백제에서는 목탑 양식의 (   ) 석탑이 건립되었다.

04 신라 하대에는 승려의 사리를 봉안하는 (   )과 (   )가 유행하였다.

[답]
01 상경성, 주작대로   02 불국사   03 (익산) 미륵사지
04 승탑, 탑비

1. 불상

삼국 공통	금동 미륵보살 반가 사유상: 탑형으로 된 높이 솟은 보관(寶冠), 삼산관 등을 쓰고 있음, 부드러운 자태와 자애로운 미소
고구려	금동 연가 7년명 여래 입상(북조 양식을 따르고 있으나 강인한 인상과 은은한 미소에는 고구려의 독창성이 보임)
백제	서산 용현리 마애 여래 삼존상('백제의 미소'라는 별칭을 가짐)
신라	경주 배동 석조여래 석불 입상(신라 조각의 정수를 보여줌)
통일 신라	석굴암 본존불과 보살상(불교의 이상 세계 실현, 균형미), 비로자나불이 제작됨
발해	이불 병좌상(두 부처가 나란히 앉아 있는 모습, 고구려 양식 계승)

2. 공예

(1) 통일 신라

석조물	무열왕릉비 받침돌(이수와 귀부, 거북이가 힘차게 전진하는 생동감 있는 모습), 불국사 석등, 화엄사 각황전 앞 석등(전남 구례), 법주사 쌍사자 석등(충북 보은)
범종	상원사 종(성덕왕, 가장 오래된 범종), 성덕 대왕 신종(에밀레종, 봉덕사 종)

(2) 발해

자기	자기 공예가 발달하여 당에 수출하기도 함
벽돌과 기와	·벽돌과 기와의 무늬는 고구려의 영향을 받음 ·연꽃 무늬 와당(수막새)은 고구려 와당의 영향
석조물	정혜 공주 묘의 돌사자상, 상경 용천부 석등

확장개념

♀ **성덕 대왕 신종**
·성덕왕의 공덕을 기리기 위해 경덕왕 때 주조를 시작하여 혜공왕 때 완성
·봉덕사 종이라고도 하며, 에밀레종이라고도 불림
·종 겉면에 아름다운 비천상 무늬가 조각되어 있음

기출문장으로 출제 키워드 점검

01 삼국 시대에는 미륵 신앙이 성행하면서 (   )이 많이 제작되었다.

02 신라 하대에는 봉덕사 종이라고도 하는 (   )을 제작하였다.

[답]
01 미륵 반가 사유상 02 성덕 대왕 신종

---

1. 글씨

고구려	광개토 대왕릉 비문(웅장한 서체)
백제	무령왕릉 매지권(간결하고 우아한 필체)
통일 신라	김인문(예서체), 김생(왕희지체와 비슷), 요극일(구양순체)

2. 그림

신라	천마도(천마총에서 출토된 말다래에 그린 그림, 신라의 힘찬 화풍을 표현)
통일 신라	황룡사 벽화(솔거가 그린 소나무 그림, 현존하지 않음)

3. 음악과 무용

고구려	고분 벽화에 춤추는 장면, 거문고를 타는 모습이 등장(무용총), 왕산악(거문고 제작)
신라	백결(거문고 명인, 방아 타령 제작)
가야	우륵(가야금 제작, 대가야 멸망 즈음 신라에 투항·가야금 전파)
통일 신라	당악 수용(귀족 계층에 정착), 향악 발전(고구려와 백제의 악기·음악이 수용돼 신라의 악기·음악과 융합됨) → 3현 3죽의 악기 유행

확장개념

♀ **무령왕릉 매지권(지석)**
무령왕릉에서 출토된 매지권(지석)은 도교의 영향을 받아 만들어진 것으로, 왕과 왕비가 여러 지신(地神)으로부터 묘지로 쓰일 땅을 사들였다는 일종의 매매 계약서이다.

♀ **3현 3죽**
·3현: 가야금, 거문고, 비파
·3죽: 대금, 중금, 소금

기출문장으로 출제 키워드 점검

01 대가야가 망할 즈음 (   )이 가야금을 가지고 (   )로 들어갔다.

[답]
01 우륵, 신라

11 고대 문화의 일본 전파

1. 삼국 문화의 일본 전파

(1) 백제 문화의 전파

① **특징**: 백제는 삼국 중에서 일본과 가장 밀접한 관계였기 때문에 삼국 문화의 일본 전파에 가장 크게 기여하였다.

② **내용**

인물	시기	활동
아직기	4세기	일본 도도 태자의 스승, 태자에게 한자를 가르침(근초고왕)
왕인		『천자문』, 『논어』 등의 경서를 전하고 가르침(근초고왕)
단양이·고안무		5경 박사, 유학 전파(무령왕)
노리사치계	6세기	불경과 불상을 일본에 전달(성왕)
혜총		계율종 전파(위덕왕)
아좌 태자		쇼토쿠 태자의 초상을 그림(위덕왕)
관륵	7세기	천문·역법·지리에 관한 책을 전달(무왕)

③ **영향**: 일본 고류사 미륵보살 반가 사유상, 호류사 백제 관음상에 영향을 주었으며, 오경박사·의박사·역박사·공예 기술자 등이 건너가 백제 가람 양식이 전파되었다. 또한, 일본 아스카 문화 형성에 삼국 중 가장 큰 영향을 미쳤다.

(2) 고구려 문화의 전파

① **내용(7세기)**

혜자	일본 쇼토쿠 태자의 스승이 되었음(영양왕)
승륭	역학, 천문 지리학 전파(영양왕)
담징	유교의 5경과 그림을 가르침, 종이·먹 제조법 전달, 호류사 금당 벽화 제작(영양왕)
혜관	삼론종 개조(불교 전파, 영류왕)
도징	삼론종 전파
도현	『일본세기』 저술(보장왕)

② **영향**: 일본 다카마쓰 고분 벽화에서 고구려의 영향을 받았음을 알 수 있다(수산리 고분 벽화).

(3) 신라 문화의 전파

① **특징**: 신라는 상대적으로 일본과 문화 교류가 적었다.

② **내용**: 신라는 일본에 조선술(배 만드는 기술)과 축제술(제방 축조 기술)을 일본에 전달하였고, 신라의 축제술의 전파로 일본에는 '한인의 연못'이라는 이름이 생겨 났다.

(4) 가야 문화의 전파: 가야의 토기 제작 기술이 일본의 스에키 토기 제작에 영향을 주었다.

2. 통일 신라 문화의 일본 전파

(1) 특징: 통일 신라의 문화 전파는 주로 일본에서 파견된 사신을 통해 이루어졌다.

(2) 내용

원효·강수·설총	원효·강수·설총이 발달시킨 불교·유교 문화가 전파됨
심상	의상의 화엄 사상 전파(성덕왕 때 일본으로 건너가 화엄종 부흥에 영향을 줌)

(3) 영향: 통일 신라의 문화는 8세기 일본의 하쿠호 문화의 형성에 기여하였다.

확장개념

📍 **아스카 문화**
· 7세기 전반에 아스카 지역(현재의 나라 지역)에서 발달한 불교 문화
· 고구려, 백제, 신라와 중국 남북조 등의 영향을 받았기 때문에 유교와 도교 등 다양한 문화적 특징이 반영됨

📍 **하쿠호 문화**
· 아스카 시대를 잇는 7세기 후반부터 8세기의 일본 문화
· 신라와 당의 영향을 많이 받았으며, 불교적 색채가 강한 문화

기출문장으로 출제 키워드 점검

01 백제의 (   )은 일본에 건너가 『천자문』과 『논어』를 전하고 가르쳤다.

02 백제 성왕 30년, 달솔 (   )를 왜에 보내 석가여래상과 불경을 전했다.

03 고구려의 혜자는 일본 (   ) 태자의 스승이 되었다.

04 고구려의 (   )은 종이와 먹의 제조술을 일본에 전파하였다.

05 일본 나라시의 (   ) 고분에서 (   ) 수산리 벽화 고분의 영향을 받은 벽화가 발견되었다.

[답]
01 왕인 02 노리사치계 03 쇼토쿠 04 담징
05 다카마쓰, 고구려

필수 기출문제 01 고대의 문화

01 2019년 서울시 9급(6월 시행)

삼국의 사회·문화에 관한 설명으로 가장 옳지 않은 것은?

① 고구려는 영양왕 때 이문진이 『유기』를 간추려 『신집』 5권을 편찬했다.
② 백제의 승려 원측은 당나라에 가서 유식론(唯識論)을 발전시켰다.
③ 신라의 진흥왕은 두 아들의 이름을 동륜 등으로 짓고 자신은 전륜성왕으로 자처했다.
④ 백제 말기에는 미래에 중생을 구제한다는 미륵 신앙이 유행하기도 하였다.

02 2019년 지방직 9급

밑줄 친 '그'에 대한 설명으로 옳은 것은?

> 그는 중국 유학을 마치고 귀국한 다음, 국왕에게 황룡사에 9층탑을 세울 것을 건의했다. 그가 9층탑 건립을 건의한 데에는 주변 나라의 침입을 막고자 하는 호국 정신이 담겨 있다.

① 화랑이 지켜야 할 세속 오계를 지었다.
② 대국통으로 있으면서 계율을 지키는 일에 힘을 보탰다.
③ 통일 이후의 사회 갈등을 통합으로 이끄는 화엄 사상을 강조하였다.
④ 일심(一心) 사상을 주장하여 불교 교리의 대립을 극복하고자 하였다.

03 2018년 지방직 9급

다음과 같은 불교 사상의 영향을 받아 만들어진 문화재는?

> 이 불교 사상은 개인적 정신 세계를 추구하는 경향이 강하였기 때문에 지방에서 독자적인 세력을 이루어 성주나 장군을 자처하던 자들로부터 큰 호응을 받았다.

① 성덕 대왕 신종
② 쌍봉사 철감선사탑
③ 경천사지 십층 석탑
④ 금동 미륵보살 반가 사유상

04 2015년 지방직 9급

다음에서 설명하는 인물의 업적으로 옳은 것은?

> 성은 김씨이다. 29세에 황복사에서 머리를 깎고 승려가 되었다. 얼마 후 중국으로 가서 부처의 교화를 보고자 하여 원효(元曉)와 함께 구도의 길을 떠났다. …… 처음 양주에 머무를 때 주장(州將) 유지인이 초청하여 그를 관아에 머물게 하고 성대하게 대접하였다. 얼마 후 종남산 지상사에 가서 지엄(智儼)을 뵈었다. - 『삼국유사』

① 『화엄일승법계도』를 저술하여 화엄 사상을 정리하였다.
② 중국에서 풍수지리설을 들여와 지세의 중요성을 일깨웠다.
③ 『십문화쟁론』을 지어 종파 간의 대립을 해소하고자 하였다.
④ 인도와 중앙아시아 지역을 여행하고 돌아와 『왕오천축국전』을 저술하였다.

05 2016년 소방직

다음은 삼국의 고분 양식에 대한 설명이다. (가)와 (나)에 대한 설명으로 옳은 것은?

> (가) 돌로 1개 이상의 널방(玄室)을 짜고 그 위에 흙으로 덮어 봉분을 만든 무덤이다. 돌방을 통로로 연결하여 앞방(제사)과 널방(시신)으로 구분한다.
> (나) 지상이나 지하에 시신과 껴묻거리를 넣고 목곽(木槨)을 짜고 그 위에 냇돌을 쌓은 다음에 흙으로 덮었다. 내부에 벽화가 없는 것이 특징이다.

① (가) - 대표적인 무덤으로는 천마총, 금관총 등을 꼽을 수 있다.
② (가) - 통일 이전의 신라에서 주로 만들어졌다가 통일 이후 사라진다.
③ (나) - 도굴의 위험이 적어 많은 껴묻거리가 출토되었다.
④ (나) - 중국 남조의 영향을 받아 벽돌로 제작되었다.

07 2017년 국가직 7급(10월 시행)

다음 자료에 해당하는 국가에 대한 설명으로 옳지 않은 것은?

> 처음에 왕들이 자주 학생들을 보내어 장안의 태학에 가서 고금의 제도를 배우도록 하였는데, 지금에 이르러 해동성국이 되었다. 땅에 5경 15부 62주가 있다.

① 당과 비단, 서적, 공예품을 교역하였다.
② 도서와 문서를 관장하는 문적원을 두었다.
③ 일본에 보낸 국서에서 천손임을 자부하였다.
④ 정효 공주 묘는 굴식 돌방과 모줄임 천장 구조로 축조되었다.

08 2018년 서울시 7급(6월 시행)

<보기>는 한국 고대 사회 문화의 일본 전파와 관련된 설명이다. 옳은 것끼리 짝지어진 것은?

> **보기**
> ㉠ 백제의 아직기는 일본에 불교를 전파하였다.
> ㉡ 다카마쓰 무덤에서 발견된 벽화를 통해 가야 문화가 일본에 영향을 미쳤음을 알 수 있다.
> ㉢ 신라인들은 배를 만드는 조선술과 제방을 만드는 축제술을 일본에 전해주었다.
> ㉣ 고구려의 승려 혜자는 쇼토쿠 태자의 스승이 되었다.

① ㉠, ㉡   ② ㉡, ㉢
③ ㉢, ㉣   ④ ㉢, ㉣

06 2019년 지방직 9급

삼국 시대 문화에 대한 설명으로 옳지 않은 것은?

① 선덕 여왕 때에 첨성대를 세웠다.
② 목탑 양식의 미륵사지 석탑이 건립되었다.
③ 가야 출신의 우륵에 의해 가야금이 신라에 전파되었다.
④ 사신도가 그려진 강서 대묘는 돌무지무덤으로 축조되었다.

정답 및 해설 p. 292

고려의 문화

유학의 발달과 성리학의 전래

최근 7개년 **3회 출제!**
2022년 서울시 9급(2월) 2021년 국가직 9급
2019년 국가직 7급

1. 유학의 발달

(1) 초기(자주적·주체적)

태조	최언위, 최응, 최지몽 등 6두품 계통 유학자들이 활동
광종	쌍기의 건의로 과거 제도를 실시하여 유학에 능숙한 사람을 관료로 등용
성종	· 최승로의 시무 28조와 김심언의 봉사 2조를 수용하여 유교 정치 사상을 정비 · 국자감을 정비하고, 지방에 향교(향학)를 설치, 도서관 설치(개경에 비서성, 서경에 수서원), 문신 월과법 시행

(2) **중기(보수적)**: 문벌 귀족 사회의 발달로 유교 사상의 보수적 성격이 짙어졌으며, 유교 경전보다 시문을 중시하였다. 이 시기의 대표적인 유학자로는 최충, 김부식이 있다.

(3) **고려 후기**: 무신 정변 이후 문벌 귀족 세력이 몰락하여 유학이 한동안 크게 위축되었으나, 최씨 무신 집권기에는 일부 유학자들이 관료로 등용되기도 하였다.

2. 성리학의 전래

수용	· 충렬왕 때 안향(회헌)이 『주자전서』와 공자·주자의 화상을 들여와 성리학을 소개 · 백이정이 충선왕을 따라 원에 가서 성리학을 배우고 이제현과 박충좌에게 전수
전파	충선왕이 원에 설치한 만권당에서 이제현이 학자들과 교류하면서 성리학에 대한 심도 있는 이해가 가능해지고, 이제현이 귀국 후 이색 등에게 성리학을 전파함
확산	공민왕 때 이색이 정몽주(포은)·권근(양촌)·정도전(삼봉) 등을 가르쳐 확산시킴

시험 직전! 필수 암기

최충과 김부식

최충	· '해동공자'라 칭송되었으며, 문종 때 9재 학당(문헌공도) 설립 · 고려의 훈고학적 유학에 철학적 경향을 첨가
김부식	보수적·현실적 성격의 유학을 대표하는 인물로 『삼국사기』를 편찬

기출문장으로 출제 키워드 점검

01 (　　　)은 충렬왕을 따라 원에 갔다가 공자와 주자의 화상(畫像)을 그려와 고려에 주자학을 보급하였다.

02 이제현은 (　　　)을 통해 원의 성리학자와 교류하였다.

[답]
01 안향 02 만권당

고려의 교육 기관과 관학 진흥책

최근 7개년 **4회 출제!**
2022년 서울시 9급(6월) 2020년 법원직 9급
2019년 서울시 9급(6월) 2018년 법원직 9급

1. 고려 초기 국립 교육 기관(관학)의 정비

(1) **국자감**: 중앙 교육 기관으로 성종 때 설치되었고 인종 때 경사 6학이 정비되었다.

구분	경사 6학	입학 자격	기간	교육 내용
유학부	국자학	3품 이상의 자제	9년	유교 경전과 문예 (5경, 『논어』, 『효경』)
유학부	태학	5품 이상의 자제	9년	유교 경전과 문예 (5경, 『논어』, 『효경』)
유학부	사문학	7품 이상의 자제	9년	유교 경전과 문예 (5경, 『논어』, 『효경』)
기술학부	율·서·산학	8품 이하 및 서민 자제	6년	법률·서예·수학

(2) **향교**: 지방 교육 기관으로, 주로 지방 관리와 서민 자제의 교육을 담당하였다.

2. 고려 중기 사학의 발달과 관학 진흥책

(1) **사학 융성**: 고려 중기에 최충의 문헌공도(9재 학당)를 포함하여 12개의 도(徒, 사학)가 설립(사학 12도)되는 등 사학이 융성하고 관학이 위축되었다.

확장개념

경사 6학
고려 초 성종 때 유학 교육 위주로 정비된 국자감 내에 점차 시간이 흐르면서 기술학부인 서학 등이 만들어졌고, 이후 고려 인종 때 형조가 담당했던 율학이 국자감(국학) 내로 옮겨지면서 경사 6학이 완비되었다.

최충의 문헌공도(9재 학당)
최충은 9개의 전문 학과로 나눈 문헌공도(9재 학당)에서 9경과 3사를 가르쳤다. 9경은 5경(『시경』, 『서경』, 『역경』, 『예기』, 『춘추』)에 『논어』, 『효경』, 『맹자』, 『주례』를 합친 것으로 추정되며, 3사는 『사기(史記)』, 『한서』, 『후한서』의 역사서를 의미한다.

(2) **관학 진흥책**: 고려 정부는 위축된 관학을 진흥하기 위해 다양한 정책을 실시하였다.

숙종	국자감에 서적포를 설치하여 서적 간행 활성화
예종	국자감에 전문 강좌인 관학 7재 설치(무예를 공부하는 강예재 포함), 양현고(장학 재단) 설치, 도서관 겸 학문 연구소인 청연각(궁내)·보문각(궁외) 설치
인종	경사 6학을 정비, 7재 중 강예재 폐지, 향교를 중심으로 지방 교육 강화

기출문장으로 출제 키워드 점검

01 고려 예종은 장학 재단으로 (　　　)를 두었다.

02 고려 인종은 (　　　)의 제도를 정비하여 관학 교육을 강화하였다.

[답]
01 양현고　02 경사 6학

압축개념
03 고려의 역사서

 빈출

최근 7개년 **10회 출제!**
2022년 법원직 9급	2021년 지방직 9급
2020년 국가직 9급	2020년 경찰직 1차
2019년 국가직 9급	2019년 서울시 9급(2월)
2019년 경찰간부후보생	2018년 국가직 9급
2018년 서울시 9급(6월)	2018년 서울시 7급(3월)

1. 고려 초기의 역사서

(1) **특징**: 역사서를 통해 고구려 계승 의식을 표방하였다.

(2) 대표 역사서

『7대실록』	거란의 침입으로 소실된 태조~목종(7대)까지의 기록을 다시 편찬함
『고려왕조실록』	『7대실록』~『공양왕 실록』으로 구성, 임진왜란 때 소실

2. 고려 중기의 역사서

(1) **특징**: 유교적 사대주의의 영향을 받았고, 신라 계승 의식이 강화되었다.

(2) 대표 역사서

『삼국사기』	· 인종 때 왕명으로 김부식이 주도하여 편찬(1145) · 현존하는 우리나라 최고(最古)의 역사서, 기전체 서술 방식 · 『구삼국사』를 토대로 유교적 합리주의 사관에 기초하여 서술 · 신라 계승 의식(고구려·백제 비판), 불교 관련 설화 배제

3. 고려 후기의 역사서

(1) **특징**: 무신 정변 이후 사회적 혼란과 몽골의 침입 등을 극복하기 위해 민족적 자주 의식을 표출하는 역사서를 편찬하였다.

(2) 대표 역사서

『동명왕편』	명종 때 이규보가 편찬(1193), 동명왕에 대한 서사시, 체계성 미흡
『해동고승전』	고종 때 각훈이 편찬(1215), 삼국 시대 이래의 승려들의 전기를 기록(현재 일부만 남아 있음)
『삼국유사』	· 충렬왕 때 일연이 편찬(1281), 기사본말체 서술 방식, 기이(신화·설화)·흥법(불교사) 등으로 구성 · 고대의 민간 설화나 전래 기록을 수록, 우리 고유의 문화와 전통 중시, 단군 신화 수록, 14수의 신라 향가 수록
『제왕운기』	충렬왕 때 이승휴가 편찬(1287), 단군 조선부터 기록, 최초로 발해사를 우리의 역사로 기록, 우리나라 역사를 중국 역사와 대등하게 파악

4. 고려 말기의 역사서

(1) **특징**: 정통 의식과 대의명분을 강조하는 성리학적 유교 사관의 역사서를 편찬하였다.

(2) 대표 역사서

『본조편년강목』	· 충숙왕 때 민지가 편찬, 최초의 강목체 역사서, 성리학적 역사 서술 · 문덕 대왕(태조 왕건의 증조부)부터 고종까지의 고려 왕조 역사 기록
『사략』	· 공민왕 때 이제현이 편찬(1357) · 고려 태조부터 숙종까지의 치적 정리(현재 「사론」만 전해짐)

확장개념

📍 **『7대실록』**
거란의 침입으로 소실된 전 왕 대의 기록을 현종 때 다시 편찬하기 시작하여 덕종 때 황주량이 완성하였다. 그러나 임진왜란 때 완전히 소실되었다.

📍 **고려 중기의 역사서**

『고금록』	문종 때 박인량이 저술한 편년체 역사서(현존하지 않음)
『가락국기』	문종 때 편찬된 가락국(가야)에 대한 역사서(현존하지 않음)
『속편년통재』	예종 때 홍관이 편찬한 편년체의 역사서(현존하지 않음)

기출문장으로 출제 키워드 점검

01 (　　　)은 고려 태조에서 목종에 이르는 역대 국왕의 치적을 기록한 것이나 지금은 남아 있지 않다.

02 (　　　)는 현존하는 우리나라 최고(最古)의 정사류로서, 구삼국사를 참조하여 편찬하였다.

03 삼국유사는 우리의 고유 문화와 전통을 중시하였으며 (　　　)를 수록하였다.

04 이승휴는 (　　　)에 민족 시조인 단군을 강조하고 발해에 대한 내용을 서술하였다.

05 민지가 편찬한 (　　　)에는 (　　　)적 역사 서술 방식이 반영되어 있다.

[답]
01 7대실록　02 삼국사기　03 단군 신화
04 제왕운기　05 본조편년강목, 성리학

04 고려의 불교 사상

최근 7개년 12회 출제!	
2024년 서울시 9급(2월)	2024년 법원직 9급
2023년 지방직 9급	2020년 소방직
2019년 국가직 7급	2019년 지방직 9급
2019년 서울시 9급(6월)	2019년 서울시 9급(2월)
2019년 소방직	2019년 기상직 9급
2018년 국가직 7급	2018년 법원직 9급

1. 왕실의 불교 정책

태조	사찰 건립(흥국사, 개태사, 법왕사), 훈요 10조에서 불교의 숭상과 연등회·팔관회 등의 불교 행사를 중시할 것을 강조, 승록사 설치
광종	· 승과 실시: 승과를 실시하여 합격자에게 승계를 부여하고, 승려의 지위를 보장 · 국사·왕사 제도 확립: 국사·왕사 제도를 확립함으로써 불교의 권위가 상징적으로 왕권 위에 존재하게 됨 · 승록사 정비: 불교 관련 업무를 담당하는 관청인 승록사를 정비 · 경제적 혜택 부여: 사원에 토지를 지급, 승려에게 면역 혜택을 부여 · 귀법사 창건: 분열된 종파를 수습하기 위해 귀법사(주지: 균여)를 창건 · 법안종 도입: 승려 혜거를 통해 중국에서 법안종을 도입하고 선종을 정리
성종	연등회와 팔관회 폐지
현종	연등회와 팔관회 부활, 현화사 건립

2. 시기별 불교의 특징과 대표 승려

(1) 초기

① 특징: 고려 초기에는 화엄종이 성행하였으며, 선종과 교종이 함께 유행하였다.

② 대표 승려(광종 재위 시기)

균여	화엄 사상 정비, 보살의 실천행 강조, 성상융회 주창, 보현십원가 저술	
의통	중국 천태종의 16대 교조	중국 오월에 건너가 천태종 부흥에 큰 기여
제관	『천태사교의』 저술	

(2) 중기

① 특징: 왕실과 문벌 귀족의 지원으로 교종 종파인 화엄종과 법상종이 융성하였다.

② 대표 승려

대각 국사 의천	· 교단 통합 운동: 원효의 화쟁 사상(和諍思想)을 사상적 토대로 하여 교단의 통합을 시도, 흥왕사를 근거로 삼고 화엄종 중심의 교종 통합 시도 → 국청사를 창건하여 천태종 창시 → 교종 중심으로 선종 통합(교관겸수·내외겸전 제창) → 의천 사후 교단 분열 · 『신편제종교장총록』 편찬, 교장(속장경) 간행, 화폐 사용 주장

(3) 무신 집권기

① 특징: 무신들의 선종 후원으로 선종 불교가 타락하자 신앙 결사 운동이 전개되었다.

② 대표 승려

보조 국사 지눌 (최충헌 집권기)	· 조계종 승려, 불교계 타락을 비판하며 순천 송광사(길상사 → 수선사)에서 수선사 결사 운동(승려 본연의 자세로 돌아가 독경·선 수행·노동에 힘쓰자) 전개, 개혁적 승려와 지방민들의 호응 · 『수심결』 저술, 정혜쌍수·돈오점수 제창, 선종 중심으로 교종 포용
원묘 국사 요세 (최충헌 집권기)	· 천태종 승려, 원효의 정토 사상 적극 수용 · 자신의 행동에 대한 진정한 참회를 강조하는 법화 신앙을 중시하며 백련 결사 제창(강진 만덕사) → 지방 토호와 지방민들의 호응, 항몽 투쟁 표방, 백련사에 보현도량(보현보살을 모신 사당) 개설
진각 국사 혜심 (최우 집권기)	· 유·불 일치설을 주장하고 인간의 심성 도야를 강조하여 성리학 수용의 사상적 토대 마련 · 최씨 무신 정권의 후원: 최우·최항이 송광사에 입사(강화도에 송광사 분사 설치)

시험 직전! **필수** 암기

고려 불교의 결사 운동

결사명	인물	특징
수선사 결사 (순천 송광사)	지눌	정혜쌍수, 돈오점수
	혜심	유·불 일치설 주장
백련 결사 (강진 만덕사)	요세	법화 신앙 중시

확장개념

⊙ 승록사

불교 행사를 관장하는 관청으로 사원과 관청의 매개나 승계의 임명 등을 담당하였다.(승려의 인사에는 개입하지 않음)

⊙ 승과

교종선과 선종선의 두 과로 나누어 시행하였으며, 합격한 승려에게는 대덕의 승계를 부여하였다.

⊙ 광종 대의 대표적인 승려

승려	내용
혜거 (慧炬)	· 광종 때 중국에서 귀국하여 고려에 법안종 도입 · 문종 때 국사에 임명
탄문	· 혜종과 정종의 공경을 받았고, 광종 때 왕사에 임명 · 교종을 중심으로 선종을 융합하기 위해 노력

⊙ 성상융회

공(空)을 뜻하는 성(性)과 색(色)을 뜻하는 상(相)을 원만하게 융합시키는 이론으로서, 균여가 화엄 사상 속에 법상종의 사상을 융합하여 교종 내의 대립을 해소시키기 위해 주창하였다.

⊙ 교관겸수·내외겸전

· 교관겸수: 이론의 연마와 실천을 아울러 강조
· 내외겸전: 내적인 공부와 외적인 공부를 모두 갖추어 조화를 이룰 것을 주장

⊙ 정혜쌍수·돈오점수

· 정혜쌍수: 선과 교학을 나란히 수행하되 선을 중심으로 교학을 포용하자는 이론
· 돈오점수: 단번에 깨달은 것(돈오)을 꾸준히 수행·실천(점수)하자는 주장

⊙ 요세의 백련 결사 기출사료

대사께서는 『묘종초』를 설법하기 좋아하여 언변과 지혜가 막힘이 없었고, 대중에게 참회를 닦기를 권하였다. …… 대중의 청을 받아 교화시키고 인연을 맺은 지 30년이며, 결사에 들어온 자들이 3백여 명이 되었다.

---

(4) 말기

① **특징**: 불교가 귀족 세력과 연결되어 세속화되면서 불교계가 타락하였고, 결사 운동이 쇠퇴하였다. 또한 원으로부터 티벳 불교(라마교)가 유입되었다.

② **대표 승려**

원증 국사 보우	· 공민왕 때 왕사, 우왕 때 국사를 지냄, 남경(한양) 천도를 주장 · 9산 선문 통합 운동을 전개하였으나 실패 · 원으로부터 임제종 도입 → 조선 시대 때 선종 불교의 주류로 발전

3. 대장경 간행

(1) 간행 목적

① **불교 경전 집대성**: 불교 사상에 대한 이해 체계가 정비되면서 불교에 관련된 서적을 모두 모아 체계화하였다.

② **호국 불교**: 부처님의 힘으로 외적(거란, 몽골)의 침입을 물리치고자 하는 염원을 담았다.

(2) 대장경의 간행

대장경	조판 시기	조판 목적 및 과정	특징
초조대장경	현종~선종	거란의 침입 격퇴 염원	대구 부인사에 보관 중 몽골의 2차 침입 때 소실
교장(속장경)	선종~숙종	의천이 고려·송·요·일본의 주석서를 모아 『신편제종교장총록』을 편찬한 후, 흥왕사에 교장도감을 설치하여 교장을 간행	· 몽골 침입 때 소실 · 국내와 일본에 『신편제종교장총록』과 교장 인쇄본 일부가 남아 있음
재조대장경 (팔만대장경)	고종	· 몽골의 침입 격퇴 염원 · 강화도에 대장도감을 설치하여 제작	· 경남 합천 해인사에 8만여 장이 모두 보존 · 유네스코 세계 기록유산에 등재(2007)

확장개념

📍 **신진 사대부의 불교 비판**

고려 말 원 간섭기에 수용된 성리학을 사상적 배경으로 하여 성장한 신진 사대부들은 불교계의 사회적, 경제적인 폐단을 크게 비판하였다.

📍 **대장경**

경(경전)·율(계율)·논(해석)의 삼장으로 구성된 불교 문헌의 총칭이다.

기출문장으로 출제 키워드 점검

01 고려 초기에는 화엄 사상을 정비하고 보살의 실천행을 폈던 (　　　)의 화엄종이 성행하였다.

02 (　　　)은 『신편제종교장총록』을 편찬하였다.

03 (　　　)은 승려 본연의 자세로 돌아가 독경과 선 수행, 노동에 고루 힘쓰자는 개혁 운동인 (　　　　)를 제창하였다.

04 요세가 결사한 (　　　)는 (　　　) 신앙을 내세운 천태종 계통의 신앙 단체였다.

05 고려 시대의 승려 (　　　)은 불교와 유교 모두 도를 추구한다는 점에서 같다는 (　　　　)을 주장하였다.

06 고려 말의 승려 태고 보우는 원으로부터 (　　　)을 들여와 전파시킴으로써 불교계의 새로운 주류로 떠올랐다.

07 고려 시대에는 몽골과의 전쟁 중에 부처님의 힘으로 국난을 극복하고자 (　　　)을 간행하였다.

[답]
01 균여　02 의천　03 지눌, 수선사 결사
04 백련사, 법화　05 혜심, 유·불 일치설　06 임제종
07 재조대장경(팔만대장경)

V. 문화사　해커스공무원 단권화 핵심정리 한국사

압축개념

05 도교와 풍수지리설

최근 7개년 **2회 출제!**
2018년 국가직 9급　　2018년 지방직 9급

1. 도교

특징	불로장생과 현세의 구복을 추구, 나라와 왕실의 안녕과 번영 기원
발전	· 초제 거행: 도교 제사인 초제가 성행함 · 복원궁 건립: 예종 때 건립된 최초의 도교 사원(도관) · 팔관회 개최: 도교 + 불교 + 민간 신앙, 명산대천에서 제사를 지냄
한계	일관된 교리 체계의 부재, 교단 형성 실패로 민간 신앙으로만 전개됨

2. 풍수지리설

특징	미래의 길흉화복을 예언하는 도참 사상과 융합하여 크게 유행함
영향	· 초기: 개경 길지설, 서경 길지설(북진 정책, 묘청의 서경 천도 운동에 영향을 줌) · 중기 이후: 한양 명당설이 대두하면서 문종 때 한양이 남경으로 승격됨, 숙종 때 김위제의 건의로 남경개창도감을 설치하고 남경에 궁궐 건설
서적	『도선비기』, 『해동비록』 등

확장개념

📍 **팔관회**

성격	도교와 토착 신앙 행사에 불교가 결합
개최	개경(11월 15일)과 서경(10월 15일)에서 개최
특징	· 국가와 왕실의 태평을 기원 · 외국 사신 및 상인의 방문으로 국제 무역이 이루어짐

기출문장으로 출제 키워드 점검

01 예종 때에 도관(道觀)인 (　　　　)을 세워 초제를 올렸다.

02 풍수지리설은 고려 (　　　) 때 남경 설치의 배경이 되었다.

[답]
01 복원궁　02 문종

06 고려의 과학 기술

1. 천문학·역법과 의학

(1) 천문학과 역법

① **담당 관청**: 천문과 역법을 담당하는 사천대(원 간섭기 이후 서운관)를 설치하였다.

② **천문 관측 기록**: 사천대의 관리는 개성의 첨성대에서 관측 업무를 수행하였으며, 당시의 일식, 혜성, 태양의 흑점 등에 관한 관측 내용을 매우 상세하게 기록하였다.

③ **역법 연구**

초기	신라 때부터 쓰기 시작하였던 선명력(당의 역법)을 그대로 사용
후기	·충선왕: 수시력(이슬람의 역법을 참고하여 만든 원의 역법) 채택 ·공민왕: 대통력(명의 역법) 사용

(2) 의학

① **담당 관청**: 의료 업무를 맡은 태의감에서 의학 교육을 실시하였고, 의원을 선발하는 의과를 실시하였다.

② **의서 편찬**: 고종 때 편찬된 『향약구급방』은 현존하는 우리나라 최고(最古)의 의서로, 각종 질병에 대한 처방법과 국산 약재 180여 종을 소개하고 있다.

2. 인쇄술의 발달

(1) 목판 인쇄술: 목판 인쇄는 한 종류의 책을 다량으로 인쇄하는 데 적합하였다.

(2) 금속 활자 인쇄술: 금속 활자는 여러 종류의 책을 소량으로 인쇄하는 데 적합하였다. 공양왕 때에는 서적원이 설치되어 활자 제작과 인쇄를 관장하였다.

『상정고금예문』	몽골과 전쟁 중이던 강화도 피난 시에 금속 활자로 인쇄하였다는 기록이 이규보의 『동국이상국집』에 남아 있음
『직지심체요절』 (1377, 우왕)	청주 흥덕사에서 간행한 현존하는 세계 최고(最古)의 금속 활자본으로, 현재 프랑스 국립 도서관에 소장되어 있음

(3) 제지술: 고려 정부는 닥나무의 재배를 장려하였으며, 종이 제조를 전담하는 관청을 설치하였다. 등피지·경면지라고 불리던 고려의 종이는 품질이 좋아 중국에 수출되었다.

3. 화약 무기 제조와 조선 기술

(1) 화약 무기: 화약 제조법을 터득한 최무선을 중심으로 화통도감을 설치(1377)하여 화약과 화포를 제작하였다. 이후 진포 대첩(1380)에서 화포를 이용하여 왜구를 격퇴하였다.

(2) 조선 기술

① **대형 범선**: 송과의 해상 무역이 발달하면서 대형 범선이 제작되었다.

② **조운선**: 각 지방에서 징수한 조세미를 개경으로 운송하는 대형 조운선이 등장하였다.

③ **전함**: 고려 말 전함에 화포를 설치하여 왜구 격퇴에 활용하였다.

확장개념

♀ **『상정고금예문』**
인종 때 최윤의 등이 편찬한 의례서로, 강화도 천도 당시 이 책을 가져오지 못하자 최씨 정권의 집권자였던 최우의 소장본을 바탕으로 강화도에서 금속 활자로 28부를 인쇄하였다. 현재는 전해지지 않으며, 『동국이상국집』에 금속 활자로 인쇄하였다는 기록만 남아 있다.

♀ **화약 제조법**
당시 중국에서는 화약 제조 기술을 비밀에 부쳤으나, 최무선은 끈질긴 노력 끝에 원나라 사람 이원으로부터 화약의 중요한 원료인 염초를 만드는 기술을 배워서 화약 제조법을 터득하였다.

기출문장으로 출제 키워드 점검

01 고려 초에는 당의 (   )을 사용하였으나, 충선왕 때에는 원의 (   )을 받아들였다.

02 몽골과의 전쟁 중이던 강화도 피난 시에는 금속 활자로 (   )을 인쇄하였다.

03 청주 흥덕사에서 간행한 (   )이 현존하는 세계 최고의 (   ) 활자본으로 공인받고 있다.

04 공양왕은 (   )을 설치하여 활자의 주조와 인쇄를 맡게 했다.

05 최무선은 화약 무기의 필요성을 절감하고, (   )을 설치하여 각종 화약 무기를 제조하였다.

[답]
01 선명력, 수시력 02 상정고금예문
03 직지심체요절, 금속 04 서적원 05 화통도감

07 고려의 불교 문화재

1. 사원

고려 전기에는 주심포 양식이 유행하였으며, 현재 13세기 이후에 지어진 주심포 양식 건물이 일부 남아 있다. 한편 고려 후기에는 원의 다포 양식이 새로 도입되었다.

주심포 양식 건물	• 특징: 송의 영향을 받음, 배흘림 기둥의 목조 건축물 유행 • 건물: 안동 봉정사 극락전(현존하는 最古 목조 건물, 맞배 지붕), 영주 부석사 무량수전(배흘림 기둥, 팔작 지붕), 예산 수덕사 대웅전(배흘림 기둥, 맞배 지붕)
다포 양식 건물	• 특징: 원의 영향을 받음, 웅장한 지붕이나 건축물을 화려하게 꾸밀 때 사용 • 건물: 황해도 사리원의 성불사 응진전, 함경남도 안변 석왕사 응진전

안동 봉정사 극락전

영주 부석사 무량수전

예산 수덕사 대웅전

2. 석탑

(1) **특징**: 신라 석탑에 비해 안정감이 부족한 형태였으며, 다각 다층탑이 유행하였다.

(2) **대표 석탑**

전기	개성 불일사 5층 석탑, 부여 무량사 5층 석탑, 개성 현화사 7층 석탑
중기	평창 월정사 8각 9층 석탑(송의 영향, 다각 다층탑을 대표)
후기	개성 경천사지 10층 석탑(원의 영향): 조선 세조 때의 원각사지 10층 석탑에 영향

개성 불일사 5층 석탑

평창 월정사 8각 9층 석탑

개성 경천사지 10층 석탑

3. 승탑

(1) **특징**: 신라 말에 유행하던 승탑(부도)이 고려 시대에도 활발하게 제작되었다.

(2) **대표 승탑**

① **팔각 원당형 승탑**: 신라 후기 승탑의 전형적인 기본 양식을 계승한 것으로, 여주 고달사지 승탑이 대표적이다.

② **특이한 형태의 승탑**: 충주 정토사지 홍법국사탑과 원주 법천사지 지광국사탑이 있다.

4. 불상

(1) **특징**: 고려 시대에는 지역적 특색이 반영된 불상이 많이 제작되었다. 또한 신라의 불상 양식을 계승하였으나, 균형을 이루지 못하여 조화미가 부족한 형태가 많았다.

(2) **대표 불상**: 하남 하사창동 철조 석가여래 좌상(광주 춘궁리 철불), 논산 관촉사 석조 미륵보살 입상(은진 미륵), 안동 이천동 마애여래 입상, 파주 용미리 마애이불 입상, 영주 부석사 소조 아미타여래 좌상(균형미, 신라 양식 계승)

하남 하사창동 철조
석가여래 좌상

논산 관촉사 석조
미륵보살 입상

영주 부석사 소조
아미타여래 좌상

확장개념

◉ 주심포 양식과 다포 양식

▲ 주심포 양식

→ 지붕의 무게를 받치는 공포가 기둥 위에만 있는 건축 양식

▲ 다포 양식

→ 공포가 기둥과 기둥 사이에도 있는 건축 양식

◉ 맞배 지붕과 팔작 지붕

구분	맞배 지붕	팔작 지붕
특징	책을 엎어 놓은 형태	우진각 지붕(처마가 사면으로 내려간 지붕) 위에 맞배 지붕을 올려놓은 형태
대표 건물	봉정사 극락전, 수덕사 대웅전	부석사 무량수전

기출문장으로 출제 키워드 점검

01 영주의 (　　　) 무량수전은 (　　　) 양식과 (　　　) 기둥이 잘 어우러진 건축물이다.

02 고려 후기에는 사리원의 (　　　) 응진전과 같은 (　　　) 건물이 출현하여 조선 시대 건축에 큰 영향을 끼쳤다.

03 고려 시대에는 팔각 원당형 승탑이 많이 만들어졌는데, 그 대표적인 예로 (　　　　　　　)을 들 수 있다.

[답]
01 부석사, 주심포, 배흘림 02 성불사, 다포식
03 여주 고달사지 승탑

1. 자기 공예(청자)

(1) **특징**: 신라와 발해의 전통과 기술을 토대로 송의 자기 기술을 수용하여 11세기에 독자적인 경지를 개척하였다. 고려 청자는 물에는 묽어지고 불에는 굳어지는 자토로 모양을 만들고 무늬를 새긴 후 유약을 발라 1,250~1,300도 사이의 온도에서 구워서 제작되었다.

(2) **발달 과정**

11세기 (순수 청자)	순수 비취색이 나는 청자로, 다양한 형태와 고상한 무늬가 특징
12세기 (상감 청자)	· 상감법이라는 독창적인 기법 개발 · 대표 작품: 청자 상감 운학무늬 매병
원 간섭기 이후	· 원으로부터 북방 가마 기술이 도입되며, 청자의 빛깔이 퇴조 · 소박한 분청사기로 변화

2. 금속 공예

(1) **특징**: 불교 도구 중심으로 크게 발전하였으며, 은입사 기술이 발달하였다.

(2) **대표 작품**: 청동 은입사 포류수금문 정병(버드나무와 동물 무늬를 새김)

3. 나전 칠기 공예

(1) **특징**: 옻칠한 바탕에 자개를 붙여 무늬를 나타내는 나전 칠기 공예가 크게 발달하였다.

(2) **작품**: 경함(불경 보관함), 문방구 등에 자연의 모습을 새겨 넣은 작품들이 있다.

4. 범종

(1) **특징**: 신라 시대의 양식을 그대로 계승하였다.

(2) **대표 작품**: 화성 용주사 동종, 해남 대흥사 탑산사명 동종, 부안 내소사 동종, 성거산 천흥사명 동종(현존하는 가장 오래된 고려 시대 범종)

[확장개념]

📍 **고려 청자의 주요 생산지**
고려 청자는 원료와 연료가 풍부한 전라도 강진, 부안 지역에서 주로 생산되었다.

📍 **상감법**
나전 칠기, 은입사 기술을 응용한 것으로, 자기 표면을 파내고 그 자리를 백토나 흑토 등으로 메워 무늬를 내는 방법

📍 **은입사 기술**
청동기 표면을 파내서 실처럼 만든 은을 채워 넣어 무늬를 만드는 기술

기출문장으로 출제 키워드 점검

01 (   )을 도자기 제작에 응용해서 만들어진 (   )는 무늬를 다양하고 화려하게 넣을 수 있었기 때문에 청자의 새로운 경지를 열었다.

02 고려 청자는 (   )과 부안이 생산지로 유명하였다.

[답]
01 상감 기법, 상감 청자 02 강진

---

1. 글씨

전기	· 특징: 왕희지체와 구양순체가 유행하였으며, 특히 간결한 구양순체가 주류를 이루었음 · 대표 서예가: 유신, 탄연(승려), 최우를 명필로 들 수 있는데, 이들을 통일 신라 시대의 인물인 김생과 더불어 신품 4현(神品四賢)이라 불렸음
후기	중국의 송설체(조맹부체)가 유행하여 조선까지 계승되었고, 이암이 유명하였음

2. 그림

전기	· 도화원에 소속된 전문 화원들이 중심이 되었음 · 대표적으로 이령(예성강도)과 그의 아들 이광필이 유명하였음
후기	· 사군자 중심의 문인화가 유행하였으나 현전하지 않음 · 천산대렵도: 공민왕 때 제작, 원대 북화의 영향을 받음 · 양류관음도(관음보살도): 혜허가 제작한 불화로, 일본에 현존함

[확장개념]

📍 **구양순체와 송설체**
구양순체는 당나라 때 인물인 구양순의 굳세고 힘찬 글씨체이며, 송설체는 원나라 때 인물인 조맹부의 유려한 글씨체이다.

📍 **유신과 탄연**
유신은 구양순체의 대가였고, 탄연은 왕희지체의 대가였다.

3. 음악

아악(궁중 음악)	예종 때 송에서 전래된 대성악이 궁중 음악으로 발전
향악(속악)	우리 고유 음악이 당악의 영향을 받아 발전한 것으로 동동, 한림별곡, 대동강, 오관산, 정과정 등이 유명하였으며, 궁중 연회에서 많이 연주됨
가면극과 산대극	· 처용무 등을 중심으로 한 산대극이 유행하였음 · 주로 부도덕한 지배층과 타락한 승려를 풍자하였음

으로 출제 키워드 점검

기출문장으로 출제 키워드 점검

01 고려 전기에는 서예에서 (   )가 주류를 이루었다.

02 고려 후기에는 불화가 많이 그려졌는데 (   )의 관음보살도가 유명하다.

[답]
01 구양순체 02 혜허

---

10 고려의 문학

최근 7개년 **3회 출제!**
2019년 국가직 7급   2019년 경찰직 1차
2018년 국가직 9급

1. 고려 전기의 문학

(1) **향가**: 광종 때 균여가 지은 보현십원가 11수가 대표적이며, 예종이 지은 도이장가는 향가의 잔영이라고 할 수 있다.

(2) **한문학**: 초기에는 중국 모방 단계를 벗어나 독자적인 모습을 보이기도 하였으나 중기 이후에는 고려 사회가 귀족화되면서 당·송의 한문학을 숭상하는 풍조가 유행하였다. 대표적인 문인으로 박인량(『수이전』), 정지상 등이 있다.

2. 무신 집권기의 문학

(1) **초기의 수필 형식 문학**: 무신의 집권으로 좌절감에 빠진 문신들 사이에서 현실 도피적인 경향을 띤 수필과 가전체 문학이 유행하였다. 대표적인 문인으로 이인로(『파한집』), 임춘(『국순전』) 등이 있다.

(2) **최씨 무신 집권기**: 정계에 등용된 문신들에 의해 새로운 문학 경향이 나타났는데, 이들은 형식보다는 내용에 치중하면서 현실을 제대로 표현하는 데 집중하였다. 대표적인 문인으로는 이규보(『동국이상국집』)와 진화, 최자(『보한집』) 등이 있다.

3. 고려 후기의 문학

(1) **특징**: 신진 사대부와 민중을 중심으로 문학 활동이 활발하게 전개되었다.

(2) **국문학**

경기체가	· 신진 사대부들이 향가 형식을 계승하여 창작하였음 · 주로 유교 정신과 자연의 아름다움을 표현 · 대표작으로 한림별곡, 관동별곡·죽계별곡(안축) 등이 있음
시가 문학	전원 생활의 한가로움을 그려 낸 어부가가 대표적임
고려 가요 (장가, 속요)	· 일반 백성들 사이에서 유행한 작자 미상의 민요풍 가요 · 서민의 생활 감정을 대담하고 자유분방한 형식으로 드러냈음 · 대표작으로 청산별곡, 가시리, 쌍화점 등이 있음

(3) **한문학**

설화 문학	형식에 구애 받지 않는 설화 형식을 통해 현실을 비판
패관 문학	민간 구전을 한문으로 기록한 것으로 『백운소설』(이규보, 시화집), 『역옹패설』(이제현) 등이 있음
가전체 문학	사물을 의인화하여 일대기를 구성한 것으로 『국순전』(임춘, 술을 의인화), 『국선생전』(이규보), 『죽부인전』(이곡) 등이 있음
한시	이제현, 이곡, 정몽주 등 유학자들을 중심으로 한시 발달

확장개념

균여의 활동
· 북악파와 남악파로 분열되어 있던 화엄 교단을 북악파 중심으로 통합
· 화엄 사상을 정비하고 보살의 실천행 강조
· 화엄 사상을 중심으로 법상종을 융합하려는 '성상융회'의 수행법 주장
· 보현십원가(향가 형식의 불교 찬가)를 지어 불교 대중화에 기여

이규보의 저서
『동국이상국집』, 『국선생전』, 『백운소설』, 『동명왕편』

고려 시대의 패관 문학

저술	특징
『수이전』 (박인량)	최초의 설화집으로, 『삼국유사』에 일부 내용이 수록되어 전해짐
『파한집』 (이인로)	역대 문인들의 명시에 얽힌 이야기와 평양·개성의 풍속 등의 설화 수록
『보한집』 (최자)	이인로의 파한집을 보충한 수필체의 시화집
『백운소설』 (이규보)	떠도는 시화와 민간 구전을 모아 놓음
『역옹패설』 (이제현)	이제현의 시문집인 『익재난고』 권말에 수록되어 있음

기출문장으로 출제 키워드 점검

01 고려 후기에는 사대부의 성장으로 (   )로 불리는 새로운 문학이 등장했다.

02 고려 후기 일반 (   )층에서는 장가로 불리는 새로운 (   )의 가요가 유행했다.

[답]
01 경기체가 02 서민, 민요풍

01 2020년 법원직 9급

다음 자료와 관련된 고려 정부의 대응으로 가장 옳은 것은?

> 최충이 후진들을 모아 열심히 교육하니, 유생과 평민이 그의 집과 마을에 차고 넘치게 되었다. 마침내 9재로 나누었다. …… 이를 시중 최공의 도라고 불렀다. 의관 자제로서 과거에 응시하려는 자들은 반드시 먼저 이 도에 속하여 공부하였다. …… 세상에서 12도라고 일컬었는데, 최충의 도가 가장 성하였다.

① 원으로부터 성리학을 수용하였다.
② 『주자가례』와 『소학』을 널리 보급하였다.
③ 국학에 처음으로 양현고를 설치하였다.
④ 만권당을 짓고 유명한 학자들을 초청하였다.

02 2021년 지방직 9급

다음 내용의 역사서에 대한 설명으로 옳은 것은?

> 왕께서는 "우리나라 사람들은 유교 경전과 중국 역사에 대해서는 자세히 말하는 사람이 있으나 우리나라의 사실에 이르러서는 잘 알지 못하니 매우 유감이다. 중국 역사서에 우리 삼국의 열전이 있지만 상세하게 실리지 않았다. 또한, 삼국의 고기(古記)는 문체가 거칠고 졸렬하며 빠진 부분이 많으므로, 이런 까닭에 임금의 선과 악, 신하의 충과 사악, 국가의 안위 등에 관한 것을 다 드러내어 그로써 후세에 권계(勸戒)를 보이지 못했다. 마땅히 일관된 역사를 완성하고 만대에 물려주어 해와 별처럼 빛나도록 해야 하겠다."라고 하셨습니다.

① 불교를 중심으로 신화와 설화를 정리하였다.
② 유교적인 합리주의 사관에 따라 기전체로 서술되었다.
③ 단군 조선을 우리 역사의 시작으로 본 통사이다.
④ 진흥왕의 명을 받아 거칠부가 편찬하였다.

03 2019년 국가직 9급

다음 내용이 실린 사서에 대한 설명으로 옳은 것은?

> 제왕이 장차 일어날 때는 하늘의 명령과 상서로운 기운을 받아서 반드시 보통 사람과는 다른 점이 있으니, 그런 뒤에야 능히 큰 변화를 타서 제왕의 지위를 얻고 대업을 이루었다. …(중략)… 삼국의 시조들이 모두 신이(神異)한 일로 탄생했음이 어찌 괴이하겠는가. 이것이 책 첫머리에 「기이(紀異)」편이 실린 까닭이며, 그 의도도 여기에 있는 것이다.

① 불교 승려의 전기를 수록한 고승전이다.
② 불교 중심의 고대 민간 설화를 수록하였다.
③ 고조선부터 고려 말까지의 역사를 정리하였다.
④ 유교적 사관에 기초하여 기전체로 서술하였다.

04 2020년 지방직 7급

(가)~(다)와 설명이 옳게 짝지어진 것만 모두 고르면?

> (가) 명예와 이익을 버리고 산림에 은둔하여 항상 선정을 익히고 지혜를 고루하기에 힘쓰며, 예불과 독경을 하고 나아가서는 노동에도 힘을 쏟자.
>
> (나) 불교를 행하는 것은 몸을 닦는 근본이며, 유교를 행하는 것은 나라를 다스리는 근원이니 몸을 닦는 것은 내생을 위한 것이며, 나라를 다스리는 것은 오늘의 할 일입니다.
>
> (다) 나는 옛날 공의 문하에 있었고 공은 지금 우리 수선사에 들어왔으니, 공은 불교의 유생이요, 나는 유교의 불자입니다. …(중략)… 유교와 불교는 다름이 없다고 보아야 하지 않겠습니까?

> ㉠ (가) - 불교의 세속화에 반대하고 불교 본연의 자세를 찾으려 하였다.
> ㉡ (나) - 불교 행사를 장려하는 구실이 되었다.
> ㉢ (다) - 성리학 수용의 사상적 토대를 마련하였다.

① ㉠, ㉡   ② ㉠, ㉢
③ ㉡, ㉢   ④ ㉠, ㉡, ㉢

05 2019년 국가직 7급

밑줄 친 '왕'의 재위 기간에 있었던 일로 옳지 않은 것은?

> 왕 24년 봄에 전라도 지휘사 김경손이 초적 이연년을 쳐서 평정하였다. 이때 이연년 형제가 원율·담양 등 여러 고을의 무뢰배들을 불러 모아 해양(海陽) 등의 주현을 공격하여 함락시켰다.

① 왕실의 원찰인 묘련사가 창건되었다.
② 백련 결사가 조직되어 백련결사문이 발표되었다.
③ 각훈이 왕명에 따라 『해동고승전』을 편찬하였다.
④ 수기의 주도 아래 대장경의 편집·교정이 이루어졌다.

07 2017년 국가직 9급(4월 시행)

밑줄 친 '이 기구'가 설치된 왕 대에 있었던 사실로 옳은 것은?

> 조정은 중국의 화약 제조 기술을 터득하여 이 기구를 두고, 대장군포를 비롯한 20여 종의 화기를 생산하였으며, 화약과 화포를 제작하였다.

① 복원궁을 건립하여 도교를 부흥시켰다.
② 흥덕사에서 『직지심체요절』을 간행하였다.
③ 교장도감을 설치하여 속장경을 간행하였다.
④ 시무 28조를 수용하여 유교 정치를 구현하였다.

06 2018년 법원직 9급

(가), (나)를 주장한 승려들에 관한 설명으로 옳은 것은?

> (가) 교(敎)를 배우는 이는 대개 안의 마음을 버리고 외면에서 구하고, 선(禪)을 익히는 이는 인연을 잊고 안의 마음을 밝히기를 좋아하니, 모두 한쪽에 치우친 것으로 두 극단에 모두 막힌 것이다.
>
> (나) 지금의 불교계를 보면, 아침저녁으로 하는 일들이 비록 부처의 법에 의지하였다고 하나, 자신을 내세우고 이익을 구하는 데 열중하여 세속의 일에 골몰한다. 도덕을 닦지 않고 옷과 밥만 허비하니, 비록 출가하였다고 하나 무슨 덕이 있겠는가?

① (가) - 천태종의 신앙 결사체인 백련사를 조직하였다.
② (가) - 중국에서 도입한 법안종을 중심으로 선종을 정리하였다.
③ (나) - 선을 중심으로 교학을 포용하고자 하였다.
④ (나) - 유교와 불교의 통합을 시도하며 유·불 일치설을 주장하였다.

08 2020년 경찰직 1차

다음 일이 있었던 시대의 문화에 대한 설명으로 가장 적절하지 않은 것은?

> 박유가 왕에게 글을 올려 말하기를 "[중략] 청컨대 여러 신하, 관료들로 하여금 여러 처를 두게 하되, 품계에 따라 그 수를 줄이도록 하여 보통 사람에 이르러서는 1인 1첩을 둘 수 있도록 하며 여러 처에게서 낳은 자식들도 역시 본가가 낳은 아들처럼 벼슬을 할 수 있게 하기를 원합니다."라고 하였다. [중략] 당시 재상들 가운데 그 부인을 무서워하는 자들이 있었기 때문에 그 건의는 결국 실행되지 못하였다.

① 단아하고 균형 잡힌 석등이 꾸준히 만들어졌으며 법주사 쌍사자 석등이 대표적인 작품이다.
② 다포 양식 건물이 등장하여 지붕을 웅장하게 얹거나 건물을 화려하게 꾸밀 때 쓰였다.
③ 자기 제작에 상감 기법이 개발되어 무늬를 내는 데 활용되었으나 원 간섭기 이후에는 퇴조하였다.
④ 이 시대에는 불화가 많이 그려졌는데 혜허의 관음보살도가 유명하다.

정답 및 해설 p. 293

03 조선 전기의 문화

01 민족 문화의 발달과 한글 창제

1. 민족 문화의 발달 배경

(1) **관학파의 노력**: 조선 초기의 집권층인 관학파는 성리학 이외의 학문과 사상에 포용적이 었으며, 민생 안정과 부국강병을 위하여 과학 기술과 실용적 학문을 중시하였다.

(2) **민족적·실용적 성격의 학문 발달**: 조선 초기에는 민족적이면서 실용적인 성격의 학문이 발달해 다른 시기보다 민족 문화가 크게 발달하였다.

2. 민족 문화의 기반 확대 – 한글 창제

배경	· 고유 문자의 부재(한자, 이두 또는 향찰로는 우리말을 제대로 표현할 수 없었음) · 피지배층의 도덕적 교화(양반 중심의 사회 유지 목적) · 농민의 사회적 지위 상승(의사소통의 필요성 증가)
반포	세종 때 훈민정음 창제(1443) → 주석서인 『훈민정음(해례본)』 반포(1446)
보급 노력	· 한글 서적 보급: 「용비어천가」(왕실 조상의 덕을 찬양), 『석보상절』(석가의 전기), 「월인천강지곡」(석가의 덕을 기림) 등의 한글 서적을 보급하고, 불경·농서·윤리서·병서 등 다양한 서적을 한글로 번역 · 행정 실무에 이용: 서리 선발 시 훈민정음 시험 도입

확장개념

📍 **최만리의 한글 창제 반대**

최만리는 한글 창제에 대해 중국을 섬기는 처지에 다른 글자를 쓰는 것은 부끄러운 일이며 스스로 오랑캐가 되는 일이라고 하며 반대하였다. 또한 새 글자는 너무 쉽기 때문에 중국의 높은 수준의 학문을 이해하지 못하게 되어 문화 수준이 떨어질 것이라 보았다.

기출문장으로 출제 키워드 점검

01 세종 때 (   )로 석가모니의 일대기를 풀이한 『석보상절』이 저술되었다.

[답]
01 한글

02 조선의 교육 기관

최근 7개년 **5회 출제!**
2021년 국가직 9급   2019년 국가직 9급
2019년 국가직 7급   2018년 국가직 9급
2018년 서울시 7급(6월)

교육 단계	교육 기관	설치한 곳	특징	교육 내용
초등 교육	서당	마을 단위	선비와 평민 자제들이 입학	『천자문』, 『명심보감』 등
중등 교육	서원	군·현	백운동 서원(주세붕)이 시초, 선현의 제사, 성리학 연구, 향음주례, 향촌 사회 교화 담당, 선비나 공신 숭배	『소학』, 4서 5경
	향교	부·목·군·현	공자의 제사와 유생 교육, 지방민의 교화 담당, 중앙에서 교수와 훈도 파견, 군현 인구에 따라 정원 배정	
	4부 학당	한양 (동·서·남·중)	8세 이상의 양인 남성이면 입학 가능, 교수와 훈도가 교육	
최고 학부	성균관	한양 (서울)	· 15세 이상의 소과 합격자 등이 입학, 성적 우수자는 문과 초시 면제 · 구조: 대성전(문묘의 정전, 공자 사당), 동무·서무(공자의 제자와 중국·우리나라 선현들의 사당), 명륜당(강의실), 동재·서재(기숙사), 존경각(도서관), 비천당(과거 시험장) 등	4서 5경, 『성리대전』 등

시험 직전! 필수 암기

교육 기관별 비교

구분	4부 학당	향교	성균관	서원
문묘 유무	X	O	O	X
동재·서재 유무	O	O	O	O

확장개념

📍 **백운동 서원**

· 중종 때 풍기 군수 주세붕이 안향을 배향하기 위해 건립
· 명종 때 이황의 건의로 최초의 사액 서원(소수 서원)으로 공인됨

기출문장으로 출제 키워드 점검

01 조선 시대에는 전국의 모든 군현에 (   )를 설치하여 국비로 가르쳤다.

[답]
01 향교

1. 건국 초기의 역사서

(1) **특징**: 왕조의 정통성에 대한 명분을 밝히고 성리학적 통치 규범을 정착시키기 위하여 역사서를 편찬하였다.

(2) **대표 역사서**

『고려국사』	정도전 등이 고려의 역사를 편년체로 정리, 조선 건국의 정당성 강조
『동국사략』	권근 등이 단군 조선에서 신라 말까지를 편년체로 정리, 불교 비판
『조선왕조실록』	태조~철종까지의 역사를 편년체로 서술, 왕의 사후 실록청에서 편찬

2. 15세기 중엽~16세기의 역사서

(1) **특징**: 국가의 위신을 높이고 문화를 향상시키기 위해 역사서를 편찬하였다.

(2) **대표 역사서**

『고려사』	김종서 등이 문종 때 완성(세종 때 시작), 고려의 역사를 기전체로 서술
『고려사절요』	김종서 등이 문종 때 편찬, 고려의 역사를 편년체로 서술
『삼국사절요』	서거정 등이 성종 때 편찬, 편년체로 서술, 단군 조선에서 삼국 시대 말까지의 역사를 기록
『동국통감』	서거정 등이 고조선부터 고려 말까지의 역사를 편년체로 서술, 유교적 명분론에 입각해 서술, 단군 조선에서 삼한까지를 「외기」로 기록
『동국사략』	16세기 초에 박상이 편찬, 단군 조선부터 고려 말까지의 역사를 기록
『동몽선습』	박세무가 저술한 아동 교육서로, 중국과 우리나라의 역사를 약술함
『기자실기』	선조 때 이이가 편찬, 존화주의적 역사관을 바탕으로 기자를 추앙

기출문장으로 출제 키워드 점검

01 문종 때 완성된 (　　　)는 성리학적 가치관으로 고려 역사를 정리한 기전체 사서이다.

02 서거정 등이 완성한 (　　　)은 단군 조선에서 삼한까지의 역사를 「외기(外紀)」로 구분하여 서술하였다.

[답]
01 고려사　02 동국통감

---

1. 지도

혼일강리역대국도지도 (태종)	· 김사형·이회·이무가 제작한 우리나라 최초의 세계 지도(1402) · 이슬람 지도학의 영향을 받았고, 중화 사상이 반영됨, 현존하는 동양 최고(最古)의 세계 지도로 현재 필사본이 일본에 남아있음
팔도도	태종 때 이회가 제작한 전국 지도인 팔도도(1402)와 세종 때 정척이 북방 영토를 실측하여 제작한 전국 지도인 팔도도가 있음
동국지도(세조)	양성지 등이 전국의 실측 지도를 모아 제작, 압록강 이북까지 기록
조선방역지도(명종)	8도를 각각 다른 색으로 표시, 만주와 대마도를 우리 영토로 표시

2. 지리서

『신찬팔도지리지』(세종)	조선 왕조 최초의 지리지, 현존하지 않음
『세종실록』 「지리지」 (단종)	군현 단위로 연혁·인물 등 60여 항목이 기록됨, 우산(독도)과 무릉(울릉도) 명시
『팔도지리지』(성종)	『동국여지승람』 편찬에 활용됨, 현존하지 않음
『동국여지승람』(성종)	군현의 연혁·지세·인물·풍속·산물 등을 기록, 단군 신화 수록
『신증동국여지승람』(중종)	『동국여지승람』 증보, 울릉도·독도 표기

시험 직전! 필수 암기

독도가 기록된 지도·지리서
· 『고려사』 「지리지」(문종): 우산도와 무릉도에 대하여 기록
· 『세종실록』 「지리지」(단종): 우산과 무릉 명시(강원도 울진현)
· 『신증동국여지승람』(중종): 울릉도와 독도가 표기된 팔도총도 수록
· 『강계고』(신경준, 영조): 울릉도, 안용복사 수록
· 『동국문헌비고』 「여지고」(신경준, 영조): 우산과 울릉도의 내력을 정리

기출문장으로 출제 키워드 점검

01 1402년 태종 때 제작된 (　　　)는 세계 지도이다.

02 중종 때 인문 종합 지리서인 (　　　)을 편찬하였다.

[답]
01 혼일강리역대국도지도　02 신증동국여지승람

V. 문화사

해커스공무원 단권화 핵심정리 한국사

05 조선 전기의 윤리·의례서와 법전

최근 7개년 **3회 출제!**
2019년 국가직 9급   2019년 서울시 9급(2월)
2019년 경찰간부후보생

1. 윤리·의례서

(1) 15세기

『삼강행실도』	세종 때 모범이 될만한 충신·효자·열녀 등의 행적을 그림으로 그리고 설명을 붙인 윤리서
『국조오례의』	성종 때 신숙주·정척 등이 편찬, 국가의 여러 행사에 필요한 의례(군례·빈례·길례·가례·흉례)를 정비한 의례서

(2) 16세기

『이륜행실도』	중종 때 김안국이 저술, 연장자와 연소자·친구 사이에서 지켜야 할 윤리를 강조한 윤리서
『동몽수지』	송나라 주자가 저술한 아동 교육용 윤리서로 사림들이 적극 간행

2. 법전

『조선경국전』	태조 때 정도전이 편찬, 『주례』의 6전 체제를 본받아 6전으로 나누어 서술
『경제문감』	태조 때 정도전이 편찬
『경제육전』	· 태조 때 조준이 편찬한 최초의 성문 법전(조종성헌) · 태종 때 하륜, 황희 등이 수정 보완하여 『속육전』 간행
『경국대전』	· 세조 때 편찬하기 시작하여 성종 때 완성·반포 · 이·호·예·병·형·공전의 6전으로 구성(조선 후기까지 기본 법전의 골격) · 유교적 통치 질서와 문물 제도의 완성을 의미

확장개념

♀『국조오례의』
세종 때 편찬하기 시작하여 성종 때 완성되었다.

♀『조선경국전』과 『경제문감』
정도전은 『조선경국전』과 『경제문감』의 편찬을 통해 조선의 민본적 통치 규범을 마련하였으며, 재상이 통치의 실권을 가질 것을 강조하였다.

기출문장으로 출제 키워드 점검

01 조선 (   ) 때에는 충신, 효자, 열녀의 행적을 기록한 (   )를 편찬하였다.

02 조선 건국을 주도한 (   )은 중국의 이상적인 정치 규범인 주례를 참조하여 (   )을 편찬하였다.

03 (   )은 이·호·예·병·형·공전으로 나뉘어 정리되었다.

[답]
01 세종, 삼강행실도 02 정도전, 조선경국전
03 경국대전

---

06 조선 전기 성리학의 발달

빈출

최근 7개년 **8회 출제!**
2022년 지방직 9급   2021년 소방직
2020년 소방직   2019년 서울시 7급(2월)
2019년 경찰간부후보생   2018년 국가직 9급
2018년 국가직 7급   2018년 서울시 7급(3월)

1. 성리학의 정착 (15세기)

관학파(훈구파)	사학파(사림파)
· 혁명파 사대부의 학풍 계승(정도전, 권근) · 『주례』를 국가 통치 이념으로 중시 · 타 사상에 포용적(성리학 이외에도 불교·도교·민간 신앙 등 포용) · 한문학·시무책 등을 중시	· 온건파 사대부의 학풍 계승(정몽주, 길재) · 왕도 정치 강조, 형벌보다 교화 강조 · 성리학적 명분론 강조(성리학 이외의 학문 비판), 『소학』·『주자가례』 중시 · 경학 중시(한문학 쇠퇴)

2. 성리학의 융성 (16세기)

(1) 배경: 16세기 사림은 도덕성과 수신을 중시하였으며, 이를 사회적으로 실천하는 가운데 인간 심성에 대한 관심이 증대되었다.

(2) 성리학 연구의 선구자

서경덕	· 주기론 주장: 기가 스스로 작용하여 우주 만물을 존재하게 하며, 우주 자연이 기로 구성되어 있다고 주장(기일원론) · 불교·노장 사상에 개방적인 태도, 「이기설」·「태허설」 저술
조식	노장 사상에 개방적인 태도, 학문의 실천성 강조(경과 의), 절의와 기개를 중시(조식의 문하인 곽재우와 정인홍이 임진왜란 때 의병으로 활약)
이언적	주리론 주장, 중종에게 「일강십목소」(나라를 다스리는 10가지 대책)를 바침

확장개념

♀ 기(氣)와 이(理)

기(氣)	이(理)
· 만물을 구성하는 요소 · '기'가 모이고 흩어짐에 따라 만물이 생성됨	만물의 구성 요소인 '기'가 존재할 수 있는 근거이자 운동 법칙

♀ 조식
조식은 선조에게 올바른 정치의 도리를 논한 상소문인 「무진봉사(戊辰封事)」를 올렸는데, 여기에서 논한 '서리망국론(胥吏亡國論)'은 당시 서리(이서, 아전)의 폐단을 강력하게 지적한 것으로 유명하다.

(3) 심성론과 사단 칠정 논쟁

주리론	· 이언적에서 비롯되어 이황에 의해 집대성됨 · 기는 현실의 가변적인 것으로, 이는 순수한 것으로 봄 · 기발이승과 이발기수가 가능하다고 봄
주기론	· 서경덕을 선구로 이이에 의해 집대성됨 · 이발을 부정하고, 기발이승만을 인정
사단 칠정 논쟁	· 사단과 칠정은 이에 속하는지, 기에 속하는지에 대한 논쟁 · 이황의 주장: 사단은 이가 발함에 기가 따른 것, 칠정은 기가 발함에 이가 탄 것(이기호발설) · 기대승의 주장: 사단과 칠정은 모두 기가 발하고 이가 탄 것(사단과 칠정은 분리해서 볼 수 없음)

(4) 이황과 이이

구분	이황(주리론)	이이(주기론)
특징	· 주자의 이기이원론 계승 · '동방의 주자'로 불림 · 도덕적 행위의 근거로서 인간의 심성 중시 · 근본적, 이상주의적 · 경의 실천을 중시(수양 방법)	· 일원론적 이기이원론 · 이기론 집대성 · 현실주의, 개혁주의적(경장론 주장) → 다양한 개혁 방안 제시(10만 양병, 수미법 등)
주장	이기호발설: 이가 움직이면 기는 따라가고(이발이기수지), 기가 발하면 이가 타서 조종한다(기발이이승지).	· 기발이승일도설: 기는 발하고 이가 탄다. · 이통기국론: 이는 통하고 기는 국한된다. 이는 우주 만물을 지탱하는 이치이다.
저서	『주자서절요』, 『성학십도』, 『전습록논변』 (양명학 비판)	『동호문답』, 『성학집요』, 『격몽요결』, 『기자실기』, 『만언봉사』
붕당	영남 학파 → 동인	기호 학파 → 서인
영향	· 위정척사 사상 → 의병 항쟁 · 일본 성리학에 영향	실학 사상 → 개화 사상 → 애국 계몽 운동

기출문장으로 출제 키워드 점검

01 조식은 (　　　)사상에 포용적이었으며 학문의 (　　　)을 특히 강조하였다.

02 이황은 (　　　)의 성리설을 받아들였으며, 이기 철학에서 (　　)의 절대성을 주장하였다.

03 이이는 국왕과 선비가 지켜야 할 왕도 정치의 규범을 체계화한 (　　　)를 지었다.

04 (　　　)는 우리 역사에서 기자의 행적을 주목하고 그 전통을 계승하기 위해 기자실기를 지었다.

[답]
01 노장, 실천성　02 주희(주자), 이　03 성학집요
04 이이

압축개념

07 학파의 형성과 대립

1. 학파의 형성

(1) **배경**: 16세기 중반부터 성리학 연구가 심화되면서 학설과 지역적 차이에 따라 서원을 중심으로 학파가 형성되었다.

(2) **학파**: 서경덕·이황·조식 학파가 영남 학파(동인)를, 이이·성혼 학파가 기호 학파(서인)를 형성하였다.

2. 학파의 대립

동인의 분파	정여립 모반 사건과 정철의 건저 문제를 계기로 북인(서경덕·조식 학파)과 남인(이황 학파)으로 분화
북인의 정권 장악	· 광해군 때 정권 장악, 사회 경제 정책(대동법, 은광 개발 등)·중립 외교 추진 · 북인의 정책에 대해 서인·남인이 반발
서인 정국 주도	· 인조 반정으로 서인 집권, 남인 공존, 주자 중심의 성리학 강조 · 인조 말엽부터 송시열 등 서인 산림이 정국을 주도, 척화론과 명에 대한 의리 명분론이 대세를 형성

기출문장으로 출제 키워드 점검

01 16세기 중반부터 성리학 연구가 심화되면서 학설과 (　　　)적 차이에 따라 (　　　)을 중심으로 학파가 형성되기 시작하였다.

[답]
01 지역, 서원

1. 왕실의 불교 정책

태조	도첩제를 실시하여 승려의 수를 제한, 사원의 지나친 건립 금지
태종	242개의 사원을 제외한 나머지 사원의 토지와 노비를 몰수
세종	교단 정리를 단행, 선종과 교종을 합하여 36개의 사찰만 인정, 내불당 설치
세조	간경도감 설치, 불교 경전의 간행·보급, 원각사지 10층 석탑 건립
성종	도첩제·간경도감 폐지
명종	문정 왕후의 불교 지원, 승려 보우 중용, 승과 제도 일시적으로 부활

2. 민간 신앙 – 도교·풍수지리설·기타 사상

도교	· 국가의 안녕과 왕실의 번성을 기원하는 초제를 거행(강화도 참성단) · 초제를 담당하는 관청인 소격서를 설치, 원구단 설치
풍수 지리설	조선 초기 한양 천도에 반영, 양반들의 묘지 선정에도 영향을 줌(산송의 원인)
기타 사상	· 무격(무당) 신앙, 산신 신앙 등이 유행 · 환인·환웅·단군을 국조로 모시는 삼성사가 설치되고 단군 사당이 평양에 건립됨

확장개념

♀ 도첩제
일종의 승려 신분 공인 제도로 승려로 출가할 경우 국가에 포 등을 납부하게 하였다. 한편 성종 때에는 도첩제를 폐지하여 승려가 되는 것을 원칙적으로 금지하였다.

기출문장으로 출제 키워드 점검

01 조선 초기에는 (   )라는 관청을 두고 일월성신에 대한 제사로서 (   )를 주관하게 했다.

[답]
01 소격서, 초제

최근 7개년 **6회 출제!**
2024년 서울시 9급(2월)　2023년 서울시 9급
2019년 지방직 9급　　　2019년 서울시 9급(6월)
2019년 기상직 9급　　　2018년 서울시 9급(6월)

1. 천문학·역법·의학

천문학	· 태조: 천상열차분야지도(천문도) · 세종: 간의대(천문대), 혼천의·간의(천문 관측 기구), 자격루(물시계), 앙부일구·현주일구·천평일구(해시계), 측우기(강우량 측정 기구), 규표(방위·절기·시각 측정 기구) · 세조: 인지의와 규형(토지 측량 기구)
역법	『칠정산』(세종): 최초로 한양(서울)을 기준으로 천체 운동을 계산한 자주적인 역법서, 「내편」은 원의 수시력과 명의 대통력, 「외편」은 아라비아의 회회력 연구·해설
의학	· 『향약집성방』(세종): 우리나라의 국산 약재 소개, 치료 예방법 소개 · 『의방유취』(세종): 동양 의학을 집대성한 의학 백과사전

2. 활자 인쇄술·제지술

활자 인쇄술	· 태종: 주자소 설치, 계미자 주조 · 세종: 경자자·갑인자·병진자·경오자 주조, 식자판 조립 방법 창안
제지술	조지서 설치(종이를 전문적으로 생산하는 관청)

3. 농서와 병서의 편찬

농서	『농사직설』(세종 때 정초), 『양화소록』(세조 때 강희안), 『금양잡록』(성종 때 강희맹)
병서	『진법』(태조, 정도전), 『총통등록』(세종), 『동국병감』(문종)

4. 무기·병선 제조

무기 제조	최해산에 의해 화약 무기 및 화포와 화차를 제작
병선 제조	태종 때 거북선(돌격용 배)·비거도선이 제작되어 수군의 전투력이 향상

확장개념

♀ 세종 때 편찬된 기타 의학서

의학서	특징
『향약채취월령』	우리나라 자생 약재 소개, 『향약집성방』 편찬에 참고
『태산요록』	임산부의 임신·출산 전후의 대응법 소개

♀ 『총통등록』과 『동국병감』
· 『총통등록』: 화약 및 화포 사용법을 정리한 병서
· 『동국병감』: 고조선~고려 말의 전쟁사를 정리한 병서

기출문장으로 출제 키워드 점검

01 조선 초기에는 (   )의 천문도를 바탕으로 (   )를 제작하였다.

02 세종 때 우리 풍토에 알맞은 약재와 치료 방법을 개발·정리하여 (   )을 편찬하고, (   )라는 의학 백과사전을 간행하였다.

03 세종 때 화약 무기의 제작과 그 사용법을 정리한 (   )을 편찬하였다.

[답]
01 고구려, 천상열차분야지도
02 향약집성방, 의방유취　03 총통등록

1. 건축

(1) 15세기 건축

① 공공 건축(한양 건설)

궁궐	· 경복궁: 태조 때 창건, 정도전이 이름을 지음, 이칭은 북궐, 근정전, 교태전, 선원전 등으로 구성, 경회루, 보루각과 간의대 등이 있음 · 창덕궁: 태종 때 창건, 이칭은 동궐, 임진왜란 때 소실되어 광해군 때 중건 · 창경궁: 세종 때 지은 수강궁을 성종 때 수리·확장 · 경희궁: 광해군 때 창건, 이칭은 서궐
4대문	흥인지문(동대문), 돈의문(서대문), 숭례문(남대문), 숙정문(북대문)
4소문	혜화문(동북 동소문), 광희문(동남 남소문), 창의문(서북 북소문), 소의문(서남 서소문)
종묘와 사직	· 종묘: 조선의 왕과 왕비의 신주를 모시고 제사를 지내는 유교 사당 · 사직: 땅의 신과 곡식의 신에게 제사지내는 사당

② 사원 건축: 강진 무위사 극락전, 합천 해인사 장경판전

(2) 16세기 건축: 서원 건축이 활발하였으며, 대표적인 서원으로는 안동 도산 서원이 있다.

2. 예술

(1) 그림

15세기	몽유도원도(안견, 현실 세계와 이상 세계를 표현), 고사관수도(강희안)
16세기	· 산수화·사군자 유행: 송하보월도(이상좌), 초충도(신사임당), 모견도(이암), 한림제설도, 동자견려도(김시) · 시·서·화에 능한 3절: 이정은 대나무(풍죽도), 황집중은 포도(묵포도도), 어몽룡은 매화(월매도)를 잘 그리기로 유명

(2) 공예: 15세기에는 분청사기가, 16세기에는 순백자가 유행하였다.

(3) 음악

15세기	아악의 체계화, 여민락, 「정간보」 창안(세종), 『악학궤범』(성종, 성현)
16세기	당악과 향악 → 속악으로 발전(서민 음악)

악장	「용비어천가」(정인지, 왕조의 창업 찬양), 「월인천강지곡」(세종, 석가모니를 찬양)
한문학	『동문선』: 성종 때 서거정 등이 삼국 시대~조선 초까지 시와 산문 중 뛰어난 작품을 선별하여 편찬, 우리나라 글에 대한 자주 의식 표명
설화 문학	『필원잡기』(서거정), 『용재총화』(성현)
한문 소설	『금오신화』(김시습), 『원생몽유록』(임제)
시조	김재와 원천석의 시조, 김종서와 남이의 시조, 황진이의 시조, 윤선도의 시조
가사	「관동별곡」·「사미인곡」·「속미인곡」(정철), 「면앙정가」(송순)
풍자 문학	서얼 출신 어숙권의 『패관잡기』(문벌 제도와 적서 차별 비판)
여류 문인	신사임당(시·글씨·그림에 두루 능함), 허난설헌(한시로 유명)

01 2019년 국가직 7급

조선 초기 향교에 대한 설명으로 옳지 않은 것은?

① 원칙적으로 모든 양인 남자에게 입학이 허용되었고 학비는 없었다.

② 모든 군현에 향교를 두기로 하고 군현의 규모에 따라 정원을 정하였다.

③ 매년 자체적으로 정기 시험을 치러 성적 우수자에게는 성균관 입학 자격이 주어졌다.

④ 학업 중 군역이 면제되었으나 성적 미달로 자격이 박탈될 경우 군역을 지도록 하였다.

03 2019년 서울시 9급(2월 시행)

밑줄 친 '이것'에 대한 설명으로 옳지 않은 것은?

<u>이것</u>은 조선 시대 법령의 기본이 된 법전이다. 조선 건국 초의 법전인 『경제육전』의 원전과 속전, 그리고 그 뒤의 법령을 종합하여 만든 통치의 기본이 되는 통일 법전이다. (······) 편제와 내용은 『경제육전』과 같이 6분 방식에 따랐고, 각 전마다 필요한 항목으로 분류하여 균정하였다.

① 성종 때 완성되었다.

② 조준이 편찬을 주도하였다.

③ 이·호·예·병·형·공전으로 나뉘어 정리되었다.

④ 세조 때 만세 불변의 법전을 만들기 위해 편찬을 시작하였다.

02 2018년 국가직 9급

밑줄 친 '이 지도'에 대한 설명으로 옳지 않은 것은?

1402년 제작된 <u>이 지도</u>는 조선 학자들에 의해 제작된 세계 지도이다. 권근의 글에 의하면 중국에서 수입한 '성교광피도'와 '혼일강리도'를 기초로 하고, 우리나라와 일본의 지도를 합해서 제작하였다고 한다.

① 유럽과 아프리카 대륙까지 묘사하였다.

② 중국이 세계의 중심이라는 중화 사상이 반영되었다.

③ 이 지도의 작성에는 이슬람 지도학의 영향이 있었다.

④ 우리나라에 해당하는 부분은 백리 척을 사용하여 과학화에 기여하였다.

04 2020년 법원직 9급

밑줄 친 '그'에 대한 설명으로 가장 옳은 것은?

<u>그</u>의 사상은 사림이 구체제를 비판하고 훈척과 투쟁하던 시기를 바탕으로 하고 있다. 또한 왕 스스로가 인격과 학식을 수양하기 위해 부단히 노력해야 한다는 점을 강조하였다. 그의 사상이 일본에 전파되면서 일본에서는 그를 '동방의 주자'라고 부르기도 하였다.

① 기호 학파를 형성하였다.

② 강화 학파를 형성하였다.

③ 『성학집요』를 저술하였다.

④ 『성학십도』를 저술하였다.

05 2019년 서울시 9급(2월 시행)

<보기>의 인물 ㉠에 대한 설명으로 가장 옳은 것은?

> **보기**
> 명나라 사신 왕경민이 "항상 기자가 동쪽으로 온 사적에 대해 알 수 없는 것이 한스럽다. 조선에 기록된 것이 있으면 보고 싶다."라고 하니, (㉠)이(가) 전에 본인이 저술한 『기자실기』를 주었다.

① 백운동 서원에 소수 서원이라는 편액을 하사 받도록 하였다.
② 『성학집요』와 『격몽요결』 등을 집필하였다.
③ 유성룡, 김성일, 장현광 등 주로 영남 학자들에게 그의 학설이 계승되었다.
④ 일평생 처사로 지내며 독창적인 유기 철학을 수립하였다.

06 2016년 경찰직 2차

다음 밑줄 친 왕의 재위 시절에 있었던 과학 기술의 발달에 대한 설명 중 적절하지 않은 것은?

> 우리 주상 전하가 근신(近臣)에게 …(중략)… 명령하여 편찬하는 일을 맡게 하였다. …(중략)… 가만히 생각건대, 임금과 어버이와 부부의 인륜인 충·효·절의의 도는 하늘이 내려 준 천성으로서 사람마다 같은 것이니, 천지의 시작과 더불어 생겨났고 천지가 끝날 때까지 없어지지 않는다.
> – 『삼강행실도』

① 중국의 수시력과 아라비아의 회회력을 참고하여 우리나라 역사상 최초로 서울을 기준으로 천체 운동을 정확하게 계산한 역법서인 『칠정산』을 만들었다.
② 주자소를 설치하고 구리로 계미자를 주조하여 종전보다 두 배 정도의 인쇄 능률을 올렸다.
③ 우리 풍토에 알맞은 약재와 치료 방법을 개발·정리하여 『향약집성방』을 편찬하고, 『의방유취』라는 의학 백과사전을 간행하였다.
④ 화약 무기의 제작과 그 사용법을 정리한 『총통등록』을 편찬하였다.

07 2021년 국가직 9급

밑줄 친 '왕'에 대한 설명으로 옳은 것은?

> 1919년 3월 1일 탑골 공원에서 민족 대표 33인이 서명한 독립 선언서가 낭독되었다. 이 공원에 있는 탑은 왕이 세운 것으로 경천사 10층 석탑의 영향을 받았다.

① 우리나라 전쟁사를 정리한 『동국병감』을 편찬하였다.
② 우리나라 역대 문장의 정수를 모은 『동문선』을 편찬하였다.
③ 6조 직계제를 실시하여 국왕 중심의 정치 체제를 구축하였다.
④ 한양으로 다시 천도하면서 이궁인 창덕궁을 창건하였다.

08 2018년 서울시 9급(3월 시행)

<보기>에서 조선 전기 건축물을 모두 고른 것은?

> **보기**
> ㉠ 무위사 극락전   ㉡ 법주사 팔상전
> ㉢ 금산사 미륵전   ㉣ 해인사 장경판전

① ㉠, ㉣
② ㉡, ㉣
③ ㉢, ㉣
④ ㉠, ㉢

09 2020년 국가직 9급

조선 전기 문화에 대한 설명으로 옳은 것은?

① 『어우야담』을 비롯한 야담·잡기류가 성행하였다.
② 유서(類書)로 불리는 백과사전이 널리 편찬되었다.
③ 『동문선』이 편찬되어 우리 문학의 독자성을 강조하였다.
④ 중인층을 중심으로 시사가 결성되어 문학 활동을 벌였다.

정답 및 해설 p. 294

04 조선 후기의 문화

압축개념

01 성리학의 변화와 양명학의 수용

최근 7개년 3회 출제!
2022년 서울시 9급(6월) · 2019년 국가직 7급
2018년 경찰직 1차

1. 성리학의 교조화 경향

(1) **성리학의 절대화(교조화)**: 서인 정권은 의리와 명분론을 강화하고 주자 중심의 성리학을 절대화하면서 자신들의 학문적 기반을 강화하였다.

(2) **성리학의 상대화(탈 성리학 경향)**

① **특징**: 17세기 후반 성리학을 상대화하고, 6경과 제자백가 등에서 모순 해결의 사상적 기반을 찾으려는 경향이 등장하였다.

② **주요 인물**

윤휴	· 서경덕의 영향을 받았으며 유교 경전에 대하여 독자적인 해석 시도 · 송시열과의 예송 논쟁에서 패하였으며, 사문난적으로 몰림
박세당	· 양명학과 노장 사상의 영향을 받아 『사변록』을 저술, 사문난적으로 몰림 · 개방성과 포용성을 강조하였으며, 실학 사상 체계화에 기여함

2. 성리학의 이론 논쟁(호락 논쟁)

숙종 때 노론 내부에서 호론과 낙론으로 나누어져 전개된 심성론 논쟁이 발단이 되었다.

구분	호론	낙론
주장	인물성이론(人物性異論, 인간과 사물의 본성은 다름 → 청을 오랑캐로, 조선을 중화로 보려는 대의명분론)	인물성동론(人物性同論, 인간과 사물의 본성은 같음 → 화(華)·이(夷)를 구분하는 중국 중심적인 화이론 부정)
지역	호서 – 충청도 지역	낙하 – 서울, 경기 지역
학자	권상하, 한원진, 윤봉구	이간, 이재, 김창협
계승	북벌론, 위정척사 사상	북학론, 개화 사상

3. 양명학의 수용

(1) **배경**: 실천성을 강조한 양명학은 중종 때 조선에 전래되었으나 당시 이황이 『전습록논변』에서 양명학이 정통 주자학 사상과 어긋난다고 비판하며 이단으로 간주하였다.

(2) **연구**: 17세기에 양명학이 본격적으로 수용되었으며, 불우한 왕실 종친과 소론(최명길, 이항복 등) 중심으로 본격적으로 연구되었다.

(3) **강화 학파**

형성	18세기 초 정제두(소론)가 강화도를 중심으로 형성
활동	· 정제두의 주장: 일반민을 도덕 실천의 주체로 인정, 지행합일(知行合一)을 강조, 양반 신분제의 폐지를 주장, 주자학 비판 · 실학자들과 영향을 주고받으며 발전
계승	집안의 후손과 인척 중심으로 가학(家學)의 형태로 계승
영향	구한말과 일제 강점기에 이건창, 박은식 등이 계승하여 민족 운동 전개

시험 직전! 필수 암기

윤휴와 박세당의 저술

윤휴	「도학원류속」, 『중용주해』
박세당	『사변록』, 『색경』

확장개념

○ **사문난적**
유교적 질서와 학문을 어지럽히는 사람이라는 뜻으로, 윤휴와 박세당은 송시열 일파에 의해 사문난적이라 비판받았다.

○ **정제두의 저서**
『존언』, 『만물일체설』, 『하곡집』, 『변퇴계전습록변』(이황 비판)

○ **정제두의 주자학 비판** [기출사료]
나의 학문은 안에서만 구할 뿐이고 밖에서는 구하지 않는다. …… 그런데 오늘날 주자를 말하는 자들로 말하면, 주자를 배우는 것이 아니라 다만 주자를 빌리는 것이요, 주자를 빌릴 뿐만 아니라 곧 주자를 부회해서 자기들의 뜻을 성취하려 하고 주자를 끼고 위엄을 지어 자기들의 사욕을 달성하려 할 뿐이다. - 『존언』

기출문장으로 출제 키워드 점검

01 윤휴는 교조화된 (   )을 비판하다가 (   )으로 몰리어 죽음을 당하였다.

02 호론은 인성과 물성이 다르다고 보는 (   )을 내세웠다.

03 북학 사상은 (   )을 철학적 기초로 하였다.

04 양명학을 계승한 (   )학파는 (   )들과 영향을 주고 받았다.

[답]
01 주자학(성리학), 사문난적 02 인물성이론
03 인물성동론 04 강화, 실학자

02 실학의 등장과 발달

최근 7개년 **18회 출제!**

2024년 지방직 9급	2024년 서울시 9급(2월)
2023년 서울시 9급	2023년 법원직 9급
2022년 국가직 9급	2021년 지방직 9급
2021년 경찰직 1차	2020년 지방직 9급
2020년 법원직 9급	2019년 서울시 9급(6월)
2019년 서울시 7급(2월)	2019년 경찰간부후보생
2019년 법원직 9급	2018년 국가직 9급
2019년 지방직 9급	2018년 서울시 9급(3월)
2018년 서울시 7급(3월)	2018년 법원직 9급

1. 실학의 등장(17~18세기)

(1) **성격**: 양반 사회의 모순을 개혁하기 위해 등장한 실학은 사실을 기반으로 진리를 탐구하는 실사구시의 학문으로, 실용적·개혁적인 성격을 띠었다.

(2) **실학의 선구자**: 이수광은 세계 50여 개국의 정치·문화를 다룬 『지봉유설』을 저술하여 문화 인식의 폭을 확대하였고, 한백겸은 『동국지리지』를 저술하여 고대 국가의 지명을 고증하였다.

2. 농업 중심의 개혁론(중농학파, 경세치용학파)

(1) **특징**: 중농학파는 경기 남인 출신들로, 농업 중심의 개혁과 지주 전호제의 혁파를 주장하였으며, 그 중에서 토지 제도의 개혁(분배 강조)을 가장 중시하였다.

(2) **대표 학자**

학자	저서	사상
유형원 (반계)	『반계수록』, 『동국여지지』	· 균전론 주장[신분(관리 - 선비 - 농민)에 따라 차등 있게 토지 재분배], 역을 토지 기준으로 부과할 것을 주장 · 경무법 주장: 토지 측량법으로 결부법(수확량 단위)이 아닌 경무법(면적 단위)을 사용할 것을 주장 · 양반 문벌 제도·과거 제도·신분 제도·노비 제도의 모순 지적, 병농 일치제 주장
이익 (성호)	『성호사설』, 『곽우록』	· 성호 학파 형성(학문 연구·제자 육성) · 한전론 주장: 영업전 매매 금지(그 외의 토지는 매매 허용) · 6좀 지적, 폐전론·붕당론 주장
정약용 (다산)	『경세유표』, 『목민심서』, 『흠흠신서』	· 여전론 주장: 마을 단위로 공동 경작하여 여장의 통제 아래 노동량에 따라 수확물을 차등 분배할 것을 주장 → 이후 타협안으로 정전론을 주장 · 과학 기술 중시: 거중기(화성 축조)·주교(배다리) 등 제작

3. 상업 중심의 개혁론(중상학파, 이용후생학파)

(1) **특징**: 중상학파는 서울 노론 출신들로 토지 생산성 증대와 상공업의 활성화를 추구하였으며, 청나라 문물을 수용하여 부국강병과 이용후생에 힘쓸 것을 주장하였다.

(2) **대표 학자**

학자	저서	사상
유수원 (농암)	『우서』	· 북학 사상의 선구자, 상공업 진흥·기술 혁신 강조 · 사농공상의 직업적 평등화와 전문화를 강조 · 토지 제도의 개혁보다는 농업의 상업적 경영과 기술 혁신을 통해 생산성을 높일 것 강조
홍대용 (담헌)	『임하경륜』, 『의산문답』	· 『임하경륜』: 기술 혁신, 문벌 제도 철폐, 성인 남성에게 2결씩 토지 분배 등을 주장하고, 양반의 무위도식을 비판 · 『의산문답』: 지전설·무한 우주론을 주장하며 중국 중심의 세계관 비판, 성리학 극복 강조
박지원 (연암)	『열하일기』, 『과농소초』, 「한민명전의」	· 한전론: 토지 소유의 상한선 설정, 그 이상의 토지 소유 금지 · 수레·선박의 이용, 용전론 주장, 양반 문벌 제도의 비생산성 비판
박제가 (초정)	『북학의』, 「종두방서」	· 서얼, 규장각 검서관 출신 · 청과의 통상 강화(무역 증대), 서양 선교사 초빙 주장 · 절약보다 소비 중시(우물론), 수레와 선박의 이용 주장

실학의 선구자

허균	경제적 여유가 있는 호민이 나라의 중심이 되어야 한다고 주장(호민론), 서얼 차별 비판, 차별 없는 인재 등용 강조(유재론)
허목	· 왕과 6조의 기능 강화, 중농 정책 강화, 난전 금지 등을 주장 · 서얼 허통과 호포제의 실시 반대 · 농촌의 자급자족적인 경제 지향 · 『기언』의 「청사열전」에서 김시습, 정희량 등 도가 관련 인물 5인의 일생에 관한 이야기를 서술

정약용의 3논설

「탕론」	민본적 왕도 정치론
「원목」	지방관의 본래 의미를 제시
「전론」	토지 제도 개혁론 (균전제를 비판하고, 대안으로 여전제를 주장)

정전론

전국의 토지를 국유화하여 정전을 편성한 다음, 8가구에게 구획이 가능한 곳은 정자(井字)로, 불가능한 곳은 계산상으로 구획한 뒤 노동력의 양과 질에 따라 토지를 차등적으로 분급하고, 각각 한 구역씩 경작하게 한 후 가운데 구역은 공동으로 경작하여 조세로 납부하게 하는 제도이다.

기출문장으로 출제 키워드 점검

01 유형원은 ( )을 저술하였고, 결부법 대신에 ( )을 사용할 것을 주장하였다.

02 성호 이익은 농가를 안정시키는 방법으로 매 호마다 ( )을 갖게 하고, 그 이외의 토지는 ( )를 허락하여 점진적으로 토지 균등을 이루어 나가자고 주장하였다.

03 ( )학파의 홍대용은 ( )에서 지전설을 주장하였다.

04 ( )은 여전론을 제안하였다.

05 ( )는 서얼 출신으로 상공업 육성과 청과의 통상 무역 등을 주장하였다.

[답]
01 반계수록, 경무법 02 영업전, 매매
03 중상, 의산문답 04 정약용 05 박제가

압축개념

03 민족 자주적인 역사 연구

최근 7개년 **7회 출제!**
2022년 국가직 9급 　2022년 지방직 9급
2021년 지방직 9급 　2019년 국가직 9급
2018년 지방직 9급 　2018년 서울시 9급(3월)
2018년 서울시 7급(6월)

1. 특징

조선 후기에는 우리 역사에 대한 관심이 높아지고 민족 자주적인 역사 인식이 확산되면서 중국 중심의 사관을 비판하기 시작하였다.

2. 역사 연구

(1) 17세기

저서	저자	특징
『동사찬요』	오운	기전체로 서술, 신라와 고려의 역사를 서술
『여사제강』	유계	편년체·강목체로 서술, 고려의 역사를 서술
『동사(東事)』	허목	기전체로 서술, 단군 조선~삼국 시대까지 서술, 조선의 자연 환경과 풍속의 독자성 강조

(2) 18세기~19세기

저서	저자	특징
『동국역대총목』	홍만종	편년체 서술, 단군 조선의 정통성 강조
『동사회강』	임상덕	삼국~고려까지의 역사를 강목체 형식의 편년체로 서술, 기자·마한을 정통으로 인정 X, 삼국을 무통으로 간주
『성호사설』	이익	· 실증적, 비판적인 역사 서술 중시(시세 강조) · 중국 중심의 사관 탈피, 우리 역사의 체계화를 주장
『동사강목』	안정복	· 이익의 역사 의식 계승, 고조선~고려 말까지의 역사를 강목체 서술 형식의 편년체 통사로 서술 · 독자적인 삼한(마한) 정통론(단군 조선 - 기자 조선 - 삼한 - 통일 신라 - 고려) 제시, 삼국 시대는 무통으로 처리 · 고증 사학의 토대 마련, 발해사 기록(외기)
『연려실기술』	이긍익	조선의 정치·문화사를 객관적·실증적으로 서술한 야사 총서, 기사본말체로 서술
『해동역사』	한치윤	· 고조선~고려 말까지의 역사를 기전체로 서술 · 540여 종의 중국·일본 자료 참고 　→ 민족사 인식의 폭 확대에 기여
『동사(東史)』	이종휘	· 고조선~고려 말까지의 역사를 기전체로 서술 · 고대사 연구의 시야를 만주 지방까지 확대 · 발해를 고구려를 계승한 나라로 봄(고구려사 강조)
『발해고』	유득공	· 고대사 연구의 시야를 만주 지방까지 확대 · 최초로 남북국 시대 용어 사용
『금석과안록』	김정희	북한산비·황초령비가 진흥왕 순수비임을 고증

압축개념

1. 특징

조선 후기에는 국토에 대한 연구가 활발하게 진행되어 우수한 지리서와 정밀한 지도가 제작되었다.

2. 지리 연구

(1) 역사 지리서

저서	저자	특징
『동국지리지』	한백겸	광해군 때 고대 지명을 새롭게 고증, 북방계 정통론 제시
『아방강역고』	정약용	백제의 수도가 한성이고 발해의 중심지가 백두산 동쪽임을 최초로 고증

(2) 인문 지리서

저서	저자	특징
『동국여지지』	유형원	개인이 편찬한 전국 지리지
『택리지』	이중환	각 지역의 자연 환경과 물산·풍속·인심 등을 분석하여 가거지(사람이 살기 좋은 입지) 조건을 제시함

(3) 지도

저서	저자	특징
동국지도	정상기	최초로 100리 척을 사용, 과학적인 지도 제작에 공헌
동국여지도	신경준	우리나라 전도·도지도·열읍도를 묶어 제작, 모눈을 활용
대동여지도	김정호	· 산맥·하천·포구·도로망의 표시가 정밀 · 10리마다 눈금 표시, 목판 지도, 22첩의 절첩식 지도

확장개념

📍 대동여지도

대동여지도는 철종 때 김정호가 편찬·간행하고, 고종 때 재간한 분첩 절첩식의 전국 지도첩이다.

기출문장으로 출제 키워드 점검

01 한백겸은 (   )를 저술하여 역사 지리 연구의 단서를 열어 놓았다.

02 정상기의 (   )는 최초로 (   )을 사용하여 정확하고 과학적인 지도 제작에 공헌하였다.

[답]
01 동국지리지   02 동국지도, 100리 척

압축개념
05 국어 연구와 백과사전의 편찬

최근 7개년 **2회 출제!**
2018년 지방직 9급   2018년 서울시 9급(3월)

V. 문화사

해커스공무원 단권화 핵심정리 한국사

1. 국어 연구

(1) 음운 연구: 『경세정운』(최석정), 『훈민정음운해』(신경준), 『언문지』(유희)

(2) 어휘집

저서	저자	특징
『대동운부군옥』	권문해	역사·지리·문학·식물 등을 총망라한 어휘 백과사전
『고금석림』	이의봉	우리나라의 방언과 해외 언어 정리
『아언각비』	정약용	한국어의 속어 중 와전되거나 어원이 모호한 것을 고증

2. 백과사전의 편찬

(1) 배경: 실학의 발달과 문화 인식의 확장으로 백과사전류 저서가 많이 편찬되었다.

(2) 서적

저서	저자	특징
『지봉유설』	이수광	백과사전류의 효시, 마테오 리치의 『천주실의』 소개
『성호사설』	이익	우리나라와 중국 문화에 대해 천지·만물·경사·인사·시문의 5개 부분으로 정리하여 백과사전식으로 소개
『동국문헌비고』	홍봉한	역대 우리나라의 문물을 총정리한 관찬 한국학 백과사전(영조의 명으로 관청에서 편찬)
『청장관전서』	이덕무	중국의 역사·인물·사상 등 소개
『임원경제지』	서유구	농촌 생활 백과사전
『오주연문장전산고』	이규경	중국과 우리나라 고금의 사물에 대한 서적을 탐독하여 천문·종족·역사 등 1,400여 항목을 고증적 방법으로 설명

확장개념

📍 신경준의 저술

· 『강계고』: 영조 때의 역사 지리서, 울릉과 우산(독도)이 두 개의 섬임을 지적
· 『도로고』: 전국 각 지역의 육로·수로 교통과 중국·일본과의 교통로를 기록

📍 『동국문헌비고』

『동국문헌비고』는 정조 때 『증보동국문헌비고』로 증보되었으며, 이후 대한 제국 시기인 1903~1908년에 개찬되어 『증보문헌비고』로 간행되었다.

기출문장으로 출제 키워드 점검

01 유희는 (   )를 지어 우리말의 음운을 연구하였다.

02 이의봉의 (   )에는 방언과 해외 언어가 정리되어 있다.

03 이익은 천지·인사·만물·경사·시문 등 5개 부문으로 나누어 우리나라와 중국의 문화를 백과사전식으로 소개·비판한 (   )을 저술하였다.

[답]
01 언문지   02 고금석림   03 성호사설

1. 서양 문물의 수용

(1) **전래**: 17세기경부터 중국을 왕래하던 사신과 서양 선교사들을 통해 서양 문물이 전래되어 선조 때 이광정은 세계 지도를, 인조 때 정두원은 화포, 천리경, 자명종 등을 들여왔다.

시기	문물
1508년(중종 3)	명으로부터 서양포(서양목) 전래
1603년(선조 36)	곤여만국전도 전래(이광정)
1614년(광해군 6)	마테오 리치의 『천주실의』 (이수광의 『지봉유설』을 통해 국내에 소개됨)
인조 대	홍이포 제작(박연)
1631년(인조 9)	천리경, 자명종, 천문서(정두원)
1645년(인조 23)	과학·천문 서적, 천주교 서적(소현 세자)
1653년(효종 4)	조총 기술(하멜), 시헌력 채택(김육)

(2) **실학자들의 관심**: 이익과 그의 제자들, 북학파 실학자들이 서양 문물에 관심을 가져 일부는 천주교까지 수용하였다. 그러나 대부분의 실학자들은 과학 기술은 수용하면서 천주교는 사학(邪學)으로 몰아 배척하였다.

2. 서양인의 표류

벨테브레(박연)	· 인조 때 제주에 표류한 후 조선에 귀화하여 무과에 급제 · 훈련도감에 소속되어 서양식 대포(홍이포) 제조법과 조총법 전수
하멜	· 효종 때 제주에 표류하여 15년간 억류됨 · 네덜란드로 돌아간 후 『하멜표류기』를 저술하여 조선의 사정을 서양에 최초로 소개

확장개념

📍 **천주교 배척 관련 서적**
안정복은 서학(천주교)에 대한 비판서로 『천학문답』과 『천학고』를 저술하였다.

기출문장으로 출제 키워드 점검

01 조선에 표류한 (   )는 훈련도감에서 서양식 대포의 제조법과 조총법을 가르쳤다.

02 효종 때 (   )이 가져온 조총 기술을 도입하여 서양식 무기를 제조하였다.

[답]
01 벨테브레(박연) 02 하멜

---

1. 천문학의 발달

조선 후기에는 서양 과학의 영향을 받아 천문학이 크게 발전하였다.

이익	서양 천문학에 관심을 가지고 한문으로 번역된 과학 서적을 읽고 연구
김석문	우리나라 최초로 지전설 주장, 『역학도해』 저술
홍대용	· 지전설 주장, 혼천의 제작 · 무한 우주론 주장: 『의산문답』에서 지구가 우주의 중심이 아니라 무수한 별 중 하나라는 무한 우주론을 주장 → 중화 사상에 입각한 성리학적 세계관 비판
최한기	· 『명남루총서』: 뉴턴의 만유인력 소개, 기 철학·경험 철학 소개 · 『지구전요』: 코페르니쿠스의 지구 자전설과 공전설 소개

2. 역법의 개량

(1) **시헌력 도입**: 김육의 노력으로 효종 때 아담 샬이 제작한 시헌력이 도입되었다.

(2) **천세력 간행**: 정조 때 우리나라 사정에 맞는 천세력이 간행되었다.

확장개념

📍 **홍대용의 성리학적 세계관 비판** [기출사료]
천체가 운행하는 것이나 지구가 자전하는 것은 그 세가 동일하니, 분리해서 설명할 필요가 없다. 생각건대 9만 리의 둘레를 한 바퀴 도는 데 이처럼 빠르며, 저 별들과 지구와의 거리는 겨우 반경(半徑)밖에 되지 않는데도 오히려 몇 천만 억의 별들이 있는지 알 수가 없다. 하물며 은하계 밖에도 또 다른 별들이 있지 않겠는가!
– 『의산문답』

3. 수학

『기하원본』	마테오 리치가 유클리드의 『기하학서』를 한문으로 번역, 청을 통해 수입
『구수략』	숙종 때 최석정이 전통 수학을 집대성
『이수신편』	영조 대에 황윤석이 편찬
『주해수용』	홍대용이 우리나라·중국·서양 수학의 연구 성과 정리

4. 지도 제작 기술의 발달

선조 때 이광정이 들여온 곤여만국전도는 과학적이고 정밀한 세계 지도로, 조선인의 세계관 확대에 기여하였다. 또한 지리학에서 과학적이고 정밀한 지식을 가지게 되었으며 정확한 지도를 만들게 되었다.

기출문장으로 출제 키워드 점검

01 (   )은 우리나라에서 처음으로 지전설을 주장하였다.

02 조선 후기에는 청을 통해 유클리드 기하학을 중국어로 번역한 (   )이 도입되기도 하였다.

03 조선 후기에는 (   ) 같은 세계 지도가 전해짐으로써 보다 과학적이고 정밀한 지리학의 지식을 가지게 되었다.

[답]
01 김석문 02 기하원본 03 곤여만국전도

1. 의학서의 편찬과 과학의 발달

저서	저자	특징
『동의보감』	허준	광해군 때 우리나라 전통 한의학을 체계적으로 정리, 중국·일본에서도 번역되어 간행
『침구경험방』	허임	인조 때 침구술 집대성
『마과회통』	정약용	· 정조 때 저술, 제너의 종두법(우두법)을 최초로 소개 · 부록 「종두방서」: 박제가와 함께 종두법 연구·실험
『방약합편』	황필수	고종 때 간행, 한글로 약재 소개 → 한의학의 대중화에 기여
『동의수세보원』	이제마	· 고종 때 저술 · 사상 의학 확립(태양인·태음인·소양인·소음인으로 구분하여 치료)

2. 농서의 편찬과 농업 기술의 발달

저서	저자	특징
『농가집성』	신속	· 효종 때 편찬, 벼농사 중심의 농법(수전 농법) 소개, 이앙법의 보급에 공헌 · 『농사직설』+『금양잡록』+『구황촬요』+중국의 영향을 받아 편찬된 『사시찬요초』 등의 농서를 집대성
『색경』	박세당	숙종 때 편찬, 농림축잠 전반에 대해 체계화
『산림경제』	홍만선	숙종 때 편찬, 농촌 생활 백서
『해동농서』	서호수	정조 때 편찬, 중국의 농서를 참고하여 남북의 농법 종합
『임원경제지』	서유구	헌종 때 편찬, 박물학과 농학을 집대성한 농촌 생활 백과사전

확장개념

📍 **서유구의 둔전론**
서유구는 『의상경계책』에서 지주제를 인정하고, 정부가 부농층으로 하여금 토지에서 배제된 무전 농민들을 고용하여 하나의 집단 농장인 둔전을 형성하고 경영하게 할 것을 주장하였다.

3. 기술 개발

(1) 『기예론』(정약용): 정약용은 인간이 동물보다 뛰어난 것은 기예(기술)가 있기 때문이라는 것을 강조하며 스스로 기계를 제작·설계하였다.

(2) 거중기 제작: 정약용은 『기기도설』을 참고하여 거중기를 제작하고, 수원 화성 건설에 사용하여 공사 기간 단축과 공사비 절약에 크게 공헌하였다.

(3) 배다리(주교) 설치: 정약용은 정조가 화성을 행차할 때 한강을 안전하게 건너도록 하기 위하여 배다리를 설치하였다.

기출문장으로 출제 키워드 점검

01 허임은 (   )을 저술하여 침구술을 집대성하였다.

02 『농가집성』은 (   )의 농학을 계승하면서 쌀농사 중심의 (   ) 농법을 소개하였다.

03 정약용은 (   )을 참고하여 거중기를 만들었다.

[답]
01 침구경험방 02 농사직설, 수전 03 기기도설

1. 배경

상공업 발달과 농업 생산력의 증대, 서당 교육의 보급으로 서민의 의식 성장, 서민의 경제적·신분적 지위 향상 등으로 조선 후기에 서민을 중심으로 한 문화가 발달하였다.

2. 특징

조선 후기의 문예는 감정을 적나라하게 표출하였고, 양반의 위선을 풍자하고 사회의 부정과 비리를 고발하였다.

3. 공연의 성행

판소리	· 특징: 감정 표현이 직접적이고 솔직하여 서민 문화의 중심으로 성장 · 대표 작품: 「춘향가」·「심청가」·「흥보가」·「적벽가」·「수궁가」(신재효가 판소리 사설을 창작하고 정리, 유네스코 세계 무형유산에 등재)
탈춤	마을 굿의 일부로 공연되었으며 사회적 모순에 대해 폭로하고 풍자함
산대놀이	가면극이 민중 오락으로 정착한 것으로, 상인과 중간층의 지원을 받아 성행

4. 문학에서의 새로운 경향

한글 소설	· 특징: 대부분 평범한 인물이 주인공이었으며 현실적인 세계를 배경으로 함 · 대표 작품: 「홍길동전」(서얼에 대한 차별 철폐), 「춘향전」(신분 차별의 비합리성 표현), 「심청전」, 「별주부전」 등
사설시조	이전에 비해 서민의 감정을 솔직하게 표현하고, 현실을 비판하는 내용이 등장
한문학	· 특징: 양반층이 중심이 되어 부조리한 현실을 예리하게 비판함 · 대표 작품: 박지원의 「양반전」·「허생전」·「호질」, 정약용의 한시
위항 문학	· 중인층과 서민층이 시인 모임으로 시사를 조직하여 활발한 문예 활동을 전개 · 『소대풍요』, 『풍요속선』, 『풍요삼선』, 『이향견문록』, 『연조귀감』, 『규사』 등

위항 문학

『소대풍요』	영조 때 서인·중인 등 위항인들의 시를 모아 펴낸 시집
『연조귀감』	정조 때 향리들의 사적을 집약하여 정리
『호산외기』	헌종 때 중인, 화가, 몰락 양반 가운데 특이한 행적을 남긴 40여 명을 수록
『이향견문록』	철종 때 하층 계급 출신으로 각 방면에 뛰어난 인물 300여 명의 행적을 기록
『규사』	철종 때 서얼과 관계되는 사실을 모아서 펴낸 책

[확장개념]

♀ 박지원의 소설

『열하일기』에 수록된 소설	「허생전」, 「호질」
『방경각외전』에 수록된 소설	「마장전」, 「예덕선생전」, 「민옹전」, 「광문자전」, 「양반전」 등

기출문장으로 출제 키워드 점검

01 조선 후기에는 현실 사회를 풍자하는 가면극으로 (　　　　) 등이 인기를 끌었다.

02 조선 후기에는 평민의 감정을 솔직하게 표현한 (　　　　)가 유행하였다.

[답]
01 산대놀이　02 사설시조

---

1. 그림의 새 경향

우리의 자연을 그려낸 진경 산수화와 당시 사람들의 일상적인 모습을 생동감 있게 표현한 풍속화가 등장하였다. 또한 서민의 미적 감각을 나타낸 민화도 유행하였다.

진경 산수화	· 중국의 남종·북종 화법을 고루 수용(우리 자연에 맞춘 새로운 화법으로 창안) · 정선의 인왕제색도와 금강전도(바위산은 선으로 묘사, 흙산은 묵으로 묘사)
풍속화	· 김홍도: 서민의 생활을 익살스럽게 묘사, 의궤 등 궁중 풍속도 그려냄 · 신윤복: 양반·부녀자의 생활, 남녀 사이의 애정 등을 해학적으로 묘사 · 김득신: 김홍도와 화풍이 유사, 노상알현도, 파적도(야묘도추) 등을 그림
민화	호랑이·까치 등을 소재로 그림, 민중의 기복적 염원과 미적 감각 표현
기타	· 심사정: 정선의 제자로, 진경 산수화, 산수화, 풍속화, 인물화 등 다양한 작품을 남김, 초충도, 촉잔도권, 강상야박도 등을 그림 · 강세황: 서양화 기법(원근법)을 동양화에 접목, 영통동구도 · 장승업: 강렬한 필법과 채색법 사용, 홍백매도, 군마도, 삼인문년도 등을 그림 · 김정희: 묵란도와 세한도 등을 그림

김홍도와 신윤복의 작품

김홍도	무동, 서당, 씨름, 벼 타작, 대장간, 자리 짜기, 장터, 담배 썰기, 송석원 시사 야연도 등
신윤복	월하정인, 단오풍정, 뱃놀이, 미인도, 장옷 입은 여인, 주사거배 등

정선의 인왕제색도

정선의 금강전도

김홍도의 무동

신윤복의 단오풍정

강세황의 영통동구도

2. 서예의 새 경향

우리의 정서를 담은 글씨가 등장하였다.

동국진체(이광사)	우리 정서와 개성을 추구하는 단아한 글씨
추사체(김정희)	굳센 기운과 다양한 조형성, 서예의 새로운 경지 개척

3. 건축의 변화

조선 후기에 불교가 신앙의 자리를 차지하게 되자 불교 건축에 있어 새로운 변화가 나타났으며, 정치적 필요에 의해 대규모 건축물이 세워지기도 하였다.

17세기	· 특징: 양반 지주층의 경제적 성장과 불교의 사회적 지위 향상을 반영하여, 다층 건물이지만 내부는 하나로 통하는 구조인 거대한 규모의 건축물이 건립 · 건축물: 김제 금산사 미륵전, 구례 화엄사 각황전, 보은 법주사 팔상전, 공주 마곡사 대웅보전
18세기	· 특징: 부농 및 상인의 지원을 받아 장식성이 강한 사원이 건립되었다. · 건축물: 논산 쌍계사, 부안 개암사, 안성 석남사
19세기	· 특징: 흥선 대원군이 왕실의 권위를 내세우기 위해 경복궁을 재건하였다. · 건축물: 경복궁 근정전과 경회루

구례 화엄사 각황전

보은 법주사 팔상전

논산 쌍계사 대웅전

4. 공예와 음악에서의 새 경향

공예	· 자기 공예: 백자가 민간에까지 널리 사용, 청화 백자 유행(주로 양반들이 애호, 서민은 옹기 사용) · 기타 공예: 화각 공예, 목공예(장롱, 책상, 문갑, 소반, 의자, 필통)
음악	· 음악의 향유층이 확대되면서 성격이 다양한 음악이 나타나 발전 · 양반층은 가곡·시조, 서민층은 민요 애창, 광대·기생들이 판소리·산조·잡가 등을 창작·발전

확장개념

📍 산조

19세기 말에 생겨난 민속 음악에 속하는 기악 독주곡 형태의 하나로, 느린 장단에서 빠른 장단으로 배열된 장단 구성에 의한 악장으로 구분되며 반드시 장구 반주가 따르도록 되어 있다.

기출문장으로 출제 키워드 점검

01 조선 후기의 화가인 정선은 우리나라의 고유한 자연을 사실적으로 표현하려는 ( )를 즐겨 그렸다.

02 조선 후기의 화가인 ( )은 주로 도시인의 풍류 생활과 부녀자의 풍속, 남녀 사이의 애정 등을 감각적이고 ( )인 필치로 묘사하였다.

03 조선 후기에는 미술에 ( )의 기법이 반영되어 사물을 실감나게 표현하였다.

04 조선 후기에는 김정희에 의해 ( )가 창안되어 서예의 새로운 경지를 열었다.

[답]
01 진경 산수화 02 신윤복, 해학적 03 서양화
04 추사체

01 2018년 경찰직 1차

조선 후기 노론 내부에 주기설과 주리설의 분파가 생겨 이른바 '호락 시비(湖洛是非)'로 불리는 큰 논쟁이 일어났다. 이 호락(湖洛) 논쟁에 대한 설명으로 가장 적절하지 않은 것은?

① 영조 때에 한원진과 윤봉구로 대표되는 충청도 노론은 인성(人性)과 물성(物性)은 다르다고 보는 '인물성이론(人物性異論)'을 내세웠다.

② 호론의 주장에는 청나라를 중화로 보려는 대의명분론이 깔려 있었다.

③ 이간, 김창협 등으로 대표되는 서울 중심의 노론은 인성과 물성이 같다는 '인물성동론(人物性同論)'을 주장하였다.

④ 낙론의 주장은 북학파의 과학 기술 존중과 이용후생 사상으로 이어졌다.

02 2020년 법원직 9급

다음 주장을 한 인물에 대한 설명으로 가장 옳은 것은?

> 무릇 1여의 토지는 사람들에게 공동으로 경작하게 하고, 내 땅 네 땅의 구분 없이 오직 여장의 명령만을 따른다. 매 사람의 노동량은 매일 여장이 장부에 기록한다. …… 국가에 바치는 공세를 제하고, 다음으로 여장의 녹봉을 제하며, 그 나머지를 날마다 일한 것을 기록한 장부에 의거하여 여민들에게 분배한다.

① 『열하일기』를 저술하였다.

② 『반계수록』을 저술하였다.

③ 『성호사설』을 저술하였다.

④ 『목민심서』를 저술하였다.

03 2020년 법원직 9급

다음과 관련된 인물의 주장으로 옳은 것을 <보기>에서 모두 고른 것은?

> 비유컨대, 재물은 대체로 우물과 같은 것이다. 퍼내면 차고, 버려두면 말라 버린다. 그러므로 비단옷을 입지 않아서 나라에 비단을 짜는 사람이 없게 되면 여공이 쇠퇴하고, 찌그러진 그릇을 싫어하지 않고 기교를 숭상하지 않아서 장인이 작업하는 일이 없게 되면 기예가 망하게 된다.

보기

㉠ 수레와 선박의 이용을 확대해야 한다.
㉡ 사농공상은 직업적으로 평등해야 한다.
㉢ 청에서 행해지는 국제 무역에 참여해야 한다.
㉣ 자영농을 중심으로 군사와 교육 제도를 재정비해야 한다.

① ㉠, ㉡   ② ㉠, ㉢
③ ㉡, ㉢   ④ ㉢, ㉣

04 2017년 국가직 9급(4월 시행)

다음과 같이 주장한 조선 후기의 실학자에 대한 설명으로 옳은 것은?

> 천체가 운행하는 것이나 지구가 자전하는 것은 그 세가 동일하니, 분리해서 설명할 필요가 없다. 생각건대 9만 리의 둘레를 한 바퀴 도는 데 이처럼 빠르며, 저 별들과 지구와의 거리는 겨우 반경(半徑)밖에 되지 않는데도 오히려 몇 천만 억의 별들이 있는지 알 수가 없다. 하물며 은하계 밖에도 또 다른 별들이 있지 않겠는가!

① 『우서』에서 상업적 경영을 통해 농업 생산성을 높여야 한다고 주장하였다.

② 『반계수록』에서 신분에 따라 토지를 차등 있게 재분배하자고 주장하였다.

③ 『임하경륜』에서 성인 남자에게 2결의 토지를 나누어 주자고 주장하였다.

④ 『북학의』에서 소비를 권장하여 생산을 촉진하자고 주장하였다.

05 2017년 서울시 9급

조선 후기에 전개된 국학 연구에 대한 설명으로 옳지 않은 것은?

① 유희는 『언문지』를 지어 우리말의 음운을 연구하였다.
② 이의봉은 『고금석림』을 편찬하여 우리의 어휘를 정리하였다.
③ 한치윤은 『기언』을 지어 토지 제도의 개혁을 주장하였다.
④ 이종휘는 『동사』를 지어 고구려사에 대한 관심을 고조시켰다.

06 2019년 서울시 9급(6월 시행)

<보기>의 의서(醫書)를 편찬된 순서대로 바르게 나열한 것은?

> **보기**
> ㉠ 『동의보감(東醫寶鑑)』
> ㉡ 『마과회통(麻科會通)』
> ㉢ 『의방유취(醫方類聚)』
> ㉣ 『향약구급방(鄕藥救急方)』

① ㉠ → ㉡ → ㉢ → ㉣　　② ㉢ → ㉣ → ㉡ → ㉠
③ ㉣ → ㉢ → ㉠ → ㉡　　④ ㉣ → ㉢ → ㉡ → ㉠

07 2016년 경찰직 2차

조선 시대 미술에 대한 설명으로 가장 적절하지 않은 것은?

① 18세기에 들어 중국의 화풍을 배격하고 우리의 고유한 자연과 풍속을 있는 그대로 묘사한 진경 산수(眞景山水)의 화풍이 등장했으며, 정선은 진경 산수화의 대가로 ‘금강전도’, ‘인왕제색도’ 등을 그렸다.
② 김홍도는 섬세하고 정교한 필치로 정조의 화성 행차와 관련된 병풍, 행렬도, 의궤 등 궁중 풍속을 많이 남겼다.
③ 신윤복은 주로 도시인의 풍류 생활과 부녀자의 풍속, 남녀 사이의 애정 등을 감각적이고 해학적인 필치로 묘사하였다.
④ 김정희의 ‘묵란도’, ‘세한도’, 장승업의 ‘홍백매도’, ‘군마도’ 등은 19세기의 대표적인 작품들이다.

08 2016년 사회복지직 9급

조선 후기의 문화에 대한 설명으로 옳지 않은 것은?

① 주자학에 대한 비판이 높아짐에 따라 역사 서술에서 강목체는 사라졌다.
② ‘진경 산수’가 유행하여 우리 산천에 대한 사실적인 묘사가 많아졌다.
③ 서양인이 제작한 세계 지도의 전래로 조선인들의 세계관이 확대되었다.
④ 판소리나 탈춤이 유행하여 서민들의 문화 생활을 풍요롭게 하였다.

정답 및 해설 p. 296

05 근대의 문화

압축개념

01 근대의 주요 시설과 건축물

최근 7개년 **2회 출제!**
2019년 경찰직 1차   2019년 경찰간부후보생

주요 시설	기기창(1883, 무기 제조), 전환국(1883, 화폐 주조), 박문국(1883, 인쇄·출판)
전등	경복궁 건청궁에 최초 설치(1887)
통신 시설	전신(1885, 서울~인천 간 가설), 우편(1884, 우정총국 설치 → 갑신정변으로 중단 → 1895, 우체사 설치 → 1900, 만국 우편 연합 가입)
교통 시설	· 철도: 경인선(1899, 최초), 경부선(1905), 경의선(1906), 경원선(1914) 등 · 전차(1899): 한성 전기 회사(1898)가 서대문~청량리에 가설
의료 시설	광혜원(1885, 알렌의 건의, 최초의 근대식 병원) → 제중원(1885) → 세브란스 병원(1904), 광제원(1900) → 대한 의원(1907) 등 설립
근대 건축	독립문(1897), 정동 교회(1897), 명동 성당(1898, 고딕 양식), 덕수궁 중명전(1901, 을사늑약 체결), 덕수궁 석조전(1910, 르네상스 양식)
문화 시설	원각사(1908, 이인직, 최초의 서양식 극장, 은세계, 치악산 등의 작품을 공연)

기출문장으로 출제 키워드 점검

01 1883년에 (   )이 설립되어 한성순보를 발간하기 시작하였다.

02 (   )를 통하여 서울에 전차 노선을 개통하였다.

03 1885년에 최초의 근대식 병원인 (   )이 설립되었다.

[답]
01 박문국 02 한성 전기 회사 03 광혜원

압축개념

02 근대 언론의 활동

최근 7개년 **2회 출제!**
2023년 지방직 9급   2019년 소방직

신문	연도	간행	사용 언어	특징
한성순보	1883~1884	박문국	순한문	관보적 성격, 10일에 한 번씩 간행
한성주보	1886~1888	박문국	국한문	최초로 사설과 상업 광고 게재
독립신문	1896~1899	서재필	영문/한글	최초의 민간 신문, 독립 협회의 기관지, 외국인에게 국내 사정을 알림
매일신문	1898~1899	양홍묵, 이승만	순한글	최초의 일간 신문, 배재 학당 학생들이 펴내던 협성회 회보 계승
제국신문	1898~1910	이종일	순한글	부녀자 및 서민에게 인기
황성신문	1898~1910	남궁억	국한문	유림층 대상, 보안회 지지, 시일야방성대곡 논설 게재
대한매일신보	1904~1910	양기탁·베델	국한문/한글/영문	국채 보상 운동 주도, 국권 침탈 비판 논설 게재, 고종의 을사늑약 무효 친서 게재
만세보	1906~1907	오세창	국한문	천도교의 기관지, 일진회 공격, 이인직의 「혈의 누」 게재
경향신문	1906~1910	안세화	순한글	천주교의 기관지
국민신보	1906~1910	이용구	국한문	일진회 기관지
대한신문	1907~1910	이인직	국한문/한글	이완용 내각의 기관지
대한민보	1909~1910	오세창	국한문	대한 협회 기관지, 시사 만화 연재
매일신보	1910~1945	조선 총독부	국한문	조선 총독부의 기관지

확장개념

📍 시일야방성대곡
을사늑약의 부당성을 알리는 장지연의 사설인 시일야방성대곡은 황성신문에 최초로 게재된 이후 대한매일신보에도 영문으로 게재되었다.

📍 대한신문
이인직이 만세보를 인수하여 만든 친일지이다.

📍 매일신보
1910년부터 1945년까지 발간된 조선 총독부의 기관지로, 1910년 8월 29일자로 조선 총독부에 강제 매수된 대한매일신보가 8월 30일자부터 매일신보로 개제되어 국한문으로 발간되었다.

기출문장으로 출제 키워드 점검

01 우리나라 최초의 신문인 (   )는 (   ) 성격을 띠고 순한문으로 발행되었다.

02 (   )은 1898년 이종일 등이 (   )로 간행하였으며, 일반 대중을 위한 사회 계몽 기사를 많이 실었다.

[답]
01 한성순보, 관보적 02 제국신문, 순한글

1. 교육 진흥의 배경

개항 이후 유교 중심의 교육에서 벗어나 새로운 근대적 교육에 대한 필요성이 대두되어 학교 설립이 활발해졌다.

2. 근대 교육 기관의 설립

원산 학사 (1883)	· 최초의 사립 학교로 덕원 부사 정현석과 덕원·원산 주민들이 공동으로 설립 · 근대 학문과 무술 교육, 문예반(50명) + 무예반(200명)으로 운영
동문학 (1883)	묄렌도르프가 정부의 지원을 받아 설립한 통역관 양성소, 영어와 일어 교육
육영 공원 (1886)	· 최초의 공립 학교, 상류층(양반) 자제를 대상으로 외국어와 근대 학문을 교육 · 헐버트·길모어·벙커 등 외국인 교사 초빙
연무 공원 (1888)	신식 군대와 장교 양성을 위해 정부가 설립한 사관 양성 학교

3. 근대적 교육 제도의 발전

(1) **교육 입국 조서 반포**: 고종은 제2차 갑오개혁 때 근대적 교육의 중요성을 강조하는 교육 입국 조서를 반포(1895)하였다.

(2) **관립 학교의 설립**: 교육 입국 조서에 따라 한성 사범 학교 관제와 한성 사범 학교 규칙을 반포하였으며, 소학교(을미개혁)·한성 사범 학교(1895)·한성 외국어 학교(1895)·한성 중학교(1900) 등 각종 관립 학교가 설립되었다.

4. 사립 학교의 발전

(1) **개신교 계통의 사립 학교**: 개신교 선교사들이 선교를 목적으로 사립 학교를 설립하여 근대 학문을 가르쳤으며, 민족의식을 고취하는 데 기여하였다.

학교	설립자	특징
배재 학당(1885)	아펜젤러	최초의 개신교 계통의 근대식 사립 학교
경신 학교(1886)	언더우드	최초로 전문 실업 교육 실시
이화 학당(1886)	스크랜튼	최초의 여성 전문 교육 기관
정신 여학교(1887)	엘러스	김마리아 등 여성 독립운동가 양성
숭실 학교(1897)	베어드	최초의 고등 교육 기관(평양)

(2) **민족 운동가들의 사립 학교**: 을사늑약(1905) 이후 민족주의 운동가들이 국권 회복을 목표로 사립 학교를 설립하였다.

학교	설립자	학교	설립자
흥화 학교(1898)	민영환	보성 학교(1906)	이용익
양정의숙(1905)	엄주익	숙명 여학교(1906)	엄귀비
휘문의숙(1906)	민영휘	오산 학교(1907, 정주)	이승훈
서전서숙(1906, 북간도)	이상설	대성 학교(1908, 평양)	안창호

5. 일제의 탄압

일제는 사립 학교령(1908)을 제정하여 사립 학교의 설립과 운영을 통제하였다. 또한 교과용 도서 검정 규정(1908)을 공포하여 애국적 내용이 담긴 교과서 사용을 금지하였다.

확장개념

♀ 육영 공원의 편성
· 반 편성(두 반으로 구성)
  – 좌원(左院): 문무 현직 관료 중에서 선발된 학생을 수용하는 반
  – 우원(右院): 양반 자제 중에서 선발된 학생을 수용하는 반
· 학생 정원: 35명

♀ 관립 학교 설립 규칙

관제 및 규칙	발표 시기
한성 사범 학교 관제	1895. 4. 16.
외국어 학교 관제	1895. 5. 10.
성균관 관제	1895. 7. 2.
소학교령	1895. 7. 19.
한성 사범 학교 규칙	1895. 7. 23.
중학교 관제	1899. 4. 4.
외국어 학교 규칙	1900. 6. 27.

기출문장으로 출제 키워드 점검

01 (   )은 정부가 설립한 외국어 교육 기관으로 통역관을 양성하였다.

02 헐버트는 (   )의 교사로 초빙되었다.

03 제2차 갑오개혁 때 (   )가 발표되면서 서양식 근대 교육 제도가 도입되어 각종 (   )가 세워졌다.

04 (   )은 선교사 아펜젤러가 서울에 설립한 사립 학교이다.

[답]
01 동문학 02 육영 공원 03 교육 입국 조서, 관립 학교
04 배재 학당

V. 문화사

해커스공무원 단권화 핵심정리 한국사

압축개념

04 국사와 국어 연구

최근 7개년 **5회 출제!**
2019년 서울시 7급(2월)   2019년 경찰간부후보생
2019년 법원직 9급   2018년 국가직 9급
2018년 국가직 7급

1. 국사 연구

(1) 배경: 을사늑약(1905) 이후 국권 피탈의 위기감이 고조되면서 민족의식 고취를 위해 국사 연구가 진행되었다.

(2) 근대 계몽 사학 연구

위인 전기문 발간	『이순신전』, 『천개소문전』, 『을지문덕전』 등 우리나라 영웅들의 전기를 저술·보급
외국 흥망사 소개	『미국 독립사』, 『월남 망국사』, 『이태리 건국 삼걸전』 등 외국의 건국이나 망국의 역사를 번역
교과용 도서 저술	현채의 『동국사략』(중등용), 『유년필독』(아동용) 등이 집필됨
외세 침략 비판	황현의 『매천야록』, 정교의 『대한계년사』 등 외세의 침략과 항거 과정을 서술

(3) 대표 역사 학자

신채호	· 역사 서술의 주체를 민족으로 설정, 위인 전기문(『을지문덕전』, 『이순신전』)· 외국 흥망사 저술 · 「독사신론」 저술(1908): 대한매일신보에 연재, 왕조 중심의 유교적 전통 사관을 극복하고 근대 민족주의 사학의 방향을 제시하여 식민 사관에 대응
박은식	『동명성왕실기』, 『천개소문전』, 『안중근전』 등을 저술
황현	『매천야록』 저술, 국권 피탈을 개탄하는 절명시를 남기고 자결
현채	『동국사략』(중등 교과서), 『유년필독』(아동용 교과서) 저술, 『월남 망국사』를 번역하여 소개
정교	『대한계년사』 저술(일본의 침략 비판 및 독립 강조)

(4) 주요 단체: 박은식·최남선을 중심으로 설립된 조선 광문회(1910)는 『동국통감』 등의 역사서, 실학자의 저서나 「춘향전」, 「심청전」 등 민족 고전을 정리하여 간행하였다.

2. 국어 연구

(1) 배경: 민족과 언어의 상관 관계를 강조하는 풍토가 유행하면서 국어와 국문에 대한 연구가 활발해졌다.

(2) 국·한문 혼용체의 보급

① **교과서 발행**: 갑오개혁 이후 관립 학교의 설립과 함께 국·한문이 함께 사용되는 교과서가 발행되는 등 국·한문 혼용체가 보급되었다.

② **신문 간행**: 한성주보, 황성신문 등 국·한문을 혼용한 신문이 간행되었다.

③ **유길준의 『서유견문』 간행(1895)**: 보빙사로 파견된 유길준이 미국을 유학하며 느낀 것들을 기록한 최초의 기행문으로, 국·한문 혼용체로 서술되었다. 유길준은 『서유견문』에서 한국의 실정에 맞는 자주적인 개화를 주장하였다.

(3) 한글 전용 신문의 확대: 독립신문, 제국신문, 대한매일신보 등 순한글 신문이 출현하였다.

(4) 국어 연구의 진전

국문 연구소 설립 (1907)	· 정부에서 학부의 내부 기구로 국문 연구소를 설립 · 주시경·지석영 중심으로 우리말의 체계를 정립하고 국어 맞춤법의 연구와 정리가 이루어짐 · 주시경의 제자들에 의해 조선어 연구회(1921)로 계승 → 이후 조선어 학회(1931)로 개편
문법서 편찬	유길준의 『조선문전』, 『대한문전』, 주시경의 『국어 문법』 등 편찬

확장개념

📍 **「독사신론」** 기출사료
국가의 역사는 민족의 소장성쇠(消長盛衰)의 상태를 서술할지라. 민족을 빼면 역사가 없으며 역사를 빼어 버리면 민족의 그 국가에 대한 관념이 크지 않을지니, 오호라 역사가의 책임이 그 역시 무거울진저 …… 만일 그렇지 않으면 이는 무정신의 역사이다. 무정신의 역사는 무정신의 민족을 낳으며, 무정신의 국가를 만들 것이니 어찌 두렵지 아니하리오.   - 신채호, 「독사신론」

📍 **『매천야록』**
황현이 흥선 대원군 집권 때부터 국권 피탈까지의 사실을 편년체로 기록한 책

📍 **황현의 절명시** 기출사료
새 짐승도 슬피 울고 산악 해수 다 찡기는 듯
무궁화 삼천리가 이미 영락되다니
가을 밤 등불 아래 책을 덮고서 옛일 곰곰이 생각해 보니
이승에서 지식인 노릇하기 정히 어렵구나.

📍 **주시경의 주요 활동**
· 독립신문사에서 순한글 신문 제작에 종사
  → 신문의 한글 표기 통일을 위해 국문동식회 조직
· 독립 신문에 「국문론」을 발표하여 국어 문법의 체계화 주장
· 국어 문법서인 『국어 문법』, 『말의 소리』 저술

기출문장으로 출제 키워드 점검

01 신채호는 (   )에 (   )을 연재하여 일본의 식민주의 사관에 대항할 수 있는 민족주의 사학의 발판을 마련하였다.

02 황현은 (   )을 집필하여 일제의 침략을 비판하고 조국의 독립을 강조하였다.

03 1907년에 (   )가 만들어져 국문의 정리와 국어의 이해 체계가 확립되기 시작하였다.

04 한글 학자 주시경은 문법 서적인 (   )을 저술하였다.

[답]
01 대한매일신보, 독사신론 02 매천야록 03 국문 연구소
04 국어 문법

1. 예술의 새 경향

(1) 문학

신소설	이인직의 「혈의 누」(1906)·「은세계」(1908), 안국선의 「금수회의록」 (1908), 이해조의 「자유종」(1910) 등
신체시	전통시에서 근대시로 넘어가는 장르로, 잡지 『소년』에 게재된 최남선의 '해에게서 소년에게'가 최초의 신체시임(1908)
외국 문학 번역	「성경」, 「천로역정」, 「이솝이야기」 등

(2) 공연

신극	이인직에 의해 최초의 서양식 극장인 원각사(1908)가 설립되어 은세계·치악산(친일적 성향의 작품) 공연
판소리	·신재효에 의해 판소리 여섯 마당이 정리됨 ·기존의 판소리를 여러 사람이 배역을 나누어 맡아 노래하고 연기하면서 이야기를 엮어나가는 창극이 등장함

(3) 음악

창가	·외국 곡에 우리말 가사를 붙여 부른 노래, 독립 의식·민족의식을 높이는 데 이바지함 ·「학도가」, 「권학가」, 「애국가」, 「독립가」 등이 유행함
서양 음악	찬송가를 통해 서양 근대 음악이 전해짐

(4) 미술

서양 화풍 도입	·김정희 계통의 문인 화가들이 서양식 화풍을 도입하여 한국화 발전에 기여 ·안중식이 서양식 데생법 시도
시사 만평	이도영이 일본의 침략과 친일 매국자 풍자·비판

2. 종교의 새 경향

천주교	·조·프 수호 통상 조약(1886) 체결로 포교의 자유 획득 ·고아원·양로원을 설립하여 운영하면서 복지 사업 추진 ·약현 학교와 경향신문을 통해 애국 계몽 운동 전개
개신교	·한글 보급·미신 타파·평등 사상 전파 등에 공헌 ·근대 교육과 근대 의료 발전에 기여, 국민 교육회를 조직하여 활발한 계몽 활동 전개
천도교	·동학의 3대 교주 손병희가 친일 세력(시천교)과 결별 후 동학을 개편(1905) ·보성 학교·동덕 여학교 운영, 만세보 발간(1906)
대종교	·나철·오기호 등이 단군 신앙을 기반으로 단군교 창시(1909) → 대종교로 개칭(1910) ·국권 피탈 이후 교단을 간도 지방으로 옮긴 후 항일 무장 투쟁에 참여(중광단 → 대한 정의단 → 북로 군정서)
유교	·박은식은 유교 구신론을 통해 양명학과 사회 진화론의 진보 원리를 조화시킨 대동 사상을 주장함 ·박은식 등이 대동 사상을 기반으로 민족 종교인 대동교 창설(1909)하여 유교 개혁 운동을 전개함
불교	한용운은 「조선불교유신론」을 통해 친일 불교에 대하여 저항하고, 불교의 혁신과 자주성 회복 주장

확장개념

♀ 친일 종교 단체
·기독교: 동양 전도관
·유교: 대동 학회, 공자교
·불교: 본원사(사찰)

♀ 박은식의 유교 구신론
유교의 개혁을 주장했던 것으로, 국민의 지식과 권리를 계발하는 새로운 유학 정신을 강조하고, 교화 활동의 전개와 양명학 중심의 간결하고 실천적인 유교 정신의 회복을 주장하였다.

기출문장으로 출제 키워드 점검

01 천도교는 (   )를 발간하여 민족 의식을 고취하였다.

02 (   )는 5적 암살단을 주도한 나철이 창시하였다.

03 박은식은 실천적인 새로운 유교 정신을 강조하는 (   )을 주장하였다.

[답]
01 만세보 02 대종교 03 유교 구신론

V. 문화사

해커스공무원 단권화 핵심정리 한국사

일제 강점기의 문화

01 일제의 식민지 교육 정책과 문화 정책

최근 7개년 **3회 출제!**
2024년 국가직 9급   2021년 경찰직 1차
2020년 국가직 9급

1. 식민지 교육 정책

교육령	교육 내용	현실
제1차 조선 교육령 (1911)	· 보통학교 4년, 고등 보통학교 4년으로 일본에 비해 교육 연한이 짧음 · 일본어와 수신 과목 중시	고등 교육은 존재하지 않음
제2차 조선 교육령 (1922)	· 보통학교의 연한을 4년에서 6년으로 연장, 3면 2교 정책으로 보통학교의 수를 늘림 · 조선어를 필수 과목화	실업 교육에 치중되며 고등 교육은 제한됨
제3차 조선 교육령 (1938)	· 보통학교와 소학교를 심상소학교로 변경 · 조선어 과목은 수의(선택) 과목화	일상 생활에서 조선어 사용을 금지하여 사실상 교육 금지, 조선사 내용 배제
제4차 조선 교육령 (1943)	· 수업 연한을 4년으로 축소 · 조선어·조선사 교육 완전 폐지	학교 교육을 군사 체제로 편입시킴

2. 언론 탄압 정책

1910년대	언론·출판·결사의 자유를 박탈하여 매일신보를 제외한 대부분의 신문 폐간
1920년대	한글 신문 발간을 허용(조선일보·동아일보)하였지만 실상은 검열·삭제·정간·폐간이 빈번
1930년대	손기정 일장기 삭제 사건(1936, 동아일보)을 계기로 동아일보 탄압
1940년대	조선일보·동아일보 폐간(1940)

3. 한국사 왜곡

(1) 목적: 일본은 조선 식민지 지배를 정당화하기 위해 한국사를 왜곡하였다.

(2) 식민 사관

타율성론	한국의 역사가 주체적·자율적으로 발전하지 못하고 외세의 간섭을 받아 타율적으로 전개된다는 주장
정체성론	한국 사회는 고대 사회 단계에 정체되어 있다는 주장(중세 봉건 사회 결여론)
당파성론	우리 민족은 분열성이 강하기 때문에 내분을 일으키며 당쟁을 일삼은 것이 조선 왕조 멸망의 원인이라는 논리

(3) 단체: 한국사 왜곡과 일제의 식민 사관 보급에 앞장섰다.

조선사 편수회 (1925)	· 총독부 산하의 조선사 편찬 위원회(1922)를 개편하여 조직 · 식민 사관을 토대로『조선사』편찬(1938)
청구 학회 (1930)	· 경성 제국 대학 교수들과 조선사 편수회 간부들이 중심이 되어 조직 · 한국사를 왜곡하고 식민 사관 보급에 주력, 『청구학총』간행

시험 직전! 필수 암기

민족 교육에 대한 탄압
· 사립 학교 규칙(1911): 학교 설립 및 교원 임용을 총독부에서 인가하도록 했으며 교과서의 사용도 제한하였다.
· 서당 규칙(1918): 서당 설립을 인가제에서 허가제로 변경하여 민족 교육을 탄압하였다.

확장개념

○ 초등학교 명칭의 변천

소학교(1895)
보통학교(1906)
심상소학교(1938)
국민학교(1941)
초등학교(1996)

기출문장으로 출제 키워드 점검

01 일제는 (   )을 시행하여 보통학교의 수업 연한을 4년에서 6년으로, 고등 보통학교는 4년에서 5년으로 연장하였다.

02 1920년대에 일제는 조선인 계통의 신문인 (   )와 (   )의 발행을 허가하였다.

03 총독부가 설치한 (   )는 식민주의 사관을 토대로 (   )를 편찬하여 한국사 왜곡에 앞장섰다.

[답]
01 제2차 조선 교육령 02 조선일보, 동아일보
03 조선사 편수회, 조선사

02 국사 연구

최근 7개년 **14회 출제!**
2024년 서울시 9급(2월) 2023년 지방직 9급
2023년 법원직 9급   2022년 서울시 9급(2월)
2021년 법원직 9급   2021년 경찰직 1차
2021년 소방직   2020년 지방직 9급
2020년 소방직   2019년 국가직 9급
2019년 서울시 7급(2월) 2019년 소방직
2019년 법원직 9급   2019년 기상직 9급

1. 민족주의 사학

(1) **특징**: 민족주의 사학은 민족 문화의 우수성과 한국사의 주체적 발전을 강조하였다.

(2) **대표 학자**

학자	활동	저서
신채호	• 낭가 사상 강조(화랑 정신에 초점을 둔 우리 고유 사상), 단군 신화 등 고대사 연구에 치중 • 역사를 '아(我)'와 '비아(非我)'의 투쟁으로 규정 • 묘청의 난을 '일천년래제일대사건'으로 평가	「독사신론」,『꿈하늘』, 『조선상고사』, 『조선사연구초』, 「조선혁명선언」
박은식	• '혼' 강조(혼-정신, 백-물질) • 나라는 형(形)이요, 역사는 신(神)이라고 함	『한국통사』 『한국독립운동지혈사』
정인보	• '얼' 사상을 강조하면서 식민 사관에 대항 • 광개토 대왕릉 비문 연구 • 조선학 운동에 선구적 역할 담당	「5천 년간 조선의 얼」, 『조선사연구』
문일평	민족 정신으로 '조선심' 강조	『대미 관계 50년사』

(3) **조선학 운동(1934)**: 정인보, 문일평, 안재홍 등이 정약용 서거 99주기를 기념하며 『여유당전서』를 간행한 것이 계기가 되어 전개된 것으로, 민족주의 역사학이 국수적이었음을 반성하고 실학, 한글 등에서 우리 문화의 고유성과 세계성을 찾으려고 하였다.

2. 실증 사학

(1) **특징**: 실증법을 강조하는 랑케 사관에 영향을 받아 개별적 사실의 고증을 추구하였다.

(2) **진단 학회(1934)**

활동	• 청구 학회의 한국사 왜곡에 반발하여 이병도·손진태 등을 중심으로 조직, 『진단학보』 발간 • 민족주의 사관과 사회·경제 사학 비판(← 실증성이 결여되었기 때문)
한계	순수 학문으로서의 역사학을 지향하며 문헌 고증에 치중, 식민 사학에 소극적 대항

3. 사회·경제 사학

(1) **특징**

유물 사관	마르크스의 유물론적 사관에 기반하여 역사 발전의 5단계설 주장
한국사 체계화	생산력 증대에 따른 역사 발전 강조, 세계사의 보편적 발전 법칙에 따라 한국사를 체계화하며 정체성론을 비판함

(2) **대표 학자**

백남운	『조선사회경제사』,『조선봉건사회경제사』 저술
이청원	『조선사회사독본』 저술

4. 신민족주의 사학

등장	민족주의 사학을 계승하여 1940년대 이후에 등장
특징	실증적 토대 위에 민족주의 사학과 사회·경제 사학의 방법을 수용
학자	손진태(『조선민족사개론』,『국사대요』), 안재홍(『조선상고사감』, 「신민족주의와 신민주주의」), 홍이섭(『조선과학사』)

시험 직전! 필수 암기

박은식과 신채호의 활동

박은식	• 독립 협회 가입 • 황성신문, 대한매일신보 주필 • 신민회 가입 • 「유교 구신론」 주장 • 조선 광문회 설립 • 동창 학교 재직 • 임시 정부 2대 대통령 역임
신채호	• 독립 협회 가입 • 황성신문 논설 위원, 대한매일신보 주필(「독사신론」 연재) • 연해주 권업신문 주필 • 동창 학교 재직 • 임시 정부 임시 의정원 의원으로 참여 • 「조선혁명선언」 작성

확장개념

📍 **박은식의 한국통사** 기출사료

옛 사람들이 말하기를 나라는 멸망할 수 있지만 역사는 멸망할 수 없다고 하였으니, 나라는 형(形, 형체)이고 역사는 신(神, 정신)이기 때문이다. 지금 한국의 형은 허물어졌으나 신만이 홀로 남을 수는 없는 것인가. …(중략)… 대개 국교(國敎)·국학·국어·국문·국사는 혼(魂)에 속하는 것이요, 전곡·군대·성지(城地)·함선·기계 등은 백에 속하는 것으로 혼의 됨됨은 백(魄)에 따라 죽고 사는 것이 아니다. 그러므로 국교와 국사가 망하지 않으면 그 나라도 망하지 않는 것이다.

– 『한국통사』

기출문장으로 출제 키워드 점검

01 박은식은 한국통사와 (　　　　)를 저술해 일제의 침략과 민족의 독립운동을 정리하였다.

02 (　　　　)는 역사를 '아(我)'와 비아(非我)'의 투쟁의 기록이라고 하였다.

03 (　　　　)은 '조선심'을 강조하며 정약용 연구를 중심으로 한 조선학 운동을 전개하였다.

04 (　　　　) 학회는 개별 역사적 사실의 이해를 확고히 하는 (　　　　) 사관을 중시하였다.

05 (　　　　)은 한국사를 세계사적인 보편성 위에서 체계화하여 식민 사관을 극복하려 하였다.

[답]
01 한국독립운동지혈사 02 신채호 03 문일평
04 진단, 실증 05 백남운

03 국어 연구

1. 조선어 연구회 (1921)

(1) **조직**: 주시경의 국문 연구소(1907)를 계승하여 임경재, 장지영, 최현배 등이 창립하였다.

(2) **활동**: 최초의 한글날인 '가갸날'을 제정(1926)하였으며, 잡지 『한글』을 간행(1927)하고 강습회·강연회 등을 통해 한글 보급 운동을 전개하였다.

2. 조선어 학회 (1931)

(1) **조직**: 조선어 연구회가 조선어 학회로 개편되었다.

(2) **활동**: 한글 교재를 편찬하고 강연회를 통해 한글을 보급하였다. 또한 '한글 맞춤법 통일안'과 '표준어'를 제정(1933)하였으며, 『우리말 큰사전』의 편찬을 시도하였다.

(3) **조선어 학회 사건(1942)**: 일제는 조선어 학회를 독립운동 단체로 간주하여 이극로, 이윤재 등 조선어 학회 회원들을 체포·투옥하였고, 이로 인해 조선어 학회는 해체되었다.

04 문학·예술 및 종교 활동

1. 문학 활동

(1) **1910년대**

① **특징**: 1910년대의 문학은 계몽 문학적 성격을 띠었다.

② **작가**

이광수	「무정」(1917, 최초의 장편 소설)

(2) **1920년대**

① **동인지 간행**: 『창조』(1919, 김동인, 최초의 동인지), 『폐허』(1920, 김억·남궁벽·염상섭 등), 『백조』(1922, 나도향·이상화 등) 등의 동인지가 간행되었는데, 예술성만을 추구하고 현실 문제에는 소극적·퇴폐적·낭만주의적인 경향이 강하였다. 1920년대 초반의 문학은 대부분 순수 문학을 지향하였다.

② **신경향파 문학 대두**: 사회주의의 영향으로 문학의 사회적 기능을 강조하면서 계급의식의 고취를 주장하는 신경향파 문학이 대두하였고, 프로(프롤레타리아, 계급) 문학, 저항 문학에 영향을 주기도 하였다.

③ **카프 조직**: 김기진과 박영희 등의 신경향파 문인들이 카프(KAPF, 1925)를 조직하였다. 또한 사회주의자는 아니지만, 사회주의적 현실 비판에 동조하는 현진건(「운수 좋은 날」), 염상섭(「삼대」) 등의 동반 작가들이 등장하였다.

④ **민족 정서 강조**: 김소월의 「진달래꽃」, 이상화의 「빼앗긴 들에도 봄은 오는가」, 한용운의 「님의 침묵」

⑤ **국민 문학 운동**: 민족주의 계열 문인들이 극단적인 계급주의에 반대하며 전개하였다.

⑥ **잡지의 유행**: 3·1 운동 이후 출판에 대한 규제가 완화되어 다양한 잡지가 등장하였다. 특히 천도교가 설립한 잡지 발행사인 개벽사에서는 『개벽』(1920, 종합 월간지), 『신여성』(1923), 『어린이』, 『별건곤』(1926, 종합 월간지) 등이 발행되었고, 사회주의 잡지인 『신생활』, 교양 잡지인 『삼천리』 등도 발행되었다.

(3) **1930년대 이후**

① **순수 문학**: 일제의 탄압을 피해 정지용·김영랑 등은 『시문학』 동인으로 예술성과 작

확장개념

📍 **동인지**
공통된 사상·목적을 가진 사람들이 주체가 되어 기획·집필·편집·발행하는 잡지

📍 **카프(KAPF)**
프롤레타리아 문학 단체이자 최초의 전국적인 문학 단체로, 초기에는 문예 운동을 통한 정치 운동의 형태를 띠다가 점차 계급 투쟁적인 성격을 강조하였다.

품성을 강조하는 순수시 운동을 전개하였다.

② **저항 문학**: 일제의 탄압에도 윤동주(「서시」)·이육사(「청포도」) 등이 작품 활동을 통해 민족의식과 독립 사상을 고취시키고자 하였다.

③ **문학의 침체기**: 일제의 탄압 강화로 문학 활동이 크게 위축되었고, 절필 문인이 등장하기도 하였다.

④ **친일 문학**: 이광수·최남선·김활란·노천명·서정주 등은 일제의 침략과 군국주의를 찬양하는 친일 문학 활동에 참여하였다.

2. 예술 활동

(1) 연극

① **3·1 운동 이전**: 민족의 애환을 표현한 신파극이 유행하였다.

② **3·1 운동 이후**: 극예술 협회(1920), 토월회(1923, 연극 단체), 극예술 연구회(1931, 유치진의 『토막』)가 민중 계몽과 독립 의식 고취에 기여하였다.

(2) 음악

① **창가**: 「학도가」, 「한양가」 등의 창가는 일제에 대한 저항 의식을 표현하였다.

② **가곡**: 홍난파의 「봉선화」, 안익태의 「애국가」·「코리아 환상곡」 등의 가곡은 민족의 심정을 대변하였다.

③ **동요**: 윤극영이 「반달」과 「고향의 봄」 등을 창작하였다.

④ **일본 음악의 영향**: 1930년대에는 일본 주류 대중 음악(엔카)의 영향으로 트로트 양식이 정립되었다.

(3) 영화

① **조선 키네마 주식회사(1924)**: 부산에 설립된 우리나라 최초의 주식회사 형태의 영화 제작사였다.

② **아리랑(1926)**: 아리랑은 나운규가 제작하여 상영된 한국 영화로, 민족의 비애를 그려 낸 작품이다.

③ **조선 영화령(1940)**: 일제는 조선 영화령을 제정해 민족적 영화를 탄압하고 영화를 전시 체제 옹호와 선전 수단으로 사용하였다.

(4) 미술

① **한국화**: 장승업의 제자인 안중식 등이 한국의 전통 회화를 전승·발전시켰다.

② **서양화**: 최초의 서양 화가인 고희동 이래 나혜석, 이중섭 등이 활약하였다.

3. 종교 단체의 활동

개신교	· 3·1 운동 주도, 교육·의료·민중 계몽 운동 전개 · 1930년대에 신사 참배 거부 운동 전개
천주교	· 고아원·양로원 등의 사회 사업 전개 · 경향신문(1906)과 잡지 『경향』 발간 · 의민단 조직(1919): 만주에서 조직, 청산리 전투에 참여
천도교	· 자주 독립 선언문 발표(1922): 제2의 3·1 운동 계획 · 『만세보』, 잡지 『개벽』, 『어린이』 등을 간행
대종교	중광단을 조직(1911, 북간도 → 북로 군정서로 개편)하여 항일 무장 투쟁 전개
불교	· 사찰령 등으로 불교가 탄압받는 상황에서 일제가 포교 규칙으로 일본 불교에 예속시키려 하자 반발하며 우리 불교의 전통을 지키려 함 · 조선 불교 유신회 창립(1921): 한용운을 중심으로 불교 교단의 친일화에 대항
원불교	· 박중빈이 창시(1916) · 불교의 현대적 생활화를 추구하면서 새 생활 운동 전개(개간 사업·저축 운동·허례허식 폐지 등)

확장개념

♀ **시기별 대표적인 저항 문학 작품**

1920년대	· 김소월의 「진달래꽃」 · 한용운의 「님의 침묵」 · 이상화의 「빼앗긴 들에도 봄은 오는가」
1930년대	심훈의 「그날이 오면」
1940년대	· 이육사의 「광야」, 「절정」 · 윤동주의 「서시」

♀ **사찰령(1911)**
총독부가 사찰을 관리 및 통제하도록 한 법령으로 사찰의 주지 임명권을 총독이 행사하도록 하였다.

♀ **포교 규칙(1915)**
종교의 포교를 총독부의 허가 사항으로 하여 모든 종교를 조선 총독이 통제할 수 있게 되었다.

기출문장으로 출제 키워드 점검

01 1920년대에 민중 생활에 관심을 기울인 ( )문학이 대두하여 식민 통치에 대한 저항 문학으로 발전했다.

02 일제 강점기에 영화에서는 나운규가 ( )을 발표하여 한국 영화 발전에 기여하였다.

03 일제는 1940년 ( )을 공포하여 영화를 전시 체제의 옹호와 선전의 수단으로 사용하였다.

[답]
01 신경향파 02 아리랑 03 조선 영화령

07 현대의 문화

01 교육 정책의 변화와 언론의 발전

1. 시기별 교육 정책의 변화

미 군정기	· 일제 군국주의 교육을 청산, 민주주의 교육 원리 채택 · 6·3·3·4 학제 마련(초등 6년, 중등 3년, 고등 3년, 대학 4년)
이승만 정부	· 헌법에 초등학교(당시는 국민학교) 의무 교육을 규정, 정부의 의무 교육 완성 6개년 계획 추진으로 아동의 초등학교 취학률이 증가함 · 도의(道義, 도덕) 교육, 1인 1기(재능) 교육, 국방 교육 등을 강조
장면 내각	· 학도 호국단 폐지, 교육 자치제 실시 · 교육의 중립성 확보, 사도(師道) 확립, 학원 정상화 등 3대 방침 제시
5·16 군사 정부	· 인간 개조 운동, 재건 국민 운동 추진 · 교육 관계 임시 특례법 제정으로 교육 자치제를 폐지함
박정희 정부	· 국민 교육 헌장 선포(1968) · 교련 부활(1969): 군사 훈련 과목인 교련을 부활시킴 → 1971년부터 대학가를 중심으로 교련 반대 시위가 시작됨 · 중학교 무시험 진학제 도입(1969학년도, 입시 경쟁 해소), 대학 입학 예비고사 제도 시행(1969학년도) · 국사 교육 강화 위원회를 구성(1972)하고, 각급 학교에 국사 교과의 내용을 보강함 · 고교 평준화 정책 실시(1974)
1980년대	· 7·30 교육 개혁(1980): 과외 금지 조치, 대입 본고사 폐지, 졸업 정원제 실시 · 대학교, 전문 대학 등 고등 교육 기관의 숫자가 많이 늘어났으며, 대학 진학률도 크게 높아짐
1990년대~	· 김영삼 정부: 대학 수학 능력 시험 실시, 국민학교를 초등학교로 개칭함 · 김대중 정부: 학교 정보화 산업을 추진하여 전 교실에 멀티미디어 시스템을 구축함, 중학교 무상 의무 교육 전면 실시

2. 언론의 발전

이승만 정부	경향신문을 폐간(1959)하는 등 독재 정치의 규탄과 민주화 운동에 앞장선 언론 기관을 탄압함
4·19 혁명 이후	민주적 분위기 확산 → 언론의 자유 확대, 언론 매체 증가
박정희 정부	· 강제로 언론을 통폐합하고, 모든 언론인에게 정부가 발행하는 보도증(프레스 카드)를 소지하도록 하는 프레스 카드제 실시(1972) · 언론을 수호하려는 투쟁이 계속되어 조선·동아일보 일부 기자들이 해직되고, 동아일보 백지 광고 사태(1974) 등이 발생함
신군부 세력과 전두환 정부	· 언론 기관을 통폐합하고 수많은 정기 간행물을 폐간, 언론 기본법 제정 · 보도 지침을 각 언론사에 보내 신문과 방송 기사에 대한 검열 강화 · 컬러 TV 보급, 프로 야구 출범 등을 통해 방송의 탈정치화 유도
6월 민주 항쟁 이후	언론 기본법과 프레스 카드제 폐지 등 언론의 자유가 확대됨

확장개념

♀ 학도 호국단
안보 의식 고취와 전시 대비를 목적으로 조직된 학생 자치 훈련 단체로 1949년에 처음 만들어졌다. 이후 장면 내각 시기에 폐지되었으나, 유신 체제 수립 이후인 1975년에 부활하였다가 제5공화국 시기인 1986년에 다시 폐지되었다.

♀ 국민 교육 헌장(1968)
우리 교육이 지향해야 할 이념과 목표를 제시한 것으로, 민족 주체성 확립, 새로운 민족 문화 창조, 민주주의 발전 등의 내용을 담고 있다.

♀ 교련

시기	내용
이승만 정부	· 1948년에 처음 시행 · 휴전 이후인 1955년에 중단
박정희 정부	1968년에 북한이 일으킨 1·21 청와대 습격 사건, 푸에블로 호 납치 사건, 울진·삼척 무장 공비 침투 사건 등을 계기로 1969년에 교련 부활
6월 민주 항쟁 이후	· 대학교 교련 과목 폐지 · 고등학교에서도 사실상 폐지

♀ 동아일보 백지 광고 사태
박정희 유신 정권의 언론 탄압으로 동아일보에 광고를 내기로 했던 회사들이 무더기로 해약함에 따라 동아일보가 광고를 채우지 못한 부분을 백지로 내보내거나 아예 전 지면을 기사로 채워버린 사태

기출문장으로 출제 키워드 점검

01 1960년대에는 입시 과열을 막기 위해 ( ) 추첨제(진학제)가 도입되었다.

02 ( )년대 이후에는 고등 교육의 대중화를 위하여 대학이 많이 세워졌다.

03 1987년 ( )을 거치면서 언론에 대한 정부의 통제와 간섭은 줄어들고 언론의 자유는 확대되었다.

[답]
01 중학교 무시험 02 1980 03 6월 민주 항쟁

02 대중 문화의 발달

6·25 전쟁 직후	미국의 대중 문화가 급속히 유입되어 미국식 춤과 노래가 유행하는 동시에 가치관의 혼란과 규범의 혼돈을 가져옴
1960년대	대중 전달 매체 보급의 확산으로 대중 문화가 본격적으로 성장
1970년대	· 억압적인 유신 체제하에 20대의 젊은 세대를 중심으로 '청년 문화'가 형성됨 → 당대 청년 문화를 대표하는 요소들로는 통기타 음악과 생맥주, 청바지, 장발 등이 있음 · 청소년층이 대중 문화의 새로운 소비 집단으로 대두 · 텔레비전이 급속히 보급됨 · 무비판적으로 수용하였던 서구 문화에 대한 반동으로 전통 문화를 되살리려는 노력이 펼쳐져 전통 문화 연구가 대학가에서 전개됨
1980년대	· 대중 가요의 등장 · 영화가 중요한 대중 문화 요소로 자리 잡음 · 민중 문화 활동 본격화: 정치적 민주화와 사회 경제적 평등을 지향하는 민중 문화 활동이 본격화됨
1990년대 ~	· 1990년대에 접어들어 대중 문화는 문화 산업으로 자리 잡음 · 1990년대 이후 아시아 지역에서 일어난 '한류' 열풍으로 우리의 대중 문화가 세계적으로 확산되는 양상을 보임

확장개념

대중 문화의 발달 배경
민주주의가 성장하고 산업화가 진행되면서 대중 문화가 등장하였는데, 대중 문화는 국민들의 생활 수준 향상, 의무 교육 시행, 대중 매체의 보급 등이 이루어지면서 널리 확산되었다.

기출문장으로 출제 키워드 점검

01 (   )년대 이후 무비판적으로 수용하였던 서구 문화에 대한 반성이 일어나면서 전통 문화를 되살리는 노력이 펼쳐졌다.

[답]
01 1970

03 문예·학술 활동과 체육 활동

1. 문예·학술 활동

광복 직후	문학 예술인들이 좌·우로 나뉘어 대립
6·25 전쟁 직후	· 순수 문학과 순수 예술이 발달하여 주류를 이룸 · 『우리말 큰사전』 완간(1957)
4·19 혁명 직후	참여 문학 등장
1970년대	· 참여 문학 발달 · 독재에 저항하거나 급격한 산업화를 묘사한 문학 작품 등장
1980년대	· 5·18 민주화 운동의 영향으로 민중 문학 형성 · 민족 문제에 대한 관심을 바탕으로 분단 문학 발달
1990년대 ~	참여 문학 퇴조

2. 체육 활동

(1) **엘리트 스포츠 강화**: 스포츠를 국력의 과시 수단으로 활용하기 위한 목적으로 스포츠 엘리트를 육성하려는 노력이 전개되었는데, 박정희 정부 시기 일선 지도자 및 국가 대표 선수의 훈련을 위하여 태릉 선수촌이 설립되었다(1966).

(2) **프로 스포츠의 등장**: 1980년대 이후 스포츠가 발달하여 야구, 축구, 씨름 등에서 프로 스포츠가 등장하였으며, 유명 스포츠 선수들이 국민적인 영웅으로 도약하였다.

(3) **국제 대회 개최·유치**: 우리나라는 신장된 국력을 바탕으로 1986년 서울 아시안 게임, 1988년 서울 올림픽 대회, 2002년 한·일 월드컵 대회, 2018년 평창 동계 올림픽 대회를 개최하였다.

확장개념

참여 문학
문학이 사회 현실에 대하여 관심을 가지고, 사회 문제 해결에 참여하여야 한다고 생각하는 입장에 서 있는 문학으로, 순수 문학의 반대 개념으로 사용된다.

엘리트 스포츠
특정 소수의 엘리트 선수들에게만 집중적으로 투자를 하고 훈련을 시켜 국제 대회 등에서 메달 획득의 가능성을 높이는 스포츠를 의미한다.

한·일 월드컵(2002)
한국과 일본에서 공동 개최되었던 월드컵 축구 대회로, 한국은 4강에 진출하여 전세계를 놀라게 했으며, 월드컵 기간 중 거리 응원이라는 새로운 응원 문화를 만들어 냈다.

01 2019년 경찰직 1차

다음 사건 중 발생 연도가 다른 하나는?

① 박문국이 설립되어 한성순보를 발간하기 시작하였다.
② 전환국이 설립되어 당오전(當五錢)을 발행하였다.
③ 우리나라 최초의 근대적 사립 학교인 원산 학사가 설립되었다.
④ 우리나라 최초의 철도인 경인선이 개통되었다.

02 2015년 국가직 7급

대한 제국 시기에 볼 수 있는 장면으로 적절하지 않은 것은?

① 전등이 켜진 경복궁
② 한성순보를 읽는 관리
③ 종로 일대를 달리는 전차
④ 광제원에서 치료받는 환자

03 2018년 서울시 9급(6월 시행)

근대 교육 기관에 대한 설명으로 가장 옳지 않은 것은?

① 배재 학당: 선교사 아펜젤러가 서울에 설립한 사립 학교이다.
② 동문학: 정부가 설립한 외국어 교육 기관으로 통역관을 양성하였다.
③ 경신 학교: 고종의 교육 입국 조서에 따라 설립된 관립 학교이다.
④ 원산 학사: 함경도 덕원 주민들이 기금을 조성하여 설립한 학교이다.

04 2019년 소방직

(가) 신문에 대한 설명으로 옳은 것은?

> 영국인 베델이 서울에 신문사를 창설하여 ___(가)___ (이)라고 하고, 박은식을 주필로 맞이하였다. …(중략)… 각 신문사에서도 의병들을 폭도나 비류(匪類)로 칭하였지만 오직 ___(가)___ 은/는 의병으로 칭하며, 그 논설도 조금도 굴하지 않고 일본인의 악행을 게재하여 들으면 들은 대로 모두 폭로하였다. 그러므로 사람들은 모두 그 신문을 구독하여 한때 그 신문은 품귀 상태에까지 이르렀고, 1년도 못되어 매일 간행되는 신문이 7천~8천 장이나 되었다.
> 　　　　　　　　　　　　　　　　　－『매천야록』

① 박문국에서 인쇄하였다.
② 국채 보상 운동을 지원하였다.
③ 우리나라 최초의 민간 신문이었다.
④ 대한민국 임시 정부의 기관지 역할을 하였다.

05 2018년 국가직 7급

다음 글의 저자에 대한 설명으로 옳은 것은?

> 국가의 역사는 민족의 소장성쇠(消長盛衰)의 상태를 서술할지라. 민족을 빼면 역사가 없으며 역사를 빼어 버리면 민족의 그 국가에 대한 관념이 크지 않을지니, 오호라 역사가의 책임이 그 역시 무거울진저 …(중략)… 만일 그렇지 않으면 이는 무정신의 역사이다. 무정신의 역사는 무정신의 민족을 낳으며, 무정신의 국가를 만들 것이니 어찌 두렵지 아니하리오.

① 이순신, 을지문덕 등 위인의 전기를 써 민족의식을 고취하였다.
② 한국의 독립운동 과정을 서술한 『한국독립운동지혈사』를 저술하였다.
③ '5천 년간 조선의 얼'이라는 글을 신문에 연재하여 민족 정신을 고취하였다.
④ '조선심'을 강조하며 정약용 연구를 중심으로 한 조선학 운동을 전개하였다.

06 2021년 경찰직 1차

다음 법령이 시행되던 시기에 있었던 사실로 옳은 것은?

> 제2조 국어를 상용하는 자의 보통 교육은 소학교령, 중학교령 및 고등여학교령에 의한다.
> 제3조 국어를 상용하지 않는 자에게 보통 교육을 하는 학교는 보통학교, 고등보통학교 및 여자고등보통학교로 한다.
> 제5조 보통학교의 수업 연한은 6년으로 한다. 단, 지역의 정황에 따라 5년 또는 4년으로 할 수 있다.

① 사립 학교령이 공포되었다.
② 조선어가 선택 과목이 되었다.
③ 경성 제국 대학이 설립되었다.
④ 소학교가 국민학교로 개칭되었다.

07 2020년 소방직

다음 글을 저술한 인물에 대한 설명으로 옳은 것은?

> 대개 국교·국학·국어·국문·국사는 혼(魂)에 속하는 것이요, 전곡·군대·성지·함선·기계 등은 백(魄)에 속하는 것으로 혼의 됨됨은 백에 따라서 죽고 사는 것이 아니다. 그러므로 국교와 국사가 망하지 않으면 그 나라도 망하지 않는 것이다. 오호라! 한국의 백은 이미 죽었으나 소위 혼은 남아 있는 것인가?

① 「유교구신론」을 발표하여 유교 개혁을 주장하였다.
② 조선심을 강조하며 역사 대중화를 위해 노력하였다.
③ 의열단의 기본 정신이 나타난 「조선혁명선언」을 저술하였다.
④ 민족 문화의 고유성과 세계성을 찾으려는 조선학 운동에 참여하였다.

08 2017년 국가직 9급(10월 시행)

밑줄 친 '나'에 대한 설명으로 옳은 것은?

> 나의 조선 경제사의 기도(企圖)는 사회의 경제적 구성을 기축으로 대체로 다음과 같은 제 문제를 취급하려 하였다.
> 제1. 원시 씨족 공산체의 태양(態樣)
> 제2. 삼국의 정립 시대의 노예 경제
> 제3. 삼국 시대 말기 경부터 최근세에 이르기까지의 아시아적 봉건 사회의 특질
> 제4. 아시아적 봉건 국가의 붕괴 과정과 자본주의 맹아 형태
> 제5. 외래 자본주의 발전의 일정과 국제적 관계
> 제6. 이데올로기 발전의 총 과정

① 우리 고대사를 중국 민족에 필적하는 강건한 민족의 역사로 서술했다.
② 일제 식민 사학의 정체성론을 극복하는 근거를 제공하였다.
③ 실학에서 자주적인 근대 사상과 우리 학문의 주체성을 찾으려 하였다.
④ 순수 학문을 표방하면서 식민주의 사학에 학문적으로 대항하려 하였다.

09 2017년 지방직 9급(6월 시행)

시대별 교육 문화의 변화에 대한 설명으로 옳지 않은 것은?

① 미 군정기: 미국식 민주주의 교육과 6-3-3 학제가 도입되었다.
② 1950년대: 경제적 어려움 속에서도 초등학교 의무 교육제가 시행되었다.
③ 1960년대: 입시 과열을 막기 위해 중학교 무시험 추첨제가 도입되었다.
④ 1970년대: 국가주의 이념을 강조한 국민 교육 헌장이 제정되었다.

정답 및 해설 p. 297

시대별·주제별 최종 암기 점검

[시대별 최종 암기 점검] 선사 시대

■ 구석기 시대 ~ 철기 시대

* 학습한 내용을 빈칸에 채워보세요. 정답은 하단에 있습니다.

시대	경제·사회	문화	주거	도구·유물	유적지
구석기 시대	·사냥, 채집, 어로 ·이동 사회 ·무리 사회 ·평등 사회	·주술적 의미의 예술품 ·장례 문화(흥수 아이)	동굴, 바위 그늘, 막집(강가)	뗀석기:¹⁾_____ (아슐리안형), 찍개, 긁개, 슴베찌르개 등	평남 상원 검은모루 동굴, 경기 연천 전곡리, 충남 공주 석장리 등
신석기 시대	·초보적인 농경의 시작(농기구, 토기 사용), 사냥과 고기잡이 병행, 원시적 수공업의 시작 ·부족 사회 ·평등 사회	원시 신앙(애니미즘, 토테미즘, ²⁾_____), 조상·영혼 숭배	·해안, 강가 ·³⁾_____ 거주: 정착 생활, 원형·방형의 집터, 중앙에 화덕 위치	·⁴⁾_____: 돌괭이, 돌보습, 돌낫, 갈돌과 갈판 ·**토기**: 이른 민무늬 토기, 덧무늬 토기, 눌러찍기무늬 토기, ⁵⁾_____ 토기 ·**수공업 도구**: 가락바퀴, 뼈바늘	강원 양양 오산리, 황해 봉산 지탑리, 서울 암사동, 평양 남경, 부산 동삼동, 김해 수가리 등
청동기 시대	·⁶⁾_____ 시작 ·사유 재산 인정, ⁷⁾_____ 발생, 남성 중심 사회	·**청동기 시대**: 선민 사상의 등장 ·의식용 청동 도구 제작 ·**토(土) 제품 제작**: 풍요로운 생산 기원 ·**거석 숭배 사상**: 고인돌, 선돌 ·**바위그림** 　– 울주 반구대: 동물·고래(풍요, 다산 기원) 　– 고령 양전동 알터: 기하학 무늬(태양 숭배)	·움집 → 지상 가옥화 ·화덕이 중앙에서 벽면으로 이동 ·주거용 외 창고·공동 작업장 등의 크기가 다양한 건물 제작 ·배산임수 취락(구릉 지대와 산간에 위치) ·마을 주변에 환호, 목책 설치 ·집단 취락 형성	·**무기류**: 청동 무기(청동검) ·**농기구**: ⁸⁾_____ (추수 도구) ·**청동기**: 비파형동검, 거친무늬 거울 ·**토기**: 미송리식 토기, 민무늬 토기, 붉은 간 토기 ·**무덤**: ⁹⁾_____, 돌무지무덤, 돌널무덤	충남 부여 송국리, 경기 여주 흔암리 등
철기 시대	·농업 생산력이 발전한 농경 사회 ·군장 국가에서 연맹 왕국으로 발전		·귀틀집 등장 ·초기 철기 시대까지 반움집에 거주 → 점차 지상 가옥에 거주 ·부뚜막 시설 등장	·**무기류**: 철제 무기 ·**농기구**: 철제 농기구 ·**청동기**: 세형동검, ¹⁰⁾_____ 거울, 거푸집 → 청동기의 의기화 ·**토기**: 민무늬 토기의 다양화, 덧띠 토기, 검은 간 토기 ·**무덤**: 널무덤, 독무덤, 덧널무덤 ·**중국과 교류**: 명도전, 반량전, 오수전, 붓	경남 창원 다호리, 제주 삼양동, 춘천 율문리 등

[정답] **구석기 시대~철기 시대** 1) 주먹 도끼 2) 샤머니즘 3) 움집 4) 간석기 5) 빗살무늬 6) 벼농사 7) 계급 8) 반달 돌칼 9) 고인돌 10) 잔무늬

■ 고조선

* 학습한 내용을 빈칸에 채워보세요. 정답은 하단에 있습니다.

건국	· **건국**: B.C. 2333년 단군왕검이 고조선 건국(군장 국가) · **세력 범위**: 비파형동검, 북방식 고인돌, 미송리식 토기, 거친무늬 거울 출토 지역과 일치 · **건국 설화**: 11)_____ 사회(단군왕검), 홍익인간, 농경 사회, 토테미즘, 천신·선민사상
발전	· 랴오닝(요령) 지방 중심으로 발전 → 랴오시(요서)를 경계로 연과 대립할 만큼 강성(B.C. 4세기경) · 연의 장수 진개가 고조선 침입(B.C. 3세기 초) → 고조선의 중심지 이동(랴오둥 → 대동강 유역) → 대동강 유역의 왕검성을 중심으로 독자적인 문화를 이룩함 · **왕권 강화(B.C. 3세기경)**: 왕위 세습(부왕, 준왕), 상·대부·장군 등의 관직 정비
위만 조선	· 진·한 교체기에 위만을 비롯한 유이민 이주 → 한반도에 철기 문화 전파 · **집권**: 위만이 이주민 세력 통솔, 세력 확대 → 준왕 축출 → 위만 집권(B.C. 194년) · **발전** 　– 본격적인 철기 문화 수용 → 농업, 수공업 발전 → 상업·무역 발전 　– 활발한 정복 사업, 한과 예·진 사이의 12)_____ 전개 → 한과 대립
멸망	· 한 무제의 침략과 지배층의 내분으로 멸망(B.C. 108년) · **한 군현 설치**: 낙랑, 진번, 임둔, 현도(한사군)
사회	· 13)_____: 생명 존중, 노동력 중시, 형벌 존재, 농경 사회, 사유 재산 존재, 노비제 존재(계급 사회) · 한 군현 설치 이후 60여 조로 법 조항 증가

[정답] 고조선　11) 제정일치　12) 중계 무역　13) 8조법

■ 여러 나라의 성장

* 학습한 내용을 빈칸에 채워보세요. 정답은 하단에 있습니다.

나라	위치	지배층	정치 형태	경제	풍속
부여	쑹화(송화) 강 유역 평야 지대	· 왕 · 마가·우가·저가·구가(14)_____)	· 5부족 연맹 · 연맹 왕국	· 반농반목 · 말, 주옥, 모피	· **제천 행사**: 영고(12월, 은정월) · 순장, 국왕의 장례에 옥갑 사용, 우제점법, 1책 12법, 형사취수제
고구려	졸본 → 국내성으로 천도(유리왕)	· 왕 · 대가(상가·고추가)	· 5부족 연맹 · 연맹 왕국	· 약탈 경제(부경) · 맥궁(쇠붙이·뼈 등으로 만든 활)	· **제천 행사**: 15)_____(10월, 국동대혈) · 서옥제, 형사취수제
옥저	함경도 동해안 지역	읍군, 삼로	군장(족장) 국가 (← 고구려의 압력)	해산물, 소금 풍부	16)_____, 골장제
동예	강원도 동해안 지역	읍군, 삼로	군장(족장) 국가 (← 고구려의 압력)	· 단궁, 과하마, 반어피 · 방직 기술 발달	· **제천 행사**: 17)_____(10월) · 족외혼, 책화
삼한	한반도 남부	· 진왕(목지국) · 신지, 견지(세력大) · 부례, 읍차(세력小)	제정 분리 – 정치적 지배자 – 종교적 지배자: 18)_____(소도)	· **벼농사 발달**: 철제 농기구 사용, 저수지 축조 · **변한**: 철을 낙랑과 왜에 수출	· **제천 행사**: 19)_____(5월), 계절제(10월) · 두레, 편두

[정답] 여러 나라의 성장　14) 사출도　15) 동맹　16) 민며느리제　17) 무천　18) 천군　19) 수릿날

[시대별 최종 암기 점검] 고대

* 학습한 내용을 빈칸에 채워보세요. 정답은 오른쪽 페이지 하단에 있습니다.

국가	주요 왕의 업적	통치 체제	경제
고구려	· 태조왕: 계루부 고씨의 왕위 세습 확립, 옥저 정복 · 고국천왕: 왕위 부자 상속, 을파소 등용, 1)_____ 실시 · 2)_____: 불교 공인, 태학 설립, 율령 반포 · 광개토 대왕: 영토 확장, 신라 구원, 3)_____ 연호 사용 · 장수왕: 평양 천도, 남하 정책, 경당 설립, 광개토 대왕릉비 건립	· 수상: 대대로 · 관등: 10여 관등 · 귀족 회의: 제가 회의 · 중앙 행정: 5부 · 지방 제도: 5부, 성	· 수취 제도: 조세, 공납, 역 · 토지 제도 - 귀족: 녹읍, 식읍 등 보유 - 농민: 소유지에서 경작하거나 소작지에서 경작 · 대외 무역 - 고구려: 중국 남북조 및 북방 유목민과 교류 - 백제: 남중국 및 왜와 교역 - 신라: 중국과 간접 교역 → 한강 유역 확보 이후 당항성을 통해 직접 교역
백제	· 6)_____: 대외 진출, 영토 확장, 왕위 부자 상속, 『서기』 편찬 · 침류왕: 불교 공인 · 동성왕: 신라와 결혼 동맹 체결 · 무령왕: 7)_____ 설치(왕족 파견) · 성왕: 사비 천도, 국호를 남부여로 개칭, 한강 하류 지역 일시 회복	· 수상: 상좌평 · 관등: 16관등 · 귀족 회의: 정사암 회의 · 중앙 행정: 5부 · 지방 제도: 5방, 군	
신라	· 8)_____: 국호를 '신라'로, 왕호를 '왕'으로 개칭, 주에 군주 파견, 우경 장려, 순장 금지, 우산국 정벌(이사부), 아시촌소경 설치 · 법흥왕: 건원 연호 사용, 율령 반포, 불교 공인, 금관가야 정복 · 진흥왕: 9)_____ 개편, 한강 유역 확보, 순수비 건립, 『국사』 편찬, 대가야 정복 · 10)_____: 최초의 진골 출신 왕, 중시 기능 강화, 중국식 시호 사용	· 수상: 상대등 · 관등: 17관등 · 귀족 회의: 11)_____ · 중앙 행정: 6부 · 지방 제도: 5주, 군 · 군사 제도: 서당, 6정	
통일 신라	· 문무왕: 삼국 통일 완성, 14)_____ 파견 · 15)_____: 왕권 전제화, 귀족 세력 숙청(김흠돌 모역 사건), 집사부 이하 14관부 완성, 9주 5소경 체제 완비, 9서당 10정 편성, 국학 설치, 달구벌 천도 시도 · 경덕왕: 중국식 명칭 사용, 중시를 시중으로 격상 · 16)_____: 진골 귀족들의 반란(대공의 난, 96각간의 난, 김지정의 난) · 선덕왕: 패강진 개척 · 원성왕: 독서삼품과 실시 · 헌덕왕: 김헌창의 난, 김범문의 난 · 흥덕왕: 청해진 설치, 사치 금지 교서 반포	· 중앙 제도: 17)_____ 이하 14관부 · 지방 제도: 9주 5소경, 향·부곡, 외사정 파견, 상수리 제도 · 군사 제도: 9서당(중앙군), 10정(지방군)	· 수취 제도: 조세, 공물, 역 · 토지 제도 - 신문왕: 녹읍 폐지, 18)_____ 지급 - 성덕왕: 정전 지급 - 경덕왕: 녹읍 부활 · 신라 촌락 문서: 노동력, 생산 자원 관리 · 대외 무역: 울산항, 당항성, 청해진(장보고) 등
발해	· 무왕: 영토 확장, 대당 강경책(장문휴), 일본과 통교 · 문왕: 친당 외교, 신라와 관계 개선, 중경 → 상경 → 동경으로 천도 · 성왕: 동경 → 상경으로 천도 · 선왕: 영토 확장, 5경 15부 62주 체제 완비, '해동성국'이라 불림	· 중앙 제도: 3성 6부(정당성의 대내상이 국정 총괄, 이원적 통치 제도) · 지방 제도: 5경 15부 62주 · 군사 제도: 10위(중앙군), 농병 일치 군사(지방군)	· 수취 제도: 조세, 공물, 역 · 대외 무역: 발해관, 일본도, 신라도

사회 제도	학문	사상	고분	예술
· **진대법**: 빈민 구휼 제도 · ⁴⁾_____: 일종의 데릴사위제, 모계 사회의 유습 · **형사취수제**: 집안 재산 축소 방지	· **교육 기관**: ⁵⁾_____ (수도), 경당(지방) · **역사서**: 『신집』(이문진)	· **불교**: 소수림왕 때 공인, 삼론종(승랑, 혜관), 열반종(보덕) 발달 · **도교**: 연개소문의 장려, 강서 고분의 사신도	· **돌무지무덤**: 장군총 · **굴식 돌방무덤**: 무용총, 각저총, 쌍영총, 강서 고분	· **불상**: 금동 연가 7년명 여래 입상 · **일본에 문화 전파**: 담징, 혜관 등, 다카마쓰 고분 벽화에 영향(수산리 고분 벽화)
· 중국과 교류하며 선진 문화 수용 · 말타기와 활쏘기, 투호 및 장기 등의 오락을 즐김, 한문을 능숙하게 구사	· **교육**: 박사 제도 · **역사서**: 『서기』(고흥)	· **불교**: 침류왕 때 공인, 율종(겸익) 발달, 미륵 신앙 유행 · **도교**: 백제 금동 대향로, 무령왕릉 지석, 사택지적 비문	· **한성 시기**: 계단식 돌무지무덤(석촌동 고분) · **웅진 시기**: 굴식 돌방무덤, 벽돌무덤(무령왕릉) · **사비 시기**: 굴식 돌방무덤(능산리 고분군, 익산 쌍릉)	· **탑**: 미륵사지 석탑, 정림사지 5층 석탑 · **불상**: 서산 용현리 마애 여래 삼존상(백제의 미소) · **일본에 문화 전파**: 아직기·왕인·관륵·노리사치계 등
· **화랑도**: 계층 간 갈등 완화, 국가 인재 양성 · ¹²⁾_____ 제도: 성골, 진골, 6~1두품 · **중위제**: 6두품 이하 계층에게 적용된 특진 제도	· **교육**: 화랑도 · **역사서**: ¹³⁾_____ (거칠부)	· **불교**: 눌지왕 때 수용, 법흥왕 때 공인, 왕즉불·미륵불 발달, 전륜성왕(불교의 이상적 제왕, 진흥왕), 세속 5계(원광) · **도교**: 화랑도를 국선도, 풍류도 등으로 지칭	· 돌무지덧널무덤(천마총, 호우총 등) · 굴식 돌방무덤(순흥 어숙묘)	· **탑**: 경주 분황사 모전 석탑, 황룡사 9층 목탑 · **불상**: 배동 석조 여래 삼존 입상 · **일본에 문화 전파**: 조선술과 축제술(한인의 연못)
· **신라 중대**: 6두품 강화 → 왕권과 결탁 · **신라 하대**: 호족 세력 성장, 빈번한 농민 봉기 발생(원종·애노의 난) · **골품 제도 변화**: 성골 소멸, 진골 강화, 3~1 두품 평민화	· **교육 기관**: ¹⁹⁾_____ · **등용 제도**: 독서삼품과 · **역사서**: 『화랑세기』(김대문), 『제왕연대력』(최치원) · **유학 보급**: 강수, 설총, 최치원	· **불교**: 교종과 선종, ²⁰⁾_____(일심 사상), 의상(화엄 사상), 원측(신유식), 혜초(『왕오천축국전』) → 신라 하대 선종 발달 · **풍수지리설**: 도선 · **도교**: 무덤 주위 둘레돌에 12지 신상 조각(불교+도교)	· 굴식 돌방무덤 (김유신 묘: 둘레돌, 12지 신상 조각) · 화장 유행(대왕암)	· **사찰**: 불국사, 석굴암 · **탑**: 경주 감은사지 동서 3층 석탑, 석가탑, 경주 불국사 다보탑 · **승탑**: 쌍봉사 철감선사 승탑 · **불상**: 석굴암 본존불과 보살상 · **조각**: 법주사 쌍사자 석등 · **범종**: 상원사 동종, 성덕대왕 신종 · **일본에 문화 전파**: 하쿠호 문화 성립에 기여
· **지배층**: 고구려계 · **피지배층**: 말갈인	**교육 기관**: 주자감	· **불교**: 왕실, 귀족 중심으로 발달 · **도교**: 정효 공주 묘지(불로장생 사상)	· **정혜 공주 묘**: 굴식 돌방무덤, 고구려 양식을 계승한 모줄임 천장 구조, 돌사자상 출토 · **정효 공주 묘**: 당의 벽돌무덤 양식+고구려의 평행 고임 구조	· **불상**: 이불 병좌상 · **조각**: 발해 석등

[정답] 1) 진대법 2) 소수림왕 3) 영락 4) 서옥제 5) 태학 6) 근초고왕 7) 22담로 8) 지증왕 9) 화랑도 10) 무열왕 11) 화백 회의 12) 골품 13) 『국사』 14) 외사정 15) 신문왕 16) 혜공왕 17) 집사부 18) 관료전 19) 국학 20) 원효

[시대별 최종 암기 점검] 고려 시대

* 학습한 내용을 빈칸에 채워보세요. 정답은 오른쪽 페이지 하단에 있습니다.

왕	집권 세력	정치
태조	호족	· **호족 통합**: 혼인 정책, 사성 정책, 중폐비사(호족 우대 정책), 본관제 실시 · **호족 견제**: 1)_____ 제도, 기인 제도 · **북진 정책**: 고구려 계승 의식 표출, 서경 개척, 영토 확장(청천강~영흥만), 거란 배척(만부교 사건) · **왕권 강화 정책**: 2)_____ 반포
광종		· **왕권 강화 정책**: 주현공부법, 노비안검법, 4)_____ 실시(쌍기), 훈신 숙청, 백관의 공복 제정 · **대외 정책**: 외왕내제 체제(광덕, 준풍 연호 사용)
경종		반동 정치 전개(광종의 개혁 세력 숙청)
성종	문벌 귀족	· **최승로의** 5)_____ 수용 → 유교 정치 이념 확립 · **정치 체제 정비**: 2성 6부, 중추원·삼사 설치, 6)_____ 설치(지방관인 목사 파견), 향리 제도 마련 · **대외 정책**: 제1차 거란 침입 → 서희의 외교 담판 → 강동 6주 획득
목종		–
현종		· **지방 행정 개편**: 5도 양계 완비, 4도호부 8목 설치 · **대외 정책** – 제2차 거란 침입: 강조의 정변을 구실로 침입 → 강화 체결 – 제3차 거란 침입: 강감찬의 8)_____ → 거란 격퇴 → 나성 축조
문종		–
숙종		11)_____ 조직(윤관, 신기군·신보군·항마군)
예종		동북 9성 축조
인종		· 이자겸의 난 → 진압 · 12)_____의 서경 천도 운동 → 진압(김부식)
의종 ~ 원종	무신	· **무신 정변**: 정중부·이의방 등의 무신들이 정변 단행(경인의 난) → 중방을 중심으로 국정 수행 · **최씨 무신 정권** – 최충헌: 교정도감·도방을 통해 독재 정치 강화 – 최우: 정방·서방·삼별초 설치, 강화도 천도, 대몽 항쟁 전개 · 몽골의 침입 → 김윤후 등 활약 → 몽골과의 강화 이후 무신 정권 몰락 → 14)_____의 대몽 항쟁 지속
충렬왕	권문세족	· **왕권 강화 정책**: 전민변정도감 설치 → 귀족들의 반대로 폐지 · 도병마사 → 16)_____로 개편
충선왕		관제 개혁: 정방 폐지 시도, 17)_____ 설치, 신진 관료 등용
공민왕	18)_____	· **반원 자주 정책**: 친원파 숙청, 정동행성 이문소 폐지, 관제 복구, 쌍성총관부 수복 · **왕권 강화 정책**: 19)_____ 폐지, 전민변정도감 설치, 과거 제도 정비(신진 사대부 등용)
공양왕		이성계에게 양위

경제·사회	문화
· **토지 제도:** [3]_____ 지급 · **취민유도 정책:** 세율 1/10로 경감 · 흑창(구휼 기관) 설치	· 『정계』, 『계백료서』 저술 · **불교 장려:** 연등회, 팔관회 강조
· 제위보(빈민 구제) 설치 · 송과 무역 시작	· 승과(교종선, 선종선), 국사·왕사 제도 실시 · **귀법사 창건**(초대 주지: 균여)
시정 전시과(전·현직, 인품·관품) 시행	–
· 건원중보 발행 · [7]_____ 설치(흑창 확대·개편) · 상평창(물가 조절) 설치 · 노비환천법 실시	· **유학 장려:** 국자감, 향교 설치, 과거제 정비, 문신 월과법 실시 · 연등회, 팔관회 금지
개정 전시과(전·현직, 관직, 인품X) 시행	–
–	· 『7대 실록』(태조~목종) 편찬(현존X) · **불교 부흥:** 연등회, 팔관회 부활 · 초조대장경 조판 · 현화사(법상종) 건립
· [9]_____ 전시과(현직, 관직) 시행 · 녹봉 제도, 공음전 완비	· 최충의 9재 학당 등 [10]_____ 12도 융성 · 흥왕사(화엄종) 건립, 의천(승려) 출가
· 주전도감 설치 · 삼한통보, 해동통보, 은병(활구) 주조	· 서적포 설치 · 『신편제종교장총록』 편찬, 속장경 간행
혜민국, 구제도감 설치	관학 7재 설치, 청연각·보문각 설치, 양현고 설치
–	· 경사 6학 정비, 7재 중 강예재 폐지 · [13]_____ (김부식) 편찬, 『고려도경』(송 사신 서긍) 편찬
· 전시과 체제 붕괴 → [15]_____ 지급(고종·원종) · **무신 정권에 대한 반발:** 김보당의 난, 조위총의 난 · **하층민의 봉기:** 망이·망소이의 난, 만적의 난 등 · **삼국 부흥 운동:** 김사미·효심의 난(신라), 최광수의 난(고구려), 이연년의 난(백제)	· 팔만대장경 간행 · 『상정고금예문』(고종) 인쇄 · 조계종 흥성 · 신앙 결사 운동(수선사, 백련사) · 상감 청자 유행
· 쇄은 발행 · 일천즉천 제정	· 성리학 수용(안향)　　　· 섬학전 설치 · 『삼국유사』(일연) 편찬　　· 『제왕운기』(이승휴) 편찬
· 소금 전매제(각염법) 실시 · 재상지종 발표	만권당 설치(충숙왕 때) → 원나라 학자들과 교류(이제현)
몽골 풍습 폐지	· [20]_____ 개편(순수 유학 교육 기관) · 천산대렵도 · 『사략』(이제현) 편찬 · 보우 등용
· 과전법 실시 → 조선 초기까지 이어짐 · 저화(지폐) 발행	–

[정답] 1) 사심관 2) 훈요 10조 3) 역분전 4) 과거 제도 5) 시무 28조 6) 12목 7) 의창 8) 귀주 대첩 9) 경정 10) 사학 11) 별무반 12) 묘청 13) 『삼국사기』 14) 삼별초 15) 녹과전 16) 도평의사사 17) 사림원 18) 신진 사대부 19) 정방 20) 성균관

[시대별 최종 암기 점검] 조선 전기

* 학습한 내용을 빈칸에 채워보세요. 정답은 오른쪽 페이지 하단에 있습니다.

왕	주도 세력	정치
태조	관학파	· **도읍 기틀 마련**: 1)_____ 천도, 경복궁 건설 · 의흥삼군부 설치 · 재상 중심 정치(정도전) · **제1차 왕자의 난**: 방원이 방석, 방번, 정도전 등을 제거
정종		· 제2차 왕자의 난 → 방원을 세자로 삼고 양위 · 도평의사사를 3)_____로 개편(이방원)
태종		왕권 강화: 6조 직계제 실시, 4)_____ 혁파, 사간원 독립

세종		· 의정부 6)_____ 실시 → 왕권과 신권의 조화
		· 집현전 정비
		· 유교적 민본 사상 실현
		· **대외 정책**
		  − 대여진: 4군 6진 설치(최윤덕, 김종서)
		  − 대일본: 대마도 정벌(이종무), 3포 개항(부산포, 제포, 염포), 계해약조(무역 규모 제한)

세조	훈구	· **왕권 강화**: 6조 직계제 부활, 집현전·경연 폐지, 보법 실시, 5위와 진관 체제 확립 · 『경국대전』 편찬 시작 · 이징옥의 난, 이시애의 난 진압
성종		· 홍문관 설치, 경연 확대, 사림파 등용 · 9)_____ 완성·반포 · 원상제 폐지
연산군		무오사화(「조의제문」), 11)_____(폐비 윤씨 사사 사건) → 중종반정
중종		· 12)_____의 개혁 정치: 현량과 실시, 소격서 폐지, 위훈 삭제 등 → 기묘사화 · 삼포왜란, 사량진왜변
명종		· 을사사화(대윤 vs 소윤) · 을묘왜변 → 비변사 상설 기구화
선조	사림	· 사림의 중앙 정계 주도 → 붕당 형성(동인 vs 서인) · 14)_____: 한산도 대첩, 행주 대첩, 진주 대첩 · **정유재란**: 명량 해전, 노량 해전 · 15)_____의 기능 강화, 훈련도감(중앙군)과 속오군(지방군) 편성
광해군	북인	· **전쟁 피해 수습**: 국가 재정 확충, 성곽과 무기 수리 · 왜란 때 의병장을 배출한 북인 집권 · 명과 후금 사이에서 16)_____ 외교 정책 전개 · 임해군·영창 대군 살해, 인목 대비 유폐(폐모살제) → 인조반정

경제	사회	문화
2)_____ 실시: 고려 말 이래로 계속 실시, 경기 지역에 한정하여 토지에 대한 수조권 지급	–	· **역사서**: 『고려국사』(정도전 등) · 『조선경국전』, 『경제문감』, 『경제육전』 · 천상열차분야지도 제작
–	–	–
· 양전 사업 실시, 호적 작성 · 사섬서 설치(저화 발행) · 사원 정리	· 호패법 실시, 5)_____ 설치 · **유교 질서 강화**: 서얼의 문과 응시 제한, 재가한 여성 차별	· **역사서**: 『동국사략』(권근 등) · 주자소 설치, 계미자 주조 · 혼일강리역대국도지도 제작
· 전분 6등법(토지 비옥도), 연분 9등법(풍흉) 실시 → 1결당 최고 20두에서 최저 4두까지 징수 · 조선통보 주조 · 『농사직설』 간행	· 국가 행사를 오례에 따라 유교식으로 거행 · 사대부에게도 『주자가례』 실행 장려 · 사형 판결에 삼복법 적용	· 7)_____ 창제 · **한글 서적 편찬**: 「용비어천가」, 「월인천강지곡」, 『석보상절』 · **역사서**: 『고려사』(문종 때 완성) · 『칠정산』, 『향약집성방』, 『삼강행실도』 간행 · 측우기, 자격루 등 제작 · 경자자, 갑인자, 병진자 등 주조 · 밀랍 대신 식자판을 조립하는 방법 창안
· 8)_____ 실시: 현직 관리에게 토지 지급 · 경시서를 평시서로 개칭	유향소 폐지	· **불교 진흥**: 서울 원각사지 10층 석탑 건립 · 동국지도(양성지) 제작 · 인지의와 규형 제작
· 10)_____ 실시: 국가가 농민에게 조를 거둔 뒤 관리에게 지급 · 요역: 토지 8결당 1인 선발, 1년에 6일 이내 동원 제한 · 『금양잡록』 간행(강희맹)	· 유향소 부활 · 5가작통법 실시	· **역사서**: 『동국통감』 · 『동국여지승람』, 『동문선』, 『국조오례의』, 『악학궤범』 간행
–	–	–
–	13)_____ 실시: 조광조의 건의로 실시	· **역사서**: 『동몽선습』(박세무) · **한자 학습서**: 『훈몽자회』(최세진) · 『신증동국여지승람』 편찬
· **직전법 폐지**: 관리들에게 녹봉만 지급 · 수취 제도의 문란 가중	· 백운동 서원 → 소수 서원(최초의 사액 서원) · 임꺽정의 난	–
–	경재소 폐지	역사서: 『기자실기』(이이)
· 17)_____을 경기 지역에서 시험 실시 · 토지 대장과 호적 정비	–	· 18)_____ 편찬(허준) · 5대 사고 재정비

[정답] 1) 한양 2) 과전법 3) 의정부 4) 사병 5) 신문고 6) 서사제 7) 한글 8) 직전법 9) 『경국대전』 10) 관수 관급제 11) 갑자사화 12) 조광조 13) 향약 14) 임진왜란 15) 비변사 16) 중립 17) 대동법 18) 『동의보감』

[시대별 최종 암기 점검] 조선 후기

* 학습한 내용을 빈칸에 채워보세요. 정답은 오른쪽 페이지 하단에 있습니다.

왕	주도 세력	정치
인조	서인	· 서인 집권, 친명 배금 정책 추진 · **정묘호란**: 조선과 후금 사이에 형제 관계 체결 · 1)_____: 삼전도의 굴욕, 조선과 청 사이에 군신 관계 체결 · 어영청, 총융청, 수어청 설치
효종	서인	· 3)_____ **계획(송시열, 이완)**: 군사 양성, 군비 확충, 성 개축 · 나선 정벌에 동원됨
현종	서인 ↓ 남인	· **1차 예송 논쟁**(5)_____): 서인 1년, 남인 3년 주장 → 서인 승리 · **2차 예송 논쟁**(6)_____): 서인 9개월, 남인 1년 주장 → 남인 승리

숙종	남인
	↓
	서인
	↓
	남인
	↓
	서인(노론)
		· 탕평책 실시 → 환국의 빌미
		· 환국 정치 → 일당 전제화
		  − 7)_____: 서인 집권
		  − 기사환국: 남인 집권
		  − 갑술환국: 서인 집권 → 남인의 처벌을 두고 노론, 소론의 대립 심화
		· 8)_____ 설치(5군영 체제 완성)
		· **대외 정책**: 윤휴의 북벌 주장(실현 X), 백두산 정계비 건립, 울릉도·독도 영유권 확인(안용복)
		· 만동묘와 대보단 설치

영조	탕평파 (노론 위주)	· 이인좌의 난 → 기유처분 발표 · **완론 탕평 실시**: 탕평비 건립(성균관) · **탕평책**: 산림 부정, 10)_____ 정리, 전랑의 권한 약화 · 나주 괘서 사건 → 소론 약화, 노론의 정국 주도 · **사도 세자 사건(임오화변)**: 시파와 벽파의 대립 심화 · 수성윤음 반포(수도 방어 체계 강화) · 서얼들의 청요직 진출 허용(통청윤음)

정조	소론,
	남인 계열 시파
		· **준론 탕평 실시**: 척신과 환관 제거, 소론과 남인 계열의 시파 중용
		· **왕권 강화 정책**
		  − 초계문신제 시행, 장용영 설치, 수원 14)_____ 건설
		  − 15)_____ 설치, 검서관으로 서얼 중용(박제가, 이덕무 등)
		· 문체 반정 전개

순조	외척(세도가)	· 정순 왕후 수렴청정 → 노론 벽파 집권(정조 개혁 이전으로 복구) · 정순 왕후 사후 → 세도 정치(안동 김씨가 권력 장악) · 효명 세자의 대리 청정(안동 김씨 견제) → 실패
철종		· 20)_____ 정치 지속(안동 김씨)

경제·사회	문화
2)_____ 실시(전세의 정액화)	· 서양식 대포(홍이포) 제조법과 조종법(벨테브레) · 천리경, 자명종 등 유입(정두원)
· 4)_____ (광산) 시행: 사채 허용, 호조 별장이 세금 징수 · 『농가집성』(신속) 간행	· 조총 기술(하멜) · 시헌력 사용
–	역사서: 『동국통감제강』(홍여하)
· 9)_____ 전국적으로 유통 · 대동법을 전국적으로 확대·실시(함경도·평안도·제주도 제외) · 장길산의 난 발생	–
· 11)_____ 실시(2필 → 1필) ← 결작, 선무군관포 등으로 보충 · **수령수세제(광산) 시행**: 지방 수령이 세금 징수 · 고구마 수입 · **형별 제도 개혁**: 가혹한 형벌 폐지, 사형수 12)_____ 시행 · 신문고 부활 · 청계천 준설 · 노비 13)_____ 실시 · 3대 폐단 지정(붕당·사치·음주)	· 『속대전』 편찬 · 『속오례의』, 『무원록』, 『동국문헌비고』 간행 · 동국지도(정상기) 제작 · 『반계수록』(유형원) · 『감저보』(고구마 재배 및 이용법 서술) 간행 · 『소대풍요』(위항 시집) 간행 · 천세력 간행
· 수령 권한 강화 · 16)_____ 반포: 육의전을 제외한 시전의 금난전권 폐지 · **신해박해(1791)**: 진산 사건 처벌	· 『대전통편』 편찬 · 17)_____ 수입 · 『일성록』(유네스코 세계 기록유산 등재), 『무예도보통지』 편찬 · **정약용**: 거중기 발명(화성 건설에 이용), 주교(배다리) 설치 · 『동사강목』(안정복), 18)_____ (유득공) 저술
· **신유박해(1801)**: 정약용, 정약전 형제 유배 · 19)_____ 해방 · 홍경래의 난(1811)	· 『목민심서』(정약용) 저술 · 『감저신보』(김장순) 간행
· 21)_____ (1862) → 삼정이정청 설치 · 기술직 중인들의 대규모 소청 운동 → 실패 · 22)_____ 개창(최제우)	대동여지도(김정호) 제작

[정답] 1) 병자호란 2) 영정법 3) 북벌 4) 설점수세제 5) 기해예송 6) 갑인예송 7) 경신환국 8) 금위영 9) 상평통보 10) 서원 11) 균역법 12) 삼심제 13) 종모법 14) 화성 15) 규장각
16) 신해통공 17) 『고금도서집성』 18) 『발해고』 19) 공노비 20) 세도 21) 임술 농민 봉기 22) 동학

[시대별 최종 암기 점검] 근대

* 학습한 내용을 빈칸에 채워보세요. 정답은 하단에 있습니다.

1863	흥선 대원군 집권	· **왕권 강화**: 세도 정치 타파, 비변사 축소·폐지, 1)_____ 중건 · **민생 안정**: 호포제 실시, 사창제 실시, 2)_____·만동묘 철폐 · **통상 수교 거부**: 척화비 건립(1871)
1866	병인양요	· **원인**: 병인박해(1866) · **전개**: 프랑스군의 강화도 침입 → 한성근(문수산성)과 양헌수(정족산성) 부대가 격퇴 · **결과**: 프랑스군이 퇴각 과정에서 3)_____ 도서 탈취
1871	신미양요	· **원인**: 제너럴셔먼호 사건(1866) · **전개**: 미국 군함이 강화도 공격 → 4)_____ 부대의 항전 · **결과**: 조선의 통상 수교 거부 정책 강화, 척화비 건립
1873	고종의 친정	· 최익현의 상소로 흥선 대원군 하야 · 통상 개화파 등장(박규수, 오경석, 유홍기)
1876	강화도 조약	· **원인**: 일본이 운요호 사건을 계기로 개항 요구, 통상 개화파의 개항 요구 · **내용**: 치외 법권, 해안 측량권 등의 불평등 조항 내포, 부산·인천·원산 개항 등 · **의의**: 최초의 근대적 조약이자 불평등 조약
1882. 5.	조·미 수호 통상 조약	· **원인**: 5)_____ 유포 · **내용**: 거중조정, 치외 법권과 6)_____ 대우 규정, 관세 부과 · **의의**: 서구 열강과 맺은 최초의 근대적 조약이자 불평등 조약

1882. 6.	임오군란	· **원인**: 구식 군대에 대한 차별, 개화 정책에 대한 불만
		· **전개**: 구식 군인들의 봉기(민씨 일족, 일본 공사관 습격), 민씨 세력 축출
		· **결과**
		  – 청의 군란 진압(민씨 세력 재집권), 청의 내정 간섭 강화, 청과 조·청 상민 수륙 무역 장정 체결
		  – 일본과 7)_____ 체결(일본 공사관에 일본 경비병 주둔 허용)

1884	갑신정변	· **원인**: 개화당에 대한 탄압, 친청 정책으로 인한 개화 정책 후퇴 · **전개**: 개화당이 우정국 개국 축하연 때 정변 단행 → 8)_____ 발표 → 청의 개입으로 3일만에 종결 · **결과**: 일본과 한성 조약 체결, 일본과 청은 9)_____ 체결
1894. 3.	제1차 동학 농민 운동	· **원인**: 부정부패, 개항에 따른 농촌 생활 악화, 고부 민란에 대한 탄압 · **전개**: 황토현·황룡촌 전투에서 관군에 승리, 전주성 점령 → 10)_____ 체결 · **결과**: 폐정 개혁안 12개조 발표, 집강소 설치
1894. 6.	제1차 갑오개혁	· **원인**: 일본의 내정 간섭과 개혁 강요 · **내용**: 11)_____ 설치, 6조를 8아문으로 개편, 신분 제도 철폐, 과거제 폐지, 은본위제 채택 등
1894. 9.	제2차 동학 농민 운동	· **원인**: 일본의 경복궁 점령과 내정 간섭 · **결과**: 공주 12)_____ 에서 관군과 일본군에 패배
1894. 11.	제2차 갑오개혁	· **원인**: 청·일 전쟁에서 일본 승세 → 친일적인 개혁 추진 · **내용**: 군국기무처 폐지, 의정부·8아문 체제를 내각·7부로 개편, 13)_____ 반포, 교육 입국 조서 반포, 신식 재판소 설립 등
1895	삼국 간섭	· **원인**: 청·일 전쟁 승리 이후 일본의 세력 확대 → 러시아, 프랑스, 독일이 간섭하여 일본 견제 · **결과**: 조선 내 러시아 세력 강화

[정답] 1) 경복궁 2) 서원 3) 외규장각 4) 어재연 5) 『조선책략』 6) 최혜국 7) 제물포 조약 8) 14개조 혁신 정강 9) 텐진 조약 10) 전주 화약 11) 군국기무처 12) 우금치 전투
13) 홍범 14조

* 학습한 내용을 빈칸에 채워보세요. 정답은 하단에 있습니다.

1895. 8.	을미개혁	· **원인**: 일본이 조선에서의 영향력을 만회하기 위해 14)_____ 을 일으킨 이후 친일적인 내각 수립 · **내용**: 단발령 시행, 종두법 실시, 태양력 사용, 소학교 설치
1895	을미의병	· **원인**: 을미사변과 단발령 · **대표 의병**: 유인석, 이소응 · **결과**: 고종의 해산 권고 조칙으로 자진 해산
1896. 2.	15)_____	고종이 러시아 공사관으로 피신 → 국내에 러시아의 영향력 강화
1896. 7.	독립 협회 창립	· **목적**: 서재필이 국권 회복을 위해 창립 · **활동**: 독립신문 발행, 독립문·독립관 건립, 만민 공동회 개최, 러시아의 절영도 조차 요구 저지, 관민 공동회 개최, 16)_____ 결의, 중추원 관제 반포
1897	대한 제국	· **배경**: 고종의 환궁 이후 자주 독립 국가임을 국내외에 천명하기 위해 대한 제국 선포 · **광무개혁**: 17)_____ 반포, 양전 사업 실시, 원수부 설치, 식산 흥업 정책 실시(서북 철도국 개설, 상무사 조직, 상공 학교, 광무 학교 등 실업 학교 설립), 외국어·기술 교육 강화
1904	러·일 전쟁 발발	· **배경**: 조선 내의 주도권을 둘러싼 러시아와 일본의 갈등 · **결과**: 일본의 승리 → 조선에 대한 일본의 지배권 인정(포츠머스 조약)
1905. 11.	을사늑약 (제2차 한·일 협약)	· **배경**: 러·일 전쟁 종전 이후 일본의 강요로 체결 · **내용**: 18)_____ 박탈, 통감부 설치(초대 통감으로 이토 히로부미 임명)
1905	을사의병	· **원인**: 을사늑약 체결 · **대표 의병**: 최익현, 임병찬, 민종식, 신돌석(최초의 평민 의병장)
1905	화폐 정리 사업	· **내용**: 제1차 한·일 협약 때 파견된 고문 메가타의 주도로 시행 · **결과**: 국내 상공업자·금융 기관 위축, 대한 제국 경제의 일본 예속 가속화
1907	19)_____	· **원인**: 고종의 강제 퇴위, 군대 해산 · **전개**: 13도 창의군 조직(이인영·허위), 서울 진공 작전 시도 → 실패 · **결과**: '남한 대토벌' 작전으로 의병 활동 위축 → 국외로 이동하여 독립군으로 활동
1907. 2.	20)_____	· **배경**: 일본의 강요로 차관 1,300만 원 도입 · **전개**: 대구에서 시작되어 전국적으로 확대 → 통감부의 방해로 실패
1907. 4.	신민회	· **목표**: 실력 양성을 통한 국권 회복과 공화정체 국가 수립 · **활동**: 대성 학교·오산 학교 설립, 민족 산업 육성, 해외 독립운동 기지 건설(삼원보) · **해산**: 105인 사건으로 와해(1911)
1910	한·일 합병 조약 체결	· 조선 총독부 설치, 데라우치가 초대 총독으로 부임 · 일본의 식민 통치 시작(무단 통치)

[정답] 14) 을미사변 15) 아관 파천 16) 헌의 6조 17) 대한국 국제 18) 외교권 19) 정미의병 20) 국채 보상 운동

해커스공무원 단권화 핵심정리 한국사

시대별 최종 암기 점검

[시대별 최종 암기 점검] 일제 강점기

* 학습한 내용을 빈칸에 채워보세요. 정답은 오른쪽 페이지 하단에 있습니다.

시기	일제의 식민 통치	일제의 경제 수탈	대한민국 임시 정부
1900년대	· **국권 피탈 과정** – 한·일 의정서: 군사 기지 사용권 – 제1차 한·일 협약: ¹)____ 정치 – 을사늑약(제2차 한·일 협약): ²)____ 정치, 외교권 박탈 – 한·일 신협약: 차관 정치 – 기유 각서: 사법권·감옥 사무 처리권 박탈 – 한·일 합병 조약: 식민 통치 시작(1910) · **법령 제정**: 신문지법, 보안법, 출판법	· 화폐 정리 사업(1905) · 황무지 개간권 요구 · 동양 척식 주식회사 설립(1908)	–
1910년대	· **무단 통치**: 조선 총독부 설치, 헌병 경찰 통치, 제복 착용과 착검, 기본권 박탈, 중추원 설치 · 조선 태형령 제정 · **제1차 조선 교육령**: 보통·실업 교육 실시	· ⁴)_____: 기한부 신고제, 토지 약탈 · **회사령**: 허가제 · **삼림령·조선 임야 조사령**: 임야 강점 · **어업령**: 일본인의 어업권 독점 · **조선 광업령**: 한국인 광산 경영 억제	· 연해주의 ⁵)_____ 와 상하이 임시 정부, 서울의 한성 정부가 통합되어 대한민국 임시 정부 수립 · **제1차 개헌**: 대통령 중심제, 3권 분립 · **비밀 행정 조직망**: ⁶)____·교통국 · 애국 공채 발행 → 군자금 마련 · 독립신문 발간 · 사료 편찬소 설치 · **구미 위원부**: 외교 활동 전개
1920년대	· **문화 통치**: 문관 총독 임명 가능(해방까지 임명 X), 보통 경찰제, 조선일보·동아일보 창간(신문 검열, 정간, 기사 삭제) → 친일파 양성(자치론 등장) · 조선 태형령 폐지 · **제2차 조선 교육령**: 한국인의 교육 기회 확대(실상은 실업 교육에 치중) · 경성 제국 대학 설립 · 치안 유지법 제정	· ¹¹)_____: 증산량보다 더 많은 미곡 수탈 · **회사령 철폐**: 허가제 → 신고제 · 관세 철폐 → 대일 의존도 심화 · ¹²)_____: 한국인 소유의 은행을 일본 은행에 합병	· **국민 대표 회의 개최(1923)** – 창조파: 임시 정부 해체, 무력 항쟁 강조 – 개조파: 임시 정부 개혁, 외교 활동 강조 – 현상 유지파: 임시 정부 그대로 유지 · 이승만 탄핵 · **제2차 개헌**: 국무령 중심의 내각 책임제 · **제3차 개헌**: 국무 위원 중심의 집단 지도 체제
1930 ~ 1940년대	· **민족 말살 통치**: ¹⁶)_____ 제정(1938), 내선일체·일선동조론 주장, 신사 참배, 황국 신민 서사 암송, 궁성 요배 강요, 창씨개명 · **제3차 조선 교육령**: 보통학교·소학교를 심상소학교로 개편, 조선어 수의(선택) 과목화 · **국민학교령**: 소학교 명칭을 국민학교로 변경 · **제4차 조선 교육령**: 조선어·조선사 교육 금지 · 한글 신문 폐간	· **남면북양 정책**: 공업 원료 증산 · **중공업 육성책**: 한반도 병참 기지화 · **공출 제도**: 각종 물자 공출 · 산미 증식 계획 재개, 식량 통제 · **인적 자원 동원**: 징병제, 정신대 등	· ¹⁷)_____ **조직**: 의열 투쟁(이봉창, 윤봉길) · 한국 국민당 창당 · 한국 독립당 창당, 충칭 정착 → 조소앙의 삼균주의를 토대로 한 건국 강령 발표 · **제4차 개헌**: 주석 중심 체제 · 한국광복군 창설(1940) · **제5차 개헌**: 주석·부주석 체제

무장 독립 전쟁	사회·경제적 민족 운동	민족 문화 수호 운동
· 을사의병·정미의병 · 활빈당	· 국채 보상 운동(1907) · 보안회, 신민회	· 국문 연구소 설립 · 3)＿＿＿＿＿(신채호): 민족주의 사관에 입각하여 서술, 대한매일신보에 연재 · 연극: 원각사 설립(1908)

· 국내: 7)＿＿＿＿＿(복벽), 대한광복회(공화), 조선 국권 회복단(공화) 등
· 국외
  – 서간도(삼원보): 경학사, 신흥 강습소 등
  – 북간도(명동촌, 용정촌): 중광단, 서전서숙
  – 연해주(신한촌): 13도 의군, 대한 광복군 정부, 권업회 등
  – 상하이: 동제사, 신한청년당
  – 미주: 대한인 국민회, 흥사단
· 8)＿＿＿＿＿(1919): 만세 시위 전개
· 9)＿＿＿＿＿: 김원봉이 조직, 김익상·김상옥·나석주 등 활동
		· 조선광문회 설립
		· 10)＿＿＿＿＿(박은식): 국혼 강조
		· 천도교: 의민단 조직
		· 개신교: 3·1 운동 참여
		· 대종교: 중광단 조직
		· 원불교: 박중빈이 창시

· 13)＿＿＿＿＿ 전투: 대한 독립군(홍범도) 중심 · 청산리 전투: 북로 군정서군(김좌진) 중심 · 간도 참변 → 대한 독립 군단 편성 → 자유시 참변 → 3부 성립(정의부, 참의부, 신민부) → 3부 통합 운동(혁신 의회, 국민부)	· 소년 운동(천도교) · 형평 운동: 조선 형평사(1923) · 암태도 소작 쟁의(농민 운동, 1923) · 원산 노동자 총파업(노동 운동, 1929) · 민족 실력 양성 운동: 물산 장려 운동, 민립 대학 설립 운동 · 6·10 만세 운동(1926): 신간회 창립에 기여 · 민족 유일당 운동: 신간회, 근우회 · 14)＿＿＿＿＿ 운동(1929): 3·1 운동 이후 최대의 민족 운동	· 조선어 연구회: 잡지 『한글』 간행, 가갸날 제정 · 『한국독립운동지혈사』(박은식): 항일 독립 운동의 역사서 · 15)＿＿＿＿＿(신채호): 의열단 지침서 · 천도교: 제2의 3·1 운동 계획 · 불교: 조선 불교 유신회 조직(한용운) · 문학: 동인지 간행, 카프 결성(신경향파 문학) · 연극: 토월회 · 영화: 아리랑(나운규, 1926)
· 18)＿＿＿＿＿: 중국 호로군과 연합, 쌍성보·대전자령·사도하자·동경성 전투 · 19)＿＿＿＿＿: 중국 의용군과 연합, 영릉가·흥경성 전투 · 조선 민족 전선 연맹: 조선 의용대 조직 · 조선 독립 동맹: 조선 의용군 조직	· 문자 보급 운동(조선일보) · 브나로드 운동(동아일보) · 비합법적·혁명적인 농민·노동 운동 전개	· 조선어 학회: 한글 맞춤법 통일안, 『우리말 큰사전』 편찬 시도 → 조선어 학회 사건 · 『조선상고사』(신채호): 역사는 아와 비아의 투쟁 · 20)＿＿＿＿＿(이병도): 실증 사학 · 사회·경제 사학(백남운): 유물 사관 · 조선학 운동(정인보, 문일평)

[정답] 1) 고문 2) 통감 3) 「독사신론」 4) 토지 조사 사업 5) 대한 국민 의회 6) 연통제 7) 독립 의군부 8) 3·1 운동 9) 의열단 10) 『한국통사』 11) 산미 증식 계획 12) 신은행령 13) 봉오동 14) 광주 학생 항일 15) 「조선혁명선언」 16) 국가 총동원법 17) 한인 애국단 18) 한국 독립군 19) 조선 혁명군 20) 진단 학회

[시대별 최종 암기 점검] 현대

* 학습한 내용을 빈칸에 채워보세요. 정답은 오른쪽 페이지 하단에 있습니다.

시기		정치	경제
정부 수립 시기		· 모스크바 3국 외상 회의 → 1)_____를 둘러싸고 대립 → 찬탁(좌익) vs 반탁(우익) · 미·소 공동 위원회 결렬 · 이승만의 2)_____(남한 단독 정부 수립 주장) → 좌·우 합작 운동 전개 → 실패 · 유엔 소총회의 남한 단독 선거 결정 → 남북 협상 → 실패 · 5·10 총선거 → 대한민국 정부 수립(1948)	· 산업 활동 위축, 물가 폭등 · 미국의 원조 · 소극적인 토지 개혁 · 신한 공사 설립
이승만 정부		· 반민족 행위 처벌법 제정, 반민특위 설치 · 6·25 전쟁 → 휴전 협정, 한·미 상호 방위 조약 체결 · 3)_____(직선제 개헌, 1952), 사사오입 개헌 (중임 제한 철폐, 1954) → 장기 집권 도모 · 3·15 부정 선거(1960) → 4)_____ → 이승만 하야 → 허정 과도 정부 수립	· **원조 경제 체제**: 5)_____ 발달 · 귀속 재산 처분 → 정경 유착 · **농지 개혁**: 유상 몰수, 유상 분배 · 농촌 경제 파탄, 대미 의존도 심화
장면 내각		· 내각 책임제와 양원제(제3차 개헌) · **민주당이 구파와 신파로 분리(대통령: 윤보선, 총리: 장면)** → 군사 정변의 원인	경제 개발 5개년 계획 추진 시도
박정희 정부	군정	7)_____(1961) → 국가 재건 최고 회의, 중앙 정보부 창설	
	제3공화국	· 한·일 회담 → 6·3 항쟁 → 한·일 기본 조약과 부속 협정 체결(1965) · 베트남 파병 → 브라운 각서 체결(1966) · 3선 개헌 강행	· **제1·2차 경제 개발 계획**: 9)_____ 육성, 사회 간접 자본 확충, 베트남 특수 · **제3·4차 경제 개발 계획**: 중화학 공업 육성, 중동 건설 · 수출 100억 달러 달성
	유신 체제	· 8)_____ 선언 → 유신 헌법(대통령 권한 강화) · YH 무역 사건, 부·마 항쟁, 10·26 사태 → 유신 체제 붕괴(1979)	
전두환 정부		· 12·12 사태 → 서울의 봄, 5·18 민주화 운동 → 무력 진압, 국가 보위 비상 대책 위원회 설치 · 7년 단임제를 골자로 하는 제8차 개헌 추진·공포 · 4·13 호헌 조치 → 12)_____ → 6·29 선언(직선제 개헌, 1987)	· 13)_____: 저유가, 저금리, 저달러 · 무역 수지 흑자 전환
노태우 정부		· 여소 야대의 정국 형성 → 3당 합당 · 5공 청문회 개최 · 14)_____ 개최(1988), 북방 외교 정책 추진 · 지방 자치제 부분 실시	정부 말기 적자 경제로 전환
김영삼 정부		· 문민 정부 · 16)_____ 전면 실시 · **역사 바로 세우기 운동**: 신군부 세력 구속, 조선 총독부 건물 철거, 국민학교를 초등학교로 개칭	· 금융 17)_____ 실시(1993) · 우루과이 라운드(UR) 타결, 세계 무역 기구(WTO) 출범, 경제 협력 개발 기구(OECD) 가입(1996) · 18)_____(IMF 체제)
김대중 정부		· 평화적인 여야 정권 교체 · 대북 화해 협력 정책 실시	· 외환 위기 극복, 19)_____ 운동, 20)_____ 위원회 설치 등 · 외국 자본에 경제 개방
노무현 정부		김대중 정부의 대북 정책 계승	한·미 자유 무역 협정(FTA) 타결

사회·문화	통일 논의
6·3·3 학제 도입	남북 모두 무력에 의한 한반도 통일 주장
· [6]_____ 폐간(1959) · 초등학교 의무 교육	· 북진 통일론, 반공 통일론 · **진보당 사건**: 평화 통일을 주장한 진보당 탄압
학원 민주화 운동, 노동 운동, 청년 운동 등 전개	· **진보 진영**: 중립화 통일론과 남북 협상론 제기 · **장면 내각**: 북진 통일론 폐기, 평화 통일론 채택(선 건설 후 통일) · 민족 자주 통일 중앙 협의회 결성

· 새마을 운동
· [10]_____ 분신 사건(1970), YH 무역 사건(1979)
· **교육 정책**
  – 국민 교육 헌장 선포(1968)
  – 중학교 무시험 진학제 도입(1969)
  – 고교 평준화 정책 실시(1974)
· 프레스 카드제 실시(언론 탄압)
	· 완강한 반공 정책 고수
	· 선 건설 후 통일론
	· 남북 적십자 예비 회담 제의 → 북한의 수용
	· [11]_____ : 자주·평화·민족 대단결(1972)
	· 남북 조절 위원회 설치
	· **6·23 평화 통일 외교 선언**: 남북 유엔 동시 가입 제안, 공산권에
	  문호 개방 선언

· **7·30 교육 개혁(1980)**: 과외 금지, 대입 본고사 폐지, 졸업 정원제 실시 · 교복·두발·해외 여행 자유화, 3S 정책 · 노동자 대투쟁 사건 · 남녀 고용 평등법 제정 · 보도 지침을 통해 검열 강화	최초의 남북 이산가족 고향 방문(1985)
· 국제 노동 기구(ILO) 가입(1991) · 가족법 개정(남녀의 동등한 권리와 의무) · 국민 복지 증대, 사회적 형평 등 추구	· 남북 고위급 회담(1990), 남북 유엔 동시 가입(1991) · [15]_____ : 상호 불가침, 상대방의 체제 인정, 국가로는 불승인 · 한반도 비핵화에 관한 공동 선언 채택
· 대학 수학 능력 시험 실시 · 전국 민주 노동 조합 총연맹(민주 노총) 결성(1995)	· **민족 공동체 통일 방안**: 3단계 통일 방안, 3대 원칙 제시 · 김일성 사망으로 남북 관계 후퇴
· 중학교 무상 의무 교육 전면 실시 · 여성부 신설	· 최초의 남북 정상 회담 개최 → 6·15 남북 공동 선언(2000) · 개성 공단 설치 합의, 경의선 복구 기공식, 제2차 이산가족 상봉, 금강산 관광 등 진행
호주제 폐지	제2차 남북 정상 회담 개최 → 10·4 남북 공동 선언(2007)

[정답] 1) 신탁 통치 2) 정읍 발언 3) 발췌 개헌 4) 4·19 혁명 5) 삼백 산업 6) 경향신문 7) 5·16 군사 정변 8) 10월 유신 9) 경공업 10) 전태일 11) 7·4 남북 공동 성명 12) 6월 민주 항쟁 13) 3저 호황 14) 서울 올림픽 15) 남북 기본 합의서 16) 지방 자치제 17) 실명제 18) 외환 위기 19) 금 모으기 20) 노사정

[주제별 최종 암기 점검] 통치 체제

* 학습한 내용을 빈칸에 채워보세요. 정답은 오른쪽 페이지 하단에 있습니다.

시대		중앙 관제	지방 행정 제도
고구려		· 10여 관등으로 구성 → 형 계열과 사자 계열로 구분 · **수상:** 대대로(3년마다 제가 회의에서 선출) · 내평(내무 업무), 외평(외무 업무), 주부(재정 담당) 등	· **수도:** 5부로 구성 · **지방:** 5부(욕살 파견) 아래 성(처려근지·도사 파견)과 말단의 촌으로 구성 · **특수 행정 구역:** 3경(국내성, 평양성, 한성)
백제		· **한성 시대:** 6좌평 이하 좌평 및 솔·덕 계열 등의 16관등제로 구성 · **사비 천도 이후:** 내관 12부, 외관 10부의 22부 설치 · **수상:** 상좌평(정사암 회의에서 선출)	· **수도:** 5부로 구성 · **지방:** 5방(방령 파견) 아래 군(군장 파견)과 말단의 촌으로 구성 · **특수 행정 구역:** 1)_____ (왕족 파견)
신라	통일 이전	· 17관등제를 골품제와 결합하여 운영 · **수상:** 2)_____ (귀족 세력 대표, 화백 회의 주관)	· **수도:** 6부로 구성 · **지방:** 5주(군주 파견) 아래 군(당주 파견)과 말단의 촌으로 구성 · **특수 행정 구역:** 2소경(북소경·국원소경)
	통일 이후	**집사부와 13부로 구성** − 집사부: 왕명 출납과 국정 총괄(장관: 중시 → 시중) − 13부: 병부(군사), 위화부(인사), 좌·우이방부(사법), 사정부(관리 감찰) 등	· **9주:** 전국을 9주로 나누고 총관(도독) 파견 · 3)_____ : 군사적·행정적 요충지에 설치, 사신 파견 · **특수 행정 구역:** 향·부곡 · 주와 군의 지방관 감찰 위해 외사정 파견
발해		· **3성 6부제:** 당의 제도를 수용하였으나 독자성 유지 − 3성: 6)_____ (최고 기구), 선조성, 중대성 − 6부: 충부, 인부, 의부, 지부, 예부, 신부 · **수상:** 대내상(국정 총괄)	· **5경:** 수도 상경을 포함하여 설치 · **15부:** 지방 행정의 중심지, 장관으로 도독을 둠 · **62주:** 15부의 하위 행정 단위, 자사·현승 파견 · **촌락:** 토착민 중 유력자를 수령으로 임명(간접 통치)
고려		· **2성 6부제** − 2성: 중서문하성(국정 총괄), 상서성(정책 집행) − 6부: 이부, 병부, 호부, 형부, 예부, 공부 · 7)_____ (관리 감찰·탄핵), 삼사(화폐·곡식의 출납에 대한 회계) · **도병마사(대외), 식목도감(대내):** 고려의 독자적인 기구	· **5도** − 일반 행정 구역, 안찰사 파견 − 주현(지방관 파견)과 속현(지방관 파견X, 간접 통치) · 8)_____ : 특수 군사 지역, 병마사 파견, 진 설치 · 4도호부(군사적 중심지)와 8목(행정 중심지) 설치 · **특수 행정 구역:** 향·부곡·소(향리가 실질적인 행정 업무 수행)
조선		· **조선 전기:** 의정부·6조 중심 − 의정부: 국정 총괄, 최고 권력 기관 − 6조: 이조, 호조, 예조, 병조, 형조, 공조 − 승정원(왕명 출납), 의금부(대역 죄인 심판) − 10)_____ (언론 기능): 사헌부, 사간원, 홍문관 − 한성부: 수도(서울)의 행정과 치안 담당 − 춘추관: 역사서 편찬 및 보관 − 예문관: 임금의 교지 작성 · **조선 후기:** 비변사가 국정 총괄	· 8도 아래 부−목−군−현 설치, 모든 군현에 지방관 파견 · 11)_____ : 전국 8도에 파견, 수령을 지휘·감독 · 수령의 권한 강화, 향리의 지위 격하 · 농민 통제를 위해 면리제, 5가작통법 실시 · 12)_____ (향촌 자치 기구), 경재소(유향소 통제) 설치
근대		· **흥선 대원군:** 비변사 축소·폐지, 의정부·삼군부 부활 · **개항 이후:** 14)_____ 과 12사 · **갑오개혁:** 궁내부, 의정부·80아문(1차) → 내각·7부(2차)	· **제2차 갑오개혁:** 8도를 23부로 개편 · **대한 제국:** 23부를 13도로 개편

군사 제도	관리 등용 제도
· 각 성주(욕살, 처려근지 등)가 병력 보유 · 유사시 대모달·말객 등이 군대 지휘	
· 방령, 군장이 군대 지휘 · 방령은 700~1,200명의 군대 지휘	특별한 관리 등용 제도 없음(신분 중시)
· 중앙에 모병에 의한 서당 배치 · 왕경과 5주에 6정 설치 · 군주, 대감, 당주가 군사 지휘	
· 중앙군(4)): 민족 융합 정책에 따라 편성 · 지방군(10정): 9주에 1정, 한주(한산주)에만 2정 배치 · 특수군: 5주서, 3변수당, 만보당	5) – 원성왕 때 시행, 유학 경전의 이해 수준을 시험하여 관리로 채용 – 국학생의 성적에 따라 등급 결정(특품, 상품·중품·하품) – 진골 귀족의 반대로 실패
· 중앙군(10위): 왕궁과 수도 경비 담당 · 지방군: 촌락 단위로 구성된 농병 일치의 군대 · 특수군: 국경 요충지에 독립 부대 배치	유교 경전의 이해 수준에 따라 관리 임용

· 중앙군
  – 2군: 국왕 친위 부대
  – 6위: 수도 방위와 국경 방어 담당
· 지방군
  – 주현군: 5도에 편성된 일종의 예비군
  – 주진군: 양계에 배치된 국방 상비군
· 특수군: 광군, 별무반, 삼별초 등
	· 과거 제도: 광종 때 쌍기의 건의로 실시, 양인 이상이면 응시 가능
	  – 제술과: 논술 시험(명경과보다 중시됨)
	  – 명경과: 유교 5경의 이해 정도 평가
	  – 잡과: 기술학 시험
	  – 승과: 교종선과 선종선으로 구분
	  – 무과: 예종 때 잠깐 실시하였으나 숭문천무(崇文賤武)에 따라 폐지되었다가 공양왕 때 실시
	· 9) 제도: 5품 이상의 고위 관리 자손을 대상으로 실시

· 조선 전기
  – 중앙군: 5위(궁궐·수도 경비)
  – 지방군: 육군·수군·영진군 등
  – 잡색군: 일종의 예비군(서리·잡학인·신량역천인·노비로 구성), 농민 제외)
· 조선 후기
  – 중앙군: 5군영(훈련도감, 어영청, 총융청, 수어청, 금위영)
  – 지방군: 속오군(양반에서 노비까지 전 계층으로 구성)
	· 과거 제도
	  – 문과: 소과는 생원과와 진사과로 구분, 초시-복시의 2단계로 진행, 합격자는 하급 관리로 진출하거나 성균관 입학 및 대과 응시 가능(백패 지급) / 대과는 초시-복시-전시의 3단계로 진행, 33명 선발(홍패 지급)
	  – 무과: 소과 없이 바로 대과를 실시, 28명 선발(홍패 지급), 무예·경서·병서 등 시험, 서얼 등 중간 계층이 주로 응시
	  – 잡과: 초시와 복시만으로 선발(백패 지급), 역과·율과·의과·음양과로 구분
	· 기타 관리 임용법
	  – 음서: 공신 및 2품 이상 관리의 자손·사위 등, 실직 3품 관리의 자손 대상
	  – 13) : 간단한 시험을 거쳐 서리·하급 관리 선발, 요직으로 진출 불가능
	  – 천거: 3품 이상 고관의 추천을 받아 간단한 시험 후 등용

· 개항 이후: 5군영을 2영으로 개편, 별기군 창설 · 제2차 갑오개혁: 훈련대·시위대 설치 · 을미개혁: 15) (중앙군)·진위대(지방군) 설치 · 대한 제국: 원수부 설치, 병력 증가, 무관 학교 설립	제1차 갑오개혁으로 16) 폐지 → 신분 구분 없이 능력에 따른 관리 등용 제도 마련

[정답] 1) 22담로 2) 상대등 3) 5소경 4) 9서당 5) 독서삼품과 6) 정당성 7) 어사대 8) 양계 9) 음서 10) 삼사 11) 관찰사 12) 유향소 13) 취재 14) 통리기무아문 15) 친위대 16) 과거 제도

[주제별 최종 암기 점검] 토지 제도

* 학습한 내용을 빈칸에 채워보세요. 정답은 오른쪽 페이지 하단에 있습니다.

시대	제도명	시행 시기	대상 및 지급 기준
고대	녹읍·식읍	–	· **녹읍**: 국가가 관료 귀족에게 직역의 대가로 지급한 일정 지역의 토지 · **식읍**: 국가가 왕족·공신에게 지급한 일정 지역, 또는 가호 단위의 토지
	3) _____	통일 신라 신문왕	· 관리에게 지급 · 관등에 따라 차등 있게 수조권 지급
	4) _____	통일 신라 성덕왕	왕토 사상에 기반하여 일반 백성들에게 정전을 지급하고 세금 징수
고려	역분전	태조	고려 건국과 후삼국 통일에 공을 세운 공신들에게 지급
	5) _____	경종	· 전·현직 관리에게 인품·관품을 고려하여 토지에 대한 수조권 지급 · 4색 공복에 따라 관리의 등급을 나누어 차등적으로 지급
	개정 전시과	목종	전·현직 관리에게 관직만을 고려하여 토지에 대한 수조권 지급
	7) _____	문종	현직 관리에게 관직에 따라 토지에 대한 수조권 지급
	8) _____	고종·원종	· 무신 집권기를 거치면서 전시과 체제가 붕괴되자 일시적으로 지급 · 경기 8현에 한정하여 지급
	과전법	공양왕	· 18관등에 따라 전·현직 관리에게 토지에 대한 수조권 지급 · 9)_____ 지역에 한정
조선	직전법	세조	11)_____ 관리에게만 토지에 대한 수조권 지급
	12) _____	성종	지방 관청에서 농민으로부터 세금을 거둔 후 관리에게 지급
	직전법 폐지	명종	· 양반 관리들의 농장 확대로 수조권 지급이 유명무실해지자 직전법 폐지 · 관리들에게 녹봉만 지급
근대	양전 사업	대한 제국 고종	광무 개혁의 일환으로 양지아문·지계아문을 설치하여 토지 조사 실시
일제 강점기	토지 조사 사업	1912~1918	15)_____ 공포(1912): 지정된 기간 안에 신고해야 소유권 인정(기한부 신고주의), 신고 절차 복잡
현대	농지 개혁법	1949 (이승만 정부)	· 16)_____ 이상의 토지 소유 금지 · 유상 매입·유상 분배 원칙에 따라 실시

특징
· 조세 수취와 노동력 징발 가능 · 1)_____ 때 녹읍 폐지 → 2)_____ 때 부활
· 관료전 지급에 따라 식읍 제한·녹읍 폐지 · 귀족 세력 억제, 국가의 토지에 대한 지배력 강화
국가의 농민과 토지에 대한 지배력 강화
· 인품과 공로에 따라 토지에 대한 수조권 지급(논공행상적 성격) · 전시과 제도의 모체
전지(농사짓는 땅)와 시지(땔감을 얻을 수 있는 임야) 지급
· 문관과 현직 우대 · 6)_____ 설치: 18과에 들지 못한 세력에게 전지 17결 지급(16과 이하로는 시지가 지급되지 않음)
· 무관의 대우 상승, 한외과 폐지, 15과 이하로는 시지가 지급되지 않음 · 공음전, 구분전, 한인전 규정 정비, 전시과와 별도로 녹봉제 실시
· 관리들의 생계 위해 지급 · 현직 관리 위주로 지급
· 고려 말 혁명파 사대부들이 마련한 토지 제도 → 조선 초까지 이어짐 · 과전의 세습은 금지되었으나 10)_____·휼양전 등으로 세습 허용
· 수신전·휼양전 폐지 · 퇴직 이후를 염려하는 관리들이 농장 확대 및 수조권 남용
· 국가의 토지 지배력 강화 · 관리들이 토지를 사적으로 소유해 농장이 확대되는 폐단 발생
· 수조권 지급 제도 소멸 · 13)_____ 확대
최초의 토지 소유권 증명서인 14)_____ 발급(러·일 전쟁으로 중단)
· 세금 부과 대상이 되는 토지 면적 증가 → 총독부 지세 수입 증가 · 미신고 토지, 공유지 등은 총독부에 귀속, 동양 척식 주식회사 및 일본 이주민에게 싼값에 불하 → 토지 약탈 · 농민의 관습적 경작권·입회권·도지권은 인정받지 못함 → 농민 몰락
· 농지 개혁법 제정(1949. 6.) → 일부를 수정하여 공포·실시(1950) · 지주제 소멸

[정답] 1) 신문왕 2) 경덕왕 3) 관료전 4) 정전 5) 시정 전시과 6) 한외과 7) 경정 전시과 8) 녹과전 9) 경기 10) 수신전 11) 현직 12) 관수 관급제 13) 지주 전호제 14) 지계
15) 토지 조사령 16) 3정보

[주제별 최종 암기 점검] 주요 서적

■ 역사서

* 학습한 내용을 빈칸에 채워보세요. 정답은 하단에 있습니다.

시대		역사서
고구려		· 『유기』 100권(미상) · 『신집』 5권(이문진, 영양왕): 『유기』를 간추린 것
백제		1) _____ (고흥, 근초고왕)
신라	통일 이전	『국사』(거칠부, 진흥왕)
	통일 이후	· 2) _____ : 『화랑세기』, 『고승전』, 『계림잡전』 · 최치원: 『제왕연대력』
고려	초기	· 특징: 고구려 계승 의식 표방, 현존하는 역사서는 없음 · 3) _____ (태조~목종까지의 기록), 『구삼국사』, 『고금록』(문종 때 박인량), 『가락국기』(문종), 『속편년통재』(예종)
	중기	· 특징: 유교적 합리주의 사관, 4) _____ 계승 의식 강화 · 『삼국사기』(김부식): 현존하는 우리나라 최고(最古)의 역사서, 유교적 합리주의 사관에 기초, 5) _____ 서술 방식, 고대 설화에 비판적, 고조선·삼한·고구려·발해에 소홀, 신라 계승 의식 반영(신라에 유리하게 서술)
	후기	· 특징: 민족의식을 표출, 유교적 합리주의 사관 비판 · 6) _____ (이규보): 고구려 동명왕에 대한 영웅 서사시(고구려 계승 의식) · 『해동고승전』(각훈): 삼국 시대 이래의 승려들의 전기를 기록, 고승 30여 명에 관한 기록만 현존 · 『삼국유사』(일연): 불교사 중심으로 민간 설화·전래 기록 수록(고유 문화 중시), 신라 향가와 단군 신화 수록 · 『고금록』(허공 등), 『천추금경록』(정가신): 충렬왕 때 편찬되었으나 현존하지 않아 자세한 내용이 전해지지 않음 · 7) _____ (이승휴): 우리 역사를 중국사와 대등하게 파악(단군부터 서술), 발해사를 우리 역사에 포함
	말기	· 특징: 정통 의식과 대의명분을 강조하는 성리학적 유교 사관 · 『본조편년강목』(민지, 충숙왕): 강목체 역사서, 태조 왕건의 증조부~고려 고종까지의 역사를 정리 · 8) _____ (이제현, 공민왕): 고려 태조 왕건~숙종의 치적을 정리, 「사론」만 전해짐
조선	전기	· 『조선왕조실록』: 「사초」, 『시정기』, 『비변사등록』 등을 통합하여 편찬, 태조~철종까지 역사를 9) _____ 로 서술 · 『국조보감』: 『실록』에서 역대 왕들의 귀감이 될만한 치적들을 모아 기록한 편년체 사서 · 『고려국사』(태조): 정도전 등이 고려의 역사를 편년체로 정리, 조선 건국의 정당성 반영 · 『고려사』(세종~문종): 김종서, 정인지 등이 기전체로 정리, 고려의 역사를 자주적으로 서술 · 『고려사절요』(문종): 김종서 등이 고려의 역사를 편년체로 정리 · 『삼국사절요』(성종): 신숙주, 노사신, 서거정 등이 단군 조선부터 삼국 시대 말까지의 역사를 서술 · 『동국통감』(성종): 서거정 등이 고조선~고려 말까지의 역사를 서술, 편년체 사서(사림 계열 참여) · 『기자실기』(선조): 이이가 편찬, 존화주의적 역사관을 바탕으로 기자를 추앙
	후기	· 『동사』(허목): 단군 조선~삼국 시대까지의 역사를 기전체로 서술, 조선의 자연 환경과 풍속의 독자성 강조 · 『성호사설』(이익): 실증적·비판적 역사 서술, 시세 강조, 중국 중심의 역사관을 탈피한 우리 역사의 체계화 주장 · 10) _____ (안정복): 단군 조선~고려까지의 역사를 편년체 통사로 서술, 우리 역사의 독자적 정통론(삼한 정통론) 제시(단군 조선-기자 조선-마한-통일 신라-고려) · 11) _____ (이긍익): 야사를 참고하여 조선의 정치와 문화를 기사본말체로 정리 · 『해동역사』(한치윤): 중국·일본 자료 참고, 단군 조선~고려까지의 역사를 서술 · 『동사』(이종휘): 고조선~고려 말까지의 역사를 기전체로 서술, 고구려사·발해사 강조, 고대사 연구의 시야 확대 · 『발해고』(유득공): 고대사 연구의 시야를 만주까지 확대, 남북국 시대 용어 최초 사용 · 12) _____ (김정희): 북한산비와 황초령비가 진흥왕 순수비임을 고증

[정답] 역사서 1) 『서기』 2) 김대문 3) 『7대 실록』 4) 신라 5) 기전체 6) 『동명왕편』 7) 『제왕운기』 8) 『사략』 9) 편년체 10) 『동사강목』 11) 『연려실기술』 12) 『금석과안록』

■ 농서·의학서·의례서

* 학습한 내용을 빈칸에 채워보세요. 정답은 하단에 있습니다.

시대		농서	의학서	의례서
고려		『농상집요』: 이암이 원나라에서 수입, 중국 화북 지방의 농법 등을 소개	『향약구급방』: 현존하는 우리나라 최고(最古)의 의학서	13) _____ : 강화도로 피난한 최우 집권기에 금속 활자로 인쇄
조선	전기	· 14) _____ : 세종 때 정초·변효문 등이 편찬한 농서 · 『금양잡록』: 성종 때 강희맹이 금양(시흥)에서 농사 지은 경험을 토대로 저술한 농서	· 『향약채취월령』: 세종 때 편찬, 우리나라 자생 약재 소개 · 『향약집성방』: 세종 때 편찬, 국산 약재 및 병에 대한 치료 예방법 소개 · 『태산요록』: 세종 때 편찬, 임산부의 임신·출산 전후 대응법 및 소아의 질병 치료법을 소개 · 『의방유취』: 15) ___ 때 편찬, 동양 의학 집대성(의학 백과사전)	· 『삼강행실도』: 세종 때 편찬, 충신·효자·열녀의 행적을 그림과 글로 설명한 의례서 · 『국조오례의』: 16) ___ 때 완성, 국가의 여러 행사에 필요한 예법과 절차 등에 그림을 덧붙여 편찬한 의례서
	후기	· 『농가집성』(신속): 효종 때 편찬, 벼농사 중심의 농법 소개 · 『색경』(박세당): 숙종 때 편찬, 과수·축산 등을 소개한 농서 · 『산림경제』(홍만선): 채소·화초·약초의 재배법 등을 소개 · 『해동농서』(서호수): 정조 때 편찬된 농업 기술서 · 17) _____ (서유구): 농촌 생활 백과사전	· 『동의보감』: 광해군 때 허준이 편찬, 조선 의학을 체계적으로 집대성 · 『침구경험방』(허임): 침구술 집대성 · 18) _____ (정약용): 마진(홍역)에 대해 연구, 종두법(우두법)을 처음으로 소개 · 『동의수세보원』(이제마): 사상 의학 확립	· 『속오례의』: 영조 때 『국조오례의』를 보완하며 편찬 · 19) _____ – 국가 행사의 주요 장면을 그린 그림과 참가자, 비용 등을 상세히 기록 – 국초부터 제작되었으나, 임진왜란 이후의 『의궤』만 현존 – 병인양요 때 프랑스군이 약탈

[정답] 농서·의학서·의례서 13) 『상정고금예문』 14) 『농사직설』 15) 세종 16) 성종 17) 『임원경제지』 18) 『마과회통』 19) 『의궤』

■ 지도·지리서

* 학습한 내용을 빈칸에 채워보세요. 정답은 하단에 있습니다.

시대		지도	지리서
조선	전기	· 팔도도: 태종 때 이회가 제작한 전국 지도, 세종 때 북방 영토를 실측하여 만든 팔도도도 있음 · 20) _____ (태종): 김사형 등이 제작, 현존하는 동양 최고(最古)의 세계 지도, 중화주의 반영 · 동국지도(세조): 정척, 양성지 등이 제작한 최초의 전국 실측 지도 · 조선방역지도(명종): 만주·대마도를 우리 영토로 표시	· 『신찬팔도지리지』(세종): 조선 왕조 최초의 지리지 · 『세종실록』「지리지」(단종): 군현의 연혁·인물 등 60여 항목이 기록됨, 우산(독도)과 무릉(울릉도) 명시 · 21) _____ (성종): 군현의 연혁·지세·인물·풍속·산물·교통 등을 자세히 기록, 단군 신화 수록 · 『신증동국여지승람』(중종): 최초로 울릉도·독도가 표기된 지도인 팔도총도 수록
	후기	· 요계관방지도(숙종): 우리나라 북방 지역과 중국 동북 지역의 군사 시설을 상세히 기록한 군사 지도 · 22) _____ (정상기): 영조 때 제작, 우리나라 최초로 100리 척을 사용한 과학적인 지도 · 동국여지도(신경준): 영조 때 우리나라 전도·도지도·열읍도를 묶어서 제작, 모눈 활용 · 대동여지도(김정호): 철종 때 제작한 목판 지도, 분첩절첩식 지도, 10리 척 사용, 산맥·하천·포구·도로망을 표시	· 『동국지리지』(한백겸): 광해군 때 편찬, 고대 지명을 새롭게 고증, 북방계 정통론 제시 · 『동국여지지』(유형원): 효종 때 편찬한 전국 지리지 · 23) _____ (이중환): 각 지역의 자연 환경과 물산·풍속 등을 분석하여 가거지(사람이 살기 좋은 입지) 조건을 제시함 · 『아방강역고』(정약용): 순조 때 편찬, 백제의 수도가 한성이며 발해의 중심지가 백두산 동쪽임을 최초로 고증

[정답] 지도·지리서 20) 혼일강리역대국도지도 21) 『동국여지승람』 22) 동국지도 23) 『택리지』

주제별 최종 암기 점검 **247**

[주제별 최종 암기 점검] 유네스코 세계 유산

■ 유네스코 세계 문화유산

* 학습한 내용을 빈칸에 채워보세요. 정답은 하단에 있습니다.

등재 연도	문화유산	특징
1995년	1) _____ 장경판전	· 재조대장경(팔만대장경) 목판을 보관하기 위해 지어진 조선 전기의 건축물 · 과학적인 구조로 인해 현재까지 대장경판이 잘 보관되어 있음
	2) _____	조선의 왕과 왕비의 신주를 모시고 제사를 지내는 유교 사당
	석굴암·3) _____	· 신라 경덕왕 때 김대성의 발원으로 건립 · 신라인들의 예술 감각과 한국 고대 불교 예술의 정수를 보여주는 건축물
1997년	창덕궁	· 광해군~고종이 정사를 보던 정궁(가장 오랜 기간 왕이 거처한 궁궐) · 우리나라 궁궐 건축의 창의성을 보여줌(자연과 건물이 조화롭게 배치)
	4) _____	· 정조가 건설하려던 이상 도시로 군사적·상업적 기능 보유 · 우리나라, 중국, 일본, 서구의 성곽을 연구하여 축조(정약용의 거중기 이용)
2000년	5) _____ 역사 유적 지구	· 총 5지구로 구성(남산 지구, 월성 지구, 대릉원 지구, 황룡사 지구, 산성 지구) · 남산 지구(나정·포석정·경주 배동 석조 여래 삼존 입상), 월성 지구(계림·첨성대) 등
	고창·화순·강화 고인돌 유적	수백 기 이상의 다양한 형태로 이루어진 고인돌 집중 분포
2007년	제주 화산섬과 용암 동굴	· 제주도에 위치한 한국 최초의 세계 자연유산 지구 · **대표 유적지**: 한라산·성산 일출봉·거문오름 용암 동굴계 등
2009년	조선 왕릉	· 조선의 왕·왕비 및 추존된 왕·왕비의 무덤과 부속 지역 · 총 40기(북한 지역 및 광해군·연산군 무덤 제외) 등재됨
2010년	한국의 역사 마을: 하회와 양동	조선의 유교 양반 문화를 확인할 수 있는 씨족 마을(안동의 하회 마을과 경주의 양동 마을)
2014년	6) _____	· 조선 시대에 임시 수도의 역할을 담당하도록 건설된 산성 도시 · 병자호란 때 인조가 피난한 곳
2015년	7) _____	· 백제의 옛 수도였던 공주시·부여군과 천도를 시도한 익산시의 역사 유적 · 공주(공산성·송산리 고분군), 부여(관북리 유적과 부소산성·정림사지·나성·능산리 고분군), 익산(왕궁리 유적·미륵사지)
2018년	산사, 한국의 산지 승원	· 한국 불교의 깊은 역사성을 보여주는 7곳의 산지 승원 · 양산 통도사, 영주 부석사, 안동 봉정사, 보은 법주사, 공주 마곡사, 순천 선암사, 해남 대흥사로 이루어짐
2019년	한국의 서원	· 성리학에 기반한 한국 문화의 전통을 보여주는 9곳의 서원 · 소수 서원(영주), 남계 서원(함양), 옥산 서원(경주), 도산 서원(안동), 필암 서원(장성), 도동 서원(대구), 병산 서원(안동), 무성 서원(정읍), 돈암 서원(논산)
2021년	한국의 갯벌	· 지구 생물 다양성의 보존을 위한 중요 서식지 · 서천 갯벌, 고창 갯벌, 신안 갯벌, 보성-순천 갯벌
2023년	가야고분군	· 한반도에 존재했던 고대 문명 가야를 대표하는 7개의 고분군 · 전북 남원 유곡리와 두락리 고분군, 경북 고령 지산동 고분군, 경남 김해 대성동 고분군, 경남 함안 말이산 고분군, 경남 창녕 교동과 송현동 고분군, 경남 고성 송학동 고분군, 경남 합천 옥전 고분군

[정답] 문화유산 1) 해인사 2) 종묘 3) 불국사 4) 수원 화성 5) 경주 6) 남한산성 7) 백제 역사 유적 지구

■ 유네스코 세계 기록유산

* 학습한 내용을 빈칸에 채워보세요. 정답은 하단에 있습니다.

등재 연도	기록유산	특징
1997년	8) _____	· 태조~철종까지의 통치 내용을 기록한 편년체 역사서 · 왜란 이전 4대 사고에서 보관 → 왜란 이후 5대 사고에서 보관
	『훈민정음(해례본)』	집현전 학자들이 세종의 명으로 훈민정음에 대하여 설명한 일종의 한문 해설서를 편찬 → 이 책의 이름을 '훈민정음' 또는 '훈민정음 해례본'이라 함
2001년	9) _____ (하권)	· 청주 흥덕사에서 간행된 불교 서적(1377) · 현존하는 세계 최고(最古)의 금속 활자 인쇄본 · 프랑스에서 소장하고 있음(구한 말 플랑시가 수집해 프랑스로 가져감)
	10) _____	승정원에서 업무 내용을 일지 형식으로 작성한 것
2007년	고려대장경판 및 제경판	몽골의 침입을 불력으로 막기 위해 11) _____에서 제작(팔만대장경이라고도 함)
	조선 왕조 『의궤』	· 조선 왕실의 중요 행사를 글·그림으로 기록한 의례서 · 강화도의 외규장각에서 보관하던 것을 12) _____ 때 프랑스가 약탈(2011년에 대여 방식으로 반환 받음)
2009년	13) _____	광해군 때 허준이 편찬한 백과사전식 의서
2011년	5·18 민주화 운동 기록물	5·18 민주화 운동의 발발과 진압, 이후의 진상 규명·보상 등과 관련된 문서, 사진, 영상
	14) _____	· 정조가 세손 시절부터 일기 형식으로 기록 → 정조 즉위 후 국정 기록이 됨 · 조선의 국왕(정조~순종)들이 국정 운영에 참고할 목적으로 씀
2013년	15) _____	이순신이 임진왜란 때 쓴 친필 일기(전쟁에서 겪은 이야기 서술)
	새마을 운동 기록물	새마을 운동과 관련된 대통령 연설문, 정부 문서, 편지, 사진 등의 자료
2015년	한국의 유교 책판	조선 시대에 718종의 유교 서책을 간행하기 위해 판각한 책판
	'이산가족을 찾습니다' 기록물	남한 내에서 흩어진 이산가족을 찾기 위해 방영된 KBS 특별 생방송과 관련된 기록물(녹화 원본 테이프, 업무 수첩, 신청서 등)
2017년	조선 왕실 어보와 어책	조선 왕실에서 책봉하거나 존호를 수여할 때 제작된 의례용 도장인 어보와 그 교서인 어책
	국채 보상 운동 기록물	1907년부터 일어난 국채 보상 운동의 전 과정을 보여주는 기록물
	조선 통신사 기록물	일본 에도 막부의 초청으로 총 12회에 걸쳐 파견되었던 조선 통신사에 관한 기록물
2023년	4·19 혁명 기록물	4·19 혁명 운동 당시 부상자의 개별 기록서, 신문 기사 등 문서, 사진 자료
	동학 농민 운동 기록물	동학 농민 운동 당시 동학 농민군의 편지, 전봉준 공초 등의 자료

[정답] 기록유산 8) 『조선왕조실록』 9) 『불조직지심체요절』 10) 『승정원일기』 11) 강화도 12) 병인양요 13) 『동의보감』 14) 『일성록』 15) 『난중일기』

■ 한반도 북부 지역

* 학습한 내용을 빈칸에 채워보세요. 정답은 하단에 있습니다.

지역명	시대	특징
의주	고려	· 강동 6주 중 하나인 흥화진이 있던 곳 · 1)_____ 전투: 거란의 2차 침입 때(1010) 양규 활약, 3차 침입 때(1018) 강감찬 활약 · 거란과 물품을 거래하던 각장이 설치된 곳
	조선	· 선조의 피난처(임진왜란), 임경업 장군의 백마산성 항쟁(병자호란) · 만상의 활동 거점
	일제 강점기	항일 무장 단체 보합단(1920)의 거점
평양	고구려	· 2)_____ 때 천도(안학궁 건립) · 당이 안동 도호부 설치(668)
	고려	· 서경 천도 계획(정종), 분사 설치(태조 때 시작 ~ 성종 때 정비) · 묘청의 서경 천도 운동(1135) · 서경 유수 조위총의 난(1174, 반무신의 난), 최광수의 난(1217, 고구려 부흥 운동) · 동녕부 설치(원 간섭기)
	조선	· 조·명 연합군의 평양성 탈환(임진왜란) · 유상의 활동 거점
	근대	· 제너럴셔먼호 사건 발발(1866) · 대성 학교 설립(1908, 안창호)
	일제 강점기	송죽회 조직(1913, 비밀 여성 독립운동 단체), 물산 장려 운동 시작(조만식)
	현대	남북 연석 회의 실시(1948), 남북 정상 회담 개최
3)_____	후고구려	궁예가 후고구려 건국(901, 송악)
	고려	· 태조 왕건이 천도(919) · 거란 침입 이후 나성 축조(개경의 외성, 도성 수비 강화 목적) · 만월대, 현화사, 불일사 5층 석탑, 현화사 7층 석탑 건립
	조선	송상의 활동 거점

간도	근대	· 간도에 파견된 관리
		   – 어윤중을 서북 경략사로 파견(1882)
		   – 이중하를 토문 감계사로 파견(1885)
		   – 4)_____을 간도 시찰원으로 파견(1902) → 간도 관리사로 임명(1903)
		· 청·일 간의 간도 협약 체결(1909)

	일제 강점기	· **서간도**: 경학사·부민단 조직, 신흥 무관 학교 설립 · **북간도**: 중광단 조직, 서전 서숙·명동 학교 설립 · 봉오동·청산리 전투(1920), 간도 참변(1920, 경신참변)
흥남	일제 강점기	흥남 질소 비료 공장 건립
	현대	흥남 철수(6·25 전쟁, 1950. 12.)
원산	고려	원 간섭기에 5)_____가 설치된 지역(화주, 공민왕 때 무력 수복)
	조선	덕원 원산장(상업의 중심지, 장시)
	근대	강화도 조약을 통해 개항(1880), 6)_____ 설립(1883, 최초의 근대식 사립 학교)
	일제 강점기	경원선 철도 개통(1914), 원산 노동자 총파업(1929)

[정답] **북부 지역** 1) 흥화진 2) 장수왕 3) 개성 4) 이범윤 5) 쌍성 총관부 6) 원산 학사

* 학습한 내용을 빈칸에 채워보세요. 정답은 하단에 있습니다.

지역명	시대	특징
강화도	통일 신라	혈구진(군사 기지) 설치(문성왕)
	고려	최우의 강화 천도(1232), 팔만대장경 조판, 삼별초의 항쟁(강화도 → 진도 → 제주도)
	조선	· 인조 피난(정묘호란), 참성단 설치(마니산) · 사고(史庫) 설치(마니산 사고 → 정족산 사고), 7)_____ 건설(정조) · 정제두의 강화 학파(양명학) 형성
	근대	병인양요(1866)·신미양요(1871), 운요호 사건(1875) → 강화도 조약 체결(1876)
인천	근대	제물포 조약(1882, 임오군란), 강화도 조약을 통해 개항(1883)
	현대	인천 상륙 작전(6·25 전쟁)
공주	백제	웅진 천도(475, 문주왕), 송산리 고분군(무령왕릉 포함)
	통일 신라	웅천주 도독 8)_____의 난(822)
	고려	망이·망소이의 난(1176, 공주 명학소)
	근대	9)_____ 전투(1894, 동학 농민 운동)
부여	백제	사비 천도(538, 성왕), 백제 금동 대향로 출토·정림사지 5층 석탑·능산리 고분군
	고려	최영의 홍산 대첩(1376, 왜구 격퇴)
제주	고려	삼별초의 항쟁(김통정) → 여·몽 연합군에 의해 진압됨 → 탐라 총관부 설치
	현대	4·3 사건(1948)
10)____	고려	요세의 백련 결사 운동, 청자의 주요 생산 지역
	조선	무위사 극락전(15세기), 정약용의 유배지(다산 초당)
익산	백제	무왕 때 미륵사 건립, 왕궁리 유적
	신라	문무왕이 보덕국을 설치하고, 고구려 보장왕의 서자 안승을 왕에 책봉(674)
진주	고려	11)_____ 이 식읍으로 받은 지역
	조선	· 진주 대첩(김시민 승리, 임진왜란) · 진주 농민 봉기 → 전국적으로 확산(임술 농민 봉기)
	일제 강점기	조선 형평사(형평 운동) 조직
12)____	고려	· 왕건의 고창 전투(930), 공민왕의 피난(홍건적의 2차 침입) · 이천동 마애 여래 입상, 봉정사 극락전
	조선	도산 서원(이황), 병산 서원(유성룡)
울릉도 · 독도	신라	지증왕 때 이사부가 정벌(우산국)
	조선	숙종 때 13)_____ 이 일본으로 건너가 울릉도와 독도가 조선 영토임을 확인
	근대	· 울릉도를 군으로 승격·관리를 파견하여 독도까지 관할(대한 제국 칙령 제41호, 1900) · 일본이 러·일 전쟁 중 불법으로 점령·편입 　－ 한·일 의정서(1904. 2.): 울릉도와 독도를 불법 점령 　－ 시마네 현 고시 제40호(1905. 2.): 독도를 시마네 현에 불법 편입

[정답] 남부 지역 7) 외규장각 8) 김헌창 9) 우금치 10) 강진 11) 최충헌 12) 안동 13) 안용복

[주제별 최종 암기 점검] 전근대 빈출 인물

■ 고대

* 학습한 내용을 빈칸에 채워보세요. 정답은 하단에 있습니다.

원효	617~686	· 일심 사상 강조, 1)_____ 신앙 강조, 무애가를 지어 민간에 유포 · 경주 분황사에서 법성종 개창 · 요석 공주와의 사이에서 설총 출생 · **주요 저술**: 『십문화쟁론』, 『대승기신론소』, 『화엄경소』
의상	625~702	· 화엄 사상(일즉다 다즉일) 전파, 아미타 신앙과 관음 신앙 강조, 2)_____ 개창 · 영주 부석사, 양양 낙산사 건립 · **주요 저술**: 『화엄일승법계도』, 『백화도량발원문』
장보고	?~846	· 당나라에서 서주 무령군 소장 역임 · 완도에 청해진 설치 · 회역사(일본), 견당 매물사(당) 등의 교역 사절을 파견, 산둥 반도에 3)_____ 건립
최치원	857~?	· 6두품 출신 유학자, 당에 유학하여 빈공과 합격 · 당의 반란군인 황소에게 항복을 권하는 4)_____ 작성 · 진성 여왕에게 시무 10여 조 건의 · **주요 저술**: 『계원필경』, 『제왕연대력』, 『중산복궤집』, 『법장화상전』, 「낭혜화상백월보광탑비문」

[정답] 고대 1) 아미타 2) 화엄종 3) 법화원 4) 「토황소격문」

■ 고려

* 학습한 내용을 빈칸에 채워보세요. 정답은 하단에 있습니다.

균여	923~973	· 귀법사 주지 역임, 화엄 사상 정비, 법상종 세력을 흡수하기 위하여 5)_____를 주창 · 향가 형식의 불교 찬가인 보현십원가 11수를 지음
최승로	927~989	성종에게 5조 정적평과 시무 28조를 올림
서희	942~998	거란의 1차 침입 때 장수 소손녕과 외교 담판(강동 6주 획득)
윤관	?~1111	숙종에게 6)_____ 조직을 건의 → 예종 때 별무반을 이끌고 여진족 토벌(동북 9성 축조)
묘청	?~1135	인종에게 서경 천도와 칭제 건원을 주장 → 서경 천도 운동이 실패하자 난을 일으킴(묘청의 난)
의천	1055~1101	· 화엄종을 중심으로 교종 통합 시도 → 교종 중심으로 선종 통합(교관겸수, 내외겸전) · 국청사 창건, 천태종 창시, 7)____ 사용 주장, 『신편제종교장총록』, 교장(속장경) 간행
지눌	1158~1210	· 순천 송광사(길상사 → 수선사)에서 수선사 결사 운동 전개 · 선종을 바탕으로 불교 통합 시도(정혜쌍수, 돈오점수)
요세	1163~1245	· 법화 신앙에 중점을 두고 참회를 강조 · 강진 만덕산의 만덕사(백련사)에서 백련 결사 운동 전개
최충헌	1149~1219	· 사병 조직인 도방 확대, 개혁안인 봉사 10조를 올림, 흥녕부 설치 · 8)_____을 설치하고 교정별감의 자리에 오름
최우	?~1249	· 인사 기구인 정방과 문신 숙위 기구인 서방을 설치, 몽골이 침입하자 9)_____로 천도 · 글씨에 능하여 신라·고려의 4대 명필에 꼽힘(신품 4현)
이제현	1287~1367	· 만권당에서 원의 학자들과 교류하여 고려에 10)_____ 전파 · **주요 저술**: 『역옹패설』, 『사략』
(포은)정몽주	1337~1392	· 역성 혁명에 반대한 온건파 신진 사대부, '동방 이학의 시조'라고 불림 · 이방원의 부하에게 개성 선죽교에서 살해당함

[정답] 고려 5) 성상융회 6) 별무반 7) 화폐 8) 교정도감 9) 강화도 10) 성리학

■ 조선

* 학습한 내용을 빈칸에 채워보세요. 정답은 하단에 있습니다.

(삼봉)정도전	1342~1398	· 지방 향리 출신으로, 조선 건국을 주도한 혁명파 신진 사대부 · 경복궁을 비롯한 성문의 이름과 한성부의 5부 52방의 이름을 지음 · 왕조의 통치 규범 마련, 11)_____ 중심의 국정 운영 강조, 요동 정벌 추진 · 제1차 왕자의 난 때 이방원에게 살해당함 · **주요 저술**: 『조선경국전』, 『경제문감』, 『불씨잡변』, 『진법』, 『학자지남도』
(점필재)김종직	1431~1492	· 정몽주·길재의 학풍 계승, 김굉필·조광조 등에게 영향 · 「조의제문」을 지음(무오사화의 계기), 이후 밀양 예림 서원에 배향됨
(정암)조광조	1482~1519	· 성리학적 도학 정치 강조, 경연 강화, 현량과 실시, 소격서 폐지, 위훈 삭제 주장 · 향약을 최초로 시행(여씨 향약) · 12)_____ 때 처형됨
(화담)서경덕	1489~1546	· 기일원론(氣一元論) 주장(주기론), 불교와 노장 사상에 개방적인 태도 · 황진이, 박연 폭포와 함께 송도삼절(松都三絶)이라 불림 · **주요 저술**: 『화담집』, 「원이기」, 「이기설」, 「태허설」
(남명)조식	1501~1572	· 경(敬)과 의(義)를 근본으로 하는 실천적 성리학 강조, 노장 사상에 포용적 · 학문의 실천성은 정인홍, 곽재우 등의 제자들에게 영향을 주어 이들은 임진왜란 때 의병으로 활동함 · **주요 저술**: 『남명집』, 『남명학기유편』, 「무진봉사」
(퇴계)이황	1501~1570	· 주리론 주장, 13)_____ 에 영향을 줌 · 백운동 서원을 사액 서원으로 공인할 것을 건의, 도산 서당에서 후학 양성, 예안 향약 실시 · **주요 저술**: 『주자서절요』, 『성학십도』, 「논사단칠정서」
(율곡)이이	1536~1584	· 주기론 주장, 14)_____ 에 영향을 줌 · 경장론 주장(10만 양병설, 수미법 등), 해주 향약 실시 · **주요 저술**: 『격몽요결』, 『동호문답』, 『성학집요』, 『만언봉사』, 『기자실기』
(미수)허목	1595~1682	· 기해예송에서 3년복 주장, 붕당 정치의 폐단을 비판, 부세 제도의 완화 주장 · **주요 저술**: 『기언』, 『동사(東事)』
(우암)송시열	1607~1689	· 서인, 노론의 영수, 후대에 송자(松子)라고 불림 · 청에게 복수하자는 기축봉사를 올리고 북벌 운동 추진 · 희빈 장씨가 낳은 왕자의 원자 명호 책봉을 반대
(성호)이익	1681~1763	· 15)_____(토지 매매의 하한선 설정) 주장, 나라를 좀먹는 6좀과 화폐의 폐단을 지적 · 성호 학파 형성(정약용, 안정복) · **주요 저술**: 『성호사설』, 『곽우록』
(순암)안정복	1712~1791	· 이익의 역사 의식을 계승 · 『동사강목』에서 독자적인 삼한 정통론 제시(단군-기자-삼한-통일 신라-고려) · 태조에서 영조 대까지의 일을 편년체로 서술(『열조통기』) · 『천학문답』에서 서학(천주교)을 철저하게 비판
(다산)정약용	1762~1836	· 여전론(농지 공동 소유), 정전론 주장, 거중기, 주교(배다리) 제작 · 16)_____ 때 강진으로 유배됨(다산 초당) · **주요 저술**: 『경세유표』, 『목민심서』, 『마과회통』, 『흠흠신서』
(담헌)홍대용	1731~1783	· 지전설, 우주 무한론 주장, 혼천의 제작 · **주요 저술**: 『의산문답』, 『임하경륜』, 『담헌집』
(연암)박지원	1737~1805	· 한전론(토지 매매의 상한선 설정) 주장 · 17)_____·선박·화폐의 필요성 주장 · **주요 저술**: 『열하일기』, 「양반전」, 「허생전」

[정답] 조선 11) 재상 12) 기묘사화 13) 동인 14) 서인 15) 한전론 16) 신유박해 17) 수레

[주제별 최종 암기 점검] 근현대 빈출 인물

■ 근대~일제 강점기

* 학습한 내용을 빈칸에 채워보세요. 정답은 하단(p.255)에 있습니다.

최익현	1833~1906	· 1873년 흥선 대원군의 하야와 고종의 친정을 주장하는 상소를 올림 · 1876년 개항을 반대하며 [1]_____ 주장 · 1906년 전라북도 태인에서 의병을 일으킴(을사의병) → 체포된 이후 쓰시마 섬에서 순국(1906)
박은식	1859~1925	· 1898년 독립 협회에 참가하였고, 황성신문 주필 담당 · 1910년 조선 광문회 활동 전개 · 1925년 대한민국 임시 정부 제2대 대통령 취임 · **주요 저술:** 「유교구신론」, 『한국통사』, 『한국독립운동지혈사』
윤희순	1860~1935	· 1895년 을미의병 당시 '안사람 의병가', '병정의 노래' 등 의병가 창작, 군자금 모금 등 의병 운동에 참여 · 1912년 동창 학교의 분교인 노학당 설립 · 1915년 조선 독립단 창설 · 1926년 조선 독립단 가족 부대, 조선 독립단 학교 설립
손병희	1861~1922	· 1894년 동학 농민 운동에서 북접의 농민군을 지휘·통솔 · 1905년 동학을 [2]_____로 개칭 · 1919년 3·1 운동 참여, 대한 국민 의회 대통령에 추대
박영효	1861~1939	· 1884년 갑신정변에 참여함 → 실패 후 일본 망명 · 1894년 내부 대신에 임명됨 → 다음 해 일본 망명 · 1920년 동아일보사 초대 사장 역임 · 1926년 중추원 칙임관과 부의장(1939) 역임
헐버트 (H. B. Hulbert)	1863~1949	· 1886년 소학교 교사로 초청을 받아 내한 → 육영 공원에서 외국어를 가르침 · 1889년 세계 지리서인 『사민필지』를 저술 · 1905년 을사늑약이 무효임을 알리는 고종의 밀서를 미국 대통령에게 전달하려 했으나 실패 · 1906년 다시 내한, 『한국평론』을 통해 일본의 침략 행위를 폭로 · 1950년 외국인 최초로 건국 훈장 독립장 추서
이승훈	1864~1930	· 1907년 신민회 가입 후 자기 회사 설립, 태극 서관 운영, 오산 학교(정주) 설립 · 1919년 3·1 운동 때 민족 대표 33인 중 기독교 대표로 활동 · 1924년 동아일보 사장 취임, 민립 대학 설립 운동 전개
이회영	1867~1932	· 1910년 한·일 합병 이후 전 재산을 정리해 만주로 이동 · 1911년 경학사, 신흥 강습소 설립
홍범도	1868~1943	· 1907년 정미의병 때 갑산·산수 등에서 무장 투쟁 전개(산포대 조직) · 1920년 봉오동 전투와 청산리 전투에서 승리, 대한 독립 군단 조직 · 1921년 자유시로 이동하여 고려 혁명 군관학교 설립 · 1937년 러시아의 스탈린에 의해 중앙아시아로 강제 이주
이상설	1870~1917	· 1906년 북간도에 서전서숙 설립 · 1907년 [3]_____로 파견 · 1911년 연해주에서 권업회 조직, 대한 광복군 정부의 정통령으로 취임(1914)
양기탁	1871~1938	· 1898년 만민 공동회 간부로 활약 · 1904년 대한매일신보 창간 · 1907년 [4]_____ 주도, 신민회 조직
남자현	1872~1933	· 1919년 만주로 망명 → 서로 군정서에서 활약 · 1924년 채찬, 이청산 등과 사이토 총독 암살 계획 · 1933년 이규동 등과 주만일본대사 암살 계획 → 하얼빈에서 붙잡혀 혹형을 받고 석방된 이후 순국

이동휘	1873~1935	· 1908년 서북학회 창립 · 1914년 대한 광복군 정부 부통령 취임 · 1919년 대한민국 임시 정부 국무총리 취임
안창호	1878~1938	· 1912년 대한인 국민회 중앙 총회 조직, 5)_____ 조직(1913) · 1919년 대한민국 임시 정부 내무총장 겸 국무총리 대리직 수행 · 1937년 수양 동우회 사건으로 수감
안중근	1879~1910	· 1907년 국채 보상 운동에 참가, 한·일 신협약이 체결되자 연해주로 가서 의병 부대 가담 · 1909년 하얼빈에서 6)_____ 사살 · 1910년 『동양평화론』 저술, 뤼순 감옥에서 순국
신채호	1880~1936	· 1907년 신민회 조직 · 1919년 대한민국 임시 정부에서 활동 · 1923년 7)_____ 발표 · **주요 저술**: 「독사신론」, 『조선사연구초』, 『조선상고사』

[정답] 근대~일제 강점기 1) 왜양 일체론 2) 천도교 3) 헤이그 특사 4) 국채 보상 운동 5) 흥사단 6) 이토 히로부미 7) 「조선혁명선언」

■ 일제 강점기~현대

* 학습한 내용을 빈칸에 채워보세요. 정답은 하단(p.256)에 있습니다.

이승만	1875~1965	· 1919년 대한민국 임시 정부 초대 대통령 · 1925년 위임 통치 건으로 탄핵 당함 · 1946년 8)____ 발언 · 1948년 대한민국 초대 대통령 취임(1960년 4·19 혁명으로 하야)
김구	1876~1949	· 1931년 9)_____ 조직 · 1935년 한국 국민당 창당 · 1940년 대한민국 임시 정부 주석에 취임 · 1948년 남북 협상 주도 · 1949년 경교장에서 안두희에게 암살 당함
박용만	1881~1928	· 1909년 미국 네브라스카에 한인 소년병 학교 설립 · 1911년 대한인 국민회 기관지인 신한민보의 주필로 활동 · 1914년 하와이에 대조선 국민 군단 조직 · 1917년 신규식, 조소앙 등과 대동 단결 선언 발표
김규식	1881~1950	· 1919년 10)_____에 한국 대표로 참석(신한청년당) · 1944년 대한민국 임시 정부 부주석에 취임 · 1946년 여운형과 함께 좌·우 합작 운동 전개, 남북 협상 참여(1948)
조소앙	1887~1958	· 1917년 대동 단결 선언 발표 · 1919년 대한민국 임시 정부 국무원 비서장 역임 · 1927년 한국 독립당 관내 촉성회 연합회 결성, 한국 독립당 결성(1930) · 1941년 대한민국 임시 정부 국무위원을 통해 건국 강령 제정 및 발표(삼균주의) · 1948년 남북 협상 참여, 1950년 제2대 총선거에서 당선

여운형	1886~1947	· 1918년 신한청년당 조직 · 1919년 대한민국 임시 정부 수립에 가담 → 임시 의정원 의원 역임 · 1944년 조선 건국 동맹 조직 → 11)_____로 개편(1945) · 1946년 김규식과 좌·우 합작 위원회 조직
지청천	1888~1957	· 1919년 신흥 무관 학교에서 독립군 양성 · 1920년 대한 독립 군단에 참여 · 1930년 12)_____ 총사령관 취임, 쌍성보 전투에서 승리(1932) · 1940년 한국광복군 총사령관에 취임
김좌진	1889~1930	· 1915년 대한 광복회에서 활동 · 1919년 북로 군정서의 총사령관에 취임 · 1920년 청산리 전투에서 승리, 대한 독립 군단 결성 · 1925년 신민부 창설
안재홍	1891~1965	· 1916년 이회영, 신채호 등과 함께 동제사에서 활약 · 1924년 조선일보의 주필로 활동 · 1942년 조선어 학회 사건으로 투옥 · 1945년 조선 건국 준비 위원회의 부위원장 역임 · 1947년 미 군정이 설립한 남조선 과도 정부의 민정 장관 역임
나석주	1892~1926	· 1920년 항일 비밀 결사를 조직, 친일파 숙청 등의 활동 전개 · 1923년 중국 육군 군관단 강습소에 입교하여 사관 훈련 수료 · 1926년 의열단에 입단, 조선식산은행과 동양 척식 주식회사에 폭탄 투척
양세봉	1896~1934	· 1923년 육군 주만 참의부 소대장에 취임 · 1929년 국민부 조직에 참여, 조선 혁명군 총사령관에 취임 · 1932년 영릉가 전투, 1933년 흥경성 전투에서 승리
김원봉	1898~1958	· 1919년 만주 지린에서 13)_____ 조직 · 1935년 중국 난징에서 민족 혁명당 창당 · 1938년 조선 의용대 창설 · 1942년 한국광복군에 합류
이범석	1900~1972	· 1919년 신흥 무관 학교 교관, 북로 군정서 교관 역임 · 1920년 청산리 대첩에서 활약 · 1945년 14)_____ 참모장 역임 · 1948년 대한민국 정부 초대 국무총리, 국방부 장관 역임 · 1951년 이기붕 등과 자유당 창당
이봉창	1900~1932	1931년 한인 애국단 가입 → 일본 도쿄에서 일왕에게 폭탄 투척(1932)
유관순	1902~1920	· 1918년 이화학당 보통과 졸업, 고등과 진학 · 1919년 병천 아우내 장터에서 3·1 운동 주도 → 시위 주도자로 체포되어 수감 · 1920년 옥중 만세 운동 전개 → 오랜 고문과 영양 실조로 순국
윤봉길	1908~1932	· 1931년 한인 애국단 가입 · 1932년 상하이 훙커우 공원에서 열린 일본군 상하이 점령 기념식에서 폭탄을 투척

[정답] **일제 강점기~현대** 8) 정읍 9) 한인 애국단 10) 파리 강화 회의 11) 조선 건국 준비 위원회 12) 한국 독립군 13) 의열단 14) 한국광복군

정답 및 해설

2

I. 선사 시대

01 역사의 이해

p. 14

01 ⑤   02 ①   03 ②   04 ①   05 ①
06 ②   07 ①   08 ①

01 역사의 의미 [압축개념 01] 정답 ⑤

정답
설명
⑤ 사실로서의 역사는 과거에 일어났던 사실 그 자체를 의미하기 때문에 객관적 의미의 역사이다. 주관적 의미의 역사는 기록으로서의 역사이다.

오답
분석
① 역사는 과거에 있었던 모든 사실의 집합인 사실로서의 역사와 조사되어 기록된 과거인 기록으로서의 역사라는 두 가지 의미가 있다.
② 사실로서의 역사는 과거부터 현재까지 일어난 모든 사건을 의미한다.
③ 기록으로서의 역사는 역사가가 과거의 사실을 조사·연구하여 주관적으로 재구성한 것이다.
④ 우리가 역사를 배운다는 것은 과거에 일어난 사실 중 역사가들이 선정하여 연구한 사실을 배우는 것이기 때문에 역사가의 주관이 개입되어 재구성된 기록으로서의 역사를 배우는 것이다.

02 역사의 의미 [압축개념 01] 정답 ①

정답
설명
① '기록으로서의 역사'는 과거에 일어난 사실에 역사가의 가치관과 주관이 개입되어 재구성된 역사이다.

오답
분석
② 인간은 역사를 통해 과거에 있었던 사실들을 배움으로써 현재를 살아가는데 필요한 삶의 지혜와 교훈을 얻을 수 있다.
③ 사료에는 사료를 작성한 사람들의 가치관이나 시대적 흐름이 반영되기 때문에 사료와 역사적 진실과 반드시 일치한다고 보기 어려우므로 역사 연구에 있어서 사료 비판의 과정이 반드시 필요하다.
④ '사실로서의 역사'는 과거에 있었던 모든 사실과 사건을 의미한다. 이것은 객관적 의미의 역사로 역사가의 주관이 배제된 역사를 의미한다.

03 역사의 의미(사실로서의 역사) [압축개념 01] 정답 ②

자료
분석
제시문에서 '역사가는 자신을 숨겨야 한다'는 내용을 통해 사실로서의 역사임을 알 수 있다.

정답
설명
② 기인 제도의 의미만을 객관적으로 서술하고 있으므로 사실로서의 역사이다.

04 카(E. H. Carr)의 역사관 [압축개념 01] 정답 ①

자료
분석
제시문에서 '현재와 과거의 끊임없는 대화'라는 내용을 통해 과거의 사실과 역사가의 해석을 강조한 카(E. H. Carr)의 주장임을 알 수 있다.

정답
설명
① 사실로서의 역사를 강조하는 실증주의적 역사관을 드러낸 대표적인 학자는 랑케이다.

오답
분석
②, ③, ④ 제시된 사료는 카(E. H. Carr)의 『역사란 무엇인가?』의 내용으로, 이 책에서 카는 역사가 사실과 기록이라는 두 가지 측면으로 구성되어 있으며, 역사가의 주관적인 해석 과정은 객관적인 과거 사실만큼이나 역사를 형성하는 데 중요하다고 강조하였다.

05 역사의 의미(기록으로서의 역사) [압축개념 01] 정답 ①

자료
분석
제시된 사료에서 부여와 고구려 사람에 대한 주관적인 평가가 개입되어 있으므로 기록으로서의 역사에 해당한다.

정답
설명
㉠ 기록으로서의 역사: 『삼국사기』에 불교 관련 기사가 거의 없는 것은 유학자인 김부식이 유교 사관에 입각하여 기록하였기 때문이다.
㉡ 기록으로서의 역사: 『고려사』는 조선 건국을 정당화하기 위해 편찬되었기 때문에 고려 말기의 역사를 부정적으로 기록하고 있다.

오답
분석
㉢ 사실로서의 역사: 한백겸의 『동국지리지』는 고대 지명을 연구하여 실증적으로 밝혔으며 문헌 고증을 통한 객관적인 역사를 추구하였으므로 사실로서의 역사에 해당한다.
㉣ 사실로서의 역사: 기전체는 사마천의 『사기』에서부터 고안된 역사 서술 방식으로, 군주와 관련된 것들을 기록한 본기(本紀), 신하들의 전기인 열전(列傳), 통치 제도·관직·문물·경제·지리·자연 현상 등을 정리한 지(志)와 연표(年表) 등으로 나누어 최대한 객관적으로 사실을 기록하고자 하였다.

06 한국사의 특수성 [압축개념 04] 정답 ②

정답
설명
㉡ 특수성: 고대 사회의 불교가 현세 구복적이고 호국적인 성향이 있었던 것은 한국 불교만의 특수한 성질이다.
㉢ 특수성: 조선 시대 농촌 사회에서 두레·계·향도와 같은 공동체 조직이 발달한 것은 우리 민족의 특수한 성질이다.

오답
분석
  ㉠ 보편성: 선사 시대가 구석기·신석기·청동기 시대 순으로 발전
하였던 것은 전 인류의 공통된 성질이다.

  ㉣ 보편성: 전근대 사회에서 신분제 사회가 형성되어 있었던 것은
전 인류의 공통된 성질이다.

07 | 사료와 사료 비판 압축개념 03   정답 ①

자료
분석 제시문은 역사의 두 가지 의미에 대한 설명으로, 우리가 배우는 역
사가 기록으로서의 역사임을 주장하고 있다.

정답
설명 ① 사료는 과거에 있었던 사실을 토대로 당대 사람들이나 역사가
의 주관에 의해 재구성된 것이기 때문에 있는 그대로 받아들여
서는 안되며 사료 비판의 과정을 반드시 거쳐야 한다.

오답
분석 ② 사료를 이해하기 위해서는 사료가 기록된 당시의 전반적인 시
대 상황을 함께 살펴보아야 한다.

  ③ 사료에는 그것을 기록하는 역사가의 가치관이 개입될 수 있으
므로, 사료를 기록한 역사가의 가치관을 분석해야 한다.

  ④ 사료를 탐구할 때에는 동일한 사건이나 같은 시대를 다루고 있
는 다른 사료와 비교·검토해야 한다.

08 | 한국사의 보편성과 특수성 압축개념 04   정답 ①

정답
설명 ① 조선이 식민지로 전락하게 된 배경이 봉건 제도가 없었기 때
문이라고 주장하는 것은 일본의 식민 사관 중 정체성론에 해
당하는 내용으로, 이는 한국사에 대한 올바른 이해가 아니다.

오답
분석 ② 한국사는 한국인이 걸어온 주체적인 역사이다. 따라서 한국사
를 우리 민족의 주체적인 역사로 인식하고 한국사를 이해한다
면 우리 역사에 대한 올바른 인식을 지닐 수 있다.

  ③ 한국사의 보편성과 특수성을 균형 있게 고려하여 이해하는 관
점은 우리가 세계사 안에서 한국사를 올바르게 바라보는 시각
을 가질 수 있게 도와준다.

  ④ 다양한 기준에 의거하여 시대 구분을 하더라도 세계사적 공
통성 외에 우리 민족은 우리 민족만의 특수한 발전 양상을 가
지고 있으므로 이러한 특수성을 고려하여 한국사를 이해할 필
요가 있다.

02~03 | 구석기 시대~신석기 시대

p. 20

| 01 ① | 02 ④ | 03 ③ | 04 ② | 05 ② |
| 06 ① | 07 ① | 08 ② | 09 ① | |

01 | 구석기 시대의 생활상 [구석기] 압축개념 01, 02   정답 ①

정답
설명 ① 구석기 시대 사람들은 주로 동굴이나 바위 그늘에서 생활하

였고, 불을 이용하여 짐승이나 물고기 등을 조리해 먹기도 하
였다.

오답
분석 ② 단양 수양개, 연천 전곡리, 공주 석장리는 구석기 시대의 유적
지가 맞지만, 밭농사는 신석기 시대부터 시작되었다.

  ③ 청동기 시대: 고인돌과 돌널무덤은 청동기 시대의 대표적인
무덤 형태이다.

  ④ 주먹 도끼와 가로날 도끼는 구석기 시대의 도구이나, 민무늬 토
기는 청동기 시대의 도구이다.

02 | 구석기 시대와 신석기 시대의 생활 [구석기, 신석기] 압축개념 01   정답 ④

정답
설명 ④ 민무늬 토기는 청동기 시대의 대표적인 토기이며, 덧띠 토기와
검은 간 토기 등을 사용하였던 시기는 철기 시대이다.

오답
분석 ① 구석기 시대 중기에는 큰 몸돌에서 떼어 낸 격지(조각난 돌)
를 잔손질하여 석기를 제작하였는데, 밀개, 긁개, 찌르개 등이
대표적인 유물이다.

  ② 신석기 시대의 대표적인 유적지 중 하나인 강원 양양 지경리
유적에서는 둥그란 모양의 바닥 중앙에 화덕 자리가 있는 움
집 터가 발견되었다.

  ③ 신석기 시대에는 지배와 피지배의 관계(계급)가 형성되지 않
았고, 연장자나 경험이 많은 자가 자기 부족을 통솔하였다.

03 | 구석기 시대의 생활상 [구석기] 압축개념 01, 02   정답 ③

자료
분석 제시문에서 1935년 일제 강점기에 함경북도 종성군 동관진에서
한반도 최초로 (가) 시대의 유물이 발견되었다는 내용을 통해 (가)
시대가 구석기 시대임을 알 수 있다.

정답
설명 ③ 구석기 시대에는 주로 동물을 사냥하거나 물고기잡이, 나무 열
매와 뿌리를 채집하며 생활하였다.

오답
분석 ① 청동기 시대: 반달 돌칼을 이용하여 벼 등 곡식의 이삭을 수확
한 것은 청동기 시대이다.

  ② 신석기 시대: 돌 갈판에 곡물을 갈아 음식을 만든 것은 신석기
시대이다. 한편 옥수수는 조선 후기 무렵에 우리나라에 전래되
었을 것으로 추정된다.

  ④ 신석기 시대: 영혼 숭배 사상이 있어 사람이 죽으면 흙 그릇 안
에 매장하는 풍습이 있었던 것은 신석기 시대이다. 한편 흙으
로 만든 토기(옹관)를 사용한 독무덤(옹관묘)은 신석기 시대부
터 제작된 것으로 추정되나, 우리나라의 독무덤은 대체로 철기
시대의 유적에서 발견된다.

04 | 연천 전곡리 유적 [구석기] 압축개념 02   정답 ②

자료
분석 제시문에서 동아시아에서 처음으로 아슐리안형 주먹 도끼가 발견
되었다는 내용을 통해 전기 구석기 시대의 유적인 경기도 연천 전
곡리 유적에 대한 설명임을 알 수 있다.

정답
설명 ② 연천 전곡리 유적은 대표적인 전기 구석기 시대의 유적으로,
이곳에서 동아시아 최초로 돌의 양면을 가공한 형태의 아슐리
안형 주먹 도끼가 출토되었다.

오답
분석 ① 충청남도 공주 석장리 유적은 광복 이후 남한에서 최초로 발
견된 구석기 시대 유적으로, 전기~후기 구석기 유적이 모두 발
견된 곳이다.

③ 충청북도 청원 두루봉 동굴 유적은 후기 구석기 시대의 유적으로, 이곳에서는 어린 아이의 인골 화석인 흥수 아이가 발견되었다.
④ 충청북도 단양 상시리 바위 그늘 유적은 구석기~청동기 시대의 유적으로, 이곳에서 남한 최초로 인골 화석인 상시인이 발굴되었다.

05 | 신석기 시대의 생활상 [신석기] 압축개념 01 정답 ②

자료 분석
제시문에서 점토 띠를 덧붙인 토기이며, 부산 동삼동, 양양 오산리 유적 등에서 출토되었다는 것을 통해 신석기 시대에 사용된 덧무늬 토기임을 알 수 있다.

정답 설명
② 검은 간 토기는 철기 시대에 사용된 토기이다. 신석기 시대에는 빗살무늬 토기, 덧무늬 토기, 눌러찍기무늬 토기 등이 사용되었다.

오답 분석
① 신석기 시대에는 강가나 바닷가에 움집을 지어 주거 생활을 하였다. 신석기 시대의 움집은 바닥이 원형이나 모서리가 둥근 사각형의 형태로 중앙에는 불씨를 보관하거나 취사와 난방을 위한 화덕이 위치하였다.
③ 신석기 시대에는 가락바퀴와 뼈바늘을 이용해 옷이나 그물을 만들어 생활하였다.
④ 신석기 시대에는 농경이 시작되면서 조와 기장 등의 곡물을 경작하였다.

06 | 신석기 시대의 유물 [신석기] 압축개념 01, 03 정답 ①

정답 설명
① 바르게 연결한 것을 모두 고르면 ㉠, ㉡이다.
㉠ 양양 오산리 유적은 신석기 시대 유적으로 덧무늬 토기·이른 민무늬 토기 등이 출토되었으며, 한반도에서 가장 오래된 신석기 시대 집터 유적지가 발견되었다.
㉡ 서울 암사동 유적은 신석기 시대 유적으로 빗살무늬 토기가 출토되었으며, 신석기 시대 집터가 다수 발견되었다.

오답 분석
㉢ 공주 석장리 유적은 구석기 시대 유적이며, 미송리식 토기는 청동기 시대의 유물이다.
㉣ 부산 동삼동 유적은 신석기 시대 유적이 맞지만, 아슐리안형 주먹 도끼는 연천 전곡리 유적에서 발굴된 구석기 시대의 유물이다.

07 | 신석기 시대의 생활과 신앙 [신석기] 압축개념 01, 02 정답 ①

정답 설명
① 독무덤과 널무덤은 철기 시대에 유행하였던 무덤 양식이다.

오답 분석
② 신석기 시대에는 방추차(가락바퀴)와 뼈바늘을 이용하여 그물을 짜거나 옷을 만들어 입었다.
③ 신석기 시대에는 이른 민무늬 토기, 덧무늬 토기, 눌러찍기무늬 토기를 사용하였다.
④ 신석기 시대에는 조상의 영혼이 자기 씨족을 보호한다고 믿는 영혼 숭배와 조상 숭배가 나타났다.

08 | 신석기 시대의 생활 [신석기] 압축개념 01 정답 ②

정답 설명
② 신석기 시대에는 가락바퀴와 뼈바늘을 이용하여 의복이나 그물을 만드는 등 원시적인 수공업 활동이 이루어졌다.

오답 분석
① 구석기 시대: 동굴이나 바위 그늘에서 살거나 강가에 막집을 짓고 살았던 시대는 구석기 시대이다.
③ 청동기 시대: 사유 재산이 나타난 시대는 청동기 시대이다.
④ 청동기 시대: 반달 돌칼, 바퀴날 도끼, 홈자귀 등의 석기로 만들어진 농기구를 사용한 시대는 청동기 시대이다.

09 | 한반도의 선사 시대 [구석기] 압축개념 01 정답 ①

정답 설명
① 슴베찌르개는 구석기 시대 후기에 사용된 대표적인 도구이다. 구석기 시대 전기에 사용된 도구로는 주먹 도끼, 찍개 등이 있다.

오답 분석
② 신석기 시대의 집터는 대부분 움집으로, 움집의 바닥은 원형이나 모서리가 둥근 사각형이다.
③ 신석기 시대 유적인 부산 동삼동 패총에서 발견된 조개 껍데기 가면을 통해 신석기인들이 조개를 식용뿐만 아니라 장식으로 사용하기도 하였음을 알 수 있다.
④ 청동기 시대의 유물로는 비파형동검·거친무늬 거울 등의 청동기, 붉은 간 토기·미송리식 토기 등의 토기, 반달 돌칼·홈자귀·바퀴날 도끼 등의 석기가 있다.

04 청동기 시대와 철기 시대

p. 24

01 ④	02 ②	03 ①	04 ③	05 ②
06 ②	07 ③	08 ③	09 ③	

01 | 청동기 시대의 생활 압축개념 01, 02 정답 ④

자료 분석
제시문에서 반달 돌칼과 민무늬 토기 등이 사용되었고 고인돌과 돌널무덤이 만들어졌다는 내용을 통해 밑줄 친 '이 시기'가 청동기 시대임을 알 수 있다.

정답 설명
④ 청동기 시대에는 목을 길게 단 미송리식 토기가 사용되었다.

오답 분석
① 신석기 시대: 농경과 목축이 시작된 시기는 신석기 시대이다.
② 구석기 시대: 주로 동굴이나 강가의 막집에 거주한 시기는 구석기 시대이다.
③ 구석기 시대: 대전 용호동 유적은 구석기 시대 중기~후기의 유적으로, 불을 땐 화덕 자리가 발견되어 구석기 시대 사람들이 불을 이용하여 생활하였음을 보여준다.

02 청동기 시대의 문화　압축개념 01, 03　　정답 ②

정답
설명
② 청동기 시대 후반~철기 시대 초반에 청동기 문화가 독자적으로 발전하면서 거친무늬 거울은 잔무늬 거울로 변하여 갔다.

오답
분석
① 청동기 시대에는 청동기 제작과 관련된 전문 장인이 출현하였고, 생산력 증가에 따라 잉여 생산물이 생기면서 사유 재산 제도와 계급이 나타났다.
③ 청동기 시대의 무덤 양식으로는 고인돌, 돌널무덤, 돌무지무덤 등이 있으며, 돌무지무덤은 청동기 시대부터 고구려와 백제 초기까지 나타나는 무덤 양식이다.
④ 청동기 시대의 전형적인 토기로는 미송리식 토기, 민무늬 토기, 붉은 간 토기 등이 있다.

03 청동기 시대의 생활　압축개념 01　　정답 ①

정답
설명
① 간돌검은 돌을 정교하게 갈아서 만든 단검 형태의 석기로, 청동기 시대에 사냥 도구나 전쟁 무기로 사용되었다.

오답
분석
② 신석기 시대: 빗살무늬 토기에 도토리 등의 식량을 저장하였던 시대는 신석기 시대이다.
③ 구석기 시대: 상원 검은모루, 공주 석장리 등은 구석기 시대 유적지이다.
④ 구석기 시대: 주먹 도끼, 찍개 등의 사냥 도구를 만들어 사용한 시대는 구석기 시대이다.

04 청동기 시대의 유적과 유물　압축개념 03　　정답 ③

정답
설명
③ 강화 부근리는 청동기 시대의 대표적인 유적지이며, 이곳에서는 탁자식(북방식) 고인돌이 발견되었다.

오답
분석
① 연천 전곡리는 구석기 시대의 대표적인 유적지로, 이곳에서는 사냥 도구인 아슐리안형 주먹 도끼가 출토되었다.
② 창원 다호리는 철기 시대의 유적지로, 이곳에서 발견된 붓을 통해 우리나라가 당시 중국과 교류를 하였으며, 한자를 사용하였음을 알 수 있다.
④ 서울 암사동은 신석기 시대의 대표적인 유적지로, 이곳에서는 곡물을 담는 데 이용된 빗살무늬 토기가 발견되었다.

05 청동기 시대의 유물(미송리식 토기)　압축개념 01　　정답 ②

자료
분석
제시문의 밑이 납작하며 손잡이가 양 옆으로 달려 있는 토기는 청동기 시대의 대표적 유물인 미송리식 토기이다.

정답
설명
② 미송리식 토기는 청동기 시대의 대표적인 토기로, 밑이 납작한 항아리의 양쪽 옆으로 손잡이가 하나씩 달려 있으며 집선(集線) 무늬가 있는 것이 특징이다.

오답
분석
① 철기 시대: 검은 간 토기는 철기 시대의 대표적인 토기이다.
③ 신석기 시대: 눌러찍기무늬 토기는 신석기 시대에 많이 제작된 토기이다.
④ 청동기 시대: 덧띠새김무늬 토기는 외면에 얇은 덧띠를 붙인 형태의 토기로, 신석기 시대 말기부터 등장한 청동기 시대 초기의 대표적인 토기이다.

06 청동기 문화의 독자적인 발전　압축개념 02　　정답 ②

정답
설명
② 거푸집은 청동 제품을 제작할 때 사용하던 틀로, 후기 청동기~철기 시대의 유적들에서 출토되었다. 거푸집의 출토를 통해 한반도에서 청동기 문화가 독자적으로 발전하였음을 알 수 있다.

오답
분석
① 명도전: 명도전은 중국 전국 시대의 화폐로, 이를 통해 철기 시대에 한반도 사람들이 중국과 교류하였음을 알 수 있다.
③ 비파형동검: 비파형동검은 청동기 시대의 유물로, 요령 지방을 포함한 만주로부터 한반도 전역에 이르는 넓은 지역에서 출토되고 있어 한반도의 독자적인 청동기 문화를 보여주는 유물이라고 할 수는 없다.
④ 반량전: 반량전은 중국 진(秦) 대의 화폐로, 명도전과 같이 철기 시대 한반도 사람들이 중국과 교류하였음을 보여 주는 유물이다.

07 선사 시대의 사회 모습　압축개념 01　　정답 ③

정답
설명
ⓒ 붉은 간 토기를 사용한 청동기 시대에는 거친무늬 거울을 사용하여 제사를 지내거나 의식을 거행하였다.
ⓔ 눌러찍기무늬 토기를 사용한 신석기 시대에는 가락바퀴와 뼈바늘을 이용하여 옷이나 그물을 만들어 사용하는 원시 수공업이 발달하였다.

오답
분석
ⓐ 슴베찌르개는 후기 구석기 시대에 사용되었던 도구이고, 벼농사를 짓기 시작한 것은 청동기 시대이다.
ⓑ 반달 돌칼이 주로 사용되던 것은 청동기 시대이고, 농경이 시작되었으나 지배와 피지배 관계가 발생하지 않은 것은 신석기 시대이다.

08 청동기 시대의 사회 모습　압축개념 01, 03　　정답 ③

자료
분석
제시된 유물은 반달 돌칼로, 청동기 시대에 사용되었던 도구이다.

정답
설명
③ 청동기 시대에는 생산물의 분배와 사유화로 인해 빈부 격차가 나타나면서 계급 사회가 성립되었다.

오답
분석
① 신석기 시대: 농경이 시작되어 조, 피, 수수 등을 재배한 것은 신석기 시대의 사회 모습이다.
② 삼국 시대: 불교가 우리나라에 처음 받아들여진 것은 삼국 시대이다. 삼국 중에는 고구려가 최초로 불교를 수용하였다(372, 소수림왕).
④ 구석기 시대: 주로 동굴이나 바위 그늘에서 살거나 막집을 짓고 살았던 것은 구석기 시대의 사회 모습이다.

09 선사 시대의 생활　압축개념 01, 03　　정답 ③

자료
분석
제시된 자료의 연천 전곡리는 구석기 시대, 서울 암사동은 신석기 시대, 여주 흔암리와 강화 부근리는 청동기 시대의 유적지이다. 따라서 (가)는 구석기 시대, (나)는 신석기 시대, (다)와 (라)는 청동기 시대에 해당하는 내용이 들어가야 한다.

정답
설명
③ 청동기 시대 사람들은 흙을 빚어 만든 그릇인 토기를 사용하였다. 대표적인 청동기 시대의 토기로 민무늬 토기, 미송리식 토기, 붉은 간 토기 등이 있다.

오답
분석
① 돌을 갈아서 만든 돌도끼는 신석기 시대 때 처음 만들어졌으며, 청동기 시대 이후에도 농기구로 활용되었다.
② 청동기 시대: 반달 돌칼은 청동기 시대의 농기구이다.
④ 철기 시대: 쇠쟁기는 철기 시대에 만들어진 철제 농기구이다.

05 | 고조선의 성장

p. 28

| 01 ② | 02 ① | 03 ④ | 04 ④ | 05 ② |
| 06 ④ | 07 ② | 08 ③ | 09 ② | |

01 | 고조선 압축개념 01, 02, 04

정답 ②

정답
설명
② 진대법은 춘대추납의 빈민 구제 제도로, 고구려와 관련된 내용이다. 진대법은 고구려 고국천왕 때 국상이었던 을파소의 건의에 따라 시행되었다(194).

오답
분석
① 위만은 진·한 교체기에 고조선으로 망명하였으며, 준왕의 신임을 받아 서쪽 변경을 수비하는 임무를 맡았다. 이후 세력을 키운 위만은 준왕을 축출하고 스스로 왕이 되었다(위만 조선 성립, 기원전 194).
③ 고조선의 법인 범금 8조(8조법)에는 인간의 생명과 노동력 중시, 사유 재산 인정(계급 사회) 등의 고조선의 사회상이 나타나 있으며, 현재 8개의 법 중 3개만 전해진다.
④ 고조선은 청동기 문화를 바탕으로 성장한 나라로, 고조선의 세력 범위는 청동기 시대의 유물과 유적인 비파형동검, 거친무늬 거울, 미송리식 토기, 북방식 고인돌의 출토 지역과 거의 일치한다.

02 | 고조선과 위만 조선 압축개념 01, 02

정답 ①

자료
분석
제시된 자료의 (가) 시기는 단군의 등장부터 위만이 집권하기 이전의 시기이므로 단군 조선 시기, (나) 시기는 위만의 집권 이후부터 왕검성이 함락되기 전까지의 시기로 위만 조선 시기이다.

정답
설명
㉠ (가) 시기, 단군 조선: 고조선은 단군 조선 시기에 왕 밑에 상, 경, 대부, 박사 등의 관직을 마련하였다.
㉢ (나) 시기, 위만 조선: 고조선은 위만이 집권한 이후 철기 문화를 본격적으로 수용하였다. 또한 지리적 이점을 이용하여 동방의 예나 남방의 진과 중국의 한 사이에서 중계 무역으로 이익을 독점하였다.

오답
분석
㉡ (나) 시기, 위만 조선: 창해군은 한이 위만 조선 진출의 발판을 마련하기 위해 기원전 128년 고조선 지역에 설치한 군현으로, (나) 시기의 사실이다.
㉣ (가) 시기, 단군 조선: 비파형동검과 북방형 고인돌의 분포를 통하여 통치 지역을 알 수 있는 것은 청동기 문화를 토대로 성장한 단군 조선 시기의 세력 범위이므로, (가) 시기의 사실이다.

03 | 고조선 압축개념 01, 04

정답 ④

자료
분석
제시문에서 사람을 죽인 자는 즉시 죽이고, 남에게 상처를 입힌 자는 곡식으로 배상한다는 법 조항을 통해 고조선의 8조법 내용임을 알 수 있다.

정답
설명
④ 고조선에는 왕 아래 국무를 관장하던 상, 대부, 대신, 장군 등의 관직들이 있었다.

오답
분석
① 동예: 매년 10월에 무천이라는 제천 행사를 개최한 나라는 동예이다.
② 부여, 고구려: 형이 죽으면 동생이 형수를 아내로 삼는 형사취수제의 풍습이 있었던 나라는 부여와 고구려이다.
③ 고구려: 중대한 범죄자가 있으면 제가 회의를 통해 사형에 처한 나라는 고구려이다.

04 | 고조선 압축개념 01, 04

정답 ④

자료
분석
제시문의 스스로 왕을 칭하고 군사를 일으켜 연나라를 공격하려한 ㉠ 나라는 고조선이다. 기원전 4세기경 고조선은 왕호를 사용하여 스스로 왕이라 칭하고, 요서를 경계로 연나라와 대립할 정도로 강성하였다.

정답
설명
④ 고조선에서는 사회 질서 유지를 위해 8조의 법을 제정하였는데, 8조의 법 중 세 조항의 내용만 중국의 역사서인 『한서』에 기록되어 전해진다.

오답
분석
① 고구려: 전연의 공격으로 심한 타격을 받은 나라는 고구려이다. 고구려 고국원왕 때 요동 지방을 놓고 중국의 전연과 갈등하였으며, 전연 모용황의 침입으로 수도(국내성)가 함락되기도 하였다.
② 동예: 매년 10월 무천이라는 제천 행사를 연 나라는 동예이다.
③ 신라: 박·석·김씨가 왕위를 교대로 계승한 나라는 신라이다. 신라는 내물 마립간에 의해 김씨 왕위 세습이 확립되기 전까지 박·석·김의 3성이 교대로 왕위를 계승하였다.

05 | 고조선 압축개념 01, 02, 03

정답 ②

정답
설명
② 시기 순으로 나열하면 ㉢ 위만의 준왕 축출(위만 조선 성립, 기원전 194) → ㉣ 남려의 투항(기원전 128) → ㉤ 섭하 피살(기원전 109) → ㉠ 우거왕 피살·왕검성 함락(고조선 멸망, 기원전 108) → ㉡ 한 군현 설치(고조선 멸망 이후)가 된다.
㉢ 위만의 준왕 축출: 기원전 2세기 초에 고조선으로 망명해 온 위만은 준왕의 신임을 받아 서쪽 변경을 수비하는 임무를 맡았고, 이곳에 거주하는 이주민 세력을 통솔하면서 자신의 세력을 점차 확대하였다. 이후 위만은 수도인 왕검성으로 들어가 준왕을 축출하고 스스로 왕위에 올랐다(위만 조선 성립, 기원전 194).
㉣ 남려의 투항: 고조선에 복속해 있던 예(濊)의 군장 남려가 우거왕에게 반기를 들고 한나라에 투항하였다(기원전 128).
㉤ 섭하 피살: 고조선에 왔던 한나라 사신 섭하가 한나라로 돌아가는 길에 국경 부근의 패수에서 섭하의 송별을 맡은 조선비왕(朝鮮裨王) 장(長)을 살해하였고, 이를 계기로 요동 동부도위에 임명되었다. 고조선의 우거왕은 군대를 보내 섭하를 살해하였고(기원전 109), 이에 대한 보복을 구실로 한나라가 고조선을 침략하였다.

⊙ 우거왕 피살·왕검성 함락: 장기화된 한나라와의 전쟁으로 지배층 간의 내분이 발생하여 이계상 삼(參)에 의해 고조선의 우거왕이 살해되고, 왕검성이 함락되면서 고조선은 멸망하였다 (기원전 108).

ⓒ 한 군현 설치: 고조선 멸망 이후 한은 고조선의 영토 안에 4개의 군현(낙랑, 진번, 임둔, 현도)을 설치하였다.

06 | 위만 조선 [압축개념 02] 정답 ④

자료분석 (가)는 연나라 사람 위만도 망명하였다는 내용을 통해 위만이 고조선에 망명한 시기인 기원전 2세기 초반의 사실임을 알 수 있으며, (나)는 니계상 삼이 조선왕 우거를 죽이고 항복하였다는 내용을 통해 고조선(위만 조선)이 멸망한 시기인 기원전 108년의 사실임을 알 수 있다.

정답설명 ④ (가)와 (나) 사이 시기에 고조선(위만 조선)은 중국의 한과 한반도 남부의 진 사이에서 중계 무역을 전개하며 경제적인 이익을 독점하였다.

오답분석 ① (가) 이전: 비파형동검이 제작되기 시작한 것은 청동기 시대의 사실로, (가) 이전이다.

② (가) 이전: 중국 연(燕)나라 장수 진개의 공격으로 고조선이 서쪽 지방을 잃은 것은 기원전 3세기 초반의 사실로, (가) 이전이다.

③ (나) 이후: 8조에 불과하던 법 조항이 60여 조로 늘어난 것은 고조선 멸망 이후의 사실로, (나) 이후이다.

07 | 단군 조선의 역사를 기록한 사서 [압축개념 01] 정답 ②

정답설명 ② 『표제음주동국사략』은 조선 중종 때 유희령이 단군 조선부터 고려 시대까지의 역사를 정리한 사서이다. 『표제음주동국사략』은 『동국통감』을 간략하게 줄인 것으로, 삼국 이전의 역사를 외기가 아닌 본편에 포함하여 서술하였다.

오답분석 ① 『삼국사기』는 고려 인종 대에 김부식이 고대의 역사를 유교적 합리주의 사관에 의해 서술한 역사서로, 단군 신화와 고조선의 역사를 다루지 않았다.

③ 『연려실기술』은 조선 후기에 이긍익이 조선의 정치·문화사를 객관적·실증적으로 서술한 역사서로, 기사본말체로 쓰여졌다.

④ 『고려사절요』는 조선 문종 때 김종서 등이 고려의 역사를 편년체로 서술한 역사서이다.

08 | 고조선 [압축개념 01, 02, 03] 정답 ③

정답설명 ③ 기원전 194년에 위만은 우거왕이 아닌 준왕을 몰아내고 왕이 되었다. 우거왕은 위만의 손자로 고조선의 마지막 왕이다.

오답분석 ① 위만은 고조선으로 망명할 때 상투를 틀고 오랑캐(중국의 입장에서 본 우리나라 복장)의 옷을 입고 왔다고 전해진다.

② 『동국통감』의 기록에 따르면 기원전 2333년에 단군왕검이 고조선을 건국하였다.

④ 위만 조선은 한과의 1차 접전 때 패수 전투에서 대승을 거두었으나, 계속되는 한의 침략과 내분 등으로 멸망하였다.

09 | 위만 조선의 발전 [압축개념 02] 정답 ②

정답설명 ② 위만 조선은 철기 문화를 본격적으로 수용하여 철제 농기구를 사용함으로써 농업이 발달하고, 철제 무기 생산을 중심으로 한 수공업이 더욱 발전하였으며, 그에 따라 상업과 무역도 발달하였다.

오답분석 ① 단군왕검은 제사장(단군)과 정치적 수장(왕검)의 의미를 가지고 있기 때문에 단군이 제정일치의 지배자인 것은 맞지만, 자신의 조상을 곰과 호랑이와 연결시킨 것은 아니다. 곰과 호랑이는 단군의 부족과 결합하려 하였던 부족을 의미하며, 이때 곰을 숭배하였던 부족은 단군 부족과 결합하였으나 호랑이를 숭배하는 부족은 결합 과정에서 탈락하였다.

③ 고조선의 8조법 중 현재까지 전해져 오는 것은 3개 조항뿐이다.

④ 위만 조선은 지리적인 이점을 이용한 중계 무역을 통해 경제적 이익을 독점하였기 때문에 중국의 한과 대립하게 되었다.

⑤ 고조선은 청동기 문화를 기반으로 성립된 계급 사회로, 군장을 비롯한 지배층이 피지배층을 다스리는 사회였다.

06 여러 나라의 성장

p. 32

| 01 ③ | 02 ③ | 03 ① | 04 ③ | 05 ② |
| 06 ③ | 07 ③ | 08 ① | | |

01 | 부여 [압축개념 01] 정답 ③

자료분석 제시문에서 은력 정월에 영고를 거행하였다는 내용을 통해 부여에 대한 설명임을 알 수 있다.

정답설명 ③ 부여는 왕 아래 가축 이름을 딴 부족장인 마가, 우가, 저가, 구가 등의 가(加)들이 있었다. 이들은 저마다 사출도라는 별도의 행정 구획을 통치하였다.

오답분석 ① 옥저: 사람이 죽으면 가매장한 다음 뼈만 추려 가족 공동 무덤인 목곽에 안치하는 골장제의 풍습이 있었던 나라는 옥저이다.

② 동예·옥저: 읍군이나 삼로라고 불린 군장이 자기 영역을 다스린 나라는 옥저와 동예이다.

④ 삼한: 천신을 섬기는 제사장인 천군이 있었던 나라는 삼한이다.

02 | 부여와 고구려의 혼인 풍속 [압축개념 01] 정답 ③

자료분석 ⊙은 부여이고, ⓒ은 고구려이다.

정답설명 ③ 부여와 고구려는 모두 형사취수제의 공통된 혼인 풍속을 가지고 있었다. 형사취수제는 형이 죽으면 동생이 형수와 혼인하는 제도로, 집안의 재산과 노동력을 지키려는 목적이 있었다.

① 서옥제는 고구려에서만 행해지던 혼인 풍속이다.

② 민며느리제는 옥저의 혼인 풍속이다.

④ 대우혼제는 한 혈족의 형제·자매가 다른 혈족의 형제·자매와 각각 한 사람씩 혼인하는 원시 사회의 혼인 형태로, 부여와 고구려에서는 시행되지 않았다.

03 옥저 압축개념 02
정답 ①

자료 분석
제시문에서 대군장이 없다는 것과 장사를 지낼 때에 큰 나무 곽을 만든다는 내용을 통해 밑줄 친 '이 나라'가 옥저임을 알 수 있다.

정답 설명
① 옥저는 왕이나 대군장 대신 후, 읍군, 삼로 등의 군장이 각 읍락을 다스렸으며, 일종의 매매혼인 민며느리제의 혼인 풍습이 있었다.

오답 분석
② 위만 조선: 위만에게 한나라의 침입을 알리는 장군의 모습을 볼 수 있는 나라는 위만 조선이다. 고조선에는 상, 대부, 장군 등의 관직이 있었으며, 위만 조선 시기에는 중국의 한(漢)과 한반도의 예·진 사이에서 중계 무역을 통해 경제적인 이득을 독점하여 한과 대립하였다.

③ 삼한: 씨를 뿌리고 난 뒤인 5월에 하늘에 제사를 지내는 수릿날을 지내며, 제사를 주관하던 천군이 있었던 나라는 삼한이다.

④ 부여: 왕 아래에 가축의 이름을 딴 마가와 우가, 저가, 구가 등이 있었고, 이들이 사출도를 다스리며 국가의 중요한 일을 논의한 나라는 부여이다.

04 옥저와 부여 압축개념 01, 02
정답 ③

자료 분석
(가)는 옥저, (나)는 부여이다.

정답 설명
③ 부여는 왕 아래의 족장 세력인 가(加)들이 별도의 행정 구획인 사출도를 다스렸다.

오답 분석
① 동예: 무천이라는 제천 행사가 있던 국가는 동예이다.

② 고구려: 태조왕 때부터 왕위 계승권이 계루부로 옮겨져, 계루부 집단이 권력을 장악한 국가는 고구려이다.

④ 변한: 철이 많이 생산되어 낙랑과 왜에 수출한 국가는 삼한 중 변한이다.

05 동예 압축개념 02
정답 ②

자료 분석
제시문에서 대군장이 없고 후, 읍군, 삼로 등이 하호를 통치하였으며, 산과 하천마다 구분이 있어 다른 부족의 영역을 함부로 침범하지 못하는 책화의 풍습이 있었다는 것을 통해 ⊙나라가 동예임을 알 수 있다.

정답 설명
② 동예에는 단궁이라는 활과 작은 말인 과하마, 바다표범 가죽인 반어피 등의 특산물이 유명하였다.

오답 분석
① 고구려: 중대한 범죄자가 있으면 제가 회의를 열어 사형시키고 그 가족을 노비로 삼았던 나라는 고구려이다.

③ 옥저: 여자가 어렸을 때 남자 집에 가서 살다가 성장한 후에 남자가 여자 집에 예물을 치르고 혼인을 하는 일종의 매매혼인 민며느리제의 혼인 풍속이 있던 나라는 옥저이다.

④ 부여: 12월에 영고라는 제천 행사를 거행한 나라는 부여이다.

06 삼한 압축개념 02
정답 ③

자료 분석
제시문에서 천신의 제사를 주관하는 천군이 존재하였고, 별읍인 소도가 있었다는 내용을 통해 삼한에 대한 설명임을 알 수 있다.

정답 설명
③ 혼인을 정한 뒤 신랑이 신부 집 뒤꼍에 조그만 집을 짓고 살다가 자식이 장성하면 신랑 집으로 돌아오는 서옥제의 혼인 풍습이 있었던 나라는 고구려이다.

오답 분석
① 삼한에서는 지배자 중 세력이 큰 지배자는 신지와 견지, 작은 지배자는 부례와 읍차 등으로 불렸다.

② 삼한에서는 해마다 씨를 뿌리고 난 뒤인 5월에 수릿날, 곡식을 거두어들이는 10월에 계절제라는 제천 행사를 거행하였다.

④ 삼한은 정치적 지배자인 군장과 종교적 지배자(제사장)인 천군이 있는 제정 분리 사회였다.

07 삼한 압축개념 02
정답 ③

자료 분석
제시문에서 5월이면 씨뿌리기를 마치고 귀신에게 제사를 지내며, 10월에 농사일을 마치고 나서도 이렇게 한다는 내용을 통해 삼한에 대한 설명임을 알 수 있다.

정답 설명
③ 삼한은 정치와 종교가 분리되어 정치적 지배자 외에 제사장인 천군이 존재하였다. 천군은 신성 구역인 소도에서 농경과 종교에 대한 의례를 주관하였는데, 소도는 군장의 세력이 미치지 못하는 지역이었다.

오답 분석
① 동예: 명주와 삼베를 짜는 방직 기술이 발달한 나라는 동예이다.

② 옥저: 고구려와 풍속이 달랐으며 민며느리제가 있었던 나라는 옥저이다.

④ 부여: 간음한 자와 투기가 심한 부인을 사형에 처하였던 나라는 부여이다.

08 여러 나라의 성장 압축개념 01, 02
정답 ①

정답 설명
ⓐ 삼한의 지배자 중 세력이 큰 대군장은 신지·견지, 세력이 작은 소군장은 읍차·부례 등으로 불렸다.

오답 분석
⊙ 옥저: 가족이 죽으면 시체를 가매장하였다가 나중에 그 뼈를 추려 가족 공동 무덤인 커다란 목곽에 안치하는 풍습이 있었던 나라는 옥저이다.

ⓒ 부여: 수렵 사회의 전통을 보여 주는 제천 행사(영고)가 12월에 열렸던 나라는 부여이다. 고구려에서는 10월에 동맹이라는 제천 행사가 거행되었다.

ⓒ 부여: 전쟁이 일어났을 때 제천 의식을 행하고, 소를 죽여 그 굽으로 길흉을 점치는 우제점법의 풍속이 있었던 나라는 부여이다.

ⓓ 동예에서 명주와 삼베를 짜는 방직 기술이 발달한 것은 맞으나, 특산물로 말, 주옥, 모피 등이 유명하였던 나라는 부여이다.

Ⅱ. 정치사

01 고대의 정치

p. 44

01 ①	02 ④	03 ③	04 ①	05 ②
06 ②	07 ③	08 ②		

01 371년과 400년 사이의 고구려 [압축개념 01] 정답 ①

자료 분석
(가)는 고구려 고국원왕이 전사(371)한 시기의 내용이며, (다)는 고구려 광개토 대왕이 신라를 구원(400)한 시기의 내용이다. 따라서 (나)에는 고구려 고국원왕이 전사한 이후부터 광개토 대왕이 신라를 구원하기 전까지의 내용이 들어가야 한다.

정답 설명
① 고구려 소수림왕 때인 372년에 태학이 설립되고, 373년에 율령이 반포되었다.

오답 분석
② (다) 이후: 고구려가 평양으로 도읍을 옮기고(427), 한성을 함락한 것(475)은 고구려 장수왕 때로, (다) 이후의 사실이다.
③ (가) 이전: 고구려가 관구검이 이끄는 위나라 군대의 침략을 받은 것은 고구려 동천왕 때로, (가) 이전의 사실이다.
④ (다) 이후: 고구려 왕이 직접 말갈 병사를 거느리고 수나라 요서 지방을 공격(598)한 것은 고구려 영양왕 때로, (다) 이후의 사실이다.

02 백제 성왕 대의 사실 [압축개념 02] 정답 ④

자료 분석
제시문에서 백제 왕이 관산성에서 신라 군사에 의해 죽었다는 내용을 통해 관산성 전투(554)에 관한 내용임을 알 수 있다. 제시된 연표에서 나·제 동맹 체결은 433년, 백제의 웅진 천도는 475년, 사비 천도는 538년의 사실이다.

정답 설명
④ 백제 성왕이 신라 관산성을 공격한 것은 (라) 시기인 554년이다. 백제는 신라와 연합하여 고구려에 빼앗겼던 한강 하류 지역을 회복하였으나, 신라 진흥왕의 배신으로 한강 하류 지역을 상실하였다. 성왕은 이에 대한 보복으로 신라를 공격하였으나 관산성 전투에서 전사하였다.

03 신라 지증왕 대의 사실 [압축개념 03] 정답 ③

자료 분석
제시문에서 이찬 이사부가 우산국을 복속시켰다는 내용을 통해 밑줄 친 '왕'이 신라의 지증왕임을 알 수 있다.

정답 설명
③ 지증왕은 국호를 '널리 사방을 망라한다.'는 뜻의 '신라'로 정하였다.

오답 분석
① 법흥왕: 불교를 공인한 왕은 법흥왕이다.
② 진흥왕: 대가야를 정복한 왕은 진흥왕이다.
④ 연장자라는 의미의 이사금을 왕호로 사용한 왕은 제3대 유리 이사금부터 제16대 흘해 이사금까지이다.

04 금관가야 [압축개념 04] 정답 ①

자료 분석
제시문에서 알에서 태어난 수로가 왕위에 올라 나라를 세웠다는 내용을 통해 (가) 나라가 금관가야임을 알 수 있다.

정답 설명
① 금관가야는 풍부한 철의 생산과 해상 교역에 유리한 입지 조건을 바탕으로 낙랑 및 일본 규슈에 우수한 철을 수출하였다.

오답 분석
② 신라: 박, 석, 김씨가 교대로 왕위를 계승한 나라는 신라이다. 이후 내물 마립간 때부터 김씨가 신라의 왕위를 독점적으로 계승하였다.
③ 고구려: 경당을 설치하여 학문과 무예를 가르친 나라는 고구려이다. 경당은 고구려 장수왕 때 평양으로 천도한 이후 설립된 사립 교육 기관으로, 청소년에게 한학과 무술을 가르쳤다.
④ 백제: 정사암 회의를 통해 재상을 선발한 나라는 백제이다.

05 삼국 시대의 역사적 사실 [압축개념 01, 02, 03] 정답 ②

정답 설명
② 순서대로 나열하면 ⓒ 고구려 고국원왕 전사(371) → ⓔ 백제의 불교 수용(침류왕, 384) → ⓑ 나·제 동맹 체결(433) → ⓛ 고구려의 부여 복속(문자왕, 494) → ⓓ 신라 이사부의 우산국 정벌(지증왕, 512) → ⓐ 신라의 율령 반포(법흥왕, 520)가 된다.

06 신문왕 [압축개념 07] 정답 ②

자료 분석
제시문에서 문무왕의 뒤를 이어 즉위하였다는 내용과, 감은사 공사를 마무리하였다는 내용을 통해 밑줄 친 '이 왕'이 신문왕임을 알 수 있다.

정답 설명
② 신문왕은 국학을 설립하여 유교 정치 이념의 확립을 통해 왕권을 강화하고자 하였다.

오답 분석
① 법흥왕: 건원이라는 독자적인 연호를 사용한 왕은 법흥왕이다.
③ 성덕왕: 백성에게 처음으로 정전을 지급한 왕은 성덕왕이다. 신문왕은 귀족 관리들에게 관료전을 지급하고, 녹읍을 폐지하여 귀족의 경제적 기반을 약화시키고, 왕권을 강화하였다.
④ 무열왕: 진골 출신으로서 처음 왕위에 오른 왕은 태종 무열왕이다. 진덕 여왕을 마지막으로 성골이 소멸되자 무열왕 때부터 진골이 왕위를 계승하였다(신라 중대).

07 발해 문왕 <u>압축개념 08, 10</u> 정답 ③

정답
설명
③ 발해 문왕이 당의 문물을 수용하여 중앙 정치 체제를 정비한 것은 맞지만, 건흥이라는 연호를 사용한 왕은 발해 선왕이다. 문왕은 대흥, 보력의 연호를 사용하였다.

오답
분석
① 발해는 문왕 무렵에 중앙 정치 조직을 당의 제도를 수용한 3성 6부 체제로 정비하였다. 이후 선왕 때 지방 행정 구역을 5경 15부 62주로 정비하였다.
② 발해는 고구려의 생활 문화를 토대로 당의 정치 제도와 문화·문물을 수용하였다.
④ 조선 후기의 실학자인 유득공은 『발해고』를 저술하여 발해사를 우리 역사로 체계화하고, 처음으로 (통일)신라와 발해가 병립한 시기를 '남북국 시대'라고 지칭하였다.

08 삼국 시대의 정치 제도 <u>압축개념 10</u> 정답 ②

정답
설명
㉠ 삼국의 관등제와 관직 제도의 운영은 신분제의 제약을 받았다.
㉢ 백제는 수도를 5부로 나누는 한편, 지방을 5방으로 나누고 방령을 파견하였으며, 그 밑에 여러 개의 군을 두고 군장을 파견하였다.

오답
분석
㉡ 고구려에서 지방의 5부에 파견한 지방관은 욕살이며, 그 다음 규모의 성(城)에는 처려근지를 파견하였다.
㉣ 신라의 지방군으로 10정 군단이 설치된 것은 삼국 통일 이후이며, 통일 이전에는 6정의 군단으로 조직되었다.

---

02 고려의 정치

p. 54

| 01 ④ | 02 ① | 03 ① | 04 ③ | 05 ④ |
| 06 ③ | 07 ② | 08 ① | | |

01 후삼국 통일 과정 <u>압축개념 01</u> 정답 ④

정답
설명
④ 순서대로 나열하면 ㉢ 고려 건국(918), 송악 천도(919) → ㉠ 견훤의 경애왕 살해(927) → ㉣ 고려의 공산 전투 패배(927) → ㉡ 신검의 견훤 금산사 유폐(935)가 된다.

02 고려 성종 대의 사실 <u>압축개념 02</u> 정답 ①

자료
분석
제시문에서 석교(불교)를 행하는 것은 수신의 근본이고, 유교를 행하는 것은 이국의 근원이라는 내용을 통해 최승로가 성종에게 올린 시무 28조임을 알 수 있다.

정답
설명
① 성종 때 개경·서경(양경) 및 12목에 물가 조절 기구인 상평창을 설치하였다. 상평창은 풍년일 때 곡물을 사들이고, 흉년 때는 이를 팔아 물가를 조절하던 사회 기구이다.

오답
분석
② 광종: 균여를 귀법사의 주지로 삼아 화엄종을 중심으로 불교를 정비한 것은 광종 대의 사실이다.
③ 예종: 국자감(국학)에 7재를 두어 관학을 부흥하고자 한 것은 예종 대의 사실이다.
④ 문종: 현직 관리에게 전지와 시지를 지급하는 경정 전시과를 실시한 것은 문종 대의 사실이다.

03 고려 시대의 군사 제도 <u>압축개념 04</u> 정답 ①

정답
설명
① 고려 시대에 북방의 양계(북계, 동계)에는 상비군인 주진군이 배치되었다. 주현군은 5도에 편성된 일종의 예비군이었다.

오답
분석
②, ③ 고려 시대의 중앙군인 2군 6위는 왕의 친위 부대인 응양군과 용호군의 2군과, 수도 경비와 국경 방어를 담당하는 6위로 구성되어 있었으며, 6위 중 감문위는 궁성과 성문 수비를 맡았다.
④ 고려 시대에 경군(중앙군)은 직업 군인으로 군인전을 지급받았고, 그 역은 자손에게 세습되었다.

04 인종 재위 시기의 사실 <u>압축개념 05</u> 정답 ③

자료
분석
제시된 자료에서 이자겸, 척준경, 그리고 금이 갑자기 흥성하여 요와 송을 멸망시켰다는 내용 등을 통해 (가)의 왕이 고려 인종임을 알 수 있다.

정답
설명
③ 인종 때 묘청 등의 서경 세력은 서경에 궁궐(대화궁)을 세울 것을 건의하고, 이후 인종에게 칭제건원(스스로 황제를 칭하고 연호를 사용하는 것)을 주장하였다.

오답
분석
① 충렬왕: 도병마사가 도평의사사로 개편되어 최고 정무 기구로 발전하면서 정치를 주도한 것은 충렬왕 때부터이다.
② 성리학은 충렬왕 때 안향에 의해 우리나라에 소개되었고, 『주자가례』는 성리학이 수용되면서 함께 보급된 것으로 추정된다.
④ 고종: 몽골의 침략에 대응하기 위해 당시의 집권자였던 최우가 강화도로 도읍을 옮긴 것(1232)은 고려 고종 때이다.

05 최충헌 <u>압축개념 07</u> 정답 ④

자료
분석
제시문에서 사노비인 만적이 난을 일으킬 것을 모의하는 내용을 통해 (가)가 최충헌임을 알 수 있다. 만적의 난(1198)은 신분 해방을 넘어 정권 탈취까지 목표로 한 반란이었으나 사전에 발각되어 실패하였다.

정답
설명
④ 최충헌은 이의민을 제거한 후 무신 정권 초기의 혼란을 극복하고 국가 기반을 확립할 목적으로 명종에게 봉사 10조라는 사

회 개혁안을 제시하였다(1196).

오답 분석 ①, ② 최우: 정방을 설치하여 인사권을 장악하고, 치안 유지를 위해 야별초를 설립한 인물은 최우이다.
③ 정중부: 이의방을 제거하고 권력을 장악한 인물은 정중부이다. 정중부는 이의방을 제거한 후 중방을 중심으로 권력을 장악하였다.

---

06 거란의 3차 침입과 별무반 창설 사이의 사실 압축개념 08 정답 ③

자료 분석 (가) 강감찬이 적에게 큰 승리를 거두었다는 내용을 통해 거란의 제3차 침입(1018~1019, 현종) 시기의 사실임을 알 수 있다.
(나) 윤관이 신기군, 신보군, 항마군으로 조직된 새로운 부대를 창설하였다는 내용을 통해 별무반을 창설(1104)한 숙종 시기의 사실임을 알 수 있다.

정답 설명 ③ 거란의 3차 침입 이후 고려 정부는 거란과 여진의 침입에 대비하여 압록강에서 도련포에 이르는 천리장성을 축조하였다(1033~1044, 덕종~정종).

오답 분석 ① (나) 이후: 윤관의 별무반이 여진을 몰아내고 동북 9성을 설치(1107)한 것은 예종 때로, (나) 이후이다.
② (가) 이전: 후삼국 통일에 공을 세운 신하들에게 역분전을 지급(940)한 것은 태조 왕건 때로, (가) 이전이다.
④ (나) 이후: 친원적 성향이 강한 권문세족이 지배 세력으로 등장한 것은 원 간섭기인 13세기 후반의 사실로, (나) 이후이다.

---

07 충렬왕 시기의 사실 압축개념 09 정답 ②

자료 분석 제시문에서 원의 제국대장공주와 결혼하였다는 내용과 도병마사가 도평의사사로 개편되었다는 내용을 통해 밑줄 친 '이 왕'이 충렬왕임을 알 수 있다.

정답 설명 ② 충렬왕 때 내정 간섭 기구인 정동행성이 설치되었다. 정동행성은 원이 일본 원정을 위해 고려에 설치한 기구로, 일본 원정이 실패한 이후에도 존속하여 고려의 내정에 간섭하였다.

오답 분석 ① 충숙왕: 만권당이 설치된 것은 충숙왕 때이다. 충선왕은 충숙왕에게 왕위를 물려준 이후 원으로 가서 연경(베이징)에 학문 연구 기관인 만권당을 설립하여 원과 고려의 학자들을 교류하게 하였다.
③ 충목왕: 정치도감이 설치된 것은 충목왕 때이다. 충목왕은 정치도감을 설치하여 권세가들이 강제로 빼앗은 토지와 노비 등을 조사하여 본 주인에게 돌려주었다.
④ 입성책동 사건은 충선왕 때 처음 일어났다. 입성책동이란 고려의 친원파들이 고려를 원의 한 지방으로 편입되도록 하자는 것으로 충선왕 복위 이후 여러 차례 반복되었으나 실현되지는 않았다.

---

08 홍건적의 2차 침입 이후의 사실 압축개념 09 정답 ①

자료 분석 제시문에서 왕이 개경을 떠나 피신했으며, 홍건적이 침입했다는 내용을 통해 이 사건이 공민왕 때인 1361년의 홍건적의 2차 침입임을 알 수 있다.

정답 설명 ① 홍건적의 2차 침입 이후인 우왕 때 진포 해전에서 최무선이 개

발한 화약 무기를 사용하여 왜구의 함대를 격파하였다(1380).

오답 분석 모두 홍건적의 2차 침입 이전의 사실이다.
② 몽골의 2차 침입 당시 처인성 전투에서 김윤후와 처인 부곡민들이 적장 살리타를 사살한 것은 고종 때인 1232년으로, 홍건적의 2차 침입 이전의 사실이다.
③ 공민왕이 친원파 권문세족인 기철 일파를 제거하고 쌍성총관부를 무력으로 수복한 것은 1356년으로, 홍건적의 2차 침입 이전의 사실이다.
④ 몽골의 침략을 물리치기 위한 염원에서 재조대장경(팔만대장경)을 만들기 시작한 것은 최우 무신 집권기로, 홍건적의 2차 침입 이전의 사실이다.

---

03 조선 전기의 정치

p. 64

01 ①	02 ①	03 ②	04 ④	05 ③
06 ①	07 ④	08 ①		

---

01 정도전 압축개념 01 정답 ①

자료 분석 제시문에서 요동을 공격하기를 요청하였다는 것과 『진도(陣圖)』를 익히게 하였다는 내용을 통해 밑줄 친 '그'가 정도전임을 알 수 있다.

정답 설명 ① 만권당에서 원의 학자들과 교류한 인물은 이제현이다.

오답 분석 ② 정도전을 비롯한 혁명파 사대부는 덕 있는 자가 민심을 잃은 군주를 무력으로 몰아내는 것을 인정하는 맹자의 역성 혁명론을 고려 말의 상황에 적용하여 조선을 건국하였다.
③ 정도전은 한양 도성을 설계하면서 경복궁 근정전 등 궁궐의 이름과 도성의 성문 이름을 지었다.
④ 정도전은 『경제문감』을 저술하여 민본적 통치 규범을 마련하고, 재상 중심의 정치를 주장하였다.

---

02 태종과 세조 사이 시기의 사실 압축개념 02 정답 ①

자료 분석 (가)는 태종 대의 사실, (나)는 세조 대의 사실이다.

정답 설명 ① (가)와 (나) 사이 시기인 세종 때 최윤덕과 김종서를 파견하여 여진족을 토벌하고 압록강과 두만강 지역에 4군과 6진을 개척하였다.

오답 분석 ② (나) 이후: 대립(다른 사람을 사서 군역을 대신하게 함)의 만연으로 군포 징수제(군적 수포제)가 점차 확산된 것은 16세기로, (나) 이후의 사실이다.
③ (나) 이후: 직전법을 폐지하고 관리들에게 녹봉만 지급한 것은 명종 때의 사실로, (나) 이후의 사실이다.
④ (나) 이후: 홍문관을 두어 주요 관리들을 경연에 참여하게 한 것은 성종 때의 사실로, (나) 이후의 사실이다.

03 | 조선의 언론 기구 압축개념 04   정답 ②

자료 분석 제시문의 밑줄 친 '권력이 어느 한편으로 집중되는 문제를 막기 위한 체제'와 관련 깊은 조선의 통치 기구는 사간원, 사헌부, 홍문관 등의 언론 기구이다. 사간원, 사헌부, 홍문관의 삼사는 권력의 독점과 부정을 방지하였다.

정답 설명 ⓒ 사간원은 국왕의 정치에 대해 간쟁과 봉박을 담당하는 기구였다.
ⓒ 사헌부는 관리들의 비리를 감찰하는 기구였다.

오답 분석 ⓒ 승정원은 왕명의 출납을 담당하는 국왕 직속의 비서 기구로 왕권의 강화에 기여하였다.
ⓒ 춘추관은 역사서의 편찬과 보관을 담당한 기구였다.

04 | 조선 시대의 과거 제도 압축개념 05   정답 ④

정답 설명 ④ 각 도의 인구 비율에 따라 합격자 수를 배분한 것은 소과와 대과의 1차 시험인 초시이다. 한편 소과와 대과의 2차 시험인 복시에서는 각 도의 인구 비율과 상관 없이 성적 순으로만 선발하였다.

오답 분석 ①, ② 문과(대과)의 복시에서는 초시 합격자 240명 중 33명이 선발되었고, 왕이 주관하는 전시를 통해 복시 합격자 33명을 성적에 따라 갑과, 을과, 병과로 순위를 매겼다.
③ 무과는 문과와 같이 초시·복시·전시의 절차를 거쳐 치러졌으나 무과 시험에는 대과와 소과의 구별은 없었다.

05 | 명종 대의 사실 압축개념 06, 07   정답 ③

자료 분석 제시된 자료에서 먹고 살기 위해 도적이 되는 자가 많다는 내용을 통해 임꺽정 등 도적들이 활동했던 명종 대의 사실임을 알 수 있다.

정답 설명 ③ 명종 즉위년에 외척 간의 세력 다툼으로 을사사화가 발생하였다.

오답 분석 ① 중종: 위훈 삭제를 감행한 조광조 등 사림 세력들이 제거된 기묘사화가 일어난 것은 중종 때이다.
② 현종: 효종과 효종비 사후에 자의 대비의 복상 문제로 두 차례 예송이 전개된 것은 현종 때이다.
④ 선조: 정여립 모반 사건 등을 계기로 동인이 남인과 북인으로 나뉜 것은 선조 때이다.

06 | 기묘사화와 인조반정 사이 시기의 사실 압축개념 06, 07   정답 ①

자료 분석 (가)는 조광조 등의 사림 세력이 피해를 입은 기묘사화(1519) 시기이며, (나)는 중립 외교와 폐모살제를 구실로 서인이 광해군을 몰아내고 인조를 옹립한 인조반정(1623) 시기이다.

정답 설명 ① (가), (나) 사이 시기인 선조 때 정여립 모반 사건(기축옥사, 1589)으로 동인의 원한을 사게 된 정철(서인)이 건저 문제(세자 책봉 문제, 1591)로 탄핵되자, 정철에 대한 처벌 문제를 둘러싸고 동인이 남인(온건파)과 북인(강경파)으로 분화하였다.

오답 분석 ② (나) 이후: 환국으로 노론과 소론이 갈라선 것은 (나) 이후인 숙종 때의 사실이다. 숙종 때 경신환국(1680)으로 남인에 대한 처벌 문제 서인이 노론과 소론으로 분화되었다.

③ (나) 이후: 1차 예송(기해예송, 1659)에서 승리한 서인(1년복 주장)이 집권한 것은 (나) 이후인 현종 때의 사실이다.
④ (가) 이전: 조광조가 훈구 세력의 위훈 삭제를 주장한 것은 (가) 이전의 사실이다. 중종 때 중용된 신진 사림인 조광조가 중종반정 공신의 거짓 공훈을 삭제하자는 위훈 삭제를 주장하자 훈구가 반발하였고, 이로 인해 기묘사화가 일어나 조광조 등이 숙청되었다(1519).

07 | 임진왜란의 전개 과정 압축개념 09   정답 ④

정답 설명 ④ 시기 순으로 나열하면 ⓒ 권율의 행주 대첩(1593. 2.) → ⓒ 선조의 한성 환도(1593. 10.) → ⓒ 칠천량 해전(1597. 7.) → ⓒ 이순신의 명량 대첩(1597. 9.)이 된다.
ⓒ 행주 대첩: 행주 산성에서 권율 장군의 지휘 하에 관군과 백성들이 왜군의 대규모 공격을 격퇴하여 왜군의 북상을 저지하였다(1593. 2.).
ⓒ 선조의 한성 환도: 의주까지 피난을 갔던 선조는 조·명 연합군의 반격과 휴전 협상으로 일본군이 물러나자 한성으로 돌아왔다(1593. 10.).
ⓒ 칠천량 해전: 원균은 칠천량 해전에서 재침입한 일본군에 대패하고 전사하였다(1597. 7.). 이에 조선 조정은 이순신을 다시 등용하여 수군을 수습하게 하였다.
ⓒ 명량 대첩: 이순신은 일본 수군을 명량에서 대파하였다(1597. 9.).

08 | 병자호란(1636) 압축개념 09   정답 ①

자료 분석 제시문의 인조 17년(1639) 삼전도에 세워진 청 태종 공덕비(삼전도비)는 병자호란(1636)을 계기로 건립되었다.

정답 설명 ① 조선과 후금(청)이 형제의 맹약을 맺게 된 전쟁은 정묘호란(1627)이다. 병자호란 이후 청과 조선은 군신 관계를 맺었다.

오답 분석 ② 병자호란의 결과, 청은 소현 세자와 봉림 대군을 인질로 데려갔다.
③ 병자호란이 일어나기 전에 청의 군신 관계 요구 문제 등을 둘러싸고 주화론과 척화 주전론이 대립하였다.
④ 병자호란 때 청군이 한양으로 진격하자 인조는 남한산성으로 피신하였다.

04 조선 후기의 정치

p. 70

01 ③	02 ①	03 ①	04 ②	05 ③
06 ④	07 ④	08 ③		

01 비변사 압축개념 01 정답 ③

자료 분석 제시된 자료에서 이름은 변방을 담당하는 것이지만 과거에 대한 판정 및 비빈 간택까지 취급한다는 내용을 통해 밑줄 친 '이 기구'가 비변사임을 알 수 있다.

정답 설명 ③ 비변사는 고종 때 흥선 대원군의 왕권 강화 정책에 따라 완전히 폐지되었다.

오답 분석
① 비변사는 외적의 침입에 대비하기 위해 16세기 초에 상설 기구가 아닌 임시 기구로 설치되었다.
② 비변사는 안동 김씨와 풍양 조씨 등에 의한 세도 정치 시기에 핵심적인 정치 기구로 자리 잡았다.
④ 비변사의 기능이 강화되면서 의정부와 6조 중심의 행정 체제가 무너졌고, 왕권이 약화되었다.

02 효종의 북벌 운동 압축개념 01 정답 ①

자료 분석 제시된 자료에서 '대의'는 병자호란의 치욕을 갚기 위해 전개된 북벌 운동을 가리킨다.

정답 설명 ① 효종은 북벌을 위해 남한산성의 방비를 강화하였고, 인조 때 설치된 군영인 어영청의 규모를 확대하였다.

오답 분석
② 숙종: 훈련별대를 정초군과 통합하여 금위영을 발족시킨 왕은 숙종이다.
③ 광해군: 명과 후금 사이에 중립 외교 정책을 펼친 왕은 광해군이다.
④ 인조: 호위청(1623), 총융청(1624), 수어청(1626)을 창설한 왕은 인조이다.

03 경신환국(1680)과 갑술환국(1694) 사이의 사실 압축개념 02 정답 ①

자료 분석 (가)는 남인의 수장인 허적이 처형되고 남인들이 관직에서 쫓겨났다는 내용을 통해 1680년의 경신환국임을 알 수 있다. (나)는 인현 왕후가 복위되고 노론과 소론이 정계에 복귀했다는 것을 통해 1694년의 갑술환국임을 알 수 있다. 따라서 (가)와 (나) 사이의 시기는 1680년 ~ 1694년이다.

정답 설명 ① (가)와 (나) 사이 시기인 1689년에 숙종은 희빈 장씨의 아들(훗날의 경종)을 원자로 삼는 것에 반대한 송시열을 처형하고 서인들을 축출하였다(기사환국).

오답 분석 모두 (가) 이전의 사실이다.
② 효종과 효종비가 사망한 후 서인과 남인이 자의 대비의 복상 문제로 대립한 기해예송과 갑인예송은 1659년과 1674년의 사실이다.

③ 정여립의 모반 사건에 연루되어 동인들이 대거 피해를 입은 기축옥사는 1589년의 사실이다.
④ 효종이 청의 요구에 따라 조총 부대를 만주의 영고탑으로 파견한 나선 정벌은 1654년(1차)과 1658년(2차)의 사실이다.

04 영조의 정책 압축개념 03 정답 ②

자료 분석 제시문에서 서원을 정리하고 신문고를 부활시켰다는 내용을 통해 (가)가 영조임을 알 수 있다.

정답 설명 ② 영조는 『속대전』을 편찬하여 법령을 정비하였다.

오답 분석
① 흥선 대원군(고종): 비변사를 축소·철폐한 인물은 고종 때의 흥선 대원군이다.
③ 정조: 국왕의 친위 부대인 장용영을 설치한 왕은 정조이다.
④ 철종: 임술 농민 봉기의 원인이 된 삼정의 문란 문제를 해결하고자 삼정이정청을 설치한 왕은 철종이다.

05 정조 재위 기간의 사실 압축개념 04 정답 ③

자료 분석 제시문에서 초계문신제를 시행하였고, 서얼 출신의 유능한 인사(이덕무, 박제가 등)를 규장각 검서관으로 등용하였다는 내용을 통해 밑줄 친 '왕'이 정조임을 알 수 있다.

정답 설명 ③ 정조 때 신해통공을 반포·시행하여 육의전을 제외한 시전 상인들의 금난전권이 폐지되었고, 이로 인해 사상들의 자유로운 상업 활동이 보장되었다.

오답 분석
① 철종: 경주의 몰락 양반인 최제우에 의해 동학이 창시된 것은 철종 때의 사실이다.
② 고종: 법전인 『대전회통』이 편찬된 것은 흥선 대원군 집권 시기인 고종 때의 사실이다. 정조 때 편찬된 법전은 『대전통편』이다.
④ 순조: 몰락 양반인 홍경래를 중심으로 평안도 지역에서 반란이 발생(1811)한 것은 순조 때의 사실이다.

06 탕평 정치 압축개념 02, 03, 04 정답 ④

자료 분석 제시문의 ⊙은 탕평론을 제시하였으나, 명목상의 탕평에 그쳤다는 내용을 통해 숙종이라는 것을 알 수 있으며, ⓒ은 적극적인 탕평책을 추진하였다는 내용을 통해 정조라는 것을, ⓒ은 탕평파를 중심으로 정국을 운영하였다는 내용을 통해 영조라는 것을 알 수 있다.

정답 설명 ④ 서얼과 노비에 대한 차별을 완화하고, 상공업을 진흥시키기 위해 자유로운 상업 행위를 허락하는 신해통공을 반포한 왕은 ⓒ 정조이다.

오답 분석
① ⊙ 숙종은 상황에 따라 한 당파를 몰아내고 상대 당파에게 정권을 위임하는 편당적인 인사 관리를 통해 당파 간의 세력 균형을 유지하려 하였으며, 이로 인해 환국이 일어나는 빌미를 제공하였다.
②, ③ ⓒ 정조는 왕권을 뒷받침하기 위해 군사적 기반으로 국왕의 친위 부대인 장용영을 설치하였으며, 신진 인물이나 중·하급 관리 중에서 유능한 인사를 재교육하는 초계문신 제도를 실시하였다. 또한, 규장각을 설치하여 정치 기구로 육성하였다.

07 정조의 업적 [압축개념 04]

정답 ④

자료 분석
제시문에서 육의전을 제외한 시전의 금난전권을 폐지하였다는 내용을 통해 밑줄 친 '왕'은 정조임을 알 수 있다.

정답 설명
ⓒ 정조는 사대 문서 작성 시 참고할 수 있도록 조선 후기의 대청·대일 외교 문서를 집대성하여 『동문휘고』를 편찬하였다.
ⓔ 정조는 숙종 때 주조된 한구자(韓構字)가 오래되어 깨끗하게 인쇄가 되지 않자 서호수에게 이를 다시 주조하게 하였으며, 『원행을묘정리의궤』 등을 인쇄하기 위하여 규장각의 이만수 등에게 명하여 정리자(整理字)를 주조하게 하였다.

오답 분석
ⓐ 고종: 무위영을 설치한 왕은 고종이다. 고종은 1881년에 5군영을 무위영과 장어영으로 개편하였다.
ⓑ 영조: 도성 수비에 대한 명령인 수성윤음을 반포한 왕은 영조이다.

08 환국과 탕평책 [압축개념 02, 03, 04]

정답 ③

자료 분석
제시문에서 (가)는 숙종 때 일어난 환국이고, (나)는 영조와 정조가 시행한 탕평책이다.

정답 설명
③ 옳은 것을 모두 고르면 ⓒ, ⓔ 이다.
ⓒ (나)에 들어갈 용어는 탕평책이다. 붕당 정치의 폐해를 줄이기 위해 영조는 완론 탕평을, 정조는 준론 탕평을 실시하였다.
ⓔ 숙종 때 일어난 기사환국(1689)으로 희빈 장씨의 아들(경종)에 대한 원자(세자 책봉을 받기 전인 왕의 적장자) 정호에 반대한 송시열 등의 서인이 죽임을 당하였다.

오답 분석
ⓐ (가)에 들어갈 용어는 예송이 아닌 환국이다. 예송은 현종 때 효종 및 효종비의 장례에 대한 자의 대비의 복상 문제로 전개된 서인과 남인 사이의 예법 논쟁이다.
ⓑ 5군영 설치는 영조·정조의 탕평책과 관련이 없다. 5군영은 숙종 때 금위영이 설치되면서 완비되었다.

---

05 근대의 정치

p. 82

01 ③	02 ③	03 ①	04 ④	05 ③
06 ③	07 ③	08 ①		

01 흥선 대원군 [압축개념 01]

정답 ③

자료 분석
제시문에서 군포의 폐단 문제를 해결하기 위해 귀천이 동일하게 장정 한 사람마다 세납전(동포전)을 거두었다는 내용을 통해 밑줄 친 '그'가 흥선 대원군임을 알 수 있다. 흥선 대원군은 호포법을 실시하여 종래 상민에게만 징수하던 군포를 양반에게도 징수하였다.

정답 설명
③ 임오군란(1882)의 사태 수습을 위해 일시적으로 재집권한 흥선 대원군은 개화 정책을 주관하였던 통리기무아문과 신식 군대인 별기군을 폐지하고, 5군영 등을 부활시켰다.

오답 분석
① 권상하: 명나라 황제를 제사하기 위한 만동묘 건립을 주도한 인물은 숙종 때의 노론인 권상하 등이다. 한편 흥선 대원군은 만동묘를 철폐하고, 전국의 서원을 47개소만 남기고 모두 철폐하였다.
② 김홍집: 제1차 갑오개혁 때 설치된 군국기무처 총재를 역임한 인물은 김홍집이다.
④ 서영보 등: 『만기요람』은 조선 왕조의 재정과 군정에 관한 내용을 정리한 책으로 순조 때 서영보·심상규 등이 편찬하였다.

02 제너럴셔먼호 사건과 신미양요 사이의 사실 [압축개념 02] 정답 ③

자료 분석
제너럴셔먼호 사건은 1866년, 미군이 광성보를 공격해 점령한 신미양요는 1871년의 사실이다.

정답 설명
③ (가) 시기인 1868년에 조선에 통상을 요구하였다가 거절당하였던 독일 상인 오페르트가 남연군(흥선 대원군의 부친)의 묘 도굴을 시도하였으나 실패하였다. 이 사건의 영향으로 서양 세력에 대한 조선의 거부감이 더욱 심화되었다.

오답 분석
모두 신미양요(1871) 이후의 사실이다.
① 고종이 종묘에 나가 갑오개혁의 기본 방침을 담은 홍범 14조를 발표한 것은 2차 갑오개혁 때인 1894년 12월의 사실이다.
② 일본의 운요호가 강화도의 초지진을 포격한 것은 1875년의 사실이다. 이 사건을 계기로 조선과 일본 간에 강화도 조약이 체결되었다(1876).
④ 별기군과의 차별 대우에 불만을 품은 구식 군인이 임오군란을 일으킨 것은 1882년의 사실이다.

03 조·일 무역 규칙과 조·미 수호 통상 조약 [압축개념 03] 정답 ①

자료 분석
(가)는 양곡의 무제한 유출, 일본 정부에 소속된 선박은 항세를 납부하지 않는다는 내용을 통해 조·일 무역 규칙임을 알 수 있고, (나)는 『조선책략』 내용의 영향으로 체결되었다는 것과 거중조정 조항이 포함되어 있었다는 내용을 통해 조·미 수호 통상 조약임을 알 수 있다.

정답
설명
① (가)는 조·일 무역 규칙(조·일 통상 장정, 1876), (나)는 조·미 수호 통상 조약(1882)이다.

오답
분석
· 조·일 수호 조규 부록(1876): 조·일 수호 조규 부록에서는 개항장에서의 일본인의 거주 지역을 설정하고, 개항장에서의 일본 화폐의 유통을 허용하였다.
· 조·러 수호 통상 조약(1884): 조·러 수호 통상 조약은 청의 견제로 청의 알선 없이 러시아가 직접 조선 정부와 교섭하여 체결하였다.

04 동학 농민 운동 압축개념 08   정답 ④

자료
분석
(가) 시기 이전은 고부 농민 봉기(1894. 1.)가 발발한 시기임을 알 수 있고, (가) 시기 이후는 전주 화약 체결(1894. 5.) 이후 동학 농민군이 집강소를 설치한 시기임을 알 수 있다. 따라서 (가) 시기는 고부 농민 봉기와 집강소 설치 사이의 시기이다.

정답
설명
④ (가) 시기인 1894년 3월에 전봉준, 김개남 등의 동학 농민군은 백산에 집결하여 보국안민을 위해 궐기하라는 통문을 각 지역에 돌렸다.

오답
분석
① (가) 이후: 논산에서 남접과 북접의 동학 농민군이 집결한 것(1894. 10.)은 집강소 설치 이후인 제2차 동학 농민 운동 시기의 사실로, (가) 이후의 사실이다.
② (가) 이후: 공주 우금치 전투(1894. 11.)에서 동학군이 일본군·관군과 격전을 벌인 것은 집강소 설치 이후인 제2차 동학 농민 운동 시기의 사실로, (가) 이후의 사실이다.
③ (가) 이전: 동학 교도가 궁궐 앞에서 교조 최제우의 신원에 대한 복합 상소 운동(1893. 2.)을 전개한 것은 고부 농민 봉기 이전의 일로, (가) 이전의 사실이다.

05 제2차 갑오개혁 압축개념 09   정답 ③

자료
분석
제시문에서 군국기무처를 폐지하고, 김홍집·박영효 연립 내각을 구성한 뒤 개혁을 단행하였다는 내용을 통해 밑줄 친 '개혁'은 제2차 갑오개혁임을 알 수 있다.

정답
설명
ⓒ 제2차 갑오개혁 때 재판소를 설치하여 사법권과 행정권을 분리시켰다.
ⓒ 제2차 갑오개혁 때 전국의 지방 행정 구역을 8도에서 23부로 개편하였다.

오답
분석
⑤ 제1차 갑오개혁: 과거제를 폐지한 것은 제1차 갑오개혁의 내용이다.
ⓔ 을미개혁: 중앙군으로 친위대, 지방군으로 진위대를 설치한 것은 을미개혁의 내용이다.

06 대한 제국의 국권 피탈 과정 압축개념 13   정답 ③

정답
설명
③ 순서대로 나열하면 ⓒ 제1차 한·일 협약(1904. 8.) → ⑤ 을사늑약(1905. 11.) → ⓔ 헤이그 특사 파견(1907. 6.) → ⓒ 한·일 신협약(1907. 7.)이 된다.
ⓒ 제1차 한·일 협약: 제1차 한·일 협약의 체결(1904. 8.)로 대한 제국의 재정과 외교 부문에 일본이 추천하는 외국인 고문이 임명되었다.
⑤ 을사늑약(제2차 한·일 협약): 을사늑약의 체결(1905. 11.)로 대

한 제국의 외교권이 박탈되었고, 통감부가 설치되었다.
ⓔ 헤이그 특사 파견: 고종은 제2차 한·일 협약(을사늑약)의 불법성을 국제 사회에 알리기 위해 헤이그의 만국 평화 회의에 특사를 파견(1907. 6.)하였으나 실패하였다.
ⓒ 한·일 신협약(정미 7조약): 한·일 신협약의 체결(1907. 7.)로 일본은 대한 제국의 각 부에 일본인 차관을 두고 내정을 간섭하였다.

07 을미의병과 13도 창의군 사이의 사실 압축개념 13, 14   정답 ③

자료
분석
(가)는 부모에게서 받은 머리털을 베어 버렸다는 내용을 통해 1895년에 시행된 을미개혁에 반발하며 일어난 을미의병임을 알 수 있다. (나)는 군사장 허위의 지휘 하에 동대문 밖으로 진격했다는 것을 통해 1907년에 전개된 13도 창의군의 서울 진공 작전에 대한 내용임을 알 수 있다. 따라서 (가)와 (나) 사이의 시기는 1895년부터 1907년에 해당된다.

정답
설명
③ 안중근이 대한 제국의 국권 침탈을 주도한 이토 히로부미를 중국 하얼빈에서 저격한 것은 1909년으로, (나) 시기 이후의 사실이다.

오답
분석
모두 (가)와 (나) 사이에 있었던 사실이다.
① 1905년에 강제로 체결된 을사늑약에 의해 대한 제국의 외교권이 박탈되고 통감부가 설치되었다.
②, ④ 1907년에 고종은 을사늑약의 부당성을 알리기 위해 헤이그 만국 평화 회의에 특사를 파견하였으나 일본의 방해 등으로 성과를 거두지 못하였다. 오히려 일본은 고종의 헤이그 특사 파견을 구실로 고종을 강제로 퇴위시키고 한·일 신협약을 체결하여 대한 제국의 군대를 강제로 해산시켰다.

08 신민회 압축개념 15   정답 ①

자료
분석
제시문에서 한국의 사상과 습관을 혁신하여 쇠퇴한 발육과 산업을 유신케하고 공화정체의 독립국을 지향한다는 내용을 통해 (가) 단체가 신민회임을 알 수 있다.

정답
설명
① 신민회는 무장 독립 투쟁을 위해 서간도 지역의 삼원보에 신한 민촌을 건설하고, 독립군 양성 기관으로 신흥 강습소(신흥 무관 학교)를 설립하는 등 해외 독립운동 기지 건설에 앞장섰다.

오답
분석
② 고종의 강제 퇴위를 계기로 의병 투쟁에 앞장선 것은 정미의병을 주도한 이인영, 허위 등이다.
③ 신민회는 입헌 군주제가 아닌 공화 정치 체제의 근대 국가 수립을 목표로 하였다.
④ 을사 5적의 처단을 목표로 5적 암살단을 조직한 것은 나철과 오기호이다.

p. 94

01 ④   **02** ④   **03** ③   **04** ③   **05** ④

06 ④   **07** ④   **08** ④   **09** ④

01 | 조선 총독부 압축개념 01

정답 ④

정답
설명
④ 조선 총독은 내각 총리대신이 아닌 일본 국왕의 직속으로 조선 내의 군대 통수권을 비롯한 행정권·입법권·사법권 등 조선에 대한 모든 통치권을 행사할 수 있었다.

오답
분석
① 조선 총독은 1910년에 공포된 조선 총독부 관제에 의해 현역 육·해군 대장 중에서 임명되도록 규정되었다. 1920년대에는 문관 중에서도 임명이 가능하도록 변경되었지만 조선에 부임하였던 총독은 모두 육·해군의 대장이었다.
② 조선 총독부 산하에는 행정 사무를 총괄하는 정무총감과 경찰 사무를 담당하는 경무총감이 있었다.
③ 조선 총독부 산하에는 중추원과 같은 자문 기구와 철도국, 전매국 등의 각급 식민 행정 기관, 직속 재판소 등이 설치되었다.

02 | 치안 유지법이 실시된 기간의 사실(1925~1945) 압축개념 01   정답 ④

자료
분석
제시문에서 국체를 변혁 또는 사유 재산제를 부인할 목적으로 결사를 조직하는 자를 처벌한다는 내용을 통해 1925년부터 1945년까지 실시된 치안 유지법임을 알 수 있다.

정답
설명
④ 치안 유지법이 실시되던 기간인 1943년에 일제는 학도 지원병 제도를 통해 전문 학교 학생들과 대학생들을 전쟁에 동원하였다.

오답
분석
① 조선 태형령이 공포된 것은 1912년으로, 치안 유지법 실시 이전의 사실이다.
② 일제가 경성 제국 대학을 설립한 것은 1924년으로, 치안 유지법 실시 이전의 사실이다.
③ 평양에서 조만식 등을 중심으로 물산 장려 운동이 시작된 것은 1920년의 사실로, 치안 유지법 실시 이전의 사실이다. 한편 서울에서 조선 물산 장려회(1923)가 조직된 이후 물산 장려 운동이 전국적으로 확산되었다.

03 | 독립 의군부와 대한 광복회 압축개념 02   정답 ③

정답
설명
③ 독립 의군부(1912)와 대한 광복회(1915) 모두 1910년대 국내에서 결성된 비밀 결사 단체이다.

오답
분석
① 대한 광복회: 공화국 건설을 목표로 한 것은 대한 광복회이다.
② 독립 의군부: 고종의 비밀 지령을 받아 조직된 단체는 독립 의군부이다.
④ 독립 의군부는 임병찬을 중심으로, 대한 광복회는 박상진을 중심으로 한 조직이었다.

04 | 3·1 운동 압축개념 04

정답 ③

자료
분석
제시된 자료는 1919년 3·1 운동 당시 민족 대표들이 낭독한 기미 독립 선언서의 내용이다.

정답
설명
③ 3·1 운동을 계기로 조직적인 독립운동을 추진해야 할 필요성이 대두하여, 대한민국 임시 정부가 수립되었다(1919. 9.).

오답
분석
① 대한매일신보의 후원을 받은 민족 운동은 국채 보상 운동(1907)이다.
② 신간회의 지원을 받아 전국으로 확산된 민족 운동은 광주 학생 항일 운동(1929)이다.
④ 원산 노동자 총파업(1929)은 3·1 운동과 관련이 없다.

05 | 국민 대표 회의 압축개념 05

정답 ④

자료
분석
제시문에서 독립 운동이 나아갈 방향을 확립하고 통일적 기관을 만들고자 하는 내용을 통해 밑줄 친 '회의'가 국민 대표 회의(1923)임을 알 수 있다.

정답
설명
④ 국민 대표 회의에서 무장 투쟁을 강조한 박용만·신채호 등의 창조파는 임시 정부를 해체하고 이를 대체할 새로운 정부의 수립을 주장하였다. 반면 외교론을 강조한 안창호 등의 개조파는 임시 정부를 유지한 상태에서 조직을 개편할 것을 주장하였다. 이러한 창조파와 개조파의 대립이 심화되자 김구(현상 유지파)는 내무부령을 공포하여 국민 대표 회의의 해산을 명하였다.

오답
분석
모두 국민 대표 회의 이후의 사실이다.
① 조소앙의 삼균주의에 바탕을 둔 대한민국 건국 강령이 발표된 것은 임시 정부가 충칭에 정착한 이후인 1941년의 사실이다.
② 박은식이 제2대 임시 대통령으로 선출된 것은 국민 대표 회의가 결렬된 후인 1925년의 사실이다. 박은식은 임시 정부의 정치 체제를 국무령 중심의 내각 책임제로 개편하는 제2차 개헌(1925)을 추진하였다.
③ 민족 유일당 운동 차원에서 조선 혁명당이 참가한 단체는 민족 혁명당이다. 난징에서 민족 유일당 운동의 일환으로 의열단(김원봉)의 주도 아래 한국 독립당(조소앙), 신한 독립당(지청천), 조선 혁명당(최동오) 등이 통합된 민족 혁명당이 결성되었다(1935). 이에 대항하여 임시 정부의 김구 등은 한국 국민당을 결성하였다.

06 | 의열단의 활동 압축개념 06

정답 ④

자료
분석
제시된 자료에서 열거한 폭력의 목적물(조선 총독, 매국적 등)과 폭력으로써 대응한다는 내용을 통해 의열단과 관련된 내용임을 알 수 있다.

정답
설명
④ 1926년에 의열단원인 나석주는 조선식산은행과 동양 척식 주식회사에 폭탄을 던지고 관리들을 저격하였다.

오답
분석
① 한인 애국단: 도쿄에서 일왕 히로히토를 저격하였던 이봉창은 한인 애국단원이다.
② 한인 애국단: 상하이 훙커우 공원에서 의거를 결행한 윤봉길은 한인 애국단원이다.
③ 밀양 경찰서에 폭탄을 투척하였던 것은 의열단원 박재혁이 아닌 최수봉이다.

07 신간회 압축개념 08 정답 ④

자료 분석
제시문에서 비타협적 민족주의자들과 정우회 선언을 발표한 사회주의 세력이 연대하여 1927년에 창립하였다는 내용을 통해 밑줄 친 '이 단체'가 신간회임을 알 수 있다.

정답 설명
④ 신간회는 광주 학생 항일 운동의 사건의 진상을 조사하고자 조사단을 파견하였다. 또한 이를 대규모 항일 운동으로 발전시키기 위해 민중 대회를 계획하였으나, 일제의 방해로 실패하였다.

오답 분석
① 물산 장려 운동은 신간회와 관련이 없다. 1920년대 초에 일제가 관세 철폐의 움직임을 보이자 조만식 등은 평양에서 조선 물산 장려회를 조직하고 물산 장려 운동을 전개하였다.
② 조선 민립 대학 기성회: 고등 교육 기관을 설립하기 위해 1920년대 초에 민립 대학 설립 운동을 시작한 단체는 이상재·이승훈 등이 조직한 조선 민립 대학 기성회이다.
③ 동아일보: 문맹 퇴치와 미신 타파를 목적으로 브나로드 운동(1931~1934)을 전개한 것은 동아일보이다.

08 무장 독립 운동의 전개 압축개념 10, 11 정답 ④

정답 설명
④ 순서대로 나열하면 (나) 자유시 참변(1921) → (다) 쌍성보 전투(1932) → (가) 조선 의용대 창설(1938) → (라) 한국광복군 조직(1940)이 된다.
(나) 자유시 참변: 봉오동·청산리 전투에 대한 일제의 보복이 심화되자 만주 지역의 독립군은 조직을 재정비하여 소련(러시아)의 자유시로 이동하였다. 그러나 한인 독립군 내부의 지휘권 다툼과 러시아 적색군의 무장 해제 요구로 수많은 독립군이 희생되었다(자유시 참변, 1921).
(다) 쌍성보 전투: 한국 독립군은 중국 호로군과 연합하여 쌍성보 전투에서 일본군과 싸워 승리하였다(1932).
(가) 조선 의용대 창설: 김원봉은 한커우에서 조선 민족 전선 연맹의 산하 군사 조직인 조선 의용대를 창설(1938)하고 중국 국민당군과 함께 항일 투쟁을 전개하였다.
(라) 한국광복군 조직: 대한민국 임시 정부는 중국 국민당 정부의 지원을 받아 한국광복군을 창설하였다(1940).

09 대일 선전 포고 이후의 사실 압축개념 11 정답 ④

자료 분석
제시문에서 한국 인민과 정부를 대표하여 일본 등 추축국에 선전한다는 내용을 통해 대한민국 임시 정부(한국광복군)의 대일 선전 포고문임을 알 수 있다. 대한민국 임시 정부는 태평양 전쟁이 발발하자 1941년 12월에 대일 선전 포고문을 발표하였다.

정답 설명
④ 대일 선전 포고(1941. 12.) 이전인 1940년에 대한민국 임시 정부는 제4차 개헌을 통해 김구를 주석으로 하는 단일 지도 체제를 만들고, 1941년 11월 삼균주의를 바탕으로 한 대한민국 건국 강령을 제정하였다.

오답 분석
모두 대일 선전 포고 이후의 사실이다.
① 김원봉이 이끌던 조선 의용대가 한국광복군에 합류한 것은 1942년의 사실이다.
② 영국군의 요청에 따라 인도, 미얀마 전선에 한국광복군이 파견된 것은 1943년의 사실이다.
③ 조선 독립 동맹이 조선 의용대 화북 지대를 기반으로 조선 의용군을 조직한 것은 1942년의 사실이다.

07 현대의 정치

p. 106

01 ③　　02 ③　　03 ④　　04 ②　　05 ④
06 ①　　07 ②　　08 ①

01 대한민국 정부 수립 과정 압축개념 01, 02 정답 ③

정답 설명
③ 순서대로 나열하면 (다) 조선 건국 준비 위원회 조직(1945. 8.) - (라) 제1차 미·소 공동 위원회 개최(1946. 3.) - (나) 좌·우 합작 위원회 조직(1946. 7.) - (가) 제헌 헌법 제정(1948. 7.)이 된다.
(다) 조선 건국 준비 위원회 조직: 여운형이 광복 직후인 1945년 8월에 건국 준비를 위해 조선 건국 동맹을 기반으로 조선 건국 준비 위원회를 조직하였다.
(라) 제1차 미·소 공동 위원회 개최: 모스크바 3상 회의 이후 한반도의 민주주의 임시 정부 수립을 논의하기 위해 1946년 3월에 제1차 미·소 공동 위원회가 개최되었다.
(나) 좌·우 합작 위원회 조직: 여운형과 김규식이 1946년 7월에 미 군정청의 지원으로 중도 세력을 모아 좌·우 합작 위원회를 조직하였다.
(가) 제헌 헌법 제정: 5·10 총선거로 구성된 제헌 국회가 1948년 7월에 헌법을 제정하여 반포하였다.

02 김구와 이승만 압축개념 02 정답 ③

자료 분석
(가)는 이승만의 '정읍 발언'이고, (나)는 김구의 '삼천만 동포에게 읍고함'이다.

정답 설명
③ 김구는 탁치 반대 국민 총동원 위원회를 조직하여 모스크바 3국 외상 회의에서 결정된 신탁 통치안에 대한 반대 운동을 전개하였다.

오답 분석
① 김구: 통일 정부 수립을 주장하며 5·10 총선거에 불참한 대표적인 인물은 김구이다. 이승만은 남한 단독 정부 수립에 찬성하였으므로, 5·10 총선거에 참여하였다.
② 김구: 좌·우 합작 7원칙을 지지한 것은 이승만이 아닌 김구이다. 김구는 좌·우 합작 7원칙을 광복 이후 민족이 거둔 최대 수확이라고 평가하며 지지하였다. 한편, 이승만은 좌·우 합작 7원칙에 대해 조건부 찬성의 입장을 표방하였으며, 좌익과의 협조를 거부하였다.
④ 김규식: 남조선 과도 입법 의원의 의장을 역임한 인물은 김규식이다.

03 6·25 전쟁 압축개념 05 정답 ④

자료 분석
제시문에서 아군이 38도선 이북에서 철수를 계획했다는 것, 흥남 부두에서 피난민들과 함께 해상 철수를 했다는 것을 통해 1950년 12월 흥남 철수에 관한 내용임을 알 수 있다. 제시된 연표에서 북한군의 남침 시작은 1950년 6월, 인천 상륙 작전 개시는 1950년 9월, 평양 탈환은 1950년 10월의 사실이다.

정답
설명 　④ 국군과 유엔군이 흥남에서 철수한 것은 (라) 시기인 1950년 12월이다. 1950년 10월 중공군의 참전으로 국군과 유엔군은 대규모 해상 철수 작전인 흥남 철수 작전을 전개하였다.

04 사사오입 개헌 이후의 사실 [압축개념 06] 　　정답 ②

자료
분석 　제시문에서 대통령 중임 제한 조항이 공포 당시의 대통령에게는 적용되지 않는다는 내용을 통해 이 헌법 개헌안이 초대 대통령에 한해 중임 제한을 철폐한 사사오입 개헌(1954)임을 알 수 있다.

정답
설명 　ㄱ 사사오입 개헌 이후인 1956년에 조봉암이 진보당을 창당하였다.
　　ㄹ 사사오입 개헌 이후인 1956년에 치러진 제3대 정·부통령 선거에서 대통령에 자유당의 이승만, 부통령에 민주당의 장면이 당선되었다.

오답
분석 　ㄴ 이승만 대통령이 반공 포로를 석방한 것은 1953년의 사실로, 사사오입 개헌안 통과 이전의 사실이다.
　　ㄷ 대통령 선출 방식이 국회 간선제에서 국민 직선제 방식으로 변경된 발췌 개헌안은 1952년에 통과된 것으로, 사사오입 개헌안 통과 이전의 사실이다.

05 3차 개헌안 [압축개념 07] 　　정답 ④

자료
분석 　제시문에서 실질적인 내각 책임 체제의 정부를 갖게 되었으며 1960년 6월 16일부터 효력을 발생하였다는 내용을 통해 밑줄친 '새 헌법'이 4·19 혁명 이후 개정된 3차 개헌안임을 알 수 있다.

정답
설명 　④ 3차 개헌안에 따라 국회는 민의원과 참의원의 양원제로 구성되었고, 국무총리가 행정을 주도하는 내각 책임제 정부의 수립이 결정되었다.

오답
분석 　① 1차 개헌: 6·25 전쟁 당시 임시 수도 부산에서 개정된 헌법은 1차 개헌(발췌 개헌, 1952)이다.
　　② 2차 개헌: 이승만 대통령의 장기 집권을 위해 사사오입의 논리로 개헌안이 통과된 것은 2차 개헌(1954) 때이다.
　　③ 7차 개헌: 통일 주체 국민회의의 설치를 주요 내용으로 하는 개헌은 7차 개헌(유신 헌법, 1972)이다.

06 유신 헌법 시행 시기의 사건 [압축개념 09] 　　정답 ①

자료
분석 　제시문에서 긴급 조치와 입법·사법·행정 3권을 집권자에게 집중시키고 있다는 내용을 통해 밑줄 친 '헌법'이 유신 헌법(제7차 개헌안, 1972~1980)임을 알 수 있다.

정답
설명 　① 유신 헌법 시행 시기인 1979년에 YH 무역 사건을 계기로 신민당 총재인 김영삼이 국회에서 제명되자 부산·마산 등지에서 박정희 정부의 유신 체제에 반대하는 민주 항쟁이 일어났다(1979. 10.). 이는 유신 체제가 붕괴되는 배경이 되었다.

오답
분석 　모두 유신 헌법 시행 이전의 사건이다.
　　② 제5차 개헌안 시기: 국민 교육 헌장이 선포(1968)된 것은 제5차 개헌안(1963~1969) 시행 시기의 사실이다.
　　③ 제6차 개헌안 시기: 7·4 남북 공동 성명이 발표(1972. 7.)된 것은 제6차 개헌안(1969~1972) 시행 시기의 사실이다. 이후 박정희 정부는 안정된 남북 관계를 토대로 제7차 개헌(1972 12

월 시행)을 추진하였다.
　　④ 제5차 개헌안 시기: 굴욕적인 한·일 협정 체결을 반대하는 6·3 시위(1964)가 전개된 것은 제5차 개헌안(1963~1969) 시행 시기의 사실이다. 이를 진압한 박정희 정부는 한·일 기본 조약을 체결하였다(1965).

07 민주화 운동 [압축개념 06, 09, 10, 11] 　　정답 ②

자료
분석 　(가)는 4·19 혁명(1960), (나)는 5·18 민주화 운동(1980), (다)는 6·3 시위(1964), (라)는 6월 민주 항쟁(1987)에 해당하는 구호이다.

정답
설명 　② 종신 집권이 가능한 대통령제로 개헌한 것은 박정희 정부가 제정한 유신 헌법(1972)의 내용으로, 5·18 민주화 운동과 관련이 없다.

오답
분석 　① 4·19 혁명의 결과로 이승만 대통령이 하야하였다.
　　③ 6·3 시위에서는 굴욕적인 한·일 외교 반대에서 더 나아가 박정희 정권의 퇴진을 요구하였다.
　　④ 6월 민주 항쟁에서는 이한열 등의 희생을 통해 직선제 개헌과 기본권 보장 등을 골자로 한 6·29 민주화 선언을 이끌어냈다.

08 1991~2000년의 통일 정책 [압축개념 14] 　　정답 ①

자료
분석 　(가)는 남북 기본 합의서(1991. 12.)이고, (나)는 6·15 남북 공동 선언(2000)이다.

정답
설명 　① (가)와 (나) 사이 시기인 1998년 김대중 정부 때 금강산 해로 관광이 시작되었다.

오답
분석 　② (나) 이후: 개성 공단 건설 사업은 2000년 6·15 남북 공동 선언의 결과로 시행된 것으로, (나) 시기 이후의 사실이다.
　　③ (가) 이전: 최초로 남·북 이산가족이 상봉한 것은 전두환 정부 시기인 1985년으로, (가) 시기 이전의 사실이다.
　　④ (나) 이후: 경의선 철로(철도·도로) 복원 사업은 2000년 6·15 남북 공동 선언의 결과로 시행된 것으로, (나) 시기 이후의 사실이다.

된 것은 고구려 고국천왕 때로, (가) 시기 이전의 일이다.
④ (가) 이후: 학문 장려를 위해 청주의 거로현을 국학생의 녹읍
으로 삼은 것(799)은 8세기 말 통일 신라 소성왕 때로, (가) 시
기 이후의 일이다.

Ⅲ. 경제사

01 고대의 경제

p. 112

01 ② 02 ④ 03 ① 04 ③ 05 ④
06 ③ 07 ④ 08 ④ 09 ③

01 고대 국가의 경제 [압축개념 01, 02] 정답 ②

정답
설명
② 녹비법, 퇴비법 등의 시비법이 발달하고 2년 3작의 윤작법이
보급되어 생산력이 증가한 시대는 고려 시대이다.

오답
분석
① 삼국 시대의 일반 백성은 개인 소유의 토지를 경작하거나 귀족
등 남의 토지를 빌려 경작하였다.
③ 삼국 시대에는 수공업품을 생산하기 위한 담당 관청을 설치하
고 그곳에 소속 장인과 노비를 배정하여 무기나 비단 등 필요
한 물품을 생산하도록 하였다.
④ 삼국 통일 후 인구가 증가하고 상품 생산이 확대되자 효소왕 때
경주에 서시와 남시가 추가적으로 설치되었다.

02 신라 촌락 문서(민정 문서) [압축개념 02] 정답 ④

정답
설명
④ 신라 촌락 문서(민정 문서)를 작성한 촌주는 중앙에서 파견된
지방관이 아닌 말단 행정 단위인 촌의 토착 세력이었다.

오답
분석
① 신라 촌락 문서에는 인구를 남녀로 구분하여 소아와 노인은 물
론 노비의 수까지 기재하였는데, 이는 국가가 노동력 수취를 중
시하였기 때문이었다.
② 신라 촌락 문서에는 내시령이라는 관료에게 지급된 토지인 내
시령답, 촌주에게 지급된 토지인 촌주위답 등의 토지가 포함
되어 있었다.
③ 신라 촌락 문서에는 촌락의 경제력을 명확히 파악하기 위해
촌락 단위로 뽕나무·잣나무·호두나무 등 유실수의 수까지 기
록하였다.

03 통일 신라 시대의 경제 상황 [압축개념 02] 정답 ①

자료
분석
9주 5소경은 7세기 후반 신문왕 대(681~692)에 설치되었으며, 대
공의 난은 8세기 후반 혜공왕 대(765~780)에 발발하였다. 따라서
(가) 시기는 7세기 후반에서 8세기 후반까지 해당한다.

정답
설명
① (가) 시기인 통일 신라 성덕왕 때 백성에게 정전을 처음으로
지급하였다(722).

오답
분석
② (가) 이전: 시장을 감독하는 관청인 동시전을 신설(509)한 것
은 신라 지증왕 때로, (가) 시기 이전의 일이다.
③ (가) 이전: 백성의 구휼을 위해 춘대추납의 진대법이 제정(194)

04 녹읍 [압축개념 01, 02] 정답 ③

자료
분석
제시된 자료에서 경덕왕이 내외 관료의 월봉을 없애고 다시 내려
주었다는 내용을 통해 (가)는 녹읍임을 알 수 있다.

정답
설명
③ 귀족 관료에게 지급된 녹읍은 지역 단위로 설정되어 조세 수취
와 노동력 징발이 가능한 토지였다.

오답
분석
① 경기 지역에 한정하여 지급된 것은 조선 시대의 과전이다.
② 토지의 비옥도에 따라 토지의 등급을 6등급으로 구분한 것은
조선 시대의 전분 6등법에 대한 설명이다.
④ 관리를 18등급으로 나누어 전지와 시지를 지급한 것은 고려
시대의 전시과이다.

05 통일 신라 시대의 경제 제도 [압축개념 02] 정답 ④

정답
설명
④ 순서대로 나열하면 ② 문무 관료전 지급(687) → ⓒ 녹읍 혁
파(689) → ⓒ 정전 지급(722) → ㉠ 녹읍 부활(757)이 된다.
② 문무 관료전 지급: 신문왕은 687년에 교서를 내려 관리들에게
문무 관료전을 지급하였다.
ⓒ 녹읍 혁파: 신문왕은 689년에 녹읍을 폐지하고, 관리들에게
해마다 조(租)를 지급하여 국가의 토지 지배권을 강화하였다.
ⓒ 정전 지급: 성덕왕은 722년에 백성들에게 정전을 지급하였다.
㉠ 녹읍 부활: 경덕왕 대인 757년에 귀족들의 반발로 녹읍이 부
활하였다.

06 통일 신라의 사회와 경제 [압축개념 02] 정답 ③

정답
설명
③ 녹읍이 부활된 것은 경덕왕 때이다.

오답
분석
① 신문왕은 귀족 세력의 경제적 기반을 약화시키기 위하여 관료
전을 지급하는 대신 녹읍을 폐지하였다.
② 성덕왕은 모든 토지는 왕의 소유라는 왕토 사상에 근거하여 일
반 백성들에게 정전을 지급하였다.
④ 일본 정창원에서 발견된 신라 촌락 문서는 서원경과 그 부근의
4개 촌락을 대상으로 조사된 것이다.

07 고대의 경제 생활 [압축개념 01, 02] 정답 ④

정답
설명
④ 삼국 시대에는 수도와 같은 도시, 교통 요충지 등을 중심으로
만 시장이 설치되었다.

오답
분석
① 전쟁이 많았던 삼국 시대에는 공을 세운 자에게 조세를 수취

할 수 있는 수조권은 물론 해당 지역의 노동력도 징발할 수 있는 식읍을 지급하였다.
② 신라 민정 문서는 촌주가 해당 촌의 인구 수, 우마의 수, 토지 면적 등을 매년 조사하여 3년마다 작성하였다.
③ 신라에서는 4~5세기를 지나면서 철제 농기구가 점차 보급되면서 농업 생산량이 향상되었다.

<table>
<tr><td rowspan="4">오답
분석</td></tr>
</table>

② 경정 전시과: 산관(실제 직무가 없는 관직)이 지급 대상에서 제외되었으며, 무반의 차별 대우가 개선된 것은 경정 전시과이다.
③ 과전법: 전·현직 관료를 대상으로 경기 지방에 한하여 지급된 것은 과전법이다.
④ 역분전: 고려의 건국 과정에서 충성도와 공로에 따라 차등 지급된 것은 역분전이다.

---

08 | 장보고 [압축개념 02]   정답 ④

**자료
분석** 제시문에서 엔닌이 대사가 발원한 당나라 적산원(법화원)에 머물렀다는 것을 통해 밑줄 친 '대사'가 장보고임을 알 수 있다.

**정답
설명** ④ 웅주를 근거지로 반란을 일으켜 장안이라는 나라를 세운 인물은 통일 신라의 김헌창이다.

**오답
분석** ① 장보고는 당나라 적산촌에 법화원이라는 사찰을 건립하였다.
② 장보고는 당나라에 건너가 군관직인 무령군 소장이 되었다.
③ 장보고는 중국에 견당매물사, 일본에 회역사란 이름의 사절을 파견하였다.

---

09 | 남북국 시대의 경제 [압축개념 02, 03]   정답 ③

**정답
설명** ③ 신라의 시장은 통일 이전인 5세기 말 소지 마립간 때 경주에 처음 개설되었다.

**오답
분석** ① 발해의 수취 제도는 곡물을 징수하는 조세, 특산물을 징수하는 공물, 농민을 동원하는 요역(부역) 등으로 구분할 수 있다.
② 발해는 당으로부터 귀족들의 수요품인 비단과 서적 등을 수입하였고, 말, 모피와 인삼 등의 토산물과 불상·자기 등의 수공업품을 당에 수출하였다.
④ 삼국 통일 이후에도 신라에서는 시비법이 발달하지 못하여 땅을 쉬게 하는 휴경이 일반적이었다. 휴경지는 조선 시대에 이르러 소멸하였다.

---

02 고려의 경제

p. 118

01 ①	02 ②	03 ③	04 ④	05 ④
06 ③	07 ③	08 ①		

---

01 | 시정 전시과 [압축개념 02]   정답 ①

**자료
분석** 제시된 자료에서 비로소 직관(職官)·산관(散官) 각 품의 (가)를 제정하였다는 것과 인품을 가지고 등급을 결정하였다는 것을 통해 (가)의 토지 제도가 시정 전시과임을 알 수 있다.

**정답
설명** ① 시정 전시과에서는 4색 공복(자색·단색·비색·녹색)을 기준으로 문반, 무반, 잡업으로 나누어 토지의 지급 결수를 정하였다.

---

02 | 전시과 제도 [압축개념 02]   정답 ②

**자료
분석** 제시된 자료에서 전시과의 토지 지급 액수가 점차 감소하는 것을 통해 (가)는 시정 전시과, (나)는 개정 전시과, (다)는 경정 전시과임을 알 수 있다.

**정답
설명** ㉠ 시정 전시과에서는 관리의 관품과 함께 인품을 고려하여 이를 기준으로 토지를 지급하였다.
㉢ 경정 전시과에서는 일정한 법계를 지닌 승려와 지리업 종사자에게 별사전을 지급하였다.

**오답
분석** ㉡ 경정 전시과: 한외과는 경정 전시과 때 폐지되어 과내로 편입되었다.
㉣ 녹과전: 고려 시대에 경기 8현에 한하여 지급된 것은 녹과전으로 무신 집권기를 거치면서 전시과 체제가 무너지자 일시적으로 실시되었다.

---

03 | 고려 시대의 토지 제도 [압축개념 02]   정답 ③

**정답
설명** ③ 순서대로 바르게 나열하면 (다) 역분전(태조, 940) - (가) 시정 전시과(경종, 976) - (라) 개정 전시과(목종, 998) - (나) 경정 전시과(문종, 1076)가 된다.
  (다) 역분전: 후삼국 통일에 공을 세운 공신들에게 공로에 따라 토지를 차등 지급한 것은 역분전으로, 태조 왕건 때 실시되었다(940).
  (가) 시정 전시과: 관등과 인품을 고려하여 토지를 지급한 것은 시정 전시과로, 경종 때 실시되었다(976).
  (라) 개정 전시과: 인품을 배제하고 관리를 관등에 따라 18등급으로 구분하여 토지를 지급한 것은 개정 전시과로, 목종 때 실시되었다(998).
  (나) 경정 전시과: 산관을 토지 지급 대상에서 제외하고 현직 관리만을 대상으로 토지를 지급한 것은 경정 전시과로, 문종 때 실시되었다(1076).

---

04 | 고려 숙종 때 발행된 화폐 [압축개념 04]   정답 ④

**자료
분석** 제시된 자료에서 주전도감, 은병 등의 내용을 통해 고려 숙종과 관련된 내용임을 알 수 있다.

**정답
설명** ④ 고려 숙종 때에는 해동통보, 은병, 삼한통보 등의 화폐를 주조하였으나 널리 유통되지는 못하였다.

**오답
분석** ① 건원중보는 고려 성종 때 주조된 우리나라 최초의 화폐이다.
② 상평통보는 조선 시대에 주조된 화폐이다.
③ 조선통보는 조선 시대에 주조된 화폐이다.

05 | 고려 시대의 경제 생활 [압축개념 03, 04]   정답 ④

정답
설명
⑤ 고려 성종은 우리나라 최초의 화폐인 건원중보를 주조하여 전국적으로 사용하게 하려 하였으나 널리 유통되지 못하였다.
ⓛ 고려 후기에는 관청 수공업과 소(所) 수공업이 점차 쇠퇴하고, 민간 수공업과 사원 수공업이 발달하였다.
ⓒ 고려 시대에 대외 무역이 활발하게 이루어지면서 예성강 하구의 벽란도가 국제 무역항으로 번성하였다.
ⓓ 고려 시대의 원 간섭기에는 원나라와의 무역이 활발하게 전개되는 가운데 원의 지폐인 보초가 들어와 사용되기도 하였다.

06 | 고려 시대의 경제 활동 [압축개념 04]   정답 ③

자료
분석
제시문의 삼한통보, 해동중보 등을 통해 고려 시대의 경제 활동과 관련된 내용임을 알 수 있다.

정답
설명
③ 고려 시대에는 예성강 하구의 벽란도가 국제 무역항으로 번성하였다.

오답
분석
① 조선 후기: 담배, 인삼, 채소 등의 상품 작물을 널리 재배한 것은 조선 후기의 일이다.
② 조선 전기: 물건을 사고 파는 거래 수단으로 면포를 널리 사용한 것은 조선 전기의 일이다.
④ 고구려: 진대법은 고구려의 고국천왕이 빈민 구제를 위해 실시한 빈민 구휼 제도였다.

07 | 고려 시대의 경제 생활 [압축개념 02, 03, 04]   정답 ③

정답
설명
③ 국초부터 20년마다 양전을 실시할 것을 규정한 것은 조선 시대이다. 조선에서는 『경국대전』에 20년마다 양전을 실시하여 양안을 작성할 것을 규정하였으나 비용 부담 등으로 제대로 지켜지지 않았다. 한편 고려 시대에도 양전이 실시되었으나 정확한 시행 규정은 알 수 없다.

오답
분석
① 고려 시대에는 권농 정책의 일환으로 황무지를 개간하거나 갈지 않고 버려둔 진전을 새로 경작하는 경우 일정 기간 세금을 감면해 주었고, 여러 수리 시설도 개축하였다.
② 고려 시대에는 개경에 시전을 설치하여 국영 점포(관영 상점)를 개설하였고, 특수 행정 구역인 소에서는 수공업 제품을 생산한 후 국가에 공물로 납부하였다.
④ 고려 경종 때 실시된 시정 전시과에서는 관등의 고하와 함께 인품을 반영하여 전지와 시지를 지급하였다.

08 | 고려 시대의 경제 [압축개념 01, 02, 03]   정답 ①

정답
설명
⑤ 고려 시대에 권세가들은 대규모 개간에 참여하거나, 정부에서 주는 토지 수여 증서이자 개간 허가서인 사패를 통해 토지를 확대하기도 하였다. 특히 원 간섭기에는 권문세족이 사패를 악용하여 타인의 토지를 탈점하였다.
ⓛ 고려 시대의 농민들은 민전을 경작하여 대체로 수확량의 10분의 1을 세금으로 냈고 이외에도 역(요역·군역)과 공부(공납)를 부담하였다.
ⓒ 식읍은 왕족이나 공신들에게 수여한 것으로, 조세 수취는 물론 토지에 딸린 인정(人丁)인 노동력도 활용할 수 있었다.

오답
분석
ⓓ 왕실의 경비를 충당하기 위하여 내장전을, 관청의 경비를 충당하기 위하여 공해전을 지급한 것은 맞지만 외역전은 향리에게 지급한 토지였다.

03 조선 전기의 경제

p. 122

| 01 ③ | 02 ④ | 03 ① | 04 ② | 05 ③ |
| 06 ② | 07 ③ | 08 ③ | | |

01 | 조선 초기의 과전 [압축개념 01, 02]   정답 ③

정답
설명
③ 조선 초기 과전법 체제 하에서는 전·현직 관리 모두에게 수조권을 지급하였다.

오답
분석
① 과전의 지급은 경기도에 있는 토지로 한정되었으나 지급할 토지가 부족하게 되자 태종 때 과전의 3분의 1을 하삼도(충청도, 전라도, 경상도)로 옮겨 지급하였다.
② 과전법 체제 하에서는 전·현직 관리에게 토지에 대해 조세를 수취할 수 있는 수조권만을 지급하였다. 소유권은 지급되지 않았다.
④ 과전은 원칙적으로 상속이 금지되었기 때문에 받은 사람이 죽거나 반역을 하면 국가에 반환해야 했다.

02 | 과전법 [압축개념 01]   정답 ④

자료
분석
제시된 자료는 조준이 고려 말 토지 겸병의 폐단을 지적하는 글이다. 이후 조준, 정도전 등의 혁명파 사대부는 토지 제도를 바로잡기 위해 과전법을 시행하였다(1391).

정답
설명
④ 과전법 체제 하에서 과전의 지급 지역은 경기 지역에 한정되었고, 지급 대상은 전·현직 관리였다.

오답
분석
① 전시과 제도는 고려 경종 때 처음 시행되었다.
② 과전법의 시행으로 신진 사대부의 경제적 기반이 마련되었다.
③ 과전법은 전·현직 관리를 대상으로 시행되었기 때문에 이성계에 반대한 신하들에게도 지급되었으며, 재야 세력을 회유하려는 목적으로 지방의 산관, 중소 지주 등에게는 5~10결의 군전이 지급되었다.

03 | 공법 [압축개념 02]   정답 ①

자료
분석
제시된 자료에서 여러 해의 평균을 파악하고 답험의 폐단을 없애려고 해왔다는 점과 신하와 백성의 의견을 두루 물었다는 내용을 통해 밑줄 친 '이 제도'가 세종 때 실시된 공법임을 알 수 있다.

정답
설명
① 세종은 공법을 실시하여 토지를 비옥도에 따라 6등급으로 구분(전분 6등법)하였으며, 수확한 연도의 풍흉에 따라 9등급으

로 구분(연분 9등법)하여 1결당 4~20두의 조세를 수취하였다.

오답
분석
② 영정법: 풍흉에 상관없이 토지 1결당 4~6두를 조세로 징수하는 제도는 인조 때 실시한 영정법이다.
③ 대동법: 토지 소유자에게 1결당 미곡 12두를 수취하는 것은 광해군 때 처음 실시한 대동법이다.
④ 토지 소유자에게 수확량의 10분의 1을 조세로 징수한 것은 공법 이전에 실시된 조선의 조세 제도이다.

04 | 조선 시대 토지 제도 [압축개념 01]   정답 ②

정답
설명
② 조선 명종 때 직전법이 폐지됨에 따라 숫자가 급속히 늘어난 것은 자영농이 아니라 소작농이다. 직전법이 폐지되면서 수조권 지급 제도가 완전히 소멸되자 양반들이 사유지를 확대하였다. 이에 따라 대부분의 농민들이 토지를 잃고 소작농으로 전락하면서 지주 전호제가 일반화되었다.

오답
분석
① 관리들이 수조권을 남용해 조세를 과다하게 거두는 일이 많아지자, 이를 막기 위해 성종 때 국가가 수조를 대행하는 제도인 관수 관급제가 시행되었다.
③ 과전법 체제에서 수신전, 휼양전 등의 명목으로 세습되는 토지가 증가하면서 관리에게 지급할 토지가 부족해지자, 세조 때 현직 관리에게만 토지를 지급하는 직전법을 시행하였다.
④ 과전법 체제에서는 관료가 사망하면 지급받은 과전을 국가에 반환하는 것이 원칙이었으나, 관료의 가족들이 생계를 유지할 수 있도록 토지 중 일부를 수신전과 휼양전 등으로 지급하였다.

05 | 고려·조선 시대의 토지 제도 [압축개념 01]   정답 ③

정답
설명
③ 관리들의 수조권 남용이 심화되자 성종 때 국가 관청에서 관료를 대행하여 세금을 거두는 관수 관급제를 실시하였다.

오답
분석
① 권문세족의 대토지 소유 및 토지 겸병을 개혁하기 위해 시행한 과전법 체제에서는 전국이 아닌 경기 지역에 한하여 관리들에게 수조권을 지급하였다.
② 수신전, 휼양전 등의 명목으로 과전이 세습되어 관리에게 지급할 토지가 부족해지자, 현직 관료(신진 관료)에게만 수조권을 지급하는 직전법이 시행되었다.
④ 국가 재정의 악화로 직전법이 폐지되어, 관료에게 더 이상 수조권이 지급되지 않고 녹봉만 지급되었다.

06 | 조선 전기 세종 대의 경제 생활 [압축개념 03]   정답 ②

자료
분석
제시문의 밑줄 친 '농서'는 조선 전기 세종 때 정초·변효문 등에 의해 편찬된 『농사직설』이다.

정답
설명
② 조선 전기에는 척박한 땅에 콩 등을 심었다가 갈아엎어 지력을 회복시키는 녹비법 등의 시비법이 발달하였다.

오답
분석
① 조선 후기: 칠패(남대문) 시장에서 어물을 판매한 것은 조선 후기의 경제 생활에 해당한다.
③ 조선 후기: 감자(19세기, 청)·고구마(18세기, 일본) 등의 구황 작물과 고추·호박 등 새로운 작물이 조선에 들어와 생산된 것은 조선 후기의 경제 생활에 해당한다.
④ 조선 후기: 시전에서 담배인 남초를 거래한 것은 조선 후기의 경제 생활에 해당한다.

07 | 16세기의 경제 [압축개념 01, 03]   정답 ③

자료
분석
제시문은 직전법이 폐지(1556)된 이후인 16세기 중엽 이후의 모습이다.

정답
설명
③ 관원이 농민들로부터 수조를 할 수 있었던 시기는 직전법이 폐지되기 이전의 일이다. 16세기 중엽 이후부터는 직전법이 폐지되어 관원들이 오직 녹봉만을 지급받게 되었다.

오답
분석
① 경창(광흥창·풍저창·군자창) 중 광흥창으로 운반된 세곡은 관리의 녹봉으로 지급되었다.
② 직전법이 폐지됨에 따라 소유권에 바탕을 둔 지주 전호제가 확대되면서, 전주가 수확량의 2분의 1을 받는 병작반수의 지대 납부 형태가 확대되었다.
④ 조선 전기에는 공장(장인)들이 관청에 소속되었으며, 생산된 물량 중 책임량을 초과한 생산품에 대해서는 세를 내고 판매할 수 있었다.

08 | 조선 전기의 상업 [압축개념 03]   정답 ③

정답
설명
③ 선상이 포구에 가져온 물건을 매매·운송·보관하는 객주와 여각이 나타나고 상행위, 토지 매매 등의 중개를 직업으로 하는 거간이 등장한 것은 조선 후기의 상업 모습이다.

오답
분석
① 조선 전기에는 화폐 유통이 원활하지 못하여 화폐 대용으로 무명을 비롯한 직물들을 주로 사용하였는데, 이를 포화(布貨)라고 하였다.
② 조선 전기인 15세기에 전라도 지방에 장시가 등장하였으며, 16세기 중엽에는 전국적으로 확대되어 농민들이 생산품을 들고 나와 파는 현상이 나타났다.
④ 조선 전기에는 종로 거리에 설치된 시전 중 명주, 종이, 어물, 모시, 삼베, 무명을 취급하는 육의전이 가장 번성하였다.

04 | 조선 후기의 경제

p. 128

01 ③   02 ②   03 ②   04 ①   05 ①
06 ①   07 ④   08 ④

01 | 균역법을 시행한 영조 [압축개념 01]   정답 ③

자료
분석
제시된 자료에서 1필을 감하고, 어·염·선에 세를 거두어 그 감액을 보충한다는 내용을 통해 균역법과 관련된 내용임을 알 수 있고, 균역법을 실시한 왕은 영조이다.

정답
설명
③ 영조는 백성들의 군포 부담을 완화시키기 위한 방안으로 집집마다 군포를 부과하는 호포제를 시행하기 위하여 창경궁 홍화문에서 백성들에게 의견을 물었다. 그러나 양반들의 반발로

호포제는 실시되지 못하였고, 군포를 2필에서 1필로 줄여주는 감필론이 채택되어 균역법이 시행되었다.

오답 분석
① 현종: 인조의 계비인 자의 대비의 복제 문제를 둘러싸고 두 차례의 예송 논쟁이 발생한 것은 현종 때이다.
② 광해군: 명과 후금의 사이에서 중립 외교 정책을 전개한 왕은 광해군이다.
④ 정조: 흉년에 걸식하거나 버려진 아이들을 구휼하기 위한 방법을 규정한 『자휼전칙』을 반포한 왕은 정조이다.

---

02 | 대동법과 영정법 `압축개념 01` 　　　　정답 ②

자료 분석
제시문의 (가)는 '대납의 이익이 얼마나 되는지도 살피지 않은 채'라는 내용을 통해 방납의 폐단에 관한 것임을 알 수 있으며, 이와 관련하여 새로이 시행된 수취 제도는 대동법이다.
제시문의 (나)는 '연분 9등법을 파하였다.'라는 내용을 통해 공법의 적용이 복잡하여 전세 제도를 개편한 것임을 알 수 있으며, 이와 관련하여 새로이 시행된 수취 제도는 영정법이다.

정답 설명
② 대동법의 시행으로 공납의 납부 기준이 가호(家戶)에서 소유하고 있는 토지 결수로 바뀌면서 공납이 전세화되었다.

오답 분석
① 대동법의 담당 기관으로 설치된 관청은 선혜청이다. 사창은 민간에서 곡식을 저장해 두었다가 대여해 주는 제도로, 관에서 운영하는 환곡과 달리 민간에서 자율적으로 운영하였다.
③ 균역법: 지주에게 1결당 2두의 결작을 부과하고, 부족한 세수를 보충하였던 수취 제도는 영조 때 실시되었던 균역법이다.
④ 대동법: 광해군 때 경기도에서 처음 실시된 수취 제도는 대동법이다.

---

03 | 대동법 `압축개념 01` 　　　　정답 ②

자료 분석
제시문의 밑줄 친 ㉠은 방납으로, 방납의 폐단을 시정하고자 실시한 제도는 대동법이다.

정답 설명
② 대동법의 실시로 국가에서 돈을 받아 관청에 필요한 물품을 대신 구매하여 납품하는 어용 상인인 공인이 등장하였고 공인의 활동으로 인해 물품의 수요와 공급이 증가하면서 상품 화폐 경제의 발달에 영향을 주었다.

오답 분석
① 대동법으로 인해 공납의 호세화(각 가호를 기준으로 부과)가 아닌 전세화(토지 결수에 따라 부과)가 촉진되었다.
③ 토지 1결당 쌀 4두를 징수한 것은 인조 때 시행된 영정법과 관련된 내용이다.
④ 농민들의 군포 부담이 2필에서 1필로 줄어든 것은 영조 때 시행된 균역법과 관련된 내용이다.

---

04 | 조선 후기의 경제 상황 `압축개념 02, 03` 　　　　정답 ①

자료 분석
제시문에서 새로 39개소의 금혈을 뚫었는데 광꾼들이 모여 들었다는 내용을 통해 조선 후기의 경제 상황에 대한 설명임을 알 수 있다.

정답 설명
① 사패전은 개간을 장려하기 위해 '개간한 토지의 사적 소유를 허락한다'는 증표인 사패를 지급한 토지로, 이를 분급한 것은 고려 후기의 일이다.

오답 분석
② 조선 후기에 일부 지방에서는 지대 납부 방식이 정률 지대인 타조법에서 정액 지대인 도조법으로 변화하였다.
③ 조선 후기에는 면화와 담배, 인삼 등 상품 작물이 재배되었다.
④ 조선 후기에는 밭고랑에 씨를 뿌리는 견종법이 보급되어 생산력이 증대되었다.

---

05 | 조선 후기의 경제 `압축개념 02, 04` 　　　　정답 ①

정답 설명
① 조선 후기 정조 때 신해통공을 반포하여 육의전을 제외한 시전 상인들의 금난전권을 폐지하였다.

오답 분석
② 조선 후기에 담배는 인삼, 모시 등과 더불어 대표적인 상업 작물로 재배 되었다.
③ 조선 후기 영조 때 강필리가 『감저보』를, 순조 때 김장순이 『감저신보』를 저술하여 고구마의 재배와 이용법 등에 대해 기술하였다.
④ 조선 후기에는 씨앗을 고랑에 파종하는 견종법이 보급되어 밭 농사에서 농업 생산력이 증가하였다.

---

06 | 이앙법 시행의 결과 `압축개념 02` 　　　　정답 ①

자료 분석
제시된 자료에서 모를 기른 후 옮겨 심는다는 내용을 통해 이앙법에 대한 설명임을 알 수 있다.

정답 설명
① 이앙법의 시행 결과 농민의 빈부 격차가 심화되었다. 이앙법이 시행되면서 일부 농민은 경영형 부농으로 성장하였지만, 대부분의 농민들은 임노동자 등으로 전락하는 등 농촌 내에 빈부 격차가 커져 농민 계층이 분화되었다.

오답 분석
② 이앙법의 시행으로 김매기에 필요한 노동력이 절감되면서 넓은 토지를 경영하는 광작이 가능해졌다.
③ 이앙법의 시행으로 농지를 사용하는 기간이 줄어들자 벼·보리의 이모작이 가능해졌다. 보리는 대개 수취 대상에서 제외되었기 때문에 소작농들 사이에서 보리 농사가 성행하였다.
④ 이앙법의 시행으로 농사에 필요한 노동력이 절감되면서 지주들이 소작을 주는 대신 노비를 이용하거나 머슴을 고용하여 농토를 직접 경영하는 경우가 많아졌다.

---

07 | 조선 후기의 경제 동향 `압축개념 04` 　　　　정답 ④

자료 분석
제시문에서 나주의 영산포, 영광의 법성포 등 포구에 배가 줄을 서 있다는 내용을 통해 조선 후기의 포구 상업에 대한 내용임을 알 수 있다.

정답 설명
④ 삼한통보는 고려 시대에 발행된 화폐이다. 조선 후기에는 상평통보가 발행되어 전국적으로 유통되었다.

오답 분석
① 조선 후기에 포구 상업이 활성화되면서 강경포와 원산포 등이 전국적인 유통망을 연결하는 대표적인 상업의 중심지로 성장하였다.
② 조선 후기에 포구를 중심으로 활동한 선상은 선박을 이용하여 각 지방의 물품을 구입·운송하여 포구에서 거래하였다.
③ 조선 후기 객주와 여각은 각 지방의 선상이 가져 온 상품을 매매·중개하고 부수적으로 숙박·금융 등의 영업도 하였다.

정답
설명
④ 동래를 근거지로 대일 무역을 담당하였던 사상은 내상이다. 내상은 인삼·쌀·무명을 수출하고 은·구리·황·후추 등을 수입하였다. 유상은 평양을 근거지로 활동하였던 사상이다.

오답
분석
① 송상은 개성을 근거지로 활동하였으며, 전국에 송방(松房)이라는 지점을 설치하여 인삼을 재배 및 판매하였다.
② 경강 상인은 한강과 서남 연해안을 중심으로 선박을 이용하여 미곡·소금·어물 등의 물품을 판매하여 부를 축적하였다.
③ 만상은 의주를 근거지로 활동하였으며, 대청 무역을 주도하였다.

05 근대의 경제

p. 132

01 ③   02 ②   03 ④   04 ②   05 ③

06 ④   07 ③   08 ①

01 | 조·일 통상 장정(1876)과 개정(1883) 사이의 경제 상황   압축개념 01   정답 ③

자료
분석
(가)는 조·일 통상 장정(1876)이고, (나)는 조·일 통상 장정 개정(1883)이다.

정답
설명
③ (가)와 (나) 사이 시기인 1882년 양화진에 청국인 상점의 개설을 허용하는 조·청 상민 수륙 무역 장정이 체결되었다.

오답
분석
① (나) 이후: 메가타 재정 고문이 화폐 정리 사업을 시도한 것은 1905년으로, (나) 이후의 사실이다.
② (나) 이후: 혜상공국의 폐지 등을 주장한 갑신정변이 발생한 것은 1884년으로, (나) 이후의 사실이다.
④ (나) 이후: 함경도 방곡령 사건(1889)으로 일본과 외교적 마찰이 일어난 것은 (나) 이후의 사실이다. 일본으로의 곡물 유출을 막기 위해 함경도 지방의 관찰사 조병식이 방곡령을 내렸으나, 일본은 조·일 통상 장정 개정(1883)의 '방곡령을 시행하기 1개월 전에 통고해야 한다'는 규정을 구실로 방곡령 철회와 거액의 배상금을 요구하였다.

02 | 개항기 무역   압축개념 01   정답 ②

정답
설명
② 임오군란(1882) 이후 체결된 조·청 상민 수륙 무역 장정으로 청 상인들의 내지 통상이 허용되면서 조선 내에서 청·일 상인들 간의 경쟁이 심화되었지만, 청국에서의 수입액이 일본에서의 수입액을 앞지르지는 못하였다.

오답
분석
① 개항 직후에는 조·일 수호 조규 부록(1876)에 따라 일본 상인의 활동 범위가 개항장으로부터 10리 이내로 제한되었고, 이로 인해 객주·여각·보부상 등의 조선 상인들이 개항장과 내륙

을 이어주는 중개 활동을 하였다. 그러나 조·청 상민 수륙 무역 장정 체결 이후 외국 상인의 내륙 진출이 허용되며 국내 중개 상인들이 몰락하였다.
③ 일본 상인들은 개항 초기에 영국산 면직물을 조선에 들여왔으며, 일본의 산업이 발달한 이후에는 일본산 면직물을 조선에 팔았다. 한편 일본은 자국 상인들을 통해 조선에서 쇠가죽·쌀·콩 등의 원료 및 식량을 수입하여 공업화로 인한 일본의 식량 부족 문제를 해결하였다.
④ 조·일 통상 장정의 개정(1883)으로 방곡령 규정이 합의되어, 이후 함경도·황해도 등에서 곡물 수출을 금지하는 방곡령이 선포되기도 하였다.

03 | 화폐 정리 사업   압축개념 01   정답 ④

자료
분석
제시문에서 상태가 좋은 갑종 백동화는 개당 2전 5리로, 상태가 좋지 않은 을종 백동화는 개당 1전의 가격으로 바꾸어 주고, 병종 백동화는 사들이지 않는다는 내용을 통해 화폐 질에 따라 화폐를 차등 교환하는 화폐 정리 사업에 대한 내용임을 알 수 있다.

정답
설명
ⓒ 화폐 정리 사업에 따라 백동화는 일본 제일 은행권 혹은 일본 화폐로 교환되었다.
ⓔ 화폐 정리 사업을 추진하는 과정에서 대한 제국 정부는 필요한 자금을 일본 차관으로 조달하면서 거액의 국채가 발생하게 되었다. 한편, 이러한 국채 발생은 국채 보상 운동(1907)이 일어나는 원인이 되었다.

오답
분석
ⓐ 화폐 정리 사업은 제1차 한·일 협약에 따라 대한 제국의 재정 고문으로 파견된 메가타에 의해 추진되었다. 한·일 신협약은 화폐 정리 사업 이후인 1907년에 체결되었다.
ⓑ 화폐 정리 사업은 금 본위 화폐 제도에 입각하여 추진되었다.

04 | 황국 중앙 총상회의 상권 수호 운동   압축개념 02   정답 ②

자료
분석
제시문에서 독립 협회의 민권 운동을 적극 지원하였다는 내용을 통해 '이 단체'가 황국 중앙 총상회(1898)임을 알 수 있으며, 이들은 상권 수호 운동을 전개하였다.

정답
설명
② 조·청 상민 수륙 무역 장정(1882) 체결 이후 외국 상인들의 내지 통상이 허용되면서 외국 상인들이 서울까지 진출하여 상권을 잠식하였고, 시전 상인들은 이에 대항하여 1898년 황국 중앙 총상회를 조직하고, 자신들의 경제적 권익 회복을 요구하는 상권 수호 운동을 전개하였다.

오답
분석
①, ④ 대한매일신보, 만세보 등 언론 기관의 참여로 전국적으로 확산된 운동은 국채 보상 운동이다. 한편 국채 보상 운동은 통감부가 국채 보상 기성회의 간사인 양기탁에게 국채 보상금을 횡령하였다는 누명을 씌워 구속하는 등의 탄압을 받았다.
③ 대한 자강회는 1906년에 조직된 애국 계몽 단체로, 상권 수호 운동과는 관련이 없다.

05 | 농광 회사   압축개념 02   정답 ③

자료
분석
제시된 자료에서 국내 진황지를 개간하고 관개 사무와 식양채벌 사무 등에 종사하는 회사라는 내용을 통해 일제의 토지 침탈에 대항하여 설립된 농광 회사(1904)에 관한 설명임을 알 수 있다.

③ 농광 회사는 일제의 황무지 개간권 요구에 대응하여 우리 손으로 직접 황무지를 개간하기 위해 설립된 특허 회사이다.

오답
분석
① 종로 직조사: 서울 종로의 백목전 상인의 주도로 설립된 직조 회사는 종로 직조사이다. 면포를 생산하는 종로 직조사는 1900년에 대한 제국 정부의 근대적 상공업을 진흥시키려는 의도에 부합하여 설립된 것이었다.
② 동양 척식 주식회사: 역둔토나 국유 미간지를 약탈하기 위해 일제가 설립한 회사는 동양 척식 주식회사(1908)이다.
④ 외국 상인과의 상권 경쟁을 위해 시전 상인이 조직한 단체는 황국 중앙 총상회(1898)이나, 이는 우리 민족의 권익과 상권을 수호하고자 결성한 단체로, 일제가 식민지 경영을 위해 설립한 국책 회사인 척식 회사가 아니다.

06 국채 보상 운동(1907) 이후의 사실 [압축개념 01, 02] 정답 ④

자료
분석
제시된 자료는 국채 1,300만 원을 갚자는 국채 보상 운동에 대한 내용으로, 국채 보상 운동이 전개된 시기는 1907~1908년이다.

정답
설명
ⓒ 토지 조사령은 일제 강점기인 1912년에 반포되었으므로 국채 보상 운동 이후의 사실이다.
ⓔ 산미 증식 계획은 일제 강점기인 1920년부터 시행되었으므로 국채 보상 운동 이후의 사실이다.

오답
분석
ⓐ 일본이 서울과 원산을 잇는 철도인 경원선 부설권을 강탈한 것은 1904년으로, 국채 보상 운동 이전의 사실이다.
ⓑ 을사조약(을사늑약)이 체결된 것은 1905년으로, 국채 보상 운동 이전의 사실이다.

07 개항 이후 경제 상황 [압축개념 01] 정답 ③

정답
설명
③ 순서대로 나열하면 ⓔ 일본 상인들의 거류지 무역 시작(1876) → ⓐ 청 상인들의 내지 통상권 획득(1882) → ⓒ 대한천일은행 설립(1899) → ⓑ 화폐 정리 사업 추진(1905)이 된다.
ⓔ 조·일 수호 조규 부록(1876)에 따라 일본 상인의 활동 범위가 개항장 10리 이내로 제한되면서 개항장을 중심으로 한 거류지 무역이 전개되었다.
ⓐ 조·청 상민 수륙 무역 장정(1882)에 따라 청 상인들은 조선에서의 내지 통상권을 획득하였다. 이를 통해 청 상인들은 양화진 등에서 상업 활동을 전개하였다.
ⓒ 일본 금융업계와 상인의 경제적 침탈이 본격화되자 고종의 지원으로 대한천일은행(1899) 등 민족계 은행이 설립되었다.
ⓑ 제1차 한·일 협약에 따라 대한 제국의 재정 고문으로 취임한 메가타는 대한 제국의 경제를 일본에 예속화하기 위하여 화폐 정리 사업을 시행하였다(1905).

08 국채 보상 운동 [압축개념 02] 정답 ①

자료
분석
제시문에서 '나라 빚 1,300만원'과 '갚으면 나라가 존재하고 갚지 못하면 나라가 망하는 것'이라는 내용을 통해 국채 보상 운동(1907)에 대한 자료임을 알 수 있다.

정답
설명
① 국채 보상 운동은 1908년에 일진회와 통감부의 방해와 탄압으로 실패하였다. 한·일 신협약은 국채 보상 운동의 실패와 관련이 없다.

오답
분석
② 대구에서 시작된 국채 보상 운동은 큰 호응을 받아 전국으로 확산되었으며, 서울에서는 국채 보상 기성회가 조직되었다.
③ 국채 보상 운동 당시 다양한 계층의 조선인이 담배 끊기, 금반지 헌납 등 다양한 방법으로 운동에 참여하였다.
④ 국채 보상 운동은 언론 기관인 대한매일신보, 황성신문, 제국신문, 만세보 등의 후원을 받으며 전국적으로 확산되었다.

06 일제 강점기의 경제

p. 136

01 ② 02 ③ 03 ④ 04 ④ 05 ②
06 ① 07 ③ 08 ③

01 토지 조사 사업 [압축개념 01] 정답 ②

자료
분석
제시문에서 기한 내에 토지 소유자가 임시 토지 조사 국장에게 신고해야 한다는 내용을 통해 토지 조사령(1912)임을 알 수 있으며, 이 법령에 따라 진행된 사업은 토지 조사 사업(1912~1918)이다.

정답
설명
② 토지 조사 사업으로 일제는 역둔토, 궁장토와 같은 관청·국가 소유의 토지는 물론, 동중·문중의 토지 등 소유자가 불분명한 토지를 모두 총독부 소유로 만들었다.

오답
분석
① 토지 조사 사업은 임시 토지 조사국에서 전담하였다. 일제는 임시 토지 조사국을 설치(1910)하고, 토지 조사령을 공포(1912)하여 토지 조사 사업을 실시하였다. 한편 농상공부는 제2차 갑오개혁 때 기존의 80아문을 7부로 개편하면서 농상아문과 공무아문이 합쳐져 설치된 기구이다.
③ 동양 척식 (주식)회사가 설립(1908)된 것은 토지 조사 사업이 시행(1912~1918)되기 이전이다.
④ 농촌 진흥: 춘궁 퇴치, 농가 부채 근절 등을 목표로 내세운 것은 일제가 1930년대에 농촌 안정을 위해 전개한 농촌 진흥 운동이다.

02 무단 통치 시기 경제 정책 [압축개념 01] 정답 ③

정답
설명
③ 무단 통치 시기에 일제는 총독부 산하에 임시 토지 조사국을 설치(1910)하고, 토지 조사령을 발표(1912)하였는데, 토지 조사령에는 황무지의 국유지 편입 관련 규정은 없었다. 황무지의 국유지 편입 규정은 1907년에 일본에 의해 강제로 제정된 국유 미간지 이용법을 통해 마련되었다.

오답
분석
① 무단 통치 시기에 일제는 조선 광업령(1915)을 공포하여 한국인의 광산 경영을 억제하였다.
② 무단 통치 시기에 일제는 민족 기업(자본)의 성장을 억압할 목적으로 회사령을 제정(1910)하여 회사 설립 시 총독부의 허가를 받도록 했다.

④ 무단 통치 시기에 일제는 일본 어부들을 이주시켜 조선의 황금 어장을 독점하도록 하였으며, 조선 어업령(1911)을 공포하여 황실 소유 어장을 일본인 소유로 재편성하였다.

03 1910년대에 제정된 일제의 법령　압축개념 01　정답 ④

정답
설명
④ 시기 순으로 나열하면 ㉣ 회사령(1910) → ㉢ 조선 어업령 (1911) → ㉠ 토지 조사령(1912) → ㉡ 조선 광업령(1915) 이 된다.
㉣ 회사령(1910): 일제가 회사 설립 시 총독부의 허가를 받아야 하고, 회사의 해산 또한 총독이 명할 수 있도록 회사령을 공포 한 것은 1910년의 일이다.
㉢ 조선 어업령(1911): 일제가 우리 어민의 성장을 방해하고, 조선의 어장을 독점하기 위하여 조선 어업령을 공포한 것은 1911년의 일이다.
㉠ 토지 조사령(1912): 일제가 조선의 토지를 약탈하기 위하여 토지 조사령을 공포한 것은 1912년의 일이다.
㉡ 조선 광업령(1915): 일제가 한국의 광산을 약탈하기 위하여 조선 광업령을 공포한 것은 1915년의 일이다.

04 1921~1936년 사이의 농업 상황　압축개념 01　정답 ④

자료
분석
제시된 자료는 (가) 1921년에서 (나) 1936년까지의 농업 상황을 보여 주는 자료로, 산미 증식 계획의 결과 한국인 자작농과 중소 지주가 감소하고 일본인 지주가 증가하는 것을 알 수 있다.

정답
설명
④ 1920년대에는 산미 증식 계획의 시행으로 과중한 수리 조합 비 등으로 인해 토지를 상실한 한국인 중소 지주들이 증가하 였다. 또한 1930년대에 일본은 자국의 농민들을 경제 대공황 의 영향에서 보호하기 위해 일본으로의 곡물 유출을 일시 중 단하였다. 이러한 미곡의 수출 중단은 오히려 한국인 지주나 농민의 몰락을 심화시켰다.

오답
분석
① 전체 지주가 감소한 것은 한국인 지주가 감소하였기 때문이다.
② 미곡 배급 제도가 시행된 것은 중·일 전쟁(1937) 이후의 사실이다.
③ 1920년대 산미 증식 계획의 결과 밭농사의 비중이 줄어들고, 논농사의 비중이 늘어났다.

05 산미 증식 계획의 영향　압축개념 01　정답 ②

정답
설명
② 국유지 및 황무지, 소유 관계가 불분명한 땅을 조선 총독부로 귀속시킨 것은 토지 조사 사업의 결과이다.

오답
분석
① 산미 증식 계획의 시행으로 증산된 양보다 더 많은 양의 쌀을 수탈해 가면서 조선의 식량이 부족해지자 이를 보충하기 위해 만주로부터 조, 수수, 콩 등의 잡곡을 들여왔다.
③ 산미 증식 계획을 시행하는 과정에서 소작 농민들은 고율의 소 작료 외에도 수리 조합비, 비료 대금, 토지 개량비 등 지주들이 전가한 여러 비용을 부담해야 했다.
④ 산미 증식 계획으로 일본인·조선인 대지주들은 일본으로 쌀을 수출하며 이익을 증대시켰다.

06 일제의 경제 수탈　압축개념 01　정답 ①

정답
설명
① 만주 사변은 1931년에 일어났고, 국가 총동원법은 중·일 전 쟁 발발 이후인 1938년에 제정되었다. 일제는 만주 사변을 시 작으로 대륙 침략을 감행하였고, 1937년 중·일 전쟁을 일으 켜 대륙 침략을 본격화하였으며, 1938년에는 인적·물적 자원 을 마련하기 위해 국가 총동원법을 제정하였다.

오답
분석
② 일제는 중·일 전쟁(1937)을 통해 중국 대륙을 공격하고, 진 주만 습격(1941)을 통해 태평양 전쟁을 일으켰으며, 지원병제 (1938), 징병제(1944)를 실시하여 조선의 청년들을 군인으로 강제 동원하였다.
③ 일제는 1939년 국민 징용령을 제정하여 군사 사업에 종사할 조선인 노동자들을 강제로 동원하였다.
④ 일제는 여성들도 근로 보국대(1938)라는 이름으로 강제 동원 하여 노동력을 착취하였다.

07 물산 장려 운동　압축개념 02　정답 ③

자료
분석
제시된 자료에서 조선 사람은 조선 사람이 만든 물건만 쓰고 살자 는 내용을 통해 밑줄 친 '운동'이 물산 장려 운동임을 알 수 있다.

정답
설명
③ 물산 장려 운동은 조만식 등을 중심으로 평양에서 창립된 물산 장려회(1920)를 중심으로 시작되어 전국적으로 확산되었다.

오답
분석
① 물산 장려 운동은 일제의 회사령이 폐지된 이후에 전개되었다.
② 원산 노동자 총파업은 1929년에 일어난 최대 규모의 노동 운 동으로, 물산 장려 운동과 관련이 없다.
④ 조선 노동 총동맹은 물산 장려 운동과 관련이 없다. 물산 장려 운동은 조선 물산 장려회, 자작회 등을 중심으로 전개되었다.

08 일제의 식민지 경제 정책　압축개념 01　정답 ③

정답
설명
③ 조선식산은행은 1918년에 농공은행을 통합하여 설립되었다.

오답
분석
① 1910년에 조선 총독부는 민족 기업과 민족 자본의 성장을 억 압하기 위해 회사의 설립을 총독의 허가제로 한 회사령을 공 포하였다.
② 1920년대에 일제는 일본 본국의 급속한 산업화로 인한 식량 부족 문제를 해결하기 위해 산미 증식 계획을 수립하였다.
④ 일제는 1943년에 조선 식량 관리령을 제정하여 공출의 범위를 미곡에서 전체 식량으로 확대하였다.

07 현대의 경제

p. 140

01 ④	02 ①	03 ③	04 ③	05 ②
06 ①	07 ④	08 ①		

01 광복 직후의 사회 현상 [압축개념 01] 정답 ④

자료 분석 제시된 그래프는 1945년 8월에서 1946년 1월까지의 물가 지수를 표시한 것이다.

정답 설명 ④ 미곡 수집제의 폐지와 토지 개혁의 실시를 주장하는 대규모 시위는 1946년 10월에 일어났다. 산업 활동의 위축, 식량 부족 등으로 경제적으로 혼란스러운 상황에서 미 군정의 식량 정책에 항의하는 대규모 시위가 대구에서 발생하여 전국적으로 확산되었다.

오답 분석 ① 광복 이후 독립운동가, 해외 이주민 등 해외 동포들의 귀환으로 인구가 급증하여 국내 식량이 부족해졌다.
② 한반도가 38도선으로 분단된 이후 북한의 전기 공급 중단으로 남한의 경공업 중심 경제가 타격을 받아 식료품 부분의 생산이 크게 위축되었다.
③ 38도선 분할 점령 이후 미 군정은 재정 적자를 메우기 위해 화폐를 과도하게 발행하였고, 이는 극심한 물가 상승 현상으로 이어졌다.

02 이승만 정부 시기의 경제적 상황 [압축개념 01] 정답 ①

자료 분석 제시된 귀속 재산 처리법은 이승만 정부 시기인 1949년 12월에 반포되었다.

정답 설명 ① 이승만 정부 시기에는 미국의 원조를 바탕으로 한 제분, 제당, 면방직 등의 삼백 산업이 발달하였다.

오답 분석 ② 김영삼 정부: 금융 거래의 투명성을 확보하기 위해 금융 실명제를 실시(1993)한 것은 김영삼 정부 시기의 사실이다.
③ 박정희 정부: 수출 중심의 중화학 공업 육성 정책을 통해 수출 100억 달러를 달성(1977)한 것은 박정희 정부 시기의 사실이다.
④ 김영삼 정부: 경제 협력 개발 기구(OECD)에 가입(1996)한 것은 김영삼 정부 시기의 사실이다.

03 농지 개혁 [압축개념 01] 정답 ③

자료 분석 제시된 자료에서 한 집당 경영 면적이 3정보를 초과하지 못한다는 내용을 통해 남한의 농지 개혁법임을 알 수 있다.

정답 설명 ③ 농지 개혁법 시행 결과, 소작농이 감소하고 자작농이 증가하여 농민 중심의 토지 제도가 확립되었고, 지주제가 점차 소멸하였다.

오답 분석 ① 농지 개혁법은 미 군정 시기가 아닌 이승만 정부 시기에 제정되었다(1949. 6.).

② 농지 개혁은 유상 매수·유상 분배의 방식으로 실시되었다.
④ 북한의 토지 개혁법(1946)은 남한의 농지 개혁법 제정 이전에 마련되었다. 남한의 제헌 국회는 북한의 토지 개혁에 자극을 받아 1949년에 농지 개혁법을 제정하였다.

04 1960년대의 경제 발전 [압축개념 02] 정답 ③

자료 분석 (가)는 한·일 국교 정상화를 위한 한·일 회담 중 작성된 김종필·오히라 비밀 메모(1962)이며, (나)는 한국군의 베트남 추가 파병을 대가로 미국이 한국에 차관 제공 및 군 장비 현대화 등을 약속한 브라운 각서(1966)이다.

정답 설명 ③ (가)와 (나) 사이 시기인 1964년에 울산 정유 공장이 준공되어 가동되었다.

오답 분석 ① 경부 고속 국도가 개통된 것은 (나) 이후인 1970년이다.
② 1970년에 마산에 지정된 수출 자유 지역은 (나) 이후인 1973년에 완공되었다.
④ 유엔의 지원으로 충주에 비료 공장이 설립된 것은 (가) 이전인 1961년이다. 유엔 한국 재건단(UNKRA)의 지원으로 1950년대 후반부터 문경 시멘트 공장, 충주 비료 공장 등이 설립되었다.

05 제2차 석유 파동과 경제 협력 개발 기구 가입 사이의 사실 [압축개념 02] 정답 ②

자료 분석 제2차 석유 파동이 시작된 것은 1978년으로 박정희 정부 시기의 사실이고, 경제 협력 개발 기구(OECD)에 가입한 것은 1996년으로 김영삼 정부 시기의 사실이다. 따라서 (가)는 1978년~1996년에 해당한다.

정답 설명 ② 전두환 정부 시기인 1980년대에 우리나라는 저금리, 저유가, 저달러의 3저 호황으로 물가가 안정되고 수출이 증대되었다.

오답 분석 ① 제3차 경제 개발 5개년 계획은 1972년부터 1976년에 실시된 것으로, 제2차 석유 파동 이전의 사실이다.
③ 베트남 파병 시작(1964)과 브라운 각서 체결(1966)은 제2차 석유 파동 이전의 사실이다.
④ 한·일 기본 조약을 체결(1965)한 것은 제2차 석유 파동 이전의 사실이다.

06 제1·2차 경제 개발 5개년 계획 시기의 사실 [압축개념 02] 정답 ①

자료 분석 제1·2차 경제 개발 5개년 계획이 시행된 시기는 1962~1971년에 해당한다.

정답 설명 ① 제2차 경제 개발 5개년 계획 시기(1967~1971)인 1970년에 경부 고속 국도가 건설되었다.

오답 분석 ②, ③ 김영삼 정부 시기: 금융 실명제가 전격적으로 실시되고, 경제 협력 개발 기구(OECD)에 가입한 시기는 제1·2차 경제 개발 이후인 김영삼 정부 때이다. 김영삼 정부는 투명한 금융 거래를 위하여 금융 실명제를 실시(1993)하였고, 경제 협력 개발 기구(OECD)에 가입(1996)하였다.
④ 제4차 경제 개발 5개년 계획 시기: 연간 수출 총액이 100억 달러를 돌파한 시기는 1977년으로, 제4차 경제 개발 5개년 계획(1977~1981)이 시행되던 시기이다.

07 | 김영삼 정부 시기의 사실 [압축개념 02]   정답 ④

자료 분석 제시문에서 모든 금융 거래는 실명으로만 이루어진다는 내용을 통해 금융 실명제를 실시한 김영삼 정부 시기(1993~1998)의 사실임을 알 수 있다.

정답 설명 ④ 김영삼 정부 시기인 1996년에 우리나라는 경제 협력 개발 기구(OECD)에 가입하였다.

오답 분석
① 미국의 원조로 밀가루, 설탕, 면화 등의 삼백 산업이 발달한 것은 이승만 정부 시기이다.
② 농어촌의 근대화를 위해 새마을 운동이 전개된 것은 1970년대로, 박정희 정부 시기이다.
③ 경부 고속 국도(도로)가 개통된 것은 1970년으로, 박정희 정부 시기이다.

08 | 1980년대의 경제 상황 [압축개념 02]   정답 ①

정답 설명 ① 1980년대에 3저 호황(저금리·저유가·저달러)으로 우리나라는 어려움을 극복하고 무역 수지 흑자를 기록하였다.

오답 분석
② 1950년대: 삼백 산업이 발달한 것은 1950년대의 일이다.
③ 1990년대: 우루과이 라운드 협정(UR)이 타결된 것은 1994년의 일이다.
④ 1970년대: 마산(1970)과 익산(1973)을 자유 무역 지역으로 선정하여 외자를 유치한 것은 박정희 정부 때의 일이다.

Ⅳ. 사회사

01 고대의 사회

p. 146

| 01 ④ | 02 ② | 03 ① | 04 ④ | 05 ④ |
| 06 ① | 07 ④ | 08 ④ |

01 신라의 골품 제도 [압축개념 01] 정답 ④

자료분석: 제시된 자료에서 신라에서는 사람을 등용하는 데에 이것을 따진다는 등의 내용을 통해 밑줄 친 ㉠은 신라의 골품 제도임을 알 수 있다.

정답설명: ④ 신라의 골품 제도는 혈통에 따른 신분제로, 관등제와 결합되어 운영되었기 때문에 골품에 따라 관등 승진의 상한선이 결정되었다.

오답분석: ① 골품 제도는 신라가 중앙 집권 국가로 발전하는 과정에서 성립하였다.
② 골품 제도는 통일 신라가 멸망할 때까지 존속하였다.
③ 진골은 대아찬 이상의 고위 관등을 포함한 모든 관등에 진출할 수 있었다.

02 삼국의 사회 모습 [압축개념 01] 정답 ②

정답설명: ② 백제는 고구려와 사회 모습이 유사하여 사람들이 말타기와 활쏘기를 좋아하는 등 상무적 기풍이 있었다.

오답분석: ① 형사취수제는 고구려의 혼인 풍속이 맞지만, 민며느리제는 옥저의 혼인 풍속이다.
③ 신라 사회에서 개인의 활동 범위를 제한한 것은 골품 제도이다.
④ 가야는 일찍부터 벼농사를 실시하는 등 농경 문화가 발달하였고, 풍부한 철 생산을 바탕으로 낙랑, 대방, 왜의 규슈 지방으로 철을 수출하였으나, 중국의 산둥 지방에는 수출하지 않았다.

03 백제의 지배층 [압축개념 01] 정답 ①

자료분석: 제시된 자료는 백제의 사회 모습에 대한 내용이다.

정답설명: ① 백제의 지배층은 남녀가 간음죄를 범할 경우 여자는 남편 집의 노비가 되었으나 남자는 처벌하지 않았다.

오답분석: ②, ③ 백제의 지배층은 투호와 바둑 및 장기를 오락으로 즐기는 것은 물론 중국과의 활발한 교류로 중국의 고전과 역사책을 즐겨 읽었고, 한문도 자유롭게 구사할 수 있었다.
④ 백제의 지배층은 왕족인 부여씨와 8성의 귀족(연씨·사씨·협씨·해씨·진씨·국씨·목씨·묘씨)으로 구성되었다.

04 통일 신라의 진골 귀족 [압축개념 02] 정답 ④

자료분석: 제시된 자료는 통일 신라 시대의 진골 귀족의 생활 모습에 대한 내용이다.

정답설명: ④ 통일 신라의 진골 귀족은 수조권과 노동력을 수취할 수 있는 토지인 식읍과 녹읍, 개별적으로 소유하고 있는 농장인 전장(개인이 소유한 농장), 수많은 노비 등을 바탕으로 풍족한 생활을 누렸다.

오답분석: ①, ② 6두품: 골품 제도 하에서 관등 승진의 상한선이 6관등 아찬까지였던 신분층은 6두품으로, 이들은 당으로 건너가 유학하는 도당 유학생의 대부분을 차지하였다.
③ 돌무지덧널무덤은 신라가 삼국을 통일하기 이전에 유행한 대표적인 묘제로, 통일 신라 시대의 진골 귀족들이 사용했던 묘제가 아니다.

05 골품 제도와 화랑 제도 [압축개념 01] 정답 ④

자료분석: (가)는 진골에서 한 등급 떨어져 득난이 되었다는 내용을 통해 신라의 골품 제도임을 알 수 있고, (나)는 난랑비 서문에서 풍류라 일컬었다는 내용을 통해 화랑 제도임을 알 수 있다.

정답설명: ④ 귀족들이 회의를 통하여 국사를 결정한 신라 제도는 화백 회의이다. 화백 회의는 상대등을 의장으로 하여 만장 일치제로 운영된 신라의 귀족 합의 기구였다.

오답분석: ① 신라의 골품 제도는 개인의 사회 활동을 비롯하여 일상생활까지 규제하였다.
② 신라의 골품 제도에 따르면 차지할 수 있는 관등의 상한선이 골품에 따라 정해져 있어, 6두품은 제6관등인 아찬까지, 5두품은 제10관등인 대나마까지, 4두품은 제12관등인 대사까지만 승진할 수 있었다.
③ 화랑 제도는 원래 씨족 사회의 청소년 교육 집단이었으나, 진흥왕 대에 인재 양성을 위한 국가적인 조직으로 개편되었다.

06 신라의 골품제 [압축개념 01, 02] 정답 ①

자료분석: 제시문에서 ㉠과 ㉡은 각각 설총과 최치원이며, 두 인물의 신분은 모두 6두품이었다.

정답설명: ① 6두품은 제6관등인 아찬까지 승진이 가능하였으며, 중위제가 적용되어 제한된 관등 내에서의 승진이 가능하였다.

오답분석: ② 진골: 중앙 관부의 최고 책임자를 독점하였던 신분은 진골이었다.
③ 진골: 자색 공복을 착용할 수 있었던 신분은 진골이었다. 6두품은 관등에 따라 비색·청색·황색의 공복을 입을 수 있었다.
④ 성골, 진골: 왕이 될 수 있었던 신분은 성골이었다. 성골이 소멸한 신라 중대 이후에는 진골이 왕이 되었다.

신라의 진골 귀족 `압축개념 01, 02` 정답 ④

자료 분석 | 제시된 자료의 김춘추, 김주원은 모두 진골 귀족이다.

정답 설명 | ④ 진골 귀족은 1~5관등의 고위 관직을 독점하여 중앙과 지방의 주요 관청의 장관직을 담당하였다.

오답 분석 | ① 신라의 관복 색깔의 기준은 신분이 아닌 관등이었기 때문에, 진골 귀족 역시 관등에 따라 관복의 색을 다르게 입었다.
② 골품제의 모순을 비판하며 과거제의 도입을 주장한 신분층은 6두품이었다.
③ 죄를 지으면 본관지로 귀향시키는 형벌인 귀향형은 고려 시대의 귀족에게 적용된 것이었다.

08 **발해** `압축개념 03` 정답 ④

자료 분석 | 제시문에서 촌락이 있는데 모두 말갈 부락이며, 백성은 말갈이 많다는 내용을 통해 밑줄 친 '나라'는 발해임을 알 수 있다.

정답 설명 | ④ 발해는 소수의 지배층인 고구려 유민이 촌장이 되어 지방에 사는 다수의 피지배층인 말갈인을 다스렸다.

오답 분석 | ① 부여: 대가들의 호칭에 말, 소, 돼지, 개 등의 가축 이름을 붙여 각기 사출도를 주관하도록 한 나라는 부여이다.
② 옥저: 민며느리제의 혼인 풍습이 있던 나라는 옥저이다.
③ 신라: 왕족과 귀족을 돌무지덧널무덤에 장사를 지낸 나라는 통일 이전의 신라이다.

---

02 고려의 사회

p. 150

---

01 **고려 시대 귀족** `압축개념 01` 정답 ③

정답 설명 | ③ 고려 시대에 귀족의 자제는 음서를 통해 관직에 진출할 수 있었다. 음서 제도는 문·무반 5품 이상의 관리가 되면 그 자손이 과거를 통하지 않고도 관직을 받을 수 있도록 한 제도로, 고려의 귀족들은 음서를 통해 관리가 될 수 있었다.

오답 분석 | ① 고려 시대에 귀족 세력은 왕족을 비롯하여 7품이 아닌 5품 이상의 고위 관료들이 주류를 형성하였다. 이들은 음서와 공음전의 특권이 있어 대대로 관직과 권력을 독차지하여 문벌을 이루었다.
② 고려 시대에 귀족들이 대대로 고위 관직을 차지한 것은 맞지만, 사림 세력은 조선 시대에 등장한 정치 세력이다.
④ 고려 시대에 향리의 자제는 과거를 통하여 벼슬을 얻어 귀족의 대열에 들어갈 수 있었다. 고려 현종 때 주현공거법을 시행하여

향리의 자제들에 대한 과거 응시 기회가 부여되자, 과거를 통해 중앙으로 진출하여 관직에 오를 수 있게 되었다.

02 **고려 지배층의 변천** `압축개념 01` 정답 ③

정답 설명 | ③ 순서대로 나열하면 ㉠ 호족(신라 하대~고려 초기) → ㉢ 문벌 귀족(고려 중기) → ㉡ 무신(무신 집권기) → ㉣ 권문세족(원 간섭기) → ㉤ 신진 사대부(고려 말기)가 된다.
㉠ 신라 하대 지방에서 스스로를 성주, 장군이라 칭하였던 호족 세력이 고려 건국의 주체 세력이 되어 고려 초기 지배 세력으로 집권하였다.
㉢ 고려 중기에는 여러 세대에 걸쳐 고위 관직자를 배출한 집안인 문벌 귀족이 고려 사회를 주도하였다.
㉡ 고려 중기 이후에 숭문천무의 사회 풍조가 만연하자 이에 불만을 품은 무신들이 정변을 일으켜 정권을 장악하였다.
㉣ 고려 후기인 원 간섭기에는 원의 세력을 등에 업은 기철과 같은 권문세족이 등장하여 남의 토지를 빼앗아 대농장을 경영하고 양민을 노비로 삼는 등의 폐단을 저질렀다.
㉤ 고려 말기에는 과거를 통해 관직에 진출한 향리 자제 출신의 신진 사대부 세력이 고려 사회의 모순을 개혁하고자 하였다.

03 **고려 시대 신분 제도** `압축개념 01` 정답 ③

정답 설명 | ③ 고려 시대에 궁궐의 잡무를 담당한 것은 남반이다. 남반은 궁중의 당직이나 국왕의 시종·호종(임금의 행차 때 어가 주위에서 임금을 호위)·경비 등의 궁중 실무를 담당한 내료직으로, 한미한 가문의 귀족 자제와 양민 등이 출세를 위해 남반이 되고자 하였다.

오답 분석 | ① 고려 시대의 문벌 귀족은 왕실과 상호간에 중첩된 혼인 관계를 통해 권력을 유지하였다.
② 고려 시대의 상층 향리인 호장층은 지방의 실질적 지배층으로, 과거를 통해 중앙 관료로 진출할 수 있었고 과거 합격률도 높아 중앙 관료를 배출하는 모체가 되었다.
④ 고려 시대에 광부를 철간, 어부를 생선간, 뱃사공을 진척 등으로 불렀으며, 이들은 법제적으로 양민이었으나, 천한 역에 종사하는 신량역천이었다.

04 **고려 시대의 향리** `압축개념 01` 정답 ④

정답 설명 | ④ 옳은 것을 모두 고르면 ㉠, ㉡, ㉢, ㉣이다.
㉠ 고려 시대의 부호장 이하의 향리는 사심관의 감독을 받았다. 고려 시대에 출신 지역의 사심관으로 임명된 중앙 고관에게는 부호장 이하의 향리 임명권 등이 부여되었고, 이를 토대로 사심관은 관할 지역의 향리를 감독·통제하였다.
㉡ 고려 시대의 상층 향리인 호장층은 과거를 통해 중앙 관직에 진출할 수 있었으며, 이는 고려 말에 신진 사대부가 형성되는 토대가 되었다. 한편 조선 시대에는 지방 향리의 과거 응시에 여러 제한이 있어, 향리의 중앙 진출이 어려웠다.
㉢ 고려 시대에 향리의 자제들은 기인에 선발되어 개경으로 보내졌다. 고려 시대의 기인 제도는 통일 신라의 상수리 제도를 계승한 일종의 인질 정책이다.
㉣ 고려 시대 향리들은 지방관이 파견되지 않은 속군이나 속현 등의 행정 실무를 담당하며 실질적인 지배권을 행사하였다.

05 | 고려 후기의 사회 모습 [압축개념 01]　　정답 ①

자료 분석 제시된 자료는 고려 후기인 무신 집권기와 원 간섭기의 사실이다.

정답 설명 ① 고려 후기 충선왕은 왕실 족내혼을 금지하고 왕실과 혼인할 수 있는 재상지종 15개 가문을 지정하여 귀족 가문과 왕실의 혼인을 장려하였기 때문에, 충선왕 대 이후 왕실 족내혼의 비중은 감소되었을 것으로 추정된다.

오답 분석 ② 고려 후기에는 향리 이하의 층이 전공을 세우거나 매의 사육·사냥, 몽골어 통역 등을 통해 관직에 나가 신분 상승을 하는 경우가 있었다.
③ 고려 후기에 성리학이 고려에 소개되면서 여성의 재혼을 규제하려는 움직임이 나타났다.
④ 고려 후기에 대몽 항쟁 과정에서 특수 행정 구역이 일반 현으로 승격되기도 하였다. 대표적으로 처인성 전투에서 김윤후의 지휘 하에 처인 부곡민들이 결사 항전한 결과, 처인 부곡이 처인현으로 승격되었다.

06 | 동·서 대비원 [압축개념 02]　　정답 ④

자료 분석 제시문에서 고려 시대에 가난한 백성을 진료하기 위해 개경에 설치되었다는 내용을 통해 (가)가 동·서 대비원임을 알 수 있다.

정답 설명 ④ 고려 시대에 환자 진료 및 빈민 구휼을 위해 개경의 동쪽과 서쪽에 동·서 대비원을 설치하였고, 서경에는 대비원의 분사를 설치하였다.

오답 분석 ①, ② 흑창은 태조 왕건 때 만들어진 빈민 구제 기관이다. 이후 성종 때에는 흑창을 확대·개편하여 의창을 설치하였다.
③ 상평창은 성종 때 개경·서경 및 12목에 설치된 물가 조절 기관이다.

07 | 구제도감 [압축개념 02]　　정답 ④

자료 분석 제시문에서 역질에 걸린 사람들을 치료하고, 백성을 진휼하는 역할을 한다는 내용을 통해 (가) 기관이 구제도감임을 알 수 있다.

정답 설명 ④ 구제도감은 예종 때 개경에 전염병이 크게 유행하여 다수의 사망자가 발생하고 시체가 방치되자, 병자의 치료와 병사자 처리, 빈민 구제 등을 위해 임시로 설치된 기관이다.

오답 분석 ① 의창은 태조 때 백성을 구휼하기 위해 설치한 흑창을 성종 때 확대·개편한 기관으로, 평상시에 곡물 등을 저장하였다가 흉년 때 빈민 구휼에 사용하였다.
② 제위보는 광종 때 빈민을 구제하기 위해 설치한 기관으로, 일정 기금을 만들어 그 이자로 빈민을 구제하였다.
③ 혜민국은 예종 때 백성의 질병을 고치기 위해 설치된 기관으로, 백성들의 질병을 치료하고 약을 처방하였다.

08 | 고려 시대의 사회 모습 [압축개념 02]　　정답 ②

정답 설명 ② 향도는 고려 초기에 마을 사람들이 모여 향나무를 묻거나 매향비를 건립하는 활동을 진행하는 불교 신앙 조직이었으나 고려 후기로 갈수록 마을의 상장제례를 주관하는 마을 공동 조직으로 발전하였다.

오답 분석 ① 고려는 개경, 서경 및 각 12목에 물가 조절 기구인 상평창을 두어 물가의 안정을 꾀하였다.
③ 고려는 기금을 마련한 뒤 그 이자로 빈민을 구제하는 기구인 제위보를 설치하였다.
④ 고려는 귀양형을 받은 자가 부모상을 당할 경우 유형지에 도착하기 전에 7일간의 휴가를 주어 부모상을 치를 수 있도록 하였다.

09 | 고려 시대의 혼인 풍속 [압축개념 02]　　정답 ③

정답 설명 ③ 고려 시대에는 일부 고위 관료를 중심으로 본처 외에 여러 처와 첩을 두는 다처병첩이 이루어지기는 하였으나 법적으로 허용된 것은 아니었으며, 일부일처제가 일반적이었다.

오답 분석 ① 고려 시대에는 결혼 후 신랑이 신부 집에 머무르며 생활하는 '서류부가혼'의 혼인 풍속이 있었다.
② 고려 시대에는 국왕을 비롯한 종실의 경우 동성 근친혼인 족내혼이 이루어졌다.
④ 고려 원 간섭기에는 공녀로 선발되는 것을 피하기 위해 조혼의 풍속과 함께 어린 신랑을 처가에서 양육하여 혼인시키는 예서제가 유행하였다.

03　조선 전기의 사회

p. 154

01 ②	02 ④	03 ②	04 ①	05 ④
06 ②	07 ①	08 ④		

01 | 조선 시대의 신분 제도 [압축개념 01]　　정답 ②

정답 설명 ② 조선 시대에 서얼은 문과 응시가 금지되었을 뿐 무과나 잡과를 통해 관직으로 나아갈 수 있었다.

오답 분석 ① 고려 시대의 향리들은 지방의 행정 실무를 담당하며 중앙 관직에도 진출할 수 있었던 반면, 조선 시대의 향리들은 수령의 행정 실무를 보좌하는 세습적인 아전으로 지위가 격하되었다.
③ 조선 시대에 뱃사공, 백정 등 신분상으로는 양인에 속하지만 천한 일에 종사하는 신량역천이 존재하였다.
④ 순조 때인 1801년에 공노비 중 일부를 양인으로 해방시켰다.

02 | 조선 시대 노비 압축개념 01

정답 ④

정답 설명

④ 조선 시대의 사노비 중 외거 노비는 주인의 땅을 경작하여 그 수확을 바치고, 주인으로부터 일부 땅을 사경지(私耕地)로 받아 그 수확을 자신이 차지하여 재산을 축적하기도 하였다.

오답 분석

① 조선 시대 노비는 신분이 세습되었으며, 국역의 의무가 없었다. 노비가 군공 등으로 양인으로 신분을 상승하는 경우가 있었지만, 극히 예외적인 일이었다.

② 조선 시대 사노비는 주인 마음대로 매매·양도·상속이 가능하였으나, 주인이 함부로 노비에게 형벌을 가하거나 죽이는 것은 법으로 금지되어 있었다.

③ 조선 시대에는 사노비 중 주인의 집에서 거주하는 솔거 노비의 수보다 주인과 떨어져 거주하는 외거 노비의 수가 절대적으로 많았다. 이는 고려 말 경제적 어려움으로 인해 스스로 권세가에 투탁한 양인들이 대부분 외거 노비가 되었기 때문이다.

03 | 조선 시대의 노비 압축개념 01

정답 ②

자료 분석

제시된 자료의 (갑)은 조선 시대 천민 신분인 노비이다.

정답 설명

② 조선 시대의 노비는 대체로 일천즉천의 원칙에 따라 부모 중 한 쪽이라도 노비이면 그 자녀도 노비가 되었다. 한편 조선 후기 영조 때에는 어머니의 신분에 따라 자식의 신분이 정해지도록 한 노비종모법의 시행이 확정되었다.

오답 분석

① 노비는 재산으로 취급되어 매매·상속·증여의 대상이 되었다.

③ 사노비 중 외거 노비의 경우 주인과 따로 생활하며 일정량의 신공을 주인에게 바쳤다.

④ 공노비 중 입역 노비의 경우 관청에 소속되어 관청의 잡무를 처리하거나 물품 제작에 참여하기도 하였다.

04 | 신량역천 압축개념 01

정답 ①

자료 분석

제시된 자료의 수군, 조례, 나장, 일수, 봉수군, 역졸, 조졸은 모두 신분은 양인이지만 천한 역을 담당하였던 신량역천이다.

정답 설명

㉠, ㉡ 신량역천인은 법제적으로는 양인이지만 사람들이 기피하는 천한 역을 담당하였기 때문에 사회적으로 일반 양인 신분에 비해 차별을 받았다.

오답 분석

㉢ 노비: 조선 시대에 매매·상속·증여의 대상이 되었던 비자유민은 노비이다.

㉣ 향리: 조선 시대에 지방에서 수령의 행정 실무를 보좌하는 역할을 담당하였던 것은 향리이다.

05 | 조선 전기의 사회상 압축개념 01

정답 ④

자료 분석

제시문의 『안동 권씨 성화보』는 1476년에 간행된 우리나라 현존 최고(最古)의 족보로, 이를 통해 조선 전기의 사회상을 알 수 있다.

정답 설명

④ 조선 전기에는 아들과 딸이 돌아가며 제사를 지내는 윤회 봉사와 딸의 자손이 제사를 지내는 외손 봉사 등이 행해졌다.

오답 분석

① 남자가 결혼 후에 바로 친가에서 거주하는 친영 제도가 일반화된 것은 조선 후기의 사실이다.

② 조선 전기에 족보 편찬 시 자손이 없으면 무후(無後)라 기재한 것은 맞지만, 양자를 받아들이는 것이 확산되지는 않았다. 제사를 지낼 적장자가 없는 경우 양자를 들이는 현상이 일반화된 것은 조선 후기이다.

③ 족보에 아들을 먼저 기록하고 딸을 그 다음에 기록한 것은 조선 후기이다. 조선 전기의 족보에는 남녀 구분 없이 출생 순서대로 자녀를 기재하였다.

06 | 조선의 사회 정책(의창) 압축개념 02

정답 ②

자료 분석

제시된 자료의 ㉠은 의창이다.

정답 설명

② 의창은 춘궁기에 빈민들에게 식량과 종자를 무이자로 빌려 주고 가을에 회수하는 제도였다.

오답 분석

① 흑창은 고려 태조 때 빈민 구제를 위해 설치한 진휼 기관으로, 고려 성종 시기에 의창으로 확대·개편되었다.

③ 광학보는 고려 정종 때 승려들의 면학을 위해 마련한 재단이었다.

④ 제위보는 고려 광종 때 기금을 조성하여 그 이자로 빈민을 구제하기 위해 설치한 기관이었다.

07 | 5가작통법의 시행 목적 압축개념 03

정답 ①

자료 분석

제시문에서 다섯 집마다 한 통(統)을 만들고, 그 중 통수를 뽑아 관리하도록 하였다는 내용을 통해 5가작통법에 대한 내용임을 알 수 있다.

정답 설명

㉠, ㉡ 조선 정부는 5가작통법을 실시하여 다섯 집을 한 통으로 묶고, 한 통에 속해 있는 가호에 연대 책임을 부여하여 농민들의 도망과 이탈을 방지하고, 부세와 군역을 안정적으로 확보하고자 하였다.

오답 분석

㉢ 재지 사족 중심의 향촌 자치를 활성화하기 위하여 설치·시행된 것은 향약, 유향소 등이며, 이는 5가작통법의 시행 목적과는 관련이 없다.

㉣ 향전은 조선 후기 신향과 구향의 향촌 주도권을 둘러싼 갈등으로, 5가작통법의 시행 목적과는 관련이 없다.

08 | 향촌 사회의 모습 압축개념 03

정답 ④

정답 설명

④ 옳은 것을 모두 고르면 ㉠, ㉡, ㉢, ㉣ 총 4개이다.

㉠ 유향소는 지방 사족의 향촌 자치를 위하여 설치된 기구로 수령의 보좌, 향리의 감찰, 풍속의 교정 등의 기능을 담당하였다.

㉡ 경재소는 유향소 통제 및 지방과의 연결을 위해 설치된 기구로, 중앙 관직에 오른 현직 관리에게 자기 출신 지역의 유향소를 관리·감독하게 하였다.

㉢ 향촌 사회에서 지주로 농민을 지배하던 계층은 사족이다.

㉣ 향약은 중종 때 사림파인 조광조에 의해 처음 시행된 이후 이황, 이이에 의해 전국적으로 확산되었다.

04 조선 후기의 사회

p. 160

| 01 ③ | 02 ② | 03 ① | 04 ② | 05 ③ |
| 06 ③ | 07 ② | 08 ② | | |

01 서얼과 중인 [압축개념 01]   정답 ③

자료 분석 제시문에서 (가)는 조정의 큰 성덕을 입어 관직에 임명되고, (나)는 여전히 관직을 얻지 못했다는 내용을 통해 (가)는 서얼, (나)는 중인임을 알 수 있다.

정답 설명 ③ 정조 때 규장각 검서관에 등용된 유득공, 박제가, 이덕무 등은 중인이 아닌 서얼이다.

오답 분석 ① 조선 후기에 서얼의 신분 상승 운동이 성공하자 이에 자극을 받은 기술직 중인들은 철종 때 소청 운동을 전개하였으나 실패하였다.
② 조선 후기에 서얼들은 수차례에 걸친 집단 상소를 통해 관직 진출의 제한을 없애줄 것을 요청하였고, 그 결과 철종 때 법적으로 허통, 통청의 권리를 획득하였다.
④ 조선 후기에 중인은 주로 기술직에 종사하며 축적한 재산과 실무 경력을 바탕으로 신분 상승을 추구하였다.

02 조선 후기의 사회 모습 [압축개념 01]   정답 ②

자료 분석 제시문에서 시전 상인이나 상민들이 서로 양반이라 부른다는 내용을 통해 신분제가 동요하기 시작한 조선 후기의 사회 모습임을 알 수 있다.

정답 설명 ② 조선 후기인 영조·정조 때에는 서얼의 청요직 진출이 부분적으로 허용되었으며, 이후 철종 때 서얼의 청요직 진출이 완전히 허용되었다.

오답 분석 ① 고려 시대: 불교 신앙 조직인 향도는 삼국 시대부터 존재하였으며, 고려 시대에 널리 확산되었다.
③ 고려 시대: 양민의 대다수인 농민을 백정(白丁)이라고 부른 시기는 고려 시대이다. 반면 조선 초부터 백정은 도축업에 종사하던 화척 등의 천한 신분을 지칭하는 말로 바뀌었다.
④ 조선 전기: 선현 봉사와 향촌 사회 교화 및 인재 교육을 위한 서원이 설립되기 시작한 것은 주세붕이 백운동 서원을 설립한 시기인 조선 중종 때부터이다.

03 조선 후기 신분제의 동요 [압축개념 01]   정답 ①

자료 분석 제시된 표에서 양반 호는 급격하게 증가하고 있는 것에 비해 상민 호와 노비 호가 줄어들고 있는 것을 통해 조선 후기 신분제의 동요를 나타낸 것임을 알 수 있다.

정답 설명 ㉠ 납속책은 곡식을 바치는 사람에게 일정한 특전을 부여한 제도로, 양난 이후 부족해진 재정 보충을 위해 적극 실시되었다. 이를 통해 노비는 면천되었고, 양인 이상의 경우 역을 면제받거나 관직에 임명됨으로써 조선 후기 신분 질서가 동요하였다.

㉡ 공명첩은 이름을 기재하지 않은 백지 임명장으로, 임진왜란 이후 재정의 확보를 위해 정부가 발급한 것이었다. 이를 통해 서얼이나 부농층이 관직에 진출하거나 신분을 상승시킴에 따라 조선 후기 양반 호가 증가하게 되었다.

오답 분석 ㉢ 선무군관포는 균역법 시행에 따른 군포 징수액의 감소를 보충하고자 일부 상류층에게 징수한 것으로 신분제의 동요와는 관련이 없다.
㉣ 서원은 선현에 대한 제사와 교육을 위해 설립된 것으로 신분제의 동요와는 관련이 없다.

04 향전 [압축개념 02]   정답 ②

자료 분석 제시된 자료에서 신향이 향교를 주관하면서 구향과 마찰을 빚었다는 내용을 통해 조선 후기 향촌 사회에서 일어난 향전에 관한 내용임을 알 수 있다.

정답 설명 ② 수령과 결탁한 부농층을 중심으로 한 신향 세력은 향촌 사회를 완전히 장악하지 못하였다. 향전의 결과 향촌 사회에서 종래 재지 사족의 힘은 약화되고, 신향 세력의 힘이 충분히 강해지지 못한 상황에서 수령과 향리의 세력이 강화되었다.

오답 분석 ① 조선 후기에 부농층은 사회적 지위를 얻기 위하여 수령을 중심으로 한 관권과 결탁하여 향안에 이름을 올리거나, 향임직에 진출하였다.
③ 조선 후기 향촌 사회에서 종래 재지 사족의 힘이 약화되고, 수령이 부농층을 중심으로 한 신향층을 포섭하면서 수령과 향리의 권한이 강화되었다.
④ 수령을 견제하는 역할을 하던 향회가 수령이 세금을 부과할 때 의견을 묻는 자문 기구로 전락하면서 세도 정치 시기에 농민 수탈이 극심해지는 배경이 되었다.

05 조선 후기의 향촌 사회 [압축개념 02]   정답 ③

자료 분석 제시문은 조선 후기 향촌 사회에서 구향과 신향 사이에 향권을 두고 벌어진 향전에 대한 내용이다.

정답 설명 ③ 경재소는 지방 유향소와 중앙 정부 사이의 연락을 담당하고 중앙에서 유향소를 통제하기 위해 설치된 기구로 그 관리는 수령이 아닌 중앙 고관이 담당하였으며, 조선 후기인 1603년에 이르러 폐지되었다.

오답 분석 ①, ② 향전의 결과 향촌 사회에서 재지 사족의 힘이 약화되고, 수령을 중심으로 한 관권이 강화되었다. 이때 경제력을 갖춘 신향층(부농층)은 수령과 향리를 중심으로 한 관권과 결탁하여 향촌 사회에서의 영향력을 증대시켰다.
④ 조선 후기에 재지 사족들은 군현 단위로 농민을 지배하기 어렵게 되자 촌락 단위의 동계와 동약을 실시하고, 족적 결합을 강화하여 향촌 사회에서 자신들의 지위를 유지하고자 하였다.

06 조선 후기의 향촌 질서의 변화 [압축개념 02]   정답 ③

자료 분석 제시문에서 백성들이 군역을 회피하고, 호적을 위조하여 양반 행세를 한다는 내용을 통해 조선 후기의 사회 모습에 대한 설명임을 알 수 있다.

정답
설명   ③ 유향소를 통제하기 위하여 경재소가 설치되었던 시기는 조선 전기이다.

오답
분석   ① 조선 후기에는 양반이 군현 단위로 농민을 지배하기가 어렵게 되자 족적 결합을 강화함으로써 자신들의 지위를 지켜 나가고자 하였으며, 이로 인해 많은 동족 마을이 형성되었다.
② 향회는 재지 사족의 이익을 대변하고 수령을 감찰하는 역할을 담당하였으나, 조선 후기에 수령의 권한이 강화된 반면 사족의 향촌 지배력은 약화되면서 향회가 수령의 부세 자문 기구로 전락하였다.
④ 조선 후기에 부농층은 사회적 지위를 얻기 위하여 관권과 결탁하여 향임직에 진출하였다.

07 장길산 [압축개념 04]   정답 ②

자료
분석   제시문의 양덕과 이영창을 통해 평안남도 지역에서 활약한 장길산 무리에 대한 설명임을 알 수 있다.

정답
설명   ② 장길산 일당은 장길산을 우두머리로 하여 숙종 때 황해도 구월산과 평안도 양덕 일대에서 활약하였다.

오답
분석   ① 임꺽정은 명종 때에 황해도와 경기도 일대에서 활약하였다.
③ 홍길동은 연산군 때에 충청도 일대에서 활약하였다.
④ 순조 때 홍경래를 중심으로 영세농과 광산 노동자 등이 가세하여 평안도 지역에서 난을 일으켰다.

08 조선 후기 서학(천주교) [압축개념 05]   정답 ②

정답
설명   ② 윤지충 사건(진산 사건)을 계기로 하여 기해박해가 아닌 신해박해(1791, 정조)가 일어났다. 기해박해(1839, 헌종)는 풍양 조씨가 세도 권력을 잡으면서 일어났다.

오답
분석   ① 이승훈은 스승인 이벽의 권유로 북경에 갔다가 서양인 신부의 세례(영세)를 받고 돌아왔다.
③ 안정복은 성리학의 입장에서 천주교를 비판하는 서적인『천학문답』을 저술하였다.
④ 김대건은 최초의 한국인 신부로, 천주교 박해를 무릅쓰고 포교하다가 병오박해(1846, 헌종) 때 체포되어 처형당하였다.

05~07 근대의 사회~현대의 사회

p. 170

| 01 ③ | 02 ④ | 03 ④ | 04 ② | 05 ③ |
| 06 ① | 07 ④ | 08 ① | | |

01 찬양회 [근대] 압축개념 01   정답 ③

자료
분석   제시된 자료는 찬양회가 발표한 여권 통문의 내용을 소개하는 황성신문의 논설이다. 제시된 연표에서 운요호 사건은 1875년, 갑신정변은 1884년, 아관 파천은 1896년, 을사조약(늑약)은 1905년, 국권 피탈은 1910년이다.

정답
설명   ③ 찬양회가 여권 통문을 발표한 것은 (다) 시기인 1898년이다. 찬양회는 1898년 9월에 서울의 북촌 부인들을 중심으로 조직된 여성 단체로, 여학교의 설립과 여성 참정권·직업권 등을 주장한 여권 통문(여학교 설시 통문)을 발표하였으며, 이는 황성신문과 독립신문에 게재되었다.

02 하와이에서 전개된 민족운동 [근대] 압축개념 03   정답 ④

자료
분석   자료에서 1903년에 공식 이민단이 도착하여 사탕수수 농장에서 노동하였다는 내용을 통해 밑줄 친 '이곳'이 하와이임을 알 수 있다.

정답
설명   ④ 대조선 국민군단은 박용만이 독립운동을 위해 하와이에서 조직한 군사 양성 기관이다.

오답
분석   ① 북만주: 독립운동 기지인 한흥동이 건설된 지역은 북만주 밀산부이다.
② 연해주: 독립운동 단체인 권업회가 조직된 지역은 연해주이다.
③ 서간도(남만주): 자치 기관으로 경학사와 부민단이 조직된 지역은 서간도(남만주)의 삼원보이다.

03 일제 강점기 조선인의 생활 모습 [일제] 압축개념 04   정답 ④

정답
설명   ④ 영단 주택은 상류층이 아닌 서민들이 살던 곳으로, 1940년대 들어 서민의 주택난을 해결하기 위해 지은 일종의 국민 연립 주택이었다.

오답
분석   ① 일제 강점기에는 빈민이 증가하여 도시 외곽에는 토막집이 밀집된 토막촌이 형성되었으며, 산미 증식 계획이 시작된 1920년대에 급증하였다.
② 1920년대에 도시를 중심으로 최신 유행의 모던 걸과 모던 보이가 활동하였다.
③ 1940년대 전시 체제가 확대되면서 여성들은 몸뻬라는 근로복을 입고 근로 보국대에서 강제 노동을 하였다.

04 | 1923년과 가장 먼 시기의 사실 [일제] 압축개념 01 정답 ②

자료 분석
제시문에서 어린이를 윤리적·경제적 압박으로부터 해방하고, 즐겁게 놀기에 족한 시설을 행하게 하라는 내용을 통해 1923년에 발표된 소년 운동 선언의 내용임을 알 수 있다.

정답 설명
② 대한 광복회가 결성된 것은 1915년으로, 소년 운동 선언이 발표된 1923년과 가장 먼 시기의 사실이다.

오답 분석
① 1923년에 신채호는 「조선혁명선언」을 지어 의열단의 투쟁 노선과 행동 강령 등을 제시하였다.
③ 1923년에 백정들에 대한 사회적 차별을 철폐하고자 경남 진주에서 이학찬을 중심으로 한 조선 형평사가 창립되었다.
④ 1923년에 대한민국 임시 정부는 국내외의 독립운동 상황을 점검하고 새로운 활로를 모색하기 위해 상하이에서 국민 대표 회의를 개최하였다.

05 | 형평 운동 [일제] 압축개념 01 정답 ③

자료 분석
제시된 자료는 형평 운동에 대한 내용이며, 형평 운동을 전개한 단체는 조선 형평사이다.

정답 설명
③ 형평 운동은 백정에 대한 사회적 차별을 폐지할 것을 요구하는 계급 투쟁에서 일제에 대항하는 민족 해방 운동으로 발전하였다.

오답 분석
① 조선 형평사가 창립된 곳은 경남 진주이다.
② 조선 형평사는 백정 중심의 조직이었다.
④ 신분 제도는 갑오개혁(1894) 때 법적으로 폐지되었으나 백정들에 대한 사회적 차별은 계속되고 있었다.
⑤ 조선 형평사는 1923년에 조직되었고, 조선 노농 총동맹은 1924년에 창립되었다.

06 | 근우회 [일제] 압축개념 01 정답 ①

자료 분석
제시문에서 1927년에 여성 문제의 해결을 지향하며 분산되어 있는 조선 여성 운동을 통일하여 전개할 것을 주장하는 내용을 통해 (가) 단체가 근우회임을 알 수 있다.

정답 설명
① 근우회는 신간회의 자매 단체로, 1927년에 설립된 여성 운동 단체이다. 민족 유일당 운동의 흐름에 따라 비타협적 민족주의 계열과 사회주의 계열의 여성 운동가들이 연대하여 조직된 근우회는 1920년대 후반 신간회와 함께 민족 운동에 적극적으로 참여하였다.

07 | 현대의 연대별 인구 정책 [현대] 압축개념 01 정답 ④

자료 분석
(가)는 1960년대, (나)는 1970년대, (다)는 1980년대의 인구 정책 표어이다.

정답 설명
㉠ 박정희를 중심으로 하는 군사 정부는 1962년부터 제1차 경제 개발 5개년 계획을 추진하였다.
㉡ 1970년대에 유신 체제가 성립되었고, 두 차례의 오일 쇼크(1973, 1978)와 중화학 공업에 대한 과잉 중복 투자로 경제 불황이 심화되었다.
㉢ 1980년대에 6월 민주 항쟁(1987)이 일어났으며, 저금리·저유가·저달러의 3저 호황에 따라 높은 경제 성장률을 보였다.

08 | 새마을 운동 [현대] 압축개념 01 정답 ①

자료 분석
제시된 자료는 새마을 운동에 대한 설명이다.

정답 설명
① 새마을 운동은 박정희 정부 때인 1970년대에 낙후된 농촌 지역의 개발을 위해 추진되었다. 이후 공장·도시·직장으로 확산되면서 전국적인 의식 개혁 운동·국민 정신 운동으로 확대되었다.

오답 분석
② 브나로드 운동은 일제 강점기에 동아일보가 주도하고 학생들이 중심이 되어 농촌 계몽 운동의 일환으로 전개되었다.
③ 재건 국민 운동은 5·16 군사 정변 직후부터 국민의 도의·재건 의식을 높이기 위해 전개되었던 범국민 운동이다.
④ 물산 장려 운동은 일제 강점기에 자급자족, 국산품 애용 등을 주장하며 민족 경제의 자립을 목표로 전개되었다.

V. 문화사

01 고대의 문화

p. 182

01 ②　　02 ②　　03 ②　　04 ①　　05 ③

06 ④　　07 ④　　08 ④

01 삼국의 사회·문화 [압축개념 03, 04]　　정답 ②

정답
설명
② 원측은 백제가 아닌 신라의 승려로, 당나라에 가서 유식학을 배워 유식론을 독자적으로 발전시켰다.

오답
분석
① 고구려 영양왕 때 이문진이 왕명을 받아 『유기』 100권을 간추려 『신집』 5권을 편찬하였다.

③ 신라의 진흥왕은 큰 아들 이름을 동륜, 둘째 아들 이름을 사륜(금륜)으로 짓고, 자신은 불교의 정법을 널리 퍼뜨린 정복 군주를 의미하는 전륜성왕으로 자처하였다.

④ 백제에서는 6세기 이후부터 미륵 신앙이 유행하였는데, 이에 따라 무왕 때 미륵사가 건립되기도 하였다.

02 자장 [압축개념 03]　　정답 ②

자료
분석
제시문에서 황룡사에 9층탑을 세울 것을 건의했다는 내용을 통해 밑줄 친 '그'가 승려 자장임을 알 수 있다.

정답
설명
② 자장은 선덕 여왕 때 대국통으로 임명되어 규범과 계율을 지키는 일에 힘을 보탰다.

오답
분석
① 원광: 화랑이 지켜야 할 세속 오계를 지은 승려는 원광이다.

③ 의상: 통일 이후의 사회 갈등을 통합으로 이끄는 화엄 사상을 강조한 승려는 의상이다.

④ 원효: '모든 것은 한마음에서 나온다'는 일심 사상을 주장하며 불교 교리의 대립을 극복하고자 한 승려는 원효이다.

03 선종의 영향으로 만들어진 문화재 [압축개념 04, 09]　　정답 ②

자료
분석
제시문의 개인적 정신 세계를 추구하는 경향이 강하여 지방의 성주나 장군에게 큰 호응을 받았던 불교 사상은 신라 하대에 유행한 선종이다.

정답
설명
② 쌍봉사 철감선사 승탑은 신라 하대 선종의 영향을 받아 만들어진 문화재이다. 신라 하대에는 선종이 확산되면서 승려의 사리를 모신 승탑과 승려의 생애를 적은 탑비가 유행하였다.

오답
분석
① 성덕 대왕 신종은 경덕왕이 아버지인 성덕왕의 공덕을 기리기 위해 제작하기 시작한 동종으로, 선종과는 관련이 없다.

③ 경천사지 십층 석탑은 고려 후기에 원의 석탑 제작 방식의 영향을 받았다.

---

④ 미륵보살 반가 사유상은 삼국 시대에 미륵 사상의 영향을 받아 제작되었다.

04 의상 [압축개념 04]　　정답 ①

자료
분석
제시문에서 중국으로 원효와 함께 구도의 길을 떠났다는 것과 지엄을 뵈었다는 내용을 통해 의상에 대한 설명임을 알 수 있다.

정답
설명
① 의상은 화엄 사상의 요지를 간결한 시로 축약한 『화엄일승법계도』를 저술하여 화엄 사상을 정리하였다.

오답
분석
② 도선: 중국에서 풍수지리설을 들여와 지세의 중요성을 일깨웠던 인물은 도선이다.

③ 원효: 화쟁 사상을 바탕으로 한 『십문화쟁론』을 지어 종파 간의 대립을 해소하고자 하였던 인물은 원효이다.

④ 혜초: 불법을 구하기 위해 인도와 중앙아시아 지역을 여행하고 기행문인 『왕오천축국전』을 저술하였던 인물은 혜초이다.

05 고대의 고분 [압축개념 07]　　정답 ③

자료
분석
(가)는 굴식 돌방무덤이며, (나)는 돌무지덧널무덤이다.

정답
설명
③ 돌무지덧널무덤은 나무 널 위에 냇돌을 쌓은 후 흙을 덮는 구조로, 도굴이 어렵기 때문에 많은 껴묻거리(부장품)가 그대로 발견되었다.

오답
분석
① 신라의 천마총(천마도 발견), 금관총(금으로 된 허리띠와 금관 발견), 호우총(호우명 그릇 발견) 등은 대표적인 돌무지덧널무덤이다.

② 통일 이전의 신라에서 주로 만들어졌다가 통일 이후 사라진 무덤은 돌무지덧널무덤이다. 통일 이후 신라에서는 규모가 작은 굴식 돌방무덤이 주로 만들어졌다.

④ 중국 남조의 영향을 받아 벽돌로 제작된 무덤은 벽돌무덤으로, 백제의 무령왕릉이 이 양식으로 축조되었다.

06 삼국 시대의 문화 [압축개념 07]　　정답 ④

정답
설명
④ 사신도가 그려진 강서 대묘(강서 고분)는 굴식 돌방무덤으로 축조되었다. 돌무지무덤은 고구려 초기의 고분 양식으로, 고구려의 대표적인 돌무지무덤으로는 장군총이 있다.

오답
분석
① 7세기 신라 선덕 여왕 때 천체를 관측하기 위해 첨성대를 세웠다.

② 백제에서는 목탑 양식의 익산 미륵사지 석탑이 건립되었다. 미륵사지 석탑은 목탑의 모습을 많이 지니고 있어 목탑에서 석탑으로 넘어가는 과도기 형태를 잘 보여주는 석탑이다.

③ 가야 출신의 우륵은 가야금을 만들었는데, 대가야가 망할 즈음인 신라 진흥왕 때 우륵이 가야금을 가지고 신라에 투항하여, 가야금이 신라에 전파되었다.

07 | 발해 압축개념 07 정답 ④

자료 분석
제시된 자료에서 해동성국이 되었다는 것과 땅에 5경 15부 62주가 있다는 내용을 통해 해당 국가가 발해임을 알 수 있다.

정답 설명
④ 굴식 돌방과 모줄임 천장 구조로 축조된 무덤은 정혜 공주 묘이다. 정효 공주 묘는 당나라의 벽돌무덤 양식과 고구려의 평행 고임 천장 구조가 결합되어 축조되었다.

오답 분석
① 발해는 당으로부터 귀족들의 수요품인 비단, 서적, 공예품 등을 수입하였고, 말과 모피, 인삼, 자기 등을 당에 수출하였다.
② 발해는 서적과 문서를 관리하고 외교 문서 등의 작성을 담당하는 문적원을 두었다.
③ 발해 문왕은 일본에 보낸 국서에서 자신이 천손임을 자부하였다.

08 | 고대 문화의 일본 전파 압축개념 11 정답 ④

정답 설명
ⓒ 신라는 일본에 배를 만드는 조선술과 제방을 만드는 축제술을 전달해주었다.
ⓔ 고구려의 승려인 혜자는 일본 쇼토쿠 태자의 스승이 되었다.

오답 분석
ⓐ 일본에 불교를 전파한 인물은 백제의 노리사치계이다. 백제의 아직기는 근초고왕 때 일본에 건너가 일본 태자에게 한자를 가르쳐 주었다.
ⓑ 일본의 다카마쓰 고분 벽화와 고구려 수산리 고분 벽화는 등장 인물의 복장 등이 유사한데, 이를 통해 고구려의 문화가 일본에 영향을 미쳤음을 알 수 있다. 한편 가야는 일본의 스에키 토기 제작에 영향을 주었다.

02 고려의 문화

p. 192

01 ③	02 ②	03 ②	04 ②	05 ①
06 ③	07 ②	08 ①		

01 | 고려의 관학 진흥책 압축개념 02 정답 ③

자료 분석
제시문에서 최충의 9재 학당을 중심으로 사학 12도가 융성했다는 것을 통해 관학(국자감)이 위축된 고려 중기의 사실임을 알 수 있다.

정답 설명
③ 예종은 사학의 융성으로 위축된 관학을 진흥시키기 위해 양현고라는 장학 재단을 설치하여 관학의 경제 기반을 강화시켰다.

오답 분석
① 안향을 통해 원으로부터 성리학을 수용한 것은 고려 후기 충렬왕 때의 사실로, 관학 진흥책과 관련이 없다.
② 사림이 『주자가례』와 『소학』을 보급한 것은 향촌의 성리학적

질서를 강화하기 위한 것으로, 조선 시대의 사실이다.
④ 충선왕이 퇴위 이후 연경에 만권당을 짓고 유명한 학자들을 초청한 것은 성리학 연구를 발전시키기 위한 것으로, 고려 후기 충숙왕 때의 사실이다.

02 | 『삼국사기』 압축개념 03 정답 ②

자료 분석
제시문은 고려 인종 때 김부식이 쓴 『삼국사기』 서문이다.

정답 설명
② 『삼국사기』는 김부식이 인종의 명을 받아 편찬한 역사서로, 유교적 합리주의 사관에 따라 기전체로 서술되었다.

오답 분석
① 『삼국유사』: 불교를 중심으로 단군 신화 등의 각종 신화와 설화를 정리한 역사서는 충렬왕 때 일연이 편찬한 『삼국유사』이다.
③ 『동국통감』 등: 단군 조선을 우리 역사의 시작으로 본 통사 형식의 역사서로는 『동국통감』(조선 전기) 등이 있다. 한편 『삼국사기』에서는 삼국 이전의 상고사를 배제하여 단군 조선의 역사를 서술하지 않았다.
④ 『국사』: 진흥왕의 명을 받아 거칠부가 신라 왕조의 역사를 정리해 편찬한 역사서는 『국사』(신라)이다.

03 | 『삼국유사』 압축개념 03 정답 ②

자료 분석
제시된 자료에서 '삼국의 시조들이 모두 신이(神異)한 일로 탄생', '책 첫머리에 「기이(紀異)」편이 실린 까닭' 등을 통해 『삼국유사』에 실린 내용임을 알 수 있다.

정답 설명
② 『삼국유사』는 불교사를 중심으로 고대의 민간 설화와 전래 기록을 수록한 역사서이다.

오답 분석
① 『해동고승전』: 불교 승려의 전기를 수록한 고승전은 『해동고승전』이다.
③ 고조선부터 고려 말까지의 역사를 정리한 사서로는 『동국통감』, 『동사강목』 등이 있다.
④ 『삼국사기』: 유교적 사관에 기초하여 기전체로 서술한 사서는 『삼국사기』이다.

04 | 지눌, 최승로, 혜심 압축개념 01, 04 정답 ②

자료 분석
제시문에서 (가)는 수선사 결사 운동을 전개한 지눌, (나)는 성종에게 시무 28조를 올린 최승로, (다)는 유·불 일치설을 주장한 혜심에 대한 내용이다.

정답 설명
② 옳게 짝지어진 것을 모두 고르면 ⓐ, ⓒ이다.
ⓐ 지눌은 불교의 세속화에 반대하고 승려들이 불교 본연의 자세로 돌아가 독경과 참선, 노동에 힘쓸 것을 강조하며 수선사 결사 운동을 전개하였다.
ⓒ 혜심은 유불 일치설을 통해 심성의 도야를 강조하며 이후 성리학이 수용되는 사상적 토대를 마련하였다.

오답 분석
ⓑ 최승로는 시무 28조에서 불교 행사인 연등회와 팔관회의 축소를 주장하였으며, 성종이 이를 받아들여 연등회와 팔관회가 축소·폐지되었다.

05 | 고려 고종 재위 기간의 사실 [압축개념 03, 04] 정답 ①

자료 분석 제시문에서 원율·담양 지역에서 반란을 일으킨 초적 이연년을 쳐서 평정하였다는 내용을 통해 밑줄 친 왕이 최우 무신 집권 시기의 왕인 고려 고종(1213~1259)임을 알 수 있다. 이연년은 고려 고종 때 전라도 담양에서 백제 부흥을 표방하며 반란을 일으켰다(1237).

정답 설명 ① 왕실의 원찰인 묘련사가 창건(1284)된 것은 충렬왕 때로, 고종 재위 이후의 사실이다. 원 간섭기에는 백련 결사 운동이 왕실의 원찰인 묘련사로 계승되어 개혁적인 성격이 퇴색되는 등 불교가 왕실·귀족 세력과 연결되면서 세속화되는 경향이 나타났다.

오답 분석 ② 고종 때 승려 요세에 의해 강진 만덕사(백련사)를 중심으로 백련 결사가 조직(1216)되었으며, 그의 제자인 천책에 의해 백련 결사문이 발표되었다(1236). 항몽 투쟁을 표방한 백련 결사는 최우 무신 정권의 후원을 받기도 하였다.
③ 고종 때 왕명에 따라 승려 각훈이 삼국 시대 이래의 고승들의 전기를 정리한 『해동고승전』을 편찬하였다(1215).
④ 고종 때 최우의 후원 아래 승려 수기의 주도로 재조대장경의 편집과 교정이 이루어졌다.

06 | 의천과 지눌 [압축개념 04] 정답 ③

자료 분석 (가)는 교(敎)와 선(禪) 어느 한쪽에 치우치지 말고 동시에 수행할 것을 강조한 '교관겸수'에 대한 내용으로 의천의 주장이다. (나)는 불교의 타락상을 비판하며 승려 본연의 자세로 돌아가기를 강조하는 『권수정혜결사문』의 내용으로 지눌의 주장이다.

정답 설명 ③ 지눌은 선과 교학을 나란히 수행하되 선을 중심으로 교학을 포용하자는 정혜쌍수를 주장하였다.

오답 분석 ① 요세: 천태종의 신앙 결사체인 백련사를 조직한 승려는 요세이다.
② 승려 혜거 등을 통해 중국에서 도입한 법안종을 중심으로 선종을 정리하려 한 인물은 광종이다. 광종은 승려 혜거로 하여금 법안종을 중심으로 선종을 정리하게 하였다.
④ 혜심: 유교와 불교의 통합을 시도하며 유·불 일치설을 주장한 승려는 혜심이다.

07 | 우왕 대의 사실 [압축개념 06] 정답 ②

자료 분석 제시문의 밑줄 친 '이 기구'는 화약 및 화기의 제조를 담당한 화통도감으로, 고려 우왕 때 설치되었다.

정답 설명 ② 우왕 때인 1377년에 청주 흥덕사에서 현존하는 가장 오래된 금속 활자본인 『직지심체요절』이 간행되었다.

오답 분석 ① 예종: 도교 사원인 복원궁을 건립하여 도교를 부흥시킨 왕은 고려 예종이다.
③ 선종~숙종: 의천의 건의로 흥왕사에 교장도감이 설치되어 속장경(교장)의 편찬이 시작된 것은 고려 선종 때이며, 고려 숙종 때 속장경이 완성되었다.
④ 성종: 최승로가 올린 시무 28조를 수용하여 유교 정치를 구현하고자 한 왕은 고려 성종이다.

08 | 고려 시대의 예술 [압축개념 07, 08, 09] 정답 ①

자료 분석 제시문에서 박유가 일부다처제를 주장하였으나 당시 재상들이 그 부인을 무서워하여 시행되지 못했다는 내용을 통해 고려 시대의 사실임을 알 수 있다. 한편 박유는 고려 후기 충렬왕 때의 문신으로, 당시 고려의 여성들이 공녀로 원나라에 보내지는 것을 줄이고자 하여 일부다처제를 주장하였다.

정답 설명 ① 법주사 쌍사자 석등은 통일 신라의 문화재이다. 통일 신라 시대에는 단아하고 균형 잡힌 모습을 가진 석등이 제작되었다.

오답 분석 ② 고려 후기에는 기둥 위뿐만 아니라 기둥 사이에도 공포를 배치하는 다포 양식이 등장하여 지붕을 웅장하게 얹거나 건물을 화려하게 꾸밀 때 사용되었다.
③ 고려 시대에 자기 공예 방법으로 상감 기법이 개발되어 상감 청자가 제작되었으나, 원 간섭기에 북방 가마 기술이 도입된 이후 청자의 빛깔이 퇴조하며 분청사기로 변모하였다.
④ 고려 후기에는 구복적 성격의 불화가 많이 그려졌는데 혜허의 관음보살도가 대표적이다.

---

03 조선 전기의 문화

p. 200

01 ③	02 ④	03 ②	04 ④	05 ②
06 ②	07 ③	08 ①	09 ③	

01 | 조선 시대 향교 [압축개념 02] 정답 ③

정답 설명 ③ 성균관 입학 자격은 원칙적으로 소과(생원·진사시) 합격자에게 주어졌다. 향교에서는 매년 자체적으로 시험을 치러 성적 우수자는 소과의 초시를 면제해 주었다.

오답 분석 ① 향교는 원칙적으로 양인 남성에게 입학이 허용되었고, 학비는 없었다.
② 향교는 부·목·군·현에 각각 하나씩 설립되었고, 군현의 규모에 따라 정원이 책정되었다.
④ 향교의 교생들은 학업 중 군역이 면제되었으나 성적 미달자는 군역을 수행하도록 하였다.

02 | 혼일강리역대국도지도 [압축개념 04] 정답 ④

자료 분석 제시된 자료에서 태종 재위 시기인 1402년에 제작되었다는 것과 권근이 '혼일강리도'를 기초로 하였다는 내용을 통해 밑줄 친 '이 지도'가 혼일강리역대국도지도임을 알 수 있다.

정답 설명 ④ 백리 척을 사용하여 과학적인 지도 제작에 기여한 것은 조선 후기 영조 대에 정상기가 제작한 동국지도이다.

① 혼일강리역대국도지도에는 우리나라와 중국, 일본은 물론 유럽과 아프리카 대륙까지 그려져 있다.

② 혼일강리역대국도지도에는 중국을 지도의 가운데에 배치하고, 다른 대륙보다 크게 표현하여 중화 사상이 반영되었음을 알 수 있다.

③ 혼일강리역대국도지도는 이슬람 지도학의 영향을 받은 원나라의 세계 지도, 명과 일본의 지도 등을 참고하여 제작한 지도이다.

03 『경국대전』 _{압축개념 05} 정답 ②

자료 분석 제시된 자료에서 조선 시대 법령의 기본이 된 법전이라는 것과 『경제육전』의 원전과 속전, 그리고 그 뒤의 법령을 종합하여 만든 법전이라는 것을 통해 밑줄 친 '이것'이 『경국대전』임을 알 수 있다.

정답 설명 ② 조준이 편찬을 주도한 법전은 『경제육전』이다. 『경국대전』은 최항, 노사신, 강희맹 등이 편찬을 주도하였다.

오답 분석 ① 『경국대전』은 세조 대에 편찬을 시작하여 성종 대에 완성되었다.

③ 『경국대전』은 「이전」·「호전」·「예전」·「병전」·「형전」·「공전」의 6전으로 구성되었다.

④ 세조 때 만세 불변의 법전을 만들기 위해 육전 상정소를 설치하고 『경국대전』의 편찬을 시작하였다.

04 퇴계 이황 _{압축개념 06} 정답 ④

자료 분석 제시문에서 왕 스스로 인격과 학식 수양을 위해 노력할 것을 강조했으며 일본의 사상 발달에 영향을 미쳐 '동방의 주자'라고 불렸다는 내용을 통해 밑줄 친 '그'가 퇴계 이황임을 알 수 있다.

정답 설명 ④ 이황은 성리학의 요점을 도표로 정리한 『성학십도』를 저술하여 군주 스스로가 성학을 따를 것을 제시하였다.

오답 분석 ① 기호 학파를 형성한 것은 이이와 성혼의 문인들이다. 이황의 문인들은 영남 학파를 형성하였다.

② 정제두: 강화 학파를 형성한 인물은 정제두이다. 정제두는 강화도에서 후학을 양성하면서 양명학 연구에 몰두하여 강화 학파를 형성하였다.

③ 이이: 『성학집요』를 저술한 인물은 이이이다. 이이는 신하가 군주에게 성학을 가르쳐 그 기질을 변화시켜야 한다는 『성학집요』를 저술하였다.

05 율곡 이이 _{압축개념 06} 정답 ②

자료 분석 제시문에서 본인이 저술한 『기자실기』를 주었다는 내용을 통해 ㉠의 인물이 율곡 이이임을 알 수 있다.

정답 설명 ② 율곡 이이는 『성학집요』와 『격몽요결』 등을 집필하였다.

오답 분석 ① 이황: 백운동 서원에 소수 서원이라는 편액을 하사 받도록 건의한 인물은 이황이다.

③ 이황: 유성룡, 김성일, 장현광 등 영남 학자들에게 영향을 끼친 인물은 이황이다.

④ 서경덕: 일평생 처사로 지내며 기일원론 등 독창적인 유기 철학(주기론)을 수립한 인물은 서경덕이다.

06 세종 재위 시기의 과학 기술 _{압축개념 09} 정답 ②

자료 분석 제시된 자료는 세종 때 편찬된 『삼강행실도』의 내용 중 일부로, 밑줄 친 왕은 세종이다.

정답 설명 ② 주자소를 설치하고 구리로 계미자를 주조한 것은 조선 태종 때의 일이다.

오답 분석 ① 세종 때 만들어진 『칠정산』은 중국의 수시력을 참고하여 「내편」을, 아라비아의 회회력을 연구·해설하여 「외편」을 제작하였다. 『칠정산』은 우리나라 역사상 최초로 서울을 기준으로 천체 운동을 정확하게 계산한 역법서이다.

③ 세종 때 우리 풍토에 알맞은 7백여 종의 약재와 1천 종의 질병에 대한 치료 방법을 개발·정리한 『향약집성방』과 동양 의학을 집대성한 의학 백과사전인 『의방유취』가 편찬되었다.

④ 세종 때 화약 무기의 제작법과 사용법을 정리한 병서인 『총통등록』이 편찬되었다.

07 세조 _{압축개념 08, 09, 10, 11} 정답 ③

자료 분석 제시문에서 탑골 공원에 고려 말에 건립된 경천사 10층 석탑의 영향을 받은 탑이 있다는 내용을 통해 밑줄 친 왕이 원각사지 10층 석탑을 세운 세조임을 알 수 있다.

정답 설명 ③ 세조는 6조의 업무를 의정부를 거치지 않고 직접 왕에게 재가를 받도록 하는 6조 직계제를 실시하여 국왕 중심의 정치 체제를 구축하였다.

오답 분석 ① 문종: 고조선부터 고려 말까지의 우리나라 전쟁사를 정리한 『동국병감』을 편찬한 왕은 문종이다.

② 성종: 삼국 시대부터 조선 초까지 우리나라의 시와 산문 중 뛰어난 작품을 선별하여 『동문선』을 편찬한 왕은 성종이다.

④ 태종: 정종 때 개경으로 옮겼던 수도를 한양으로 다시 옮기면서 경복궁의 이궁으로 창덕궁을 창건한 왕은 태종이다.

08 조선 전기의 건축물 _{압축개념 10} 정답 ①

정답 설명 ㉠ 무위사 극락전은 조선 전기인 15세기에 건립되었다.

㉣ 해인사 장경판전은 조선 전기인 15세기에 팔만대장경을 보관하기 위해 건립되었다.

오답 분석 ㉡ 법주사 팔상전과 ㉢ 금산사 미륵전은 조선 후기인 17세기의 건축물이다.

09 조선 전기의 문화 _{압축개념 11} 정답 ③

정답 설명 ③ 조선 전기 성종 때 서거정, 노사신 등이 삼국 시대부터 조선 초까지 시와 산문 중 뛰어난 작품을 선별한 『동문선』을 편찬하여 우리 문학의 독자성을 강조하였다.

오답 분석 ① 『어우야담』을 비롯한 야담, 잡기류가 성행한 것은 조선 후기의 사실이다. 『어우야담』은 광해군 때 유몽인이 저술한 야담집으로, 다양한 인간 생활의 야사(민간에서 저술한 역사), 항담(거리에 떠도는 소문), 가설(세상의 평판) 등이 수록되어 있다.

② 유서로 불리는 백과사전이 널리 편찬된 것은 조선 후기의 사실이다. 대표적인 유서(백과사전)로는 이수광의 『지봉유설』이 있다.

④ 중인층을 중심으로 시사가 결성되어 문학 활동을 전개한 것은 조선 후기의 사실이다.

을 위해 수레와 선박의 이용을 확대해야 한다고 주장하였다.
ⓒ 박제가는 청의 문물을 적극적으로 수용하여 부국강병과 이용후생에 힘써야 하며, 이를 위해 청에서 행해지는 국제 무역에 참여해야 한다고 주장하였다.

오답분석 ⓛ 유수원: 사농공상의 직업적 평등과 전문화를 주장한 인물은 유수원이다.
ⓔ 유형원: 자영농을 육성하여 군사 제도와 교육 제도를 재정비할 것을 주장한 인물은 유형원이다.

04 조선 후기의 문화

p. 210

01 ②	02 ④	03 ②	04 ③	05 ③
06 ③	07 ①	08 ①		

01 호락 논쟁 `압축개념 01`
정답 ②

정답설명 ② 호론은 청나라를 중화가 아닌 오랑캐로 인식하였다. 인물성이론(人物性異論)을 주장한 호론은 인성(인간의 본성)으로 대변되는 중화와 물성(사물의 본성)에 해당되는 청나라(오랑캐)를 엄격하게 구분하고, 조선을 중화의 정통성을 이어받은 국가로 인식하였으며, 오랑캐인 청은 배척하였다(소중화론).

오답분석 ① 영조 때 한원진과 윤봉구로 대표되는 충청도 노론(호론)은 인간의 본성과 사물의 본성은 다르다고 보는 인물성이론을 주장하였다.
③ 이간, 김창협 등으로 대표되는 서울 중심의 노론(낙론)은 인간의 본성과 사물의 본성이 같다는 인물성동론을 주장하였다.
④ 인물성동론을 내세운 낙론의 주장은 북학파의 과학 기술 존중과 이용후생 사상으로 이어졌다.

02 정약용 `압축개념 02`
정답 ④

자료분석 제시문에서 여장이 관리하는 1여의 토지를 여민들이 공동으로 경작하게 한다는 내용 등을 통해 여전론임을 알 수 있으며, 여전론을 주장한 인물은 정약용이다.

정답설명 ④ 정약용은 지방 행정 개혁안 및 목민관(수령)이 지켜야 할 규범들을 정리한 『목민심서』를 저술하였다.

오답분석 ① 박지원: 청에 다녀와 『열하일기』를 저술한 인물은 박지원이다.
② 유형원: 통치 체제에 대한 개혁안을 담은 『반계수록』을 저술한 인물은 유형원이다.
③ 이익: 우리나라와 중국의 문화를 백과사전식으로 정리한 『성호사설』을 저술한 인물은 이익이다.

03 박제가 `압축개념 02`
정답 ②

자료분석 제시문에서 재물을 우물에 비유하여 소비의 중요성을 주장한 내용을 통해 조선 후기의 중상학파 실학자인 박제가가 주장한 우물론임을 알 수 있다.

정답설명 ⓛ 박제가는 상공업의 활성화를 강조하며 물류의 원활한 이동

04 중상학파 실학자 홍대용 `압축개념 02, 07`
정답 ③

자료분석 제시된 자료에서 지구의 자전과 우주의 무한함을 강조하는 내용을 통해 홍대용의 주장임을 알 수 있다.

정답설명 ③ 홍대용은 『임하경륜』에서 성인 남자에게 2결의 토지를 분배할 것과 병농일치의 군대를 조직할 것 등을 주장하였다.

오답분석 ① 유수원: 『우서』에서 상업적 농업 경영을 통해 농업 생산성을 높여야 한다고 주장한 인물은 유수원이다.
② 유형원: 『반계수록』에서 신분에 따라 토지를 차등 있게 재분배하자는 균전론을 주장한 인물은 유형원이다.
④ 박제가: 『북학의』에서 절약보다는 소비를 권장하여 생산을 촉진하자고 주장한 인물은 박제가이다.

05 조선 후기의 국학 연구 `압축개념 02, 03, 05`
정답 ③

정답설명 ③ 『기언』을 저술한 인물은 허목이다. 허목은 『기언』에서 붕당 정치의 폐단을 비판하고, 부세 제도 등의 개선을 주장하였다. 한치윤은 단군 조선부터 고려까지의 역사를 서술한 『해동역사』를 편찬하였다.

오답분석 ① 조선 후기에 유희는 우리말 음운 연구서인 『언문지』를 지어 훈민정음의 음운을 연구하였다.
② 조선 후기에 이의봉은 『고금석림』을 편찬하여 우리나라 문헌에 기록된 어휘를 비롯한 중국어·몽골어·일본어 등의 해외 언어를 정리하였다.
④ 조선 후기에 이종휘는 『동사』를 지어 고구려사에 대한 관심을 고조시켜 고대사 연구의 시야를 만주 지방까지 확대시켰다.

06 의서의 편찬 순서 `압축개념 08`
정답 ③

정답설명 ③ 순서대로 나열하면 ⓔ 『향약구급방』(1236, 고려 고종) → ⓒ 『의방유취』(1445, 세종) → ⓛ 『동의보감』(1610, 광해군) → ⓛ 『마과회통』(1798, 정조)이다.
ⓔ 『향약구급방』은 1236년 고려 고종(무신 집권기) 때 편찬된 것으로, 현존하는 우리나라 최고(最古)의 의서이다.
ⓒ 『의방유취』는 1445년 세종 때 편찬된 것으로, 동양 의학을 집대성한 의학 백과사전이다.
ⓛ 『동의보감』은 1610년 광해군 때 편찬된 것으로, 허준이 우리나라의 전통 한의학을 체계적으로 정리한 의서이다.
ⓛ 『마과회통』은 1798년 정조 때 편찬된 것으로, 정약용이 마진(홍역) 치료법에 대해 기술한 의서이다.

07 조선 후기의 미술 압축개념 10 정답 ①

정답
설명
① 18세기에 등장한 진경 산수화는 중국 남종과 북종의 화법을 고루 수용하여 우리의 고유한 자연과 풍속을 사실적으로 표현한 화풍이다.

오답
분석
② 김홍도는 도화서의 화원으로 활동하던 당시에 섬세하고 정교한 필치로 정조의 화성 행차 광경을 그려 『원행을묘정리의궤』와 같은 궁중 풍속화로 담아 내었으며, 말년에는 서민들의 삶을 표현한 풍속화를 주로 그렸다.
③ 신윤복은 주로 양반과 부녀자의 생활과 유흥, 남녀 사이의 애정 등을 감각적이고 해학적으로 묘사하였다.
④ 김정희는 19세기에 활약한 학자이자 예술가로 '묵란도', '세한도' 등의 수준 높은 문인화 작품을 남겼다. 장승업 역시 19세기에 활약한 인물로 강렬한 필법과 채색법을 바탕으로 '홍백매도', '군마도' 등의 작품을 남겼다.

08 조선 후기의 문화 압축개념 03, 09, 10 정답 ①

정답
설명
① 조선 후기에는 성리학의 명분론을 근거로 한 정통론이 강조되었는데, 이에 따라 정통과 대의명분을 중요시하는 강목체의 역사서가 많이 저술되었다.

오답
분석
② 조선 후기에는 우리 고유의 자연을 소재로 한 진경 산수화가 유행하였다.
③ 조선 후기에는 마테오 리치가 제작한 '곤여만국전도'와 같은 세계 지도가 중국에서 전래되어 조선인들의 세계관이 확대되었다.
④ 조선 후기에는 서민의 경제적 지위가 향상되면서 서민의 의식과 문화가 발달하여 감정을 그대로 표현하는 판소리와 탈춤이 유행하였다.

05~07 근대의 문화~현대의 문화

p. 222

| 01 ④ | 02 ② | 03 ③ | 04 ② | 05 ① |
| 06 ③ | 07 ① | 08 ② | 09 ④ | |

01 근대 시설의 수용 근대 압축개념 01, 02, 03 정답 ④

정답
설명
④ 우리나라 최초의 철도인 경인선(서울~인천)이 개통된 것은 1899년의 사실이다.

오답
분석
① 1883년에 박문국이 설립되어 한성순보를 간행하였다.
② 1883년에 전환국이 설립되어 당오전(當五錢)을 발행하였다.
③ 1883년에 우리나라 최초의 근대적 사립 학교인 원산 학사가 설립되었다.

02 근대의 주요 시설과 건축물 근대 압축개념 01, 02 정답 ②

정답
설명
② 한성순보는 1883년에 간행되었으나 1884년 갑신정변으로 박문국이 폐지되면서 폐간되었으므로, 대한 제국 시기(1897~1910)에 볼 수 없다.

오답
분석
모두 대한 제국(1897~1910) 시기에 볼 수 있는 것들이다.
① 전등은 1887년 경복궁 건청궁에 최초로 설치되었다.
③ 전차는 1899년에 최초로 운영되었다(서대문~청량리).
④ 광제원은 1900년에 설립된 관립 신식 의료 기관이었다.

03 근대 교육 기관 근대 압축개념 03 정답 ③

정답
설명
③ 고종의 교육 입국 조서에 따라 설립된 관립 학교로는 한성 사범 학교(1895) 등이 있다. 경신 학교(1886)는 미국 선교사 언더우드에 의해 설립된 사립 학교로, 우리나라에서 최초로 전문 실업 교육을 실시하였다.

오답
분석
① 배재 학당(1885)은 미국 선교사 아펜젤러가 서울에 설립한 사립 학교로, 우리나라 최초의 개신교 계통의 근대식 학교이다.
② 동문학(1883)은 통역관 양성을 위해 정부가 설립한 외국어 교육 기관이다. 1880년대 초반 서양 열강들과의 잇따른 조약 체결로 교류가 증가하면서 외교 통상 업무가 중요해졌다. 이에 조선 정부는 외국어 교육과 근대적 지식을 갖춘 인재를 양성하기 위해 동문학을 설립하였다.
④ 원산 학사(1883)는 덕원 부사 정현석과 덕원·원산 주민들이 기금을 조성하여 설립한 우리나라 최초의 근대식 사립 학교이다.

04 대한매일신보 근대 압축개념 02 정답 ②

자료
분석
제시문에서 영국인 베델이 창설하고, 박은식이 주필로 활동하였던 (가) 신문은 대한매일신보이다.

정답
설명
② 대한매일신보는 황성신문, 만세보, 제국신문 등과 함께 국채 보상 운동을 적극적으로 지원하였다.

오답
분석
① 박문국에서 인쇄한 신문은 한성순보와 한성주보이다.
③ 우리나라 최초의 민간 신문은 서재필의 주도로 간행된 독립신문이다.
④ 대한민국 임시 정부의 기관지 역할을 하였던 신문은 독립신문(1919 창간, 서재필의 주도로 간행된 독립신문과 다른 신문)이다.

05 신채호 근대 압축개념 04 정답 ①

자료
분석
제시된 자료는 신채호가 저술한 「독사신론」(1908)의 일부이다. 신채호는 「독사신론」을 통하여 역사 서술의 주체를 민족으로 설정하고 일제의 식민사관에 대응하는 근대 민족주의 사학의 방향을 제시하였다.

정답
설명
① 신채호는 『이순신전』, 『을지문덕전』과 같은 우리나라 위인들의 전기를 저술하여 민족의식을 고취하였다.

오답
분석
② 박은식: 한국의 독립운동 과정을 서술한 『한국독립운동지혈사』(1920)를 저술한 인물은 박은식이다.
③ 정인보: 「5천 년간 조선의 얼」이라는 글을 동아일보에 연재하여 민족 정신을 고취한 인물은 정인보이다.

④ 문일평: 민족 정신으로 '조선심'을 강조하고, 정인보, 안재홍 등과 함께 정약용 연구를 중심으로 한 조선학 운동을 전개한 인물은 문일평이다.

③ 정인보 등: 실학에서 자주적인 근대 사상과 우리 학문의 주체성을 찾으려고 한 것은 조선학 운동을 전개한 정인보, 문일평, 안재홍 등이다.

④ 이병도 등: 순수 학문을 표방하면서 식민주의 사학에 대항하려고 한 것은 이병도, 손진태 등의 실증주의 사학자들이다.

06 | 제2차 조선 교육령 시행 시기의 사실 [일제] 압축개념 01 정답 ③

자료 분석	제시문에서 국어를 사용하지 않는 자(조선인)의 학교인 보통학교의 수업 연한을 6년으로 한다는 내용을 통해 제2차 조선 교육령 (1922~1938)임을 알 수 있다.
정답 설명	③ 제2차 조선 교육령 시행 시기인 1924년에 일제는 경성 제국 대학을 설립하여 민립 대학 설립을 요구하는 여론을 무마하고자 하였다.
오답 분석	① 일제 강점기 이전: 사립 학교의 설립과 운영을 통제하기 위해 일본이 사립 학교령을 공포한 것은 일제 강점기 이전인 1908년의 사실이다. ② 제3차 조선 교육령 시기: 조선어가 수의(선택) 과목화된 것은 제3차 조선 교육령(1938~1943) 시행 시기의 사실이다. 제2차 조선 교육령을 통해 조선어는 필수 과목화되었다. ④ 제3차 조선 교육령 시기: (심상)소학교의 명칭이 황국 신민의 학교라는 의미의 국민학교로 개칭(1941)된 것은 제3차 조선 교육령(1938~1943) 시행 시기의 사실이다.

07 | 박은식 [일제] 압축개념 02 정답 ①

자료 분석	제시문에서 나라의 혼(魂)에 속하는 국교와 국사를 중시하여 국교와 국사 등의 혼이 망하지 않으면, 나라도 망하지 않는 것이라는 내용을 통해 국혼을 강조한 박은식의 『한국통사』임을 알 수 있다.
정답 설명	① 박은식은 형이상학적인 성리학(주자학) 중심의 유교 학풍을 실천적인 성격의 양명학으로 개선시킬 것을 주장하는 「유교 구신론」을 발표하였다(1909).
오답 분석	② 문일평: 민족 정신으로 '조선심'을 강조하며 민족 문화와 민족 정신을 널리 보급하고자 한 인물은 문일평이다. ③ 신채호: 의열단장 김원봉의 요청으로 민중의 직접 혁명을 강조하는 「조선혁명선언」을 작성한 인물은 신채호이다. ④ 정인보·문일평·안재홍 등: 실학과 한글 등에서 우리 문화의 고유성과 세계성을 찾고 이를 학문적으로 체계화하려는 민족 운동인 조선학 운동에 참여한 인물은 정인보, 문일평, 안재홍 등이다.

08 | 백남운 [일제] 압축개념 02 정답 ②

자료 분석	제시문에서 우리 역사의 발전 과정을 노예 경제, 봉건 사회, 자본주의 맹아 형태 등으로 구분한 것을 통해 밑줄 친 '나'가 사회·경제 사학자인 백남운임을 알 수 있다.
정답 설명	② 백남운은 한국사의 발전 과정을 세계사적인 역사 발전의 보편성 위에 체계화하였으며, 이러한 그의 연구는 일제가 주장한 식민 사학의 정체성론을 반박하는 근거를 제공하였다.
오답 분석	① 신채호: 우리 고대사를 중국에 필적하는 강건한 민족의 역사로 서술한 것은 민족주의 사학자인 신채호이다.

09 | 현대 교육 정책의 변화 [현대] 압축개념 01 정답 ④

정답 설명	④ 국민 교육 헌장은 박정희 정부 시기인 1968년에 제정되었다.
오답 분석	① 미 군정기에는 민주 시민 양성을 목표로 미국식 민주주의 교육이 보급되었으며, 미국식 학제인 6-3-3 학제가 도입되었다. ② 1950년대에 이승만 정부는 초등학교(당시 국민학교) 의무 교육 제도를 시행하였다. ③ 1960년대에 박정희 정부는 명문 학교에 진학하기 위해 발생한 과도한 교육열 문제를 해결하기 위해 중학교 무시험 추첨제(진학제)를 도입하였다(1969).